U0000724

大學叢書

牟宗三儒學平議

杜保瑞 著

目錄

第五章 對牟宗三程顥哲學詮釋的方法論反省

緒論

《牟宗三儒學平議》一書之出版，是筆者總結過去三十年來學術工作的一個重要領域的研究成果，它代表了當代中國哲學研究者，對牟宗三先生的哲學創作，從學習模仿接收到質疑挑戰揚棄的一個過程，它是筆者從青年時期學習研讀牟宗三先生著作以來，從吸收養分以滋養成長到獨立思考而辯難否定的結果。

一、從認同到反對的過程

在過去五十年間，牟宗三先生的哲學一度是所有中國哲學研究者必須攻堅的巨作，筆者自己就是在對牟先生著作的閱讀吸收的過程中逐步成長起來的學術經歷，一方面經過了學生時期的成長歲月，至少十年以上，二方面在擔任教授之後，卻開始質疑牟先生的觀點，約近二十年。後面這二十年來，筆者不斷撰寫牟先生在中國哲學詮釋及創作上面的種種觀點之方法論檢討的論文，開始是宏觀式的討論，後來發覺，牟先生的創作歷程與觀念的真義，必須在他的分部著作之各章各節的細節中逐一對談才有可能完全澄清，於是深入《心體與性體》、《才性與玄理》、《佛性與般若》、《四因說演講錄》、《中國哲學十九講》、《圓善論》等著作中作個別主題的逐一討論，尤其是，針對其中的儒家哲學部分，便直接以《心體與性體》之各章節，作為討論的對象，而提出筆者個人的反思意見。針對道家與佛教哲學部分，亦是如此進行。在這個過程中，筆者一方面建立了自己的宋明儒學詮釋觀點，而有《北宋儒學》與《南宋儒學》的著作產出，更有筆者自己的方法論解釋架構的創作成功，而有《中國哲學方法論》專書的誕生。可以說筆者的學術成長是伴隨著牟宗三哲學著作的消化而同時成長亦不為過。在這個意義上，筆者認為自己就是牟宗三哲學的弘揚者，雖然多半是站在批評反對的立場上，但以如此長時期的時間之投入，以及進行如此深入細密的討論，筆者對於弘揚牟宗三哲學而言，確有其功。

牟先生對當代中國哲學的貢獻，就在於創造出一套二十世紀最龐大並抽象細密的中國哲學理論體系，並以其思辨力道之深邃奇詭而奪人眼目，他提出了分辨中西哲學特質的觀點，也提出了詮釋儒釋道三教異同的哲學觀點，在他的努力創造下，儒家哲學成為古今中外最圓滿完美的哲學體系。這個結論的獲得，正是緣於二十世紀的中國哲學家們在面對國族危難之下的積極反應，就是一定要將中國哲學在中西比較上站上勝點，又一定要將儒學在三教辯證上高於道佛。但也正因如此，這就像莊子的「彼亦一是非，此亦一是非」，「是亦一無窮，非亦一無窮」的判斷上，那就是變成各說各話了。為了還原中西哲學的真相，也為了忠實詮釋儒釋道三教，筆者逐漸看出牟先生以成見建構哲學的缺失，甚至是以定義做哲學討論的問題，因此無論如何必須有以抗辯。筆者早期所討論的牟先生哲學的作品，重點在說明他的概念使用特色以及對他的問題意識的重新定位，二〇〇六年以後，近十年的期間，就都是針對他的著作體系的各個部分做一一的對辯，一方面指出牟先生的意見對於文本詮釋上的出入，二方面指出牟先生的工作模式就方法論的解釋模型而言多有可以改進之處。就這樣，筆者亦得同時重新撰寫自己的儒學詮釋專著，並且創造自己的中國哲學方法論解釋架構。

二、本書工作方式之說明

本書各章節之寫作，集中於近十年，大約在兩年前，就已經完成所有重要的部分，以及掌握了牟先生於儒學詮釋的系統性綱領，只是等待時機一鼓作氣重新編整便可問世，這個過程，也不能只是對於儒學詮釋的討論，還須同時深入牟先生的道佛詮釋，以便能在儒釋道三教的觀點參照中更為精確地了解牟先的儒學觀點。所以就在本書可以問世的同時，筆者對牟先生道佛的討論也已告一段落，也是只要出現一個較長的空檔時段，便能集結出版《牟宗三道佛平議》之書。

在筆者寫作本書的過程中，由於是一章一章單篇寫作的，因此每篇文章在寫作之時，都有照顧全局的若干話語，既是各個主題的專題之作，也是針對牟宗三哲學的統整之作，這就導致在做全書重新彙整編輯的時候，會出現一再而再地綱領綜述之文句段落，面對此事，筆者多半就仍是保留，而不斷然刪減，希望這樣的文字風格，在讀者閱讀之際，能發揮不斷架構提要的正面功能。此外，牟先生哲學的形成，必然是有一套特定的思維模式，雖然它會在不同的寫作時期以及針對處理對象的不同而有所擴充與刷新，但畢竟仍會有從頭到尾一貫一致的核心型態，而這也就會是本書各處都會不斷出現的筆者的綱領性意見，幾乎在所有的章節中都會出現筆者的幾條固定不變的批評意見，這一點，也希望在讀者閱讀之際，是發揮一次又一次的加深理解而接受筆者觀點的正面功能。又，雖然牟先生有其固定且特定的哲學立場，但這卻是在他針對先秦、兩漢、宋明儒學各家理論的詮釋批評肯定的種種思慮中發展出來的，固有共通的立場，但更有各家個別不同的意見，正是這些個別差異的分析意見，卻更能見出牟先生析理之時的偏執之處，這也同時是本書值得以牟先生討論宋明各家哲學體系做逐章逐節的討論分析的寫作模式之理由，事實上，筆者認為牟先生特有的哲學創作之所以能夠產生，便是在他針對宋明儒學各家理論都有創造性誤解及偏執性批判的討論中發展出來的，而本書各章節的寫作，除了藉由各章的討論建構共同的筆者對牟先生批評的固定意見之外，同時也是筆者為解救各家理論被牟先生偏頗地詮釋的重構之作。

牟先生為對比中西，是以實踐和非實踐作架構而言說的，為辯證三教，是以實有和非實有為立場而分辨的，為批評程朱，西方哲學的特色中的非實踐性竟成了牟先生定位程朱的標準標籤，然而，在對宋明各家的批評中，為了獨標他的道德的形上學意旨，竟至幾乎批判了宋明儒學史上的所有新儒學家學者的哲學理論，意旨甚多，但歸根結柢，就是哲學基本問題意識的混淆，亦即不分各種哲學問題而是以一套理論而綰合種種問題於一型之中，這一點，就要請讀者們進入本書各章細節中去閱讀體會了。

筆者對牟先生著作的討論，既是進行在這樣逐章逐節的細節中，則所得自然與他人不同，到了最後，筆者已經認定牟先生成見太重，以致所有的討論幾乎是藉由自下定義以批判各家，再經自圓其說以分辨系統，而非公平思考以創作理論，如此的工作態度，則其創作之成果，便只有因不被超越而受到謬讚，卻不能因切中真相而貢獻卓越。因此也可以說，本書之作，就是要將被牟先生曲解的宋明儒學各家理論再度還原真相，澄清其義，以回歸本旨。

筆者的工作模式，始終是回歸哲學基本問題，以為文本之詮釋，藉由一套良好的解釋架構以為工具，再進行原典意旨的文本詮釋，以找到相應各家意旨的詮釋觀點，以此為基礎，面對牟宗三先生的詮釋，便會發現，牟先生是事先建立一套理論系統，然後將程朱陸王的哲學語句套用入內，因為他對各家的文本解讀，都只是不斷地套用在自己的系統內的某種模型而已，先下定義以約定問題，再造理論以框限它說，這樣就幾乎要把整個宋明儒學各家的理論綑綁限制在他自己的問題意識和創造系統之內了。其結果，各家理論在認識上有偏差、在詮釋上有誤會、在理解上有錯謬，這樣的宋明儒學詮釋之作，究竟是創造新說有所貢獻於儒家哲學？還是建立奇說有所框限於儒家哲學呢？筆者的立場當然是後者，然而，此一立場，並非目前學界的主流意見，不得已，必須以這樣的專書面世，以求釐清與貞定。

三、研究中國哲學的基本立場

筆者對中國哲學研究的態度，是把它當作真理奉行的觀念系統，是作為實踐效行的學派理論，然而，儒釋道三家各有所重，各有自家開發的世界觀及價值信念，三教皆有創造，也即各家皆為真理，基於實踐哲學各自開發的特質，任誰也沒有否定它教的可能，甚至辯難高下也只是一種理性傲慢的作為而已，其實沒有可能，在這樣的立場上，筆者的中國哲學研究，始終對準各家原意的解讀以為研究之根本目的及最後的成果，從來不做優劣高下的較勁之說，從系統而說，各家有不同的理論，從檢視來講，各家有不同的作風，從效果來看，各家都有貢獻於世之處，於是，中國哲學的學習，必須以正確理解、準確詮釋為態度，有些涉及它在世界的理論必須有信仰的態度才能有效理解，有些深刻的體悟之言必須有相應的智慧才能真正認識，三教皆然。於是，筆者不作評比三教的工作，認為這都只是自家意識型態的強勢構作而已。理解三教，彰顯三教，運用三教，才是筆者中國哲學研究的真正心態，這種態度，其實也是研究牟宗三先生著作有以反省之後的態度，關鍵就是，牟先生不斷地曲解儒學各家之言，只為成就他自己的特殊理論，不斷地錯解道佛兩家之言，只為高推他自己的儒學理論，如果恢復中國的自信必須曲解他人，那不如放棄，這樣只是成就了偏執，而不是彰顯了智慧。

本文之作，直接就是筆者與牟宗三先生儒學作品的對談，當代學人中，對牟先生的學問，效習者眾，支持者多，質疑者少，為文批評反對者寥寥可數，是以本書之寫作，並沒有什麼可參考的著作，都是筆者直接理解後的發言。

筆者認為，學界接受牟先生哲學觀點的學者，固然為數眾多，但是絕大多數也只是學習接收而未有深刻的反思，即便對於若干觀點有些疑惑，也未必能全面啟動、深入研究、表示異議，於是，牟宗三哲學便因此泛衍在當代中國哲學界中，學者不論談論什麼問題，碰到牟先生表示過意見的主題，莫不稍微援引一下牟氏意見以為攀附，似乎這樣便獲得了真理的基石，面對此種現象，筆者深深不以為然，學術論文不是寫寫作文也不是寫寫新聞，寫作文只要有別人不反對的意見出現即可，本身就只是意見的表述而非哲理的論辯。寫新聞就是整理一下別人的東西，使它看似權威，卻也不必自持立場以為當否。然而，牟先生當代哲學大家也，它的著作就是哲學的創作，既是哲學的創作就是論理思辨的產品，重述它，表彰它固無不可，卻不能阻止對它的質疑反對甚至超越揚棄，只要研究者確有新見，言之成理，就應該充分表達，然後深度問難，反覆徵詰，並且，在這樣的過程中，才是真正可以使牟宗三哲學受到繼續關注與弘揚討論的機轉，牟宗三不是政治人物，而是哲學家，對他的作品的批判反思才是對他的創作的最佳禮讚。

四、本書對讀者的幫助

筆者認為，本書的功能，就是對那些仍然願意深入閱讀牟宗三先生著作的年輕學人，當他們有所疑惑於牟先生所說之時，能有筆者的著作以為參考，比對印證進而確定自己的思考，互為訂正。而且，牟先生的整個宋明儒學討論的意見，針對一一個別儒學家理論的發言，確實有太多誤解偏執的地方，理應被提出檢討，否則，大家便都是表面上接收牟先生思想，卻不能真正利用牟先生的著作，以挑動對中國哲學研究的新里程、新問題、新思想與新方向，那就是找出牟先生問題意識的根本，文本詮釋的出入，意見表述的基礎，挑出錯誤偏解之見，訂正其餘，重新建構。從綜論到北宋到南宋到明儒。

本書之章節，直接依據《心體與性體》三大冊、《從陸象山到劉蕺山》巨著的章節次序，至於內文的討論，也多半就是依照牟書原文之次序而逐條對談，讀者閱讀之時，可以先看牟先生原書，再找到本書相對應的章節，兩相比對，必可找出牟先生哲學觀點中需要質疑的部分，或者接受筆者的批評意見，或是站在牟先生的立場以與筆者論諍，這樣便更能延續牟宗三哲學的生命力了。

第一章　對牟宗三談宋明儒學之所以為新儒學意見的方法論反省

一、前言

本章將針對牟宗三先生《心體與性體》一書之〈綜論〉部分做逐章的細節討論，這正是筆者對牟先生學術研究的總體計畫的一部分，即針對牟先生儒釋道相關著作做逐章的地毯式討論。牟先生所建立的當代新儒學體系，是當代中國哲學最具創造力的系統，就其開創之功而言，在當代著作中，難有出其右者。然而，牟先生在儒釋道三教辯證問題的立場上，對道佛多有不準確，此事，需有訂正，筆者另書即將談到。[1]至於在儒學內部的義理高下之檢擇上，牟先生高陸王、貶程朱，將陸王學及先秦儒學的義理型態，建立為是一「道德的形上學」系統，而程朱則不在這個系統內。筆者對於牟先生處理程朱之論點，多有不契，亦認為是牟先生的過度詮釋，充滿了對程朱之學的誤解與貶抑，對程朱實不公允，亦有所妨礙於程朱之學在當代及未來的學習與研究，筆者雖多有為文討論，然因牟先生之著作卷帙浩瀚，義理綿密深厚，要反對牟先生

1. 筆者近期另有專書《牟宗三道佛平議》之編輯出版計畫，內容收錄筆者近十年來相關牟宗三道佛論文整理修改而得。

之意見絕非一兩個命題理論能說清楚的，因此，除非直接面對他的所有文本做一對一的疏解反省，實亦難以說清楚究竟牟先生的誤解與不準確是落在何處。因此，從本章開始，將以《心體與性體》及《從陸象山到劉蕺山》兩書的所有章節，做逐章重點的疏解及討論，本文之作，即其中的開頭部分。事實上，牟先生的寫作，也很難判斷須從何處開始做起，但總是將全書處理過一遍，從義理掌握而言，即不至於有因疏漏而致誤解其說之虞。

二、心性之學

牟先生在《心體與性體》書中首先為宋明儒學作定位，並以「性理之學」名義說之，2 又稱其實義為「心性之學」，牟先生又說他的「性理」不是程伊川所說之「性即理」之學，而是「本心即性」之「心性之學」，且又說「心性之學」又是一種「內聖」之學。在這簡短的立場標明中，已有太多哲學問題蘊涵其中，應予解析，首先，參見其言：

此「性理之學」亦可直曰「心性之學」。蓋宋明儒講學之中點與重點唯是落在道德的本心與道德創造之性能（道德實踐所以可能之先天根據）上。「性理」一詞並非性底理，乃是即性即理。若只說「性理之學」，人可只以伊川朱子所說之「性即理也」之「性理」

義去想，此則便不周遍，不能概括「本心即性」之「性理」義。當吾人說「性理之學」時，此中「性理」一詞，其義蘊並不專限于伊川朱子所說之「性即理」之義，故亦不等于其所說之「性即理」之「性理」義，乃亦包括「本心即性」之「性理」義。依此之故，直曰「心性之學」，或許更較恰當。說心性，人易想到「空談心性」。實則欲自覺的作道德實踐，心性不能不談。念茲在茲而講習之，不能說是空談。空談者自是空談，不能因此而影響此學之本質。3

「性理之學」是舊名稱，牟先生欲以「心性之學」稱之，這也是本書以《心體與性體》定名的用意，此即表示，牟先生有一個放在「心性之學」名稱下的用意。牟先生以「本心即性」之命題說「心性之學」之實義，實已見出牟先生自覺地站在道德實踐義上做討論。一方面是道德實踐活動的主體，此心；一方面是道德實踐之所以可能的先天根據，此性。依據牟先生全書的討論，他主張孔子所言之仁是天，而孟子所言之心、性是天，於是仁、心、性、天一貫，而完成「道德的形上學」的圓滿。

2. 參見其言：「宋明儒所講者即『性理之學』也。此亦道德亦宗教，即道德即宗教，道德宗教通而一之者也。」（牟宗三著：《心體與性體》第一冊，台北：正中書局發行，一九六八年第一版，頁四。）

3. 參見牟宗三著：《心體與性體》第一冊，台北：正中書局，一九六八年第一版，頁四—五。

以上這些話都仍十分抽象，本文將在以下的討論中逐步深入而具體化它們的意思，重點在指出，這些都是牟先生的特殊術語使用與哲學思考方式，它們固然創造了一代新儒家的思想體系，但是對傳統宋明儒家的理解與詮釋而言，牟先生的意見既對被他所肯定的儒學系統不準確，亦對被他所批評的儒學系統有錯誤。關鍵就在，牟先生將形上學思路與工夫論思路混在一起，從而形成一個牟先生自己的理想的形上學型態，而那其實是一個聖人境界的話語內涵，卻被牟先生以形上學語言標出，因此整個牟先生的新儒學體系充滿了理解與詮釋上的扭曲。本章之討論，將先重新定位中國哲學術語使用的方法，然後再展開對牟先生說法的討論。

首先，中國哲學使用的概念有幾個傳統上早已形成的不同類型，一是價值意識概念：如仁、義、禮、知、誠、善、無為、逍遙、苦、空；二是存有範疇概念：如心、性、情、才、理、氣、天、道；三是抽象功能概念：如有無、一多、本末、體用等。以上這些概念，在傳統上哲學問題意識析類不明的背景中，時而被視為也是哲學問題，因此用它們作為論文的標題來討論與表意，如談某家系統的心性論、理氣論、有無論、體用論、空論、仁論等等，似乎這些概念本身就是一種哲學基本問題。到了現代，來自西方學術背景的哲學基本問題的術語也出現了，形上學、知識論、倫理學、辯證法等等，這是所有習於西方哲學者眾所周知的基本哲學問題，而且，它們各自是一套獨立的問題，以及獨立的哲學理論，並不是一套解釋架構。為顧及這些術語不能恰當表意中國哲學，於是學界紛紛提出適合中國哲學的基本問題，心性論、天道論、人道論、道德論、價值論、工夫論、宇宙論、修養論、太極論、陰陽論、理氣論、修練論、修行論等等不一而出，然而一般人都不能深入分辨及歸類這些術語的意義。依筆者之見，西方哲學的特質在於思辨，對「形上學、知識論、倫理學」的討論都是在思辨解析的軌跡中進行，它們依然可以用來討論中國哲學，只是討論的方式要相應，亦即也是需要在思辨分析的方式上進行，至於不相應的中國哲學部分則要用別的方法來討論，如此則中國哲學過往的許多的理論材料皆可置放在形上學、知識論、倫理學等不同類別的哲學基本問題上作討論。但是，中國哲學首先是以學派作分類而為認識的對象，並且，每一個學派都是人生哲學，也是實踐哲學，對於這一整個以追求理想人生為目標的實踐哲學之研究，就受到西方影響以及必須與西方交流的當代討論而言，固然須以思辨分析的方式來進行，但是針對中國哲學的實踐哲學特質，必須建立相應此種特質以談論儒釋道三家的解釋架構來研究中國哲學，那就是「宇宙論、本體論、工夫論、境界論」的四方架構，並且，這是一套針對實踐哲學的各個學派都適用的架構，是能說明其內部理論系統一致的解釋架構，亦即，一方面各家學派的理論建構是邏輯上建立於這個解釋架構之上的，二方面當代研究者在方法上是要以這套解釋架構來研究傳統哲學才能清晰有效的。因此，傳統中國哲學的儒釋道三家所面對的各種哲學問題，最適合總收於這一套實踐哲學的解釋架構來詮釋。若是將其置放於形上學、知識論、倫理學的任一基本哲學問題中，則皆無法盡詮其意，若是以這三種哲學基本問題一起來談中國哲學的某一家或某一學派的理論體系，則它們其實各自是一種獨立的哲學基本問題，彼此之間是不同問題的分類項目，而合起來卻不是一套共同的問題系統，[4]因此從理解與詮釋的角度而言，並不適宜於以形上學、知識論、倫理學的整體作為一套架構來談中國哲學，而是可以個別地獨立地以各自的哲學問題意識，就著中國哲學的材料，來談理解與詮釋，甚至創作新理論的。

針對上述傳統中國哲學的術語類型而言，其中的「價值意識」一類就直接相應於在實踐哲學的本體論中討論，而「存有範疇」與「抽象功能」類的概念則是在所有四方架構中都會出現。於是所有中國哲學的命題就可以在概念分類與解釋架構的方法論中獲得較準確的定位，如「本心即性」、「性即理」、「心即理」、「理一分殊」、「以心著性」等等，亦即藉由問題意識的分類，說出它們是在哪一個問題中的意見主張，而且是使用哪一種類的概念在講述主張的。

綜觀牟先生在宋明儒學的討論中，充滿了將價值意識概念與存有範疇概念混用的情況，也充滿了將工夫論、境界論與本體論、宇宙論混用的情況，從而以哪一家的哪些概念是同一的而另一家不是同一的方式，[5]分別諸家的理論類型。而牟先生的這種概念等同的分析方法其實又是形上學中心的思路在主導的，而且是牟先生自己特殊定義的形上學，並不是傳統中國哲學所有命題本身的思路，關鍵在，牟先生固然十分重視工夫論的思路，但是一方面並不能區分工夫論與境界論的思路差異，另方面更嚴重的是，他總是將工夫論與境界論思路下的命題當成形上學思路的命題，並在這之中討論概念同異與否的形上學問題。當然，就牟先生言，談中國哲學就是要談出最理想圓滿的中國形上學，而這將是以儒家哲學中的某一支為典範，他一方面注意到中國哲學的實踐哲學特質，另方面又要面對比較於西方形上學的哲學研究進路，於是融合出一套講實踐活動與普遍原理的形上學型態，可以說他把太多的哲學問題混在一起討論，遂導致所建構的新儒學系統十分扭曲複雜。

回到本文中的「性理之學」或「心性之學」而言，他其實是將伊川之學放在談概念範疇的存有論形上學型態中定位，以此理解所謂的「性即理也」之學；而將陸王之學放在談主體實踐的工夫論型態中定位，以此理解所謂的「本心即性」之學，所以他說宋明儒學的「性理之學」應該是陸王的「本心即性」的「心性之學」之意，而不是「性即理也」的程朱學之意。因此改「性理之

4. 參見拙著：〈中國哲學的基本哲學問題與概念範疇〉，山東大學《文史哲》學報第四期，二〇〇九年七月，頁四九～五八。以及杜保瑞，〈中國哲學史方法論——以四方架構為中心〉（*The Methodology of Chinese Philosophy__Exemplified by the four Square Framework*），《亞非文集》（*Asian and African Studies*），二〇一二年三月，頁三一一七。或《中國哲學方法論》，臺灣商務印書館。

5. 此義爾後會正式且繁多地出現，此處僅簡單說明，亦即牟先生最重要的立場是主「心即理」，而非「性即理」，就是心性天是一，而不是心性情三分，理氣二分，是合一的都是陸王的立場，是分開的都是程朱的立場。其實，這是過度簡單化哲學命題的做法。筆者主張，是工夫境界論的就是要合一，是形上學存有論的就是要分說，且兩類問題可以是同一位哲學家的立場，牟先生硬分程朱、陸王，固然是朱陸自己本來的對立造成，但後人應善解其義，而不是擴大裂痕，錯解文本。

學」為「心性之學」，以免混淆義理。就此而言，牟先生展開了漫天的高陸王貶程朱之理學詮釋，可以說，整個牟先生的宋明儒學就是以這個立場為軸心的理論創作之學，本書自本章以後也都是在面對這個問題，以下一一討論之。

三、內聖之學

就上文之「心性之學」而言，牟先生說「心性之學」就是「內聖之學」，就是自覺地作聖賢工夫之學，因此他的「心性之學」就是一套實踐哲學，而程朱談「性即理」之命題的時候，是思辨解析的存有論哲學，因此被牟先生批評及否定。依筆者之立場，儒家哲學建構中有各種哲學問題要照顧，實踐哲學的工夫論當然是核心問題，但存有論建構一樣是有意義、有價值、有功能的哲學理論，分辨清楚理論的功能即是準確理解、正確詮釋，毋須必要爭個互相彼此的高下。至於討論概念意旨是否同一以別異哲學系統之高下，這更不是恰當的作法，因為概念之同一與否是關聯在不同的哲學問題下的意見表述，不同問題即有不同表意立場，而在中國哲學基本問題的分析釐清問題上，牟先生並未深著其力，在他自己設想的問題意識下的概念同一，常常是跳躍在不同的哲學問題中而說的。參見其言：

此「心性之學」亦曰「內聖之學」。「內聖」者，內而在於個人自己，則自覺地作聖賢工夫（作道德實踐）以發展完成其德性人格之謂也。「內聖外王」一語雖出于莊子天下篇，然以之表象儒家之心願實最為恰當。「外王」者、外而達于天下，則行王者之道也。王者之道、言非霸道，此一面足見儒家之政治思想。宋明儒所講習者特重在「內聖」一面。「內聖」一面在先秦儒家本已彰顯而成定型，因而亦早已得其永恆之意義。此本屬於孟子所謂：「求則得之，舍則失之，是求有益於得也，是求之在我者也。」此「求之在我者」實是儒家之最內在的本質。……「外王」一面雖屬孟子所謂「求之有道，得之有命，是求無異於得也，是求之在外者也」，……但堯舜三代究不如內聖面之完整與清晰。內聖面可即得其完整而永恆之意義，而外王面之堯舜三代卻並不能即代表政治型態之完整而永恆之意義，是以儒家之政治思想尚只在朦朧之發展中。宋明儒對此亦貢獻甚少。……對於內聖面有積極之講學與浸潤，而對於外王面則並無積極之討論。彼等或以為只正心誠意即可直接達之治國平天下，實則政治問題不如此之簡單，只一「家天下」便非只是道德的正心誠意所能解決。6

牟先生談宋明儒學時是談的他們的心性之學，而他們的心性之學又是內聖之學，牟先生又

---

6. 牟宗三，《心體與性體》第一冊，頁四—五。

謂先秦內聖之學已臻圓熟，但外王之學卻未能深入。關於儒家外王學之得失成敗，此可再議。但是牟先生因此即將討論宋明儒學的綱領定在內聖學的思路中，並且所謂的內聖學即是自覺地作內聖工夫，這就引發出了牟先生另外的兩個思路上的發展，其一為對於《大學》之宗旨不能肯定，因其明顯地是談內聖外王之學；其二為對於儒學之核心意義一定要放在做工夫的脈絡中談，因此對於不直接談工夫的宋儒理論即予批評否定。此義後文亦將不斷重現。

以下先從他的「內聖之學」即「成德之教」的說法討論起，其言：

此「內聖之學」亦曰「成德之教」。「成德」之最高目標是聖、是仁者、是大人，而其真實意義則在於個人有限之生命中取得一無限而圓滿之意義。此則即道德即宗教，而為人類建立一「道德的宗教」也。此則既與佛教之以捨離為中心的滅度宗教不同，亦與基督教之以神為中心的救贖宗教不同。在儒家，道德不是停在有限的範圍內，不是如西方者然以道德與宗教為對立之兩階段。道德即通無限。道德行為有限，而道德行為所依據之實體以成其為道德行為者則無限，人而隨時隨處體現此實體以成其道德行為之「純亦不已」，則其個人生命雖有限，其道德行為亦有限，然而有限即無限，此即其宗教境界。體現實體以成德（所謂盡心或盡性），此成德之過程是無窮無盡的。要說不圓滿，永遠不圓滿，無人敢以聖自居。然而要說圓滿，則當體即圓滿，聖亦隨時可至。要說解脫，此即是解脫；

要說得救，此即是得救；要說信仰，此即是信仰，此是內信內仰，而非外信外仰以假祈禱以賴救恩者也。聖不聖且無所謂，要者是在自覺地作道德實踐，本其本心性體以徹底清澈其生命。此將是一無窮無盡之工作，一切道德宗教性之奧義盡在其中，一切關於內聖之學之義理盡由此展開。[7]

前文言於宋明儒學是心性之學，而心性之學即是一內聖之學，而內聖之學亦是一成德之教，因此儒學是為人類建立一道德的宗教，因為就在其心性之學中主體因道德的實踐而可達至無限，此即「成德」之意。而在這「成德之教」中既是「當體圓滿」且「聖亦隨時可至」。而這就又是牟先生思路中的一大重要特徵，牟先生從心性之學談到了聖人境界，至此以後討論宋明儒學各家作品的命題意義時，必以聖人境界的圓滿義為形上學型態的圓滿，從而以此甄定各家之優劣高下。牟先生以成德之教言於聖人境界之說者又如下：

此「成德之教」本非是宋明儒無中生有之誇大，乃是先秦儒者已有之弘規。孔子即教人作「仁者」，……是以其踐仁以知天即是「成德之教」之弘規。……易乾文言則曰：「夫

7. 牟宗三，《心體與性體》第一冊，頁六。

大人者，與天地合其德，與日月合其明，與四時合其序，與鬼神合其吉凶，先天而天弗違，後天而奉天時，天且弗違，而況於人乎，況於鬼神乎？」此即「成德之教」之極致。坤文言亦說：「直其正也，方其義也。君子敬以直內，義以方外，敬義立，而德不孤。直方大，不習無不利，則不疑其所行也。」宋明儒所弘揚者無能越此「成德之教」之弘規。8

牟先生建立先秦儒學理想的規模，以孔子言仁、孟子言大人、荀子言聖人、《易傳》言大人言君子來定規模，這就是最終定於聖人境界之儒學宗旨，此義筆者完全贊同，宋明儒學的理論建構之理想就是在追求人人最終成君子成聖人，問題是，討論與這一個理想相關的哲學問題很多，而在牟先生特意建立的以聖人境界為原型的形上學架構中，把太多的哲學問題拆解重組之後，牟先生的成德之教變成只是一兩家的宋明儒學才能符合他的理想型，這就變成是牟先生個人的問題而非聖人的理想有問題，亦非宋明儒學的哪家哪派有問題了。牟先生以成德之教的觀點建構的哲學理論如下：

此「成德之教」，就其為學說，以今語言之，亦可說即是一「道德哲學」（moral philosophy）。進一步，此道德哲學亦函一「道德的形上學」（moral metaphysics）。道德哲學意即討論道德的哲學，或道德之哲學的討論，故亦可轉語為「道德底哲學」（philosophy of morals）。人對於哲學的態度不一，哲學的思考活動（釐清活動）亦可到處應用，故「道德底哲學」其系統亦多端，其所處理之問題亦可有多方面。但自宋明儒觀之，就道德論道德，其中心問題首在討論道德實踐所以可能之先驗根據（或超越的根據），此即心性問題是也。由此進而復討論實踐之下手問題，此即工夫入路問題是也。前者是道德實踐所以可能之客觀根據，後者是道德實踐所以可能之主觀根據。宋明儒心性之學之全部即是此兩問題。以宋明儒詞語說，前者是本體問題，後者是工夫問題。就前者說，此一「道德底哲學」相當於康德所講的「道德底形上學」，即其《道德底形上學之基本原則》（*Fundamental Principles of the Metaphysics of morals*）一書是也。康德此書並未涉及工夫問題。此蓋由於西哲對此學常只視為一純哲學之問題，而不知其復亦是實踐問題也。然而宋明儒之講此學則是由「成德之教」而來，故如當作「道德底哲學」而言之，亦當本體與工夫兩面兼顧始完備。而且他們首先所注意者勿寧是工夫問題，至於本體問題則是由自覺地作道德實踐而反省澈至者，澈至之以成全其道德實踐者。

由「成德之教」而來的「道德底哲學」既必含本體與工夫之兩面，而且在實踐中有限

8. 牟宗三，《心體與性體》第一冊，頁六–七。

即通無限，故其在本體一面所反省澈至之本體，即本心性體，必須是絕對的普遍者，是所謂「體物而不可遺」之無外者，頓時即須普而為「妙萬物而為言」者，不但只是吾人道德實踐之本體（根據），且亦須是宇宙生化之本體，一切存在之本體（根據）。此是由仁心之無外而說者，因而亦是「仁心無外」所必然函其是如此者。不但只是「仁心無外」之理上如此，而且由「肫肫其仁，淵淵其淵，浩浩其天」之聖證之示範亦可驗其如此。由此一步澈至與驗證，此一「道德底哲學」即函一「道德的形上學」。此與「道德之（底）形上學」並不相同。此後者重點在道德，即重在說明道德之先驗本性；而前者重點則在形上學，乃涉及一切存在而為言者。故應含有一些「本體論的陳述」與「宇宙論的陳述」，或綜曰「本體宇宙論的陳述」（onto-cosmological statements），此是由道德實踐中之澈至與聖證而成者，非如西方希臘傳統所傳的空頭的或純知解的形上學之純為外在者然，故此曰「道德的形上學」，意即由道德的進路來接近形上學，或形上學之由道德的進路而證成者，此是相應「道德的宗教」而成者。9

以上文字，牟先生從「成德之教」的概念轉入「道德哲學」的概念，而道德哲學又分為「道德底形上學」和「道德的形上學」兩型，前者不涉及工夫，只從形上學層面談道德的先驗本性，後者則含本體與工夫兩面，而且是由工夫而澈至本體而成全其道德實踐者，此一本體既是道德實踐的也是宇宙生化的，故名曰本體宇宙論，「是由道德實踐中之澈至與聖證而成者」、「形學，必以人生哲學為最高級之哲學，東方哲學固然是這個型態，東方哲學家也可以上學之由道德的進路而證成者」。此處，必須極為深思密查，才能見出牟先生如何將多種哲學問題合在一起談的確實思路。首先，「道德的形上學」就是一套形上學，這一套形上學所談的本體既是主體的實踐依據，又是天道的創生根源，這一部分筆者完全贊同。但是，牟先生之意還要更進一層，那就是這一套形上學甚至已經在道德實踐中澈至與聖證而證成者。筆者以為，談「證成」已是「知識論」的課題了，形上學是形上學，中國哲學中的儒釋道三教之形上學可以說是由本體論與宇宙論共構而成，它們也確實都是為要談實踐活動而建構的形上學，因此這些形上學可以蘊含或推演出工夫論與境界論，而它們的工夫論與境界論也應該預設著一套相應符合的形上學，因此主體實踐的價值本體亦必同時是宇宙萬物的創生本體，本體論、宇宙論、工夫論、境界論勢必形成系統一致的推演關係，所謂的理論完成就在於此。但是，實踐的「證成」則是另一回事，理論上上述系統可以在純理的推演中自成一家之言，但現實經驗上卻必須是在實踐中才有所謂的「證成」，於是在主體實踐以至成聖的境界時，即是這個系統的澈至聖證與證成。因此，說形上學系統時不必說證成的問題，也不是所有的形上學系統的證成方式皆是需要透過實踐，只有人生哲學系統的形上學需要實踐以為證成，但是，哲學並不只是人生哲

9. 牟宗三，《心體與性體》第一冊，頁八－九。

主張這個立場，但這畢竟只能說是東方哲學家的哲學立場而已。筆者也不是要反對這個立場，甚至筆者十分尊重這個立場，只是首先要強調，這個立場在哲學的討論上必須先視為只是東方哲學的型態與東方哲學家的立場，而更重要的是，不能把證成與否的問題塞入形上學問題的討論中而成為檢擇形上學系統的判準。也就是說，筆者認為牟宗三先生把談實踐活動的命題當作是實踐的活動，把談實踐活動中成聖的境界當作是形上學命題的證成，於是宋明儒學系統中談到工夫理論與聖人境界的系統，都因此被牟先生視為是證成了形上學的「道德的形上學」系統，因此在理論的地位上就是高級於其他理論者。這就嚴重地影響了牟先生在比較及定位宋明儒學各家系統的理論地位時的觀點，不僅對於被他肯定的系統有不準確的詮釋，更且對於不被他肯定的系統有錯誤的理解。這個錯誤就是造成牟先生只關心系統中是否有談道德實踐活動，並且是本體工夫義的道德實踐活動，同時也必定要關心這個道德實踐活動是否與天道實體相關聯，相關聯之意旨在於主體所實踐之價值意識必須即是天道實體的價值意識。在這個意義下，牟先生認為這個系統就是掌握到了心性天是一的圓滿的系統，此即筆者前文言及之牟先生以概念之合一與否來決定宋明儒學系統的優劣高下之意；同時牟先生也是認為這個系統掌握到了由道德實踐證成天道實體的價值意識為真的證成之途，此即筆者所述之牟先生是以境界論而說為形上學的思路。在這許多的轉折變換中，牟先生對宋明儒學之所以為新儒學之新義，以及各系統間的傳承分合關係都有了他自己的特殊立場了。以下各節論之。

四、宋明新儒學之新義

以下轉入牟先生對於宋明儒學之所以為新儒學之意旨的討論，筆者前述所言，將會在以下的討論中更見明確。牟先生討論宋明儒學之所以為新的路徑，首在定位宋明儒學對孔孟哲學的定位，其言：

如果宋明儒所講者可稱為新儒學，則其新之所以為新首先即是對下述兩點而為新。1.對先秦之龐雜集團、齊頭並列，並無一確定之傳法統系，而確定出一個統系，藉以決定儒家生命智慧之基本方向，因而為新。他們對於孔子生命智慧前後相呼應之傳承有一確定之認識，並確定出傳承之正宗，決定出儒家之本質。他們以曾子、子思、孟子及中庸、易傳與大學為足以代表儒家傳承之正宗，為儒家教義發展之本質，而荀子不與焉，子夏傳經亦不與焉。2.對漢人以傳經為儒而為新，此則直接以孔子為標準，直就孔子之生命智慧之方向而言成德之教以為儒學，或直相應孔孟之生命智慧而以自覺地作道德實踐以清澈自己之生命，以發展其德性人格，為儒學。宋以前是周孔並稱，宋以後是孔孟並稱。周孔並稱，孔子只是堯舜禹湯文武周公之驥尾，對後來言，只是傳經之媒介，此只是外部看孔子，孔子並未得其應得之地位，其獨特之生命智慧並未凸現出。但孔孟並稱，則是以孔子為教主，孔子之所以為孔子始正式被認識。故二程品題聖賢氣象唯是以孔、顏、孟為主。[10]

以上之文，牟先生確立了兩點，其一為牟先生認為宋明儒學家在先秦龐大儒學資產中挑出孔子、曾子、子思、孟子、中庸、易傳、大學為學術的主脈，其二為以孔子為標準，以自覺地作道德實踐、發展德性人格為儒學之根本宗旨。面對前者，牟先生自己發展了一套說孔、孟、中庸、易傳、大學的著作型態定位系統；面對後者，牟先生更發展了一套評定宋明儒學系統是否真有相應孔子以言實踐活動的評判標準。兩個進路加起來，成就了牟先生以宋明儒學的詮釋建構他自己的當代新儒學的體系。在這其中，先秦著作之評定是一回事，重點還是在於對孔子哲學所開出的義理型態的定位，先秦各家著作因此都以是否扣合、傳承、繼起孔子哲學而為被評價的標準了。而這個孔子哲學的原型定位，便是一套自覺地做工夫以成聖賢的道德實踐進路的形上學，以此為標準，接著牟先生便說明宋明儒學如何接續孔子之學而以為新儒學，其新之所以為新之意有二，其言：

「新」有二義：一是順本有者引申發展而為本有者之所函，此種「函」是調適上遂地函；二是於基本處有相當之轉向（不是徹底轉向），歧出而另開出一套以為輔助，而此輔助亦可為本有者之所允許，此種允許是迂曲歧出間接地允許，不是其本質之所直接地允許者。前者之新於本質無影響，亦即是說恰合原義；後者之新於本質有影響，亦即是說於原義有不合處。依通常使用「新」字之義說，於本質無影響者實不得為「新」，只是同一本質之不同表示法而已。而於本質有影響者始有「新」的意義。然則宋明儒所講者之客觀內容底新，如其有之，究是前者之新？抑是後者之新？抑是兩者兼而有之？此則未易言也。此須對於孔子傳統真有生命上之感應，對於宋明儒所圈定之代表此傳統之儒家經典真有生命上之相契，而對於宋明儒諸大家真有確實之經歷與檢定，方足以決定之，此非浮泛、搖蕩、淺嘗者所能知也。[11]

牟先生自此極有自信地指出：需要真正能了解孔子者，才能建立這個新不新的判準，然而，如何可言為孔子哲學之本有之引申發展？如何而又可言於孔子哲學之歧出以為輔助呢？此即牟先生以內聖成德之教以定儒家宗旨，以說聖人境界為形上學的圓滿，以孔子思想所涉及的哲學問題作為宋明儒學在傳承上之是繼承還是歧出的判準，這樣的結果，必然導致只談實踐活動及成聖境界的理論系統會被視為是孔子的繼承發展，而兼談其他抽象問題的儒學系統即會被視為是歧出的。實際上，牟先生就是要對程朱哲學所開出的儒學，說其為不合孔子之學者，且

10. 牟宗三，《心體與性體》第一冊，頁一三—一四。
11. 牟宗三，《心體與性體》第一冊，頁一六。

是真為宋明儒學中之新儒學者。然而，筆者以為，孔子以外的所有系統皆與孔子不同，至於合不合？那就要看標準何在。至於牟先生的標準，那就是攜帶著工夫論與境界論的理論，並藉由概念的同一與否之指涉而說為是否孔孟之學的型態，於是他說了孔子之仁應是與天為一，說了孟子已言及心性是一，但孟子之心性應與天為一，說了《中庸》之意旨應是天道性命通而為一，說了《易傳》亦是天道與性命為一，直至說《大學》時，卻說《大學》內聖之旨不明，故而詮釋有多途，因而不能定於一。牟先生且認為，這是程朱以外的宋明儒的共識，因此前述孔子、孟子、《中庸》、《易傳》是一合於孔子之學的繼承發展與衍申，其中陸王即是此系之接續，但伊川和朱子卻沒有這樣的共識，因此程朱自己的系統是一歧出之補充系統，如其言：

但伊川朱子之講法，再加上其對於論、孟、中庸、易傳之仁體、心體、性體，乃至道體理解有差，結果將重點落在大學，以其所理解之大學為定本，則於先秦儒家原有之義有基本上之轉向，此則轉成另一系統。此種新於本質有影響，此為歧出之「新」。此一系統雖在工夫方面有補助之作用，可為原有者之所允許，然亦是迂曲歧出間接地助緣地允許，不是其本質之所直接地允許者，即不是其本質的工夫之所在。至於在本體方面，則根本上有偏差，有轉向，此則根本上非先秦儒家原有之義之所允許。如果前一種新，以論、孟、中庸、易傳為主者，實不算得是新，則宋明儒學中有新的意義而可稱為「新儒學」者實只在伊川朱子之系統。大體以論孟中庸易傳為主者是宋明儒之大宗，而亦較合先秦儒家之本質。伊川朱子之以大學為主則是宋明儒之旁枝，對先秦儒家之本質言則為歧出。然而自朱子權威樹立後，一般皆以朱子為正宗，儱侗稱之曰程朱，實則只是伊川與朱子，明道不在內。朱子固偉大，能開一新傳統，其取得正宗之地位，實只是別子為宗也。人忘其舊，遂以為其紹孔孟之大宗矣。12

牟先生以程朱為別子，也就是宋明儒學真正有新義之處，這卻不是一種褒獎的意味，這也正是他的當代新儒學最重大的意見，這裡包含了對程朱的種種嚴重的誤解，包括：說《大學》並非孔孟一系的核心著作，《論、孟》是與《庸、易》為調適上遂的一系，這就是一個極嚴重的儒學意見的立場。又包括，說程朱對仁體心體性體道體的理解有差謬；說程朱之工夫為助緣而非本質。前者是對整個程朱形上學的批判，後者是對整個程朱工夫論的批判。而牟先生批判程朱之所據，則是他的以實踐活動及所達致的主體境界作為形上學的「道德的形上學」之觀念系統，再加上對程朱的偏讀與誤讀所致。簡言之，筆者認為，牟先生將程朱思辨分析進路的形上學意見，從實踐哲學的本體宇宙論進路來解讀，以致認為程朱所言全不見道，因為缺乏動力以及將概念都分開了，所以是於本體之見上有偏差。另又將程朱從《大學》所言之工夫次第論

12. 牟宗三，《心體與性體》第一冊，頁一八 - 一九。

的意見，視為與本體工夫對立的工夫論意見，以致認為程朱之工夫為歧出而非本質，因此是別子為宗而非正宗。其實這是牟先生稍見程朱以《大學》言工夫重視先知後行之說，即以之為重知不重行，更以為程朱就是在工夫上走《大學》之路，而有歧義於孔孟之工夫入路者。實際上，程朱只是發揮《大學》本義而多有強調下學上達的一般工夫，程朱對於其他經典的解讀討論之份量與深度更決不在任何其他諸儒之下，甚至更有過之而無不及，牟先生是以朱熹與象山論辯的幾句話套住了朱熹的整個系統，將之封鎖在牟先生自己所謂的《大學》詮釋傳統中，才能有的觀點，此實為在選材上的偏差加上理解上的錯誤而提出的說法。至於《大學》言於先知後行，這就是外王事業的工夫次第問題，牟先生自己也說外王事業不是簡單的誠意、正心的事情而已，依《大學》的意見，它就是需要格物致知一番之後才能掌握正確的施政行事的做法，方案先定，才能誠意正心，以致一路行去，而至平天下的境界為止。此非僅是認識活動，亦非僅是聞見之知，因此絕不能說不是本質的工夫而為歧出者，是故，牟先生對《大學》的詮釋有嚴重的偏見。

牟先生建立這樣的程朱定位，乃於《心體與性體》之百萬字書中綿密建構而出的，筆者企圖說明牟先生之說之不恰當，亦不能是簡易輕鬆的工作。以下仍隨著牟先生的討論而逐步貼近以處理之。

五、《大學》一書的地位

牟先生說程朱依《大學》而立，非從《中庸》《易傳》之路之說，也差不多把《大學》的地位給說低了，其言：

> 據吾看，論、孟、中庸、易傳是孔子成德之教（仁教）中其獨特的生命智慧方向之一根而發，此中實見出其師弟相承之生命智慧之存在地相呼應。至於大學，則是開端別起，只列出一個綜括性的，外部的（形式的）主客觀實踐之綱領，所謂只說出其當然，而未說出其所以然。宋明儒之大宗實以論、孟、中庸、易傳為中心，只伊川朱子以大學為中心。[13]

又見：

> 是則大學只列舉出一個實踐底綱領，只說一個當然，而未說出其所以然，在內聖之學之義理方向上為不確定者，究往哪裡走，其自身不能決定，故人得以填彩而有三套之講法。[14]

13. 牟宗三，《心體與性體》第一冊，頁一九。
14. 牟宗三，《心體與性體》第一冊，頁一八。

筆者並不認同牟先生說《大學》之內聖學的宗旨不定之說，也不認同牟先生說程朱只走《大學》之路之說。前者是牟先生自己的特殊方法論視野下的誤讀，且只因為後人對《大學》詮解之創意過多，就說是《大學》本身意旨之不定。後者是牟先生對程朱著作材料的偏選與偏讀的結果，這是因為，牟先生能以《庸、易》為依據孔、孟實踐哲學的內聖之路的向上發展，卻不能認同《大學》為依據孔、孟實踐哲學的兼內聖及外王之路的向外發展，因此把明明是在講向外發展的外王之學的理論以內聖之學的角度來研讀，則處處不見其內聖之路的方向，而謂得任由陽明、蕺山、朱熹各自填彩。實則《大學》就是孔孟的兼內聖外王學的系統，為求外王事業以至平天下之成就，因此特重次第工夫以至終極圓滿。至於《大學》明言明明德以至止於至善，明言誠意、正心，豈能說其缺乏內聖之宗旨？或宗旨不定？豈可因二程、朱熹、陽明各有己意以解讀《大學》並創造己學，即謂《大學》內聖宗旨不定！至於程朱對先秦典籍之傳承，當然不只《大學》，只不過，《大學》之工夫次第論確實為程朱直接繼承，而大學之此路，又是牟先生誤以為有所別異、對立於他所強調的逆覺體證之本體工夫之路者，又因牟先生只管內聖實踐一路以定宗旨，而程朱走次第之路，故而說程朱只繼承《大學》，亦即程朱非走內聖成德的實踐工夫之路，故而說程朱只歸《大學》一路。然依筆者之見，工夫次第不對立於本體工夫，本體工夫的立場程朱亦所在多有，例如程朱言敬的本體工夫者即是，而朱熹有更多本體工夫的工夫入手觀念，如收斂、謹畏、專一、持守等等，都是本體工夫的立場，所以筆者說這是牟先生在材料上的偏選及誤讀的結果。

牟先生檢擇整個宋明儒學各家系統與先秦著作的關係，並由此定出先秦儒學實仍是以《論、孟、庸、易》以為主導，其言：

分別言之，濂溪開始，只注意中庸易傳，對於論孟所知甚少，且無一語道及大學。橫渠漸能注意論孟，亦未言及大學。至明道，通論孟中庸易傳而一之，以言其「一本」義，亦少談大學。胡五峰亦不論大學。象山純是孟子學，以孟子攝論語。就關涉於中庸易傳之理境言，則只是一心之申展，是亦兼攝中庸易傳也。然而亦很少論大學。偶有言及，亦只是假借大學之詞語以寄意耳。自朱子權威成立後，陽明亦着力於大學，着落於大學以展示其系統，實則仍是孟子學，假大學以寄意耳。劉蕺山就大學言誠意，其背景仍是中庸易傳與孟子也。伊川朱子所講之大學雖亦不必合大學之原義，然一因伊川朱子對於論孟中庸易傳所言之仁體、心體、性體、道體不能有相應之契悟，（心性為二、性道只是理、心理為二），二因大學之「明德」不必是因地之心性，「至善之則」不能確定往何處落，故伊川朱子以其實在論的、順取的態度將其所理解之性體、道體、仁體（都只是理）着落於致知格物以言之，以成其能所之二，認知關係之靜攝，將致知格物解為常情所易見之認知義，將「至善之則」著落在所格之物之「存在之理」上，此雖不合大學之原義，然因在大學，至善之則不能確定往何處落，則如此解大學亦甚順適，此即成主智論，以智決定意，此是直接從大學上順着講而即可講出者。此是以大學為主而決定論孟中庸易傳也。是故大學在伊川朱子之系統中，其比重比以論孟中庸易傳為主者為重，對於其系統有本質上之作用，而在其他則只是假託以寄意耳。其實意是將大學上提於論孟中庸易傳，而以論孟中庸易傳決定或規範大學也。此是宋明儒之事實。故吾人實可將大學與論孟中庸易傳分開看，而以大學為待決定者，由此以識宋明儒之大宗。若以大學為決定者，則即形成伊川朱子之系統。[15]

牟先生以上之說，涉及對整個宋明儒學家在先秦義理的經典詮釋成效的定位，實則多有值得商榷之處，他是以宋儒對先秦經典文本的是否引用來論斷宋儒對先秦經典意旨的是否繼承。但是，筆者以為，對經典的哲學立場的繼承與否，與對經典文本的引用與否並不是同一件事，還有，就算宋儒對某經典沒有引用及沒有討論，也不表示對該經典的文本及立場有反對之意。牟先生說周濂溪對《論、孟》所知甚少，對《大學》則無一字提及，牟先生是想說周濂溪直接走本體直貫的形上學之路，而《大學》的特殊認知型態並不為周濂溪所取。筆者以為，濂溪固重《中庸、易傳》，亦確有對先秦儒家形上學的準確繼承，但濂溪言於「親師友」、「重賢人」、「論改過」，及「文章以教化為目的」和「重禮樂的德性教育目的」之諸文，豈不即是孔子思路之正解，因此，說其於《論、孟》所知甚少，此說難以成立。牟先生如此說濂溪，實只為說濂溪由《中庸、易傳》入儒學，因此會缺乏對主觀面的認識，而這需由明道系統才能補足之。筆者認為，這正是牟先生過於形上學中心的思路所導致之過度詮釋的結果，實際上濂溪文中充滿了工夫論的命題思想，更重要的是明明白白地建立了聖人境界觀的思維，只是使用《中庸、易傳》的形上學命題來說聖人境界，反而並不是在講牟先生口中的本體宇宙論的由上而下的系統，而是由客觀的形上學理論以說主體的聖人境界，而在這個論述中，便充滿了主體實踐的工夫理論，以及是心性之學的理論，以及聖人境界由形上學而說的理論。[16]總之，說濂溪於《論、孟》所知甚少實不成立，聖人境界當然是來自孔子的根本定位，文中又多有《論語》思路，豈能說對《論語》所知甚少，濂溪文中卻少有《孟子》文句之引用及討論，所言性概念的思路又非能見到《孟子》的明顯思路，說濂溪少有使用《孟子》的思路是可以的，但說對《孟子》所知甚少的話還是太過於強勢了。至於說濂溪無一語道及《大學》，筆者沒有意見，這是事實。

牟先生說橫渠稍有《論、孟》，卻無《大學》，筆者亦無意見。牟先生說程顥融《論、孟、庸、易》為一本，筆者也不反對，事實上程顥直接談的是境界工夫的命題，故而諸存有範疇概念皆因主體實踐的活動而同合於諸價值意識之概念，故謂之一本而已，程顥點名討論的《論、

15. 牟宗三，《心體與性體》第一冊，頁一九－二〇。

16. 參見拙著：《北宋儒學》，〈第一章：周敦頤說聖人境界的儒學建構〉，臺灣商務印書館，二〇〇五年四月初版。

孟、庸、易》之文句是不多的，但談到的時候都是引用之就說出了境界工夫的操作觀念，因此說程顥繼承《論、孟、庸、易》的經典哲學立場，筆者是必不反對的，只不過程顥真正的創作，是在聖人境界的功力展示一點上，而這卻是牟先生所未能言及的。[17]程顥正是依聖人位而說，所以才會有牟宗三先生依形上學思路而說程顥之學為融合各說而為一本之論。

牟先生特重胡五峰，卻說胡五峰不論《大學》。錯了，胡五峰可不是不談《大學》，他不僅談《大學》，更且是依程伊川的思路在說先知後行的要點，[18]而這就造成牟先生立論的一大漏洞，牟先生就是過度詮釋《大學》為非孔孟系統，併合對程朱言論的批評，以致認為整個宋明儒的其他各家對程朱與《大學》都是排斥的立場，事實不然。程朱與其他諸儒之別異，一是發生在陸王自己的定位中，二是發生在要繼承陸王學的後學者的力圖建構上。牟先生自己就是後者。至於《大學》的歷史地位，在程朱大力提起討論之後，實已無人不重此書。至於《大學》本身之意旨，就是內聖外王義之最佳經典，且為實現外王，故重工夫次第之說，且必以致知工夫為先，因為在外王事業中，必是「物有本末、事有終始、知所先後、則近道矣」的原理，故而重視這個先知後行的工夫以為其始。而牟先生以為《大學》內聖一面不足，不以明明德為本體工夫，都是過度詮釋的作法。《大學》明講止於至善，這如何能不是儒家本體？又如何能不落在儒家的本體工夫中？牟先生以胡五峰是與朱熹立場對揚的系統，認定胡五峰不論《大學》，但這卻正好不是事實。不僅胡五峰論《大學》，象山也論《大學》，更不是只借《大學》詞語以寄意，而是與五峰做的一樣的事情，就是還是在發揮程伊川及朱熹所強調的《大學》之先知後行的次第工夫之思路的。[19]因此，朱陸之爭的意義與面貌都必須徹底重新檢討。關鍵即在，兩人間許多意氣之爭的話語，在後人的宗朱或宗陸的立場上被擴大解釋為對立的哲學命題。此暫不多論。

對於《大學》，牟先生說象山及陽明都是假《大學》以寄意，象山部分不成立，陽明部分筆者同意，這也正是說陽明所說之《大學》並非《大學》本義。但是牟先生自己卻說《大學》並無固定之本義，這就矛盾了，因此說《大學》沒有固定意旨，筆者不同意，實際上，程朱之說《大學》以及五峰、象山之說《大學》即是《大學》之原意。牟先生一方面把程朱論形上學的命題以《大學》說致知而導入《易傳》說窮理而結合在一起，建立了「理氣心性說的存有論形上學」與「致知窮理說的《大學》工夫次第論」之文本詮釋的超越連結，亦即程朱重知，此知既是認識外在事物的客觀之知，因此需漸進，故而是工夫次第論的；此知又即是同於窮理之知，而所窮之理在朱熹的討論中又多落入理氣論之理，因此朱熹談致知窮理的工夫次第論，便

17. 參見拙著：《北宋儒學》，〈第四章：程顥境界哲學進路的儒學建構〉，臺灣商務印書館，二〇〇五年四月初版。
18. 參見拙著：《南宋儒學》，〈第三章：胡宏對二程的繼承與對道佛的批判〉，臺灣商務印書館，二〇一〇年九月初版。
19. 參見拙著：《南宋儒學》，〈第十二章：鵝湖之會與朱陸之爭〉，臺灣商務印書館，二〇一〇年九月初版。

被牟先生結合入朱熹談理氣心性情的形上學存有論，因此，從工夫論談到了只存有不活動的存有論，但，這是牟先生自己對程朱的拆解過度以致錯解程朱之做法，並非《大學》有牟先生所說之此意，亦非程朱如此講《大學》。因此，並不存在一個以《大學》決定《論、孟、庸、易》的程朱學說系統，這是牟先生自己的跳躍思維、過度連結所自行建立的當代新儒學系統，而非程朱之學，亦非《大學》之學。

關鍵就在，牟先生漠視五峰、象山以程朱思路解《大學》之《大學》原意，硬要以寄言出意的陽明之《大學》解說《大學》義在未定，再將《大學》與《論、孟、庸、易》列為二路，從而辨其孰主孰從，從而建立起牟先生自己的主從論斷。文中提到的程朱以「心性為二、性道只是理、心理為二」，以及「性體、道體、仁體（都只是理）」之說法，這都是存有論的討論，而非工夫論的命題，當然更不是道德的形上學的命題，這就是筆者所說的，牟先生把程朱存有論的命題當成了工夫論命題來批評，故而說其意旨支離且不活動，而且，這些命題也與《大學》詮釋無甚相關，反而更多的是程朱在《論語》《孟子》《中庸》《易傳》的詮釋中建立起來的，可是，因為牟先生只管工夫實踐以致成聖之內聖成德一路，因此，對《論、孟、庸、易》也只能做出道德的形上學的定位及理論之發展，故而牟先生不能接受朱熹從存有論談《論、孟、庸、易》，而這也是他定位宋明儒與先秦典籍的關係的方式，如其言：

識宋明儒之大宗即是恢復論、孟、中庸、易傳之主導的地位。在此，吾人首先須知：依宋明儒大宗之看法，論、孟、中庸、易傳是通而為一而無隔者，故成德之教是道德的同時即宗教的，就學問言，道德哲學即函一道德的形上學。[20]

在牟先生的根本定位中，宋明儒學正是一成德之教，正是一談道德的哲學系統，經典依據上是在《論、孟、庸、易》，而哲學的建構則朝向一道德的形上學，於是，《大學》之書因程朱的特為重視與牟先生的特為宗陸貶朱的立場而旁置了，並在他的形上學中心的道德的形上學的詮釋架構中，建立了《論、孟、庸、易》四部著作的「道德的形上學」之理論。

六、孔子之仁與天的關係

牟先生對先秦著作的「道德的形上學」建構功能進行說明，而這是從對《論語》、《孟子》、《中庸》、《易傳》的逐步詮釋中建立起來的一整套理論系統，首先，對孔子《論語》的討論而言，牟先生建立的最重要命題就是孔子之言「仁」即是「天」之意。參見其言：

20. 牟宗三，《心體與性體》第一冊，頁二〇。

關於仁與天。孔子所說的「天」、「天命」，或「天道」當然是承詩、書中的帝、天、天命而來。此是中國歷史文化中的超越意義，是一老傳說。以孔子聖者之襟懷以及其歷史文化意識（文統意識）之強，自不能無此超越意識，故無理由不繼承下來。但孔子不以三代王者政權得失意識中的帝、天、天命為已足，其對於人類之絕大的貢獻是暫時撇開客觀面的帝、天、天命而不言（但不是否定），而自主觀面開啟道德價值之源、德性生命之門以言「仁」。孔子是由踐仁以知天，在踐仁中或「肫肫其仁」中知之、默識之、契接之或崇敬之。故其暫時撇開客觀面的帝、天、天命而不言，並不是否定「天」或輕忽「天」，只是重在人之所以能契接「天」之主觀根據（實踐根據），重人之「真正的主體性」也。重「主體性」並非否定或輕忽帝、天之客觀性（或客體性），而勿寧是更加重更真切於人之對超越而客觀的天、天命、天道之契接與崇敬。不然，何以說「五十而知天命」？又何以說「畏天命」？孔子此步「踐仁知天」之提供，一方豁醒人之真實主體性，一方解放了王者政權得失意識中之帝、天、或天命。21

牟先生上文中之思路即是一對孔子所言之「仁」之應具形上學普遍原理地位的討論，是要去說孔子自主觀面所言之仁，實具一客觀面的天之意旨。筆者認為，這樣的思路就是十分形上學中心的思路，所謂形上學中心就是將一切命題收在形上學問題意識中談的做法。這樣的做法，就會將本來即是主體實踐的活動說成是主觀面的命題，然後再透過強勢的分析，要將此一主觀面的命題說成是具有客觀面意旨的命題，即是以天說仁，仁天合一，仁即是天。筆者認為，牟先生實在不需要如此形上學中心地談孔子之踐仁知天的意旨。其實，仁是一價值意識的概念，在孔子的使用中它就是主體的價值意識，就是要由主體來體貼實踐而落實於日用百行中的價值，牟先生說孔子言仁是「而自主觀面開啟道德價值之源、德性生命之門以言仁」即此義也。至於在哲學史的發展中，這個仁的價值意識如何上升為普遍人性甚至即是天道的價值原理則是後來的事，而牟先生則因為孔子並未明確地以仁為天，故而說孔子自主觀面地說仁只是暫時撇開客觀面的天，重視人的主體性，並非否定天，而是特重人對天的契接。筆者完全同意孔子所言之仁，可以有普遍原理之意義，故而可說為即是天之義，因此可以說仁即是天的話，但是就孔子本來所論者而言，其實是以仁為主體實踐的價值意識而進行的本體工夫之說，如：「里仁為美、依仁游藝、以友輔仁」等，都是以仁為價值意識而由主體實踐以追求此一價值理想的說法。亦即，孔子是在談本體工夫，本體工夫以價值意識的本體為終極理想，因此在哲學的討論上，會意識到主體實踐所具的價值意識即應是一性體義的人性本質以及道體義的普遍原理。孔

21. 牟宗三，《心體與性體》第一冊，頁二一。

子雖然沒有大談天義，但意旨上蘊涵此義，此一立場筆者亦完全同意。問題只在於，說仁為主體性的描述這樣的理論意旨不準確，孔子是在講工夫論及聖人境界的話語，工夫境界論肯定要涉及價值，就是為著價值的理想而為工夫而有境界。而工夫肯定是主體的活動，非客體之所為之事，所以，不是孔子在形上學問題上重主體性，而是孔子在談工夫論與境界論的問題，而工夫境界論就是就人而言，因此由主體性處談起，人的主宰是心，主體性以心概念撐起才是準確的說法，仁是價值意識，它既是主體之本性也是天道客體之本體，故而以仁為價值意識，它既可以作為人性之內涵，也可以作為天道之內涵。然而，牟先生特重形上學義，故將孔子之仁說為有天之意，而為儒家「道德的形上學」的建構，亦即，是牟先生過於急切地就著講工夫境界論的《論語》之言仁之命題，說成了形上學的命題，故而必要說仁即是天。又見其言：

> 孔子雖未說天即是一形而上的實體（metaphysical realier），然「天何言哉？四時行焉，百物生焉。天何言哉！」實亦未嘗不函蘊此意味。……此種以「形而上的實體」視天雖就孔子推進一步，然亦未始非孔子意之所函與所許。22

牟先生亦深知孔子確未多談形上學義的天，但認為孔子行文中所透出的思想確實應視為已預函了形上學的天，此說筆者亦可認同。形上天的問題意識在孔子思想中並未大加發揮，但是預函了此義而可由後人接續言說以創發之，只不過，這是形上學的創發，而孔子所論並非形上學命題，而是工夫論命題，只是以仁概念來說此工夫論命題中的本體工夫中的本體，反而，是牟先生自己進行了一個形上學義的「仁即是天」的義理開創，參見其言：

天之義既如此，則仁心感通之無限即足以證實「天之所以為天」，天之為「於穆不已」，而與之合而為一。在孔子，踐仁知天，雖似仁與天有距離，仁不必即是天，孔子亦未說仁與天合一或為一，然1.因仁心之感通乃原則上不能劃定其界限者，此即函其向絕對普遍性趨之申展。2.因踐仁知天，仁與天必有其「內容的意義」之相同處，始可由踐仁以知之，默識之，或契接之，依是二故，仁與天雖表面有距離，而實最後無距離，故終可合而一之也。中庸言「肫肫其仁，淵淵其淵，浩浩其天」，此即示仁心仁道之深遠與廣大而與天為一矣。易傳言天道「顯諸仁，藏諸用，鼓萬物而不與聖人同憂，盛德大業至矣哉」！此亦是仁與天為一也。此亦未始非孔子意之所函與所許。如果天向形而上的實體走，不向人格神走，此種合一乃是必然者。此亦是孔門師弟相承，其生命智慧之相呼應，故如此自然說出也。宋明儒尤其如明道即依此呼應而亦存在地呼應之，遂直視仁與天為一矣。在此，

22. 牟宗三，《心體與性體》第一冊，頁二二一。

明道對於仁之體會不誤也。此須有生命智慧之存在地相感應始能知，非文字之訓詁與知解事也。自明道如此體會後，宋明儒之大宗無人不首肯。伊川朱子之講法（以公說仁，仁性愛情，仁是心之德愛之理），不能有此呼應也。[23]

牟先生的推斷都是成立的，但是哲學基本問題的釐清卻是雜揉混亂的，就是在這個混亂中，牟先生對程朱之學做出了不能呼應孔子哲學的宣斷，這就是上文最需要澄清的地方了。其實程朱之言於「以公說仁，仁性愛情，仁是心之德愛之理」都是存有論討論，並不是本體宇宙論的討論，也不是工夫境界論的討論。而存有論命題的哲學立場，也不會干涉、破壞、對立於本體宇宙論及工夫境界論的命題立場，只是牟先生在其中讀不出本體宇宙論及工夫境界論的意旨而已，但不能說這就是對於《論語》的歧出或背離，至於能不能呼應，這還要看在討論的是哪種問題，存有論的命題當然是與工夫境界論的命題有其關聯與互相發明的，就看哲學研究者問不問這個問題而已了。

牟先生說仁是天之語意在本文中出現了以仁心、仁道與天為一的說法，筆者認為，這樣的說法才是準確的，而不是「仁是天」，其實是「心是天」，而實義是「心與天有共同之價值意涵，即仁」。天、道、心甚至是性、理、氣，這些都是存有範疇的概念，從存有論說，當可大說特說這幾個概念之間的關係，而這甚且是當說必說者，程朱哲學即深入及此，其他各家則是隨意說說，並非不談，而是所談不深入，更且以為談這些是「支離」，可以不必談。事實上這些就是存有論問題，是在討論概念關係的思辨哲學的問題，而不是本體宇宙論中之言於天道創生的問題。對於人心與天道有其共同的價值意涵而言，說此「仁心仁道與天為一」是很準確的說法，亦即心之價值意識即是天道之價值意識，其內涵即是仁，心之仁與天道之仁為一，仁這個價值意識既是天的也是人的，既是天道也是人心。而此處又有三條思路，其一為工夫論思路，亦即人心經由實踐的修養工夫，其與天道的價值意識合一，是人的境界上升到與天的意志一致，是存有狀態上的一致；其二為形上學存有論思路，是存有論上說人的本心亦即是天道，這是存有範疇問題上的一致；其三為本體論思路，是本體論上說人的本心與天道的價值意識內涵都是仁，是價值意識上的同一。然而，說心之價值意識是說其本心，亦即其本質，亦即普遍人性，亦即性，因此存有論思路就同於「性即理」說。人性即天理，存有論上人性是人的本質，而理是天的普遍原理，以其皆為本質原理，故而得說「性即理」；本體論上人性的價值意識其實就是天所賦命的，這就是本體宇宙論的思路，因此內涵相同，都是仁，以其皆是仁，故亦可說「性即理」。

23. 牟宗三，《心體與性體》第一冊，頁二二一二三。

從系統哲學說，說「仁是天」得有上述諸義，清清楚楚，並不混淆，亦不會不一致。但是，從知識論說，又有另一義，此即牟先生所言人心之感通可以證實天之所以為天者。由踐仁可以默識仁之與天為一，說天為仁是說天的價值意識為仁，是說有此天，此天有價值意識，其價值意識為仁，而這個天是仁的普遍原理的命題在實證上是透過人心的踐仁感通而實現而證實的，這個證實的完成是需要有主體的實踐的，所以主體的實踐是命題的實證的前提，說仁就是要說主體以仁為價值意識而發為本體工夫了，此即人心之以仁價值而為感通作用，此作用中可以體知證知天道的實存及其價值意識亦是仁。筆者此處要強調從實證說是知識論課題的目的，是因為牟先生在其他更多地方的討論中把實證的課題又當成是道德的形上學的圓滿地完成的圓教義來說，亦即是把知識論當成形上學來說。實踐可以證成普遍原理是一回事，系統哲學的內部一致性推演是另一回事，談實證是知識論的課題，談系統推演則是在談實踐哲學的本體論、宇宙論、工夫論、境界論的互相推演，以及思辨哲學的存有論與實踐哲學的相關涉問題。就此而言，牟先生說孔子之說天可以視為一形而上的實體，此即系統哲學問題中的一致性推演，因為孔子確實說天，而周以前之天主要是人格神義，但孔子以人心之仁價值之感通為必可實踐的事業，論其緣由，是依據實體義的普遍原理，此說筆者亦完全同意。但是，談證成還是要在工夫實踐中才能談，並不是有工夫理論即是完成了實證，有工夫理論只是完成了系統哲學的一致性推衍，而哲學思辨的工程到此即已完成，實踐而實證是人存有者的生活事業，儒釋道三教都能因著實踐而證成其普遍原理為真，此處並沒有儒學的證成優位的理論意義，亦即並非只有儒學能證成而它教不能，更重要的是，並非只有儒學內部系統中談到工夫理論的系統能證成，而其他學派的理論系統不能證成。牟先生於程朱、陸王之別異中，以陸王能證成而程朱不能證成，這就是實踐哲學的系統理論與知識論的證成課題的混淆，是以陸王有工夫論即認定陸王有實踐及證成。

總之，牟先生由孔子處定位「道德的形上學」，做法上就是要說如何從仁心的感通以知天而證天，從而說仁與天之為一，從而建立「道德的形上學」命題，筆者贊同其實踐之實證說以及天之實體說，但要強調前者是知識論課題，後者是系統性哲學問題的本體宇宙論之推演課題。至於仁與天之為一，其實有三義，根本上是人與天之合一，有工夫論、存有論、本體論三路可說者，而語義表述上都不宜說是仁與天之為一。

七、孟子之心性與天的關係

牟先生說孟子，討論其於「道德的形上學」建構之重點，則是以仁與心性及心性與天的關係處說，首先，就仁與心性關係而言，筆者前面言於孔子之在主體性處所說之仁必是人心中之價值意識等義，即在牟先生說孟子學貢獻中見出，參見：

孔子未說心字，亦未說仁即是吾人之道德的本心，然孔子同樣亦未說仁是理、道。心、理、道都是後人講說時隨語意帶上去的。實則落實了，仁不能不是心。仁是理、是道，亦是心。孔子由「不安」指點仁，不安自是心之不安。其他不必詳舉。故孟子即以「不忍人之心」說仁。理義悅心，亦以「理」說仁。「仁者人也，合而言之，道也」，亦以「道」說仁。這些字都是自然帶上去的，難說非孔子意之所函，亦難說孔子必不許也，是以孟子即以道德的本心攝孔子所說之仁。24

牟先生以孔子雖未說心字，但仁即是道德的本心，故孟子得以本心說孔子之仁，此說筆者贊同。心、性、理、道等概念是逐漸出現哲學意涵的，而哲學問題意識的深入也是逐漸發生的，因此概念的使用也愈加分殊亦愈加精確，因此當談論實踐主體的問題意識愈加清晰之後，就會出現要鎖住心概念說實踐活動的思想，於是孟子強調「不忍人之心」，不忍人即是仁的態度，這是心態，是心這個主體的價值意識，故說出心。然後，當哲學史再度發展，則會出現「性、情、才、欲、念、慮」等等概念來分攤及承擔更多問題的討論，於是程朱有「心統性情」之說，牟先生可以接受孔子言仁朝心性概念發展，卻硬要批評程朱更細節地討論「心、性、情」概念關係的思想，說其為歧出於孔孟，實不公允。

以上說孟子的「心」概念之出現及使用，以下說孟子的「性」概念之出現及使用。其言：

孔子亦未說仁即是吾人之「性」。子貢言「夫子之言性與天道不可得而聞也」。孔子亦偶爾言及「性相近也，習相遠也」。其心中如何意謂「性」字很難說。「性相近也」之「性」，伊川朱子俱視為氣質之性，此大體亦不誤。……如果指超越面的義理之性說，則當與仁為一，仁即是吾人性體之實。如果指經驗面的氣性、才性、或生之謂性之性說，則仁與性不能是一。……孔子已接觸此問題，然可能一時未消化澈，猶處於「性者生也」之老傳統中，故性是性，仁是仁，齊頭並列，一時未能打併為一。……是則性之問題在孔子猶是敞開者。[25]

此處牟先生認為孔子在性概念的使用及討論上是處於一個未決的狀態，實際上就是孔子尚未深入這個問題去思辨，只是一般地使用著這個性概念，尚未在性概念的特殊哲學意義上落實。即就此而言，牟先生也說程朱對於孔子之「性相近也」的「氣質之性」的解讀是有道理的。但這也只是對孔子的一句使用到性概念的話的解讀，並沒有定執地說孔子主張性就是什麼，也沒有主張性就只能是氣，而是就眾人的差異而說是氣的稟受的結果，至於眾人成聖的可能則仍是有天命之性的保證的，兩路都是性概念可以使用及言說的路徑，各有所面對的問題，也各自

24. 牟宗三，《心體與性體》第一冊，頁二三—二四。
25. 牟宗三，《心體與性體》第一冊，頁二四—二五。

是成立的理論，只是天命之性的思路在孔子的話語中尚未出現而已。牟先生既可尊重未提「天命之性」的孔子思路，但卻對後來程朱所說之性多有批評，如批評其說「心性情」三分，以及批評其對「氣質之性」視之為「性之墮在氣質中」而非「氣質本身是一種性」者，這實在是牟先生未能尊重程朱的思路所致。又見：

> 至孟子時，性之問題正式成立。告子順性者生也之老傳統說性，而孟子遮撥之，則從道德的本心說，此顯然以孔子之仁為背景。在孔子，仁與性未能打併為一，至此則打併為一矣。在孔子，存有問題在踐履中默契，或孤懸在那裡，而在孟子，則將存有問題之性即提升至超越面而由道德的本心以言之，是即將存有問題攝於實踐問題解決之，亦即等於攝「存有」於「活動」（攝實體性的存有於本心之活動）。如是，則本心即性，心與性為一也。至此，性之問題始全部明朗，而自此以後，遂無隔絕之存有問題，而中國亦永無或永不會走上西方柏拉圖傳統之外在的，知解的形上學中之存有論，此孟子創闢心靈之所以為不可及也。26

在這一段話裡面，牟先生將孟子說性的理論意義予以申述，即是將存有問題以實踐之路解決之，筆者以為，此說有哲學基本問題的混淆，必須檢討。存有問題是形上學問題，就實踐哲學相關的形上學問題而言有本體論及宇宙論兩部分，實踐問題是工夫境界論問題，形上學問題當然會跟工夫境界論問題有理論的關涉、推演、互動，但是，孟子是講工夫論問題，而說盡心知性，至於盡心可以知性則是形上學命題已為其預設，因此說工夫論預設形上學是可以的，至於說將存有問題攝於實踐問題則不妥當。牟先生之意是孟子談性是一個存有論問題，因性由心知，因此是攝存有於實踐中，於是牟先生之意是孟子的「道德的形上學」是從實踐之路建構的，因著從實踐之路建構，遂無隔於存有，也不會走入西方知解式形上學之路。其實，知解之路的形上學存有論問題有它獨立的問題意識與哲學功能，而這也正是筆者於本文中使用存有論一詞以有別於本體論一詞之使用意，即是討論概念思辨的知解的形上學問題；而實踐哲學的思路又是另一路，這是兩項各不相同的哲學問題，並沒有所謂不會走入知解之路的斷語之有必要說者。牟先生後來就說程朱之學就是西方柏拉圖、多瑪斯傳統的「本質倫理」之學，這就是知解之路，但是，筆者主張，這一路的功能在於清楚地界說所使用的概念的意涵，而孟子所使用之性概念就有必要從這個純粹存有論的進路來深入解析，那就是在討論「心性情氣」的關係的問題了，藉由關係的界定，更使孟子性善論說能與其形上學有一致性的推衍，因此也就更可以說出工夫論了。

26. 牟宗三，《心體與性體》第一冊，頁二五—二六。

但是，牟先生的做法卻是把工夫論收在形上學裡面說，以致建立一個有實踐活動義的動態的「道德的形上學」。然而，並不是孟子講了工夫論就表示孟子的形上學不會走入知解之途，所謂知解之途其實就是從概念解析以建構思考模式，它本身並不是在談工夫論的問題，但是所談的命題又都可以作為工夫論命題的言說依據，所以各是兩路的哲學問題，因此亦皆有理論功能，所以也不是孟子否定了這條概念分解之路，而是孟子沒有進入這個問題的更深入的思辨討論中，孟子是直接使用概念以發表實踐觀點的工夫理論，至於其所使用的概念，當然自動開放給後人從其他更多的哲學問題面向來討論，包括思辨性知解的存有論討論，並且，不會因為孟子發揮了工夫論思路，就表示知解分析之路是孟子反對的、或是背離孟子的。也就是說，牟先生據此以為孔孟之形上學是一攝存有於實踐中的「道德的形上學」，筆者認為這是牟先生的特殊建構，只管從工夫論一路來講實體形上學，而拒絕其他哲學問題的合法性地位，企圖經由這樣的建構，而要排斥知解之路的純粹存有論發展，亦即要排斥程朱之學。然而，程朱之學雖然確實具有此一面向，但這也只是程朱之學所具備的其中的一個面向，事實上程朱之學不只有這個面向而已。

此外，從語意分析說，牟先生講的「本心即性」，是「攝實體性的存有于本心之活動」，其實牟先生應該講的是「心即性」，是氣化實然之心之做工夫變化氣質而謹守純粹至善的天命之性，是心之做工夫以至於處在本心的狀態，而不是人有一個本心、又有一個非本心而為放心的心，因此由那個純善的本心去做工夫而致即性，且排斥那個會為惡的放心，這樣說是不對的。應該說是「會為善也會為惡的氣化實然之心」去做工夫，並以性善之性即本心之性為嶄向而做工夫，因此整個是一套工夫論的思路，而非形上學的思路之言於以實踐說存有之事者。實踐就是實踐，實踐跟存有是有關係而非沒關係的，但並不需要說是攝存有於實踐以致使兩者合為一事。實踐是以最高存有的價值意識範疇為心理意志之凝煉的嶄向，而不是把存有講成了實踐，即便在這樣的講法中，牟先生講的本心亦本來就已經是性概念的意思了，因此不宜於說本心即性，否則就只是存有論的本心概念就是性概念的命題意旨，而這正好不是牟先生的思路，牟先生的思路是主體之心已實踐而即性，因此才能說是攝存有於實踐。筆者之意是實踐就是實踐，存有就是存有，存有與實踐有理論上的關係，但兩者不是一回事，故而存有不能攝於實踐中。談本心概念即是性概念，這是存有論的討論，談主體之氣化實然之心之做工夫以致嶄向於其性是工夫論的討論，兩件事情要分開來說。

牟先生又接著討論孟子所使用的心性概念與天概念的關係，認為孟子之心性與天尚有一點相隔，但其心性與天必應是一無隔的關係。其實，這也就是牟先生必欲建立實體形上學的形上學中心的思路所致的特殊詮解結果，其言：

> 仁與心、性既如此，則孟子處心性與天之關係即同於孔子處仁與天之關係。孟子從道

德實踐上只表示本心即性，只說盡心知性則知天，未說心性與天為一。……在孟子的語句上似表示心性與天尚有一點距離，本心即性，而心性似不必即天。然此一點距離，一因心之絕對普遍性，二因性或心性之內容的意義有同於天處，即可被撤銷。故明道云：「只心便是天，盡之便知性，知性便知天，當處便認取，更不可外求。」明道如此說，實因其生命智慧與孟子相呼應，孟子本可有此開啟，故即存在地呼應之而即如此說出也。如果天不是向人格神的天走，又如果「知天」不只是知一超越的限定，與「知命」稍不同，則心性與天為一，「只心便是天」，乃係必然者。盡心知性則知天，順心性說，則此處之「天」顯然是「實體」義的天，即所謂以理言的天，從正面積極意義看的天。所謂性之內容的意義有其與天相同處亦是從積極意義的「天」、「實體」意義的天說。此所謂「內容的意義」相同實則同一創生實體也。「天」是客觀地、本體宇宙論地言之，心性則是主觀地、道德實踐地言之。及心性顯其絕對普遍性，則即與天為一矣。明道如此呼應，宋明儒之大宗亦無一不如此呼應。惟伊川朱子則轉成另一系統，遂亦不能有此呼應矣。27

牟先生說孟子之心性與天的關係應同於孔子之仁與天的關係，此說筆者也是認同的，但牟先生說孟子對心性與天的關係尚有一隔，此說亦無必要，那只是就盡心知性知天一句說的，其實，在《孟子》書中的「誠者天之道，誠之者人之道」的說法中，天人之間已經以有共同的價值意識而為一了，所以說心性與天之為一或不為一是要看是在談什麼問題才說的。牟先生特舉的明道之說法，是一言「心、性、天」之可以合一的標準說法，但是，明道的合一說的命題卻不是形上學的問題意識下的合一，而是在工夫論脈絡下說工夫已臻至純境時的主體體貼狀態，天當然可以是實體字義，實體字義的天被心認取是認取它的價值意識，並不能說主體的心當下即是實體的天，只能說主體的心當下即以天命的性以為活動的唯一意識，因此不必外求。可以說主體之性即天道之天理，此即是指其價值意識之即，此兩者作為原理義的角色是相同的，而非存在上是合一的，故而不是「心性天」三個概念在一切問題的面向上都可以說為合一的。從工夫論上說，「心性天」在主體實踐以至純粹聖境時可言同一於主體之境中，但是從概念指涉的實義上說時，天、性、心各具一存有範疇，對其做清晰分解之事，即是一存有論討論，此項工作並不等於不能呼應工夫論的「心性天」之合一義，這裡便是牟先生對程朱之學的強為拆解與批評了。

此外，牟先生說天是實體義的天，同時是以理言的天，亦即天是價值意識之原理，其本身是一個實體。既然如此，如何能說從主觀面說的主體的心與性亦是這個實體呢？若以此性亦為

27. 牟宗三，《心體與性體》第一冊，頁二六－二七。

一實體，並認定此性體是自天理之賦命而有者因而與天道實體是同一個價值意識之實體，此說當可成立，但是此一性體畢竟是在於人存有者的主體中的性體，從存有範疇說，不能說它就是天道實體的本身。至於心性顯其絕對普遍性時，亦即可以說是當主體實踐以達致聖人境界之時，則此聖人之主體心與其天命之性與天道實體的價值意識完全同一，此話仍是可說，但是聖人的心性與天道實體畢竟不是同一個存有範疇，所以所謂與天為一之為一之意義，依然不能說是完全同一於一個存有範疇之同一義。既然沒有這樣的一個同一義，則牟先生攝存有於實踐中的說法就沒有這個必要了，因為那是形上學中心的思路，存有論上該論於同一的就是「性即理」，工夫境界論上可論於同一的就是「心即理」，但並沒有一個「道德的形上學」上的「心性」即是「天」之義理之可說的。

以上牟先生的這些說法，實際上真正是與熊十力論於《新唯識論》中的意思是一樣的，熊十力依佛教唯識學說一套唯心論的整體存在界理論，天道之心與人道之心不分，牟先生此處亦即是此意，但熊十力已是混淆問題的一套做法，[28] 至牟先生又重犯其故。

八、結論

本文談〈對牟宗三談宋明儒學之所以為新儒學意見的方法論反省〉，牟先生藉由「仁心性天」等概念意旨的界定，以及「道德的形上學」之特殊型態約定，來說「周、張、明道、陸、王」與「伊川、朱熹」是兩種不同型態的新儒學，前者是準確繼承而發揚之為新，後者是別出新旨而為新，顯然前者是正宗而後者是旁出了。

本文討論的重點，在對牟宗三先生《心體與性體》概念使用的方法論反省，企圖從他所有的概念使用背後的問題意識之揭露說起，逐步發覺牟先生其實就是建立了一套自己特殊使用的形上學概念模型，將工夫論塞入形上學中，從而比較程朱、陸王的高下，既不能獨立地見出工夫論的思路脈絡，又不能清晰地呈現形上學概念的意旨。因此，筆者主張，應該區分工夫論與形上學的問題意識，將之分開討論，並且在工夫論中區分工夫論與境界論，並且在形上學中區分實踐哲學的本體論、宇宙論，以及思辨哲學的存有論問題意識。從此對程朱、陸王的異同，

28. 筆者對熊十力哲學宗旨的意見，參見拙著：〈熊十力新唯識論的問題意識與思想立場〉，二〇一三年，一月十八～二十日，「儒家思想與當代中國文化建設國際學術研討會」，深圳大學國學研究所主辦。http://homepage.ntu.edu.tw/~duhbauruei/1dbr/paperbook.htm.

既能別其異，又能不必使其在差異中有所對立，這就是本文寫作的目標。然牟先生著作龐大，每一段文字中都蘊含了所有的思想系統的思路，分析疏解時十分不易，不得已僅能以本文之逐段分析的方式進行，篇幅已多，暫結於此。關於〈綜論〉部，還有下一章的討論。

第二章　對牟宗三談宋明儒學之課題與分系的方法論反省

一、前言

本書第二、三兩章之作，乃針對牟宗三先生《心體與性體》一書之〈綜論〉部分做細節的討論。第二章之作，即其中的開頭階段，包括〈綜論〉第一章之第一節及第二節之全部，以及第三節論於孔、孟部分，本章即從〈綜論〉第一章第三節之《庸、易》部分往後討論。

二、《中庸》之性與天的關係

牟先生的「道德的形上學」是由先秦儒學各家經典的詮釋而建立起來的，建立之後，便產生對宋明諸儒的詮釋及檢擇之判準，牟先生論於孔孟時是討論「仁、心、性、天」的體系關係，其實就是把價值意識的本體論：「仁」，和主體實踐的工夫論：「盡心知性知天、存心養性事天」合在一起講的體系。至於對《中庸》定位的討論，牟先生是把它放在「性」與「天」之合一的命題重點上，而這一部分就是關於概念範疇的存有論之學，把存有論講清楚，則本體工夫論也就更可以講了。參見其言：

> 關於「天命之謂性」。中庸說此語，其字面的意思是：天所命給吾人者即叫做是性，或：天定如此者即叫做是性。單就此語本身看，尚看不出此天所命而定然如此之「性」究是何層面之性。然依下句「率性之謂道」一語看，性不會是氣性之性。又依「中也者，天下之大本也」一語看，如果「中」字即指「性體」言，則作為「天下之大本」之中體、性體，亦決不會是氣性之性。又依中庸後半部言誠、言盡性，誠是工夫亦是本體，是本體亦是工夫，誠體即性體，性亦不會是氣性之性。此可能是根據孟子言性善而來。1

牟先生首先討論《中庸》首章「天命之謂性」一句，重點在指出，這是依據孟子性善論的本體論立場而有的發揮。在以上這段文字中，牟先生所關切的問題就是這個「性」不能是「氣性之性」，它不攙帶著「氣」，而是純粹的「天命、天道」。牟先生這樣的強調，其實就是藉由《中庸》的命題，繼續建立「道德的形上學」系統，這個系統，是有一個超越的實體，一個純善的、非氣存在的、能起創生作用的實體，它固是性體，是人性主體的性體，但是它不受人存有者的氣性生命之限制，因為它是與天道同體的性體。對於這個問題的討論將在本文下一節討論《易傳》時再一併深入處理。這樣的說法在理論上可產生的效果即是正面地說出一個天道性命相貫通的性體，而與孟子從主體實踐上說的性體既有不同也可溝通，這才是牟先生談《中庸》的重點，參見牟先生另言：

> 孟子之自道德自覺上道德實踐地所體證之心性，由其「固有」、「天之所與」，即進而提升為與「天命實體」為一也。而此亦即形成客觀地從本體宇宙論的立場說性之義。如果「天」不是人格神地天，而是「於穆不已」的「實體」義之天，而其所命給吾人而定然如此之性又是以理言的性體之性，即超越面的性，而不是氣性之性，則此「性體」之實義（內容的意義）必即是一道德創生之「實體」，而此說到最後必與「天命不已」之實體（使宇宙生化可能之實體）為同一，決不會「天命實體」為一層，「性體」又為一層。……是則誠體即性體，亦即天道實體，而性體與實體之實義不能有二亦明矣。2

在牟先生的討論中形成了說性的兩路，其一為孟子的自道德實踐地說性，其二為自天道實體的本體宇宙論進路地說性，牟先生說兩路必須是一路，說兩層必須是一層。其實，這裡還涉及兩個不同層次的哲學基本問題。第一、從主體說性及從天道說性是一回事，第二、說主體之

1. 參見牟宗三著：《心體與性體》第一冊，台北：正中書局，一九六八年第一版，頁二九。
2. 牟宗三，《心體與性體》第一冊，頁三〇。

性即是天道是另一回事。就第一個層次而言，孟子自實踐上說性，是工夫論上說工夫所據之在人存有者身上的良知良能之性，此性是否上升為天道，也許孟子並未明說，但是《中庸》之所說就確實是說有一個天道賦命的人性，但是《中庸》所說及孟子所說之性都只能是同一個性，同一個扮演主體本質性本性的功能的性，它從工夫論說，是作為主體實踐的價值意識之定準，它從形上學說，是作為天所賦命於人的本性，但它總之就都是說得是人之本性，因此它有工夫論的功能，也有形上學的角色。工夫論上使主體之實踐有定準，形上學上使天道實體與天地萬物有內在的連結，可以說在孟子處多注意及工夫論上的功能，而在《中庸》處則發展它形上學的角色。就第二點而言，說性體即天道實體，這差不多等同於說孔子之仁即天的意思。然而，從概念範疇說，性體與道體兩者畢竟在指涉上有所不同，雖然，從價值意識的內涵說，性體與道體當然必須相同，因為兩者都是純粹至善的本體。只不過，從存有論的角度說，性體以其為人存有者的本質性本性而為本體，道體以其為整體存在界的根本意義而為本體，兩者內涵可以相同，但是存有範疇的指涉意義仍是不同，因此牟先生特為指出兩層是一層之意應予辨析。牟先生的思路常常都是從形上學跳到工夫論，再從工夫論跳回形上學，最終多半以工夫論說形上學，以致造成工夫論與形上學不分，導致理論的糾纏難解。因此說性體與道體不分的話只能是從工夫論上說性體與道體的價值意識皆是主體的價值意志之內涵，但是純粹從概念分解的存有論上說時，兩者並不相同。牟先生說的誠體即性體的話只能是藉著聖人實踐達至圓境時，此時整個天下都是聖人意志的涵幅，此時聖人之性體無限擴充之，而即與天道實體為一，天地萬物就是由這位聖人的實踐的心意來貞定的，此時說性體即是道體是可以的，但是這個性體及道體之為一是就著聖人境界說的，而仍不是就著存有範疇說的，在其他個別的狀態中，性體與道體只能是有價值意識內涵的同一，存有範疇上它們始終是兩回事。

以上筆者所做的區別，是加上了清楚的工夫論與境界論的問題意識後的區別，也是加上了清楚的存有論與本體宇宙論的問題意識後的區別，在聖境中主體與實體的行動是二而一的，但主體與實體畢竟是兩個存有，因此性體與道體也只能說是價值意識內涵之同一，而絕不是同一個存有。當聖境出現，主體與天道實體二而一矣，此誠其然，亦甚美矣，更已圓滿，但是要就一般人而談的工夫論旨時，則主體之作為與天道實體不一，關鍵在氣性生命本身不圓滿，因此談工夫修養，必定是要在此處討論，亦即就是要對治氣性生命，牟先生追求圓滿的聖境是一回事，強調性體即是道體確實是重點，但哲學問題面向眾多，處理一般人的實踐理論是另一回事，更需要討論氣性生命的對治，這些部分牟先生未能清楚區分，在以下所述之旨意中仍是混在一起談的，其言：

> 就其統天地萬物而為其體言，曰實體；就其具於個體之中而為其體言，則曰性體。言之分際有異，而其為體之實義則不能有異。是即橫渠所謂「天所性者通極於道，氣之昏明

不足以蔽之」之義。性體與道體或天命實體通而為一，故自此義言性者特重「維天之命於穆不已」之詩，遂形成客觀地超越地自本體宇宙論的立場說性之義，而與孟子之自道德自覺實踐地說性、特重「民之秉彝好是懿德」之詩句者有異，然而未始不相呼應、相共鳴，而亦本可如此上提也。由孟子之自道德自覺上實踐地說性，由其如此所體證之性之「固有」義、「天之所與」義、以及本心即性、「萬物皆備於我」、心性向絕對普遍性申展之義，則依一形而上的洞悟滲透，充其極，即可有「性體與天命實體通而為一」之提升。中庸如此提升，實與孟子相呼應，而圓滿地展示出。3

文中牟先生說所言有分際之異但其為體之實義不異，是既承認有別又要說共同，這是指天道實體與性體而言，說兩者之存有範疇有別但價值意識共通，這是一定可以成立的話。因此牟先生說《中庸》上升孟子之從主體實踐處之性體為天道之實體，這話應解讀為《中庸》談出了一個可以作為主體實踐的性體之形上依據的天道實體，這個天道實體因著主體的實踐實證而可確知為真有此體，所以《中庸》是在孟子的實踐哲學的基礎上說出了形上學的普遍原理的天道實體的命題。但是，形上實體還是形上實體，它就是天道實體，而主體實踐之依據的良知良能之性體還是主體的性體，它就是性善之主體的性體，這個性體一方面作為實踐的主宰一方面作為存有的本質，因此又可說「從本體宇宙論說性體與從道德實踐說性體是一」的話，因為兩路所說者都是性體，只是從兩種哲學基本問題的入路進來說此一性體的，一路是存有論地說性體，一路是工夫論地說性體。

但是，說「道體即是性體」這話就有問題了。這樣的說法是兩個存有範疇合為一個存有範疇的意思，嚴格地說，只有佛教華嚴宗的闢盧遮那佛有這樣的存有論的地位，此佛自身之主體即是遍在的整體宇宙，因此道體即性體。說儒家的聖人之依主體之性體而實踐而影響及於整體存在界而說為即是道體時都稍有說過頭的情形了。筆者必須說，從牟先生更多的其他文本顯示，最終牟先生還是要指出性體即是道體的天道命相貫通之理想圓滿義，筆者要強調的就是，這只能是就著聖人的境界說的，而不是在形上學上能有這樣的一個命題可以成立的。正是因著牟先生在談形上學命題的時候流入了工夫論的問題意識，又因為只有做工夫才能成聖境，而成聖境正是儒學的最終目標，所以牟先生在談形上學時就會以成聖境為圓滿的形上學，但是，這正是哲學基本問題的錯置，也正因為如此，所以他就會對純粹停在形上學存有論思路中談性體與道體的概念分解的程朱的命題予以批判了。如其言：

3. 牟宗三，《心體與性體》第一冊，頁三〇－三一。

由於中庸之提升，宋明儒即存在地與之相呼應，不但性體與天命實體上通而為一，而且直下由上面斷定：天命實體之下貫於個體而具於個體（流注於個體）即是性。「於穆不已」即是「天」此實體之命令作用之不已，即不已地起作用也。此不已地起命令作用之實體命至何處即是作用至何處，作用至何處即是流注至何處。流注於個體即為個體之性。此是承中庸之圓滿發展直下存有論地言之也。此雖與中庸稍有間，然實為中庸之圓滿發展之所函。宋明儒如此斷定，不得謂無根也。

此斷定幾乎是宋明儒共同之意識，即伊川朱子亦不能外乎此，即象山陽明亦不能謂此為歧出。惟積極地把握此義者是橫渠、明道、五峰與蕺山，此是承中庸易傳之圓滿發展而言此義者之正宗。伊川朱子亦承認此義，惟對於實體、性體理解有偏差，即理解為只是理，只存有而不活動，此即喪失「於穆不已」之實體之本義，亦喪失能起道德創造之「性體」之本義。象山陽明則純是孟子學，純是一心之申展。此心即性，此心即天。如果要說天命實體，此心即是天命實體。4

本文前段所說之天命實體下貫個體即是性，此義是說天道流行，此說可以成立，說其成立是說人存有者的本質性本性即是天道賦命的，這就是從本體宇宙論地定位人性主體之性體的存有論地位之意。但是，說主體實踐之性體即是道體是不能成立的，因為天道賦命於人以成之人之本性時就是個體之性體了，個體之性體與天道實體有共同價值意識是當然可說的，但是在存有範疇上還是兩回事。要說是一回事只能是在說做工夫時，主體以性體為意志之蘄向而此性體即在價值意識上同於道體，因此做活動的時候可以說性體即道體，但是這個同一還是指涉價值意識的同一，主體既是以性體也是以道體為實踐的意志蘄向，只要主體在存在範疇上並不即是整體存在界，就不能在形上學上說性體即是道體，最多說其為一理一分殊之關係，統體一太極，物物一太極。然而，明明是形上學存有論的問題，牟先生卻還是以工夫論問題意識來侵入形上學命題的定位中，故而肯定象山之此心即是此性、又即是此天之說，因此此心即是天命實體，而牟先生卻批評程朱之理是只存有不活動者，故而其已喪失道德創造力。筆者認為，朱熹某些談話只是在存有論問題意識脈絡下的談話，不涉及工夫論問題，但這並非不談工夫論更非否定工夫論，而是某些命題確實單單只是在談存有論問題而說的存有範疇的概念定位，故而性體、天道實體甚至主體之心各是不同的存有範疇，純粹就其價值意識之為實體而言，它是不變動的，因為它是永恆地價值同一的，至於當整體地以其就在天地萬物之中主導萬物之生發而為現象之流行變化而言，它就帶出了現象的活動，因此，牟先生強調的即存有即活動之活動義，應該要轉為說就是天地萬物的現象世界的活動，若還要說是價值意識的實體的活動，那就是要另

4. 牟宗三，《心體與性體》第一冊，頁三一一—三一二。

有語意約定了。至於強調實體之價值永恆不變，不隨任何現象流變而更改自己，這時談的是這個恆善的本體，就此而言，此理不動，這是程朱從存有論進路在談的問題，而且這仍然是可說當說且應說的話，這就是朱熹理氣論的命題在處理的問題，這就是純粹在抽象思辨的存有論脈絡中的命題。

至於牟先生說象山之此心即是天命實體的話，依筆者的分析，這就是工夫論的話，是此一主體之心以性體及實體為意志的嶄向，所以還是價值意識的同一，是工夫主體的價值意識之同一，而非形上學問題中的存有範疇的同一，因此並不存在著說性體與道體的同一才是正確的命題的形上學立場。亦即並不存在形上學問題中的即存有即活動的性體與道體，只是形上學中的性體與道體皆在主體的心的實踐中作為同一個價值意識而為主體所實現著。同時，也不存在著只存有不活動的形上學命題，而只是有說此價值意識的道體與性體的價值意識是永恆不變的意旨，而此一意旨所指之道體即在天道流行中即以整體存在界的活動而動作了，以及此一意旨所指的性體即在主體的道德實踐活動中亦有其動作了。前者是存有論的性體、道體、理體之在宇宙論中說的，後者是性體、道體、理體之在工夫論中說的。因此，只有明確說明正在談論哪種問題，才有要提出哪種命題的立場。

由於牟先生刻意地將工夫論置入形上學中談，以至於有性體、道體為一的立場，甚至，更有心體與性體、道體為一的立場，這就更是將工夫論與形上學合構的作法了。牟先生對王陽明談我的靈明便是天地鬼神的主宰之說，就是把實踐活動置入形上命題中處理的做法，其言：

此便是一心之申展）一心之涵蓋、一心之遍潤。自道德自覺上道德實踐地所體證之本心、所擴充推致之良知靈明頓時即普而為本體宇宙論的實體，道德實踐地言之者頓時即普而為存有論地言之者。惟不先客觀地言一「於穆不已」之實體而已。而先客觀地言之、再回歸於心以實之，或兩面皆飽滿頓時即為一以言之，亦無過，此即橫渠、明道、五峰、蕺山之路也。[5]

王陽明的語意確實是極強烈的，但是，王陽明的哲學立場不可能是說得像佛教絕對唯心論意旨的話語意義，只能視為是說天地萬物的價值意識必須是因著主體的實踐才會有所彰顯的意旨，因此只有工夫論的意思。但是牟先生卻將王陽明的話語意旨向上提升為本體宇宙論的意旨，將陽明之本心說成了本體宇宙論的實體，這就是將主體的道德活動語言說成為天道流行的存有論語言，這就進入了牟先生的「道德的形上學」的語言系統了，這是筆者不同意的部分。就主體活動而言，主體的價值意識遍在了天地萬物而與天道的意識合而為一，這是可說的，這就是工夫實踐以致成聖的境界的話。但是，就存有論的語言而言，主體還是主體，整體存在界

5. 牟宗三，《心體與性體》第一冊，頁二二一。

還是整體存在界，天道實體以為本體還是天道實體以為本體，個人性體還是個人性體，這些都是必須分開說的。因此不論是陽明由主體實踐以體證天道，或是橫渠、明道、五峰、蕺山等先說天道再說由主體對天道的實踐及體證，儒學家所說的都是在工夫論脈絡上的意旨，此時說性體、心體與天道因著主體的實踐活動而合一是可以的，但是無論如何說，所說的都不是存有範疇中的主體之心、主體之性體、天道之本體的三事為一事的合一，因此並沒有牟先生所意旨的那個形上學的合一的命題。除非，儒家能講出明確的宇宙發生論，而且是主觀唯心論旨的宇宙發生論。但這既不是孔孟的專長，也無法是儒家的立場。

總之，牟先生定位《中庸》的哲學，將《中庸》在儒家的「道德的形上學」建構中的最重要功能，就放在性體的建構上，而此性體又即在實踐中即是天道實體，因此性體即天道實體，但是此一性體即天道實體的說法卻是將工夫論語言錯誤地置入形上學語言中而說出的。此外，當討論到象山、陽明的言於心體之工夫實踐活動的命題時，就更跳躍地將心體與性體及道體合一了，而這又更是工夫論與形上學的錯誤地混同。

三、易傳中的天道實體

就《易傳》之討論言，牟先生認為在《易傳》哲學之處，儒家之「道德的形上學」便已圓滿地建立了，這是因為，《易傳》又多了宇宙論的命題，因此使得講形上學的命題更臻豐富。但是，也正是因為宇宙論的命題出現得較多，在牟先生的討論中，卻一方面將性體與氣概念分開，一方面將心體與性體等同，因此造成了一套只活動卻不存在的空談心性之理論。這是因為，牟先生要確保那心性天合一的聖境義之「道德的形上學」論旨，便千萬拒絕氣性存在的涉入，但也因此斷送了談一般人做工夫的存有論架構分析，使得工夫論命題之提出缺乏管道，甚至導致只能談頓悟不能談漸教了。參見其言：

「乾道變化，各正性命。」此語字面的意思是：在乾道變化底過程中，萬物（各個體）皆各得正定其性命。此語本身並不表示所正定的各個體之性命即是以理言的性命，亦可能是以氣言的性命。但首先不管是以理言的性命，抑還是以氣言的性命，此總是從「乾道變化」說下來，此即是性命之本體宇宙論的說明。此說明之方式尚未見之於中庸。中庸只表示性體與道體通而為一，未直接表示從道體之變化中說性命之正或成。但易傳卻直接宣明此方式。乾文言曰：「乾元者始而亨者也。利貞者性情也。」從利貞處說性情即是從個體之成處說「各正性命」也。從利貞處見個體之成，即見性情之實，亦即見性命之正。乾道之元亨利貞即表示乾道之變化。實則乾道自身並無所謂變化，乃假氣（即帶着氣化）以顯耳。乾道剛健中正，生物不測，即是一創生實體，亦即一「於穆不已」之實體。然此實體雖是一創生的實體，雖是不已地起作用，而其自身實無所謂「變化」。「變化」者是帶着氣化以行，故假氣化以顯耳。變化之實在氣，不在此實體自身也。假氣化以顯，故元亨利貞附在氣化上遂亦成四階段，因而遂儼若成為乾道之變化過程矣。然而元亨利貞亦稱乾之四德，則隨著氣化申展出去說為四階段，亦可收攝回來附在乾道之體上說為四德也。既是體之四德，則申展出去成為四階段而顯一「變化」相，此顯是假氣以顯耳。6

牟先生從「乾道變化，各正性命。」說本體宇宙論，就其落實於個體生命時則提出「乾道」所落實的性命是以理言還是以氣言的問題，而牟先生自己則主張，是以理言而非以氣言，且說乾道自身無變化，變化在氣不在此實體本身。依據牟先生這樣的說法，這個不變化的乾道之說法，簡直就是在說朱熹的理氣說中的理存有的特徵了。乾道之實體有創生的活動，但卻不變化，變化的是氣，假氣以顯乾道的創生作用。如此一來，實體落實於個體而成一只是以理言之性命，則牟先生系統中更是強烈地存在著理氣二元的立場，此義，與朱熹之理氣論何別？實際上陸象山和王陽明也都是共用著朱熹的理氣論的，只是牟先生更強調《庸、易》之理是活動的，而說朱熹所言之理是不活動的。筆者認為，牟先生講乾道實體不變化的意思也就是朱熹講理是不動的接近的意思了，因為朱熹所論的真正重點是在理是一與氣共在共構的存有範疇，氣是實然的一面，理是規範此一實然的原理，實際的活動變化都是現象界的氣的事跡，至於此理是否說為活動，在牟先生是關切作為道德實踐的發動力量，亦即是那創生的動力在此，就此而言，朱熹兩分太極、陰陽為理與氣時，太極勢必要帶動陰陽，因此其理勢必要帶動其氣，因此朱熹之理當是有創生活動之意，只是就此理僅為一理存在而非氣存在而言，活動變化的具體現象都應該是就氣說的，故而說理是不動的，重點在強調沒有動相，因為動相都在氣的一邊顯現了。

上文中，經過牟先生這樣的強調，其言與朱熹之存有論思路下的說法能有多少差異已是說不太出來了，朱熹說不動之語在牟先生處即是說不變化，則幾乎可說無有差異了。牟先生之所以要對於乾道實體之理這麼說，主要是為保住此實體與性體的純粹至善性，因其一旦落入氣稟的一邊，則就有善惡夾雜了，則即不能論於聖境的圓滿了。但是，這樣一來，卻對牟先生更強調的另一個重點，即是實踐活動力，是個重大的致命傷。筆者的意思是說，牟先生在本文中的實體是理的討論意見，正使他自己進入了純粹的存有論的思路中，反而脫離了他一向注重的本體宇宙論的脈絡，這樣一來，別人也可以對牟先生提出批評，而這批評正如牟先生對朱熹的批評，就是對這種單單強調性體、道體的唯理面向的說法，等於正是「論理不論氣不備」，這是存有論上不完備的討論，這樣的唯理存在的道體與性體，並不能將現象世界的活動說明清楚，這不正是牟先生批評於朱熹的意見宗旨嘛？即是一不變不動的理體而已。雖然，是沒有別人這樣批評牟先生沒錯，但如果牟先生強調的唯理之道體、性體並不至於有遺漏現象世界的缺點，那也正是說明了朱熹單談存有論問題時，也並不會否定本體宇宙論的立場，因此就不存在牟先

6. 牟宗三，《心體與性體》第一冊，頁三三二。

生所指責的缺失了。否則，對朱熹之理體只存有不活動的批評，一樣都直接可以用在以上這段牟先生談乾道實體唯理非氣的文字意旨了。

同樣的排除氣化實然於天道實體的思路之說法，又見其言：

> 然則此所正之性命是以理言的性命，還是以氣言的性命？濂溪之贊語只表示易道是「性命之源」，未表示此性命即是以理言的性命。然通極於「體」而言性命，衡之以儒家之道德意識，此性命不會是以氣言的性命，歷來亦無人作如此理會者。是故必是正面的、超越面的、以理言的性命。當然以氣言的性命，於個體之成時，亦自然帶在氣之凝結處。然言道德實踐之先天根據（超越的根據），卻無人以此性命為氣之凝結處之氣之性命，卻必須視為超越面的理之性命。如其是理之性命，則性即是此實體之流注於個體中。實體之流注於個體中，因而個體得正其性也。正其性即是定其性，亦即成其性。此是存有論地正、定、成也。7

針對「乾道變化各正性命」的性命而言，牟先生此處明講的是以理言而非以氣言之性命。筆者以為，說主體的道德活動的根據，只以理言而說，這是可以的，朱熹也正是這樣講的。但是，講天地萬物的大化流行，而只停在理的一面，而未帶著氣的一面，這是不完整的。雖不完整而做這樣的強調還是可以的，目的在強調其性之純善的一面，此性善之實體貫注於個物中而為性體，但是不能不顧氣化實然的現象世界，必須是氣化實然的現象世界亦已純善了才有所謂成性的作用之可說者，否則就只是說了個體存在之有理有氣，理固是純善的，且必是道德實踐的先天根據，但不進入氣化實然中作用變化而致氣亦受導正而為善的流行的話，則說其成性之意義何在？當然，問題還可以分為本體宇宙論的天道流行說及工夫論的主體實踐說兩面向，因此，「乾道變化各正性命」當然主要還是在天道流行面說，因此重點就在天道流行之萬物化生是否需要說為純善無惡？要說純善，則必須此性善之性貫注氣化之實然而使萬物成性為善，否則就是尚未將本體宇宙論所有該面對的問題處理完，因此又是要觸碰到氣化一邊的問題了，因此並不是單單提出那價值意識的性善本體就是本體宇宙論問題的全部，更不是哲學理論的圓滿完成。然而牟先生卻仍然只重視正面、超越、以理言的性命義，且認為《易傳》是儒學的圓滿完成，因而，在這個圓滿的《易傳》詮釋中，氣化世界的存在的一面硬是被冷落了，參見其言：

> 大抵先秦後期儒家通過中庸之性體與道體通而為一，必進而從上面由道體說性體也。此即是易傳之階段，此是最後之圓成，故直下從「實體」處說也。此亦當作圓滿之發展看，不當視作與論孟為相反之兩途。蓋論孟亦總有一客觀地、超越地言之之「天」也。如果

7. 牟宗三，《心體與性體》第一冊，頁三四。

「天」不向人格神方向走，則性體與實體打成一片，乃至由實體說性體，乃係必然者。此與漢人之純粹的氣化宇宙論不同，亦與西方康德前之獨斷形上學不同。此只是一道德意識之充其極，故只是一「道德的形上學」也。先秦儒家如此相承相呼應，而至此最後之圓滿，宋明儒即就此圓滿亦存在地呼應之，而直下通而一之也：仁與天為一，心性與天為一，性體與道體為一，最終由道體說性體，道體性體仍是一。若必將中庸易傳抹而去之，視為歧途，則宋明儒必將去一大半，只剩下一陸王，而先秦儒家亦必只剩下一論孟，後來之呼應發展皆非是，而孔孟之「天」亦必抹而去之，只成一氣命矣。孔孟之生命智慧之方向不如此枯萎孤寒也。是故儒家之道德哲學必承認其函有一「道德的形上學」，始能將「天」收進內，始能充其智慧方向之極而至圓滿。8

牟先生就《中庸、易傳》談「道德的形上學」，而所談的「道德的形上學」就著重在「天、性、心」三概念的是否合一的問題上，但是，卻是進行在將工夫論與形上學問題混淆的思路中談的，同時也是將工夫論上升到了境界論的思路中進行的，因為只有在境界論的陳述中，就聖人之活動而說其心與其性時，才能與天有一意境上的全然是一的狀態，但是這畢竟是論於聖人境界，並不是單就「心、性、天」而論其存有範疇，如此則「心、性、天」皆應分說，此義牟先生並未注意及。至於就具體的天地萬物之大化流行，以及主體的變化氣質、去人欲存天理的工夫實踐活動說時，則「心、性、天」與實然之氣皆須一併納入討論，此義亦被牟先生說偏了。牟先生言《中庸》《易傳》不應與《論、孟》為兩途，因《論、孟》亦言天，故《論、孟》之「性」與《庸、易》之「天」應是一事。但是，牟先生在說此義時卻又是偏向道德意識而遺漏現象世界。說實體即是性體是可以的，這是就其本體論的價值意識之相同，以及存有論的扮演價值原理的角色之相同而說的，或是就其工夫論的主體以性體亦即是實體為意志嶄向而說性體與實體之相同的。以上是就道德意識一路之說性體與道體之為相同者。但是，就存有範疇說，實體是天道本體，性體是人存有者的性體，範疇不同，本為二事。至於就現象存在世界而言，牟先生說這不是漢人的純粹的氣化宇宙論，這只是一道德意識之充極，故而是一「道德的形上學」，並且不只性體與道體是一，更即於心體亦是合一。這樣一來，這個性體、實體、心體怎麼說都距離現象世界愈來愈遠了，漢人之氣化宇宙論固然論及現象，但亦非沒有價值意識的要求嶄向，更重要的是，先秦儒與宋明儒亦皆不能沒有氣化宇宙論的面向，價值本體不能不貫注落實至氣化世界中來，主體實踐不能不即在社會團體中發生效果，這都是氣化的一面的角色功能，本來，性體、實體、心體只是道德意識，以道德意識而為存有範疇，無氣的一面就無現象的世界，也無人生百態。因此，牟先生只注意及將心體、性體、與天道實體的合一，而忽視其與現象世界

8. 牟宗三，《心體與性體》第一冊，頁三五—三六。

的實際關涉，這是不完整的討論。牟先生重視形上學的天道實體與主體實踐的心體、性體之合一，實際上是對儒家哲學的詮釋先從孔孟之心體、性體出發，心性是言於實踐活動的，此一實踐活動有其形上學的理據之保證，亦以此一實踐活動證實了此一形上實體之為真實，因此系統中需有天道實體與性體為一的立場，牟先生認為《庸、易》的功能就在於此，而這正是「道德的形上學」的建構，若性體不能與天道實體為一而完成「道德的形上學」，則儒家便只剩孔孟了之言心、言性了。所以牟先生又要將孔孟之心性與天合一，說其與天合一本來是最好的道德實踐與現象世界的合一之思路，可是牟先生因關切在聖人境界中實踐實證而證成的理論功能，故而只強調純善的價值意識之在天性心之流行，表面上使說現象的形上學同時得以與道德實踐活動合一地說，但因為牟先生過於急切地排除氣化實然的面向，其結果，反而無法將道德實踐的活動狀態說清楚，也同時難以對存在的現象做正面的陳述與客觀的說明了。這些思路，牟先生是不斷地反覆申說的，參見其言：

> 宋明儒之將論孟中庸易傳通而一之，其主要目的是在豁醒先秦儒家之「成德之教」，是要說明吾人之自覺的道德實踐所以可能之超越的根據。此超越根據直接地是吾人之性體，同時即通「於穆不已」之實體而為一，由之以開道德行為之純亦不已，以洞澈宇宙生化之不息。性體無外，宇宙秩序即是道德秩序，道德秩序即是宇宙秩序。故成德之極必是

「與天地合其德，與日月合其明，與四時合其序，與鬼神合其吉凶，先天而天弗違，後天而奉天時」，而以聖者仁心無外之「天地氣象」以證實之。此是絕對圓滿之教，此是宋明儒之主要課題。此中「性體」一觀念居關鍵之地位，最為特出。西方無此觀念，故一方道德與宗教不能一，一方道德與形上學亦不能一。[9]

本文所說的「宇宙秩序即是道德秩序，道德秩序即是宇宙秩序」，就是牟先生要將說現象的形上學與說道德活動的實踐哲學結合的作法，筆者以為，這樣的話語只能在有人存有者涉入的動態活動中定位，或是人存有者的特定心態視野中見之，就現象而說的世界存在而言，道德秩序與宇宙秩序還是兩套視野的。牟先生說性體即是天道實體，這是要為道德實踐活動找到超越根據，此時這樣說兩者是同一是可以的，但那是就價值意識之為同一而說之合一，亦是就天道賦命於人性而為價值意識之同一，而一旦有主體實踐至其徹底完成之時，也當然可以說就此一主體而言，「宇宙秩序即道德秩序，道德秩序即是宇宙秩序。」但就廣大生民而言，是否亦仍如此說則就不一定了，這就要看這位主體實踐者是以何人為典範了，僅以孔子、陽明而言，都只能說是自己的道德秩序即宇宙秩序，都不能是說天下生民的宇宙秩序亦已被道德秩序化

9. 牟宗三，《心體與性體》第一冊，頁三七。

了，至於歷史上的儒者聖者能有哪一位是這一徹底意義下的使所有生民的宇宙世界即是道德世界呢？這恐怕是說不出來的。亦即，牟先生以儒家聖者之仁心無外之實踐成就而說為絕對圓滿之教，這一個面向的義理當然是存在的，這就是聖人境界相，但是要說成是整體現象世界的形上學理論則是說不到一起的。所以說到底，牟先生必要提出一個心體、性體即是天道實體的命題立場的理論意義，就是要就著聖人境界說出一套圓滿的「道德的形上學」。說在聖人境界中有此三者之合一的話筆者是同意的，因為聖人的實踐既是依據著天道實體更是證成了天道實體，但是這個合一僅僅只能是就著一位聖人的自我境界而言，它既不是現象世界的現況描述，也不能說是形上學的圓滿，形上學之是否圓滿是有多義的，牟先生是以聖人境界為典範而界定形上學的圓滿義的，而在這個圓滿義的形上學中，道德、宗教與形上學則三事合為一事了。

而牟先生又強調，此一合為一事的圓滿的形上學中，性體的角色是最核心最重要最有特色的，就是性體才能將形上學的實踐活動義建立了起來，其言：

然無論是講實體，或是講存有，或是講本體（substance），皆無一有「性體」之觀念，皆無一能扣緊儒者之作為道德實踐之根據、能起道德之創造之「性體」之觀念而言實體、存有或本體。無論自何路入，皆非自道德的進路入，故其所講之實體、存有或本體皆只是一說明現象之哲學（形上學）概念，而不能與道德實踐使人成一道德的存在生關係者。故一方道德與宗教不能一，一方道德與形上學不能一，而無一能開出一即函宗教境界之「道德的形上學」。[10]

牟先生此處即是在做中西哲學比較了，整個西方哲學史之實體討論，皆無性體概念，故而只是講現象，只有儒家講性體，藉由主體的道德實踐，性體與天道實體合一，道德與形上學及宗教境界合一，這才是圓滿的「道德的形上學」，由道德實踐的進路講形上學而達至圓滿。然而，筆者仍要強調，這個圓滿只能是就一位聖者自身意境的圓滿，而非形上學系統就因之更為圓滿。此外，牟先生這樣的立說，就是基於這個性體的能進行道德實踐活動的意旨而說的，不過，這樣的說法，就把本來應該是心概念的功能給包含到性概念的功能進去，因而有所混淆了。另外就是藉由說實踐的性體義又將程朱之學給排斥在實踐義之外了，因為程朱有一思辨哲學進路的心性概念分說的哲學問題意識，而這正落入牟先生要批評其心性不一的立場中，如其言：

> 儒者所說之「性」即是能起道德創造之「性能」；如視為體，即是一能起道德創造之「創造實體」（creative reality）。此不是一「類概念」，它有絕對的普遍性（性體無外、心體無外），惟在人而特顯耳，故即以此體為人之「性」。自其有絕對普遍性而言，則

10. 牟宗三，《心體與性體》第一冊，頁三八。

與天命實體通而為一。故就統天地萬物而為其體言，曰形而上的實體（道體 metaphysical reality），此則是能起宇宙生化之「創造實體」；就其具於個體之中而為其體言，則曰「性體」，此則是能起道德創造之「創造實體」，而由人能自覺地作道德實踐以證實之，此所以孟子言本心即性也。11

本文中牟先生就是將性說成是體，並且是創造實體，故而有將性與天道實體及主體人心混淆的結果。因為談創造即是談活動，活動必有活動的主體，人則自己就是這個主體，而所謂自己當是指人的主宰，就主宰而言則為此心，因此是心在主宰自己做活動而為實踐義的。除心以外，亦可假設整體存在界有一天道實體之存在，而為現象世界一切客觀自然活動的主體，亦即推動者，因此也可以說天道實體在作用因而有實踐義。當人心主體以價值意識推動社會人倫時，即是與天道實體的作用合一，而成就理想社會，理想社會既成，亦即是證成天道實體的價值意識與人心主體的價值意識是同一的，亦即實體與性體一，或是道體與性體一。但是，這一切都是主體的心與整體的天道的活動，而不是性體的活動，以性體有活動義就是心體的功能被替代了。牟先生強調本心即性，其實就是意識到談活動要從心談，但是此心本是血氣心知之氣化實然之心，此心需有工夫的上提，上提至良知良能的純善的狀態中，或說是天命之性的純粹狀態中，而稱本心，故說本心即性。然而在牟先生的使用義中，此語尚有二義，其一為人心就其為血氣心知之純善狀態而言即性，是說心要進入性體的純善狀態而改稱此心為本心，故而即性，其二為人心之有其本性在，故說此本性為本心，故概念上本心就是在講人心之性，故而本心即性。其一在講工夫實踐活動，是把性說成了心，故而性也活動了，其二在講概念定義的存有論問題，是把心說成了性，故而心也純善了。以上說心之方式都使得心的血氣心知的意涵愈益減殺了，而牟先生說心就是在本心的位置上發言的，是人在本心的狀態中才有做道德實踐之事，因此牟先生的討論結果，卻又造成心、性不分的效果了，參見其言：

「性體」義既特殊，則「心」亦必相應此「性體」義而成立。……故孟子所言之心實即「道德的心」（moral mind）也。此既非血肉之心，亦非經驗的心理學的心，亦非「認識的心」（cognitive mind），乃是內在而固有的、超越的、自發、自律、自定方向的道德本心。……是故心即是「道德的本心」，此本心即是吾人之性。如以性為首出，則此本心即是彰著性之所以為性者。……則此本心是道德的，同時亦即是形上的。此心有其絕對的普遍性，為一超然之大主，本無偈限也。心體充期極，性體亦充其極。心即是體，故曰心體。自其為「形而上的心」（metaphysical）言，與「於穆不已」之體合一而為一，則心也而性矣。自其為「道德的心」而言，則性因此始有真實的道德創造（道德行為之純亦不

11. 牟宗三，《心體與性體》第一冊，頁四〇。

己）之可言，是則性也而心矣。是故客觀地言之曰性，主觀地言之曰心。自「在其自己」而言，曰性；自其通過「對其自己」之自覺而有真實而具體的彰顯呈現而言則曰心。心而性，則堯舜性之也。性而心，則湯武反之也。心性為一而不二。12

牟先生前於言《易傳》之乾道作用時，所言之天道流行已是不夾雜氣化實然的一邊，說性體更是就其純粹至善而非氣性之路而說的，就本文之說心而言，則又幾乎是同樣的思路，牟先生則是將心說成性，也是排斥此心之任何經驗義了，其明指「此既非血肉之心，亦非經驗的心理學的心，亦非認識的心」，即是排斥從血氣心知之氣化實然處說心，因為其實所說者是「道德的本心」，然本心即性，不論是上述之第一義還是第二義，善固醇矣，然實踐活動的主體性何在？不掛搭在氣性生命的純善活動究為何義？只能是聖人的圓境，但那是已經做過工夫而全體純熟了以後的事。至於說心，就是說要拿來做工夫的，就是在心理之心、血肉之心的基礎上，以性為內在價值意識而戮力實踐，以追求與天道價值意識合一的聖人境界。因此，存有範疇上有心有性，心、性各自是一個範疇，心之價值意識即是性、即是本心，活動時要求此心以此性為意志的蘄向，如此則心、性的功能界分清晰。否則，活動的既是心、又是本心、又是性、又是實體，那就只能說得是說聖人自我的內在意識之流動。必須活動的是肉體心理之心，才真有工夫論之可言，此心以靈覺能力為主宰，其主宰以本心即性即天道之天理為價值蘄向，其成就圓滿之時即是聖人境界，在此境界中才能說得心體、性體、實體是一，而此一只是說其價值意涵同一，而存有狀態協和一致。除此之外，一般的情況下，活動的就只是心，性是心之活動中不動的指針，並不是性在活動，而是心在活動，活動是工夫論課題，並不是形上學存有論的課題。牟先生說性體要說其有活動創造力，但是性是人存有者之性，是人的活動不是性自己的活動，人的活動是心在主宰的，故而是心有活動義，而心的活動是為要做工夫而動的，做工夫就是從不完美到完美，故而是在氣性生命的基礎上說此心的變化氣質的工夫活動的。如果只願意講一個與性體一樣純粹至善的本心的活動的話，那就變成了像柏拉圖的理型，並且只在理型界活動，這又如何能是儒學化成天下的理論定位呢？依上文中的牟先生的說法，原本是心的活動的功能也給了性體，原本是性的純善的定位也給了此心，造就一套純善的心體與性體的系統，但這並不是現象世界的實際，而只是高高在上指導宇宙的純善之唯理。對於這一個是心也是性也是天道實體的唯理對象，牟先生說其正是由《論、孟》的仁與心性之實踐而證成的，證成之故而成了圓滿的成德之教，參見下文：

> 客觀地自「於穆不已」之天命實體言性，其「心」義首先是形而上的，自誠體、神體、寂感真幾而表示。若更為形式地言之，此「心」義即為「活動」義（activity），是「動而

12. 牟宗三，《心體與性體》第一冊，頁四一－四二。

無動」之動。此實體、性體，本是「即存有即活動」者，故能妙運萬物而起宇宙生化與道德創造之大用。與論孟通而為一而言之，即由孔子之仁與孟子之心性彰著而證實之。是故仁亦是體，故曰「仁體」；而孟子之心性亦是「即活動即存有」者。

以上由論孟中庸易傳通而為一以言宋明儒之主要課題為成德之教，並言其所弘揚之成德之教之殊特。此下再就宋明儒之發展以言其分系。13

本文中牟先生所言說的性與心，是實體、是形而上的，能妙運萬物而起宇宙生化之大用的，所以言性上升至天道實體，言心亦然。主體性的實存活動又有了證成此天道實體的角色功能，將一般言於工夫論的心性主體，說成了天道實體，因其能以實踐活動而證成天道實體為真，故而其本身就即是此實體，此處就是筆者所說的一切都成了純善唯理的存有了。筆者認為，孔、孟言仁、言心、言性是在談本體工夫論，《中庸、易傳》談誠體、神體，固然是在談牟先生所關切的天道實體沒錯，這個實體也可以透過主體的實踐而證其為真也是對的，但是問題的關鍵在於：主體實踐時談的是氣化成形後有氣質存在的人心之作為，而不是天道的作為，固然天道是這個人心的超越依據，甚至內在人心以為發動的主宰，但人心還是血氣心知之心，因此有一套論於血氣心知之心的存有論架構系統可說者，即朱熹於心性情關係之所說者，否則，豈不都變成柏拉圖的理型之以思維之形式在潔淨空闊的世界中自我交流？那這樣就與現象世界毫無關係了。文中又說《庸、易》的天道實體由孔孟的仁與心性彰著而證實之，筆者以為，說證實是在實踐活動中之證成，而不是由理論來證成，理論只能說有所謂一致性的完成。天道實體之可以證成是實踐的問題而不是理論的問題，是主體的實踐成功而能證成天道實體的價值意識，而不是建構了工夫理論就是實踐了及證成了，因此《論、孟、庸、易》確實有著理論的完成，但不能說有著理論的圓滿，假使圓滿是帶著證成為真而排斥其他系統的意思的話。可惜的是，這卻正是牟先生的意思。自此以後，牟先生即將工夫論系統視為可以證成的圓滿系統，而對於僅僅論於天道實體的概念解析的系統都會被牟先生貶抑，對於它們沒有同時攜帶工夫論命題的理論界定為背離孔、孟傳統。亦即，牟先生將實踐與實踐理論相混為一，將實踐理論的工夫論部分與形上學的本體宇宙論部分相合為一，因而說《庸、易》有孔、孟之仁與心性之內在實踐的證成，所以是圓滿之教。於是說形上學的成了說工夫論的，說工夫論的又以說形上學的方式在表述，從性說是即存有即活動，從心說是即活動即存有。工夫論與形上學相混在一起，甚至也與境界論相混在一起，於是以此為成德之教的殊義，並以之定位宋明儒學。這樣的處理，筆者當然是反對的，因為他混淆了太多的問題，以致對宋明儒學的文本詮釋做出了許多錯誤的判斷。以下即將討論之。

13. 牟宗三，《心體與性體》第一冊，頁四二。

四、程明道的一本論

針對宋明儒學的理論建構之系統比較而言，牟先生自從建立了《論、孟、庸、易》以及《大學》的理論定位之後，便以《論、孟、庸、易》一以貫之「道德的形上學」為典型範本，而談論宋明儒學各家的系統型態，並且，一開始就是與勞思光先生的意見直接對立的立場，其言：

> 又先秦儒家是由論孟發展至中庸與易傳，而北宋諸儒則是直接由中庸易傳之圓滿頂峰開始漸漸向後返，返至於論孟。人不知其通而為一之背景，遂以為北宋諸儒開始，是形而上學的意味重，似是遠離孔孟實踐之精神。固是形而上學，然卻是先秦儒家發展至中庸易傳所本有之「道德的形上學」，固以論孟為底據，非是空頭的「知解形上學」（theoretical metaphysics）。[14]

牟先生既已定位《中庸、易傳》為依據《論、孟》而上遂的「道德的形上學」系統，就當然也會對於北宋諸儒從《中庸、易傳》入手的體系建構視為亦是一「道德的形上學」，亦即是既有存有又有活動的實踐哲學進路的形上學。所以反對以北宋諸儒之說為一空頭的形上學之定位，說空頭的形上學即是與主體實踐無關的客觀知解的說現象的系統，並認為這正是勞思光先生定位北宋周、張、二程及南宋朱熹系統的意見。

牟先生以《論、孟、庸、易》通而為一，因此也就定下了一個談儒學的標準模型，就是前文所述的「即存有即活動」的形上學與工夫境界論的混合體。牟先生亦即藉此一典範型態作宋明各家系統的評價工作。首先，對於周濂溪的體系建構，牟先生是大體讚揚肯定，但小處有批評。濂溪由《庸、易》形上學以言聖人境界，並因此談出聖人的本體工夫論，牟先生卻只看到他的重述於《庸、易》的本體宇宙論，甚至對濂溪的工夫論話語亦不甚肯定，甚至稍有指責濂溪與《論語、孟子》的著述精神沒有深刻的相契。至於對張載，則是相當肯定他在形上學方面對立於道佛的儒學創作成就，卻總認為張載由主觀說客觀的力道仍尚有差池，因為還是從《庸、易》入手的色彩太重。牟先生說明道，則是稱許其已達圓教的飽滿系統，但也就在這樣的稱讚中，卻最嚴重地透露出牟先生混淆工夫境界論與本體宇宙論的哲學基本問題的作法，參見其言：

至明道則兩方面皆飽滿，無遺憾矣。明道不言太極，不言太虛，直從「於穆不已」、「純亦不已」言道體、性體、誠體、敬體。首挺立「仁體」之無外，首言「只心便是天，盡之便知性，知性便知天，當處便認取，更不可外求」，而成其「一本」之義。是則道體、性體、誠體、敬體、神體、仁體、乃至心體，一切皆一。故真相應先秦儒家之呼應而直下通而為

---

14. 牟宗三，《心體與性體》第一冊，頁四二。

一之者是明道。明道是此「通而一之」之造型者，故明道之「一本」義乃是圓教之模型。從濂溪、橫渠、而至明道是此回歸之成熟。兩方皆挺立而一之，故是圓教之造型者。此造型亦是宋明儒學之所以為新，此是順先秦儒家之呼應直下通而一之，調適上遂之新。15

依筆者的研究，明道之所言，就是站在主體實踐成熟之聖人境界上的說話，故而在聖人心境中天道的價值意識本體就在主體的心中呈現，故而牟先生說其提出道體、性體、誠體、敬體、神體、仁體、心體一切皆一的命題，其實此一「一本」就是一在聖人心境中之一，然而，這卻不是一個形上學的命題，並沒有那樣的一個形上學的主張諸體是一而有命題與實證的圓滿之可說者。就概念分析而言，道體、性體、心體是存有範疇，誠體、仁體是價值意識的概念而以本體說之而為體，敬體是本體工夫的純粹化主體意志之作用以為體而稱體，神體是天道作用的特徵以為體而稱體。牟先生將價值意識的概念與存有範疇的概念與作用特徵的概念都以形上學意味的體義說之，這就是他的形上學中心的思路所致，而這個形上學中心的思路又是工夫論特徵的定位，將工夫理論混合入形上學而說仁、心、性、敬的實踐而證天、誠、神的實體為真。於是再下來論於伊川、朱熹之純以形上學存有論問題意識所建構的哲學理論時，如心統性情及理氣二分等命題時，便會批評其中有見道不明之處，故而有實踐力道不足之失，關鍵即在程朱分別諸概念之定義，而明道總和諸概念為一本；至於當面對程朱真論及於工夫論命題時，因為程朱重在工夫次第及工夫入手問題，牟先生又因為對本體工夫及工夫次第及工夫入手問題不能準確釐清，[16]不能理解並接受它們都是本體工夫，故又予以批評，以為重知不重行，因而不能有公平的理解。

五、程伊川只存有不活動的理

牟先生論於程頤時言：

伊川對於客觀言之的「於穆不已」之體以及主體言之的仁體、心體與性體似均未能有相應之體會，既不同於前三家，亦不能與先秦儒家之發展相呼應。他把「於穆不已」之體（道體）以及由之而說的性體只收縮提練，清楚割截地視為「只是理」，即「只存有而不活動」的理。（明道亦說理或天理，但明道所說的天理是就其所體悟的「於穆不已」之體說，廣之，是就其所體悟的道體、性體、誠體、敬體、神體、仁體、心體皆一說，是即存有即活動者。）[17]

15. 牟宗三，《心體與性體》第一冊，頁四四。
16. 有關工夫論的種種不同次級問題的界定及釐清，請參考拙著《哲學概論》及《南宋儒學》。
17. 牟宗三，《心體與性體》第一冊，頁四四。

牟先生抓著伊川言「性即理」之說，指責此理此性是只存有而不活動，實際上牟先生說的活動就是天道論的大化流行的宇宙論，以及人道論的主體實踐的工夫論，說宇宙論及工夫論都要說及活動，這是肯定的，但是說價值意識的仁義禮知之為一存有範疇之天理之時，則此一天理是恆守此一價值意識永不改變，故而可被說為不動，這就是存有論的問題意識，說本體論則說其價值意識，如說其為誠、為仁、為善等義，此處亦無所謂動不動的問題。說工夫論則說本體工夫的實踐命題，當然要動。牟先生合形上學與工夫境界論為一混合型，而不許單在形上學層面談存有範疇的存有特徵，這對哲學史的發展是不利的，也是對哲學家的定位是不公平的。牟先生說明道是以諸體皆一，這是因為明道所說者為主體實踐後的境界，在聖人心境中主體之心即性即理即天道，故而說為皆一。牟先生自己創造了一種特殊的說形上學的進路，把存有及活動合一，肯定談工夫境界論的系統，而否定談存有論的系統，這就是他的思路的特徵。牟先生談伊川又言：

他把孟子所說的「本心即性」亦拆開而為心性情三分：性亦只是理，性中只有仁義禮智，仁義禮智亦只是理；仁性愛情，惻隱羞惡等亦只是情；心是實然的心氣，大體是後天心理學的心，心與性成為後天與先天、經驗的與超越的、能知與所知的相對之二。心發而為情，心亦有兩個重要的觸角：一是後天的偶然的收斂凝聚，由此說敬，說涵養；一是心知之明，由此說致知格物。孔子的仁亦只是理，以公說仁，公而以人體之便是仁。此全部與其老兄所體會者不同，實體性體只是存有論的理，而心與性不能一自此始。工夫之重點落在大學之致知格物上，總之是「涵養須用敬，進學則在致知」。此即喪失論孟中庸易傳通而為一之境以及其主導之地位，而居主導之地位者是《大學》。18

牟先生對伊川思路的敘述，其實十分精準清晰，但這一路說下來就是讓人們看到伊川確實是在處理存有論問題，是在處理所有存有範疇的概念之間的定義與關係的問題，概念定義處理好了，自可用於談本體宇宙論、工夫境界論，因此存有論的討論亦可說是本體、宇宙、工夫、境界論談出來以後的哲學理論發展的必走之路，是宋明儒學的進步，而非別子。牟先生說孟子的「本心即性」被伊川分為「心、性、情」，其實，「本心即性」亦是存有論命題，若說是血氣心知之「心」之做了工夫以後而「即性」，此是工夫論命題，但若說是心之純粹至善的良知良能之本心之即性，則根本是套套邏輯，本心的概念本來就是性善之性的意思，說「本心即性」便成為存有論的概念解析。而做工夫的心當然必須是「實然的心氣」，否則純粹至善的本心，它就是性，那麼它還做什麼工夫呢？做工夫是主體的事業，主體是實然之心氣，此處才有做工

18. 牟宗三，《心體與性體》第一冊，頁四四 - 四五。

夫的意義在，一旦論及做工夫，則此心即將追求與至善本性的性體合一的理想，此時心即一於性矣。然而，牟先生不許存有論思路，只關心實踐哲學的一路，所以是講到了已成聖境的層次上，但他又要把主體成聖境後的範疇關係說成是形上學理論中的範疇關係，這就造成筆者所說的，牟先生特殊的形上學思路造成的是一個柏拉圖的至善理型的自我意識之流，一切一之且排斥氣化實然的質素之後，反而是談不到真正的工夫論的問題上來。程伊川說「仁性愛情」亦是在做存有論的概念解析，並無反對工夫論的任何主張，至於牟先生講伊川只以《大學》為主而不以《論、孟》主導之說亦不恰當，這是不能正視《大學》之論於工夫者是以外王為目標，也不能正視《大學》之論於工夫者是以工夫次第為主題，而伊川存有論的命題立場也根本與他的工夫論的工夫次第說的《大學》詮釋立場沒有關係，把心性情三分的存有論與先知後行的工夫次第論結合，這只是發生在牟先生有所誤解下的錯誤詮釋的特殊連結而已。又見其言：

彼有取於中庸易傳者只是由之將道體提練而為一個存有論的理，彼所取於論孟者亦只是將仁與性提練而為理，而心則沉落與傍落。此一套大體是實在論的心態，順取之路，與前三家遠矣，亦與先秦儒家論孟中庸易傳之相呼應遠矣。此一系統為朱子所欣賞，所繼承，而且予以充分的完成。此一系統，吾名之曰主觀地說是靜涵靜攝之系統，客觀地說是本體論的存有之系統，總之是橫攝系統，而非縱貫系統，此方是有一點新的意味，此是歧出轉向之新，而非調適上遂之新。此是以荀子之心態講孔子之仁，孟子之心與性，以及中庸易傳之道體與性體，只差荀子未將其所說之禮與道視為「性理」耳。此自不是儒家之大宗，而是「別子為宗」也。此一系統因朱子之強力，又因其近於常情，從來遂成為宋明儒之正宗，實則是以別子為宗，而忘其初也。19

牟先生說伊川講的道體是存有論的理，此說正確，只是存有論的理並不妨礙在本體宇宙論及工夫境界論下是會發揮作用的，因為這根本是不同的問題意識的言說進路，是牟先生強將伊川說存有論的命題從本體宇宙論及工夫境界論的脈絡中來解讀，而指責伊川之命題沒有活動的宗旨，這當然就是哲學基本問題的錯置。事實上，牟先生對伊川論學中有別於他家的特色及所標出的重點其實不誤，只是牟先生有一自我定義的標準形上學說法，故而對伊川之所說有所批判，其實，就牟先生所關切的本體宇宙論的縱貫系統以及工夫論的逆覺體證之說，伊川與朱熹皆是有所論及的，唯一有別的是，伊川、朱熹所談的存有論系統他家不及深談，且牟先生不喜而已。牟先生說其為本體論的存有系統，誠哉斯言，說是靜涵靜攝亦無誤，只是把靜涵說成了是工夫論問題，就是混淆了，因為工夫論一定是動的，所以牟先生以為找到了批判伊川學說的

19. 牟宗三，《心體與性體》第一冊，頁四五。

進路，實在兩者不應相混。但是若是說靜攝是存有論問題，則亦確而無誤，只是程朱並不只有這一路的理論言說而已。至於牟先生說其非縱貫系統之意，是說其非論於本體宇宙論的天道大化流行及工夫論的主體實踐，就此而言，其實這兩個層面的哲學議題及命題，伊川與朱熹都是肯定保存、未有反對的，只是牟先生不重視這些話頭，只重視靜態存有論和工夫次第論的話頭，以及過於受到象山和陽明批評朱熹的思路影響。因此，牟先生說程朱為別子，實是太有道統意識與別異高下的心態下的說法，二十一世紀的中國哲學研究，應該避免以此種心態論學。

六、胡五峰的以心著性

對於胡五峰，牟先生說五峰之學是「以心著性」、「逆覺體證」，乃承明道之學，而竟為朱熹所疑，故而牟先生積極地為胡五峰之命題建立縱貫系統的型態定位，其言：

但南渡後，胡五峰是第一個消化者。五峰倒卻是承北宋前三家而言道體性體，承由中庸易傳回歸於論孟之圓滿發展，即承明道之圓教模型，而言以心著性，盡心成性，以明心性之所以為一為圓者。明道只是圓頓地平說，而五峰則先心性分設，正式言心之形著義，以心著性而成性，以明心性之所以一。心即孔子之仁、孟子之本心也。性即由「於穆不已」之體而言者也。故言「性天下之大本」，「性也者天地所以立也」，「性也者天地鬼神之奧也」，「誠成天下之性，性立天下之有」；而於心，則言永恆而遍在，「心也者知天地宰萬物以成性者也」，「仁者人所以肖天地之機要也」，「聖人傳心，教天下以仁也」，聖人「盡心者也，故能立天下之大本」；而於工夫，則重在「先識仁之體」。重在當下指點以求其放失之心，正式言「逆覺體證」以復其本心以為道德實踐之本質的關鍵、正因的工夫，此與伊川朱子之順取之路根本有異，不落於大學之致知格物言也。此一系統無論是「以心著性」一面，或是「逆覺體證」一面，皆是直承明道之圓教而開出。宋明儒中最後一個消化者劉蕺山亦是此路。北宋三家後，一頭一尾，兩人相隔如此其遠，然而不謀而合，亦云奇矣！（劉蕺山從未提過胡五峰）。惟五峰之學為朱子所不契，作《知言疑義》以疑之。[20]

牟先生說五峰之「以心著性」、「盡心成性」之命題，是在理論上達致心性合一之命題，然筆者以為，這就又是牟先生的形上學中心的思路過於僵化所致。「以心著性」不見於五峰文句，是牟先生之鑄辭，「盡心成性」也是合辭，這些都不妨，重點是，這都是本體工夫的命題，心性皆是存有範疇的概念，言以心著性、言盡心成性都是言於本體工夫，這都可以被說為是五

20. 牟宗三，《心體與性體》第一冊，頁四六。

峰工夫論之言說立場，但卻不能因此而謂其有一形上學的心性合一之立場的主張。形上學問題層次多矣，必須要有清楚的形上學問題意識才可說有心性之合一或不合一的主張之可言，實際上，心性之合一反而是在工夫境界論上為必可說者，指做工夫時此心以性為蘄向，此為一心性合一；工夫達成時，主體全體在性中，此亦一心性合一；至於在價值意識的本體論中，心與性皆為同一價值意識而為一。但就「以心著性」及「盡心成性」的工夫論命題而言，心性合一就是前述兩義而已。不過，重點還不在心性合一的意旨之釐清，而是牟先生以此而批評其他心性分說的命題及其背後的整套理論，如伊川之「心統性情」者，這其實才是牟先生的重大混淆之處，「心統性情」之存有論命題，是對心性情三概念之關係的討論，既然是做概念分析就當然是要分說的，但這絕不會妨礙在工夫境界論上能有合一之立場之主張，因為問題根本不同。

牟先生說的五峰之工夫是識仁、求放心，其實五峰言工夫之命題就是以盡心、盡性兩概念為主要的用語模型，牟先生以「求放心」為儒學言工夫的基本模型而說了「逆覺體證」的命題，這其實並不是一個說儒家工夫最終原型的恰當用詞，孟子固然說求放心，固可說是逆覺，但孟子不也言於擴而充之嗎？不也言乃若其情嗎？這就是順取了呀！當氣化實然之心在於放失狀態，因著本體是善，故而求回即是，故說求放心，而譯為逆覺體證；但是當氣化實然之心在於純善的狀態時，則是擴而充之，是順其情，是盡心，因此根本不必以逆覺體證說為工夫的根本意旨，如此也就更無須說此一逆取是與程朱之順取者有別的話了。以程朱之順取是走《大學》

格致之路之意旨，此意牟先生從來就不相應，此待後文再予詳述。最後，朱熹不契五峰，皆是五峰用詞散漫，而朱熹系統已成，故而誤解而致批評之所致，並不是兩者真有什麼立場上的根本歧異，這一部分確實是朱熹批評太過。21

七、象山與陽明的主觀面挺立

至其說象山，則謂：

象山與陽明既只是一心之朗現、一心之申展，一心之遍潤，故對於客觀地自「於穆不已」之體言道體性體者無甚興趣，對於自客觀面根據「於穆不已」之體而有本體宇宙論的展示者尤無多大興趣。此方面之功力學力皆差。雖其一心之遍潤，充其極，已申展至此境，此亦是一圓滿，但卻是純從主觀面申展之圓滿，客觀面究不甚能挺立，不免使人有虛歉之感。自此而言，似不如明道主客觀面皆飽滿之「一本」義所顯之圓教模型為更為圓滿而無憾。蓋孔子與孟子皆總有一客觀而超越地言之之「天」也。此「天」字如不能被擯除，

21. 參見杜保瑞著：〈對朱熹在《知言疑義》中批評胡宏的方法論反省〉，《台大哲學論評》第三十七期，二〇〇九年三月。該文已收錄於拙著《南宋儒學》書中。

而又不能被吸納進來，即不能算有真實的飽滿與圓滿。是則中庸易傳之圓滿發展當係必然者，明道之直下通而一之而鑄造圓教之模型亦當是必然者，而由此圓教模型而開出之「以心著性」義（五峰學與蕺山學）亦當是必然者。自象山陽明言，則不須要有此回應，但承明道之圓教模型而言，則應有此回應以明其所以為一為圓，以真實化其「一本」與圓滿。自此而言，象山陽明之一心遍潤、一心申展，始真有客觀的落實處，而客觀地挺立矣。自此而言，五峰蕺山與象山陽明是一圓圈兩來往：前者是從客觀面到主觀面，而以主觀面形著而真實化之；後者是從主觀面到客觀面，而以客觀面挺立而客觀化之。兩者合而為宋明儒之大宗。皆是以論孟中庸易傳為主導也。若分別言之，則五峰與蕺山是由濂溪、橫渠而至明道所成之圓教模型之嫡系，而象山與陽明則只是孟子學之深入與擴大也。如不能把孔孟之「天」擯除之，則中庸易傳之圓滿發展為合法者，明道之圓教模型亦合法者，五峰蕺山之「以心著性」之回應亦是合法者。如不能斷此為歧途，則此兩系最好視為一圓圈之兩來往。須知在成德之教中，此「天」字之尊嚴是不應減殺者，更不應抹去者。如果成德之教中必函有一「道德的形上學」，則此「天」字亦不應抹去或減殺。須知王學之流弊，即因陽明於此處稍虛歉，故人提不住，遂流於「虛玄而蕩」或「情識而肆」，蕺山即於此著眼而「歸顯於密」也（此為吾之判語）。此為內聖之學自救之所應有者（以博學事功來補救、相責斥，則為離題）。而象山於此稍虛歉，故既啟朱子之責斥，而復不能順通朱子之蔽而豁醒之也。22

本文在說象山學的特徵，說象山學在本體宇宙論的客觀學方面甚為缺乏，但象山學又確實是孟子學的直接彰顯的型態，而孟子學又絕對有天道一面的理論意涵，故而牟先生之意似是象山之純孟子學之開顯，亦將達至客觀面之挺立的理論結果。本文之陳述中，牟先生表現出對於本體宇宙論的天道客觀面的絕對要求態度，無論如何都要保留它的存在與作用，除了孟子、象山、陽明一系之外，就是五峰、蕺山的另一系，後者是先講客觀面再講主觀面，前者是只講主觀面但應有客觀面的落實，因此五峰、蕺山與象山、陽明兩系應合為一系。對於這一段文字，牟先生的重點還是「成德之教」之說為一套「道德的形上學」的思路在主導的，然而牟先生不僅對《論、孟》之詮釋要說其有向天之發展的意義在，對於《庸、易》之本身的形上學命題，即說其有來自《論、孟》之仁及心性之向上發揮的結果。而當討論到明道時，就對明道本來是言於聖人境界的天道心性之融會合一的命題，更視為是最圓滿的形上學的圓教型態。甚至當其說到象山、陽明之只說及主體一面而未及客體一面的系統時，還是要強調其結果必有客觀面的天道實體的理論效果。亦即，牟先生非常重視由天道實體說的本體宇宙論之「道德的形上學」

22. 牟宗三，《心體與性體》第一冊，頁四七—四八。

意涵，而這個系統是以《論、孟》的心性仁體以及象山、陽明的一心之申展遍潤之主觀面、及《中庸、易傳》言於天道之客觀面共構而建立起來的。牟先生如此重視天，其實就是因為牟先生要建立儒家的形上學，所以需要系統中有此一天概念所指涉的整體存在界的意涵。此外，又需要儒家形上學有其可以證立的條件，因此，就極力推尊《論、孟》中言於仁與心性的實踐活動之話語，所以天與實踐都是必要的元素，就此而言，牟先生才能說陽明系統中本來少於言天的結果就會管攝不住，而導致其後學的情識狂蕩現象，而象山亦是此一言天之面向稍有不足。筆者以為，並不存在「道德的形上學」之圓滿型，被牟先生所說為圓滿型的多為說聖人境界的命題型態，而孔孟庸易周張二程朱陸王劉，一家一家各自有其哲學理論的問題意識之重心，不需見高下，也不需立分系系統，就是這個高下分系的問題意識，讓牟先生製造了不必要的理想型態及不理想型態的差異分別。

八、宋明儒學的分系

以下，即討論牟先生建立了說宋明儒學的三系說系統，其言：

> 依以上之疏通，宋明儒之發展當分為三系：
>
> 1. 峰蕺山系：此承由濂溪、橫渠，而至明道之圓教模型（一本義）而開出。此系客觀地講

性體，以中庸易傳為主，主觀地講心體，以論孟為主。特提出「以心著性」義以明心性所以為一之實以及一本圓教所以為圓之實；於工夫則重「逆覺體證」。

2. 象山陽明系：此系不順「由中庸易傳回歸於論孟」之路走，而是以論孟攝易庸而以論孟為主者。此系只是一心之朗現、一心之申展、一心之遍潤；於工夫，亦是以「逆覺體證」為主者。

3. 伊川朱子系：此系是以中庸易傳與大學合，而以大學為主。於中庸易傳所講之道體、性體只收縮提練而為一本體論的存有，即「只存有而不活動」之理，於孔子之仁亦只視為理，於孟子之本心則轉為實然的心氣之心。因此，於工夫特重後天之涵養（「涵養須用敬」）以及格物致知之認知的橫攝（「進學則在致知」），總之是「心靜理明」，工夫的落實處全在格物致知，此大體是「順取之路」。23

這一套三分系統，最特出的就是第三路，即伊川朱子系。幾乎所思所言皆與前二系不類，然筆者以為，事實不然，前二系亦有牟先生未及言出之差異在，而第三系亦有與前二系相同的型態在，關鍵即在牟先生分系的問題意識、思路及立場。說宋明儒各系以哪部先秦著作為主的

23. 牟宗三，《心體與性體》第一冊，頁四八。

作法亦是有待商榷，而牟先生對《論、孟、庸、易》的定位亦當可再議，但大致不差，唯《大學》一書被牟先生定位為內聖之路不明，以致開放詮釋之說頗有不當，因為牟先生自己已經確定是要從內聖之路講儒學，而將外王之學收攝於內聖之路上講，但是，《大學》明確地是一套以外王學為目標的儒學工夫次第論系統，此義牟先生始終未能掌握住，此其一。其二，牟先生講的從客觀到主觀、從主觀到客觀之說法，其實就是客觀的天道論的本體宇宙論系統與主觀的主體實踐的工夫境界論系統，此二型態在伊川、朱子系統中皆是實際存在的理論部分，只是程朱另有牟先生所說的存有論系統的命題建構，表面看上去不同於說天道論及工夫境界論的語詞，但是，也並未有對立、扞格於天道論及工夫境界論之立場與主張，牟先生所以為的對立差異皆是以象山與朱子爭辯之意見為依據而說的。此外，牟先生於工夫論問題中不分本體工夫及工夫次第，事實上還有境界工夫及具體操作方法的知識智慧，都是工夫論中的不同項目，這些不同項目之間並沒立場的對立，只是有不同的問題層面與言說路徑而已，而這些不同的路徑層面是不存在理論意見的對立的，只是朱陸二人互有人身攻擊，詳細解析之後，並不能說兩人之想法中存在著真正的理論衝突。至於牟先生以逆覺體證說儒學工夫的宗旨，筆者前文已說及此，儒學工夫宗旨應說其為本體工夫即可，並無須以逆覺體證說之，理由是：其一，說逆覺與說擴而充之皆是本體工夫，偏向逆覺將不見儒學工夫的正大光明面；其二，體證是工夫實踐活動對理論之實證，這與工夫理論本身還是兩回事，牟先生有把談工夫論的系統即當成是能實證形上命題的系統，因此認為象山、陽明之說有其實證性，而程朱系統缺乏。其實有逆覺體證之說工夫論型態者是所有儒學系統的共同型態，以此檢別程朱、陸王是不準確的，而逆覺體證也就是本體工夫，程朱一樣有本體工夫的，不只是一樣而是一定是一樣的，因為儒學的工夫論就是本體工夫，且有別於鍛鍊身體的宇宙論進路的工夫。只是就此本體工夫中仍可再談具體操作方法、入手方法、工夫次第，甚至是境界工夫等不同的項目的次級工夫論問題，這樣才能形成豐富的儒學工夫論的總體面貌。總之，牟先生對程朱之分為第三系的立場，充滿了誤解與扭曲，需要極為費力的疏解與重建，才能澄清，尤其是他將程朱說存有論的形上學與程朱說工夫次第論的知行說結合，更是牟先生自己的詮釋跳躍，一般人很難看出此中扭曲的環節，因此其實是需要深入《心體與性體》全書各章再為分析才可以說清楚的。牟先生又批評第三系言：

此第三系，若自「體」上言，則根本有偏差；順其義而成之，則亦可說是轉向，即轉成本體論的存有之系統（system of ontological being）。若自工夫言之，涵養與致知亦有補充助緣之作用，因吾人亦總有後天之心也，此亦須涵養之敬以收斂凝聚之，以使之常清明，此於道德實踐之稱體而行（純依本心性體而行）亦有助緣之作用，但「致知」方面則須有簡別。……自此而言，照顧到實然的心氣，則其所成者是主智主義之以知定行，是海德格所謂「本質倫理」，是康德所謂「他律道德」，此則對儒家之本義言根本為歧出、為轉向，此處不能說有補充與助緣之作用。但因其在把握超越之理之過程中須通過「格物」

之方式，在格物方式下，人可拖帶出一些博學多聞的經驗性的知識，此則於道德實踐有補充助緣之作用。但此非伊川朱子之主要目的，但亦未能十分簡別得開，常混在一起說。是即所謂「道問學」之意也。24

本文為牟先生定位程朱之學，重點有三，其一為本體論的存有系統，其二為主智主義之知行觀的工夫論，其三為他律道德說。他律道德說後文再論，以下先說第一項。併合前文之討論，牟先生說程朱建立了本體論的存有系統，此話之意即是說程朱在討論概念知解的存有論問題，此說筆者同意，只是程朱不只是說這種存有論問題，程朱亦言及本體宇宙論及工夫境界論問題，因此不能說程朱談存有論問題就是體上有偏差，這是牟先生直接接收象山批評朱熹是見道不明的指責之詮釋的發揮，筆者認為，重點是存有論的命題並不即對立於本體宇宙論命題之意旨，因此談存有論並無見道不明的缺失。談見道的問題是對本體是否是仁義禮知之認識，以及是否能篤行之，這才是見道與否的問題，因此象山之說其實是對朱熹的人身攻擊，說其不能實踐。而牟先生卻以談存有論等於是否定實踐的立場來支持象山對朱熹之指控，說程朱言理成了只存有不活動之理，以及程朱言心成了血氣心知之實然心氣之心，因此不見道。這就是牟先生的特殊哲學思路限制下才能有的發言。依存有論思路言，天道實體是一純善無惡之理體，此理潔淨空闊、永恆不變，故說其不動，不動指其性善意旨永不改易，並非指程朱主張天道不動。至於此心是氣化實然之心之說更不應受到批評，談工夫本應就一般人性存有者的主體處說，此即一般人之主體心，此即一氣化實然之心。牟先生關切純粹至善的天道實體與主體的實踐活動義，所說之心已是本心，然本心即性，本心概念即是性概念，說本心概念之活動是沒有意思的話，不攜帶主體血氣心知之心與不攜帶氣化現象世界的活動根本非關重點，因為這等於沒有落實到現象世界來真實經驗及實踐，談之無甚價值。若要真的說工夫，則必然是在一般人的主體狀態中而有為善去惡之事時，才真的有說到工夫的意思，否則一個純善的性體的自我活動是沒有工夫的意義的，有的只是境界的自我流出而已。所以，若還要說本心即性即天道實體之活動是有意義的話，那就是要說聖人的境界狀態，但聖人的境界並不是形上學的命題，只是牟先生自己確實是以聖人境界來說形上學的圓滿的，這就是牟先生在哲學基本問題討論上的錯置與混淆。

就工夫論而言，程朱強調的致知工夫正是來自《大學》之所重者，這是將平治天下的大人工夫之始點，故以格物致知說開始，就其以知定行而言，其目的還是行，且須是行之完成才是知之完成，此即知是始點之意，此即工夫次第之問題意識下的命題。牟先生卻以格物致知通於窮理，而謂程朱之言格致窮理是要窮那本體論的存有之理。牟先生此說是將程朱的存有論哲學與其工夫次第論做了過度的連結，這兩者在程朱系統中當然不能是沒有關係的兩回事，格致窮

24. 牟宗三，《心體與性體》第一冊，頁四九。

理工夫是可以說成是在一物有一物之理的存有論的預設下，去做經驗之知的取得，但也絕不只是經驗之知，而是以價值意識確斷經驗之知的使用的德性之知，此知才有格致之後之誠正修齊治平的功能效用，因此並不是如牟先生所說的在思辨地求存有論之知時無有道德實踐之輔助作用，以及在格物致知地研究經驗之知的時候僅有道德實踐的輔助作用。事實上是，格物致知本身就是道德實踐的活動，因為它是十五、二十歲以後的成年人之格致誠正修齊治平的一整套內聖外王工夫的系統。

牟先生立場鮮明地以程朱非儒學正宗，又見其言：

> 吾人所以不視伊川朱子學為儒家之正宗，為宋明儒之大宗，即因其一、將知識問題與成德問題混雜在一起講，既於道德為不澈，不能顯道德之本性，復於知識不得解放，不能顯知識之本性；二、因其將超越之理與後天之心對列對驗，心認知地攝具理，理超越地律導心，則其成德之教固應是他律道德，亦是漸磨漸習之漸教，而在格物過程中無論是在把握「超越之理」方面或是在經驗知識之取得方面，一是皆成「成德之教」之本質的工夫，皆成他律道德之漸教之決定的因素，而實則經驗知識本是助緣者。25

本文談程朱非儒學之正宗與大宗，然而，是否為正宗或是否為大宗都是標準的問題，標準在哪裡意見就在哪裡，不須申論。至於說程朱將知識與道德混雜，則已述之於前，那就是牟先生不能正視工夫次第問題在成德之教中的理論意義，而牟先生只管本體工夫一路，並將之與本體宇宙論的思路結合為一「道德的形上學」之系統，牟先生以此為唯一的道德實踐問題的理論模式，故而對先知後行的《大學》工夫次第論有所批評。至於說程朱提超越之理與後天之心之對列，其實是存有論討論中提出超越原理與人存有者之氣化實然之心，理論上沒有任何錯誤。說心認知地攝具理，這是存有論理論建構過程中的思辨活動，本來就不是在談工夫活動的問題，說理超越地律導心，這也只能說是天理即在人性中以為人之本質，而心統性情故而有理律導心之說，但這也還是存有論討論，本來就不是工夫論問題，既非談道德實踐問題，則又何來他律之說？談本質是存有論問題，談工夫才是道德實踐問題，因此何來本質工夫之他律之說呢？

牟先生整體地評價了朱熹的思想型態，總結地言之：

以上六點，如再收縮而為一點，則只是對於道體不透，因而影響工夫入路之不同。此所謂一處不透，觸處皆異也（所謂不透是對原有之義說。若就其自己所意謂者言，則亦甚透）。此所不透之一點，說起來亦甚簡單，即在：對於形而上的真體只理解為「存有」（being, ontological being）而不活動者（merely being but not at the same time activity）。

25. 牟宗三，《心體與性體》第一冊，頁五〇－五一。

但在先秦舊義以及濂溪、橫渠、明道之所體悟者，此形而上的實體（散開說，天命不已之體、易體、中體、太極、太虛、誠體、神體、心體、性體、仁體）乃是「即存有即活動」者（在朱子，誠體、神體、心體即不能言）。此是差別之所由成，亦是系統之所以分。此為吾書詮表此期學術之中心觀念。依「只存有而不活動」說，則伊川、朱子之系統為：主觀地說，是靜涵靜攝系統，客觀地說，是本體論的存有之系統；簡言之，為橫攝系統。依「即存有即活動」說，則先秦舊義以及宋、明儒之大宗皆是本體宇宙論的實體之道德地創生的直貫之系統，簡言之，為縱貫系統。系統既異，含於其中之工夫入路亦異。橫攝系統為順取之路，縱貫系統為逆覺之路。此其大較也。26

本文之重點即是指出，對道體之體悟是會影響工夫的。但是筆者認為，影響工夫之道體者主要是價值意識之本體的本身而已。就道體作為一個抽象的存有之概念範疇之討論，實無關工夫，因此亦絕不影響工夫。至於牟先生主張儒家之言於道體之即存有即活動之意者，程朱學中不見有反對此義之說，其實亦不能反對，只是其所重視並為學界所強調之主要問題並不在此而已。論於道體之即存有即活動義者，首先就天道論說是可以的，其次在聖人境界狀態中說也是可以的。然而，程朱並未主張道體只存有不活動，只是就道體論道體之存有論特徵時有此不動義之言說，然雖有此言說，卻仍不妨礙道體在天道流行及主體實踐時即是要活動的。然而一且論及活動，即要定出活動的主體，天道可以是一個主體，則其活動即是整體存在界的流行演化；人存有者是另一個主體，則其活動或為一般人的為善為惡之生活或為善去惡之工夫活動，另即或為聖人的境界展現。因此道體之活動義就是天道流行及主體實踐兩義，因此還是氣化世界的整體存在界以及有血氣心知之人存有者在活動，而不是道體、易體、神體、虛體、誠體、仁體、性體、心體在活動，如果這些概念都是指向本體的存有範疇的話，那麼其實都不是這些概念在活動，反而是現象世界的氣化流行在活動。是氣化世界的存在界與人存有者在活動時依據價值意識的本體所主張之方向而為活動，如說為本體自身之活動而不同時攜帶現象世界的氣存在的話，這樣反而成了理型在超越界的自我交流，而不具現實意義了。但是，牟先生卻特就活動義決定程朱、陸王之別，且是將程朱之言於存有論的命題立場，說成了實踐哲學的問題，而說程朱有不活動之實踐哲學的立場，這當然是問題意識的錯置，並就在程朱存有論的討論中將此些命題之立場與程朱之工夫次第論做結合，於是牟先生自己定出了一個橫攝系統的型態給程朱學，且說程朱才真是宋明儒學之新義，亦即陸、王、周、張等是準確繼承先秦，故而非新，但卻才是正宗，其言：

26. 牟宗三，《心體與性體》第一冊，頁五八–五九。

依先前之說法，見道不見道，體上工夫足不足，本體透澈不透澈，端在是否能體悟「即活動即存有」之實體。支離不支離亦繫於此。心性一不一、心理一不一亦繫於此。凡此，一般皆能感覺到，吾之詮表亦如此歸結。此所謂不背常識也。惟吾能全盡而確定地說出之。此亦並非真容易透澈明白也。然則吾謂伊川、朱子之系統倒有一點「新」的意味，非隨便妄言也。此步新開，雖對先秦舊義以及宋、明儒之大宗為不合，然並非無價值。朱子之系統亦自有其莊嚴宏偉處，如其本性而明澈之，亦當屬可喜之事，非貶視也。此兩系統一縱一橫，一經一緯。經之縱亦須要緯之橫來補充。此兩系統，若對立地看，恰似西方之柏拉圖傳統與康德傳統之異。前者，海德格（Heidegger）名之曰「本質倫理」；後者，海德格名之曰「方向倫理」。此兩詞甚善，不誤也。先秦舊義及宋、明儒之大宗是方向倫理，而伊川、朱子之新開則是本質倫理也。唯在西方，本質倫理先出現，而在中國則後起也。中國以「方向倫理」為大宗，此康德傳統在西方之所以為精絕，而自中國儒學觀之，又所以為可貴也。然希臘傳統在西方為大宗，亦正有其值得吾人之崇贊與欽慕者。吾人亦如此看朱子。27

筆者不反對中西有別之議論，也不反對西哲史上的方向倫理與本質倫理之區別，但是究竟方向倫理與本質倫理如何應用於中國程朱、陸王學之界定上，並且各是何義之界定？則是尚待澄清。牟先生文中固有言於經緯互需互補，然查其更多言詞意見，其實是不見道、且支離、又為歧出，則又有何補充之助力功效而為其讚賞者？不見道者又如何有所補足於見道者呢？支離又有何補足於不支離者呢？依牟先生之陳述方式，心性是一是二即是對立之立場，心理是一是二亦是對立之立場，透不透澈亦是對立之立場，牟先生其實並沒有留給程朱之理論有重要角色扮演之空間。所以這段話看似給程朱學一個經緯互補的空間之肯定，其實並不實惠。

九、結論

本文對於牟宗三先生在《心體與性體》書中的觀念進行方法論反省，企圖從他所有的概念使用背後的問題意識之揭露說起，逐步發覺牟先生其實就是建立了一套自己特殊使用的形上學概念模型，將工夫論塞入形上學中，從而比較程朱、陸王的高下，既不能獨立地見出工夫論的思路脈絡，又不能清晰地呈現形上學概念的意旨，反而造成傳統哲學在詮釋與理解上的偏差。因此，當代研究，應該區分工夫論與形上學的問題意識，將之分開討論，並且在工夫論中區分工夫論與境界論，並且在形上學中區分實踐哲學的本體論與宇宙論，以及思辨哲學的存有論問

27. 牟宗三，《心體與性體》第一冊，頁五九。

題意識，從此對程朱、陸王的異同，既能別其異，又能不必使其在差異中有所對立，這就是本文寫作的目標。然牟先生著作龐大，每一段文字中都蘊含了所有的思想系統的思路，分析疏解時十分不易，不得已僅能以本文之逐段分析的方式進行，篇幅已多，暫結於此。至於細節的展開，另待以下諸章。

第三章　對牟宗三詮釋周敦頤言誠體的形上學之方法論反省

一、前言

本章討論牟宗三先生《心體與性體》書中對周敦頤的詮釋意見，重點在對其進行方法論的反省。本文是筆者一系列討論牟先生《心體與性體》之作的專文之一，本文的工作方式為將牟先生的詮釋意見做重要議題的深入討論，一方面呈現牟先生思路的特點，二方面依據筆者的方法論解釋架構提出反省的意見。本文之作，企圖使宋明儒學的詮釋，在深受牟先生影響下的形象能有所轉換。

牟先生對周敦頤的哲學定位，相當注重本體宇宙論的縱貫型態之形上學定位，亦即注重於提出一套談由道德意志所形成的形上學系統，而由誠體概念當之。但是，牟先生認為周敦頤之學仍有不足之處，他認為，《中庸》、《易傳》有孔孟踐仁、盡心的主體實踐之前提在，而周敦頤直接從《中庸》、《易傳》談儒家誠的形上學時，卻稍有忽略於這個主體實踐的重點。因此牟先生既肯定周敦頤之誠體有本體宇宙論的動態形上學意味，又強調它必須也是預含有心、神意味的主體活動義，並認為這是周敦頤似有忽略卻實不能忽略之要點。並且，周敦頤言於思之工夫，牟先生也批評似有忽略《孟子》直下本心以言工夫的重點。以上牟先生所論之諸義，筆者皆提出方法論的反省，指出周敦頤哲學並無須即以形上學創作定位之，而是依據《中庸》、《易傳》之形上學系統而講說聖人境界的境界哲學，並因而充滿了談主體實踐的工夫論哲學，所以牟先生以其為本體宇宙論的形上學系統，卻缺乏主體實踐意識的說法，是不必要的。牟先生的關鍵立場即在，北宋儒學的理想型尚未出現，周敦頤系統尚不完美，要在明道一本論的系統中才見出主體實踐義及形上道體發用流行義的圓滿。但是，此說又等於是以聖人境界說形上道體，並不是什麼形上學的圓滿義。總之，牟先生以其自身特殊又曲折的形上學概念定義並定位北宋儒學，造成對各家既評價不一又分判優劣，非常干擾學者對宋明儒學的基本認識，筆者遂以宇宙論、本體論、工夫論、境界論的實踐哲學系統與思辨哲學的存有論系統分開討論之，定位周敦頤為境界哲學系統，預設本體宇宙論系統，包含工夫論系統，以此即可免於牟先生的強勢詮釋，而得以準確地認識傳統文本。

以下各節討論議題都是來自牟先生建構周敦頤哲學的重點項目，這些項目將能呈現牟先生談周敦頤學說時的思路特點，也將藉此表達筆者對其思路的檢討意見。包括：「圓教的形上學之詮釋立場」、「誠體直貫的宇宙論」、「由誠體談濂溪的入路與限制」、「氣質之性的概念定位」、「思的工夫論問題」、「無極而太極解」。

二、圓教的形上學之詮釋立場

牟先生討論宋明儒學，在其專著《心體與性體》中就是從周敦頤開始的，其言：「本書詮表宋明心性之學，從北宋起，直接斷自周濂溪。」[1] 牟先生此處使用「心性之學」的概念，這同時也是勞思光先生最重視的概念，然而在牟先生全書討論中，「心性之學」的概念卻不如其他像「道德的形上學」、「縱貫系統」、「圓教系統」、「本體宇宙論」等概念地使用頻繁，「心性之學」固然是他討論的起點，但是形上學的思路才是最具主導性的。亦即勞思光先生所重的「心性論」概念，雖亦為牟先生所重，但他更主要是以建立「形上學」系統為定位宋明儒學的綱領。牟先生說：

> 吾今只明言，中國文化生命發展至北宋，已屆宏揚儒家內聖之學之時，此為歷史運會之自然地所迫至者。因是歷史運會之自然地所迫至，故濂溪之學，雖無師承，而心態相應，出語即合。[2]
>
> 所謂心態相應、生命相應者，實即道德意識之豁醒。道德意識中含有道德主體之挺立，

1. 參見牟宗三著：《心體與性體》第一冊，台北：正中書局，一九八一年十月台四版，頁三二一。
2. 牟宗三，《心體與性體》第一冊，頁三二一。

德性動源之開發，德性人格（德性之體現者）之極致。[3]

牟先生認定北宋的學術必然走入談內聖之學的路子，因為是歷史條件所致，此說是牟先生的歷史判斷，意見性多於理論性，真正能談理論的就是對宋明儒學系統的理解與詮釋，而這也正是最重要的工作。牟先生又說周敦頤與此學心態相應，且直指就是對道德意識的理解，以及主體的道德實踐與達至最高境界的事實，這幾句話其實就是牟先生談宋明儒學的問題意識的總綱領，包括價值意識的本體論，主體實踐的工夫論，實踐完成的境界哲學。上述三種哲學基本問題是筆者的定位，在牟先生的處理中，則是以一套「道德的形上學的圓教系統」以收管之，亦即這些都被牟先生安置在一套形上學的解釋體系中。並且，由於牟先生要以形上學型態定位周敦頤之學以及其他宋明儒學系統，所以對勞思光先生所提出的「心性論中心」的解釋架構，並批評周敦頤為「宇宙論中心」之說，[4]十分反對，因此展開大篇幅的批評，其言：

而周子之默契此義，則自中庸（後半部）與易傳入。中庸易傳者是先秦儒家繼承論語孟子而來之後期之充其極之發展。所謂「充其極」，是通過孔子踐仁以知天，孟子盡心知性以知天，而由仁與性以通澈「於穆不已」之天命，是則天道天命與仁、性打成一片，貫通而為一，此則吾亦名曰天道性命相貫通，故道德主體頓時即須普而為絕對之大主，非只主宰吾人之生命，實亦主宰宇宙之生命，故必涵蓋乾坤，妙萬物而為言，遂亦必有對於天道天命之澈悟，此若以今語言之，即由道德的主體而透至其形而上的與宇宙論的意義。5

以上申說周敦頤從《中庸》、《易傳》契入先秦儒家的思想脈絡，而《中庸》、《易傳》的角色已經是先秦儒家繼承孔孟精神之後向天道發展的述作，亦即由孔孟言仁、言性之作向天道衍伸而貫通之。如果說在孔孟之處就是道德主體的實踐活動的發揮，那麼到《中庸》、《易傳》處就是提升這個主體的發揮使得它也具備主宰天地萬物的意義：「故道德主體頓時即須普而為絕對之大主，非只主宰吾人之生命，實亦主宰宇宙之生命。」那就是在主體的實踐活動中有了對整體存在界的大澈大悟而深體之，因而能「由道德的主體而透至其形而上的與宇宙論的意義」。此處應特別注意的是：牟先生自己的話語中十分明白地表示這是由道德主體而感知、體知的形上學、宇宙論意義，也就是說《中庸》、《易傳》的形上學宇宙論型態的命題，是經由孔孟的道德主體之踐仁盡心的工夫活動而澈悟的天道意義，所說出的天道的客觀真相，因而

3. 牟宗三，《心體與性體》第一冊，頁三二一。

4. 參見勞思光先生言：「周敦頤立說，已有自造一系統之意。因此已是以理論系統抗拒佛教，而非如唐人之僅有拒佛之意象。然就理論內容言之，則周氏之說，基本上未脫宇宙論之影響，不過增多形上學成分而已。其中心性論之成分甚少。」《新編中國哲學史》第三冊上，〈序論〉，頁五。

5. 牟宗三，《心體與性體》第一冊，頁三二二。

有了形上學宇宙論的建構，所以《中庸》、《易傳》的形上學宇宙論建構是因著實踐而有的建構，本身與實踐無法割離，沒有實踐就沒有這一套形上學宇宙論。筆者要在這裡強調的是，牟先生此說差不多就把《中庸》、《易傳》的「形上學」、「宇宙論」說成了是一套孔孟心性「工夫論」項下所轄的系統了，因此也就預含了工夫做得最好的聖人，其所感知體知的形上學宇宙論也就是最圓滿的系統，但是，這就又再度將「形上學」、「宇宙論」說成了是「境界論」項下所轄的系統。因此，一切都還是要回到主體的實踐中，才能確定《中庸》、《易傳》這一套形上學宇宙論的知識地位。也因此，牟先生批評了勞思光先生極力主張的思路，亦即是以《中庸》、《易傳》為孔孟心性論下墮的形上學宇宙論之說，其言：

若是表面觀之，此儼若為空頭的外在的宇宙論之興趣，而特為某種現實感特強者所不喜，亦為囿于道德域、人文界，而未能通透澈至其極者所深厭。實則此種不喜與深厭中之割截既非先秦儒家一脈相承開朗無礙之智慧之全貌，亦非北宋諸儒體悟天道天命之實義。是以若以西方哲學康德前之外在的非批判的形上學視之誤也，名之曰宇宙論中心者亦誤也，囿于人文、切感于現實、而不准涉足乎此者亦非儒家道德意識中道德主體之涵量之本義，此為道德之局限，而非儒家開朗無礙之道德智慧也。6

勞先生依據康德哲學的思路，將形上學、宇宙論的哲學系統，視為不能證成自身之普遍原理的哲學，而《中庸》、《易傳》即是談形上學、宇宙論的哲學系統，因此是從孔孟心性論之言於實踐活動的哲學下墮的系統。亦即，勞先生並未將《中庸》、《易傳》視為如牟先生所說的是由孔孟心性論之實踐所體悟感知的整體存在界的意義，因而與心性之學內在相通；而是視為外在的、客觀的、獨斷的、與實踐無關的另一系統。筆者以為，《中庸》、《易傳》的形上學、宇宙論當然是一套外在的客觀的哲學系統，只是它的被認識、被確定、被證實的路徑是由主體的實踐活動而得的，但是它與主體的實踐理論仍有重大的理論內在關係，此即是作為主體實踐活動的客觀理據。亦即理論系統上說，形上學、宇宙論是工夫論的理由依據；而從命題證成的角度說，實踐活動是證成形上學命題之為普遍有效的途徑。所以，實踐活動從經驗上證成形上學命題為真實的，形上學命題從理論上保證工夫理論為有效的，工夫理論提供實踐的方法知識，主體實際去從事實踐活動，待其成功，則證成了其形上學命題（也包括工夫理論）的真實有效性。因此，勞先生看到了形上學理論的外在客觀性，卻忽略了它有可以被主體內在證成

6. 牟宗三，《心體與性體》第一冊，頁三二一 - 三二三。文中雖無指名勞思光先生，但在當代中國哲學界中提出牟先生所批判之意見者就是勞思光先生，是以筆者亦明指牟先生此說就是針對勞先生的意見的。參見勞思光先生著《新編中國哲學史》三上：「周氏之說，基本上未脫宇宙論之影響，不過增多形上學成分而已。其中心性論成分甚少。」頁五。「濂溪所承之儒學，乃易傳及中庸所代表之理論。此一理論以形上學為主要成分，與先秦孔孟之心性論固不同，即與漢代流行之宇宙論亦有不同。」頁一五一 - 一五二。台北：三民書局，一九九〇年十一月第六版。

為真的可能性。牟宗三先生看到了它有可以被證成為真的必然性，卻忽略了它自身作為理論存在的獨立性特質，而不斷地將形上學與工夫論和境界論結合共構，於是將一套客觀形上學系統說成了一套談主體實踐的工夫境界理論。參見其言：

> 開朗無礙之道德智慧必透至此而始充其極，必充其極始能得圓滿。圓滿者聖人踐仁知天圓教之境也。此圓教之境，中庸易傳盛發之，北宋諸儒即契接此境而立言。故其澈悟天道天命而有形上學的意義與宇宙論的意義，是圓教義，非是空頭的外在的形上學，亦非泛宇宙論中心也。道德主體既如此，則就德性動源之開發言，此道德主體作為絕對之大主者，即是道德的創造（亦即真實創造）之真幾。內聖之學，心性之學，惟是開闢此道德創造之真幾以為吾人之大主，亦且為宇宙之大主。而理不空言，道不虛懸，必以德性人格以實之。德性人格者即體現此大主、體現此創造真幾之謂也。體現之極致即為聖。圓教者亦相應聖人境界而言也。故儒家道德哲學之有形上的意義與宇宙論的意義必依踐仁知天之圓教而理解始不誤，一離乎此，則迷茫而亂矣。[7]

本文之內容，實已揭示牟先生整個儒學思維的總綱，亦即孔子的踐仁與孟子的盡心，將不僅只是道德實踐主體的真實作為，更且同時要成為客觀世界的活動意義，因此主體的實踐有客觀形上學及宇宙論的意義在，即主體的實踐活動甚至也已經是整體存在界的活動的主宰，主體體現道德意志而為實踐活動，整體存在界亦因此一體現而亦彰顯其道德意義，整體存在界的道德存在意義由主體的實踐而呈現並由之而主宰之，主體的實踐達至究竟至極之境時，即是整體存在界的存在及活動意義達至究竟圓滿之時，此即聖人之作為，更亦為圓教義之形上學，亦即說聖人境界與說形上學的圓滿至極之學變成了同一件事，但也因此儒家的形上學、宇宙論成了可說之學，只是此一可說之儒家形上學、宇宙論卻必須即是從實踐之體知、感知而說的，而其系統的極致又必須即是就著聖人境界之體知、感知而說為系統的圓滿的。是以牟先生的圓教說等於就是聖人的境界論，即如其言：「圓教者亦相應聖人境界而言也。」

牟先生之說聖人是道德實體之實踐的圓滿義者又見下文：

> 道德的實體只有通過道德意識與道德踐履而呈現而印證。聖人是道德意識道德踐履之最純然者，故其體現此實體（誠體）亦最充其極而圓滿。所謂充其極而圓滿，一在肯定並證成此實體之普遍性，即此實體是遍萬物而為實體，無一物之能外；二是聖心德量之無外，實體之絕對普遍性即在此無外之聖心德量中而為具體的呈現。不只是一外在的潛存的肯定。此圓滿之模型即是理想之聖人，現實上為孔子所代表。8

7. 牟宗三，《心體與性體》第一冊，頁三二一—三二三。
8. 牟宗三，《心體與性體》第一冊，頁三三三—三三四。

牟先生說道德的實體本是一本體宇宙論進路的形上學論述，但是他又說這個實體是需要透過主體的道德意識的實踐才能印證，故而聖人是這個實體的最充極的體現者，是聖人在證成此實體的普遍性，也是此實體的普遍性在聖人的實踐中而呈現，所以以孔子為代表的聖人，即是此實體的理想模型。筆者以為，說實體被聖人的實踐而證成的話是可以說的，但是聖人畢竟是說的人存有者的境界，然而此實體之為一本體宇宙論的假設，卻仍應是一客觀的實體，它可以在被實踐之後來談其是否被證成，而不是就在聖人的實踐中說其理想型，說理想型只能是說聖人為體現此道德義實體的理想型人格，而不能說聖人就是這個理想型的實體，如此一來就是把客觀形上學的本體宇宙論的道德意志實體說成了主體的境界了，也是把人存有者說成了普遍原理的最高實體，這是牟先生將主體實踐活動的理論與客觀形上學的理論混淆的一套思路，然而這卻已經是牟先生對宋明儒學分系問題的超越依據了，又見下文：

> 宋明儒之發展，大體是由中庸易傳開始而逐步向論孟轉，以孔子之仁與孟子之心為主證實天道誠體之所以為天道誠體而一之——一之於仁，一之於心，重新恢復先秦儒家從孔孟到中庸易傳之發展，如此而知中庸易傳是其圓境。否則，中庸易傳之天道誠體只是空頭的宇宙論的，亦是外在的，此則客重而主輕，濂溪橫渠俱有此意味。本是主客觀之真實統一之圓教，然而因不能貫通先秦儒家發展之序遂顯出客重而主輕，亦可說是內輕而外重，

主觀性原則（心）不足故也。逐步向論孟轉，第一步關鍵是明道之一本論，第二步關鍵是象山之孟子學。至此而主觀性原則澈底挺起矣。9

牟先生的意思就是說，先秦儒學由孔孟的主體實踐之理論，發展到預設這個實踐活動但卻擴及天道的《中庸》、《易傳》之作，因此這時的《中庸》、《易傳》之作就能有依於主體實踐的挺立而有客觀證實的圓滿。至於宋明儒學，則是由周敦頤、張載的自《中庸、易傳》的詮釋開始，但是卻因為尚缺乏對孔孟實踐活動的深刻體會，因此會有偏客忽主、內輕外重的缺點。因而只能由明道的一本與象山、陽明的言於主體而收攝補足。牟先生此處對周、張之批評，說其：「客重而主輕，亦可說是內輕而外重，主觀性原則（心）不足故也。」其實已有勞思光先生的思路型態了，此不多論，簡言之，勞思光認為，周、張為宇宙論論述較多，並缺乏心性論。

筆者以為，《中庸》、《易傳》的客觀形上學的命題是一本身就是作為客觀義的形上學系統，它可以被主體的實踐而證實是一回事，它是否預設了孔孟的實踐活動又是另一回事；說主體實踐活動是一回事，說主體實踐活動的理論也就是工夫論又是另一回事。就理論建構而言，只要是說了客觀形上學，就在理論上可以推出主體實踐的理論（也就是工夫論），所以《中庸、

9. 牟宗三，《心體與性體》第一冊，頁三四六—三四七。

易傳》的客觀形上學在理論的發生過程上固然是依據孔、孟的實踐活動的理論而上推的客觀原理系統，但是它的理論角色是作為一套客觀的形上學命題原理，以便成為主體實踐的理論（也就是工夫論）的理論依據。它的命題發現的次序是一回事，它的理論角色的系統關係是另一回事，牟先生是把發現的次序與系統關係的次序混淆了，亦即是把實證的次序與邏輯推演的次序混淆了。但是，這尚非討論周敦頤哲學的重點，重點在下文討論。

依據筆者的研究，周敦頤對《中庸》、《易傳》的詮釋而發言的文字，一方面就是一套客觀形上學的系統的轉述繼承，二方面就是直接推出主體實踐的工夫境界理論，所以，並沒有周敦頤的系統有所謂的主體實踐面的缺乏之事。更深入言之，周敦頤哲學對於先秦《中庸》、《易傳》哲學的討論，其實就是重述使用而未有重大的發揮創造，在形上學層面上，僅有簡單的宇宙論系統的建立。真正的創作意義的重點反而是在聖人境界的言說上，並且就是依據《中庸》、《易傳》的形上學語言以言說聖人的作為，根本上成就的正是一套境界哲學，並且在這套境界哲學之內就充滿了說明主體實踐的工夫理論。所以，周敦頤並不是大談形上學的本體宇宙論的系統而缺乏主體實踐理論，周敦頤根本就是大談主體實踐的工夫理論，以及追求聖人理想的境界哲學，只是談工夫論與境界論都必須依據《中庸》《易傳》的形上學理論，因而對其有了大量的轉述與繼承的使用而已。10所以根本上說，周敦頤的系統絕非偏客忽主、重外輕內，因而需有明道之一本與象山、陽明的主體實踐之學以為補足。

三、誠體直貫的宇宙論

前文述及牟先生將主體的實踐活動及達致理想境界的聖人狀態說為形上學的圓滿，這是牟先生說形上學的一路，但牟先生也有說形上學的客觀陳述的一路，即說其為一「直貫型的宇宙論規定」者，這個術語在後來的其他文本中則稱之為「縱貫型的形上學」，參見其言：

總起來，中庸言：「誠者物之終始，不誠無物。」一切事物皆由誠成始而成終。由誠成始而成終，即是誠體貫澈於其中而成全之。在此成始成終之過程中，物得以成其為物，成其為一具體而真實之存在。設將此誠體撤銷，則物即不成其為物，不成其為存在，而歸於虛無。此即所謂「不誠無物」。無物即無終始也。自實體言，為誠體流行；自軌跡言，為終始過程；自成果言，為事事物物。吾人可規定物為一特殊的終始過程，亦可規定為在一特殊軌跡中表現的誠體流行之特殊滿足（完成）。此種規定名曰直貫型的宇宙論的規定，因「物之終始」一語即是一宇宙論的陳述。此種規定非是方法學的邏輯規定，亦非是認識論的認知規定，而乃是自實體成就上之實現的規定。11

---

10. 關於周敦頤的研究意見，參閱拙著：《北宋儒學》，臺灣商務印書館，二〇〇五年四月初版。

11. 牟宗三，《心體與性體》第一冊，頁三二五。

以上這個說法中，牟先生把誠體說為一宇宙本體論的實體了，就是它的存在及作用而有了天地萬物的真實生發之過程及結果，並且若無了它，即無物。說到這裡，這套宇宙論仍是以一價值意識為實體而創化流行的系統，並不依賴人的實存活動而有其存在及流行。

重點是，牟先生以誠體為一實體而有創生宇宙的作用，而說明天道流行的意義，並且將其稱為直貫型的宇宙論，[12]此說中另有一特殊的理論目的在，即是牟先生認定儒家形上學是要直接肯定天道對天地萬物的創生實有的作用，所以，創生之、因而實有之便是牟先生說儒家形上學的根本立場，而道佛兩家卻有不能保住實有的情況，因而是縱貫系統的橫講，說為縱貫是說道佛一樣說到了本體宇宙論，說為橫講是說道佛不能有創生實有的立場，要有創生實有的立場才是縱講，此說亦是牟先生儒釋道三教辨正之根本立場。亦即儒家為縱貫縱講，道佛為縱貫橫講。

而此一縱貫型的宇宙論之說法，之所以可以證成創生實有義，牟先生即是以主體之實踐而至聖人境界之事實而說為有其保證的。此說卻使得牟先生把主體的實踐活動置入談客觀形上學的系統建構中，而這也正是他用以批評程朱形上學的思路。本來說實踐以為保證是知識論的討論，此說無誤，但是把實踐置入形上學，以形上學為實踐形上學，這就有混淆問題的失誤了。

牟先生要談實踐以為保證，就是要明指儒家形上學在《中庸》、《易傳》的型態，即是發展於孔、孟的型態，也是發揮於周敦頤的型態。孔孟直接談心性實踐，故而能保證實有之實存，周敦頤雖有談實踐，但卻談得不夠多，因此有客重主輕的缺點，但畢竟還是談了。至於程頤、朱熹，那就是沒談，故而後者牟先生稱之為橫攝型態，亦即他們的形上學系統是談不到整體存在界的流行活動的，而這正是牟先生將程朱學類比於思辨的西方哲學的類型的。

牟先生對程朱這樣的批評是基於他自己對形上學的特殊解釋而提出的意見，牟先生把這個作為天道實體的誠體，與實踐主體的性體、心體視為同一個實體，這一部分當然是牟宗三哲學的創造性定義，這就是牟先生把實踐活動及客觀存在混合在一起所構作的「道德的形上學」的說法，這個說法就是他用以批評濂溪、橫渠及程頤、朱熹的理據。下一節即涉及這個批評。

四、由誠體談濂溪的入路與限制

《中庸》言誠，濂溪繼承並發揮，牟先生指其所言之誠主要為天道實體義，但亦應有人道主體之意在，其言：

> 惟至誠為能盡性，即以誠體之內容滲透於性體，此即是性，離此別無性也。性與天道皆只是一誠體。性與天道是形式地說、客觀地說，而誠則更是內容地說、主觀地說。13

12. 直貫型的說法牟先生後來都改為以縱貫型說之。
13. 牟宗三，《心體與性體》第一冊，頁三二四。

本文為牟先生解讀《中庸》之語，以主體之誠意志貫徹於現實生活中的活動，才能充分實現性體，而天道亦為依此誠意志之實踐而呈現。牟先生又說，性與天道是形式地說、客觀地說，誠是主體地說、內容地說。上說看似圓融，其實含混，此處有兩種思路需要釐清：其一為哲學基本問題的區分，其二為概念使用的區分。筆者以為，《中庸》本身本就包含了以誠直接為天道的價值意識而賦命於人與天地萬物的第一路，以及以誠為主體實踐的價值意識而體合於天道的第二路。第一路是第二路的形上理據，第二路是第一路能夠呈顯的途徑，也是第一路之所以為真的證立方法。第一路為形上學，第二路為工夫論。區分為兩路之後，就不需要把兩路合一而稱其為某種特殊的形上學。此外，「性與天道」甚至是「心、情、理、氣」等是「存有範疇」，而「誠」是「價值意識」，是主體實踐時的價值意識嚮向，至於「存有範疇」及「價值意識」兩者都可以作為說本體的文字使用，只是個別系統是以哪一個概念為本體，則端視系統本身的使用，兩種類型的概念固然互不衝突，但也不宜混淆，否則就會造成更嚴重的理解與詮釋的偏差。牟先生接近的說法又見下文：

> 濂溪以誠體合釋易傳，於易見出性命之根源其實亦即此性命天道相貫通之大義也。
>
> 此誠雖亦是工夫字作用字，然即在誠之工夫作用中，性之全體內容具於中，故誠亦是工夫，亦是本體，故曰誠體，而誠體亦等於性體也。14

牟先生說周敦頤以《中庸》之誠合釋《易傳》的文本系統，周敦頤確實是如此做的，不過這樣做是完全合法的，因為《中庸》之誠是價值意識的概念，儒家所有的價值意識的概念必然是意旨相通的，如「仁義禮知」與「誠」與「善」等。而《中庸》與《易傳》的合釋，還有形上學理論的結合的作用在，《中庸》多本體論、存有論建構，《易傳》除了有本體論之外，還包含了一些零星的宇宙論建構。因此可以說儒家形上學在《中庸》、《易傳》之時達到了一個高峰，而由宋明儒學家直接繼承之、結合之而發揮新義之。

牟先生又說「誠」是工夫也是本體，此說亦無誤，誠作為價值意識的概念，既是以「天之道」說出的，即是以其為天道的終極價值意識，因而即是本體。價值意識的本體即是主體實踐的價值嚮向，因此可以用來談工夫作用。所以誠體是既就天道實體言、亦是就主體心性之本體言，以主體心性本體言時當然即是性體。從存有範疇說，天道實體就是道體，說實體、說本體則是分別就其為「存有之最終真實義」及「價值之最終根本義」而說的，這是就整體存在界而說的道體；至於就人性存有者的主體存在而說時即是性體。道體與性體皆是就存有範疇說，若就價值意識的概念說時，它們就是「誠」、「仁」、「善」等等，至於將之說為「誠體」、「仁體」之時，則應討論這是就其為道體說還是為性體說，但不論是就道體說還是就性體說，它的

14. 牟宗三，《心體與性體》第一冊，頁三三〇。

價值意識都還是誠的、仁的或善的。

本文一開始，牟先生已經以誠體為天道實體，文末又說：「而誠體亦等于性體也」，於是道體與性體因皆是誠體似乎即為同一了。但其實，道體與性體就其所具之價值意識皆為誠、為仁而言，可說其有共同的價值意識，但是說道體與性體是同一的這樣的說法就有過度跳躍的缺失了，或是說它們有相貫通的作用是可以的，只是不能不假分別地說它們是同一個實體。總之，每一個概念皆有它們的特定功能與使用脈絡，必須要將哲學問題意識釐清，這樣才不會混淆概念的使用。牟先生言於誠體者又見下文：

> 對於天道誠體之神、寂感真幾，有積極的體悟。所謂「默契道妙」者，即在此面有積極的意義。在濂溪之體悟中，天道誠體亦是心、亦是神、亦是理，不是如後來朱子之所分解，天道成為「只是理」，而心神屬於氣。15

牟先生一直以來的立場就是，周敦頤是從《中庸》、《易傳》入手說儒學而建立體系的，而《庸、易》是說天道為主的系統，雖然《中庸》、《易傳》系統中預設了《論語》、《孟子》所談的主體的實踐，但是周敦頤之作品中卻沒有這麼明確的洞見，因此牟先生要補充說周敦頤所說的誠體之天道義中，必須亦即是有主體的意味在的，所以他要說「天道誠體亦是心」。筆者以為，周敦頤是使用先秦儒學經典的形上學命題以說工夫論與境界論的哲學系統，本就沒有只停留在天道論中說形上學命題，因此其實不必特別費心為周敦頤說他有心性論旨。一旦說及工夫論，就是心在做工夫的，因此並不是周敦頤體悟的天道誠體有心之意義在，而是周敦頤就是談了工夫論，一旦談工夫論就必然是「心」這個存有範疇在作用的，而其作用時的價值意識嚮向即是「誠」，即是以天道實體的價值意識本體以為嚮向。筆者以為，其實是牟先生混淆了形上學與工夫論哲學，不能獨立地看到工夫論哲學的思維脈絡，也沒有重視到存有範疇的概念在哲學問題論述中的互通性，所以才要辛苦地言說這些存有範疇之互通性。

但是，就在牟先生辛苦地言說「天道誠體亦是心，亦是神、亦是理」的話的時候，牟先生正是混淆了存有範疇的概念與價值意識的概念，也是混淆了談存有論與談本體工夫論，也就因此有了對朱熹的批評意見，說「不是如後來朱子之所分解，天道成為『只是理』，而心神屬於氣」。其實，從存有論進路談概念範疇的意義時，「誠、仁、善」等就是價值意識的概念，從存有範疇說，道體或性體的存在性其實就是理體義的存在，而非具經驗現實義的存在。從天道流行說，可以說天地萬物都是體現了天道之誠的意志而有的存在；但是從人道說，整體存在界的整個社會國家必須是人做了道德實踐活動且充分完成實現之後，才能說為天下社會都已經實現了誠的價值意識，因此就整個社會國家說為誠體，是必須在主體做工夫實踐已達到完成的境

15. 牟宗三，《心體與性體》第一冊，頁三五六。

界之後才能說的，因此在非關工夫論思路的情形下，純粹從存有論進路說：「天道只是誠仁善之理，而人心之存在是氣化成形之後的存在，故而心屬氣存在的一邊。」這樣的講法就形上學、存有論的思路而言，本來就是正確的說法。關鍵即在，牟先生思維中的誠體是用在主體做工夫實踐達到完成境界時候的狀態，因此心必須以誠為價值意識而進行實踐活動，而在工夫完成之時，整個社會天下的整體呈顯誠的價值理想，此時可以說「天道之誠體之理，進入人心之意識，化成天下，作用神妙」，而不是說「天道誠體亦是心，亦是神、亦是理」，因為就存有論說概念定義時，朱熹所說的「天道成為『只是理』，而心神屬於氣」的話是沒錯的。下文亦是牟先生相似的思路：

> 濂溪言誠體本乎中庸易傳。誠固是理，但亦是心，亦是神，是「心神理是一」之體，是「即存有即活動」之體。「真實無妄」決不只是客觀地形容或指目理，亦主觀地形容或指目心，而心是本心、天心，而本心天心即是理。16

本文說誠是理、是心、是神，前文亦是同樣立場的申述，這就是牟先生企圖將周敦頤哲學說為有別於朱熹思路的作法，朱熹從存有論思路說天道只是理，其義在於說作為存有範疇的道體就是一理體義之存有，亦即是以原理的角色而為道體，這是存有論地說。但若是工夫論地說，則此一唯理身分的道體將賦命於人心而成為性體，此性體將在主體的心的實踐中充極發揮而呈現整體存在界的天道理體之真實意涵，此一呈現即顯神妙，故而「道、理、心、神」的存有範疇全體互通。所以即便在朱熹分開心性與天道理體的話語中亦仍有再度結合心性與天道理體的可能，只要將基本哲學問題意識分辨清楚即可。但是，牟先生卻只重視工夫論與形上學共構的一路，並認為這是儒家哲學的主要形式，因此對純粹從存有論進路言說道體的思路有意排斥，以為它會妨礙工夫論與形上學共構的一路。筆者以為，說兩路有哲學基本問題意識的差異是可以的，說兩路的思路之差異有哲學基本立場的不同（甚至對立）是不可以的。但是牟先生卻因此強以程、朱的一路為「只存有不活動」，而以周敦頤的一路為「即存有即活動」，亦即是說周敦頤的誠體可以發為天道作用的流行以及主體實踐的工夫活動，而朱熹所談的天道只是理，因此就沒有活動義了。筆者以為，這都是牟先生過度割裂朱熹理論所致，依朱熹，說存有論時僅論概念定義，但是說天道作用及主體活動時，就會將不同概念通連在一起，朱熹並非不說天道流行及主體活動的話語，牟先生卻只擷取朱熹的存有論話語以定位朱熹，實不公允。牟先生這樣的詮釋立場，不僅對朱熹不公允，事實上對周敦頤、張載等也不甚公允。以下即可見出：

濂溪雖根據中庸易傳言誠體，不直接根據孟子言本心，然此誠體斷然是心神理合一的，

16. 牟宗三，《心體與性體》第一冊，頁三七七。

決不會抽掉了心神寂感而只是理。縱然此心神是宇宙論的意味重，不似孟子之直從道德的心性言本心，然此誠體必然地含有「心」義則無疑，否則不能說神說寂感。…… 心神寂感理合而為一便是誠體。而若知中庸易傳之所言乃是繼承孔孟之所言而發展至充其極，則知中庸易傳之誠體即是孔子之仁、孟子之心性之擴大，其內容完全是一。如此，則可無疑於誠體之為心神寂感理之合一。只因濂溪，橫渠亦在內，是從中庸易傳開始，不甚能提挈之以孔子之仁與孟子之心性，遂易使人有割截之想法。然謂其誠體，甚至橫渠之太和太虛，不含有宇宙論意義的「心」義不可得也。至明道，則孔孟中庸易傳完全合而為一矣。17

周敦頤、張載皆有工夫論的命題，反而是牟先生強調他們是從《中庸、易傳》入手建立形上學體系時才定位他們主要是談天道的系統，因此認為他們有疏於談主體的缺失，但是雖有此項缺失，卻因為《中庸、易傳》本就是依孔孟而發的天道論，因此周敦頤所論之天道誠體亦必定是有主體活動的意義在的，意即「謂其誠體……不含有宇宙論意義的『心』義不可得也」。牟先生這樣的詮釋，實在是非常扭曲的做法，關鍵即在牟先生將一切哲學問題都歸於形上學問題來談，而且討論問題時不能區分「存有範疇概念」與「價值意識概念」的差異，於是本來是哲學基本問題的論述進路差異的問題，便衍生為概念使用立場的主張差異的問題，因此而有了討論周敦頤的「誠概念」有無「心概念」義的問題。其實，誠是價值概念，可以作為天道本體，亦是主體實踐時的心之活動的嚮向，此即與心合，而不必說什麼「宇宙論意義的心」，總之，概念的使用意涵，端視文本論述時的脈絡而定，本就十分靈活，理論世界並沒有這麼多的對立系統，而只是有各種不同問題意識的表述系統，釐清各系統的問題意識，也是準確理解其哲學義涵的方法，更是解消傳統哲學過於對立衝突、競爭高下的理論態度的改進方法。

五、氣質之性的概念定位

《通書・師第七》周敦頤言：「性者，剛柔，善惡，中而已矣。」牟先生以之為「氣質之性」而批判之。「氣質之性」的概念在張載著作中正式提出，朱熹承之，牟先生對此一概念的提出並沒有明確的反對意見，只是對於如何使用以及是否能上接「天命之性」有意見而已。牟先生認為「氣質之性」有兩種使用義，其一為性之墮在氣質中被限制時所說，此義之性仍是本質上只是天地之性，價值主體能挺立住；另一為說氣質本身是一種性，世俗義之命定論之種種氣性便在此說，此種氣質之性便不能被價值主體收攝妥當。牟先生解周敦頤《通書・師第七》談「性者，剛柔善惡中而已矣」時，認為周敦頤所說即是氣質之性，但因為不能看到言氣質之

17. 牟宗三，《心體與性體》第一冊，頁三六八。

性之上述兩種區別，因而總有命定義的氣質本身成為一種性的意味在，因而主體挺立的份量就不甚足夠，牟先生並以此批評周敦頤，其言：

所謂「性者剛柔善惡中而已矣」，此言性實指「氣質之性」而言，不指誠體之為性，或天道性命相貫通之性而言，「氣質之性」一詞由張橫渠開始用。濂溪於此只言「性者剛柔善惡中」，此所謂性明是指「氣質」而言，因氣質始有此差異，如言誠體之為性，則只是純粹至善，無所謂剛柔善惡中之差異也。如就此種氣質而言氣質之性，則氣質之性意即人之氣質本身是一種性，此即王充所謂氣性，或人物志所言之才性。吾意橫渠二程言氣質或氣質之性即是此意，非如後來朱子理解為性體在氣質中濾過，因而成為在氣質限制中之性也。如照此解，則性只是一性，只是一超越之性體，只是伊川朱子所謂「性即理也」之性，並無二性，但却可自兩面觀，一是就其本身之本然觀，一是就其在氣質之限制或混雜中觀。如是，氣質之性便成為氣質中的性，而非氣質本身不同即是一種性也。18

牟先生對於周敦頤這一段話的定位是放在氣性、才性的氣質本身是一種性的路上說的，而「不指誠體之為性，或天道性命相貫通之性而言」。牟先生要強調有誠體之為性，或天道性命相貫通之性，是因為要將天道與主體皆在誠體的實踐中貫徹，以便談主體臻至聖境的可能性。但因為周敦頤的這種剛柔善惡的說法，使得誠體的下貫似有不暢及隔閡。關鍵就在周敦頤使用「性」

概念談問題時，沒有把握到與天道性命相貫通的主體實踐義與天道流行義，因此引起牟先生的疑慮。而牟先生在這個問題上對於朱熹明確嚴分「氣質之性」與「義理之性」的做法反而是贊同的，牟先生認為程朱言「性即理」時之性，確乎只是純然至善的天命之性，而其言「氣質之性」時，則主要是指性之墮在氣質中而言，因此使得純粹至善的「天命之性」有其一時不易呈現的限制，然而其性終究仍是至善一義而已，因而永遠是通於天道性命及誠體流行之性。（其實這就是筆者不斷強調的，程、朱之存有論思路，必然有其儒學理論貢獻之意義在者。）當然，牟先生也認為朱熹言於氣質之性有時也是會有氣性、才性的命定論義之氣質之性的用法，這裡他倒是沒有說死。而牟先生也承認，說氣質之性是就「才性或氣質本身是一種性」的意思才是此詞成立時的本來意思，因為氣質方面的限制確實是人們的工夫實踐活動中最應關心的事情。其言：

濂溪此處說剛柔善惡中之性顯然即是說此種「氣質之性」。此種氣性或才性雖須有超越之性以主宰之，亦須要本超越之性自覺地作道德實踐以變化之，然其本身之作用以及其限制性之大乃事實上不能抹殺者。19

18. 牟宗三，《心體與性體》第一冊，頁三三六。
19. 牟宗三，《心體與性體》第一冊，頁三三七。

氣質之性需要超越之性以主宰之的立場，其實是所有言於氣性說、耳目口鼻之欲說、天理人欲之辨等說法的儒學理論之共同立場。因為確實有人性的差異及限制，也確實有人之為惡的事實，因此氣質之性概念的出現，確實是為說明這些差異及限制的原因，問題只是在形上學的建構中，氣質之性的理論架構要如何界定而已。界定之後，即要提出變化氣質的超克方法。牟先生卻認為周敦頤的性概念使用，似乎只說到了氣質限制的這一面，卻對於就在性中可以超克的另一路認識不及，其言：

對於通於誠體之性並無積極之正視，對於氣質之性與天地之性（義理之性）之分別亦無顯明之意識。天地之性或通於誠體之性或超越之性如不能挺立起，則「變化剛柔善惡之氣性以使之為合於中道之純善」之工夫便無超越之根據。既挺立矣，而不能通於孟子「道德的實體性之體義」的心而一之，則道德踐履之工夫亦不能真切而得其必然。20

牟先生在這一段文字中對周敦頤言性的理論成就是持批判的立場，認為這樣一來不能有孟子的道德實踐主體之實體性義，亦即就做工夫而言沒有一個上達的保證與依據，因此工夫即不能真切。筆者並不認同牟先生對周敦頤言性這一段文字的批評，問題並不是周敦頤這一段文字沒有氣質之性的才性限定義，而是周敦頤的言說，固然側重氣質之性一面而說，但並不表示他的認知中有主張這一面的氣質之性不可能被超克，更重要的是，周敦頤在其他地方的文字中都處處已經明白顯示了主體實踐的必要性與可能性，不能因為有這一段話就把周敦頤言性的說法限定在如此狹窄的範圍內而予以批評。牟先生這樣的說法，就是因為他事先已經將周敦頤說誠體的進路限定在天道一路，因此先認定了周敦頤的系統在主體由誠之道的實踐一路上未能建構完整，因此對於周敦頤此處說氣性的話語才會有如此之反應。事實上，再細究下去，牟先生自己根本也說過這種氣性剛柔的說法也是有隱涵誠體之性的意義在的，如其言：

在此貫通中，性自是通於理之一（誠體）之性，不會是剛柔氣質之氣性或資性，命自是天道之命或性體之命，不會是壽夭吉凶生死富貴等命運之命或氣命之命，而是道德的命令之命，人受此命令而必然遵循之，無可移易，亦是其命也，此即是正宗儒家道德的理想主義中「性命」一詞中之命也。性命若落於氣上說，則性為氣性，命為氣命。氣命之命是命定主義之命，此　董仲舒、王充、人物志等所說之性命，王充所謂「性成命定」也。而其基本原則即告子所謂「生之謂性」，亦即老傳統之「性者生也」。此在宋明儒即自橫渠開始所說之「氣質之性」。而天道性命之性則是橫渠所說之「天地之性」，後來朱子所謂「義理之性」。此種分別，在濂溪之通書中並不顯明。而通於誠體之性，亦未正面直說，

20. 牟宗三，《心體與性體》第一冊，頁三五六。

而其所顯明地直說者却是「性者、剛柔善惡中而已矣」，此則於言性有不盡也。然而此理性命章却亦很顯明地隱含着此通於誠體之性，亦很顯明地可表示出天道性命之相貫通。21

牟先生明分天命論一路之言性命及命定論一路之言性命，從而認為周敦頤《通書・師第七》之所說於「言性有不盡也」，卻又說在《通書・理性命第二十二》中有「隱含著此通於誠體之性」，這就是筆者所說，牟先生其實是自己多做了不必要的批評，所以才又有再做疏通的動作。總而言之，在儒學系統內說氣質之性，從來就是為了說從氣稟限制中提起價值意識做工夫之用，儒者所說之性字不論是放在天命之性的一性說、還是天命與氣質之性的二性說路線，都必須認同兩說都有預含超越性主宰的意旨在；並且，這只是言於形上學思路的一面，至於工夫論，言於心之主宰者永遠是天命之性之路，因此就永遠能提起價值意識自做工夫，則又何來「道德踐履之工夫亦不能真切而得其必然」之侷限呢。此一討論再度顯見牟先生過於集中地要求一種特定型態的言說模式，把工夫論及宇宙論都塞入形上學中，一定要見到同時顧及實踐活動及普遍原理的論述，才肯定之為天道性命相貫通的圓教型態，因此反而把別人沒有二分的系統刻意二分，把別人沒有割裂的說法刻意割裂了。牟先生言於周敦頤之氣質之性的討論就是這樣，看到周敦頤的形上學討論中的性字使用，沒有同時攜帶價值意識及主體活動義，就要批評此說不能有真切的道德踐履，而不能就他人之完整的系統有機地解讀之，以使其文義有所疏通於其他文字而有完整的體系模型。牟先生固然以周、張、明道、五峰、象山、陽明、蕺山說為同是圓教的一路，但其實，在他這套過於緊縮的系統中，卻未必能容得下周敦頤的所有文字，而事實上，同樣嚴厲的批判意見也出現在對張載的討論中，而對程顥也有說其不足的論述，並不只有程頤、朱熹受到他的批判而已。根本上就可以說，沒有可以完全不受到牟先生批評的宋明儒學系統。

六、思的工夫論問題

牟先生對宋儒的詮釋立場，十分注意及孔孟心性論旨，以及由此上升所建立的《中庸》、《易傳》之形上學論旨。因之對於宋儒言及《中庸》、《易傳》意旨之時，若未同時運用《論語》、《孟子》文本，則便指責未能深契《論語》、《孟子》心性論旨，但是在文本詮釋上，又要說明其意旨必蘊含通澈《論語》、《孟子》論旨。這真是一大崎嶇之路矣。牟先生對周敦頤《通書・思第九》言：

此為通書之第九章，正式言工夫。工夫者，主觀地通過心之自覺明用以體現天道誠體

21. 牟宗三，《心體與性體》第一冊，頁三五五。

之謂也。天道誠體為客觀性原則，心為主觀性原則。心之自覺明用可多方以言之，而濂溪於此則根據洪範而言「思」。故知此章實濂溪之言「心」也。乃由思以明心之用。22

牟先生說此章是濂溪正式言工夫之語，意即其他章節是在說形上學的。其實周敦頤之《通書》無處不是言工夫論旨，是牟先生過度地以《中庸》、《易傳》的形上學進路定位周敦頤學說，才需如此費力地另外尋繹周敦頤的工夫論旨。筆者認為，《通書》本來就是以工夫境界論為主，只是其說主要是以《中庸》、《易傳》形上命題以為工夫境界論的依據而已，反而主要不是在談形上學命題的。23周敦頤自《尚書．洪範》說思之功用，24而非自孟子之「心之官曰思」之文本疏解下來，因此牟先生認為濂溪之說有未能深悟孟子心性論旨之缺失，此說又是牟先生過度限制儒家工夫論旨的來源，以其僅能是在於《論語》、《孟子》之作中，因此，被牟先生認定為從《中庸》、《易傳》系統來的周敦頤哲學思想，便缺乏心性論旨，參見其言：

吾之提出此義，旨在表示就體現誠體之工夫而注意及心而言，此時之心即不能只注意其思用，必須進一步更內在地注意其道德的實體性之體義，此即是「其圓用能本質地挺立起」之關鍵，亦是「其圓用即是此誠體寂感神用」之關鍵。此道德的實體性之體義的心即是孟子由之以說性善的心，即所謂本心，其所以為體之內容即所謂惻隱、羞惡、辭讓、是非等等者。由此開工夫更是真切於挺拔之道德踐履者，更是切近於先秦儒家所表示的道德的創造之陽剛之美者。而不是只從思用以言也。而濂溪所妙契之思用之「無思而無不通」之睿境亦正在此而充實起而挺立起，因而亦有其必然性。濂溪之妙契是用在中庸與易傳，而於孟子之言心似不甚能真切，而亦有忽略，故於言工夫，迂曲而尋根據於洪範，而不知就教於孟子，可謂捨近而求遠。此固是在初創，然亦由其不能貫通先秦儒家之發展而然也。此亦是其易被人聯想為有道家意味者之故。

能就孟子之道德的實體性之體義的心而謂其即是此天道誠體之神用，因而極成其所謂「一本」者，乃是明道；能由之而開工夫而更真切於挺拔之道德踐履，更切近於先秦儒家所表示之道德創造之陽剛之美者，則為陸象山。此則乃進於濂溪者。25

牟先生強勢地將《中庸》、《易傳》說為與《論語》、《孟子》心性論旨內在貫通，因而《中庸》、《易傳》之形上意旨即有主體實踐的意義在，但是其他著作即不能有這樣的理論功能在，

22. 牟宗三，《心體與性體》第一冊，頁三三九。
23. 參見杜保瑞著：《北宋儒學》，臺灣商務印書館，二〇〇五年四月，初版。
24. 參見周敦頤《通書》〈思第九〉：洪範曰：「思曰睿，睿作聖。」無思，本也；思通，用也。幾動於彼，誠動於此。無思而無不通，為聖人。不思，則不能通微；不睿，則不能無不通。是則無不通，生於通微，通微，生於思。故思者，聖功之本，而吉凶之幾也。易曰：「君子見幾而作，不俟終日。」又曰：「知幾其神乎！」
25. 牟宗三，《心體與性體》第一冊，頁三四三—三四四。

他對周敦頤自《尚書・洪範》轉化的工夫言說即不認定為有相應《論語》、《孟子》的心性論旨，真奇乎怪哉矣！筆者認為，牟先生堅持直貫創生的理論型態固然已是過於執著，此處卻又堅持《孟子》文本，實在是更加執著了。其實，宋儒從那一部經典入手言說都只是外緣的問題，依不依《孟子》文本皆不礙其有道德實踐的直貫思路，只要明白本體工夫論旨，不論依何經典，都沒有捨近求遠的缺失。牟先生只肯同意那些用到《孟子》文本的發言才有主體實踐的意旨，實是太過執著於經典文本。下文就是這樣批評周敦頤的：

> 自體現誠體之工夫說，必須言及心，而濂溪對於孔子之踐仁以知天，孟子之盡心知性以知天，總之對於孟子之心學，並無真切的理解。彼自洪範之「思曰睿，睿作聖」以言聖功，不自孟子之「道德的實體性之體義」的心以言聖功，即示其對於心之了解並不真切。如能正視孔子之仁、孟子之心，而真能透徹之，心之「道德的實體性之體的意義」真能挺得起，則自「思」言、自「無欲」言，皆是妙諦，否則皆是隱意之偶然，並無必然。26

牟先生必欲以孟子言工夫之文本以為定位宋儒言工夫之意旨的做法，筆者以為這是太過僵化地以心性概念言說工夫的做法，事實上，心性論旨重點即是本體工夫，本體工夫不是只能由心性概念言，由「理、氣、道、物、身、形」皆得言之，這是從存有範疇的概念而言的；至於從價值意識的概念如「誠、善、仁、義、禮、知」更得言此；至於從活動形式說時，如「思、持、守、盡、求、操、存、格、致、正、修、做……」等，可以使用的概念更多。周敦頤以《尚書》言思之文說工夫也只是他說工夫的其中一路，牟先生卻認定只此為其說工夫之路，並認定周敦頤未由孟子言思之路說工夫，因此挺不住道德實體性，對心之了解不真切，所以周子之言或只是隱意之偶然，並無必然。筆者認為，牟先生此說，太過僵化。可以說只顧經典文本傳承，而不顧義理內涵，可謂是依經不依法了。

七、無極而太極解

周敦頤《太極圖說》第一句「無極而太極」，在朱陸《辯太極圖說書》書中成為主要的爭議焦點，朱以無極為狀詞說太極是無形解之，陸以無極是道家詞彙應捨之而批判之。牟先生仔細討論解讀，認為《太極圖說》全文和《通書》文義前後相貫通，即便是「無極而太極，太極動而生陽」似有爭議，其實仍是意旨相通的，總之，牟先生於此處卻幾乎都是以順成朱熹所說的方向解讀的，參見其言：

---

26. 牟宗三，《心體與性體》第一冊，頁三五六。

此圖說全文，無論思理或語脈，皆同於通書，大體是根據動靜章、理性命章、道章、聖學章而寫成。……惟有一點不同於通書，此即「無極而太極，太極動而生陽」兩句是。

依吾觀之，「無極而太極」一語是對於「太極」本身之體會問題，本是一事，加「無極」以形容之，本無不可。太極是正面字眼，無極是負面字眼。似可說太極是對於道體之表詮，無極是對於道體之遮詮。太極是實體詞，無極是狀詞，實只是無聲無臭、無形無狀、無方所（神無方）、無定體（易無體）、一無所有之「寂然不動感而遂通」寂感一如之誠體本身，而此即是極致之理，故曰「無極而太極」，此語意不是無極與太極。「無極」一詞雖出於老子「知其白，守其黑，為天下式。為天下式，常德不忒，復歸於無極」（王弼本，二十八章），然老子之使用此詞亦是狀詞意。27

牟先生一向宗陸貶朱，但對周敦頤「無極而太極說」之文本解讀，卻是依朱不依陸，朱主無極是說太極無形之狀語，陸以若是要說太極是無形，則只曰無聲無臭即可，故說無極即是入老。牟先生卻以為，說無極就是無聲無臭、無形無狀、無方所無定體、一無所有之意，牟先生對無極之語是否語出於老子沒什麼意見，但重點是無極就是義理上的遮詮進路以對太極之表詮進路作強化而已，所以無極就是太極，說無極和說太極其實同是一事，又見其說：

「無極而太極」一語，如譯成完整的語體語句，當為：那無限定的而一無所有者但卻亦即是極致之理。如明此意，則單說無極亦可，如下文「無極之真，二五之精，妙合而凝」，即無「太極」字，「無極之真」即太極也；單說太極亦可，如通書動靜章「五行陰陽，陰陽太極」，即只說太極，而不說無極；無論單說那一面，而只是渾圓之一，故只說「一」字，亦可表示此無極之極，如通書理性命章「五殊二實，二本則一」，此中亦無無極，亦無太極，但此一字即是太極，即是無極之極；如將此一字詳細展示，則太極無極俱說亦可，如此圖說下文「五行一陰陽也，陰陽一太極也，太極本無極也」，即先有太極之表，後有無極之遮。[28]

象山以為《通書》中並無無極的表達方式，事實不然，上文中牟先生即以《通書》中的無極同義於太極之進路解說了《通書》中的無極字義，說其就是太極之意。此外，先說無再說有的表述形式在《通書》中有多處見之，如「無思，本也；思通，用也」。[29]而牟先生即亦針對「靜無而動有」一句說其即是無極而太極的同義語，參見：

---

27. 牟宗三，《心體與性體》第一冊，頁三五八。
28. 牟宗三，《心體與性體》第一冊，頁三五九－三六〇。
29. 周敦頤，《通書．思第九》。

如依《通書》誠體之神解太極，則「無極而太極，太極動而生陽」兩語實即《通書》誠下第二言誠體「靜無而動有」一語之引申。「靜無」即無極而太極，「動有」即太極動而生陽。30

筆者不反對牟先生此處所解讀之意，總之，在朱陸辯爭十分激烈的「無極而太極」這個問題上，牟先生並沒有站在象山立場，反而是傾向朱熹的詮釋方向。筆者以為，牟先生自己畢竟是形上學性格濃厚的思路型態者，而朱熹的討論就都是形上學存有論的問題意識之進行，反而象山的批評不在文義上而轉從學派歸屬上說周敦頤之說是道家，但牟先生自是以周敦頤為儒家，因此便從文義上順成此句，而使其成為一能溝通《通書》文義的形上學命題。思想是很弔詭的，一直強分程朱陸王的牟先生，將周、張、明道說為與象山、陽明同型，卻在象山堅持與朱熹爭辯的「無極太極說」的解讀上，牟先生非陸而是朱。

八、結論

周敦頤由《中庸》、《易傳》之文本詮釋，建立儒家的聖人境界理論，繼承《庸、易》以誠概念所論之形上學型態，但更為說聖人境界而說了聖人的本體工夫命題，此義在勞思光及牟宗三兩位先生的周敦頤詮釋中都未能見出，一以周敦頤只有宇宙論而無心性論批判之，另以周敦頤的形上學只是《中庸》、《易傳》而未及《論語》、《孟子》而批評之，一以否定立場批判，另以未臻圓滿批評。筆者對兩位先生的周敦頤定位都不以為然，本文就牟宗三先生專著討論他的周敦頤詮釋意見。牟宗三先生以誠體創生解義周敦頤系統，肯定他有講實體創生的宇宙論思維，卻屢屢以周敦頤少談《論語》、《孟子》，而擔憂其系統有實踐動力不足之缺失。這樣的詮釋，實在是牟宗三先生於《心體與性體》一書之寫作意見中一路發展的思索結果，肯定《論語》言仁及於天，肯定《孟子》言心性亦即於天，肯定《中庸》、《易傳》是依據《論語》、《孟子》言仁與心性之基礎而上達提升至言於天道誠體的形上學系統。此一模型既定，《論語》、《孟子》、《中庸》、《易傳》四部一體。周敦頤繼承《中庸》、《易傳》，不及《論語》、《孟子》，因而形上學系統有所不足。牟先生這樣的詮釋，幾乎都是在為順成他的縱貫縱講的圓教系統之道德的形上學型態做調整，調整宋明諸儒之學以為符合其說的案例，若有不合，即予批評。一般只知牟先生批判程、朱而張本陸、王，實則不然，在牟先生自創構築的解釋系統裡，周敦頤、張載、程明道等人亦皆在其批評之列，可見能完全符合其縱貫創生系統者實只剩五峰、

30. 牟宗三，《心體與性體》第一冊，頁三六〇。

蕺山、象山、陽明而已，但其實，除了五峰、象山較少受到牟先生批評以外，蕺山、陽明亦不少見牟先生的批評，這就表示縱貫縱講的道德的形上學不是一套寬厚的解釋架構，反而成了一套追求別異的詮釋系統了。甚至，為了批評朱熹，而高度標榜朱熹的敵論象山及五峰，則「道德的形上學」變成只是一套辯論的工具而已！

第四章　對牟宗三談張載道體性體心體義的方法論反省

一、前言

中國道論思維綿延兩千年，從老子提出普遍原理義的道概念開始，儒道兩家皆共用此一概念，並發展各自的理論系統，哲學史的歷程不談，僅就當代新儒家哲學而言，牟宗三先生就以實體創生義的道體概念建構他的「道德的形上學」以為新儒家的核心觀念，但卻也因此造成對宋明儒學各家系統的誤解與錯解。

牟宗三先生在《心體與性體》一書中對張載哲學進行深入的討論，[1] 主要是以道體、性體、心體義的架構進行張載重要哲學文本的疏解討論，並將性體、心體合義於道體，且以此為標準，使得牟先生對張載哲學之若干命題有批評的意見。本文即將以牟先生的張載詮釋為對象，反省

1. 參見：「張載是北宋時代很突出的哲學家，字子厚，鳳翔郿縣橫渠鎮人，生於宋仁宗天禧四年（一〇二〇年），死於宋神宗熙寧十年（一〇七七年）」《張載集》，漢京文化事業有限公司印行，一九八三年初版，頁一。

牟先生的思路，以及為張載理論做澄清，亦即是針對牟先生討論張載哲學思想的意見，進行方法論之反省。本文將討論的議題包括：太和太虛與神皆為天道實體的理論定位問題、對老子有生於無的詮釋立場、對鬼神之神與太虛神體的辨正、對「合虛與氣有性之名」的批判立場、對「天地之性與氣質之性」的詮釋意見、對「性未成則善惡混」的批評意見、以理言與以氣言之命的辨正、對「合性與知覺有心之名」的批判、以及性心合義之理論意義的討論等。

二、太和、太虛、神體的理論定位

牟宗三先生強調一個具有創生作用義的「道體」，並將此義漫衍到性體及心體義，以藉此建立他的道德的形上學系統，並以此義定位張載所言之太和、太虛與神體等概念，亦即此三個概念已皆是道體之同義辭矣，如此則導致牟先生對張載全書之若干命題有批評的意見，包括對老子言無的意見、對鬼神的定義，以及虛氣之名義關係的問題。

首先，張載已稱太和為道，牟先生則亦以太和為道體，並稱：

> 太和即至和。太和而能創生宇宙之秩序即謂為道。此是總持地說，若再分解地說，則可以分解而為氣與神。2

牟先生對太和概念的界定，差不多就是張載的意旨，重點在說其為宇宙之有秩序之意者，但太和所說之和畢竟是針對氣化活動的現象的秩序而說者，故而有氣的面向，也有動而有理的面向，即神，而其氣的面向在過去則使得張載之道論被視為唯氣論，[3]牟先生以太和之道所重在創生義，而不在氣化義，而論其非唯氣論。其言：

若云不離野馬絪縕可，若云野馬絪縕即是太和，即是道，則非是。故太和一詞必進而由太虛以提之，方能立得住，而不落於唯氣論。……故核實言之，創生之實體是道。而非游氣之絪縕即是道也。[4]

依此，「太和所謂道」一語，是對於道之總持地說，亦是現象學之描述地指點說，中含三義：（一）能創生義；（二）帶氣化之行程義；（三）至動而不亂之秩序義。……「太和所謂道」亦不是此實然平鋪之氣化。乃是能創生此氣化之至和也。

2. 參見牟宗三著：《心體與性體》第一冊，台北：正中書局，一九八一年十月台四版，頁四三七。

3. 參見朱伯崑言：「程頤是理學派代表，而張載則是氣學派代表，所謂氣學，是說把氣作為其哲學的最高範疇。這種哲學體系，同樣是建立在易學的基礎上的，張載就是這一學派的奠基人。」朱伯崑著：《易學哲學史》第三編兩宋時期，第二卷，第六章，台北：藍燈文化事業股份有限公司，一九九一年九月初版，頁二九一。

4. 牟宗三，《心體與性體》第一冊，頁四三九。

太和是總宇宙全體而言之至和，是一極致之創生原理，並不是自然生命之絪縕之和。……太和而能創生宇宙之秩序即曰道。[5]

總以上諸語，牟先生重視道體義之創生、純善、非氣化實然之諸義，而即由張載所言之太和概念承擔之，太和概念之原意在於宇宙現象活動之總體和諧而有秩序之意，在牟先生手中，則更強調其創生實體義。而這個創生義，正是牟先生言於天道實體的最重要特徵，並且也以此義定位張載論道體的「太虛」及「神」兩義。然而，由牟先生不斷強調道體並非實然氣化邊事之意而言，牟先生確有建立一個純善、超越的形上理體的明顯傾向。這個傾向在於他討論老子之無、鬼神與神體之別異、太虛與氣之關係等問題中皆能見出。以下先討論牟先生對張載言「太虛」與「神」概念的界定。其言：

太和是綜持說之詞，以明道之創生義為主。太虛是由分解而立者，一方既與氣為對立，一方又定住太和之所以為和，道之所以為創生之真幾。「太虛無形，氣之本體」，此與乾稱篇「氣之性本虛而神」為同意語。「氣之性」是氣之超越的體性，是遍運乎氣而為之體，故此處直云「氣之本體」。……氣以太虛——清通之神——為體，則氣始活。……氣變雖有客形，而清通之神與虛則遍而一，乃其常體。……此真幾實體本身是即寂即感，寂感一如的；總言之曰「神」亦可，神以妙用之義定；曰太虛亦可，太虛以「清通無迹」定。[6]

不論「太虛」在張載哲學系統中原是何義，在牟先生的討論中，太虛一方面不是氣存在，一方面以其作用的神妙，因而亦可稱之為「神」，再配合原來太和的意旨，太虛與神亦具創生義了。於是，創生、非氣存在、神妙作用皆成為說道體的特質了，因著這些特質而使道體亦可稱之為太和、太虛、神，而有虛體、神體之概念使用。

牟先生對張載哲學的討論，是由道體、性體、心體三義結構而成，且終極地言之，三義仍將共成一義，就道體而言，則謂其實義將於性中見：

故凡儒者之思參造化，言天道、言太極、言誠體、言太和、太虛、乃至寂感之神，皆不過是通澈宇宙之本源，清澈吾人之性體，以明道德創造潤身踐形所以可能之超越根據，而其實義皆落於「性」中見。亦由性體之主宰義、創生義而貞定之，決不是空頭擬議之詞，亦不是自然主義、唯氣論之由氣蒸發也。7

由上文可見，對牟先生而言，天道實體之名義有太極、有誠體、有太和、太虛及神，而此

5. 牟宗三，《心體與性體》第一冊，頁四三九。
6. 牟宗三，《心體與性體》第一冊，頁四四三—四四五。
7. 牟宗三，《心體與性體》第一冊，頁四四五。

實體之功能則是作為人存有者之道德實踐的超越根據，但是，此一超越根據是既超越又內在，故而落實於人存有者之性體中，由性體之主宰、創生而貞定，貞定此一道體之實義之確實如此。於是，牟先生由張載之言於道體之太和、太虛、神妙三義而得建立他的「道德的形上學」，而有別於道佛。此一道體且是能由主體實踐而貞定，此一道體且非是氣化宇宙之存在，並以誠、仁的純粹性善之價值意識而作用而遍在，並終於與主體之心體義總體結合而為一。並依此義展開了牟先生對張載討論的各種批判意見。

三、對老子「有生於無」的詮釋

張載是北宋儒者中最具哲學思辨能力，且能以理論辨正道佛的第一人，張載藉氣化宇宙論之虛氣相即說以與道佛辯，主張氣散無形而為虛體而仍實有之說以反對道佛世界觀，張載認為老子之道論為主張「有生於無」者，但依張載自己的意見，則是主張有形與無形不斷聚散，因此此聚散之氣乃永恆地是實有而非是無，於是張載說老子的「有生於無」，等於是說「虛能生氣」，這是張載反對的，而張載自己的虛氣關係是「虛空即氣」，亦即整個世界是一個氣化的實有，氣散入無形時以虛說之，其仍是實有之氣，但若說是有生於無，亦即虛能生氣，則有兩層存有矣。

以上，張載意旨鮮明，然而，牟先生對於張載以「虛能生氣」以批評老子「有生於無」之說卻是不認同的。一方面在於牟先生自己已經以虛是太虛實體義定位之，因此虛即是道體，因此虛應能生氣，故而不贊成張載所說之「虛能生氣」會變成「虛無窮，氣有限，體用殊絕，入老氏有生於無自然之論」。至於對老子的「有生於無」之說，牟先生則提出境界型態的形上學以定位之，因而同意「有生於無」的表述方式。這樣的詮釋立場就是因為牟先生將「虛」概念僅以「太虛實體」義定位之，才會有的討論結果。其言：

「若謂虛能生氣，則虛無窮，氣有限，體用殊絕，入老氏有生於無之論，不識所謂有無混一之常。」此批評老氏也。案此評不必諦。歸結雖在說老氏「有生於無」之非，而實旨在明「虛空即氣」虛不生氣，故云：「若謂虛能生氣」云云也。實則此種遮撥正是伊川所謂「意屢偏而言多窒」之一例也。「天地之道可一言而盡，其為物不貳，則其生物不測」，何以不可言「虛能生氣」耶？「生」者妙運、妙應之義。以清通之神、無累之虛妙運乎氣而使其生生不息，使其動靜聚散不滯，此即是生也。仁體之感潤而萬物生長不息，此即是生也。8

8. 牟宗三，《心體與性體》第一冊，頁四六〇。

張載言太虛，是要說氣之物質性之體義為虛，為虛即非無，故氣有有無聚散之出入義，散入無形之時並非絕對無，仍是有，只是無形，以其無形卻仍實有而稱之為虛，因此宇宙論上說是一氣之遍運有無出入不已，並非有一「無」之存有層而生「有」之存在世界，此即張載對老子之言「有生於無」說法之解義，此即張載又以自己的話語系統之「虛」概念來說此一「有生於無」是「虛能生氣」之意，虛就是氣，只是氣有有形無形的不同狀態，所以不必虛能生氣。然而，張載用語之意旨在牟先生系統中已經被轉變了，虛概念是天道實體的本身，天道實體是有創生義的，且此一創生是妙運乎氣而使其生生不息的，故而，牟先生是同意「虛能生氣」這個命題的。不過，仍必須注意的是，牟先生的虛體與神體並不就是氣，而是不離氣之即氣義，其言：

「虛空即氣」，順橫渠之詞語，當言虛體即氣，或清通之神即氣。言「虛空」者，乃是想以一詞順通佛老而辨別之也。虛體即氣，即「全體是用」之義，（整個虛體全部是用），亦即「就用言，體在用」之義。既可言虛體即氣，亦可言氣即虛體。氣即虛體，即「全用是體」之義，亦即「就體言，用在體」之義。是以此「即」字是圓融之「即」、不離之「即」、「通一無二」之「即」，非等同之即，亦非謂詞之即。顯然神體不等同于氣。就「不等同」言，亦言神不能是氣。此「不即」乃「不等」義。顯然神亦非氣之謂詞（質性）。9

上文中之「即」都不是「就是」的意思，而是「在於」之意，故而牟先生說「不離」，因此，牟先生對「虛能生氣」的立場，就是天道實體的創生作用之即在、遍在流行氣化的實然世界中之意，就此而言，虛是天道實體，且不是氣。筆者以為，這豈不就是朱熹的理氣二元、不離不雜之存有論意旨了，此虛即理體，此理體即在氣，只是依牟先生特有用語立場，要增加說此理是即活動的而已。

此外，對於老子「有生於無」之說，牟先生亦認為這並不會有「體用殊絕」的問題，這是因為牟先生有著另一套特殊的解老理論，其言：

> 老子之宇宙論地言「無」為天地萬物之始、之本，道顯似有客觀性、實體性及實現性。然此三性，說穿了，只是一種姿態，實並無一正面之實體性的東西曰「無」而可以客觀存在地（存有論地）生天地萬物，而天地萬物亦存有論地實際存在地由無而生出也。蓋「無」是一遮詮字，由否定人為的造作有為而顯，其原初之義仍是由生活上而體驗出。道家蓋對於人為造作之苦確有實感，故遮此有為，即顯無為；遮此造作，即顯自然。故「無」一遮詞所顯示之正面意義只是「自然」，而「自然」乃是一種境界，無實物可指，不可說不可說，

9. 牟宗三，《心體與性體》第一冊，頁四五八—四五九。

非名之所能定，非稱之所能謂。故王弼云：「自然者，無稱之言、窮極之辭也。」（二十五章，「道法自然」注）故道、無之客觀性、實體性只是一種姿態，乃由「本」義、「根據」義而顯示，而實則可消化于主體之自在、自然、自適、自得而為一種境界。故道家之形上學乃徹底「境界型態」之形上學，非「實有形態」之形上學。10

牟先生依郭象注莊主張無道體之立場以解老，又以王弼注老之不生之生義而說老子之道，因此老子非實在論，老子並未建構一以「無」為實有的哲學立場，以說天地萬物之「由無而有」的創生意旨，「無」只是否定掉人為造作而顯出的作為的意思，因此其實並沒有建立宇宙創生的哲學命題，只有對此一世界提出由不禁不塞而讓其自生自存的觀解態度，故而只說了境界，而沒有說到實在世界的生成，故謂之境界型態的形上學。既然老子之學不是一套實有立場的本體宇宙論，則其「有生於無」之說，當然就不會有「體用殊絕」的毛病了。

筆者以為，在牟先生說為境界型態的形上學中的傳統文本，其實都不是形上學的命題，而是一些主體實踐的工夫論命題，11 而老子文義中卻並不是沒有實體創生之形上學立場的，將老子的道體義說成只是境界而非實有，這在當代中國哲學家中只有牟先生一家持此義，此議題在其他討論中已辯之甚夥，此不多論。12

對張載所談的老子哲學觀點，牟先生屢屢提出反對的意見，這都是牟先生有自己的老子哲學詮解系統，更有自己的張載術語界定系統，所以不僅不贊同張載對老子的理解，甚且是不贊同張載的系統了。

四、對鬼神之神與太虛神體的辨正

張載談「鬼神」，其目的是要解消「鬼神」的存在，作法是將「鬼神」視為陰陽二氣的作用，因此張載談的「鬼神」概念是有氣化實然的存在義的。但是，牟先生解讀張載哲學後的「神」

10. 牟宗三，《心體與性體》第一冊，頁四六二。

11. 參見牟先生言：「王弼注第十章之『生之』云『不塞其源也』；注『畜之』云『不禁其性也』；注『生而不有』云『不塞其源，則物自生，何功之有』？注『為而不恃』云『不禁其性，則物自濟，何為之恃』？然則所謂『道生之』，所謂以無為本，實非道或無能存有論地生之也，乃是通過無為無執一種無的境界，讓開一步，不塞物之自生之源，不禁物之自濟之性，物自能生自能濟也。是則仍是物之自生、物之自濟。惟須讓開一步，不塞其源、不禁其性，以讓其自生自濟。『不塞其源』是遮造作、干涉、騷擾、亂動手腳之窒塞其生命；『不禁其性』是遮矯揉、億計、把特、桎梏之拘禁其性（戕賊其性）。絕大工夫是在此『遮撥』上作，而由此以顯道與無。」牟宗三，《心體與性體》第一冊，頁四六三。

12. 參見杜保瑞著：〈對牟宗三由道家詮釋而建構儒學的方法論反思〉，「當代新儒家與西方哲學——第九屆當代新儒學國際學術會議」，香港中文大學哲學系，中央大學中文系哲學系儒學研究中心，鵝湖月刊社，師範大學國際與僑教學院聯合主辦，二〇一一年十二月五－七日。杜保瑞：〈對牟宗三道家詮釋的方法論反省〉，第八屆《詮釋學與中國經典詮釋——「全球化」作為「視域融合」的詮釋學經驗》國際學術研討會，成功大學中文系與中國山東大學文史哲研究院合辦，二〇一一年十一月四－五日。以上會議論文近期內將整理出版於筆者專書《牟宗三道佛平議》中。

概念，卻是天道實體的「神體」義，因此認為張載在此有所混淆。而終極地說，牟先生甚至是要強調氣化一邊的「鬼神」義是不重要的，重要的唯在祭祀時之有其誠敬即可。

首先，牟先生以「神」為天道神體之實體義，其言：

> 吾於前文第四段解「虛空即氣」時，即已明在此體用不二之義下，「即」字非等義，虛與神非是氣之謂詞（predicates），非是氣之質性（properties），「虛空即氣」非是「實然之陳述語」（factual statement），非是「指謂語」（predicative proposition），乃是形而上的抒意語，指點語，乃是在體用不二下辯證的相消相融語。虛與神雖不是一隔離的獨立物（independent entity），但卻是一獨立的意義（an independent meaning）。指點一個獨立的意義以為體。13

本文中所說之神，實是以一個實體的作用意義而亦稱為體而謂之神體的，而此神體即是天道實體，且此天道實體並不是氣化宇宙的整體，但卻是會起無限妙用的作用之體，又見：

> 儒家說神非人格神之意義，……唯無方無體之神方可說是至虛之體。但不是隔離的獨立物體，而卻是即由其妙萬物，萬物因之而生生不息、生化不測，而見其為神、而見其為體，此即所謂虛不離氣，即氣見神，體用不二之圓融之論也。此義必須有以善會而確認之，

既不可離，亦不可滯。離則為一獨立物，體用不圓矣。滯則成為氣之質性，則成唯氣論（唯物論）矣。此神義之最後貞定與極成是在超越的道德本心之挺立。先秦儒家中庸、易傳之境本是由孔子之仁與孟子之心性而發展至者。宋儒自濂溪、橫渠開始，雖直接承先秦儒家發展至之最高峰，由中庸易傳說起，然其講天道性命實無不自覺或不自覺地以論、孟之道德心性為其所共許或所默認之底據也。超越的道德本心顯然不是心理學的心。道德的本心雖不是一獨立物，然卻是一獨立的意義而為吾人道德實踐之先天根據，為吾人道德生命之本體也。此作為本體之本心決非氣之質性明矣。心理學的心是氣，而此道德的本心決不可視作氣也。在「本體、宇宙論」處，虛與氣之體用不二，亦復如此。14

牟先生把許多不同的問題同置於此文中以併合處理，把主體實踐的心性與整體存在界的氣稟合在一起談，把工夫論與存有論合在一起談，且直指達聖境的純善境界論以批評談變化氣質的工夫論與氣稟存在的存有論。牟先生說神是說天道之神妙作用，但是天道能有此神妙作用是以人心主體之道德實踐活動而證實之者，故而需有一純粹至善的道德本心之起作用，以達聖境，

13. 牟宗三，《心體與性體》第一冊，頁四七〇－四七一。
14. 牟宗三，《心體與性體》第一冊，頁四七一－四七二。

而證成天道神體的實存。而此心既是要進行純善作為，故而心中需無氣質掛搭才能為純善之持守，故而心需無有氣義，故而神亦非氣化實然的存在，於是有一純善之神體以及心體共同作用以為天道之流行與主體的實踐活動。以上是牟先生的思路，然而，依據本文之文義，神體既貞定於本心，而本心又非心理學的心，而為道德生命之本體，則本心即性矣。如此則缺少了由血氣心知之人心來變化氣質以做道德實踐以成聖的主體活動之意義了，如此則皆成了純善的神體、性體、本心以理存在的身分而在理型世界做自我流動而已了。這就是牟先生只追求成聖境界以說圓滿的道德的形上學，而誤解張載許多在基本哲學問題中的理論命題的功能與意義之失誤。

神體既需是道體義，則張載之鬼神概念便不在這個界定之內了，其言：

> 「鬼神之實不越二端」即不越氣之屈伸，此是就氣化之實然之狀說，將鬼神化歸于氣化，予以宇宙論的解析。鬼者歸也，神者伸也。氣之屈（歸回）即是鬼，氣之伸即是神。氣之屈陰也，氣之伸陽也。故「不越二端」，亦即是「二氣之良能」。如此作解，則鬼神之神不能視作即是太虛神體之神。15

其實，鬼神之神與道體作用神妙之神，本來在張載的系統中就是有不同的使用意義的，並無嚴重衝突及差異，且張載本就是要反對氣化存在義的鬼神觀，而改為氣之陰陽作用的鬼神義，而牟先生既將神概念定位於天道實體之神體義，則不能接受張載講陰陽氣化作用的鬼神義，這樣的批評其實很不必要，語意釐清即可，實不必反對。一個詞語怎麼使用是有它背後的問題意識的，牟先生只關心自己的問題，便只同意概念詞語的唯一使用意義，這樣在理解與詮釋的工作中是極為偏頗的。另外，就鬼神之為氣化實然的存在而言，牟先生對其是否存在的問題，明確表示是不甚重要的事。此義，實與朱熹的立場接近，參見其言：

大體鬼神的經驗從古就有。左傳即多記鬼神之事。主要是就祭祀說。就祭祀說，鬼神是已存在的生命之歸於幽冥。此仍可視為幽冥中之實然的存在。視為一個體生命（自然的或是德性的）之精靈不散可，視為氣之屈伸，予以宇宙論的說明，亦可。然無論如何解析，總是屬於精氣之實然。既是精氣之實然，就前一解析看，亦無永久不散之理。此在或有或無之間。故孔子對於鬼神之態度，據論語說，一是「敬鬼神而遠之」，一是「未能事人，焉能事鬼」？一是「子不語怪、力、亂、神」，一是「祭神如神在」。即就中庸此文說，如此文真是孔子之言，則亦是就祭祀言，以誠敬為主，與「祭神如神在」同。孔子不以此為主。孔子所重視，視之為天人之綱維者，主觀地說是仁，客觀地說是天、天道、天命。鬼神的地位並不高，是仁與天道、天命之間的實然存在。……天不可以鬼神論。鬼神的觀

15. 牟宗三，《心體與性體》第一冊，頁四七七－四七八。

念只能應用於祖與聖人。祖宗不必皆是有極高之德性者，然所以必祭之，乃是崇始報本之意。其死後是否成神，是否精靈仍不散，並不是重要者。故重在自己之仁德與誠敬，不重在對方之存在。至於祭聖人，是重視其德性生命，是對於其德性人格之崇敬。其死後是否成神，精靈不散，亦非重要者。故就祭祀言，仍是祭神如神在。惟祭天則不同。天不可以鬼神論，天是真正的超越體，是必須積極肯定者。踐仁以契之，正示仁與天只是一道德實體之遍在，此是儒家宗教精神之最精特處。由此亦示鬼神正是夾縫中之存在，乃是由德性所帶起者，故須以誠敬貫注之。其自身存在不存在無關也。就其自身說，仍是實然之精氣上的事。故宋儒得以陰陽二氣之屈伸明之也。及夫以二氣之屈伸明之，則其在幽冥中為一個體式的存在之義即全融化而不存。此亦示其存在不存在並不重要也。此即為宇宙論之解析。[16]

張載言鬼神為陰陽作用，實有以概念定義取消民俗義鬼神的立場，牟先生退回去談民俗義之鬼神，實非張載刻意界定下的鬼神義。就牟先生之討論言，對民俗義之鬼神在祭祀中的地位問題，牟先生所論亦是一理。但重點在於，談鬼神存在重不重要是一價值立場，談鬼神存在的宇宙論意義則是一宇宙論哲學問題，說為鬼神概念的存有論討論亦可，朱熹對鬼神的討論正在此義中，[17]即是以人死為魂魄之氣而終將散，就其未散之魂言為鬼；另以天地山川之功能說天地社稷之神存在；又以聖賢之理性精神說聖賢之神，朱熹即是在宇宙論的氣化實然中界說民俗義的鬼神概念。但就氣化實然之鬼神存在而論其存有論結構是一回事，就天道實體之神妙作用義而為神體之說是另一回事，並不會因為對於氣化鬼神之討論而有否定天道實體的純善、創生立場，這是牟先生自己的劃分不開，而不是朱熹的理論有重大缺失，牟先生卻以此批評朱熹，參見其言：

> 若是鬼神之神與誠體之神劃不開，……此朱子學之癥結也。[18]

牟先生只重視天道實體、性體、心體之純善創生義一義，但是哲學問題種類眾多，朱熹所談是不同的問題，牟先生全混在一起，所有哲學問題成為只有一種哲學問題，因而以己意批評朱熹，實不需如此。

16. 牟宗三，《心體與性體》第一冊，頁四七九－四八一。
17. 參見杜保瑞：〈從朱熹鬼神觀談三教辯證問題的儒學理論建構〉，《東吳哲學學報》第十期，二〇〇四年八月，頁五五－九二。本文已收錄於拙著：《南宋儒學》專章中，臺灣商務印書館。
18. 牟宗三，《心體與性體》第一冊，頁四八二。

五、對「合虛與氣有性之名」的批判立場

牟先生立道體、性體甚至心體皆為同一的命題意旨，而虛即太虛神體，即是道體義，至於性，則是性體義之性，因此虛與性皆沒有氣化實然的結構，因此對於張載所言之「合虛與氣有性之名」之說十分反對。牟先生此一批評意見，實在不是很必要，關鍵在於牟先生關切心、性、天為一的道德流行，故而一切皆是純善的活動，但是張載之說可以說是一存有論的概念解析之作，因此以氣在虛實有無交流之中落實為物而有性之名，因此並非不可說之語，張載深思力辯、窮探力索，故而語多難解，但牟先生也無須以自己的話語系統以反對張載之言說，更何況，牟先生是以自己所解讀的張載的虛體義以反對張載的合虛與氣之說，這其實是不能成立的。參見其言：

由「合虛與氣」以說性之名之所以立，此根本是滯辭。……太虛是氣之本體即等於說神是氣之本體，太虛神體是同意語之一詞，不能將神混作氣。然則性之名只能超越分解地偏就太虛神體之體萬物而建立，不能由「合虛與氣」而建立。由「合虛與氣」而建立，則性適成一混雜體或組合體，而此正非性。……若云合太虛神體與氣之聚散動靜等而一之以見性體之真實義與創生妙用義，則可。19

牟先生不許張載的虛與氣合以說性的意見，關鍵在於，他認為這樣一來道體義的虛與性便

下墮於氣稟雜染中了。牟先生之定義中的道體、性體、心體，只能是一純善無惡的流行，故而性之名中不能有氣化實然的部分。其實，張載另立天地之性與氣質之性之分說，即是既見於純善之流行，亦正視氣稟的雜染，從而可以有效地談工夫論之變化氣質說，因為，要談工夫，豈能無視於氣化實然的一邊，遺漏氣化實然的一邊而只說純善無惡的流行的正是牟先生自己的系統。也就是筆者說的牟先生只論做工夫達聖境之天人合一義以為形上學的圓滿，既遺落工夫論，也排除存有論。[20]牟先生說虛體與氣之聚散等同以見性體之創生義，這正是只見其善的一邊，說性體之創生義是就著主體實踐之盡心盡性義而說者，這是工夫論進路，說合虛氣以言性則是存有論問題，兩者問題不同，因此無須有義理之衝突，牟先生之批評是哲學基本問題意識的過於褊狹所致，是只關心做工夫以達聖境而將其說成圓滿的形上學，卻忽略做工夫的現實背景，也就是主體存在的存有論問題，就此而言，必須將氣化實然一面說得清清楚楚，才能有變化氣質、提升境界的說明系統。而牟先生關心形上學問題，且欲追求圓滿義之形上學體系，但何謂圓滿？以及標準何在？牟先生這就游移在境界哲學問題處推思設想了，結果限縮性體虛體

19. 牟宗三，《心體與性體》第一冊，頁四九五—四九六。

20. 此處存有論一詞之使用取牟先生本體論的存有系統一義，亦即非動態的存有論。參見牟先生言：「朱子學之主觀地說為靜涵靜攝之系統，客觀地說為本體論的存有之系統。」牟宗三，《心體與性體》第三冊，頁六八。

的問題意識範圍，提出一唯理純善的觀念，筆者認為，這樣反而不能真正解決什麼問題，更遺漏了眾多重要問題，且於傳統哲學文本解讀工作有礙。

六、對「物體我，知其不遺也」的批評

張載言：「我體物，未嘗遺。物體我，知其不遺也。」牟先生以程顥之言於人能推而物不能推的意旨，說張載之語有誤，關鍵即在物之不能有心覺以為盡性之活動。筆者以為，此物以動物解之為佳，若將「物體我，知其不遺」之「其」解為物之自己，其義則為物體我知其受我關懷而未被遺棄，則此句可通於「我體物，未嘗遺」，參見其言：

人物既同一性體，故我之盡性，體物而未嘗遺，因而即盡人物之性、至人物之命，則自物方面說，物亦可體我而不遺也。但此須有辨。我盡人物之性，他人亦可盡人物之性，自亦可體我未嘗遺。但「物體我，知其不遺」，此只可本體論地、潛存地說是如此，蓋同一本體也。但不能實踐地、呈現地說是如此。明道云：「萬物皆備於我，不獨人耳，物皆然。都自這裡出去。只是物不能推，人能推之耳。」明道此語卻妥當。蓋既能說到同體，又能照顧到推不推。我能盡性，故盡人物之性，至人物之命，體物而未嘗遺，既能本體論地說是如此，

又能實踐地說是如此。「盡」之時義大矣哉！盡即能推。此是使實踐地呈現地體物不遺之所以為可能之關鍵也。然而物不能通過心覺活動以盡其性，即是不能推擴得去，而只囿封於其墮性或物質結構之性，作為同一本源之性體在它個體內根本沒有呈現，沒有起作用，是則只是本體論地，潛存地體我而不遺，實並未能實踐地，呈現地體我而不遺也。21

筆者對牟先生對張載此語的批評沒有反對的意見，只是就文句解讀上提出建議，則意旨可通，亦通於牟先生的基本立場。但是，牟先生說「物體我」可以在本體論地潛存地說，但不能實踐地呈現地說。此義即又見出牟先生思路的特點，亦即，牟先生是極重實踐義的進路以說形上學的命題意旨的，至於本體論地潛存的說法，其實就是存有論的思路預設。

七、對「天地之性」與「氣質之性」的詮釋意見

牟先生對張載「天地之性」與「氣質之性」的區分，提出在氣質之性的部分有兩種解讀，其一為純善之性之墮在氣中而有一種限制而成為氣質之性，其二為「生之謂性」的氣質本身作

21. 牟宗三，《心體與性體》第一冊，頁五〇三。

為一種性。牟先生認為前者是朱熹的作法，後者是張載本來的意思，牟先生自己則認為以第二種意思解讀氣質之性即可。筆者認為，朱熹論「理」時即已有多種層面的意思，就第一種言，即是從價值意識說的統體純善的天道義，就第二種言，即是從個體性存在而說的物理、化學形式因的存在原理義。就前者而言，談及人之為善的能力限制時，即是性之墮在氣質裡邊而有之限制，此限制性且是眾人不等的。就後者言，則是個人有個人的個性特殊性而無所謂善惡的，但是卻是會限制道德實踐的能力。牟先生在氣質之性的這兩種解讀立場中認定朱熹所說只為第一種，並認為張載之意應該就是第二種。筆者則認為，就朱熹言，第二種性即是造成第一種性的現象出現的原因，而氣稟會影響道德實踐能力這也是牟先生的立場。[22] 至於說氣質之性是第一種義還是第二種義，朱熹應該是沒有在做區別的，而是話語意思到哪裡就是哪一個意思而已，因此其實也沒有必要說朱熹就是定執在第一種意思之中。朱熹言於理氣存有論，即是有純善之天理以為天地之性，亦有物理、化學形式因的個體性原理以為氣質之性，即是此氣質之性使人物之所以為人為物的氣稟，這是第二種氣質之性，此氣稟本無善惡，但為維生之需或有過度，過度即惡，過度即天地之性之墮在氣稟中而成為的氣質之性，這是第一種氣質之性，因此第一種氣質之性是第二種氣質之性造成的。因此氣質之性有就純善之天理受限於氣稟而有之行善能力高下各別的第一種義之氣質之性，也有非關善惡的物質性原理的物理、化學形式因之第二種生之謂性的氣質之性義。就在以張載的氣質之性為第二種型態的立場中，牟先生卻因為更關心實踐的活動，故而批評這種氣質之性是不能談道德實踐的，參見其言：

「氣質之性」是形體以後事。「氣質之性」與「天地之性」之分亦始於橫渠。……言道德實踐，不能抹殺此分別。氣質之性是在道德實踐中，由於性體之不能暢通起用，而被肯定。……宇宙論地言之之乾坤知能，即是實踐地言之之性體知能也。性體知能之險阻即氣質之偏與雜是也。23

文中以道德實踐的性體知能之險阻說氣稟，可見牟先生十分注意氣質之性的名義建立以及哲理意涵，然而這就表示，氣化實然一面的真實存在對道德實踐是有影響的，既是有影響就不是道德實踐的動力的根源，於是牟先生更強調正宗儒家的「天命之性」是不落在氣質的這一邊的，意即，牟先生的道體性體心體合義中的道德的形上學只談至善純理的天命之性一面，而遺落影響道德實踐的氣稟一面，其言：

22. 參見牟先生言：「氣質之性一方可化，一方亦是一種限制。……從限制言，氣質之性是道德實踐中一種限制原則。」牟宗三，《心體與性體》第一冊，頁五一〇。

23. 牟宗三，《心體與性體》第一冊，頁五〇六－五〇七。

氣質之性，依橫渠說詞之意，是就人的氣質之偏或雜，即氣質之特殊性，而說一種性。在中國思想傳統中，自「生之謂性」一路下來而說的氣性、才性之類，都是說的這種性，宋儒即綜括之于氣質之性。……在此，是建立不起真正的道德行為的，是開不出道德創造之源的。正宗儒家，如孟子所說之性，中庸「天命之謂性」，是想由「生之謂性」、「性者生也」，推進一步，就真正的道德行為之建立，而開出道德創造之源之性。此種性是道德創造之源，同時亦是宇宙創造之源，是絕對地普遍的，是超越的，亦是形而上的。故性直通天命、天道而為一。宋儒承之，以此為正性。……此種性既是萬物之一源，絕對之普遍，則自與氣性、才性、性脾、性好、性向、人性之特殊構造、人之特殊的自然徵象之性不同。而此後者又不能隨便忽視與抹殺，故不得不就之而說一種性，此即「氣質之性」一名之所以立也。24

牟先生一方面要強調氣質之偏雜而有氣質之性，另方面更要強調真正進行道德實踐時的性體是天命之性，而天命之性是超越而普遍的，是形而上的，牟先生認為此兩種性必須分立。其實，從存有論說，說此兩性之分立當然是可以說、更應該說的。但是，從工夫論說，做工夫是主體踐形的事業，是主體在第二種氣質之性的基礎上，以天命之性去化除第二種氣質之性對天命之性所造成的影響，此影響即是第一種氣質之性，可變化的實在只能是這第一種的氣質之性，意即在主體實踐時，此兩性勢必要在主體自身之內合而為一，因為主體必是變化氣質、善反之才能有天地之性存焉的工夫實踐活動，而不是棄絕氣稟，只談純善的天命之性，那是只能在成聖境界時說的，此義卻一直未被牟先生強調。但是第二種的氣質之性，卻仍是永遠存在，只其不再能對主體心產生過度為惡的影響了，這也就意味著工夫已完成且達聖境了。牟先生界定了張載的氣質之性是第二種型態後，一方面主張道德實踐不能在氣質之性處談，另方面則轉出對於朱熹所言的氣質之性在做工夫上的不足之批評，這是因為，牟先生對朱熹所討論的氣質之性，認定只是性之墮在氣質中之意，亦即第一種型態的氣質之性，而這就是天地之性之受限制後的狀態，而牟先生便逕行以此受限制的天地之性及義理之性而說其無超越的獨立性地位，因而承擔不住道德實踐的功能。其言：

然依後來朱子之解析，則似只承認有氣質之偏雜，而卻不甚能自覺地就氣質之偏雜說一種性，自然之性，卻是十分自覺地將「氣質之性」解說為氣質裡邊的性。性只是一義理之性，氣質之性即是此義理之性之在氣質裡邊濾過，故雜染了特殊的顏色，而不是那原來之性之純然、本然與全體。……但如朱子之解「氣質之性」一詞，既不合通常之語意，亦輕忽了「生之謂性」一路下來的氣性、才性等之獨立意義。……「氣質之性」既是就氣質

24. 牟宗三，《心體與性體》第一冊，頁五〇八－五〇九。

之殊質而說一種自然之性。「義理之性」即是就道德理性而說一種道德創造之性。「天地之性」即是就天地之化而說一種宇宙生化或道德創造之性。義理之性並無所謂在義理裡邊濾過之性，天地之性更不能說在天地裡邊濾過之性。是以性體受氣質或氣質之性之局限是一義，而不必即以此義解說「氣質之性」一詞也。橫渠設此詞之意是就氣質之殊而說一種性，此是通常之理解，本書從之。25

其實，性之墮在氣質中或氣質本身是一種性，這只是存有論上的概念約定問題，就如朱熹之言於理者有多重意旨一般，朱熹言性分而為二、為三、為四皆有可能，就道德實踐言，重點在天地之性對於氣稟影響之超克，意即主體之是否能有作為，至於氣質之被說為何種意義之限制之性，這就只是概念約定的存有論問題。筆者認為，牟先生在這裡對朱熹所言之定位，是有意讓朱熹的理論無法區分天地之性與氣質之性，以致在氣質之性中無法有主體的實踐動力，而取得對朱熹談工夫不得力的批評依據。而牟先生則是以張載之氣質之性是第二種的氣質本身是一種性之性，這就絕對與天命之性的純善義有所區別，兩分之後，牟先生便捨棄氣質之性義，而以天地之性的性體純善義以建立「道德的形上學」。其言：

氣質之性雖足以拘限或隱蔽天地之性，然「善反之，則天地之性存焉」。善反不善反，義如前定。在善反中，亦函變化氣質之工夫。儒家講天地之性唯是就道德的創造言，故只能以此性為本、為體、為絕對的標準。氣質之性雖有其獨立性，有其獨立之意義，成一套獨立之機括，然就道德實踐言，並不以此為準也。「故氣質之性，君子有弗性者焉。」「弗性」是不以之為本、為體、為準之意，並非不承認有此種性也。

氣質之性雖有獨立之意義，然總可化而從本。氣質之性一方可化，一方亦是一種限制。從可化言，「君子有弗性者焉」。從限制言，氣質之性是道德實踐中一種「限制原則」。[26]

牟先生對第二種型態的生之謂性義之氣質之性的存在及作用之意見，造就了他將天地之性講成一個獨立的實體，而氣質之性又成了一個獨立的限制性存有，兩種性明確劃分之後便易於強調那純善的一面的天地之性，這才是牟先生對氣質之性的從生之謂性的氣化實然一面說的用意所在。然而，做工夫的是人心主體，是血氣心知的人心雙含天地氣質之性在變化氣質以成工夫的，僅以天地之性為獨立的性體，則人性存有被切割為二，一方面不知何人在做工夫，二方面不知如何做工夫矣。此一模式在牟先生談張載的討論中不斷出現。

25. 牟宗三，《心體與性體》第一冊，頁五〇九。
26. 牟宗三，《心體與性體》第一冊，頁五一〇。

八、對「性未成則善惡混」的批評

張載有言「性未成則善惡混」，此說牟先生批評甚力。牟先生堅持性體的意旨，性體即道體、即心體、即純善的流行，因此，「性未成」仍是以理言之本體論的圓具之善性，亦即存有論地本然自存，而絕不能說是善惡混。未成只是未「盡心易氣」，主體若進行「盡心易氣」的工夫，則即能成為具體而真實的性體之全善而「成性」矣。

筆者認為，牟先生的批評只是因為過於僵化在他自己定義的性體意旨上所致生的批評，其言：

> 「性未成，則善惡混」，即是不諦之辭。……而未成前，亦非可云「善惡混」也。此只能說是存有論地本然自存之善，而不能說是「善惡混」。此語太糊塗，未透澈也。若說在「氣之偏」未化以前，性體之表現可善可惡，或「善惡混」，則可（橫渠恐即是此意，惟措辭未能善達）。若說「性未成，則善惡混」，直指性體自身如此說，則大不可。蓋如此，則性之善或至善之性乃是「本無今有」者。27

說善惡混則確實是未做工夫以達聖境之前的主體狀態，因此可以解讀為所說者正是主體的狀態而非說性，以「性未成」說之之「性」，可以仍是純善的天命之性，天命之性尚未經主體實踐以完全彰顯之前，「主體的狀態」是善惡混，而非指性是善惡混。牟先生同意「性體之表現可善可惡」，其實，是主體表現狀態可善可惡，至於性體當然只能是純善無惡的。張載確實有詞意跳躍的情況，但仍不至於錯亂宗旨，只是因為牟先生太死守性體的至善義一義，故而忽略主體的存有狀態更是言工夫時要立足的基礎，所以才對善惡混提出批評，但是，若非主體有為惡的狀態，或有為惡的可能，那又何需談做工夫呢？只談純善的性體，那變成只是存有論的形上依據，或聖人境界的本身，反而談不到在具體的經驗中操作的工夫論了。如其言：

凡順「於穆不已」之體言性者（誠體神體具在內）皆視性體為一超越的，無善惡相的絕對至善之奧體、密體、寂感真幾、創造真幾、即活動即存有之真體。橫渠說：「性未成，則善惡混。」此固是滯辭，但其實意卻只應是意謂性體自身在未通過盡心易氣以彰著之之時只是自存的純然至善、無善惡相之真體自己，故及其通過亹亹（勉勉）繼善之盡心易氣之工夫時，即成為具體而真實的性體之全善，此即是「成性」。28

本文中所謂的「性體自身在未通過盡心易氣以彰著之之時只是自存的純然至善、無善惡相

27. 牟宗三，《心體與性體》第一冊，頁五一五。
28. 牟宗三，《心體與性體》第一冊，頁五二一。

之真體自己」，這是談存有論的，是性體自身的性善論存有論而非談主體的有善有惡之狀態，但是張載所說的是就主體的狀態而說的，因為這才是談工夫的時節，牟先生對張載言於主體未做工夫以前的狀態還是只關心性體義之純善無惡的一面，這就如同朱熹關心天理中不能有人欲之意以批評胡五峰的天理人欲同體異用之說是同樣的思路，[29]就是只關心本體本身的純善的一義，而不能談在氣化實然的現象世界裡的主體狀態，依據朱熹批評五峰是性無善惡說者而言，牟先生也差不多要這樣批評張載了。總之，對張載此句只要進行語義釐清即可，而牟先生的批評，卻是步步緊守在他的純善唯理的「道德的形上學」系統中以立說。而筆者要批評的是，這樣反而遺漏了對做工夫的主體的實然狀態的承認，以至於不能真談工夫，而只能談唯理的形上道體，與做工夫已完成的聖人境界了。

九、以理言與以氣言之命的辨正

張載言「語富貴，則曰在天，以言其理也」，牟先生認為，富貴之命運之事必須仍以氣言，氣命中有就有，沒有就沒有，因此，牟先生也就同時對於「大德必受命」之命題予以否定了。其言：

生死壽夭之命以氣言，此不錯。惟橫渠解「富貴在天」，則曰以理言，此不必諦。其如此說之根據是「大德必受命」，又根據「易簡理得而成位乎天地之中」而說。實則大德不必定受命，如孔子、釋迦、耶穌皆不曾受命，或可受命而不受。順古之聖王說，如堯、舜、禹、湯、文、武，自可說大德必受命，而理上實大德不必皆受命也。王充解「富貴在天」，是上關天星，此實仍是以氣言。王充完全自氣說性命，故有云：「用氣為性，性成命定。」性是氣性、才性，命是氣命。文王在母胎時即已受大命矣。此完全決定于生物學的先天之氣，即自然生命之強度自有其光華與富貴。堯、舜、禹、湯、文、武固亦有德，此自理想言之，歷來說其為大德，若從事實言之，雖有德，而不必為大德。至少其受命不必全決定于德，不必能全以理言。總之，大德不必能受命，受命者亦不皆有大德。此不純是理之事，畢竟英雄之氣分數多，此外還要加上所乘之勢與所遇之機。而內在地其個人生命之強度與外在地所乘之勢與所遇之機，皆是氣之事也。故「語富貴，則曰在天，以言其理也」，此解不必諦。30

張載說大德受命、富貴在天的話時，其實也沒有多做理論的發揮，可以視為僅是一個意見

30. 牟宗三，《心體與性體》第一冊，頁五二四。

的表述而已。但是牟先生明白地指出「大德不必受命」的立場，這卻是一個更為強勢的立場。這就與《中庸、易傳》中的若干命題有立場上的違背，當然，《中庸、易傳》的立場也是意見的表述，也是沒有理論化地衍義，甚至，衡諸事實，牟先生的話更接近真相，只是如此一來，儒家可以立足的地盤又少了一些了。

十、對性心合義之理論意義的討論

張載言「合性與知覺有心之名」，然而牟先生對「合性與知覺有心之名」一句持批判的態度，主要在於張載說的是一般的認知心，而牟先生必就主體意志純粹化以後的純善狀態以說心及說性，故而不認同張載之語，其結果是牟先生建立了一個心性為一的詮釋系統，心性再也無法區分，甚至一般的認知心功能也不被照顧到了，這樣的思路就是牟先生幾乎已經排斥哲學理論應該照顧到的各方面的基本問題，而只管攝主體實踐已臻聖境的一路。參見其言：

> 案：此語亦不的當。「合性與知覺」好像是說性體中本無知覺，性是性，加上知覺才有「心之名」。此句由「合」字表示心，與上句由「合」字表示性，皆是不精熟之滯辭。殊不知在性與心處，均不應如此表示也。依上第二節貫通之疏解，性就是太虛寂感之神。名之曰性者，是對應個體或總對天地萬物而為其體言，此是性體義；又自其能起道德之創

造或宇宙之生化言，則是性能義；又自其所有之道德創造乃至「陰陽鬼神」之化皆是此性體所命之本分、當然而不容已、必然而不可移者言，則是性分義。宇宙論地綜言之，只是一個虛體、神體，自對應個體或天地萬物而為之體言，則有此三義，此是「性之名」之所以立。而「合虛與氣有性之名」，則不切矣。性之名既是就太虛寂感之神（此亦曰虛體，虛即是體，亦曰神體，神即是體）說，則心之名亦不能由外此而別有所合以立。31

張載所言，是在做存有論的概念定義之事，但是牟先生一方面不許性之名義中無有知覺能動力，因為牟先生要性為體且有實踐力；二方面擬將性義與心義完全等同，因為牟先生要將心的實踐功能賦予性概念。牟先生說性有性體、性能、性分三義，性體說其為萬物之本體，性能說其有創造能力，性分說此創造為其本分。如此一來，則性體已是道體義矣。其實，本體、創造、本分三義皆是牟先生為儒家「道德的形上學」所設立的「形上實體」的功能意旨，此實體是形上學問題所需設立的存有範疇，牟先生為了讓天道實體可以被證成，遂以主體心的實踐以達聖境為此道體之證成之緣由，結果，卻讓主體心與道體為同一實體，而在這其中就是由性體扮演串聯的角色。因此，性體的角色功能由道體取義，從而轉入予心體，一切都是在牟先生將

31. 牟宗三，《心體與性體》第一冊，頁五二九－五三〇。

道德實踐的動力與道德實踐的完成兩義合一於「道德的形上學」之理論建構中所發展出來的，性體既攝取心體之功能而與心體合一，因此，牟先生所認定之心概念就不是一般的心理認知甚至血氣心知之心了，參見：

> 心不但是「形既生矣，神發知矣」之形生後之「知」，亦不但是客感之識知。依濂溪，「神發知矣」下，則云「五性感動、而善惡分、萬事出矣」。如只以形生後所發之知為心，則此心不必能貞定而純一，此可曰心理學的心、識心、經驗心、習心、成心，而不必是貞定純一、「動而無動、靜而無靜」、動靜一如之神心、真心、本心、超越心也。……是以心之名絕不是只就此經驗層（感觸層）上立。32

牟先生將心概念說成不是一般的心，亦即不是主體在沒有實踐、沒有成聖的一般狀態中的心，然而，談形上學說有一個天道之天心是可以的，這是以心概念的活動義說明天道實體本身即具有的宇宙生發功能。但是說工夫論時，此一等同於天道實體、神體、虛體、性體的超越本心，就是天命之性的意思與功能而已，亦即本心即性、性即本心，是形體知覺之心以本心(即性)為意志方向，而執持而變化氣質、盡心易氣而成聖的。單以純善的本心而說心，且排斥形體知覺之心，則工夫論就談不到了，那就還是形上學語言之內的套套邏輯而已，因為此神心、真心、本心、超越心仍只是性而已。然而，這卻是牟先生真正的思路所在，亦即仍是要強調一個性、心意旨完全無法區別的心性合一說。其言：

> 然則如果首先「本體宇宙論地」說，則心之本義、最深義、根源義，必須就神體之「虛明照鑑」說，而靈知明覺之知覺亦必須就此神體之明說。是以不是「合性與知覺有心之名」，乃是就性體寂感之神之靈知明覺或虛明照鑑說即是心，此心之名之所以立也。
>
> 依此，性體之全幅具體內容（真實意義）即是心，性體之全體呈現謂心。心體之全幅客觀內容（形式意義）即是性，心體之全體挺立謂性。首先性具有性體性能性分之三義，自心言，心亦必類比相應地具有此三義：心體義，心即是體；心能義，心能創生，心能形著；心宰義，心主於身，其所自律而命於吾人者皆是本分之素定，「大行不加，窮居不損，分定故也。」依此而言，心性完全合一不，完全是一。若以性為準而言之，則除上三義外，尚可加兩義而為五義。一是性分所據以成之性理義，性體自具普遍法則即是理。此外，則是性覺義，性體之「神之明」即是覺。如是，性體性能性理性分性覺，五義備性之全體明，心之全體亦明矣。此為心性是一之宇宙論的模型。

但此宇宙論的模型必須經由道德實踐以證實而貞定之。心性是一之宇宙論的模型以性為

32. 牟宗三，《心體與性體》第一冊，頁五三二。

主，道德實踐之證實而貞定此模型，則須以心為主。由宇宙論的模型建立客觀性原則，即建立天地萬物之自性，雖有性覺義，亦是客觀地說，亦是客觀性原則。由道德實踐之證實而貞定之，建立主觀性原則——形著原則，具體化原則。33

上文中，牟先生即以心性是一為其立場，這就純粹是一個形上學問題意識下的思路，以性體為道體說宇宙論的模型是可以說的，但加入了心體就費唇舌了，所以牟先生必須說性體是自客觀面言、而心體是自主觀面言的話，更重要的是，心體的主觀面是扮演實踐之證實而貞定的角色功能。筆者認為，就實踐言，是工夫論的課題，就證實而貞定言，是知識論的課題。牟先生在談形上學問題時既把工夫論塞入形上學，也把知識論塞入形上學，兩個主要由心概念來承擔角色功能的哲學問題已經與形上學問題混雜在一起了，於是牟先生就把心概念建構成心體義，而此義之心體即是等同於性體，也等同於道體了。然而，單就工夫論言，工夫論討論主體實踐自不圓滿以至圓滿的實踐方法，因此不宜只掌握超越本心一義而遺漏心理知覺一義，不在心理知覺處做工夫則所談者只能是成聖之後的境界了，既然講的是成聖後的境界，則道德實踐的意涵其實又已滑走了。亦即一般的工夫論不能講，只能講唯理純善的道體、心體、性體之形上學，與主體實踐完成之後的聖人境界。

牟先生明立道體、性體、心體為一，作法是擴充性體義為兼具道體及心體的功能，而說有五義，即為：性體、性能、性理、性分、性覺，因之又說心體亦有相應的五義，為心體、心能、心理、心宰、心存有義，就其中的第三義之性理義而言，牟先生認為這即是朱熹所言之性理義，其言：

依先秦儒家以及濂溪、橫渠之所體悟與規定，此「超越的所以然」是存在之理同時即是能創生能起用之生化之理——是心性合一者，是具備五義者，是即活動即存有者，是超越的動態的所以然者。而依朱子之體悟與規定，則只是理，而不是心性合一者；是只具備性體、性理、性分之三義，而不具備性能與性覺者，是只存有而不活動者；是超越的靜態的所以然，而無所謂動靜；而不動不靜者，而非是「動而無動、靜而無靜」之動態的所以然。依此，其為存在之理只是靜態的存在之理，而非同時即是生化之理者。縱就氣之生化之實亦可言其為其生化之理，亦只是靜態地為其生化之理，而不是能創生能起用（神用、妙用）之動態的生化之理。

就五義中第三義之性理義而言理，此之為理是就普遍法則而為言。此可只是理。然此只是性體之一義或一面。縱就此一面言，此理可成為「只是理」，然卻並不因此即謂性亦只是理。因任一義皆通其他諸義，性之為理是通性體、性能、性分、性覺而為理，此並不

33. 牟宗三，《心體與性體》第一冊，頁五三一－五三二。

表示性只是理，而卻表示是心性合一者，是即活動即存有而不只是存有者，是動態的所以然，而非靜態的所以然者。

就兩層次而言性是理，皆不表示性只是理（靜態的但理）。在朱子，似不曾覺到此兩層分言之理之不同，而只把「所以然」所表示之理等同于普遍法則之理，因而太極性體只成一個只是普通法則之只是理，只是一靜態的存有之為理，只是一存在之靜態的存在性，不過有一相與多相而已。綜起來說是一，隨氣化而有分別表現，自此而言是多。34

牟先生從形上學、工夫論、知識論合說性體義而說有五，並說五義貫通互具，而朱熹所說卻只是其中三義，且不通另二義。筆者以為，朱熹確實有在其中第三義上的強調，但並不表示其他四義朱熹不處理或持對立意見，因為其他四義是本體宇宙論及工夫境界論的議題，至於第三義是抽象思辨的存有論議題，關鍵只在其他儒者從未在此第三義上強調過，朱熹強調之，故而凸顯朱熹論性體義的特色，牟先生自己都說了五義互通，則又何能強制朱熹只為緊守第三義而不能通於其他諸義，更何況，牟先生說朱熹也有性體與性分兩義，如此則只剩性覺、性能二義是朱熹所不兼攝的，然而，此二義真正是工夫論的課題，只是牟先生自己將它們強加入性體功能中說而已，並非朱熹對性概念的討論有特別對立於他儒之處。然而，性體概念在牟先生綰合道體與心體功能的定位中，是把本體宇宙論、工夫境界論、以及存有論的問題都塞入性體概念中由其承擔的作法，如此才有此五義全備之說。然而，在哲學史中，實際上也未有哪位儒者之言性時皆全備了這五義，即便全備了這五義，也不會是皆以性概念來說這些功能的，而是會置放在道概念及心概念上運用的。然而，意見過於強勢的牟先生，在這許多功能中獨獨分出抽象思辨、概念定義的存有論問題為朱熹哲學的重心，即其中性理一義者，而謂其不通它義，而對朱熹提出以下批評：

（一）其言性或太極之為理，雖亦由「超越的所以然」而得保持其為「存在之理」，但卻是靜態的，不能起生化之妙用的，即只是靜態地為存在之理，而非動態地為存在之理。

（二）性或太極之為存在之理既如此，則心神俱傍落而屬之氣。依此，自宇宙論而言，則理與氣為橫列的相對之二（雖亦云理先氣後）；自道德實踐而言，則心與性為橫列的相對之二。因此，遂由太極性體之生物不測或道德創造之「本體、宇宙論的」立體直貫之創生型或擴充型，轉而為認識論的橫列之靜涵型或靜攝型。35

筆者不同意牟先生這樣定位朱熹思想，朱熹在存有論上的發言僅限於存有論的意旨，朱熹

34. 牟宗三，《心體與性體》第一冊，頁五六六－五六七。

35. 牟宗三，《心體與性體》第一冊，頁五六七－五六八。

在其他哲學問題上的發言則亦有宇宙本體工夫境界論的準確意旨之表述。就本文而言，牟先生即便是在性體五義中發現了朱熹所強調的性理義，因此還給了朱熹所言性理義一個哲學基本問題意識上的恰當定位，但是牟先生仍要強烈主張朱熹所言缺乏其他諸義，並且造成心性理氣分離的結果。其實，縱貫型的本體宇宙論是一套不清楚的哲學理論，就傳統哲學的理解與詮釋而言，宇宙、本體、工夫、境界全部攪混在一起，以為是濂溪、橫渠、明道、五峰、象山、陽明、蕺山共有的系統，卻其實處處都見牟先生批評他們的語跡。而牟先生對他人的批評，卻多是在他自己藉由先秦及宋明儒學之詮釋所建構的話語系統為基礎，而為之發言的，也可以說牟先生是主要批評程朱，次要批評周、張、陸、王的，至於牟先生的這一套系統，當然是在他討論各家的歷程中建構起來的。就其對張載的討論而言，最有特色的重點在於將張載之學分為說道體、性體與心體的三項來處理。其實，牟先生談論《論》、《孟》、《庸》、《易》時即是由「仁、心、性、天」的架構在談的，仁是價值意識，心性天則是存有範疇，則是同於此處之道體、性體、心體之措義，牟先生說《論、孟、庸、易》是心性天一貫之意，即是此處之道體、性體、心體一貫之意，而此一一貫，竟是一方面是抽象唯理的純善的道體、性體、心體之流行，一方面是聖人境界的心性天是一的含混結論。結果是工夫談不上了，現象世界談不上了，所談的兩種型態的理論，高則高矣，美則美矣，但卻不能涵蓋各方面的哲學基本問題。

十一、結論

本文討論牟先生對張載詮釋意見的方法論反省，文中多見牟先生在自己的哲學系統形成之後，反過來反對張載的概念使用提出批評。文中也見出，牟先生每每直接以朱熹的意見作為與自己意見對立的參照討論對象，但多有窄化解釋朱熹言語的作法。總結牟先生對張載的討論，其一為更見出牟先生形上學中心的思路之強制性地表現在說道體即是神體、虛體從而又統攝性體、心體之意見中，其二為牟先生之形上學思路中有角色功能的幾乎都是唯理抽象的超越性存有，氣化實然的一邊是完全為其所旁置的，如此一來則造成他所建立的形上學體系變成不能談經驗現象世界的系統。其三為牟先生談儒家的命運義定調太高，大德不必受命的立場其實不同於《庸、易》之若干命題的意見。其四為牟先生以性體為中心溝通道體與心體概念而說為中西哲學最大之別異之處，此說實際上就是將實踐的功能置入存有的討論中，然後藉性體概念的多義將心概念的功能收攝進入，結果使得性心完全是一，但是這樣建構的概念意義何在？其實只是造成概念之間無法分辨，所成就的只能是一套狹窄的問題意識基礎上的理論系統，而對於一般的哲學基本問題的理論建構是沒有貢獻的，更對於一般的經典文本的理解詮釋是難以順成的。

當代中國哲學家牟宗三先生，藉由詮釋宋明儒學之作，提出道德的形上學系統，以構築他自己的當代新儒學理論，其中雖然高舉象山、陽明之學，肯定濂溪、橫渠、明道、五峰、蕺山之學，批判伊川、晦庵之學，但其實，他對程朱以外各家亦不少批評意見，正是表現在這些批評意見的思辨歷程中，使他得以逐步完備自己的道德的形上學系統。但也因此在各種深淺不等的層面上，誤解或錯解了各家的理論原貌。本文之作，即將藉由牟宗三先生對張載理論的詮釋及批評意見之反省，一方面找出牟先生思路的特點，另方面適為張載學說澄清意旨，以免於牟先生的批評。牟先生詮釋張載，以道體、性體、心體三概念為架構，總說張載學思的各項要旨，並以道體義收攝性體及心體二義，而符應於他的道德的形上學思想。他的作法是，在超越界建立唯理純善的道體義以總收太和、太虛、神體概念，在人存有界建立唯理純善的性體義以定位天地之性概念，在主體能動性上建立純善無惡的心體義以等同會通於性體，從而上升為道體。從哲學基本問題的研究進路之方法論反省上說，牟先生是將工夫論的心概念合義於形上學的性概念與道概念，而形成圓滿的形上學體系，實際上所說的一方面是唯理純善的道體流行，另方面是純善無惡的聖人境界，形上學的形象是圓滿了，但是變化氣質、下學上達的工夫論意涵卻滑落了，牟先生以此批評討論張載許多命題，致使張載文義遭受誤解。本文即對此進行方法論反省，並為張載學思適作澄清及義理還原。

第五章　對牟宗三程顥哲學詮釋的方法論反省[1]

一、前言

牟宗三先生談程顥哲學，以「一本論」標明章節主題，即是著重於形上道體的直貫意旨，將天道創生與主體實踐二義合構，共構為「道德的形上學」體系。天道創生是形上學問題，主體實踐是工夫論問題，但主體實踐需以天道本體以為實踐之價值貞定，而天道實體需以主體實踐以為流行的圓滿，故而共構為一形上學教義的系統，名之曰「道德的形上學」。[2]此其自創之當代新儒學系統者，亦為其藉詮釋先秦暨宋明儒哲學而建立起來者。此一系統，初成於先秦

1. 參見杜保瑞著：〈牟宗三對程顥哲學詮釋的方法論反省〉，「第三屆宋代學術國際研討會」，主辦單位：嘉義大學中文系，二〇一一年六月三十四日。
2. 「道德的形上學」是由實踐的進路證成的形上學，故有圓教的意義在。其特徵是動態的、非分別說的、縱貫縱講的。有別於以思辨的進路且不能證成的西方形上學，後者為靜態的、分別說的。其後，牟先生即以其定位於西方形上學的型態，來詮釋程頤、朱熹之學。而「道德的形上學」即與「圓教的形上學」「圓滿的形上學」為同義之詞。

《論語》、《孟子》、《中庸》、《易傳》哲學，再造於宋明理學。於北宋儒學中，從周敦頤到張載是一發端，程明道一本論再度達到一理論的高峰。是以牟先生對程顥學多有肯定。

然而，牟先生建立其當代新儒家哲學理論，誠為二十世紀中國哲學之最重要的創造系統，但是，就文本詮釋而言，卻多有扞格。未論及「道德的形上學」之意之哲學家的理論者其即不喜，即便論及此義的哲學家系統，若其中有些理論與此義不相關者其亦不喜，不喜即為文批評，或反對其說，或矯治其義。程頤、朱熹即被認為不及此義而全體反對，其他各家則一方面有些理論作為順成牟先生所重之意的論據，卻另方面對非及此義的理論施予矯治。周敦頤、張載如此，程顥亦然。程顥之學在牟先生的詮解系統下，已是談圓教的「道德的形上學」之最佳典範矣，但仍不脫某些命題被牟先生批評的命運。

檢視牟先生的工作型態，其實是以建立己說而為詮解的目的，形式上是對宋明各家的哲學介紹，實質上是以介紹代討論而建立他自己的問題意識與哲學理論，並正因其問題意識的特殊，而有其哲學理論的創作。牟先生的問題意識即是一中國哲學的形上學問題，是中國哲學的形上學如何建立以及證成的問題。牟先生心目中有一套中國形上學如何建立以及證成的「道德的形上學」系統，並藉由宋明儒學理論創作的意涵檢討而說明之，即檢討中落實其所以為的「圓滿的形上學」型態，以其所以為的「圓滿的形上學」以為宋明儒學各家系統的評價與批判之準據。其所以為的「圓滿的形上學」是一中西對比下的圓滿義，以實踐能證成普遍原理以為中哲之優於西哲的立場。而能證成之實踐，即是已完成之工夫，即是已成境界的姿態。是以牟先生的形上學，便是以言說普遍原理的道德義之「道體」「性體」、併合談主體實踐作用的「心體」、進及談主體達最高境界的「聖人」，而共構其「道德的形上學」。也可以說，是把談主體實踐的「工夫論」與「境界論」議題，塞入形上學問題中，以強化此形上學型態之為一動態的及實踐的及可證成的之意旨。此即牟先生的問題意識與理論創作。而牟先生的形上學又自名其為本體宇宙論，因此即為本體論及宇宙論的問題，所以，可以說牟先生的「道德的形上學」已是包含了「宇宙論、本體論、工夫論、境界論」的基本哲學問題，但卻併合於一的系統。

然而，這就引發了兩個必須處理的哲學問題，第一，中國的形上學或儒家的形上學需不需要這樣談？以及可不可以這樣談？這當然是需要追究的。第二，對宋明儒學家的哲學理論的意義貞定是一文本詮釋的問題，牟先生以自創的理論以為詮釋、評價及批判的基礎，則對各家義理的詮釋是否準確，這亦是要追究的問題。以上兩個問題，即形成本文對牟先生談論程顥儒學的討論重點。

既然，「道德的形上學」在牟先生的討論中已有確定意義，可以說它本身即是一套理論，這一套理論是牟宗三先生藉孔子言仁、孟子言心性、以至《中庸》《易傳》言天道、誠體、易體而發展建構成形者。合於此者即孔孟儒家正宗，不合者即別子為宗。因此，我們可以說，「道德的形上學」是牟先生用以討論宋明儒學的「分類」及「判教」的系統。「分類」者就「周、張、程顥、程頤、朱、陸、王陽明、劉蕺山」諸家為合於此「道德的形上學」與不合於此之分類。「判教」者則以合於此者為「正宗」，不合於此者為「別子為宗」。因此，合於此者之諸系統即一家一家地供應新義以為系統的證成與茁壯，而不合於此者則成為證成此系統的反例，因此亦有茁壯系統的討論功能。其中，程頤及朱熹之學為不合系統的「別子為宗」之學，而程朱之外的系統即為共構「道德的形上學」的系統。其結果，在牟先生的宋明儒學討論中，程頤及朱熹之學，即自始至終不論在討論哪家的哲學時，都不斷地出現以為說明之反例，於論程顥哲學時亦然，程頤及朱熹之學總是適時地出現作為與程顥哲學不類之系統，而朱熹言於程顥之意見，亦成為牟先生說明朱熹系統不合程顥、不合孔孟正宗的例子。

建立自家系統以別異、匯通各家，自是哲學討論的正常現象，但是牟先生卻是以對《論、孟、庸、易》的詮釋，而建立一套形上學理論，以為討論各家的標準。於是各家皆以是否符合這一套形上學以為分類、判教之討論的結論。然而，各家之理論有形上學也有工夫論，形上學也有各種不同的形上學問題，工夫論也有各種不同的工夫論問題，另外還有境界論哲學。而牟先生的形上學卻是一套綰合宇宙、本體、工夫、境界論的縱貫的動態系統，以此排斥僅作概念分析的靜態存有論系統，也排斥僅談工夫次第論的漸教系統，甚至還不談氣化宇宙論的現象界事務，因此之故，牟先生的《心體與性體》之作，便不能有效準確地解讀各家的各種理論，因此不是一套文本詮釋的作品，而是一套批判創造的著作。意即，牟先生以「道德的形上學」的

「圓教系統之形上學」意旨，作為談儒學的終極之學，問題意識及理論觀點都約束在這裡了，既不能廣泛討論儒學創作的各種問題，又不能準確解讀非關其系統的各種哲學理論，致使宋明儒學各家，無論是否符合其「道德的形上學」系統，竟無有一家能完全免除被其批判的命運，即便是程顥哲學亦是如此，雖已是牟先生談圓教的典範系統，亦仍有被其批評的命題，只因若干命題亦不符合「道德的形上學」的終極意旨。程顥如此，周敦頤、張載亦然，那就更遑論程頤、朱熹之學了。

因此，筆者要這樣定位牟先生在《心體與性體》書中的創作意義：藉詮釋以建系統，藉系統以判各家，然因系統單一，且立場固定，故不能有文本詮釋之功；於是對各家之批判，錯解之處多矣。唯一完成的是，建立「道德的形上學」系統，以為當代新儒學的創造，但卻犧牲了對許多重要儒家哲學理論的準確認識。徵諸程顥章的討論，確是如此。

牟宗三先生對程顥的討論，分為八節，本文對牟先生詮釋程顥的方法論反省，基本依此節次進行，討論的重點即哲學基本問題的釐清，以及文本詮釋的訂正。前者處理其形上學中心的詮釋眼光，藉由哲學基本問題的定位，鎖定牟先生問題意識的核心與理論創作的主軸，以說明牟先生借程顥而創作的理論本旨。後者依此基礎，反省牟先生對程顥各種理論命題詮釋的準確度問題，指出牟先生對程顥之學亦有曲解及誤解之處。

以下逐節展開討論。

二、牟先生定位程顥哲學兼主客觀面而成就本體宇宙論的一本論

牟先生說的「一本論」是依程顥語而建立的，且是在「本體宇宙論」義下說的「一本」，然而，依程顥，其所言之「一本」，若以之為形上學中之本體論與宇宙論合構之「存有論」義之「一本」，依筆者之見，未必準確。程顥言「一本」，真正重點是在談主體實踐的工夫境界論，依工夫境界論而說為「一本」，實是說主體實踐以至純熟之時，天道與人心之合一，主體的感知實受為天道與人心之「一本」。即主體之人心即是天道的彰顯，故為「一本」於人我之此有，亦即是境界中的一本。[3]然於牟先生的創作中，因其真正關心的是一種特殊型態的中國哲學的形上學之建構，由《論、孟、庸、易》一貫而下，由周、張、大程繼承而上，既談天道亦談主體，故此本體宇宙論的辭義中實是有人道實踐的參與其中，既有存在界的活動之意，亦有人心主體的實踐之意在，故而牟先生詮解下的「一本」之意旨，就是「動態的道德的形上學」之意。本節將針對此義，藉牟文以明之。參見其言：

> 明道之一本論亦更能保持先秦儒家本體宇宙論的實體之創生義與直貫義，而亦並未以心神屬於氣，認太極或天命實體只是理，性只是理也。此則其可以通同處，而朱子汰濾後所成之定局則不能保持此義也。此是學派分立之本質關鍵。[4]

本文首句即是以「道德的形上學」說程顥的一本論意旨，文中的實體創生實為形上學的道體流行，卻亦涵攝了主體實踐的活動義，於是得由心而言其即理之活動，於是得以辯論於朱熹的性即理之不活動義。就本文言，說朱熹以心神屬於氣，這其實是因為朱熹在談存有論的心概念定位，人心不是氣稟而有那是什麼？這是存有論命題，故說心即是氣稟下之存有。至於性只是理，朱熹固說性是理，但是此理有心具之，故而由心而有活動，說性是理是舊天命之性即是天理賦命而說，故為純善，意旨正確。

牟先生建立先秦儒家本義的工作固為比較中西而來，但落實於宋明儒學的詮釋系統中時，則明確地就是以程頤、朱熹之學為對比參照的系統，以「程朱」與「周、張、陸、王」等為異質的系統，甚至以之為「學派分立之本質關鍵」。筆者以為，牟先生是言重了。細讀牟先生之論述，其實在《心體與性體》之作中，實有多處牟先生將程朱之義理準確定位且賦予功能，亦即程朱之理論有其義理之可能性，只是牟先生並不視其為儒學正宗的理論重點，但作為牟先生視為正宗的儒學理論，固為儒學理論之要目，卻並不必即以之為儒學理論之全部，更不必即排斥其他的儒學理論非為正宗，關鍵只在，牟先生只關心形上學的道體、實體一義，且將論心與

---

3. 參見杜保瑞著：《北宋儒學》，臺灣商務印書館，二〇一〇年九月初版。

4. 參見牟宗三著：《心體與性體》第二冊，台北：正中書局，一九八三年五月，台修五版，頁四。

論性之理論亦皆以形上學進路的心體與性體落實其義，因此有了批判程朱之立場。筆者的立場是，牟先生某些定位朱子之言確實無誤，但並不需以為朱子之意見即已對立於其所重視之議題的理論立場，因為針對什麼問題就有什麼主張，故而做文本詮釋時，要先究明理論命題的問題意識，對於朱熹的「性即理」說，牟先生並未準確定位其問題意識，故而有對立於「心即理」的詮釋結論，這是牟先生偏選、誤讀之結果，程朱不必受此批評。唯本文之作，主要為發掘牟先生論程顥哲學之特點而作，為程朱辯義之事，另有它文，是以以下之討論，只在討論有需要處適為程朱分辨意旨，其他的重點都將放在說明牟先生討論程顥哲學的方法論反思中。

本文提出了「明道之一本論亦更能保持先秦儒家本體宇宙論的實體之創生義與直貫義」之說，其義下節更明，參見其言：

明道之義理綱維何在耶？吾於前濂溪章已明濂溪對於論語之仁、孟子之心，實並無所得。於橫渠章已明橫渠言……已很能注意孔子之仁與孟子所言之心矣。惟因其言散見，不甚集中，又為其言太虛神體所掩蓋，人易為其言太和、太虛、言神、言氣所吸住，故易覺其客觀面意味重，而主觀面意味輕。實則亦並不輕也。只是有令人感覺到稍為虛歉之氣氛耳。……然其義理之實已函主客觀面之合一矣。至明道，正式提出「學者須先識仁，仁者渾然與物同體」之義，則仁之提綱性已十分挺立矣。「只心便是天，盡之便知性，知性便知天，當處便認取，更不可外求。」則主觀面之心性天為一之義亦十分挺立而毫無虛歉矣。故由濂溪、橫渠，而至明道，是漸由中庸易傳而回歸落實於論孟，至明道而充其極。然明道究非如象山之純為孟子學也。……明道畢竟猶處於濂溪、橫渠北宋開始時先著眼於中庸易傳之學風。故明道究非純以論孟為提綱者也。天道性命客觀面之提綱猶十分飽滿而無虛歉，此則為象山所不及，而妙在主客觀兩面之提綱同樣飽滿而無虛歉，而以圓頓之智慧成其「一本」之論，此明道之所以為大，而為圓頓之教之型範也。[5]

牟先生本文所言之對濂溪、橫渠的意見，筆者已有專文討論於它文中，[6]茲不重述。牟先生所定位之儒學由《論、孟、庸、易》所形成之系統，即是一主客觀面皆完備飽滿的道體、性體、心體合構之系統，亦即是一形上學系統由主客兩面皆備說的系統。所謂主客觀面的系統，即是言於主體實踐的工夫境界論系統，以及言於本體宇宙論的天道活動系統。其實，牟先生說為主觀面的系統並不主觀，其為言於主體依道體而實踐故，故為主體義，而非主觀義，且其行

5. 牟宗三，《心體與性體》第二冊，頁一七一一八。
6. 參見杜保瑞著：〈對牟宗三詮釋周敦頤言誠體的形上學之方法論反省〉，《哲學與文化月刊》第四二六期，二〇〇九年十一月，頁七七一一〇二。杜保瑞：〈牟宗三以道體收攝性體心體的張載詮釋之方法論反省〉，《哲學與文化月刊》第四三七期，二〇一〇年十月，頁一〇三一一二四。

止依於道體，故宜為客觀。本文中，牟先生即謂濂溪、橫渠主要重在客觀面，而主觀面稍欠缺。於明道，則兩面飽滿，而成一圓頓智慧之「一本論」。牟先生以此高舉程顥，以成就他自創的道德的形上學之圓頓直貫義。然就周、張言，筆者不同意牟先生的詮釋，周、張之言於主體之命題絲毫不少於言於客觀面之命題，牟先生得其印象，實是牟先生自己過度重視對周、張本體宇宙論文本的詮釋，且稍有忽略工夫境界論意旨，而致生的錯覺。此義參見本書前兩章，此處不再申論。就程顥言，筆者的立場是，以系統之創作而言，程顥於主體實踐以至究竟之境界哲學創作最多，亦即此文中牟先生說其有圓頓智慧之旨者。然而，程顥卻於客觀面實無所建樹，唯是重述之、理解之、點評之而已。亦即程顥皆是引據經文之後，即以己意體貼、評論一下而已。亦即筆者也不同意程顥是主客兩面皆飽滿，程顥確是言於主體十分飽滿，但因牟先生的「道德的形上學」亦涵境界哲學之意，甚至是結穴於境界哲學，故而將程顥之在境界哲學之言於主體的飽滿語，亦理解為在本體宇宙論的立體直貫創義下的客觀面的飽滿義。

說程顥於客觀面只是重述，此事牟先生亦已直言：

明道語句簡約，常是出語成經，洞悟深遠。又常是順經典原文加幾個口語字，予以轉換點撥，便順適調暢，生意盎然，全語便成真實生命之呈現。7

明道對先秦儒家經典言於客觀面的命題之理解自是準確無誤，明道的把握形上學命題以為主體實踐的宗旨，而發為評論之語，亦更是精確、篤實而有實義。以此而說明道主客觀面皆飽滿者，實是牟先生高意肯定。就牟先生所建立的「道德的形上學」意旨來看，明道依先秦儒家在《中庸、易傳》的形上學命題而做點評的體貼意見，亦確實能成立牟先生的評價。關鍵即在，牟先生所說之形上道體，既是天道實體亦是主體心性，且更準確地說，是主體心性體貼天道實體而完全發揮呈現的狀態，才更是牟先生所說的「圓教的形上學」之真諦，亦即是「天道流行」與「主體成聖境」的兩種義涵緊連在一起，才成立的「圓教的形上學」系統。如此一來，則最能體貼天道而發為主體實踐意境的明道話語，便成為牟先生所定位的「道德的形上學」之最佳「圓教系統」之話語。實言之，明道僅是做境界展現的發言，客觀面的形上學命題皆是重述引用，而未有創造之新意。不過，筆者並不反對牟先生對明道之高舉與肯定，只是認為牟先生兩合形上學的本體宇宙論與主體實踐的工夫境界論之說法，又強勢地定住此一系統非關氣化邊事的詮釋立場，在面對各家的文本詮釋時，即會造成有偏差的解釋與不恰當的批評。

例如，牟先生明明知道有「靜態的理」之意旨以及「氣化實然」一邊的系統亦為儒家哲學所應涵攝，但卻對於談到這些命題意旨的各家理論提出批評，死死地認定談到這些命題的系統就是只堅持此一單薄的面向，而竟不能溝通於其他面向。參見其言：

7. 牟宗三，《心體與性體》第二冊，頁八。

所謂「一本」者，無論從主觀面說，或從客觀面說，總只是這「本體宇宙論的實體」之道德創造或宇宙生化之立體地直貫。此本體宇宙論的實體有種種名：天、帝、天命、天道、太極、太虛、誠體、神體、仁體、中體、性體、心體、寂感真幾、於穆不已之體、等皆是……若就其為性說，它具五義：性體、性能、性分、性理、性覺。它是理，是心，亦是神，若就其為心說，它亦具五義：心體、心能、心理、心宰、心有。它是心，是理，是神，亦是情（以理言的本情、心之具體義）。在此直貫創生之一本之下，心性天是一，心理是一。心與神決不可一條鞭地視為氣，天心本心不是氣，誠體之神不是氣。性不只是理，太極亦不只是理。理亦不只是對實然之「然」而推證出的一個超越的、靜態的、只是存有而不活動的「所以然」，而乃是因心之自主自律而不容已地起道德創造或宇宙生化之大用而說為理。若說這也是「所以然」，則這是超越的、動態的、既存有亦活動的「所以然」。是這樣的「所以然」之為理才真能保持住其道德意義而不失，而由之而立的道德才真是自律的道德。8

明道之「一本」成為了牟先生的「一貫」說，無論從客體或主體說，皆是本體宇宙論的實體，此實體貫所有形上道體之存有範疇，如：「天、帝、天命、天道、太極、太虛、誠體、神體、仁體、中體」，亦統所有言於主體的存有範疇，如：「心、性、情。」說其「道德創造」即說其為主體的道德實踐活動，說其「宇宙生化」即說其為天地萬物之大化流行，可見牟先生是總收所有儒學言於天道與人道之範疇於一貫一本之系統內，而牟先生皆謂之為「實體」，於是心性情亦皆實體化了。實體化之即形上道體化之，形上道體化之即得說為「立體地直貫」，此義即又得以明道之「一本」論詮解之。於是牟先生最為重視的「主體實踐」以及「天道化生」兩義合構的「道德的形上學」，便能在明道之「一本」概念中「立體地直貫」了。實際上，明道之「一本」亦確實是從主體之體貼親證感知此天道天理之道德創造意識而得者，亦即明道是站在主體實踐以致工夫已達純粹化境時之聖人境界上的發言，即是境界展現之語言。因此明道言一本者實是言於主體境界位上，是主體境界與天道一本，不是天道與主體一本，天道確實不必言一本，天道就是天道，是主體必得與其一本以為道德實踐的完成。而道德實踐以至完成確實是儒學的終極目標，因此以主體與天道的一本為最圓滿的理想，此義亦確實無誤。

筆者有所辯難於牟先生之言者，不在明道言說境界的具一本一貫之意旨上，而是在儒學理論建構面向的種種哲學基本問題的尊重與否上。即在前文，牟先生即不許此一實體義有「只是靜態的所以然義」以及「夾雜氣化的存在義」。筆者以為，就儒學之創作以及文本之詮釋而言，問題不是此一「實體」何義，這是牟先生個人最為關切的形上學問題。問題是儒學應有何種理論以為其系統之所需？這就表現在整個儒學史上各個哲學家所關切的各種問題上，但是牟先生為建立強悍的道德的形上學理論，便刻意貶抑不直接相干此義的儒學理論。此一「實體」之意

8. 牟宗三，《心體與性體》第二冊，頁一八—二〇。

是就著牟先生所關切的問題而成立之意，此是牟先生談儒家形上學有別於更超越於西方形上學的當代中國哲學之創作，筆者尊重之，一如尊重所有當代哲學家如馮友蘭、方東美等人之創造一樣，但是就文本詮釋以及儒學系統而言，氣化宇宙論不能不談，靜態的不變的理之存有義亦不能不談。談這些哲學問題亦不等於只主張儒學就只在此義之內，談這些理論的儒學系統亦是共同接受談其他問題的儒學理論系統，故而不應有所貶抑。

牟先生關切的是「真能保持住其道德意義而不失」的理論，這其實就是從孔子言仁、孟子言心處即已確認的命題，故而《中庸》《易傳》大談本體宇宙論的宇宙生化系統之形上學命題時，即不致有空頭的形上學的缺點，因其已預設孔孟的實踐哲學意旨。此誠其然，筆者同意。但是，牟先生談周敦頤，卻擔心他只肯定客觀面的《庸、易》之普遍命題，而忽略孔孟的主觀面立場，論張載，雖覺其亦有主觀面的孔孟實踐意旨卻仍稍有欠缺，唯於程顥，才肯定其為主客觀皆飽滿之系統。至於程頤、朱熹，就只能講一套氣化宇宙論以及不活動的天理觀，於是程頤、朱熹之系統即非為「真能保持住其道德意義而不失」的系統了。這些批評意見的發生，都是因為牟先生只管一事、只論一理所導致的。「真能保持住其道德意義而不失」就是指得工夫論的系統，指得是說系統中要有工夫論，而不是單單只有普遍原理而已，有工夫論才能實證形上學系統，才能保住道德義，此義不謬。因此，談主體實踐以彰顯天道的道德意志確實是儒學應有的理論，但為成就這個目標的合理性，還有許多理論也是需要的。例如要談現實世界以及人之所以為惡的理論說明，此即談氣化宇宙邊事的理論。而追究天道的純善義以為價值的絕對依據之說亦是需要的，因此即有天理純善不變的靜態不動義，不動是其善不動，而不是其天理、天道與人心不動。這些未被牟先生肯定的重要問題及其理論，筆者認為，應尊重各種理論的功能，正確理解、準確詮釋，這才是當代中國哲學研究應持的正確態度。

三、天道篇建立圓頓化境的特殊解釋

牟先生借由《二程遺書》的文句挑選，重新建立程顥原典選錄，等於新編了程顥集。這是一步哲學詮釋的創作之舉，有些文句已是《二程遺書》明言程顥語者，有些則是牟先生於二先生語中挑揀出來的，筆者尊重牟先生的挑選，牟先生也自負其責了。重點是，牟先生自行分疏篇章主題，依幾大主題討論程顥思想，因此在各篇皆有其詮釋上之特殊意見，本文即依其篇章追擊討論。

〈天道篇〉的建立，是牟先生以明道言於《庸、易》之形上學命題的點評語的語句中汲取、編輯、討論而出者，牟先生以此些語句證成有所謂「圓教的、圓滿的、道德的形上學」，在〈天道篇〉的討論中，牟先生提出「圓頓化境」的說法，這個說法其實已經呈現了牟先生是將主體實踐的境界語，和天道流行的本體宇宙論命題結合為一的理論構思，這就是筆者本節將指出的重點，而這些討論當然是依據牟先生整個宋明儒學及先秦儒學的基本立場，牟先生的基本思路在下面一段文字中再度顯明：

> 凡詩書中說及帝、天，皆是超越地對，帝天皆有人格神之意。但經過孔子之仁與孟子之心性，則漸轉成道德的、形而上的實體義，超越的帝天與內在的心性打成一片，無論帝天或心性皆變成能起宇宙生化或道德創造之寂感真幾，就此而言「對越在天」便為內在地對，此即所謂「覿體承當」也。9

其實，「宇宙生化」與「道德創造」實是二事，在沒有道德創造的環境中，天地之間依然是有宇宙生化的，但儒家以宇宙生化有價值目的，此即需由聖人而顯，於是在聖人實踐道德以創造化育之時，天道的價值意識即得彰顯甚至證成。然而，單論宇宙生化是本體宇宙論的形上學邊事，單論道德創造是主體實踐的工夫境界論事，牟先生合二事為一事，其實說到底還是只有主體實踐一事而已。只是在主體實踐中，天道流行的宇宙生化事業被主體的價值意識實踐了，故說為一事。這就是牟先生之所以可以說「道、天、帝、理、命」等實體能與「性體、心體」為一之立體而直貫之故，即心性皆實體化之而為形上道體矣。但是，這只是牟先生的特殊解釋立場，以此構合《論、孟、庸、易》並非不可，但所論就是主體實踐以證成天道的價值意識這件事而已，並不能因此即否定此外之其他儒學理論建構的合理性，如分說天道及人道的存有論架構者。但系統既立，判教即不免為之，牟先生即是以此一思路下的理論系統以分判各家，因而有了筆者所提出的文本詮釋不準確的批評。

以下，筆者要討論牟先生於此節中展開的「圓頓化境」之說。首先，明道言：

「形而上為道，形而下為器。須著如此說。器亦道，道亦器。但得道在，不繫今與後，己與人。」[10]

牟先生詮解之為：

蓋如此分解說，固未盡其究竟，然分解表示以顯體，亦是必要者。惟此分解依明道之體悟，形而上之道決不只是理，且亦是神，乃是即神即理、神理是一者。惟明道特喜顯圓頓表示。……若真透明了，則當下即是，當體即是永恆，當體即是一體。此亦即睟面盎背，全體是神，全體亦是形色也。此種圓頓表示乃是盡性踐形之化境，並不妨礙道器之分也。[11]

9. 牟宗三，《心體與性體》第二冊，頁二二一三。
10. 牟宗三，《心體與性體》第二冊，頁二一一二一。
11. 牟宗三，《心體與性體》第二冊，頁二五。

程顥講道器之分，但要求主體要實踐以得道，得道即是儒學的目的。牟先生之詮解則首先明白承認程顥分別說道器，但接著就強調程顥亦言於道器不分，最後就將道器不分說上升至圓頓化境，這其中其實已蘊含了盡性踐形的工夫論旨。牟先生對於程顥竟然能為形上形下是道是器的分解表示十分警覺，故說其並未究竟，並要求其不能只是理，這都是對朱熹所說犯忌諱的擔憂語。關鍵即在，牟先生自己死死地認定，分解說是西方哲學的主流，而東方哲學重非分解說，其實就是重實踐以完成人生理想之意，故而需要心合性、性合理、理合道、道合器地圓融，故而被牟先生說為是「圓教的形上學」，亦即東方講實踐時，將形上學的普遍原理落實且證成，而致現實世界臻至圓滿，這就是「圓頓化境」。以此為標準，朱熹便是最能分解地講的中國哲學家，唯此非中國哲學之所重，所以一旦明道有分解語，就等於看到朱熹的問題，就要訂正明道。參見其言：

> 概念思辨本非中國先哲之所長，即朱子雖甚注意分解表說，而於概念思辨之工巧則甚不足。此是西哲之所長，比照而觀之，利弊甚顯。當然，內聖之學固不必專限於此。孔子不作此，不礙其為大聖。耶穌不作此，亦不礙其於宗教真理之明透。12

本文說朱熹能分解表說，筆者完全同意，朱熹分說理氣以談整體存在界，分說心性情以談道德實踐主體，分說魂魄以談人死之存在，都是分解地表述，其實正是存有論的問題，亦即概念思辨的形上學問題，馮友蘭即依據朱熹之系統建立「理、氣、道、大全」的新理學系統，以創造新統、辯論中西。可見，概念思辨之分解地說亦是哲學理論發展之一必要且重要之環節。至於文中說朱熹於分解之工巧亦不足，筆者以為，若以朱熹與西哲相比確實仍嫌不足，但較之於所有中哲系統，則已是超邁越極之等了。回到前文之討論，《易傳》明分形上形下之道器，本就是分解的存有論哲學，明道亦許之，但明道許之之後即賦予圓頓之表示，即是說明道對於從形上學存有論立說的《易傳》命題有所肯定，但他自己更關切的是主體的實踐，以至於以主體實踐的意境體貼此分解述說的存有論命題之後，明道得出的仍是圓頓的評語，亦即以主體的實踐體貼而點評之，而謂之：「但得道在，不繫今與後，己與人。」明道之意即是無論道器如何分解，重點是人心的實踐而得道，一旦得道，即是一旦由主體將此天道實踐而呈現彰明之時，則無分今後己彼皆是在得道的境界了，於是謂之道亦器。而此時現象世界亦是一切如理，而謂之器亦道。明道此說，由主體境界體貼而來，即由實踐而呈現出之心境而說者，牟先生自己也說「此種圓頓表示乃是盡性踐形之化境，並不妨礙道器之分也」。說「盡性踐形」即是說主體的實踐活動，亦即明道的圓頓是基於實踐之體悟而為之言說，此義，是筆者願意一再強調的重點。既然分解不礙圓頓，何其怪哉地，牟先生竟不斷以朱熹之分解為不見道之批判！

12. 牟宗三，《心體與性體》第二冊，頁一九四。

接著前文之討論，牟先生指出明末氣論派學者不分「道器」、「理氣」，反而將氣提高為最高存有，此舉甚至連朱熹的分解意識都不如，牟先生主張「道器」、「理氣」還是要分，只是不礙圓融，圓融才是形上學的圓滿，至此筆者尚可接受，但牟先生竟強調：「道器」、「理氣」是分而圓頓化境地不分，而「心性」、「心理」卻是概念上即不能分解，此誠奇怪之事也，參見其言：

須知理氣之分，形上形下之分，並無過患。問題只在如此分解後，形而上之理道是否「只是理」，心神是否一條鞭地屬於氣。急於求一者不知就此關鍵著眼，而只冒冒然向下拖，且仍視心神為氣。夫既視心神為氣矣，如何能反對朱子耶？朱子於此甚清澈而一貫，反對者看似漂亮，實皆不成熟之軟塌之見也。惟有本形上形下之分、理氣之分，而知形而上之理道並不只是理，心神並不可一條鞭視為氣，視為形而下，而後始真可言心理為一、心性為一，乃至圓頓化境也。圓頓化境是就理氣或道器說，不就心性或心理說。理氣圓融之一與心性為一、心理為一並不同。心性為一、心理為一，是在分解道德實體之概念上所必須建立者，是體之概念本身就是如此。而理氣圓融之一，是盡性踐形之化境，此並不礙理氣之在分解表示上之有分，而且正因有分別，始可言圓頓化境之為一。此「一」是混融一體之一，「不可分」是化境上之不可分，並不是概念上之不可分。心性為一、心理為一，此「一」是斷定上之一，是內容意義上之一，並不是混融一體之一；而不可分亦是在體之概念上不可分，並不是化境之不可分。象山、陽明只說心即理、心即性，此「即」並不是化境上不可分、混融一體之「即」，乃是概念斷定上之「即」。此概念斷定上之「即」乃本「仁義內在」而來，並不是本盡性踐形上之圓頓化境而來。[13]

以上這段話，有多處筆者十分不同意。理氣可分且應分且是形上形下之分，這就是存有論上之為二，是存有範疇之為二而可分者，只不礙實踐後化境上之圓頓。此義筆者無反對之理。只要將問題說清楚即可，存有論上「道器」之間與「理氣」之間是不同的範疇，但在實踐上，在主體的境界上，能體貼天道而修齊治平，則是「道器」一，與「理氣」合。所以筆者說牟先生之「圓頓化境」是就主體實踐後之主體心境上言者，故存有範疇是二，但在主體體貼之中而得為一貫。是在實踐中之言其圓頓一貫一本者也。但是，牟先生言於「心性」及「心理」之不可分就很奇怪了，說是概念斷定上它們就是一，亦即心即性即理，三概念是一概念。此義牟先生言於「性之五義」與「心之五義」時即已如此主張，此事說於張載章。此處再提，是接受「道器」、「理氣」為存有範疇上的不同範疇，卻不接受「心性」與「心理」是存有範疇上的不同

13. 牟宗三，《心體與性體》第二冊，頁二一六。

範疇。牟先生的理由是本於「仁義內在」。因「仁義內在」，故「心」以「仁義」為內容，仁義內在於心，故心即性即天理，故心性理皆一事，體之概念上不可分矣。牟先生亦以象山、陽明即如此主張者。實言之，這才是牟先生概念混亂的結果。依據牟先生接受明道之分解不礙圓融之立場而言，筆者要說，「心性」與「心理」亦是存有範疇上之可分、應分、且即為形上形下之分之意，而「心性之一」與「心理之一」亦仍是「圓頓化境」上之不分，是實踐後之為一而不分，是全性在心、全理在心之工夫臻至化境後之不分。若心全以性以理定義之而為概念上之體上之不可分，則工夫之入路無由，工夫之變化氣質不可講，工夫之去人欲存天理不可講。陽明即明講去人欲存天理之工夫，人欲即心，若心已與理一，則不必談工夫了。而講心在氣而為氣之靈爽之意者，亦是牟先生自己許可之說法，後文討論即將彰明。而因心在氣稟中，故必須講工夫，也還是牟先生自己理解下的意旨，後文亦將見出。故而講「心即性」、「心即理」必須也是「化境上之合一」，而不能視為體上之概念分解上之不可講之事。亦即，在存有範疇上的概念分解進路中，非講「心性」二分、「心理」二分不可，否則即不能真講工夫論矣。牟先生此處之處理，即是於工夫論不能談，於宇宙論不能談，只能談聖人境界一事而已。

關於「心性理」之辯義後文將再處理，關於牟先生講「圓頓化境」確實是就聖人境界而說之意，以下論之。牟先生討論明道對於「天地設位易行乎其中」，講「只是敬也。敬則無間斷，體物而不可遺者，誠敬而已矣。不誠，則無物也」，對於「維天之命，於穆不已，於乎不顯，文王之德之純」，講「敬則無間斷」兩段，提出討論，參見其言：

此是自體上言誠，故曰誠體，誠即是體。既可自體上說誠，亦可自體上言「敬」。敬非必純是自後天工夫言也。天命於穆不已，本無所謂敬與不敬。人有敬不敬，天無所謂敬不敬也。此自後天工夫而言之是如此。然「文王之德之純」、「純亦不已」，即工夫即本體，敬固可直收於本心上講。以此滲透「於穆不已」，則天命之於穆不已亦即是一敬體、一誠體。此純是自體上言敬言誠。亦反而體證此體是道德的同時即形上的，是形上的同時即道德的。聖人之心與天命實體，其內容的意義固無二無別也。故「天地設位」，於穆不已之易體行乎其中實即是一誠體（真實无妄）敬體（寂寂惺惺）行乎其中也。14

談易之天地設位，是形上學地談，講易之行乎其中，是價值意識的本體論地談，這是《易傳》原意。明道體貼之，說易道即是敬之無間斷，而誠敬合一，此誠敬，亦是聖人體貼天道而無間斷之價值意識，故而牟先生謂之：「聖人之心與天命實體，其內容的意義固無二無別也。」此誠其然。既是明道意旨，亦是《易傳》及《詩經》的善解。但是牟先生卻在此處嚴分「形上形下」、「先天後天」之說，即易體之流行與聖人之無間斷是道德的、也是形上的、也是先天

14. 牟宗三，《心體與性體》第二冊，頁三二六。

的，人有不敬是自後天工夫而說的。這樣的解釋，即是建立了後天工夫與先天實體二分之說。聖人之心自是與先天實體無二也，而朱熹的言敬則是後天上講的工夫。此說筆者不贊成。牟先生說聖人體貼天命之於穆不已，敬直收本心上講，自體上言敬言誠，則聖人的道德實踐活動即是形上的、先天的，卻與朱熹言敬之為後天的工夫者有別。筆者以為，說聖人的道德實踐是形上的，應是說聖人的道德實踐是完全體貼形上易體之誠之純亦不已而說的，而不能說聖人的道德實踐即是形上的、即是先天的、無有不敬者。聖人是後天而有的人存有者，後天而有的人存有者體貼先天的易道之誠體而為純亦不已之實踐而完成道德，故道德體貼先天、依據先天的話是可說的，但若是說道德實踐即是先天的，則等於是說天道的流行全體是善的，說天道是善可以是儒家共義，但不能說是儒家言於現實社會的共義，現實社會有善有不善，人的存在及其活動有善有不善，此自是後天之有敬有不敬之實事，自後天的存在位階說主體的誠敬工夫，此時主體狀態在後天，但主體所據以為實踐的價值意識在先天，即此誠敬不已、於穆不已之天命之善，待主體實踐純粹成熟而成聖境時，此時聖人之心只現本心相、只現純亦不已之先天誠敬相，這樣的話是可說的。這時說：「聖人之心與天命實體，其內容的意義固無二無別也。」就合法了。聖人與天道在存有範疇上是二，甚至是聖人之本心與天道易體在存有範疇上依然是二，只有在聖人實踐體證的狀態下才可說聖人之本心之誠敬即是天道之易體之誠敬，所謂「即是」，是「圓頓化境」下的即是而不可分，也不是概念分解上的不可分。概念分解上仍是可分、應分、而為形上形下之分也。就此而言，即並無所謂「後天工夫」與「先天工夫」之別之可說者。工夫都是後天狀態的人存有者體貼先天的道體的價值意識而為實踐之努力而說者，人有不敬，故在後天需做工夫，以追求先天的誠敬道體，以為主體的圓頓化境，而稱之為聖人。

牟先生論明道時講出了「間接工夫、直接工夫、助緣工夫、本質工夫」等辭義，實為不必要之理論。後文將再深論。筆者必欲為牟先生的「圓頓化境」再作如上的疏解，實在是因為牟先生於創作系統的同時，於文本詮釋的態度上，對非其系統的程朱理論、甚至是屬於他所肯定的系統的某些理論做出了太多的錯解，故而必須不斷修正及澄清其說。牟先生可以接受明道之分解而說不礙圓融，卻不能接受程朱之分解而必以其為只是分解而不能圓頓。此則筆者要為程朱辯義之道理所在。

關於圓頓表示，明道談形上形下之分、及立天立地立人之分、與一陰一陽之謂道時表示：

> 「陰陽亦形而下者也。而曰道者，惟此語截得上下最分明。元來只此是道，要在人默而識之也。」[15]

---

15. 牟宗三，《心體與性體》第二冊，頁四二一四二。

針對此說，牟先生亦表示：

案：「立天之道曰陰與陽」（說卦傳），又「一陰一陽之謂道」（繫辭上傳）。依此兩語，好像陰陽即是道。但依明道之體悟，陰陽亦不即是道。他亦預定一分解的表示。依分解的表示，他亦認陰陽是形而下者，當該是器，而不是道。但依易傳原語，好像陰陽即是道。此將如何解？在此，明道又特顯圓頓智慧以通之：融分解表示於圓頓表示中。「元來只此是道，要在人默而識之也」。元來道雖不即陰陽，亦不離陰陽。即在一陰一陽之變化中當下體悟「於穆不已」之道體。故「只此是道」是圓頓表示，亦如上第三條「器亦道，道亦器」之為圓頓表示。「要在人默而識之」即顯此為圓頓表示。不容分解籌度，默識心通，當下即是。惟圓頓者始須默識，惟默識始顯圓頓。亦如維摩詰當下默然便是不二法門，是頓教也。16

牟先生確定為「圓頓」表示之明道語其實只有一句話：「要在人默而識之也」而已，明道之語，就是講一個主體的心態或心境或實踐活動後的狀態，依據形上原理的認識而有一個主體相應的對待態度之表示，牟先生自己都說「當下即是」，所以，筆者說，明道之語就是對存有原理的對待，這個對待，智慧圓融處置高遠，所以是一個境界的展現，而不是談什麼形上學問題的新的理論，牟先生則將之上升為一種圓頓的形上學，謂之道德的形上學、圓教的形上學，牟先生欲建立二十世紀創造性的形上學亦無不可，但以之為標準型、唯一型、排它型，而批判程朱之學，則不恰當。牟先生言：

> 明道非不承認道器上下之分，因為他明說「陰陽亦形而下者」，又說：「形而上為道，形而下為器，須著如此說。」但對於此語卻不作分解表示，而作一圓頓觀，此即為更活潑而不失上下之分，故成為「圓融地截得上下最分明」，而為詭譎也。雖承認道器上下之分，然對於形上之道卻不如伊川朱子之視為「只是理」，此則前已解明。[17]

明道不再為分解表示，即是明道非形上學存有論問題的思考者，但卻不反對此說，不若象山之為文反對動靜之分、天理人欲之分、心性情之分等等，[18] 亦不若陽明為文指責朱子析心理為二之說。總之，分解表述就是存有論進路的探究，以圓融態度視之即是主體發為實踐的心行，工夫境界論與存有論是不同的問題，是牟先生將本體宇宙論與工夫境界論合構為一特殊型態的形上學，故而排斥存有論的解析之學，故而牟先生不得不創作一「詭譎」之說，其實就是太難說故說為詭譎，若不如此糾結，何須言為詭譎？牟先生說圓頓語為詭譎之後，接著又說程（顥）

16. 牟宗三，《心體與性體》第二冊，頁四三。
17. 牟宗三，《心體與性體》第二冊，頁四四。
18. 參見杜保瑞：《南宋儒學》，臺灣商務印書館。

朱言形上者卻只是理，其義即是說朱熹上下割截，不能圓頓，亦即不能詭譎的相即。實言之，分解說即是要分開說，分開說時，形上為理，形下為氣，理氣不可相混，但整體存在借是理氣共構，而做工夫是要變化氣質，朱熹之分解何時只是理了？最後一文：

明道云：「氣外無神，神外無氣。」此亦圓頓語也。分解言之，陰陽是氣，神易理是道；濁者固是氣，即清者亦是氣。圓融言之，全神是氣，全氣是神。……然圓融不礙分解，故明道云：「冬寒夏暑陰陽也。所以運動變化者、神也。」此即分解之表示，不泯道器上下之分也。孰謂體用不二，即誤陰陽為理道，混情識為真心乎？分解亦不礙圓融，此則盡性踐形之化境，「德之盛也」。19

顯見，明道對於分解表示之存有論語言皆能接受，只其更注意討論主體對現象世界的處置態度，分解當然不礙圓融，但工夫做不上去時，泯道器上下之分者即落入為惡狀態而不能自立矣，即是「誤陰陽為理道，混情識為真心」。故而先為分解地定位，進之以主體的實踐，則能「氣外無神，神外無氣」，即是如牟先生詮解之「全神是氣，全氣是神」的境界。故而圓融語都是主體實踐後的境界語，牟先生自己說：「此則盡性踐形之化境」，「盡性踐形」即是實踐，「化境」與「德之盛也」即是境界。既然分解不礙圓融，則單獨談時，分解本就非與談圓頓化境的工夫境界論歧為二路，說為二路是陸王對程（頤）朱的過度批評，也是牟先生對程朱的過度批評。

四、天理篇建立性心不二的本體宇宙論之實體

明道言：「吾學雖有所受，天理二字卻是自家體貼出來。」牟先生願為明道之自家體貼之天理觀發言申論。然言理而為「即存有即活動」義是牟先生之創見，於是討論理之活動義不能不接入心性概念，否則活動無從發生。因此牟先生於明道〈天理篇〉之討論，重點便在心性合義於天理之活動義上，以此說其形上學型態，實際上就是在說主體實踐的工夫論，只是牟先生將之說為動態的立體直貫的形上學。可以說，在明道〈天理篇〉的討論中，更可以見出牟先生動態形上學的思考模式。而筆者的立場則是，尊重牟先生創造的「動態形上學之圓教義」以為一談論儒家形上學的特殊意旨，但是要檢討基於其說而有的心性理概念之特殊使用義：「心性無氣唯理而為純粹之善」，以及「理即活動而非靜態」兩義。筆者反對此一「無氣唯理」的心性概念就是儒學心性概念的絕對最高義，甚至以此為依據來批評程朱以氣稟言心之不當。筆者主張以氣稟言心之說無有不當，那是存有論進路；而理之活動義非不可說，但強調理之「無動、靜態」義亦有其功能，說不動並非指天道不動、更非指人心不動，而是說善之不變。因此說理之不動的存有論義語，不礙併心性理為一之道德實踐之動義語。但說理為動時必須即在天道流

19. 牟宗三，《心體與性體》第二冊，頁五一。

行及人心實踐上說，否則便會是概念使用上的一大混漫。以上意見從討論牟先生文本說起，參見其言：

> 天理之為本體論的實有與天理之為宇宙論的生化真幾這兩者是同一的，是表示天理既是存有，亦是活動，是即存有即活動的。……天道性命相貫通，儒者的智慧是通過「性」之觀念來契悟人與萬物之真自己，並契悟天道之實義的。康德是由意志之自律、自由來契悟「物自身」，而儒家則是由作為創生真幾的性體來契悟人與萬物之真自己。此為同一路數，但「性體」一詞更為綜攝，更為真切，因為「性」字更切合於「真自己」一觀念，更能表示通體達用使道德創造為定然而必然，為真實的呈現，然而亦因此更為複雜，因為其中含有心、理底問題。[20]

先不論明道言於天理時對形上學的型態有怎樣的發言意思，總之是牟先生借明道語及其他儒學命題而建立的「理性命」觀念系統，而為其特殊形上學型態之理論。依上文，「天理之為本體論的實有與天理之為宇宙論的生化真幾這兩者是同一的」，牟先生說的天理幾乎全幅都是天道的意涵了，天道是本體論的實有，且負擔宇宙論的生發功能，天道自是進行創造活動的，而言其實有是要保住天地之實存，而當言其實有且以天理賦義之時，則是為說以保住天道的善的價值意識，而為儒學的目的論形上學型態，此天理概念所有之功能；言為宇宙論的生化真幾即使天道有發為宇宙生發萬物的功能，即言天道流行之意。此為實體純善生化萬物之天道觀，以其純善而言天理，天理以其純善不變義而謂之不動、靜態。今，牟先生以天道之功能說為天理，亦無不可，但言天理之理是即存有即活動之意者，實是就天道為實體亦為流行之意而說的，說既如此，形上學尚未圓滿，圓滿之意要在人之實踐活動以臻純善境中落實，故又言「天道性命相貫通」，即「性命」乃為言人性主體之實踐，人性主體體貼天道亦為主體之實踐，實踐之、彰顯之、落實之，而成就主體之聖境，主體之聖境原應以天下太平為終極理想，但牟先生於外王問題並未深論，實是以內聖定位聖境，故而宋明儒是心性之學，外王問題遂不在最嚴格定義的脈絡上言之。故說天道性命相貫通即貫通在主體實踐成聖境的意旨上，而理概念又已承擔所有天道之功能，故其實義即是理性命之相貫通。在牟先生的系統中，說理性命相貫通是必要的，因為他承繼象山、陽明之「心即理」義而為一種特殊的動態形上學，所以「天道性命」相貫通即是「理性心」相貫通而為同義、一義的根本。此即其言「儒家則是由作為創生真幾的性體來契悟人與萬物之真自己」之意旨，即由主體實踐將天理賦命之性由心實踐而彰顯落實以為圓滿

20. 牟宗三，《心體與性體》第二冊，頁五六—五七。

的完成，完成天道作用與人心實踐同義共構的圓教世界，即此而有天與人之共同作用而稱為一種「圓教的道德的形上學」，實是將形上學落下至主體實踐活動而說之形上學，如此才得有以天道的活動與人心的活動說此天理之為即存有即活動的可能。此義又見其言：

依儒家道德的形上學言之，宇宙生化底宇宙秩序，與道德創造底道德秩序，其內容的意義完全同一。存在即是道德創造上的應當存在。總起來說，是天地之化，落在個體上分別說，每一個體皆完具此理，即皆是一創造之中心，故皆函攝一切。是故據此創造真幾之一理實即已具備彰顯於事上之百理、眾理、甚至萬理，同時亦即具備表現天理之每一事也。此種具備之實，一是從本源上根據「皆從那裡來」而「皆完此理」而言之，此是本體論地言之。當然「皆從那裡來」邏輯上不一定能函著「皆完此理」，例如基督教，雖可說皆由上帝之創造而來，但卻並不說每一個體亦皆具上帝這樣創造的真幾。但在儒家，則必貫下來而說每一個體皆具此絕對的創造真幾。此所以道體既超越而又內在之故，而其關鍵是在天道性命相貫，此為儒者所共許，無一能有例外。21

牟先生此文，是要說作為天地萬物的總原理的道體，首先是一承載道德目的的創生實體，故而宇宙秩序即道德秩序，即宇宙之存在即為著道德目的而有之存在，故而宇宙萬化之活動，即有天道道德創生之意旨在，此說即已意謂著，無論社會之現實為善或不善，現象世界即已是一善的存在。至於現象世界中之人存有者，即為此一天道至善之實體之行動者，藉由人之實事實理之實踐，共贊天道之道德創生事業。牟先生並定位此說為所有儒者之儒學之共義，無有例外。筆者以為，此說無誤。但是，人存有者雖具此天道實體而為其心其性，故得說為「皆完此理」，卻仍有氣稟之限制而不能人人暢遂，因此雖完具卻不能時時呈現天理，必待工夫實踐之後方能呈現，而此一未能呈現之狀態，即須有一形上學之說明。因此形上學議題尚未究竟，亦即仍有形上學問題尚待解決，此即人之為何不能暢遂之道理應有說明，程朱言「心者氣之靈爽」之進路即為此而來，說此未能呈現之存有論結構原理，並不等於主張了一套不能呈現天理的形上學理論，牟先生於此有理解上的錯誤，且其更關心能暢遂此道德目的之意，而立心體、性體說，以心性天理是一，且皆為即此天道實體，而說其必能暢遂，並即此而上升為「道德的形上學」。亦即是，牟先生把在工夫境界論上才可說的心性天理是一的命題套在形上學上說了，建立了心性天為一的道體、性體、心體是一的實體義，卻把確實是在談存有論的心性情三分、理氣二分的程朱之學，割裂其與工夫境界論的關聯，而說其道體只是理而不是心，說其理只存有而不活動。此即牟先生之思考模式，故而有對心性概念特殊使用定義矣。

21. 牟宗三，《心體與性體》第二冊，頁五八—五九。

程顥為解決天道既善，為何會有人物不能呈現天理的問題，而提出「推」的理論，即藉由主張人能推而動物不能推來說明差異發生的原因。而牟先生亦注意到，說形上學時，一言天道即應人物共具，但現實上卻是人有道德活動而動物卻無，故而就人與動物之別的問題而言，應有形上學的分解之說以為處理，此亦是對明道言於人能推而物不能推之意旨之詮釋，牟先生於此進入對「心」概念之特殊解釋之路，其言：

「心」可自兩層面而言之，一是本體論地言之之實體性的心，一是實踐地言之之自覺的心。自前者言之，人與物平等，而於此所言之心實即明道所言之「生意」、「春意」，由此生意、春意指點生理、形而上的實體，而於此言心亦是形而上的實體性的心也。蓋明道之言實體不只是理，乃是即活動即存有之實體，心即由此活動義而規定。活動義，就實體自身而言之，以寂感之神來規定，而在此處則由生意、春意來指點。通人物連帶而言之，既可言理，亦可言心，此心自是形而上的實體性的心也。但心之所以為心必須由道德自覺而見。自此而言，則實「獨人為至靈」也。明道言「非獨人為至靈」是本體論地言之也。就實踐地彰著之言，草木鳥獸實只是潛具此心耳。故只有形而上的實體義。22

講天理而至論心，是因為形上學進路的討論，將心性理皆視為與天道等同為一的實體。講天理為道體故活動，講活動故心之活動純為天理，故心性理皆純善而為道體且具活動義。此義已澄明於〈天道篇〉中。此處，牟先生關切另一問題，即言心當是就人而言之心，人心純善之活動是在道德實踐中，說為形而上之實體性的心是其形上學意旨之一面向，但另有一面向亦屬形上學問題，即萬物之不能實踐此道德活動，而萬物又亦是形上道體之流行才有的存在，故而其不能實踐道德之事需有形上學進路的定位。此事朱熹亦有討論，即謂之物之氣稟使其受限而不能彰顯性體之全。牟先生則謂之「只是潛具此心」、「並無實踐的道德自覺義」。物既不能，故「獨人為至靈」，就「獨人為至靈」而言，周敦頤亦已論之，「惟人也得其秀而最靈」，得其秀是得其氣稟之秀，故言人心不能無氣，朱熹即謂之「心者氣之精爽」。而牟先生此處亦接受明道所言之「人受天地之中氣以生」，[23]而說「其所以為至靈而能彰著此「心」義，實由於其「受天地之中氣以生」之「氣異」耳。說「受天地之中氣以生」，即是說心以氣稟而有，既然如此，則牟先生所言之心之形上義、實體義、非氣義、純理義等究為何義？筆者以為，這其實就是牟先生限縮問題意識於主體實踐成聖境一狀態中，此時之心已變化氣質而為純善之流行，故說唯理無氣，但即便是如此，言主體之心之存有論地位，仍不能不從氣之精爽處談，即便言天道之活動，亦不能無氣化世界之宇宙生化之流行，故言無氣只能說是已擺脫氣稟之限制

22. 牟宗三，《心體與性體》第二冊，頁六〇。
23. 牟宗三，《心體與性體》第二冊，頁六〇。

而能為純善之行為之意，卻不能說此狀態能不在氣稟存有及氣化宇宙中談。故而牟先生處處堅持之心性理天之同一之意，即是在取消心之有氣稟之面向而為純粹至善之實體以言形上學的圓滿，其實是將主體成聖境的境界哲學與形上學存有論問題混同為一，而提起純理無氣義，此一做法，將造成宇宙論不能談，人之為惡的存有論說明不能談，人之去惡向善的工夫論不能談，剩下來能談的才真的是潔淨空闊的理型世界的理論了。

論於心則純理而無氣，論於物則氣昏而不具理，此二義牟先生不斷申論之，雖藉明道文字之詮釋而來，卻已全為牟先生自己的創造系統了。參見其言：

依明道義，天理實體是即活動即存有者。本體論地圓頓言之，亦帶點藝術性的圓照言之，人與物皆從此實體來，亦皆完具此實體以為性。但分解地言之，能推不能推卻有大異。能推不能推固是氣之限制上的問題，然人稟得氣清而能推，而其所以能推之正面積極的根據則在心。心是道德的本心，本心即性，此亦是即活動即存有者，故能起道德之創造（道德行為純亦不已），而可實踐地、彰顯地表現出「萬物皆備於我」之義。此是那普遍地言之的天理實體之實義，亦是那天理實體為性之實義。故人既能超越地以那天理實體為體（皆從那裡來），復能內在地以此天理實體為性而起道德之創造。但在物處，雖本體論地圓頓言之，藝術性的圓照言之，亦皆完具此理，亦皆可以是「萬物皆備於我」，然彼因氣

昏，推不得，實不能起道德之創造。故分解地、實踐地言之，彼實不能彰顯地「完具此理」，

亦實不能彰顯地「萬物皆備於我」。自此而言，謂其只能超越地以天理實體為其外在之體，而不能內在地以此天理實體為其內在之性，亦無不可。24

本文論人與物之別，論於人，牟先生說人稟得氣清因而能推，此義即等於承認人是稟氣而有之生命存在，此是從存有論說不能不立的理論。但是牟先生說心體時卻一定要堅持其純理無氣義，此實不必之事。心是人心，人是氣稟的存在，因而說心是氣之靈爽，此說十分合理，亦非如此說不可，亦無有人說此心就只是氣而無性體之貫注的話，不見人言「心統性情」嗎，「心統性情」就是心之以性體為真我之體，復有氣稟存在之事實，且因氣而有情之已發，故而得言情之善惡的狀態，故心是氣，但不只是氣。無人說心只是氣，故不能說「心是氣之精爽」的說法不能起超越的創造活動，此就心說之辨義。

論於物，牟先生說萬物因其氣昏故不能推，則萬物亦是氣稟之存在，此義亦無疑。但是，牟先生卻說萬物以天理為外在之體，卻不能以天理為內在之性，此說非常詭譎。關鍵在於，牟先生言性是就性體言，性體是與天道天理同一實體之唯理純善且無氣之性體，故而動物植物無

24. 牟宗三，《心體與性體》第二冊，頁六三一六四。

此性體，但動物植物亦不能說其無有氣稟所成之性，亦即氣質之為一種性之「生之謂性」之意，只是道德創造不在此氣質之性中，而是在性體之性中，故性體之性只能是萬物之外在之體，而非內在之體，此處之內在、外在之說十分古怪，其實朱熹在這個問題上的處理已十分清楚，即是那天道性體之稟賦於人與物時實皆相同，因此既是外在之體，亦是內在之體，如此性善說的天道論才有理論的完整性。而唯因氣稟之限制，使得天道天理性善之實體無法完全作用，而只能在某類動物身上呈現某種天理，而不能為全面的呈顯。因此朱熹的處理是訴諸氣稟而解決問題。但牟先生所關切的只在純善的天道實體義之性體，就是那個圓滿的形上實體，既然萬物不能實踐之而呈現之，那麼此實體便不能亦為萬物之所具，但又不敢明白講此，因此萬物只能以其為外在之體而非內在之體，又因明道已有萬物與人同具的立場，故而牟先生說明道所說「萬物皆具」只能是「觀照義之圓頓」說而非「分解」清楚下的說法。筆者以為，內在、外在之說非常不清楚，宜捨棄，講明道之說只為「觀照」義非「分解」義，此說正落實了「分解」的進路之不可棄，否則如何處理這個人與萬物之道德實踐能力有別的事實的問題，這就是需要從分解的存有論進路討論的哲學問題。其實，人與物有別，人與人何嘗無別，討論人與人之道德實踐能力的差別依然需要宇宙論進路的存有論討論，朱熹即為之，而謂亦是氣稟之影響，亦是命定，但有天命之性在，即「心統性情」之性，亦即牟先生所關切的道體、性體、心體合義之天命實體，因此人仍能透過工夫實踐，而努力成聖。人物有別之存有論討論牟先生關切不多，因為他更關切人實踐而成聖之特殊型態的形上學意旨。但有時亦會討論到人物有別的問題，討論到時，仍不能不訴諸氣稟而分解之以解決問題。

牟先生確實真正關切道體、性體、心體一義之性體義，因為他要談一套「圓滿的形上學」，但面對人物差異問題時，便顯得系統不好用了，因此要造怪論以解決之，又見其言：

> 明道言能推不能推固直接是表示氣異，然其所以能推之積極根據則在道德的實體性的本心，而本心即性，即此道德創造之真幾也。物不能推，正是表示物無此道德創造真幾之性也。此正是自性體上立人物之別，而亦函著「即活動即存有」的天理實體之超越地為體與內在地為性之分際上之不同，並亦函著「超越地為體即內在地為性」只能是本體論地圓頓言之、藝術的觀照言之是如此，而道德實踐地彰顯地言之，則物並不能如此，而唯在人始能如此也。要者是在明道所體悟之性體無論是本體宇宙論地言之，或是道德實踐地言之，皆是即活動即存有者，是心與性為一者，而由孟子之「本心即性」以實之。故性即是道德創造之性，性義不減殺也。25

牟先生堅持性義不得減殺，因此堅持純善之性說。但此純善之性以說為人的實踐時可，說

25. 牟宗三，《心體與性體》第二冊，頁六五一六。

天道的流行就出了問題，因為動植物不能實踐道德而呈現天道之純善是個事實，但說天道的流行時已是將善的道體流行賦命於一切萬物及人，因此萬物之善以其能為人文化成所需之正德利用厚生之具即得成立，故而不需說外在有此體卻內在無此性的話。其不能主動實踐以彰顯天道之事由宇宙論進路的氣稟存有論說之便可以解決問題。對於天地萬物的存在必須是道體流行之下而有的存在，因而主張應完具天理的說法，牟先生說「只能是本體論地圓頓言之、藝術的觀照言之是如此」。筆者以為，本體論的圓頓不必說到存有論的分解義理上來，說只是藝術的觀照就等於取消了形上學意涵了。這豈不等於是為了顧及動態的實踐進路之圓滿的形上學義，卻喪失了靜態的萬物皆得其理的存有論義的形上學道理了。牟先生要性義在人心實踐上不減殺，但這樣一來，性義卻在萬物流行義上死亡了，則本體論的圓滿不能照顧了。然而，面對此一問題，牟先生卻有更為斷然的立場，另處明道於「天命之謂性、率性之謂道」以及「各正性命」的討論上，明道點評而言：「此亦通人物而言。」[26]牟先生對此感覺甚為不安，討論之時言語更為激烈，其言：

是以天命流行之體，在人處，既超越地為其體，復內在地為其性，而在物處，則只是超越地為其體，而不能內在地復為其性。其所以不能者，只因物不能吸納之以為性之故也。不能吸納之以為性，即函明道所說「不能推」。惟明道謂其具有而不能推，吾此處所言，則是不具有，故不能推。若具有而不能推，則其不能推是一時的，無永不能推之理。就「性體之實」之立言，當謂其不具有。此「不具有」並無邏輯的必然性，只是宇宙進程中之一時地，故亦只是經驗地。一旦彼亦能推而見道德之創造，則即有此性矣，亦可謂能吸納天命流行之體以為性矣。明道謂其「具有」是體用圓融地說，亦是帶點觀照的意味，亦是由萬物皆有「春意」而見。……明道亦是把此兩義混同看了。依此分辨，就性體之名與實之所以立說，吾將不謂物具有此性。在宇宙進程底現階段中，吾仍說物只具括弧之性，不具創造之性，只有氣之性命，並無理之性命。27

牟先生為處理動物、植物不能為道德實踐活動，於此文中，講出了許多特殊的理論。前文已言：「在物處，則只是超越地為其體，而不能內在地復為其性。」此說已甚突兀，然在本文中竟更言：「此『不具有』並無邏輯的必然性，只是宇宙進程中之一時地，故只是經驗地。一旦彼亦能推而見道德之創造，則即有此性矣，亦可謂能吸納天命流行之體以為性矣。」說無邏輯必然性即謂其無天道之刻意作用所致，而為宇宙生化之氣稟流行的經驗結果。此說同於朱熹言於人與人之道德實踐能力別異之命定結果，朱熹主張亦非有天道在上面吩咐，而是氣化流行

26. 牟宗三，《心體與性體》第二冊，頁一五六。
27. 牟宗三，《心體與性體》第二冊，頁一五八—五九。

之經驗偶然性。但朱熹更明言道德實踐能力固受氣稟決定，道德本性卻無絲毫影響，且是人物共具、同具、等具此純粹性善之本性的，此事卻非關氣化了。就能力弱者而言，只要能人一己百、人十己千即亦能成聖，故仍人人可為堯舜，但動物卻不能了，此其氣稟之限制有絕對性，朱熹之說在存有論上實較為完備，牟先生的討論不及於此，卻為維護他的動態道德實體形上學意旨，竟謂之：「一旦彼亦能推而見道德之創造，則即有此性矣。」此說卻甚為難解。難道牟先生是在講靈猴、靈猿等有靈性的動物嗎？那也就是說牠們本來還是具備的，即是孟子順性之說而能為之之本具性善之意。所以牟先生這句「一旦彼亦能推」的說法實甚多餘且不宜。最後，牟先生乾脆明講其不具此性，但所謂不具卻是「不具創造之性」，不具創造之性即不具牟先生言於本體宇宙論及道德實踐論的道體、性體、心體、理體等義之創造之性，此又何義？牟先生曰：「只有氣之性命，並無理之性命。」則萬物又具氣之性命了，氣之性命差不多就是程朱承張載所言之「氣質之性」，此性得與「天地之性」共構為具體經驗事務的存有論原理，但於張載、程、朱處，天命之性與氣質之性都是眾人所共同，因此人與人間之道德能力的差別決定於氣質之性，至於所有的人皆可以為堯舜的根據則在共有的天地之性。此論於人，若論及物，則朱熹的立場仍是萬物共具天命之性與氣質之性者，天命之性即天理，天理人物皆有，只因氣稟之限制，人能完全呈現，而動物則不能，亦即由氣質之性談動物之不能。今，牟先生亦立氣之性命，目的在說萬物之生存及活動之存有論依據，但動物之無道德實踐能力之事實卻使牟先生直接說動物無天理之稟受，即是無創造之性，無理之性命。言本體宇宙論的天道作用大化流行竟至動物不具天命天理，此實甚需追究之事。如此則天道是善的命題豈不成了虛說之事，即如其言明道之語是圓頓地說者，而圓頓地說竟成了只是觀照地說，說觀照地說即非實說而只是虛說了。這一切都是牟先生太為關切將主體實踐的能動力之心與保證成聖之性與天理作用之道體說為一義的結果，此義只有聖人承擔得了，為說明一般人時即不能成立，遑論動物。由此亦可見說氣稟概念及說氣質之性概念等存有論討論在解決實踐成聖問題上的必要性，牟先生常為顧及聖境一義，卻排斥氣稟、又同心性天於一的做法，於問題的解決上反而多生糾結。

牟先生於討論明道談天理問題時，提出了明道有第二義之天理之說，這也是他不肯接受存有論的理氣說之後導致的無謂糾結，牟先生說明道有：「落於實然上言現實存在之種種自然曲折之勢之天理——虛說的天理」，[28]依據是明道言於「天下善惡皆天理」、「事有善有惡皆天理也」等語。牟先生言：

> 但「天下善惡皆天理」以及其他語句中之天理或理字皆就物情物勢之必然而自然者說，並無超越的意義，亦無道德價值的意義。此雖可觀賞，但體卻不從此立。「但當察之，

28. 牟宗三，《心體與性體》第二冊，頁七九。

不可自入於惡，流於一物。」此即是說一種逆反的工夫以證體，來提住自己，不可順那物勢滾下去。逆反所證之體才是超越的天理、第一義的天理、自體上所說的天理。此體證現，才使吾人不「入於惡」，不「流於一物」。29

明道以天理概念說事有善惡，此說牟先生又十分擔心了，其實，明道並非混淆善與惡、及天理與人欲之說，明道之語是指有德者體貼天理之後，對於現象事務之有善有惡，有一種仁者的關愛，而皆欲以聖人之德性照顧之，故皆應視為聖人體貼天理下所應關切作為之事，因而仍說是天理下事。牟先生對明道語之理解無誤，只其將明道此處所用之「天理」說為「虛說之天理」一詞頗為糾結。說為以天理之心境體貼現象之不齊即可，所以是實踐中的對待心態，是境界哲學進路的天理概念使用，而不需說其為「虛說的天理」，此說即有形上學的天理又下滑的糾結。牟先生接著說需有逆反之工夫才能上升至第一義的天理，此說筆者甚為同意，但正因如此，主體之心與天命之性與天理天道實體之為同義之事，就是在做了工夫以後的境界，不是論於主體的存有論情況時即可說的心性天是一的，而論於主體在一般狀態下的存有論狀況，就是為說明如何做工夫以成聖境的前提，此時存有論上「心者氣之靈爽」，但「心統性情」，故工夫論上「變化氣質」，則可得「善反之天地之性存焉」的聖境結果。如此系統，豈不明白清楚，何須一味批評說「心者氣之靈爽」的理論中的「心」就「只是氣」，因此不能超越地逆反而至聖境。牟先生自己一直顧及心性天一義的理論，反而不能談好逆反的工夫了。

五、一本篇建立圓頓化境的一本論

明道確實明言一本，牟先生定位明道之一本論者是圓頓之教之一本論，此義筆者完全同意，只要強調一事，此一本論之意旨就是在主體實踐成聖境時對天地萬物的體證之語，因此必依主體之境而言一本，然而，牟先生卻將此一本上升為即是天道流行之作用，且同義於此，於是形上學地言本體宇宙論的大化流行與工夫境界論地言主體實踐以成聖境的理論都成了形上學，且是圓教的圓滿的道德的形上學，此事筆者尊重牟先生的創作，只對於以此義以為哲學史詮釋時所致生之糾結需予澄清。此處，明道之一本論，正為牟先生視為圓頓化境之典範，亦正是筆者可以申說其就是主體成聖境之意旨者。參見牟先生言：

再進一步，圓頓言之，即「奉」字亦不必要，即大人便是天地之化，便是天時。盡其先天性之理，道不是抽象的、空懸的理道，乃是具體的、生化的理道，即與其現實生命通潤而為一。凡其現實生命所應有之一切姿態皆是其一「體」之化育流行也。此時先天後天之分即泯。此是徹底的一本論，亦即圓頓之教之一本論。30

29. 牟宗三，《心體與性體》第二冊，頁八二。
30. 牟宗三，《心體與性體》第二冊，頁九四。

文中明白說到，「即大人便是天地之化」，亦即是此一本之論就是針對大人而言，即是言於大人之聖境而非天道之化育，只是牟先生永遠關切生化之理道與現實生命之活動通潤為一之意旨，此即天道人道合一之論，而說成一套形上學，又說於此形上學中「先天後天之分即泯」，亦即原是有先天後天之分的，亦即一本之狀態是由後天之人實踐先天之理而與天道通潤為一，此時後天先天之分即泯，但此泯亦只泯在此一成聖境之大人身上，並非謂全天下人皆是如此，亦非謂聖人即是天道本身，若聖人成了天道本身，則天地間就又缺了此一聖人大人了，則道德實體的實踐義又要減殺了。實踐義不能減殺，此是儒學宗旨，但不必一定將實踐義塞入形上道體中併合談論，此是筆者要強調的宗旨。

談一本時要有實踐，此亦是牟先生自己的認知，又見其言：

> 所謂「道、一本也」，不是抽象地反顯道之為本體，乃是言「為道」（「人之為道而遠人」之為道）而至明澈之境，成為圓頓的顯現，此方真正是道，即方是具體而真實之道，此是圓頓地為道上之一本，不是分解地就道體本身說一本。31

此處牟先生明講「為道」，且是「人之為道」，為道之後才有所謂具體的、圓頓地一本，亦即牟先生亦理解明道是言於人之實踐成聖境下之體貼而說的一本，故而實踐義不可少。只是，牟先生永遠不能分開言主體聖境與天道流行二義，又如其言：

所以言一本者無非要烘托出「純亦不已」這本體宇宙論的、創生直貫的實體而已，而當下由誠敬體證這「純亦不已」之實體，只有一個誠，只是這實體直上直下之直貫，便是所以極成一本者。32

本文言誠敬，誠敬既是天道的德性，也是主體實踐時的價值嶄向，牟先生以同此一價值嶄向卻說成同此一活動，即是天道活動與人道活動竟成一事，依此一事而說明道之一本義，如此便導出天道概念亦需與氣化流行的宇宙論切割的理論結果，幾乎使得牟先生所說的天道成為「唯理無氣」的理型存在。在對明道談「文王之德純亦不已」的詮解中，牟先生言：

就「天之所以為天」說，是本體宇宙論的實體。就「文王之所以為文王」說，是道德創生的實體。總之其義一也，是立體直貫的實體。此實體在以前名曰天命流行之體。「流行」一詞須善會，是就天之不已其命言。……形而上地言之，即是不已地起作用起創生之用也。甚就此不已地起作用言，即曰「流行」，實無所謂流，亦無所謂行也。此流行不是

31. 牟宗三，《心體與性體》第二冊，頁一〇四。
32. 牟宗三，《心體與性體》第二冊，頁一〇六。

氣邊事，不是氣化之過程，不是現實存在物之變化過程，乃是指體而言，是指誠體神體寂感真幾之神用言，故曰「流行之體」，此是指目此體為「即活動即存有」之體，是「動而無動靜而無靜」之神體，非是一往是動之流行也，亦非是動了又靜靜了又動有動靜過程之流行也。有此創生之真幾（不已地起作用），始有氣化之實事。在氣化上始可說是動了又靜，靜了又動，有動靜之過程。然則「流行」者亦是假托氣化之動靜過程而顯耳，即顯其不已地之作用，亦顯其無所不在耳。……此「純亦不已」之心即仁心。以此為體，即曰仁體。故天命之不已亦即仁體之不容已也。天命、天道、太極、太虛、誠體、神體、中體、性體、心體、仁體，乃至敬體、義體，其義一也。總指這「於穆不已」之實體（易體）而言。自理言，此即是天理、實理。33

毫無疑問地，牟先生在談形上學的問題，且建構出了一套關於形上實體的理論，它非氣，它唯理，它其實也是自身不動的，至少是不具經驗意義之動，但卻是使經驗現象的氣化世界能流行變化的原理，固而是一推動者義之動，而非被推動的現實世界之動。以其能作用而說為即活動，以其為實體而說為即存有。但因其非氣邊事，故而其實並無經驗意義之「存有與活動」，謂其「不存有亦不活動」可也。因其動是使物動而非自己動，其動是使萬物作用流行之意而非自己流行生發之事。依此而言，牟先生所言之創生道體，差不多等於柏拉圖之理型，因其非氣，又差不多等於亞里斯多德的第一不動的動者，因其使氣化世界流行。這當然是一套形上學的理論，但是這一套實體之說的理論卻綰合天道與人心之道體、性體、心體多義，以致言心亦不能是氣，言性亦不與物共，言流行卻非宇宙論義，則此一實體之說不能解釋人與人之有別之存有論問題，不能解釋氣化宇宙的生發過程，不能解釋萬物不能行道德實踐之問題，甚至不能解釋人之由不完美而努力實踐以成聖境之事，成就一義，遺失眾義，筆者認為此說正是牟宗三先生的特殊形上學的建構，但在解決哲學問題以及文本詮釋上反而多生糾結，此為筆者批評此說之關鍵。此說即關聯至牟先生於〈天道篇〉討論時所說的「道器為圓頓之一」與「心理為定義之一」的理論，參見：

> 自本心處而言心即理、心理為一，與理氣一、道器一，不是同義語。心即理、心理為一，是本心一概念之建立上之斷定語句，而理氣一、道器一，則是圓頓語句。此總義函以下兩義：1.心即理函蘊心即性，心性是一、乃至心性天是一。2.心即理、心理為一，心即性、心性為一，此皆是說體自身，皆是概念斷定語句，而此仍可進一步言其具體表現上之理氣一、道器一、乃至形上形下一，此皆是圓頓之一。概念斷定上之一不是於至變中見不

33. 牟宗三，《心體與性體》第二冊，頁一一四－一一五。

變，圓頓之一則是。34

說概念斷定上之一，即是要講出一套形上實體的理論，它含多義，說心即理、心即性，則是說心性天是一，即是天道理性心是一，但此中不含氣，故而有一套唯理純善但無氣的形上道體，是為「道德的形上學」之實體，此實體是形上的實體，於圓頓表示時可與氣、與器、與形下合一。牟先生自可自創定義地將心性天斷定為一，但這一套自創的理論表面上涵攝多義，卻於解決問題上多生糾結。

六、生之謂性篇辯人物之性的特殊解釋

明道肯定告子「生之謂性」義，牟先生十分不安，因若接受告子之說，則性與氣一齊滾出，然牟先生的「道德的形上學」的實體說中，是性中無氣的，故而牟先生建立兩種「生之謂性」之說，但此又牽強奇怪之論矣。其言：

「生之謂性」一語，雖首始於告子，自此而言，明道是借用，但若依義理模式說，則是新創而不是借用。依此，吾人可說有兩個義理模式下的「生之謂性」：一、本體宇宙論

的直貫順成模式下之「生之謂性」；二、經驗主義或自然主義的描述模式下之「生之謂性」。前者是明道所創，後者是告子所說，而告子說此語是以「性者生也」一老傳統（古訓）為背景。明道之新創所依據之義理模式則較為後起。[35]

宋儒興起，明道本中庸易傳本體宇宙論的直貫順成之義理模式而說另一種意義的「生之謂性」。此亦是就個體之成而說性，但卻不是就個體之成所呈現的種種自然質性而說實然之性，類不同之性，乃是就個體之宇宙論的成而透視到其本源，而以於穆不已之真幾為真性。……即就自然生命之種種質性而說一種性亦未始不可，惟此非正宗儒家所說之性耳。此亦張橫渠所謂「氣質之性，君子有弗性者焉」。雖不以此為性，但此實然層之事實則不能不承認。[36]

以上說法，就是牟先生為保住他所創作的唯理無氣之心性天一義下的繁瑣建構，故而不許明道接受「生之謂性」之有氣稟義之性，謂之非儒家正宗，而另為創作一不甚符合性字古訓的「生之謂性」的理論。其實，孟、告之說所引發的問題，在程、朱的討論中，已經能藉由氣化

34. 牟宗三，《心體與性體》第二冊，頁一三五。
35. 牟宗三，《心體與性體》第二冊，頁一四八。
36. 牟宗三，《心體與性體》第二冊，頁一五四—一五五。

存在的存有論建構予以疏通。有此氣稟是一回事，此告子「生之謂性」所著重的一面，但仍有天命之性在，此孟子性善義所著重之另一面，在心之善反作用下，即能變化氣質而呈現純善的天地之性。此說既能解釋現象：「生之謂性」，又能討論工夫：「善反之」，更能追求境界：「天地之性存焉」。然而牟先生一定要就形上道體的進路以談工夫作用的聖人境界，故而極力保住此性之純善一義，而說出由天道下貫的純善之性為「生之謂性」之新義，為正宗儒家之「生之謂性」。然而，牟先在此雖保住了此純善唯理無氣之性義，但論於個體之生命時卻不能不談氣稟，於是牟先生於詮釋明道另一段談及「生之謂性」的理論時，即不得不自己也建立氣稟說的形上學理論了。

牟先生對明道所言：

> 「『生之謂性』，性即氣，氣即性，生之謂也。人生氣稟，理有善惡。然不是性中元有此兩物相對而生也。有自幼而善，有自幼而惡，是氣稟有然也（「有然」一作「自然」）。善固性也，然惡亦不可不謂之性也。蓋『生之謂性』，『人生而靜』以上不容說，才說性時，便已不是性也。凡人說性，只是說『繼之者善也』，孟子言人性善是也。」

牟先生說：「此段文是明道言性之重鎮，亦是其所說之生之謂性之義之最明切者。」37即因詮釋此文，牟先生自己進入了氣稟說中了。參見其言：

明道說此語既明顯地是就個體之成而說性，而性之實又指「於穆不已之真幾」言，則此條言「生之謂性」即顯明地表示出重點是在：一、性之名與實之所以立（性之名就個體之成而立，性之實就「於穆不已之真幾」而立）；二、個體形成時氣稟對於性體之限制。……是則性仍是超越之性，性命仍是理之性命，而非氣之性命。否則何言氣稟對於性體之限制耶？又何言「澄治之功」而求復性耶？……氣稟與氣性、才性、或氣質之性實相通。吾於此不如劉蕺山然，作反對義理之性與氣質之性之分之無謂的爭辯，亦不以為明道反對此分。其不說一種氣性才性或氣質之性，而只說氣稟對於性體之限制，亦不表示其反對此分。其不說，亦只是一時不說到而已，非表示其否認氣性、才性、或氣質之性也。不管是就個體之成只言氣稟對於性體之限制，抑還是進一步就之言氣性、才性、或氣質之性，皆表示本體宇宙論的直貫順成之義理模式下之「生之謂性」可以統攝告子經驗描述義理模式下之「生之謂性」。如是，遂成功宋儒既透本源又明限制之完備的人性論，而「論性不論氣不備，論氣不論性不明，二之則不是」，遂成一有名之法語，此實是宋明儒論心性所共同遵守亦應遵守之規範，無人能反對之者。……當然伊川亦極端遵守此法言，即謂之是伊川說亦無

37. 牟宗三，《心體與性體》第二冊，頁一六二。

> 不可。此可是二程所共同發明、共同信守之思想。不以此法言決定二人之殊異也。[38]

牟先生原來為明道所創之「生之謂性」之特殊解讀模式中，仍談的是理之性命而非氣之性命，並強勢地認定其說可以統攝告子的氣性進路之「生之謂性」說，但是，又因為他自己也不得接受「論性不論氣不備，論氣不論性不明」之立場，故而主張「生之謂性」中包含性之兩義，一為純善唯理無氣之天道實體義之性，一為有氣稟義的氣質之性。無論如何，牟先生此說只能說是自創之新義，而不是文本詮釋上的善解，僅強勢地要嚴分二程，卻於哲學問題的解決上沒有增益，甚至產生牽絆。

於問題解決上說，必是性氣兼論才能談氣稟限制以及澄治工夫，但是牟先生於「生之謂性」必是性理之性之定義系統中，卻說性是超越之性，如此反而正好談不到工夫上了。然於明道本意中之「生之謂性」之說卻能說明氣稟限制以及澄治工夫。其實，有天地之性、有氣質之性，氣質之性正是對天地之性之限制而言，故而要變化氣質，以求復性，如此即是透本源又明限制之說法了。反而是牟先生的必欲將「生之謂性」的性說成只是天理的性命義才顯得難解。既然「生之謂性」之性為「理之性命」而非「氣之性命」，則又為何要接受「論性不論氣不備，論氣不論性不明」的立場呢？這就是牟先生終於正式要面對說明人之為所以惡的形上學說明的問題了，前此皆不重視，甚至嚴厲批評。此時自己重視了，卻不得已要語多糾纏了。明道有氣稟義之性說，牟先生強解為理義，當牟先生自己需要氣稟義時，就說明道是一時未說，但亦涵氣稟義。依筆者之見，其實都只是牟先生自己必欲別異程朱之「心只是氣」、程朱之「理只存有不活動」之諸義，不許程朱「心能即理」，不許程朱「理能活動」，就是因為牟先生有這些偏見，且前後不斷地在他的討論中出現，故而必欲另立一「唯理純善無氣」義的心體性體道體，故而將程顥言氣稟之「生之謂性」義說成了程顥是在言道體下貫的性體義。然後，當牟先生不得不吸收告子之說及程朱之說以為己義時，卻又不肯鬆動前此之積極的批評，故而語言糾結、義理纏繞。此處，牟先生必須接受性氣兼論之說，實是為了對人受氣稟限制而為惡之狀態有一形上學的交代，一旦要討論此事，則非進入分解的存有論進路不可，如此亦等於是明白地接受了程頤之性氣兼論之說，並謂明道未說並不表示反對。其實，明道之「生之謂性」之命題即以一般告子於經驗層上言氣質之性之義解之即可，此性是氣命之性，故而得說：「性即氣，氣即性，生之謂也。人生氣稟，理有善惡。」但是，明道必仍有《中庸》「天命之謂性」的立場，故而其接著就說：「然不是性中原有此兩物相對而生也」，因此，若就其實，明道真正未說到的是「天地之性」、「義理之性」，而不是未說到「氣質之性」，但不妨礙明道意旨中絕對有「天地之性、義理之性」的立場。故而明道即得合理地有性氣兼論的立場。亦即，有存有論分

38. 牟宗三，《心體與性體》第二冊，頁一六二—一六三。

解意旨的明道語中不礙其有圓頓化境的內涵，亦即，存有論不礙本體宇宙論及工夫境界論，也就是說，分解進路不礙圓頓直貫進路，因此，程朱之說不礙陸王之說，這正是筆者一貫的立場。徵諸牟先生此處甚為費力的解釋，豈不正是自己結合了兩路，既然如此，為何要極力地批判程朱之學只是分解、而為別子、非是正宗呢？程朱、陸王固然有哲學史上的爭執，然當代學者應善為疏理其爭執，使其於基本哲學問題的立場上無有衝突，只是若干為學風格、甚至是文人之間的意氣之爭而已。而不是再度創發新論，更大面積地撕裂朱王之別，如此，雖有創作之新義，但絕無文本詮釋之貢獻。

由上可見，對於氣化邊事的討論，實在是儒學義理發展的不能越過的環節，牟先生前此言於道體的形上學圓滿義中極盡地排斥此一進路，此處卻不得不吸納進來以為己說，只是吸納之際還是在若干文本詮釋中要捍衛他的性體只是純理唯善無氣的立場而已，但這就使得他的詮解之路十分糾纏。參見其言：

首先，「性即氣，氣即性，生之謂也」，此不是「體用圓融」義，乃只是性氣滾在一起之意，說粗一點，是性氣混雜、夾雜在一起，因而不相離也。……「於穆不已」之天命生德帶著氣化以俱赴，因而有個體之成，此亦是形而上地必然者。不成個體，則天命流行即無終成，無收煞，因而成一虛無之流，天命生德亦無以見。故天命生德必帶著氣化以俱赴，因而成個體，此乃是形而上地必然的。有氣化而成之個體，即有由氣之結聚而成之種種顏色，如所謂清濁厚薄、剛柔緩急之類，此即所謂「氣稟」也。此亦是形而上地必然者。「氣稟」者即氣方面的稟受，或稟受於氣，言此種種顏色皆稟受於氣而然也。有此氣方面之稟受，則性體即不能離此氣稟而獨存。……「性即氣，氣即性」不是概念斷定的陳述語（指謂語），乃是性體與氣稟滾在一起而不離之關聯語。……其次，「人生氣稟，理有善惡」，此善惡是指氣稟說，不指性體說。故云：「不是性中元有此兩物相對而生也。」若指性體自己說，則是純粹至善，焉有氣稟上之或善或惡之對待？[39]

有氣稟是形而上的必然，天命生德需帶出氣化宇宙世界，這些都是存有論進路的分解說，此時所說之形上學非指牟先生一貫所說的立體直貫之道體義之圓教的形上學了。然亦不妨礙其可有圓教的形上道體之學之意旨，只是問題意識不同而已。此處，牟先生即明講了「則性體即不能離此氣稟而獨存」，此說當然是等於所謂「論性不論氣不備，論氣不論性不明」的立場，但是，牟先生還是要保存他的「純善無氣唯理」的性體義。只不過，牟先生不再建立如他討論「生之謂性」之性義只是「理之性命」義的說法了，而是完全投降了。「性即氣，氣即性」之說就是經驗義的「生之謂性」下的氣性關係，明道自己都說了這是「生之謂也」，另文亦都說

39. 牟宗三，《心體與性體》第二冊，頁一六四－一六五。

了「人生氣稟，理有善惡」了，則牟先生再不能不接受有氣稟義之性氣夾雜的性概念使用義，只是仍要強調還有一性體義在。由此可見，「唯理純善無氣」義的性體義之性、心性天一貫一義於道德創生實體義的性，這樣的理論能討論的問題是不多的，不論它能談的問題是多麼地重要，堅持心性天一義的結果，就是要遺漏許多重要的哲學問題而不能好好地談了，不見此處牟先生自己修改說法，接受粗一點的性氣滾在一起之說，接受氣稟之說為「形而上地必然」，不如此，如何面對明道的文本詮釋？不如此，如何解決人之不善而需為工夫實踐之事？

即因氣稟說的提出，才能有工夫論之可說，而工夫實施至其純熟，則又可進至圓融義矣。參見牟先生之言：

> 及其功夫純熟，全是繼之者善，性體流行而一無所汙，則全性是氣，全氣是性，全體是用，全用是體，此方是圓融之一體而化，而不是「生之謂性」時性體與氣稟混雜在一起之「性即氣、氣即性」之一起滾也。40

講工夫，且講工夫至純熟，亦即主體實踐成聖境時，則可言天道理性心一義，甚至性氣亦是一義，故全性是氣、全氣是性，但此事是就主體實踐已成聖境時才得說的。至於對主體在一般狀態的時候之形上學討論，那就是要藉由氣稟進路的存有論分解來說明的，所以存有論進路不礙工夫境界論進路，至於要說一套「唯理純善無氣」的實體、道體、天理、性體、心體、誠體、敬體、神體、虛體皆為一體之說者，亦無不可，但就難以有效討論各種問題了。擺脫此一特殊形上學的進路，才得有效地言工夫實踐之事，此義仍見於牟先生自己的話語中，參見其言：

依明道該文全段之義觀之，其引用「生之謂性」一語。其意是說：言性最好是斷自有生以後，生而後可謂之性，蓋「人生而靜以上不容說」也。然生而後謂性，性即與氣稟混雜，故云：「才說性時，便已不是性也。」「不是性」是說：不是性之本然與純然。由此而言「性即氣、氣即性」。此語之意是性氣一滾說，不是泯滅性氣之分，亦不是性氣圓融之辭語。乃是著重性在氣稟之限制中，亦著重性在氣稟限制中表現之差數，因而有工夫之可言。明道借用「生之謂性」而表示另一義可，謂是告子之原意則不可。其所謂「性」仍是「天命之謂性」之性，非告子「生之謂性」之性也。41

既然於生後言性，則氣稟之意自不能擺脫，則分解進路的形上學之理論是「形而上地必然地需要的，更有甚者，正是擺脫了「純善唯理無氣」的圓教形上學的進路，「因而有工夫之可說」，否則真是難論工夫矣。此真牟先生自己之所說，亦筆者一貫強調之事，牟先生不論工夫

40. 牟宗三，《心體與性體》第二冊，頁一六八。
41. 牟宗三，《心體與性體》第二冊，頁二〇七。

則已，一旦真論工夫，必正視「心者氣之靈爽」的存有論進路，才能有效說明工夫之形式。當然，牟先生固然不能不接受氣稟說的存有論進路之形上學，卻時不時地還是要堅持他的立體直貫之性體義，文末即是固執地堅持明道之「生之謂性」之性仍是「純善無氣唯理」之理之性命義，而仍不能是告子之義。但是，告子言於「生之謂性」的經驗層事，以及程朱言於氣稟進路的存有論諸義，牟先生卻都要接收了，「一個也不能少。」雖然如此，牟先生於氣仍犯忌諱，後文的討論中還是要限制氣的使用，如此也使得心概念又需轉回本心義，而不能是心理學義的心。參見其言：

> 依陽明，「惻隱、羞惡、辭讓、是非，即是氣。」此須有簡別。惻隱羞惡等明是心，而不是氣，尤其不是明道所說之「人生氣稟，理有善惡」之氣稟。明道說「才說性時，便已不是性」，是說性與氣稟混雜。「性即氣，氣即性」，性氣一滾說，此氣亦是氣稟之簡稱，仍是指氣稟之清濁、厚薄、剛柔等等說，不是指惻隱、羞惡之心說也。陽明謂惻隱、羞惡等即是氣，自非全無理，蓋即所謂心氣、知氣是也。凡心皆以動用為性，一說到動用，便可以「氣」說。亦如在宇宙論處，神亦可以氣說。氣之清通即是神，氣之靈即是心。此是氣之觀念之無限制地直線應用（除理外）。朱子即如此使用，故在朱子，心與神俱屬於氣也。在氣之此種一條鞭地無限制地直線使用中，最後必歸於朱子之系統，至少亦以朱子

為最一貫而完整。此是一大癥結，亦是一極難應付之癥結。故吾在講濂溪與橫渠時，首先建立一限制，不允許氣之觀念如此混漫。……屬於氣之神自是氣之質性，非此誠體之神、寂感之神也。屬於氣之靈之心即是本心隨感而應之示現：對所不忍、可悲憫之事，而自應之以惻隱相……事有相，屬氣；但心並不是事，故亦無相，亦不可以氣說。心理學的心、識心、可以說是事，……但超越的本心則不是事。雖非死物有動用義，但動而無動，實無動義，用而無用，亦無用義，當然靜而無靜，亦無靜義。本心假事現假氣行，假事與氣而示現其相，而其本身實無相可說，亦不可以相論，因而自不可以事論以氣說。所對應之事有相、是氣。……惻隱、羞惡、辭讓、是非之心，從心說，不是事，不是氣。42

牟先生講了純善非氣的心，但就具體人生而言，沒有氣稟的就不是人，去惡向善的就是對著氣稟在去向的，而為主導的雖是純善的本心沒錯，但純善的本心也還是人心，若不是人心則如何主導人呢？因此說人心必在氣稟上說，這並不是什麼無限制地直線應用，這只是牟宗三先生曲解朱熹而自行建立的無限制的氣心說，朱熹並無此說。而此處，牟先生根本自己也需要這種氣稟之心來進入系統，因為它是事，事必有相，相以氣說。但牟先生仍認為工夫主導的不是此事、不是

42. 牟宗三，《心體與性體》第二冊，頁二一〇—二一一。

此相、不是此氣，而是本心。此說亦可成立，但本心仍不得離於氣稟之心。是氣稟之心操存為本心，而對越在天，而溝通於誠體、神體、道體而發揮的純善無惡的作用，這才是做工夫的實況，若非有氣稟存在之人，則工夫如何作用得出？如何讓道體、性體、心體一義等同？所以，牟先生強說一太虛、神體、道體、性體、本心等之動而無動、靜而無靜、無動靜相的形上實體之目的何在？不過就是要創作一系統以別異二程、較勁東西而已，但結果，卻只成立了一柏拉圖式的理型說而已。不落實在結合氣稟的人心以說去惡向善的工夫，而單提一虛無縹緲的形上實體，只能是說牟先生的形上學興味過濃，而非議程朱、別異朱陸的主觀意志又太強了而已。

七、識仁篇談仁者境界

筆者一直定位明道就是境界哲學，〈識仁篇〉即其境界哲學之最明顯表述，牟先生謂其〈識仁篇〉宗旨與「一本論」全同，筆者完全同意。實際上明道就是在論說聖人境界而說〈識仁篇〉之諸意旨的，故而牟先生的詮解亦皆對準境界而為言說，參見其言：

> 是以人表法，以「仁者」之境界表「仁體」之實義。目的本在說仁，惟藉「仁者」之境界以示之耳。……此亦是由「大人」境界直透視其本心仁體也。43

牟先生此說甚是，若單單保存此一說主體成聖境的境界哲學，則筆者完全同意其說，唯牟先生沒有獨立地討論境界哲學的思路，他有的就是形上學進路的思路，故而又將此一「以人說法」的境界語，轉為特殊形上學的圓教語了，參見：

> 此識仁篇當與一本篇合看，義理完全相同。仁體、心體、性體、道體、天命流行之體、誠體、神體、敬體、忠體，意義皆完全相同。44

說意義完全相同時只能就成聖境說，但牟先生仍是返回他的人道與天道一齊的本體宇宙論的直貫創生系統以解之。

八、定性書談積極工夫與本質工夫

〈定性書〉為橫渠、明道論學之文，橫渠提問，明道措意，就橫渠之提問而言，實是工夫論問題，牟先生亦說：「然有一點甚顯明，即，此是工夫上的問題，在工夫中要求心性之

43. 牟宗三，《心體與性體》第二冊，頁二三〇。
44. 牟宗三，《心體與性體》第二冊，頁二三三。

定。」[45]然依牟先生的討論，橫渠之提問所關切的是消極工夫，但明道之回答所重視的是積極工夫，而牟先生則謂朱熹全是消極工夫，張載後來亦已完全能言及積極工夫了，換言之，只剩下朱熹一人仍在消極。牟先生所謂積極工夫即是本心呈現之事，並謂，此則無所謂漸修之事，而全為頓悟之積極工夫，因而無修之可言矣。針對此說，筆者認為，明道〈定性書〉就是一套在境界狀態下的功力展現之說，說為境界工夫可也，即是工夫純熟之後的化境，即是「去人欲存天理」以至化境之時的主體狀態，工夫必做至此才是真定性，所以明道談的是性定的狀態，亦即是一套境界論哲學。但是，橫渠問的是定性的方法，這是工夫論的論題，而明道卻以境界論回答，可以說明道開境界展現之新意境，卻仍未準確回答原來的問題。然而，面對此一問題，牟先生卻將工夫拆成消極與積極，拆成漸修與頓悟，謂主消極工夫者永遠湊搭不上積極工夫，主漸修者永遠不至頓悟境界，而將橫渠、明道一分為二，這其實是把消積、頓漸的不同概念，當成截然分解的存有者狀態，此中竟不能有漸修、頓悟的結合，根本就是抄襲禪宗已犯的理論過失的結構。依牟先生此說，則不知常人平日如何突破困境而直悟本心了，此說中實無有工夫了，這就是牟先生太為關切圓滿的形上學義，以致定將頓漸二分，本心與心理學的心二分，形式上使形上學與工夫論跳躍地結合，實際上是顧及形上學卻遺漏工夫論。參見其言：

此定性書是答橫渠先生者。……然有一點甚顯明，即，此是工夫上的問題，在工夫中要求心性之定。……然則不是「定性」，乃是在「性之表現」時之心耳。[46]

牟先生說橫渠之問實是如何定心的問題，而非定性的問題，筆者同意。既是心之不定而求欲定，即有心在不定時之狀態之存有論問題須予說明，此一說明，即是一套形上學存有論的理論。此處明白，即是工夫論的形上學基礎被說清楚了。如其言：

又因心之自覺活動是可以上下其講的，心也可以是形而上的，也可以是形而下的，心之如其為心只是實然的、中性的，並不函其必為形而上的，而如其為實然的、中性的，倒反只是心理學的心、經驗的習心、感性的心，而易於為外物所牽引所制約，因此遂為外物所累而不得常貞定。47

這是牟先生自己的話，但是，牟先生很顯然不把這一段話當作一套形上學的理論，這樣說的心只是形而下的、心理的、習氣的，但筆者要強調，談人生哲學，就是從這裡談起，工夫從這種狀態做起，否則光是建立一套圓滿的道德的形上學，卻與現實生活中的人的狀態無關，筆者以為這反而決不是所謂正宗儒家要的東西。這種經驗狀態的習心，牟先生稱之為非本心，而

45. 牟宗三，《心體與性體》第二冊，頁二三五。
46. 牟宗三，《心體與性體》第二冊，頁二三五。
47. 牟宗三，《心體與性體》第二冊，頁二三五—二三六。

與本心對立，然後，消極地對治之即是消極工夫，積極地使本心呈現即是積極工夫，牟先生說工夫的話語從此處開始，但這也正是筆者極不同意的哲學立場，參見其言：

從本心說，本心呈現自是常貞定。本心即性，本心常貞定，性體之表現（流行）自亦常貞定，而無所謂浮動、亂動、為外物所累也。但人常為感性所制約，並不容易常呈現其本心。是以在感性制約的處境中，心即成感性的心，而常為外物所牽引而累於物，是即成動盪不定矣。此處自須有一工夫，消極地說，使吾人之心自感性中超拔解放，不梏於見聞，不為耳目之官所蔽，而回歸於其自作主宰、自發命令、自定方向之本心，積極地說，使此本心當體呈現，無一毫之隱曲。張橫渠所說是消極工夫上的問題，是就心之為感性所制約而說。明道之答覆是積極工夫上的問題，是就本心性體之自身而說。48

牟先生此處強分消極工夫與積極工夫，實無必要，甚至反生糾結。消極言去欲，積極言天理自彰，此實同一個動作的兩面說法而已，或是同一個工夫的兩個階段而已。去欲即是彰天理，解放超拔即是使本心當體呈現，在感性制約中本心性體自作主宰，這就是工夫。否則即無工夫可言，而只為境界之彰顯。但即便是境界之彰顯，亦需經歷去欲解放的工夫過程。無本心性體，即無做工夫之可言，但無感性制約，則又何須言要做工夫。故而氣稟與本心兩在其身，一個動作從兩個角度說，而不是有兩個動作。同樣地，亦不是有消極工夫和積極工夫兩種工夫，試問，消極工夫是否不欲徹底？是否不依本心？是否不欲成聖？若果是，則已非做工夫之意，說消極還太多了，根本就是偽飾。既是做工夫，即是以成聖為目的，即是以本心為主宰，此其需言本心的一面；但既是說做工夫，即必是主體仍在有氣稟限制而有耳目之欲的習心階段，故而做工夫即是去耳目之欲、去習心、去見聞之桎梏，此其言氣稟制約的一面。並無所謂消極工夫與積極工夫之兩路，因此不能說張載問的是消極工夫，而明道答的是積極工夫。事實上是，張載問的是如何做工夫以使心定，張載問的是具體操作的方法，工夫入手的途徑。但明道卻以境界展現的層次來回答。因此牟先生所說的積極工夫其實是說得做工夫已完成之後的境界，說其為功力展現可也，但並不是在談做工夫，而牟先生所說的消極工夫義，卻正是在談做工夫。談儒學而可以不談做工夫嗎？當然不可以。然而，牟先生說張載的消極工夫義，其實還是為了批判朱熹的理論而做，其言：

> 是則橫渠要解答此難題，最後仍是自「本心」之充盡之積極工夫而言也。當其以書致明道提此難題時，必在其著正蒙以前。此時或猶未能十分參透也。（當然即使已透至自積極工夫言，消極工夫之磨練亦仍不可廢。朱子即完全從消極工夫上言者。其不足處是在無

48. 牟宗三，《心體與性體》第二冊，頁二三六。

「形而上的本心」義，其視心只為氣之實然，故無自本心性體上言之之積極工夫也，此其所以為另一系統。）及其著正蒙，則已透進一步矣。49

筆者不贊成橫渠有不參透之時之說，橫渠只是提了工夫論的問題讓明道發揮，從境界上談的話語橫渠亦多矣，不可說在著《正蒙》之後才有。牟先生文中也說即便是在做積極工夫之時，消極工夫仍不可廢，由此可知，消極工夫才是真正在談工夫，並且一點也不消極，只是它是在面對欲惡的狀態而已。除非已成聖境，否則皆需做工夫，因此所謂積極工夫亦是在防治欲惡，然消極工夫在去欲求理，而積極工夫在天理自彰，如此則消極積極何異？因此也就並無所謂朱子完全只在消極工夫上言之說法之可以成立的了，牟先生前文即已說消極工夫也是要回歸本心的，則此處憑什麼說朱子只是消極工夫，原因是說他並無「形而上的本心」。然而，理論系統中若無本心，則論工夫即不可能，又何必說還有消極工夫？又，朱熹是有說心是氣之實然之語，但不表示朱熹只說心是氣之實然，更不表示朱熹說心不是本心。既然明道都可以說有氣稟之心義了，為何朱熹說有氣稟之心義就是絕對只是氣稟而否定本心義呢？牟先生憑什麼這樣解讀呢？除了是牟先生自己的意氣之爭以外，筆者找不到理由來說牟先生為何可以這樣解讀朱熹之論。

問題至此已經很嚴重了，接下來牟先生講工夫卻拉扯頓漸之爭，此事更為糾結。參見其言：

或曰：此只是就本心性體之朗現而說其當然，但何修而可至此耶？於此如何能有積極的工夫耶？答曰：此是真問題之所在，但就本心性體之朗現而言大定，並無修之可言。一言修，便落習心，便是漸教。從習心上漸磨，縱肯定有形而上的本心，亦永遠湊泊不上，總是習心上的事，故就本心性體而言大定，而此大定如真可能，必須頓悟。頓悟即無修之可言，頓悟即是積極的工夫（當然從習心上漸磨亦有其助緣促成之作用，但本質地言之，只是頓悟）。但有一本質的關鍵，此即是「逆覺的體證」。此即明道所謂「識仁」之「識」字，孟子所謂求放心之求字所函之義蘊也。當然逆覺體證並不就是朗現，逆覺，亦可以覺上去，亦可以落下來。但必須經過此體證。體證而欲得朗現大定，則必須頓悟。此處並無修之可言（修能使習心凝聚，不容易落下來。但本質地言之，由修到逆覺是異質的跳躍，是突變，由逆覺到頓悟朗現亦是異質的跳躍，是突變）。50

本文中，牟先生將積極、消極工夫意旨，轉譯為頓悟、漸修工夫之別，積極工夫是頓悟，消極工夫是漸修。而牟先生所說的積極工夫實非工夫，而是工夫已完成時之境界狀態。他說：

49. 牟宗三，《心體與性體》第二冊，頁二三七－二三八。
50. 牟宗三，《心體與性體》第二冊，頁二三九。

「就本心性體之朗現而言大定，並無修之可言。」亦即是將程顥對定性的討論說成性體的大定，此時已超越了修的階段，而是定靜的階段，亦即工夫已完成之境界階段。既是在境界中，則無須修矣，即無須再為工夫矣。牟先生如此解讀程顥〈定性書〉意旨自是不誤，有問題的地方在於對消極工夫與漸修的貶抑態度，牟先生說：「一言修，便落習心，便是漸教。」言修即是言工夫，言無修即是言境界。既是工夫，必是在習心階段而說的，所以習心是存有論上的主體存在狀態，沒有任何理由可以否定它的存在，亦不必因工夫從此處論起即以之為不見道，非本質，牟先生說為漸教，以之為習心上漸磨，又以為對形而上的本心永遠湊搭不上，此說不當。在習心上漸磨者即是以本體為主體實踐的意志純粹化的蘄向，工夫成就時即湊搭上了，在歷程的階段中以本心實體為蘄向，完成時即合一，完成時之合一狀態以頓悟言之即可，而不必兩分漸修頓悟為兩種不同型態的工夫，卻以漸修工夫永遠湊搭不上形上本心，如此之言，則做工夫的上不去，有境界的又不知從何而來，兩邊落失，不是一套完備的理論。

牟先生言逆覺體證並不就是朗現，有覺上去也有落下來，這就是說，逆覺體證就是本體工夫，就是主體在修的階段，此時進進退退乃是人之常情，逆覺會落下來就是主體在習心狀態，也可以說就是放失本心，所以才要做工夫，也就是求放心，也就是逆覺體證。逆覺者以本心為主宰，覺上去且貞定住時，即是朗現，即是頓悟，即無修之可言，但此義僅能以聖人境界說之。而此境界之達至不能沒有經過修的階段，亦不能說修的工夫永遠湊搭不上形上本心，故而牟先生以漸修為消極、以頓悟為積極之說，其實正是對工夫與境界兩個階段分解不明的錯解。就工夫言，不應區分消極、積極或頓悟、漸修為兩種類型的工夫，只能說工夫的兩個面向及階段。而以積極工夫說頓悟、說無修，卻是混淆了工夫與境界的兩種問題。牟先生所說的積極、頓悟、無修之語都是說境界，以之解程顥〈定性書〉之理論是正確的，以之為高級於消極工夫、漸修工夫是不必要的。牟先生最後又將積極工夫規整為三個原則，其實說得就是功力展現的境界工夫，參見其言：

> 一、一覺到本心之不容已，便毫無隱曲地讓其不容已；二、本心之純，是一純全純，並不是一點一點地讓它純；三、本心只是一本心，並不是慢慢集成一個本心。合此三層而觀之，便是頓悟之意。此便是「就本心性體之朗現以言大定」之積極的工夫。亦即直下覺到本心之不容已便即承之而行耳，此即為頓悟以成行。蓋只是承體起用之道德之純而已耳。[51]

筆者談程顥哲學的特色時即已謂其為境界展現之學，而牟先生談積極工夫的模式確實是適合程顥哲學的型態的，只其增加了也是頓悟型的說法，然說頓悟者仍是工夫的一型，是工夫階

51. 牟宗三，《心體與性體》第二冊，頁二四〇。

次中的最後階段，說為境界亦可。在境界中，本心沒有曲折且持續不已地作用，且本心是純全的，且本心是全體一齊的。以上三個特色都是做工夫達到最高階段的境界功力展現的狀態，有時，牟先生自己也是以境界說程顥了，參見其言：

> 非「以惡外物之心，而求照無物之地」也。此即全幅敞開，全體放平。內外兩忘即是物我一體。以大定顯大常，以大常應萬變，則一定一切定，一常一切常。亦可謂各止其所也。此明道之境界也。[52]

這是說程顥在〈定性書〉中的思路，是物我一體、全體大定的境界，這其實就是進入境界的思維。只是，境界絕非不做工夫而可突然而致，程顥說天理是自家體貼出來的，這個體貼便是在做工夫。陽明說良知是他百死千難中體會出來的，百死千難是工夫，孔子的七十從心所欲是境界，但孔子的十五、三十、四十都是工夫。可以說做工夫達到牟先生所說的這個頓悟的境界、或這個積極的狀態才是工夫的完成，但不可說這才是本質工夫，而其他為助緣、外緣工夫且非本質工夫，實際上，牟先生所說的積極者、及頓悟者正是無修者，故而並不是工夫，而是境界。否則，工夫真是無從說起了。

九、聖賢氣象篇有目無文

程顥哲學即是境界哲學，即是在聖人意境上發為感受以評點先秦《庸、易》文本之學，即是在聖人位上言境界感受之學，可說為境界工夫之學，〈識仁篇〉及〈定性書〉即其代表，而「合一說」之諸言「一本」之論更是典型。牟先生慧眼獨具，於程顥文字中挑出聖賢氣象諸文，正可強力發揮程顥哲學之特色，惜有程顥之文本卻無牟先生之專論，不知何故，但筆者仍萬分肯定有此一節，待有學力者為牟先生發表專論，此誠筆者期待。

十、結論

牟宗三先生在程顥哲學的詮釋上，繼承了他在詮釋濂溪、橫渠時的「道體、性體、心體」的唯理無氣義，以及「心、性、天理」為同一形上實體的定義系統，因此仍然保持「宇宙論、本體論、工夫論、境界論」不分的詮釋模型，同樣地還是以程頤、朱熹之論，以為別異程顥哲學的對立面反例。然在處理程顥時，亦有重點及新義。重點是牟先生更強調境界哲學意旨的圓論化境說，

52. 牟宗三，《心體與性體》第二冊，頁二四二－二四三。

並接受了氣稟說，甚至將程頤的性氣論收為己用。至於新義者，即為建立生之謂性的道體進路的詮釋，以及分別積極消極工夫與頓悟漸修工夫，將之說為程顥及朱熹的差異。筆者尊重牟先生的新儒學之創作，但反對他的若干文本詮釋的意見，並對他在詮釋程顥時的諸多新說，檢討其理論功能，主張牟先生若不是過於忌諱及排斥朱熹之說，便不致於在詮釋程顥章時出現太多特殊解釋之理論，既不能清晰解讀文本，又製造哲學問題的理論糾結，實在是不必要之事。

筆者討論牟先生之儒學理論，實為澄清儒學理論之本貌，依據牟先生的種種特殊解釋，許多文本的真義被遮掩了，許多的哲學問題被忽略了，成就圓教形上學一套系統的結果，卻更是扭曲了諸多簡單明瞭的理論系統。本文就明道哲學的討論，牟先生對明道的基本意旨之說法是正確的，唯境界論未被獨立出來立言，仍十分堅持地捍衛他從討論濂溪、橫渠以來的道體、性體、心體一義之說，且建立「唯理純善無氣」的實體說的「道德的形上學」，將明道的話語收得太緊，強解之下，致生自己在作文本詮釋上的種種麻煩與糾結。幸而程明道不是牟宗三，種種正常且與伊川、朱熹思路相通之命題亦皆出現，為正式面對這些正常且必要的哲學問題及其理論，牟先生其實已經吸納了程朱之學的許多要點以進入自己的系統了，只是仍要在某些事情上作文章以排斥程朱，本章非討論程朱，故而未能深入為其疏解，但仍努力澄清牟先生的意見，經過這樣的工作，一方面更了解牟先生的思路，二方面從中亦提煉筆者的哲學研究的問題意識，收穫頗多，意見雖然尖銳，唯皆稟於誠心思考之結果，就教學界，望祈批評。

第六章　對牟宗三談程頤理氣篇的方法論反思

一、前言

牟先生在《心體與性體》書中對宋明儒學的討論，可以說就是以程頤、朱熹二人為論敵，所展開出的創造性詮釋系統，將濂溪、橫渠、明道、五峰、象山、陽明、蕺山等人視為同一系統，且上接孔孟，而程頤、朱熹卻是另起一路，別子為宗。本文之作，即是要針對牟先生對程頤的討論，提出筆者的反思意見，筆者對牟先生的詮釋意見，多有不同意之處，並將隨其討論的章節一一指出。牟先生對程頤的討論，和他對朱熹的討論意見方向一致，都是視為橫攝靜涵系統，所論章節有八：理氣、性情、氣稟、才性、心、中和、居敬集義、格物窮理。牟先生思理綿密，意旨詭譎，編織一大網羅拘限程頤，筆者亦將約其旨意，指其缺失。限於篇幅，本文將討論其中的〈引言〉及〈理氣篇〉，其他各項便不處理，關鍵是都與朱熹的討論匯同一義。筆者對牟先生儒學詮釋的討論，已針對《心體與性體》專書做出全書逐章的討論，亦將集結成書，以《牟宗三儒學平議》為題，整理出版，相信不久即將面市，願為當代儒學研究在牟先生思維框架下所受的束縛，予以解脫。

二、對「引言」做綱領定位的討論

牟先生首先比較了明道、伊川兄弟倆的學思路數之別，其言：

明道妙悟道體，善作圓頓表示。而伊川則質實，多偏於分解表示。質實者，直線分解思考之謂也。分解思考亦無礙，惟於分解中，道體只成理，則喪失「於穆不已」之體之義；性體只成理，則喪失「即存有即活動」之義，此則便有礙。因質實而易傾向於切實之重視。切實者，下學上達，「循循有序」，免得「捨近趨遠，處下窺高，輕自大而卒無得」之謂也（伊川：明道先生行狀語）。但如此泛說之切實，亦很可能只是一般教育所應有之態度，此只能對治一般儱侗、顢頇、蹈空、游蕩、虛浮無根之病，而不能於本質問題有所決定。如欲以此特有所治，則須簡別。1

此總綱之說有兩條進路，其一為表述形式進路，說得是形上學問題，其二是實踐活動進路，說得是工夫論問題。此二路，牟先生都以批評否定的立場對待，牟先生之立場，筆者都不贊同。

首先，形上學進路，說明道圓頓、伊川分解，此說可也，但這只是就文風或思路的特色而言，就義理而言，明道說境界工夫，故而表述形式圓頓，伊川說存有論的概念範疇解析，故而表述分解。就伊川言，一旦問題轉向本體宇宙論或本體工夫論，則分解之諸概念就要活動、交流、相即起來，牟先生說道體只是理、性體只是理，以及其理只存有不活動，此說，皆刻意割裂伊川言語的問題意識，讓它只限制在存有論概念範疇解析的問題上，卻要以本體宇宙論、本體工夫論的問題意識去對應其說，而斥其不動，也可以說是形上學問題意識的混淆，牟先生自己結合形上學與工夫論而說出一種動態的形上學，卻把程頤單在談存有論範疇解析的形上學說為靜態之論。

其次，牟先生說伊川講工夫重下學上達，不及本質問題，只是一般教育態度，對治小病之功而已。這也是牟先生刻意標高之言。所有下學工夫的價值意識與上達工夫皆是一致，所有聖人莫不從小處做起，最高境界達不到時要求高級心法是不錯的，但面對所有資質的一般人的下學上達工夫是不能廢的，牟先生刻意貶抑下學工夫，斥為無關本質的理論，反而有虛懸之病。

牟先生接著以工夫入路批評程頤之學，其言：

> 儱侗觀之，明道專言「仁體」、妙悟「於穆不已」之體，又盛言「一本」，亦似乎是

1. 參見牟宗三著：《心體與性體》第二冊，台北：正中書局，一九八三年五月，台修五版，頁二五一。

「煞高」，亦似乎易令人想到此是單屬於「上一截」，而缺少「下面著實工夫」。伊川與朱子都比較轉而重視下學上達，重視「下面著實工夫」，而表示「下學」與「下面著實工夫」之途徑則落在《大學》之致知格物處。濂溪、橫渠、明道，皆很少講《大學》，濂溪、橫渠且直無一語道及。然則此三人者俱是太高，俱是單屬於「上一截」乎？此三人自非儱侗、顢頇、蹈空、游蕩、虛浮無根之輩，亦自非不切實者。此三人未積極地講出一個確定的工夫入路是實，然並非無工夫語也。即使要講出一個確定的工夫入路，亦不必以《大學》之致知格物為決定性的，即本質的工夫入路。如伊川朱子之所確定者。然則所謂「高」，所謂「切實」，亦不可不再仔細一想也。2

牟先生以程頤之學是要講說工夫入路，但未必需要從《大學》講起。筆者以為，從工夫次第上講，程頤的下學上達確實是講工夫入路，第一步第二步一步步上達，但是，工夫入路中的任何一路，都是本體工夫，本體工夫的操作型定義就是意志的純粹化，也可以說是主體性的價值自覺。3工夫次第就成長的實踐項目說，那就有身修、家齊、國治、天下平的進度，或就培養的時間先後說，那就有未發涵養、已發察識的架構。但所有的項目及階段都是本體工夫，都是主體性的價值自覺以及純粹化主體意志的活動為其意旨的真諦。牟先生說濂溪、橫渠、明道少言工夫入路，筆者認為，這只能是說他們少言及工夫次第中的項目階段，而不是他們沒講本體工夫，牟先生說伊川講工夫入路，筆者認為，這只能是說伊川講了次第問題中的項目階段，但不能說伊川沒講到本體工夫，因為每一個階段項目的操作都是心法的意志純粹化的工夫。

牟先生接著便為本質工夫和補充助緣工夫做出區別，目的就是要說伊川的工夫只是助緣、補充而非本質，其言：

原此學本是內聖之學，而內聖之學之本質唯是在自覺地相應道德本性而作道德實踐，故其中心問題之所以落在心性，即是因要肯認並明澈一超越的實體（心體、性體）以為道德實踐（道德行為之純亦不已）所以可能之超越根據。故此學之本質的關鍵不能不落在對於此實體之體悟與明澈。而內聖之學之道德實踐是以成聖為終極，而聖之內容與境界則是「大而化之之謂聖」，是「與天地合其德，與日月合其明，與四時合其序，與鬼神合其吉凶，先天而天弗違，後天而奉天時」，是於吾人有限之個體生命中直下能取得一永恆而無限之意義，故其所體悟之超越實體、道體、仁體、心體、性體、於穆不已之體，不能不「體物而不可遺」，「妙萬物而為言」，蓋聖心無外故也。4

---

2. 牟宗三，《心體與性體》第二冊，頁二五一—二五二。
3. 勞思光先生用語，參見《新編中國哲學史》，台北：三民書局。
4. 牟宗三，《心體與性體》第二冊，頁二五二。

牟先生說得很好，做工夫就是主體的心性對超越的道體的體悟與明澈，且要以成聖境為終極目標。自此以往，牟先生便關心聖境的描述，關心在聖境時的道體與主體心性的合一的問題，並以是否對準這個問題的討論為是否孔孟嫡傳的路線。筆者以為，說境界自是天人合一，自是道體性體心體為一，但說道體性體心體的存有範疇解析，以及說項目階段的工夫次第理論，一樣是孔孟哲學的所需，且這不同的幾路都是互相關聯、互依共構而成為儒學整體的有機部門。牟先生輕視伊川談範疇解析的存有論問題，和工夫次第的階段項目問題，認為其於道體不明，並於工夫非本質。此說決是過高虛浮之論。牟先生說明道工夫即是下學之路，其言：

然則明道專言仁體，妙悟於穆不已之體，盛言一本，並無所謂「高」。亦無所謂單屬「上一截」。此不是高不高的問題，乃是內聖道德實踐之本質問題。人之不及此義，而至於儱侗、恍惚、蹈空、游蕩、虛浮無根，只是其道德意識之不真切，對於道德實踐之本性認識不明透，而非此學之本質不應如此也。明道云：「若修其言辭，正為立己之誠意，卻是體當自家敬以直內義以方外之實事」。又云：「終日乾乾，大小大事卻只是忠信所以進德為實下手處，修辭立其誠為實修業處。」（明道章一本篇第二十二條）此便是相應道德本性而來的切實不蹈空。要說「下面著實工夫」，此就是「下面著實工夫」；要說「近」，此亦就是「近」，並不遠也。要說「下學上達」，此就是「下學上達」；要說「循循有序」，此就是「循循有序」。若必以為書冊句讀、致知格物、格物窮理，方算下學上達，方算「下面著實工夫」，寖假復以為只如此方能接近「上一截」，方是道德實踐成聖之決定性的關鍵，方可不流入禪學去，則是迷失問題之本質而歧出。5

牟先生說明道之一本重在即心性之純化，並即是下面著實工夫、即是下學上達、即是近，而非必是書冊句讀、格物致知窮理，且不是後者才能上達，才可不入禪學，若以為是如此反而才是迷失本質。筆者以為，肯認道體的工夫確實是本質的工夫沒錯，但肯認道體不就是在格致誠正修齊治平的事業中去肯認嗎？莫非躺在床上肯認、坐在椅上肯認、寫篇文章肯認就是肯認？天下國家心意知物就是這一切肯認的實踐場合，肯認已是肯認了，但實踐就在項目階段中展開，就項目階段的次序而言是工夫次第的問題，就肯認的價值為何而言是本體的問題，向著本體純粹化主體意志是本體工夫，純粹意志是操作型定義，階段項目是次第歷程，說次第歷程是一門學問，說意志價值是另一門學問，兩不相礙。至於流入禪學，皆非義理問題，而是人病。禪學也無病，只是儒者不明其旨，遂以虛懸為禪學，而說為禪病，禪實不病，虛懸為病，意志純粹無病，沒有實際事業的實踐而空說心性便是虛懸之病，次第問題對治虛懸，並不是否定意

5. 牟宗三，《心體與性體》第二冊，頁二五三。

志純粹。次第中的任何階次項目都在意志純粹中完成，是牟先生硬要割裂次第問題而貶抑之，以及刻意標高本體工夫和成聖之境，故而特殊地為程頤及朱熹之學建立了一套別於聖境的理論型態。

伊川講次第，是就「格致誠正修齊治平」之次第講的次第，這本來就是《大學》中所論。次第講循循有序，講下學上達。作為本體工夫，概念太多、項目太多、層次太多，故而要講一個次第，也要講一個入手或完成，從而有下學與上達。次第就事上說，而有家國天下心意知物，至於本末終始、下學上達的強調，就是說這個次第的必有其秩序，此說不妨礙本體工夫，根本上諸次第中所有項目都是本體工夫。至於講到工夫入手，主敬、立志等都是入手。可以說，都是本體工夫，但有不同問題層次而分說，牟先生強調的是工夫入手甚至是境界展現，這都不妨礙仍有一個不同實踐項目間的先後次序問題。然而，牟先生仍是嚴厲批評程頤及繼承程頤的朱熹之學，其言：

> 伊川雖未覺其以《大學》表下學之切實與其老兄所說有若何不相應，亦未曾以其老兄所說為禪而生忌諱，然由於其不自覺間之轉向，遂致於道體之體悟漸有偏差與迷失，已不能透至其老兄所說之境。依其質實的直線分解的思考方式，遂將太極真體、太虛神體、乃至於穆不已之體，只分解地體會為只是理，將性體亦清楚割截地直說為只是理（性即理

也）。性與廣泛的存有之理合流，而復與格物窮理之理接頭而以格物窮理之方式把握之，則原初講性體以為道德實踐所以可能之超越根據之義亦漸泯失而不見；而於心體則弄成疲軟、浮動、恍惚，而處於泛而不切不定之境，有時看來很好，有時看來又不然，未若性理觀念之清楚。而亦正因性理觀念清楚確定，遂將心逼顯得恍惑不定，而實則在此情形下，心亦應有其一定之涵義，而逼顯得呼之欲出矣。朱子即順此將此情形下有其一定函義之心清楚地說為屬於氣之靈之實然的心，而特重其認知之明義，而孟子所說之實體性的本心遂全不能講，而心遂與性（理）亦終於為二矣。6

牟先生只管成聖境狀態下的概念描述以為道德的形上學及動態的形上學型態，對於講各種存有範疇概念的關係定義的學問皆視為靜態分解，皆視為不能體會道體的迷失之路。此誠哲學基本問題的混淆錯置之誤判。又，程頤畢竟有時談到心性工夫，且其話語十分精到，遇此，牟先生則刻意規避，以範疇的解析之學束縛程頤的理論架構，認為其把握不住本體工夫之論旨，且最終為朱熹的更加系統化的解析之學所定型。終於與孟子的實體性本心之學分道揚鑣。也就是說，牟先生跳躍在不同的哲學基本問題之間，導致對程頤之說有所誤解。

6. 牟宗三，《心體與性體》第二冊，頁二五四。

筆者的立場是，談存有論是一路數，談本體工夫及本體宇宙論是一路數，成聖境完成於本體工夫，但本體工夫及本體宇宙論的所有概念範疇是有其清晰的解析意旨，程頤開其端，朱熹究其論，皆有功於孔孟道德哲學，且程朱之論，亦及於本體工夫和本體宇宙論，唯當牟先生見及此說時，都以程朱把握不住丟棄之，實際上程朱皆不可能恍惚於心體，亦不會不見於道體，這都是系統已經預設的理論，且有時亦申說之，只是牟先生刻意束綁其說，不准其跨界而刻意誤解之而已。

牟先生最後以《大學》為本之橫攝靜涵認知型態定住程頤：

> 體上既為「性即理」一語所截煞，此下皆成必然者。自此遂以《大學》為定本，轉成橫攝系統，而不復是先秦儒家原有之縱貫系統矣。生動活潑、健康軒昂、「直方大」之理想主義的情調隨之亦喪失，而于不自覺間遂轉成「靜攝存有」之實在論的情調之他律道德矣。伊川、朱子不自知也，而人亦莫之能辨也。[7]

筆者以為，牟先生講一套「縱貫縱講」系統實在很好，所謂「縱貫縱講」，就是本體宇宙論地談大化流行，從而就主體談其本體工夫論，而謂之道德的形上學。這是牟先生為儒學開創新義的新儒學創作體系，但是，並不存在牟先生以為的「縱貫卻橫攝靜涵」系統，意思是對本體宇宙論的問題，卻不做實踐活動，且只管知識認識，此說就是針對程朱講的心性情理氣諸概念的範疇學系統而言的，範疇學是形上學，致知窮理是工夫論，這是一種混淆，把形上學和工夫論混淆。筆者以為，若要講程朱是「橫攝靜涵」，則程朱也是預設「縱貫縱講」，就算程朱有「橫攝靜涵」，則程朱之系統中亦仍有「縱貫縱講」系統，而陸王系統中亦必須預設「橫攝靜涵」系統，這就是儒學發展中所需的面向，不宜如牟先生刻意限束程朱、割裂縱橫之作。要有本體宇宙論的形上學，也要有本體工夫論的實踐哲學，形上學中也要有概念範疇的存有論形上學，工夫論中也要有先知後行的下學上達之學。牟先生把講知識認知階段的工夫論和講存有論的命題錯誤地連結，而建立「橫攝靜涵」系統，所以筆者說，根本沒有這樣的一套系統，這是牟先生自己的構作想像，其實曲解錯解而已。

以上這一套「橫攝靜涵」系統，就表現在牟先生為程頤新編八目的議題討論中。

三、理氣篇談只存有不活動的理體

牟先生於程頤「理氣篇」談「一陰一陽之謂道」的伊川解讀，伊川主所以陰陽是道，陰陽是氣。伊川言：

7. 牟宗三，《心體與性體》第二冊，頁二五八。

1. 一陰一陽之謂道。道非陰陽也，所以一陰一陽道也。如一闔一闢之謂變。（《二程全書、遺書第三，二先生語三。謝顯道記伊川先生語。》）

2. 離了陰陽更無道。所以陰陽者是道也，陰陽，氣也。氣是形而下者，道是形而上者。形而上者則是密也。（《二程全書、遺書第十五，伊川先生語一。》）

3. 一陰一陽之謂道。此理固深，說則無可說。所以陰陽者道。既曰氣，則便是二。言開闔，已是感。既二，則便有感。所以開闔者道，開闔便是陰陽。老氏言虛而生氣，非也。陰陽開闔本無先後。不可道今日有陰，明日有陽。如人有形影，蓋形影一時，不可言今日有形，明日有影。有便一齊有。（同上）8

牟先生言：

案：以上三條嚴格為朱子所遵守。如只說「所以陰陽者是道」，尚不足以決定此形而上之道只是理，即只存有而不活動者。因為「於穆不已」之體，自其為實現之理或存在之理言，亦可以說是一超越的（動態的）所以然。但此為氣化之所以然的於穆不已之體卻是即存有即活動者，是心，是神，亦是理，是心神理為一者，是誠體神體，亦是寂感真幾、創生的實體。是以唯因（一）將此「所以然」之表示方式視為存有論的推證，或視為對於陰陽氣化之「然」所作的存有論的解析，（二）通過格物窮理之方式以把握之，（三）再加上於此所推證者不能明澈地說其神義以及寂感義，（四）在心性方面不能明澈地言心性是一，而卻言性只是理，仁是性，愛是情，心如穀種，生之理是性，發出來是情；這樣，此「所以然」所表示之形而上之道才成「只是理」，只存有而不活動者。9

牟先生把伊川的討論併合朱熹的發揮設言為「只存有不活動的理體」理論，說道即是說理，原伊川之文尚未必是不活動之理，但經朱熹之發揮且依伊川之思路，牟先生定然決意就是不活動之理義。依筆者之轉譯，活動之理義何義？那就是言說於本體宇宙論的大化流行之道體之動，以及言於本體工夫論之主體心性的純粹化仁意志的實踐活動，此時說為動者乃天道流行與主體實踐。牟先生說為不動者何義？即其第一條所說，伊川將一陰一陽之所以然的原理，向上做了存有論的推證，做了存有論的解析，就是釘死的概念，而不是天道的流行及主體的實踐義了。筆者認為，做存有論的解析是問題的另一個方向，本體宇宙論及本體工夫論的所有概念範疇皆有範疇解析的論證推演的需要，以定義範疇，及推演關係。筆者正是這樣界定程朱之論於「所以陰陽者道」的思路確實是做著存有論的範疇解析工作，但是這個工作正是為釐清概念，

8. 牟宗三，《心體與性體》第二冊，頁二五九。

9. 牟宗三，《心體與性體》第二冊，頁二五九—二六〇。

提供關係原理，使本體宇宙論和本體工夫論的意旨更為清晰，使本體宇宙論和本體工夫論的話語更加精確，故而概念皆須一一落實於確定意旨上，此是此、彼是彼，不容混淆，此旨亦是有功於實踐的進行。然而，牟先生卻斥其不動。牟先生初以伊川說「所以陰陽者道」尚未必能確定只是說理而不活動，但當加上了上述第二、三、四條之後，就決定了伊川之理是「只存有而不活動」。

觀其第二條，亦是牟先生詮釋上的錯置，說「格物致知」是說《大學》工夫次第的先知後行，說「格物致知」連著「窮理」時還是「格物致知」的意思，但是「格物致知」既是「先知後行」的次第之先，不行則知亦未有完成，故說格物致知即是說到格致誠正修齊治平。窮理亦然，亦是「窮理盡性以至於命」之完成才是窮理之完成。所以格致、窮理都是實踐活動，都是本體工夫。原格致窮理是研議家國天下的聞見之知與德性之知的研議，至於窮理而說為研議理氣關係的存有論原理，此亦無妨，那就是道德哲學的範疇解析工程，牟先生卻把前說「只存有不活動」的範疇解析說成格致、窮理的唯一目的，格致窮理就是進行「所以陰陽」、「理氣不離不雜」、「心統性情」等等存有論建構之活動，於是格致、窮理的「先知後行」的實踐義便滑失，程頤的工夫論又變回存有論，筆者要說，這就是牟先生的錯置，牟先生的超越連結，是對程朱之學的誤解、錯解。

第三條說其不能明澈神義、寂感義，筆者以為，神義、寂感義既是本體宇宙論亦是本體工夫論，說存有論就要確立概念，說本體宇宙工夫論就要運用概念於意旨論述上，定義概念與運用概念是不同的理路，就像講遊戲規則與進行遊戲是不同的任務一樣，但不能說講遊戲規則是不遊戲的、不活動的，這樣的批評毫無意義。

第四條說伊川言「仁性愛情」、「心是生理」等義正是不活動義，這還是誤解、錯解，這還是問題意識的錯置，論於「心性情」是論於道德實踐主體（亦即人）的存有論架構，論於「天道理氣」是論於整體存在界（亦即大化流行）的存有論架構，當然還是要確定意旨，此是此、彼是彼，不容混淆。牟先生還是再度把說遊戲規則的話語，當作不是在進行遊戲的話語，而批評其不活動，這種批評，毫無意義。

牟先生接著說伊川和明道正是兩套不同系統的儒學理論，其言：

> 在神與寂感方面，伊川態度似不甚明確，但亦可以看出大體是並不以神體與寂感真幾言形而上之道體。伊川並無一字言及神體，而於寂感方面則並不透澈。即如上錄第3條，「言開闔，已是感。既二，則便有感。」此已落於氣上言「感」，並不自神體言寂感。伊川於此「於穆不已」之體實並不透澈。至朱子即自覺地視神屬氣，或消融於理而成為虛位。至於寂感則只能就心言，而不能就性言，而心性並不是一。在心性方面，伊川有時好像可以表示心性是一（是一與合一不同），但其顯明而凸出的主張，如性即理，仁性愛情等義，乃原則上心性並不是一者，故朱子得以順而確定之而成為心性情三分、心統性情之說。是

則伊川之思路大體是向朱子所釐清而確定者走，其抽象的、分解的、質直的思理心態固易於視形而上之道為「只是理」也。至於一二兩點則更顯明。但依明道所代表的縱貫系統說，即使「於穆不已」之體亦可以說為「所以然」，但卻並不以此「所以然」為對於「然」之「存有論的解析」，亦不視作由然推論所以然之「存有論的推證」，而是由「於穆不已」之體之創生妙運之直貫下來而說，而且同時亦並不通過格物窮理之方式以把握之，而是通過「逆覺體證」之方式以把握之。此是兩系統之大較也。10

牟先生以能主「心性是一」說為明道系統，以說「心性是二」說為伊川系統。其實，說「心性是一」是本體工夫論，說「心性是二」是存有論。兩人問題意識不同，但不是兩套系統。重點是，牟先生文中說伊川之語有時似乎亦有「心性是一」之意旨，但因其他「仁性愛情」之說，使伊川之心性終於是不能為一之系統，之所以會有這樣的陳述，關鍵就是一旦當程頤、朱熹在講本體工夫論問題的時候，自然心即理，心即性，心性一，這就是說，牟先生總是以存有論問題的意旨鎖定程朱的理論類型，將其綑綁在這種問題及理論主張中不能逾越，進而否定程朱亦能有本體宇宙論和本體工夫論的發言，以為是一時恍神之作而已，這樣詮釋先哲的方式，筆者決不認同。

牟先生又引程頤講天地寂感之文字四條，並提出批評，牟先生引程頤之文如下：

13. 天地之間只有一個感與應而已，更有甚事？（《二程全書、遺書第十五、伊川先生語》）

14. 沖漠無朕，萬象森然已具。未應不是先，已應不是後。如百尺之木，自根本至枝葉，皆是一貫。不可道上面一段事無形無兆，卻待人旋安排、引入來、教入塗轍。既是塗轍，卻只是一個塗轍！（同上）

15. 寂然不動，感而遂通，此已言人分上事。若論道，則萬理皆具，更不說感與未感。（同上）

16. 寂然不動，萬物森然已具。感而遂通，感則只是自內感，不是外面將一件物來感於此也。（同上）[11]

牟先生討論其中13、16兩條，其言：

案：以上四條皆言寂感，初看亦甚好，但仔細看，則有些搖蕩處。首先，第13條「天地之間只有一個感與應而已」，實則感若是「自內感」（16條），則感即是應。今將感與應分說，則感好像是自外感，而應則是自內應。依上第三條「言開闔，已是感。既二，則便有感」之語，則此條感與應分說，感、應便都是落在氣上說，天地之間便都是一氣之感

10. 牟宗三，《心體與性體》第三冊，頁二六〇。
11. 牟宗三，《心體與性體》第二冊，頁二六五。

與應而已。此非《易傳》言寂感義之本意。《易傳》言寂感是從誠體神體自身說，不從氣上說。氣之「感與應」與誠體神體之寂感並非同一層次。濂溪、明道言寂感俱從誠體神體上說，而明道復以此代表易體。誠體、神體、易體、寂感真幾、即「於穆不已」之體也。橫渠言「客感」是從氣上說，然其言「至靜無感，性之淵源」，即是從體上言寂。既從體上言寂，自亦有體上之神感而非「物交之客感」。「客感」之異必預定神感之一，而神感之一即是感而無感也。「客感客形與無感無形，唯盡性者一之。」言客感而不言神感者，神感即已隱含於寂體無感之中也。言「客感」者，蓋為與「客形」對，偏重之言也。所以偏重「客感」者，蓋為言體用一也。否則，性體豈只一寂體無感而已耶？是以「客感」之事用，即寂體神感之顯現也，故曰「惟盡性者一之」。不能盡性者，客感不能統于寂體神感之中而一之，則「客感」與寂體神感脫節，亦只是交引日下之亂感而已。由此可證知橫渠言寂感亦是自體上言，惟復別立「客感」一義耳。今伊川自氣上言感與應，而不自體上言寂感，是已落下乘矣。12

伊川言天地之感應，自是在道德意識下言天地萬物的存在是為正德利用厚生的目的而有，而人感應之亦應參贊化育之，實一真切體會樸實平正之論，但是牟先生卻硬是要把程頤之說貶為下乘，理由是程頤只論及氣而不論及誠體、仁體。文中涉及張載之言於客感與神感，言於客

《易傳》感即言於氣，言於神感即言於誠體、仁體，唯伊川只於氣上言，故落下乘。牟先生說《易傳》之寂感是從誠體、神體自身說，伊川卻只是從氣上說。筆者以為，言天地就是氣存在之天地，固有天地之性在，但無氣便無天地，就算牟先生要說《易傳》之言寂感有誠體、神體義，亦不能說《易傳》只言於誠、神、仁，而不及氣，若不及氣，豈不成了柏拉圖的理型論，顯然，中國哲學不會只論理型而不論天地，此其一。其二，說伊川之論只是氣，此說只是刻意淪陷他說意旨，說天地萬物之感應必是氣之交流變通而謂之感應，然天地萬物之交流變通是為了提供人類存在的資糧而交流變通，人在其中，體天地生物變化之心而為人心，此即仁者天地生物之心之體會感知，而效行其道，於是天地萬物之感應與人的道德實踐之感應互而為一，此即伊川言說的意旨，所以，言感應必就氣化世界與人的實踐之互感為言，牟先生限縮伊川意旨而為只言及天地萬物的氣化感應，此說刻意歪曲之言。其實，張載亦說客感，但張載主張人不能只依耳目口鼻之生理需求以為生活的感應，而應以天地之性以為行為的主導，故而雖然生存於天地之間，更應體會天地生生之理，而參贊其間，所以要收攝於寂感神體中，亦即以性正命，變化氣質，善反天地之性。此說甚善。其實，伊川之言便是就人在天地氣化之中而談道德實踐之感應之言，牟先生卻要割裂道德意識而貶抑為只是生理感應、草木感應之氣化世界的感應意旨，甚

---

12. 牟宗三，《心體與性體》第二冊，頁二六五—二六六。

為誤解更錯解。

說氣是說宇宙論，說神感神應是本體宇宙論，說宇宙論之言者並未否定本體宇宙論之命題，牟先生刻意分立兩型而貶抑其一，此其過失之緣。

針對十四條，牟先生言：

第14條最為圓融，看之似無病。「沖漠無朕，萬象森然已具」，此亦可以說是意謂「上天之載，無聲無臭」，是寂然不動之體，是寂感之真幾。「未應」即是寂，「已應」即是感。未應已應並無先後可言，乃是自然一體「一貫」的事，不是人於「無形無兆」上安排上一些事。此已說得甚好。然上條言「感與應」是落在氣上說，此條言未應已應豈不可亦落在氣上說耶？其所言之「沖漠無朕」、「無形無兆」之「未應」豈不可只是渾然之氣耶？未感未應時是渾然寂然，已感已應時是粲然著然，而粲然著然者實即早已森然隱具於寂然渾然之中，故實無先後之可言也。未應已應、若隱若顯，只是分別相示之權言，而實則只是一氣之化而已。若如此，則此條之寂（未應）感（已應）圓融亦仍是落在氣上說，而非由寂感以言誠體、神體、於穆不已之體也。其所舉之例，「如百尺之木，自根本至枝葉皆是一貫」，根本與枝葉並非體用之異質，故「一貫」亦非體用之圓融的一貫，只是一個具體的物之有機的一貫。當然此只是一個例，亦可喻解體用圓融之一貫。但伊川此條言未應已應之一貫，卻不甚能見得是體用圓融之一貫，而很可只是氣機渾然粲然之一貫。吾未嘗不欲向體上講，但就體上說寂感，則既不是落在氣上說感與應，亦不是就未應已應說一貫，乃是就寂感誠體神體與其所創生妙運之氣化（事事物物）說體用圓融之一貫。而伊川既落在氣上說感與應，而復於此條接著說「未應不是先，已應不是後」，則未應已應之一貫很易使人想到只是氣機渾然粲然之一貫，而「沖漠無朕」、「無形無兆」亦不必是說寂感誠體也。或問曰：如果此一貫只是氣機之一貫，則仍是形而下者。然則形而上之理（道體）復何在？將如何講？曰：未應之寂、已應之感，或未感之靜（陰）、已感之動（陽），是氣，而所以寂、所以感，或所以動靜、所以陰陽者，則是理，形而上者。而形而上者之理（道）則無所謂「感與未感」也。此證之第15條可知。13

牟先生的思路就是，以本體工夫論和本體宇宙論為言說儒家道德的形上學的根本義，此旨自是正確無誤。亦即，言道德的形上學的時候，天道理氣心性情才便在主體的實踐中一以貫之，價值意識貫通天道理氣性命情才，但是，這是在主體有實踐的時候才可言之，否則僅是講天道流行則意旨僅完成一半而已，天道流行自亦是貫通之，只是人道自己累於嗜欲之心而已，一旦人心挺立，逆覺體證，提起主體性的價值自覺，則人道與天道之價值意識合一。然而，牟先生

13. 牟宗三，《心體與性體》第二冊，頁二六六－二六七。

建立此旨固佳，他卻要為程頤、朱熹建立另一套道德哲學，即是本體宇宙論上只談氣化流變，本體工夫論上只談客觀認知。於是，一段簡單的程頤談「沖漠無朕、萬象森然」的討論，竟要將其意旨限縮在就是只談氣化流變的理論，亦即只有宇宙論而沒有本體宇宙論，只是談客觀氣化世界，而不是談道德目的創生下的大道流行，故而只言於形而下者，至於形而上者之理，則不參與感應，只存有不活動，割裂理氣矣。其實，牟先生之論於此，心中甚是不安，不見其屢言：「看之似無病」、「很可只是氣機渾然」、「很易使人想到只是氣機渾然」，這些都是牟先生固然發現程頤言意正當，卻要無病找病，以程頤言於存有論之不動之理，割裂程頤言於本體宇宙論之氣，於是理氣分離，言感應只是氣化宇宙論中事，而非先秦孔孟庸易以降的本體宇宙論，只有本體宇宙論才能理氣合、心性合、而一以貫之，於是把程頤之說判為形上形下分離之論。

牟先生這樣的思路，真可謂詭譎難通，然而為了貶抑伊川，下一段的討論就十分乖理了，關鍵就是，竟然不許濂溪、橫渠、明道之論旨亦即於氣，其言：

> 第15條是說「寂然不動，感而遂通，此已言人分上事。若論道，則萬理皆具，更不說感與未感。此一分判即明示伊川不以寂感說道體，其於「於穆不已」之體未能明澈甚顯。其心目中所意謂之道（道體）乃只是理。理則無所謂「感與未感」，故云：「更不說感與未感」也。尤可注意者，伊川對於道則說「萬理皆具」，而於「沖漠無朕」或「寂然不動」，則說「萬象森然已具」。於前者，則偏就理說；於後者，則偏就事說。當然，在就寂感以

言道體（於穆不已之體）者，固亦可說在此寂感誠體神體或於穆不已之體中「萬象森然已具」。此如濂溪言：「誠，五常之本，百行之源也。靜無而動有，至正而明達也。」又如明道言：「萬物皆備於我，不獨人爾，物皆然，都自這裡出去。」（天理篇）。又言：「言體天地之化，已賸一體字。只此便是天地之化，不可對此個、別有天地。」（一本篇）。又如象山言：「萬物森然於方寸之中，滿心而發，充塞宇宙，無非斯理。」若如此，則伊川言「萬象森然已具」亦不必是就氣機之渾然寂然說，而其所說之「沖漠無朕」、「無形無兆」、「寂然不動」，亦不必是說氣機之渾然寂然。曰：固是如此，但因其有此第15條之分判，即可顯出其言「萬象森然已具」是就有「感與未感」可說之氣機之渾然寂然說，而其所說之「沖漠無朕」等語亦實是說的氣機之渾然寂然。而據濂溪、明道、象山所說之森然已具一切事，或統攝一切事，卻是就誠體、神體、心體，或於穆不已之體說，而此體亦不可以氣言。此體亦即是理，故既具萬理，同時亦即統攝一切事，或創生妙運一切事，因而亦即森然已具一切事。然而伊川卻分判說，寂感是「人分上事」，於道「更不說感與未感」。此即表示「感與未感」，統天地萬物而言之，是就氣說，而於「人分上」則是屬於心，並不屬於性，而於形而上之理、道、性，更不可說「感與未感」也。是以既不可因濂溪、明道、象山，就體上言統攝一切事，即謂伊川之言「萬象森然已具」亦是就體上說，亦不可因伊川之言「萬象森然已具」是就氣上說，即謂濂溪、明道、象山之就體上言統攝一切事，其所謂體亦是氣或理氣不分也。蓋濂溪、明道、象山等所體會之體是心、是神、亦是理，是即存有即活動之動態的，而卻不即是氣，故既可即是理，因而具萬理，亦可說寂感，而卻不是氣機上之寂感也。而伊川所體會之道體卻只是理，是只存有而不活動的，不可以說寂感，故寂感只好屬於氣或屬於心（人分上）也。14

牟先生挑剔伊川文句，將其所言分為兩路，一路說理、一路說氣。首先，將伊川第十五條之「論道之萬理皆具」說為只是言於只存有不活動的理體，只因伊川說「更不說感與未感」，而牟先生認為，只是理則便無所謂感與未感，因牟先生認定的伊川之理就只是存有論上的不動理體，且不能即轉化為本體宇宙論的即理即氣之理，這就是限縮其意的刻意曲解。其實，伊川之意可以是說道體流行，自是圓滿而發，相對於人之體貼，會有感與不感、感得誠與感不誠而言，則天道必是直接流行，應感則感、當感則感、感而必通，故不必說感與未感，則伊川說得「萬理皆具，更不說感與未感」便是本體宇宙論的大化流行語，牟先生見到伊川說理，便直接黏在只存有不活動之存有論的形上理體說，故而不許其動。

其次，將伊川第十四條和第十六條說為只是氣，而說其：「偏就事說。」但是，相比於濂溪、明道、象山之類似之言，又難以區分，似乎伊川之說也可以是如其他幾位的以體攝事之言，但是，牟先生把話說死，因而其理甚乖。牟先生將其他三子的類似言語，明定為只是道體理體誠體仁體神體心體性體之活動，而不及氣，而伊川之說，便只是於氣上言。三子之道體，以理攝事，伊川之言，雖是言事而只及於氣。然而，既是事，便是人分上之事，既是人，便是心上之工夫，牟先生便把他一貫說伊川朱熹割裂心性、心性不一的論旨拿來擋話，心既不及性，心即不能感通形而上之性體理體道體神體誠體仁體，就算是人在做工夫，也做不上道德崇高境界，只是氣化形下世界的聞見之知而已。說到這裡已經是很奇怪的話了，不料牟先生竟講出更奇怪的話，那就是以三子之論於道體固即理攝事，但其道體卻不是氣，亦不是理氣不分，而是心神理一的動態寂感，而不是氣機渾然的寂感。筆者所謂之乖理是說，人無有不是存有論上的氣化實然的存有者，人之行事無有不是在現實世界的正德利用厚生之事，而天道流行無有不是在國土大地草木鳥獸諸現實世界上的流行，今說濂溪、明道、象山之言於道體者只是心性理神誠仁之一貫而不及氣，只能說主體的實踐全依誠仁之價值意識而行，而不受氣質之性耳目口鼻之欲之影響，卻不能說大化流行和主體實踐不在氣化世界上進行，難道牟先生是說得柏拉圖理型世界之自我套套邏輯嗎？這不正是方東美先生誤解柏拉圖而批評柏拉圖的理型世界的活動不及現實世界的眾生的意思嗎？[15] 牟先生為下貶程頤之說只落在氣化世界不能真為道德實踐，卻

14. 牟宗三，《心體與性體》第二冊，頁二六七－二六八。
15. 參見杜保瑞著：〈方東美對中國大乘佛學亦宗教亦哲學的基本立場〉，《師大學報——語言與文學類》第五十六卷，第二

乖理地建立三子之說非關形下世界，於是程朱之論只及形下氣化世界，其他儒者之論只在形上空理世界，這不是怪異至極之論嗎？

其實，牟先生論於程朱以外諸儒之道體是即存有即活動意旨，此旨，程朱亦然。牟先生特為別異程朱、陸王，便為陸王及濂溪橫渠明道建立即存有即活動卻不及氣的形上道體之論，而偏說程朱之道體理體只存有不活動，論寂感只在氣化世界，論工夫只在客觀認知，高陸王一系的結果，只能使他們脫離氣化世界，此誠不通之論，不必建立的理論，此說反而使周、張、明道、陸、王之說，脫離現實世界，成一理型之套套邏輯世界，若牟先生亦願以其及於氣，就必須同意程朱亦及於理，牟先生說程朱理氣分、心性情分，故氣不及理，理只是形上理體，只存有不活動，這也是奇怪至極之論了。

牟先生又針對第十六條談實體問題，其言：

大抵伊川當時常聽其老兄說此義，故亦如此說。但明道說此義是就誠體神體說，並不落在氣上說。吾人一看《易傳》此語，明是說的是神，而於此亦很易想到「感非自外」之義。「感非自外」意即寂體之神感神應，一通全通，非是氣上相對之二之有限的感應也。用今語言之，即非刺激反應之感與應也。如是刺激反應之感，則不必能「遂通天下之故」也。《易傳》言「不疾而速，不行而至」，皆是言神感神應。寂體之神感神應不在條件制約之中，故「感非自外」，一通全通，而亦是即寂即感，寂感一如。此完全是稱體而言，非就氣而言也。伊川於此不澈，既落在氣上言感，而又言「只是自內感」，此亦彷彿之辭耳。故朱子得以內外兼看，並以「語極須默，默極須語」說內感，此在氣上亦只能如此說，然非明道說「感非自外」之義也。

伊川於寂感真幾、「於穆不已」之體並不透澈。此四條渾淪一看，亦覺得不錯，亦似是說的這同一回事。然仔細檢查，由於其第15條之分判，以及感從氣之二上說，則知其所說並不是同一回事。伊川不自知也。彼對於誠體、神體、於穆不已之體，似並無清澈之意識。只因濂溪、橫渠、明道俱盛言誠體神體並於體上言寂感，故彼處於那早期之氣氛中亦隨之不明澈地如此一言耳。此「實體義」實並未進入其生命中也。故彼之《語錄》除此四條外，實少談及此「實體」義。伊川所能親切把握者，是工夫意義的「敬」（不是明道所說的敬體），是格物窮理的致知，以及天理之靜態的存有義。其質直、死板之心態固亦只能適宜於此也。彼對於誠體、神體、寂感真幾、於穆不已之體不能透澈，故於中和問題亦糾結繳繞，無結果而終。其言辭與見處顯不及呂大臨之明澈。彼於實體與中體無明澈之體會，然其思理之端緒與綱維固應有其所必至之歸結。朱子承之，經其辛苦參究，即能自覺

期，國立臺灣師範大學出版，二〇一一年九月，頁一—三一。杜保瑞：〈論方東美對西方哲學二元分立的評定〉，「二〇一〇中國哲學會會員大會暨方東美與懷德海論文發表會」，主辦單位：中國哲學會，二〇一〇年十二月十九日。

地予以釐清與確定表示，將其所應有之歸結一一予以明朗化而善成之。朱子誠可謂伊川之功臣，亦是伊川之知己，真能善紹伊川者也。16

伊川講感是自內感，就是主體性的價值自覺，由內而發，「寂然不動，感而遂通，萬物森然已具。感而遂通，感則只是內感，不是外面將一件物來感於此也。」此說之意是就天道作用而言，人性主體對之感通，是以主體內在自性的價值意識來感通其德而效法其行，而不是看到外面有什麼事物就以感官知覺來做感官感應而已，而是做了價值的自覺之感通，這就是本體工夫之旨。然牟先生已經固執地以伊川說道體寂感是在氣化現象世界的流變感知，即是感官知覺的刺激反應之感，沒有道德意識貫徹其中，此說，只是牟先生故意歪曲而已。又言《易傳》之寂感都是神感神應，故是一通全通，寂感一如，且非就氣而言也。事實上，《易傳》之說寂感，要不說有擬人化位格義的天道實體在感在通，要不就只能講人性主體體貼天道作用而後效行其寂其感，意即說寂感指天道作用有其目的有其價值有其意義有其規範，故有其感應，有其作用，而此作用，都是天地萬物大化流行的作用，都是藉氣以顯的作用，其價值明確、目的單一，故而四時行、百物生，牟先生硬說此《易傳》道體流行只是神感神應，等於是不及現象，則所論空泛無歸。又，此一價值目的為人性主體所體知而做工夫以實現之，因其能體能證，故曰感應，既是人之實踐，就是在現象世界的活動，就是家國天下的實事實理之行為，牟先生硬要說伊川之旨只是在講花草樹木鳥獸蟲魚黑白大小輕重寒暑的氣化世界的感知，此事從何說起？

牟先生說伊川對此實體把握不切，而此實體者，依牟先生之意就是道體、理體、心體、性體、誠體、仁體、神體等等之體之合一之體，其實，不做範疇解析則已，一旦進行範疇解析，這些範疇皆各有其意旨，不能等一，而且只有一種情況可以等一，那就是人性主體做工夫達聖境時，此時主體的價值意識貫徹不離，存有範疇皆貞守價值意識，在主體聖境中，諸範疇合義於價值意識，此時等一。然而，這不是實體的問題，這是境界論的問題，說為實體的問題是把境界論說成了存有論、形上學，反而是牟先生自己陷入了存有論的渾淪，故而牟先生所說的實體義是不諦之論。

至於說伊川能把握的只是敬的工夫，且是格物窮理的認知以及靜態的理體，這些都是牟先生自己創造出來的假議題，前文已論及，不再多談。

四、結論

牟先生論程頤，刻意為他建立橫攝靜涵系統的理論模型，筆者以為，並不存在這樣的模型，而是程頤較諸他家，多論於存有論議題，至於本體宇宙論，本來就是存有論預設的系統，是牟

16. 牟宗三，《心體與性體》第二冊，頁二六九–二七〇。

先生刻意框限其說而已。至於工夫論部分，亦非只是認知型，而是強調下學上達的多，但這不能表示，程頤論於工夫無有本體工夫意旨，即牟先生所謂逆覺體證意涵，且下學或上達或次第中的任一項工夫之進行亦皆是本體工夫。筆者以為，強調程頤有存有論特色及工夫次第論要點是對的，但說存有論是儒學的一型，而有別於或不通義於本體宇宙論者，以及說下學上達是助緣工夫而非本質工夫，與達聖境無關，筆者決不認同。牟先生討論程頤尚有許多主題，其他議題，就不再多論，暫結於此，以後再進入牟先生對朱熹的討論。

第七章　對牟宗三胡宏詮釋的境界形上學之方法論反思

一、前言

牟先生的《心體與性體》之作，乃在藉由程朱、陸王的對比，建立他自己的一套形上學理論，謂之道德的形上學。這一套理論，意境高遠，意旨幽深。在他討論到胡宏哲學的時候，差不多把胡宏哲學說成了一套境界形上學，並且他自己又對這套理論提出了三個問題，又自己回答，此處之理論問題，關係重大，本文將予以討論。而筆者對這整套理論，也有許多質疑。本文之作，即是針對此一境界形上學的理論反思，筆者所謂的境界形上學，類似於牟先生自己所提出的境界型態的形上學意旨，但牟先生以為儒道佛皆有境界型態的形上學，唯儒家另有實有型態的形上學。然而依筆者之見，即便是牟先生的實有型態的儒家形上學，亦仍是境界形上學，亦即說的根本就是聖人境界，而不是真正的客觀實有的形上學。牟先生於討論胡宏哲學時自己所問的三大問題的回答，都只能使他的儒家道德形上學成為就是境界哲學，只是被他說為形上學了而已。

本文之討論，聚焦上述問題，至於牟先生對胡宏哲學的詮釋，重點都反映在這套形上學的設問及回答中，但是，牟先生的行文，卻仍是大量地就著朱熹詮釋做對比的批判而進展，這部分的討論，筆者將不在本文中進行。一方面，筆者對牟先生的朱熹詮釋，持絕對反對的意見，所論已多，不再重複，二方面，朱熹在《知言疑義》中對胡宏的批評，筆者亦不贊同，這一部分已討論於拙作《南宋儒學》專書中，[1]牟先生自是有理由批評朱熹的誤解的，只是，牟先生的意見，在貶抑朱熹方面，又言之太過，在推崇胡宏方面，則是進入了本文要討論的境界形上學的範疇，總之，為簡明行文，對牟先生在胡宏章對朱熹的批評意見便不在本章處理。

二、牟先生對胡宏哲學定位的基本問題

牟先生對胡宏學說，給予了一套明確的儒學型態的定位，「以心著性」，是消化北宋諸儒從《中庸》、《易傳》的道體性體以會通孔孟之仁與本心之路，其言：

五峰之思路，除逆覺體證之工夫入路外，其重點大體是在心性對揚、以心著性，盛言盡心以成性，而最後終歸於心性是一。此路既不同於伊川、朱子之靜涵靜攝系統，亦不全同於陸、王之純從孟子學入者。此蓋承北宋濂溪、橫渠、明道之會通《中庸》、《易傳》而言道體，即本天命於穆不已之體而言性體，而復本明道之「識仁」，以會通孔子之仁與孟子所言

之本心，而以心著性也。此以「由《中庸》、《易傳》言道體、性體」為首出者，所必應有之恰當之義也。純從孟子入者，則不必有此回應，只直下是一心之申展，陸、王是也。然孔子之踐仁知天，孟子之盡心知性知天，固必然涵蘊《中庸》、《易傳》以天命於穆不已之體言道體、性體之充分展露，則承北宋之以「由《中庸》、《易傳》言道體、性體」為首出者，固必應再復返於孔、孟而有此回應也。即在此回應上，遂有「以心著性」義之開出。2

牟先生要為胡宏之學設立一個特定的儒學型態，即儒學自孔孟發展到《易、庸》之後，由北宋周、張之路到胡宏、劉蕺山之路，即是再下由《易、庸》轉出而上達孔孟之路。牟先生以「以心著性」一詞說之，此說之真義在於：使客觀的本體宇宙論，與主觀的本體工夫論結合，成立一套動態的道德形上學。就此而言，筆者以為，這一套理論，在孟子學及《中庸》《易傳》學中已經成立，之後宋明諸儒之學，即就此學各自發揮各個哲學基本問題的種種面向，且都呼應並符合孔、孟、易、庸之學，而皆有功於儒學的發展。然而牟先生以三系說之，則是為批評程朱之一系而設，故必強調周、張、胡、劉之系與陸、王之系可以合流，而程、朱另為別子，與孔、孟、易、庸不一路，此說，筆者以為，析理太過，且自身亦有許多問題，就其倡言周、張、

---

1. 參見杜保瑞著：《南宋儒學》，臺灣商務印書館。
2. 參見牟宗三著：《心體與性體》第二冊，台北：正中書局，一九八三年五月，台修五版，頁四三一。

明道、五峰、蕺山為一型，與陸、王不同而言，固有可說之處，但也蘊含若干問題。簡述筆者對牟先生說程、朱一系的檢討，關鍵就是並不存在牟先生所說的「橫攝靜涵」的類型，即便程、朱有所謂「橫攝靜涵」的理論項目，程、朱一樣有牟先生自己定義下的「縱貫縱講」的理論意旨，且周、張、陸、王亦有「橫攝靜涵」認知系統的理論項目，絕不能如牟先生如此刻意別異的諸家類型嚴分的詮釋。程、朱之學就不再申述。周、張、陸、王之學，依牟先生分為兩型，其中五峰、蕺山即是周、張型之極致經典，此說，亦有對周、張學說的詮釋上的問題，包括明道，即是牟先生逐漸地建立一套境界形上學的理論模型，以此為經典，周、張亦有缺失，明道亦有不及，唯五峰、蕺山無弊，但牟先生竟說實際上五峰、蕺山尚不知其說之如此精到，唯賴牟先生自己點明之。

五峰、蕺山學之高明於何處？關鍵就是：主體的實踐使客觀本體宇宙論確實具有價值理想的現實意義，故而證成且圓滿了此一道德的形上學。牟先生屢言此學完成於聖人境界，因此筆者要說，其實牟先生最終所談的就是境界哲學，此旨，將在本文後面三節中落實。此處，筆者要強調的是，即便在牟先生建立五峰學說之此一類型的過程中，亦有對周、張、明道、五峰、蕺山學甚至包括孔孟之學的詮釋上的偏差的問題，所以，牟先生自創境界哲學型態的形上學之說固有其創作之功效，但就文本詮釋而言卻有其析理太過以致詮釋偏差的種種缺點，要言之，牟先生自創一套境界形上學，過程中對各家詮釋頗有偏失，以下的討論將一一指出。

首先一個問題是，以五峰、蕺山學為此型之極致時，牟先生卻認為周、張、明道尚未圓成。此說，依牟先生自己標準而言，筆者以為有刻意論述之失。依其說，以主觀面呈現客觀面的道德形上學之圓成，此意旨在周、張、明道學說中已然呈現，並無少欠。端視文本詮釋上的用力程度而已。

第二個問題，牟先生講工夫為逆覺體證，而五峰、蕺山倡言之旨為「以心著性」，「以心著性」實為牟先生自己的鑄辭，胡、劉未及言之，此不嚴重，重要的是，牟先生認為此「形著義」在孟子之說和陸、王之學中竟未能含具，唯由五峰、蕺山說出，此旨實甚費解？形著之旨既是工夫實踐也是知識證成，就工夫實踐，孟子、象山、陽明皆是申論此旨，但若是要說孟、陸、王沒有形著義，那只能說是沒有證成義，但若說是證成義，恐五峰、蕺山亦無證成義，只其本天道以說工夫，而象山、陽明依本心以說工夫，然本心即天道，即性，即理，因此以此區分孟、陸、王和五峰、蕺山學的有無形著義，也是牟先生自己析理太過，刻意分型。

第三個問題，形著義中以主觀面充實客觀面而實踐並證成之，則客觀面的氣化世界便兼及之，兼及之方是理論的圓滿，唯牟先生自討論周、張學說之始，就不斷地伸說此道體理體性體心體仁體者，是唯理無氣的存有，若是，則有義理的嚴重問題，熊十力論於本體，就是涵攝現象的整體，其中有性智作用，翕闢成變，不捨現象，牟先生竟捨現象而說形上學，其用意在別異程朱，因為程朱理氣論言及氣稟，牟先生黜其說，以為不能有純善無惡的本心發動而真充實逆覺體證矣，此說，筆者以為是哲學基本問題的錯置，說現象世界的結構，如佛家的生滅門，但主體有真如，故最終成佛。程朱說理氣論，也是要說現象世界以及為惡的原因，但有天命天理天道本性本心在，故而最終可以做工夫而成聖，除非陸王是幽靈存有，否則亦是氣稟所成，其本心用事固已善反，但所成境界就是及於氣稟及於現象及於世界的，說本心純善無惡狀者可，說本心天理唯心無氣，且成以主觀面充實且圓成客觀面時，此不及氣之說，就顯乖理，若不是對程朱理氣論無謂的犯忌諱，何至於說此？說了對道德形上學沒有幫助，反而限縮了意旨，難道主體實踐已成聖境不是落實在具體現象世界嗎？難道道德實踐的主體人存有者不是活生生的氣稟結構下的人類生命嗎？此一問題，在牟先生文中屢屢糾纏，說過去說過來，始終不能澄清，最後在談聖人境界時則下了定論，但也因此留下了筆者所提的嚴重問題。

以上三個問題將在本節中討論，另外有三個問題是牟先生自己提出來的，則在後三節中討論。就究竟「以心著性」及不及於氣言，牟先生以下有一段文字，言之糾纏不明：

五峰言：氣之流行，性為之主。性之流行，心為之主。

牟先生言：

案：性為客觀性原則、自性原則。莫尊於性。性也者，所以為氣變之「客觀之主」也。但如果只有自性原則，而無形著原則，擇性體亦不能彰顯而真實化而具體化。心是形著原則。心也者，所以為體現性體之「主觀之主」也。「氣之流行」是實說，言實有「流行」也，故云氣變或氣化。至於「性之流行」，猶云「天理流行」，「於穆不已」之天命流行，此則流行而不流行。雖動而亦靜，雖靜而亦動，與「氣之流行」不同也。故此「流行」是虛說。但性體亦非如伊川、朱子所理解之「只是理」，亦含有至誠不息之神用，故亦云「流行」也。但其「流行」之所以為「流行」之真實義、具體義、形著義，則在心體處見。於性說流行，是客觀地虛說，亦是形式地說，其落實處是心之自覺之「形著之用」。無心之形著之用，則性體流行亦只潛隱自存而已耳。心為性之主，與性為氣之主，此兩「主」字意義不同。性為氣之主是客觀地、形式地為其綱紀之主，亦是存有論地為其存在之主；心為性之主是主觀地、實際地為其「形著之主」，心與性非異體也。至乎心體全幅朗現，性體全部明著，性無外，心無外，心性融一，心即是性，則總謂「心為氣之主」亦可，此就形著之圓頓義而言也。此則亦綱紀亦形著，綱紀形著為一也。心亦主觀亦客觀，性亦客觀亦主觀，主客觀為一即心性為一也。此所以「莫大於心」也。（實則言「莫貴於心」、「莫尊於性」為較好。蓋性亦大亦久也。）3

本文之中，兩種問題置於其中，一是說明形著之意，一是處理氣化問題。形著是以心著性，

---

3. 牟宗三，《心體與性體》第二冊，頁四三八。

所以其實說的就是工夫論，在本體工夫論中使本體宇宙論被充實而後有了道德意涵。如果沒有心之著性作用，性之流行是虛說，亦即，天地萬物固有其存在及運行，且有其運行之理在，即「氣之流行，性為之主」，但是，尚未落實，不能彰顯具體化、真實化意旨。筆者以為，講本體宇宙論，講到這裡，意旨已明，並無虛欠，更非只是形式虛說，牟先生刻意說此，就是要把工夫論實入形上學中，使成動態的道德形上學，但也就在動態的道德形上學中，心性變成一事，非異體，此心性是一之同體者，便有把原先肯定的氣化世界遺落的缺失，原先講氣之流行，確實是陰陽五行山川大地的存在及作用，但牟先生等於是說，若無心之形著作用，則存在的世界任其變化流行，卻不真實不具體，亦即不形著，不形著即是沒有價值意義。原先性固其理之存有論，尚不具體不真實，只是一個空殼的宇宙。此說，雖非否定《中庸》、《易傳》的價值，但卻是高度抬高主體實踐的意義，亦即，必有主體實踐，山川大地的存在才有其意義。如此一來，程朱之說理，便只是橫攝的空殼，只言及宇宙存在，卻不能實有具體理想化之。此說之中，已無形地邊緣化氣化世界的存在，亦刻意地貶抑說客觀世界的存在之理，此理，已有性在，已是天理的道德意志在其中，卻因尚未形著，故是虛說。筆者以為，牟先生說「性為氣主」之為綱紀之主時，就已經實理化之矣，已使天地有其價值意義，至於做不做工夫，亦不增些亦不減些，這只是人分自己的活動與否而已，牟先生必充實以心之形著以為動態的道德形上學，這是要建立他的特殊型態之境界形上學的用心結果，此一用心，話語過多，意旨糾結，多生難題，於文本詮釋上極有失誤。

牟先生為五峰建立「以心著性」之意旨，以下這段文字言之甚明：

五峰言：

天命之謂性。性，天下之大本也。堯、舜、禹、湯、文王、仲尼六君子先後相詔，必曰心，而不曰性，何也？曰：心也者，知天地宰萬物以成性者也。六君子盡心者也，故能立天下之大本。人至於今賴焉。不然，異端並作，物從其類而瓜分，孰能一之？

牟先生言：

案：此則明點心為關鍵。「性為天下之大本」，雖至秘至奧（「性也者，天地鬼神之奧也」，見下第六節），而非心不彰。性至尊，心至貴者，此也。心是形著原則。其「知天地」之知是「乾知大始」、「乾以易知」之知，是「主」義。「知天地」即是「官天地」，是由「仁心體物而不遺」而來。「宰萬物」亦如之。此皆是本體性的心之本體宇宙論的直貫義與通澈義。非是認識論的「知」也。知之照澈與通澈是立體直貫地照澈之與通澈之，是豎知，非橫知。橫知是認知心之認知的知，豎知是實體性的心之直貫；知之即是通澈之，通澈之即是實現之或存在之。故心對性言，是形著原則，對天地萬物言，即是生化原則或創生原則也。

「知天地宰萬物以成性」，「成性」是形著之成非「本無今有」之成。即因心之形著而使性成其為真實而具體之性也。性至此，始真成其為性。「六君子盡心者也，故能立天下之大本」，此「立」亦是形著之立，非「本無今有」之立。此言惟因「盡心」，始能使作為「天下之大本」之性得其具體化與真實化，彰顯而挺立，以真成其為「天下之大本」也。豈有離仁心而別有空言之「大本」也哉？此形著之義本無可疑。此是由《中庸》、《易傳》之以「於穆不已」之天命之體言性，而復回歸於孔、孟，而欲會通之仁與孟子之心性者所必應有之義。此義幾乎是必然的，而且亦是恰當的。4

本文還是說主體之本心呈現性體之價值而使天地萬物之生發有其真實理想義在之宗旨。文中對知的討論，強調非認識橫知之知，亦即不是程朱哲學一般地只是去說存有論的範疇原理以為思辨哲學認識的對象，而是縱貫創生的作用。亦即是配合本體宇宙論地對天地萬物有生發作用的創生之知，知之即創生之之意旨。創生是本體宇宙論本有的功能，是性體本來的作用，必欲強調以心著性者，乃為強調本心至善之價值義是在本體宇宙論的創生作用中之真實作用、實際參與使成理想之旨。其實，心著不著性，是存有者主體自己的實踐修養工夫，對於本體宇宙論的天道作用，是不增不減的，此義橫渠、明道皆已盛發之。牟先生必欲強調五峰之此旨，實為貶抑五峰敵論朱熹的系統，貶為橫攝靜涵認知系統，亦即只說及原理卻不談其創生，工夫只及客觀認知不及主體親證，又因把五峰系統捧得太高，故必須有以別異於陸王系統，說其只是主觀面的挺立，未伸言倡言客觀面的落實。所以才說要以心著性，而不只是一心之發，才真是使性成其具體真實之性，性者天理，即天道，即在本心之成性著性之作為中，建立了客觀天道之所以為天道理體的真實意旨。

就此旨而言，筆者認為，《中庸》、《易傳》已完備此旨，當牟先生說《庸、易》是順孔孟之仁與本心而上遂之本體宇宙論系統時，《中庸》性道教之系統，《易傳》「繼善成性」之系統，就是主客觀合一之系統矣，不必待五峰、蕺山盛言之方為一必然有之系統，且周、張、明道之系統亦無有缺差，說有缺差者是論及氣稟世界以及境界展現議題時的牟先生自己的特殊偏見解讀才有偏差的。

總之，以心著性之說，高則高矣，美則美矣，本身無誤，有偏差者，對周、張、明道略有不及之詮釋本身有誤，對程、朱之貶抑更有誤旨。

然而，此一極高之型態，在後來的討論中，便發現其實只能是就境界哲學而說方才可以。牟先生必強調「以心著性」又見下文：

> 胡氏此處，言盡心不悖孟子之意。性固是「天下之大本」，然「六君子先後相詔，必曰心，而不曰性，何也？」豈非因盡心以成性乎？此明示心為形著原則，性為自性原則。[4]

---

4. 牟宗三，《心體與性體》第二冊，頁四四六—四四七。

如無心之形著，性只是客觀地潛存，即不能成為具體的、真實的性。「成性」是形著地成，這通過心之形著始能完成或成就性之為「天下之大本」也。故云：「六君子盡心者也，故能立天下之大本。」此「立」亦是形著地立，非「本無今有」之立也。[5]

這是同一段五峰文本的解讀，意旨前文已現，現再強調，此說，以未經心之著性前之性者，只客觀潛存，不能為具體真實的性，那就是說，天地固有其然，卻未盡善盡美，必有君子聖人之實踐，才有其盡善盡美之境。此說，可也，但已非形上學問題，而是社會政治哲學問題，收到四方架構說時，則是境界哲學問題，意即，是在聖境中此性才真正完成其真實具體的天道理體純善無惡之性。所以筆者要說，牟先生一味飆高之論，最後必須只能是說聖人境界，卻把聖人境界說成了動態的道德形上學，然後貶抑只說及工夫的陸王系統缺此客觀面，而只說及存有論原理的程朱系統缺此實踐面。

牟先生必欲成就其「以心著性」說是圓滿完美的系統，筆者以為，此說是牟先生自己過高的推崇，為成就此高明之旨，不免犧牲各家理論的地位，但是，即便是五峰之說，亦有許多和各家理論意旨相同的論點，牟先生不能一一抹除，故而費力註解，其中，關於氣稟之事，胡宏有一段討論，牟先生的討論就見出前此被他貶抑的系統確實有其不可非議的理論功能在，參見：

五峰言：凡天命所有，而眾人有之者，聖人皆有之。人以情為有累也，聖人不去情。

人以才為有害也，聖人不病才。人以欲為不善也，聖人不絕欲。人以術為傷德也，聖人不棄術。人以憂為非達也，聖人不忘憂。人以怨為非宏也，聖人不釋怨。然則何必別於眾人乎？聖人發而中節，而眾人不中節也。中節者為是，不中節者為非。挾是而行，則為正。挾非而行，則為邪。正者為善，邪者為惡。而世儒乃以善惡言性，邈乎遼哉！

牟先生言：

案：情、才、欲、術、憂、怨等等皆可有好壞兩義，只在溺與不溺耳。本心屹立，則皆可稱體而發，轉化而為好的意義。「聖人發而中節」，則皆善也。「眾人不中節」，則皆惡也。此亦「同體而異用，同行而異情」之義也。中節者即天理，不中節者即人欲。天理者為是、為正、為善。人欲者為非、為邪、為惡。是非、正邪、善惡乃是情、才、欲、術、憂、怨等之表現而為事相上的事。在明道「生之謂性」義中，善惡是性體混雜在氣稟中表現的事。性雜在氣稟中的表現是性之表現。性之表現亦正函氣稟之表現。性之表現上有善惡正因氣稟之表現有善惡。五峰此處是就情、才、欲、術、憂、怨等之表現說。而情才等等屬於氣，故亦屬於氣稟之表現也。氣稟之表現同時亦函有性體之表現。無論就性之表現

5. 牟宗三，《心體與性體》第二冊，頁四五三。

說，或就屬於氣者之表現說，是非、正邪、善惡皆是就表現上說，而一有表現皆是事相，故亦是皆就表現上之事相說。性體自身非事，故亦無相。性體無相是至善義，非中性無記義，因此值得嘆美。但「人生氣稟，理有善惡」。氣稟自身本有種種顏色，如清濁、厚薄、剛柔、緩急之類是。是以氣稟自身不能說無相。6

又，此段就情、才、欲等而言其為「天命所有」，此「天命」是帶著氣化說，不純是以理言也。「天命之謂性」，則純是以理言。「維天之命，於穆不已」亦是純言體。「天命不已」雖非即氣化，然由其「不已」亦函著氣化不息。故通氣化而言「天命」亦可許也。凡孔、孟所言之天命或命或天而有超越限定意味者，或有慨嘆意味者，皆是帶著氣化說，不純是以理言或以體言的天或天命，當然亦必是通著體的天或天命，決不是隔絕了體而單落在氣上說。惟偏重其超越限定義，始有令人慨嘆的意味，因而亦有其嚴肅義。若純以理言或以體言的天或天命，則無可容其慨嘆也（當然亦有其莊嚴、崇高、嚴肅等義）。在此不說限定，而說是吾人之本分（「分定故也」之「分」），性分之所命，天命之體之所命。五峰此處帶著氣化說「天命」，不是說其超越限定義，而是據之以說情、才、欲等之實有，即此亦是天命帶著氣化之所必有也。「眾人有之」，聖人亦有之。聖人於此單純的有上不能異於眾也，故亦不能廢（至於氣稟上所有之顏色自不同）。聖人之所以異於眾者唯在其能「發而中節」耳。「節」之源仍在以理言或以體言的天命性體也。（中節不中節之因，氣稟顏色之異亦大有關係，此已隨處言之，茲不必詳。）[7]

五峰談聖人發而中節，故超越情才欲術憂怨，後者氣稟之所成，且聖功之所依，故而聖人者，變化氣質以成性者。就此而言，談工夫，無有不是變化氣質而成就的，談現象，無有不是陰陽五行之氣所成就的，因此談本體宇宙論也好，必就現象之氣稟以論說，談本體工夫論也好，亦須就主體的氣稟結構以論說，因此，從存有範疇進路討論理氣結構問題，正是儒家道德哲學必要有的理論環節，牟先生好言高論，好說聖境純善無惡，故而多有排斥氣稟之論。

然而，就此文而言，牟先生不好再非議了。這種對氣稟之事的非議之論，已經發生在牟先生談周濂溪、談張載的理論中多處矣。牟先生高胡宏貶朱熹，要是再予非議，便沒有知音了，這次只好適為順解。文中說天命不能不在氣稟事項上表現，天命帶著氣化，情才欲為天命所有，因此聖人之作為亦不能不在情才欲術憂怨上處理，便是對此旨之尊重。但是，文中仍說性體自身非事，且無相又至善，這些說法都是多餘，都是還要別異心性是一而非氣稟之旨的殘餘，若性是純善無相非事，那豈非正是朱熹言於理者潔淨空闊純善無惡之意旨了，牟先生之性能不是

6. 牟宗三，《心體與性體》第二冊，頁四七〇—四七一。
7. 牟宗三，《心體與性體》第二冊，頁四七三—四七四。

天理嗎？能不是天道嗎？能不是潔淨空闊不動純善之性體嗎？所以說，從存有論說這些概念的定義及關係之旨，就是必須要有的儒學理論部分。至於當說及工夫論時，便是「以心著性」之旨，便是牟先生的逆覺體證之說，則是心性是一的所論之處，此時說為主體狀態純善無惡無氣稟之私是當然的，然而，這是就聖境而說的，不是就形上學而說的，所以，必說有純善無惡非氣的動態的道德形上學之旨，只能是就聖境說，亦不能因此貶抑諸儒之它說。

牟先生以心性是一說純善之理體道體，再將情與氣屏除在外之作法，仍不斷出現，以下另有兩段文字說及，筆者不厭其煩再予呈現。

五峰言：

> 天地，聖人之父母。聖人，天地之子也。有父母，則有子矣。有子，則有父母矣。此萬物之所以著見，道之所以名也。非聖人能名道也；有是道，則有是名也。聖人指明其體曰性，指明其用曰心。性不能不動，動則心矣。聖人傳心，教天下以仁也。

五峰言：

> 五峰言：「指明其體曰性。」意與堯夫語同，言道以性為體。性命、天道為一，道不能不落實而為個體之性。道體於穆不已，生物不測，本即是一「即活動即存有」之奧體，而此實義完全在性體中見。故「指明其體曰性」，即就性體之創生義、定向義、奧密義、

言道即以性體處所見之即活動即存有義，來證實道體之所以為奧體、屬於穆不已之體也。言道即以性體處所見之創生義、定向義、奧密義、即活動即存有義，為其體性或本質也。「指明其用曰心」，言即就道之「生物不測」之用、妙運無方之神，而說為心也。落於心自身而言之，則心自身之自覺義、妙用義，乃至自主、自律、自有天則義，即反而形著道之生物不測之用與妙運無方之神也。形著道體之用，即形著性體之用也。客觀地言之，道體、性體之用即是心。「性不能不動，動則心矣」，此亦是客觀地順性體而言也。「性不能不動」即示性體為「即活動即存有」之體，而不是「只存有而不活動」之「只是理」也。就其「活動」義言即是心矣。主觀地就心自身之自覺義、妙用義，乃至自主、自律、自有天則義言之，則心亦反而形著道體性體之用，即形著其活動義也。「盡心以成性」即此形著之用也。客觀地順體言之，是融心於性。主觀地形著言之，是融性於心。融心於性，性即是心矣。融性於心，心即是性矣。五峰惟是心性對言。對言者為明形著之用，而最後是一也。此是以《中庸》、《易傳》之道體性體為首出而欲會通《論》、《孟》之仁與心者所必應有之義。融心於性，性即是心，則性不虛懸，有心以實之，性為具體而真實之性，是則客觀而主觀矣。融性於心，心即是性，則心不偏枯，有性以立之（挺立之立），心為實體性的立體之心，是則主觀而客觀矣。分別言之，心是形著之主，性是綱紀之主。主立而情從之，即不必鼎立而再言情矣。蓋依五峰，心、性唯自體言，情則以氣言。盡心成性乃所以主情而宰氣，而心不可以氣言。此則唯是體之主情宰氣以成用，情之「有」不自體上葛藤也。8

牟先生說道體時已是自身能動之存有實體了，功能完整，道體以性體說之，範疇等同。然而，為提高聖境以別異他說，竟又主張若非「心體形著性體」則性體不真實具體，此說確實多餘。除非，此心非聖人之心，而是天道之心，是仁者天地生物之心，則天已有心矣，不待聖人而後有「以心著性」，是天道自身之作用而以心說，心又反著其性其天道，這樣，天道論已說完了一切，工夫論是另一個問題，則聖境亦不必強說了。然而，牟先生必以心性二分對舉然後合一，「五峰惟是心性對言」，又說心是主觀，則此心非聖人之心又不可矣，故而進入工夫論與境界論旨。此時，主立情從，情又不在體上葛藤了，亦即，以心著性、性立心宰，此時，又不可言情了。此處之又不可言情，就是又要把情與氣稟排除了，前說道體自身活動，活動者不能不是整體天地萬物之大化流行之動，主體實踐的以成聖境的修養活動，以心著性的活動，也不能不是即在氣稟存有者的人身上的實踐活動，若一定要說個唯理無氣只心性理道者，則與朱熹論於存有範疇時之潔淨空闊不動之理體有何差別？若此純善之理又要活動，則不能不及氣及現象及才情欲憂怨而動。總之，說存有範疇是一套文字理路，說主體實踐是一套文字理路，說存在界的大化流行是一套文字理路，牟先生就是把存有論把本體宇宙論把本體工夫論把境界論都合在一起說，要肯定誰時就拿哪部分出來說，要否定誰時又拿另一部分出來說，總之就是他自創的聖人境界以為動態的道德形上學最為優異，此種方式，不斷犧牲各家學說的本意精要，輾轉跳躍，意旨詭譎。

牟先生說性體之動有三義，其中五峰之性，非程朱之性，此處，又是就各種哲學問題混同而言者，把本體宇宙論和存有者的存有範疇混在一起處理，其言：

（二）胡五峰之說法，在此，性為「天下之大本」，為「天地鬼神之奧」，為絕對至善之實體，此則本「於穆不已」之天命之體而言。「性不能不動，動則心矣。」此動是就性體之為「即活動即存有」之「活動」義說，不是激發起之動，更不是氣之動靜之動。故不就此「活動」義說情說欲，而說心。就此活動義說心，此心是形而上的本心、天心，由孔子之仁與孟子所說之道德的本心以實之，或由《中庸》、《易傳》所說之誠體神體以實之。心性是一，對言者為明心之「形著之用」，亦為明性為「具體而真實」之性。心性俱是形而上者，指示一個「即活動即存有」之創造實體。此體主情宰氣而成用，即其創生之大用，使生化不息為可能者，亦即其道德創造之大用，使道德行為純亦不已為可能者。情以氣言，生化亦就氣言，皆是形而下者。形而下者有體以貫之，則皆成實體之用矣。五峰言：「情效天下之動。」此動是氣化之動，情變之動，不是「性體之動而為心」之動也。《易

8. 牟宗三，《心體與性體》第二冊，頁四八六－四八七。

傳》言「天下之動貞夫一者也」。「貞夫一」，則動不妄動，亦非虛浮之動，乃有體以宰之與實之之動，如是，「天下之動」乃成天道性體之大用流行矣。在此系義理中，並無「性之動為情」與心性情三分之說法。即使「太極動而生陽」，如果太極是「即活動即存有」之誠體神體，則由其活動義之自身亦只能說神，而不能說氣；如果由其活動義而說到氣，所謂「動而生陽」或「靜而生陰」，于此想予以本體宇宙論的解析，而可使吾人說太極真體動而為氣，或性體動而為情，則亦當有一種特別之解說，須善會其過渡，而不可直認太極真體或性體之「活動」義即是成為氣或成為情之動也。關此詳見〈濂溪章〉。孟子說惻隱之心、羞惡之心等，明是說心，而不是說情，尤其不是心與情之二分。此只是說具體而真實的道德真心，即使惻隱等有情的意義，亦是「即心」之本情，是以心言以理言的情，而不是以氣言的情。在孟子，此具體而真實的道德真心即是性，只是一個道德創造之真體，並無心性情之三分、性只是理、性動而為情、心統性情之說也。9

此說之中，心性是一，也是誠體神體道體，是形而上者，是實體，固然宰情主氣而動，能貞夫一，而成大用流行，但自身不是氣。說不是氣並無不可，但僅就形上世界而說時，豈不類似柏拉圖之理型矣，此說與熊十力論於本體意旨不符。且，僅是形上實體，便不是聖境，聖境必就人存有者而說，是人存有者，豈有無氣稟之人？所以牟先生說的心性是一且是神體誠體之形上道體，而不是氣，美則美矣，但功能上要做什麼？實是意旨不明。

本文又以此說別異程朱論於心性情關係理氣關係之論，說太極之動不能成氣，難道太極成了柏拉圖的理型？說孟子之心不能是情，難道此心不去人欲存天理？說此心只是以理言不是以氣言，只是一個道德創造的真體，而有以別異心性情三分的程朱之說，難道盡心盡性之功不在情上處置而能有其功？筆者主張，說天道必及於氣化世界，說人道必及於氣稟善惡，說靜態的存有範疇，才可以心性情才理氣一一分說而互不相混，說動態作用，則所有概念交涉相關，尤其是「以心著性」之時，若非主體實踐做工夫以去人欲存天理，則何以言此「以心著性」之意旨？牟先生確實是混合問題，從而任意抑揚諸論。

牟先生主張孔孟之仁心與《易、庸》之實體必須呼應合拍以成同體，不使合拍者是小慧，此說，當指勞思光先生「心性論中心」以貶抑形上學、宇宙論系統的理論。10

三、牟先生對主客合一的討論

接著，牟先生便綜論北宋諸家，這其中，實在有太多對各家的曲解貶抑之詞，而絕非必要

9. 牟宗三，《心體與性體》第二冊，頁四八八－四八九。
10. 牟宗三，《心體與性體》第二冊，頁五〇八。

者。其言：

北宋三家即承《中庸》、《易傳》之圓滿發展，而以《中庸》、《易傳》為首出，從此頂峰上言。彼等如此進入亦當是在原則上不能認為《中庸》、《易傳》所展示之道體性體乃至誠體神體與孔子之仁以及孟子之內在的心性為有隔異而不可通者。其初濂溪雖少講《論》、《孟》，只是意識與趣之未及。橫渠已能及之，而言之不顯豁，人不易見。實則其言「兼體無累」，言「繼善成性」、言「心能盡性」、言「仁敦化」、言「仁體事無不在」，皆本《論》、《孟》而言，是已充其極而通而一之矣。至明道盛言「一本」，則尤能充分意識到孔子之仁、孟子之心性與《中庸》、《易傳》之天道性體直下為一矣。先秦儒家是由《論》、《孟》發展到《中庸》、《易傳》，北宋三家則是由《中庸》、《易傳》漸回到《論》、《孟》。如果吾人知由《論》、《孟》到《中庸》、《易傳》是一步圓滿的發展，則由濂溪、橫渠而發展至明道之直下認為一並非無據矣，亦並非不可矣。此「認為一」甚至乃是宋、明儒之共同意識。陸、王系純從心說，無論矣。即伊川、朱子亦不能認為原則上不應合一也。惟對於心性之自覺的理解有不同，遂不期而成為三系矣。11

牟先生第一段話就頗為多餘，北宋諸儒若非儒家意識又何來振興儒學的創作，固然其說多由《中庸》、《易傳》入，但絕不少論及《論、孟》，周敦頤承《論語》之說多矣，張載亦然，牟先生對周、張的兩段評語皆不真諦，先秦儒固是由孔、孟上至《庸、易》，但宋明儒自始即是孔、孟、《庸、易》一齊承受，而各自再度創發各個哲學基本問題的不同面向而已，此旨筆者已多言於《北宋儒學》專書中，以及對牟先生談北宋儒學的多篇論文中，不再多言。至於說陸王純從心說，而程朱不解心性意旨，則絕非筆者所能同意。周敦頤是從本體論宇宙論說聖人境界，張載是宇宙論、本體論、工夫論、境界論皆豐富意旨，程明道是從聖人境界的展現說其意旨，程伊川是對孟子性善論做存有論的發揮，並及《大學》下學上達之工夫次第論的發揮，朱熹承繼伊川，亦兼及本體宇宙論和本體工夫論，陸王是本體工夫論為主。牟先生的工作模式是單以形上學為論題，卻把不同問題皆以形上學說之，結果成就了特殊型態的形上學，就是聖人境界也成了圓滿的形上學，工夫論也成了動態的形上學，講心性情理氣關係的形上學反而成了靜態橫攝的形上學，講工夫論的只成了心學。這樣混合為一的說法，實不能彰顯諸儒意旨，反而限縮諸義，且曲解文本。以下，即是本文中牟先生所提的第一個重要問題，而令他十分費詞地討論者，即是如何真能「以心著性」？其言：

胡五峰是南渡後第一個承北宋三家尤其是明道而重新消化反省者。明道之以《中庸》、《易傳》為首出，會通《論》、《孟》而為一，直下言「一本」，此乃是北宋開始復興儒

---

11. 牟宗三，《心體與性體》第二冊，頁五〇八－五〇九。

學所成之圓教之模型。惟明道在分解的認識上說《中庸》、《易傳》之天道性體乃至誠體神體與孔子之仁以及孟子之心性是一，此只是平說，即只是以「即是」之方式說，人尚不易知其所以是一之實，即在分解的解析上似稍有不足處；其在融會的認識上說「一本」，只是直下圓頓地言之，人亦嫌籠統，朱子所謂「渾淪」是也，人亦不易知其所以為「一本」之實。前者似易補充，而於後者欲明其所以為「一本」，則須有一特別之勁道，須先明《中庸》、《易傳》言道體性體與孔子言仁、孟子言心性之分際，並於其中見出實有一可以使雙方契接而為一之關節。此即五峰學之著眼處。盡心成性，心以著性，即是雙方契接而為一，成其為「一本」之關節。蓋《中庸》、《易傳》之言道體性體是「本體宇宙論地」言之，客觀地言之，而孔子言仁，孟子言心性，則是道德踐履地言之，主觀地言之。兩者對比，即使皆視為體，亦很易見出此「體」之意義之不同。設客觀方面綜曰性體，主觀方面綜曰心體，此兩真體如何能相契入而為一耶？說到最後，天下不會有兩真體，其應為一也必矣。此則分解的認識上本已視為一，但既有主客觀言之之異，即應說明其如何能相契入而真為一。此非只是「即是即是」之平說方式所能盡，亦非只是直下圓頓地說之所能盡。若純依孟子，只言一心之朗現與申展，則無此問題，此如陸、王是。但以《中庸》、《易傳》為首出而欲會通《論》、《孟》而一之者，則有此問題。以《中庸》、《易傳》為首出，客觀地言之之道體性體是萬物之客觀性原則、自性原則，五峰所謂「性立天下之有」、「性也者，天地所以立也」、「性也者，天地鬼神之奧也」是也。即使就此奧體自身之「活動」義而言心，此仍是「本體宇宙論地」言之之心，客觀地言之之心，尚不即是道德自覺地、主觀地言之之心之真成其為心。如是，此兩者如何能相契入而為一，真成問題矣。此相契入而為一之關節即是以心著性，正式認識主觀地、道德自覺地言之之心為一「形著原則」。本心仁體其自身本是實體性的，本即是體，但對客觀地、本體宇宙論地言之之「性體」而言，則顯其「形著之用」。[12]

這一長段文字中，首先，開頭即是對明道之說的誤解，牟先生以形上學是動態圓滿成聖境的意旨說之，認為明道是分解地說天道誠神仁心性等是一，牟先生這樣的詮釋讓人不易了解，其實，明道就是說境界哲學，說在聖境的體證中主體所感知的諸存有範疇其價值意識皆是為一的，且牟先生於諸概念中不加分類，誠仁是價值意識，道理心性是存有範疇，神是作用姿態，主體純守仁誠善之價值意識時，主體之心性與天道之理體道體的價值意識同一，而有其神妙的姿態，故明道合天人、贊化育、言一本。牟先生沒有單純的境界哲學問題意識，以為是形上學命題，卻盛言合一，只是分解的進路，意旨正確，卻方法不諦，必見「以心著性」才是正確完

12. 牟宗三，《心體與性體》第二冊，頁五〇九—五一〇。

整圓滿的形上學命題。故而須有將客觀面的本體宇宙論與主觀面的道德實踐學合一之說，才見圓滿。其實，明道就是孔孟仁義價值由心而發作為工夫達至聖境，而有天人合一之境界體證，故發為一本之論者。明道已合一，牟先生見其說諸概念合一，卻以為明道還在分析地談諸概念，這就是牟先生處在自己的一種混合式形上學進路的思路所導致的偏見。

接著，客觀面的性體與主觀面的心體是否真能合一？牟先生竟然問了這樣的問題。其前不是說孔孟之仁心必能上達於天道嗎？而《庸、易》之道體必是由孔孟之仁與心上遂的嗎？牟先生自己說，天下不會有兩個真體，明道分解地已知其是一，但如何契入而真為一仍須說明？以為明道只是即是即是之平說，這尚不真能合一，而孟子只談主體心的開展，故無此問題，唯自《中庸》、《易傳》談下來時便有此一問題。牟先失這些擔憂及疑慮，本身就很奇怪，關鍵就是他自己的問題意識的設定過於糾纏，都是形上學問題，而有動態的縱貫的圓滿的，也有認知的靜態的分解的形上學，必為別異五峰、朱熹，而不是為他們的衝突尋繹化解，故而五峰必是從《中庸》、《易傳》入，如何優異諸說呢？那就是「以心著性」說。

此處，真有問題矣。牟先生說，《中庸》、《易傳》是本體宇宙論地說，即便言心，仍是客觀的心，尚不是主觀的道德真心，這就是筆者所說的一大混亂。如果本體宇宙論的道體以心說時，此心說的即是仁者天地生物之心的心，則此心是以性說心，並非人心。天道仁體，此旨已滿，無有欠缺。人道之心呈不呈現已無關天道，不增不減，此心不現亦有他心呈現，否則天道豈不陷塌？牟先生必欲以道德實踐之人心而「以心著性」以實之，才能真成其心，就是把工夫論塞入形上學去說，是把人心和天心合為同一實體，人心之本心作用，本身即是實體，即是道體，即是將性體形著之實體。亦即，只有「以心著性」的主體實踐才有本體宇宙論的大化流行，否則本體宇宙論的大化流行不成其真實也不成其具體矣。此說固有其高明神美之妙意，但就是把工夫論和主體實踐和形上學和本體宇宙論混合在一起講了，這也就是為什麼他會說孟子之學沒有形著義了，參見其言：

> 孟子盡心知性，此非心性對言，故不表示形著義。蓋本心即性。盡之即知吾人之性。所以有盡心知性之異者，蓋為其初是以人性為論題也，故此心性之對言只是名言之施設，非有實義也。蓋孟子並未自本體宇宙論的立場言道體性體也。故其「知」字並不表示著成義。「知」字輕，「著成」字重。「知」字並不表示一義理，一主張，而「著成」字則表示一義理，一主張。即「知天」之知亦是如此，並不表示以心性形著天也。孟子是純由主體直線地申展出去，故象山得以直下視心為絕對普遍性之心，涵蓋宇宙之心也。陽明言良知本體亦是如此。此是純依孟子而來的圓頓之教。13

五峰心性對言，才有形著義。形著義者，將客觀的本體宇宙論具體真實化之之作用矣，意

13. 牟宗三，《心體與性體》第二冊，頁五一〇—五一一。

思就是，這個天地萬物才是真有道德意旨的天地萬物。簡單來講就是待於人方才呈顯，不待人即不呈顯。筆者認為，天道不能待不待人，聖境才是待不待人，聖境待人體天道而呈顯，使天人合一。至於天道，本就呈顯，人之實踐與否是不增不減的。當然，牟先生必欲如此建構其學，筆者尊重，但不能因此曲解諸儒的文本意旨。

本文說孟子不具形著義，其初只人性論問題，不能形著此天，只是主體的伸展。此說，實大怪異之說。天道待人做工夫而顯，今孟子工夫論大家，卻不及天，故言盡心知性知天、存心養性事天、誠者天之道，諸盛大之文具在於此，竟謂其知沒有著成義，也就是說，牟先生自己圈陷在概念語詞的使用及否，未能言及「以心著性」、未能言及「盡心成性」，就不是著成義。但卻又說，象山陽明可及於宇宙之心，是依孟子而來的圓頓之教。牟先生太為高五峰之說，竟也可以犧牲孟子之說，以孟子無形著義，不能合客觀面和主觀面，但前此又說孟子之說，亦未限制其旨於只是在人之範圍，[14]則孟子之說，如何不能有形著義呢？為了合理化牟先生的限制孟子，只能是說五峰依《中庸》、《易傳》而說的本體工夫合會本體宇宙論，在孟子之時，本體宇宙論尚未建構完整，故而孟子未能意識及，即便如此，依牟先生的建構，孟子的理論也必須已經涵攝及矣，這不也正是牟先生自己說的，孔子言仁，孟子言心，已然觸及天道面而由《庸、易》實之之旨嗎？

牟先生接著介紹蕺山之學，說蕺山言及之而未意知之，此說亦真怪異之論也，關鍵就在五峰之學為朱熹扭曲之後無人識之，陸王之說只是主體面的伸展，必待蕺山方才重新言之。其言：

吾甚至懷疑：即劉蕺山本人亦只是如此言之而已，亦未必能自覺到其所言之形著義之在系統上之獨特——使其系統既不同於伊川、朱子，亦不同於象山、陽明也。此蓋為伊川、朱子系與象山、陽明系之辭語所吸引，而只覺識到其言誠意慎獨不同於其前輩，不復能反省自覺到其所言之「形著」義乃是其系統完整之關鍵，足以決定其系統之獨特之本質的標識也。誠意慎獨義之獨特只是其系統中之一義耳。若不能透出，自「形著」義上覺識到其系統之全貌與獨特，則其分別心宗與性宗，言「於穆不已」之性體，徒為錦上添花之贅辭。豈只是誠意慎獨之獨特即足以別異於陽明，而復由之即足以見陽明之不足乎？自己不能充分覺識自己所言之形著義之殊勝，亦難怪人之輕忽而不易為人所注意也。然而吾人今日予以反省比觀，則覺此形著義有決定系統之獨特的作用；其分別心宗與性宗，其言「於穆不已」之性體，非只是錦上添華之贅辭，亦非只是人云亦云之通常語；其言誠意慎獨非吸收於此不足以完成其殊特，亦不足以見其系統之完整與充其極，人固有自己言之而不必盡能覺識其恰當的函義與作用也。然而事實則總是如此，不可泯也。

13. 牟宗三，《心體與性體》第二冊，頁五一〇—五一一。
14. 牟宗三，《心體與性體》第二冊，頁五〇六。

蕺山之學大體是由嚴分意與念，攝良知於意根（知藏於意），而言心體，由於穆不已而言性體；以心著性，性不能離心而見；融心於性，心有定體有定向而不漫蕩，不但良知可不流於「虛玄而蕩」，即「意根最微」亦得以成其為「淵然有定向」之獨體；攝性於心，性體成其為具體而真實的性體，不只是本體宇宙論地言之、客觀地言之形式意義的性體，而性體可存，即在眼前：如是，則心宗性宗合而為一，而性體不失其超越性與奧密性，而心體向裡緊收，向上浸透，見其甚深復甚深之根源，亦總不失其形著之用。故工夫唯在誠意慎獨以斷妄根，以澈此性體之源也。15

牟先生盛說蕺山之學即是性體與心體的相融，故能有以別異於陸王，筆者質疑，陽明之良知非性呼？非天道呼？而蕺山的慎獨誠意非工夫論呼？筆者之意即是，牟先生太過高愛自己所提的「以心著性」說之詞藻了，必見此二詞合表者才是「以心著性」意旨。然而，陽明已說及良知是造化的精靈，前文牟先生亦已言及陸王已依孟子一心伸展而上至宇宙之心，則何來陸王無此所謂「以心著性」意旨而只蕺山重新發掘呢？16更怪異的是，牟先生甚至懷疑蕺山自己不解其說之深意，只能說，牟先生太高愛自己了，這樣的理論論述，是否太像編劇本而不是理論討論呢？

筆者之意就是，沒有那麼多的特殊型態的理論，沒有那麼多的各家理論差異對立的事情，有的只是文本依據不同，用詞喜好不同，大家偶有一些衝突都易於化解，只有牟先生喜歡自建理論體系，刻意別異諸家，評點江山之餘，眾人皆醉我獨醒，犧牲各路英雄的戰功，只成就我自己一家之言而已。

牟先生說的陸王精彩處程朱亦言及之，牟先生說的五峰之精彩處實在來講五峰並沒有那麼精彩，是牟先生過於厚愛了，說孔、孟、庸、易拾級而上一脈相承，筆者絕對接受認同，但周、張、二程、胡、朱、陸、王、劉諸家的同異之間，都不能如牟先生剛烈拆解般地來認知，否則儒學體系不成其論矣。

接下來，要進入到牟先生談胡五峰最後關鍵的兩大問題中，也正是因著這樣的自問自答，牟先生等於把形上學說成了境界論了，這也正是本文宗旨所說，牟先生是藉五峰詮釋，而把境界論說成形上學的討論要緊地了。

四、心如何形著？

牟先生最後自己又提出兩個問題，其實這兩個問題也可以說在前文的種種討論中已經申明，

15. 牟宗三，《心體與性體》第二冊，頁五一二—五一三。
16. 牟宗三，《心體與性體》第二冊，頁五二〇—五二一。

但因其意旨確實詭譎，所以自己也覺得說之不易，故而再度自問自答。牟先生的討論還是從對程朱的意旨之非議說起，這一部分筆者不再引文討論，直就牟先生申論五峰意旨處說起，其言：

性之原義，就孟子說，本是道德創造（道德行為之純亦不已）之動源，故即以本心說之。就《中庸》、《易傳》之綜天地萬物而言之說，性本即是「於穆不已」之道體，惟分散地對萬物言始為性體，故五峰云：「性立天下之有」，是「天地鬼神之奧」，是「天地之所以立」，而蕺山從性宗方面亦言：「至哉獨乎！隱乎微乎！穆穆乎不已者乎？」故性是本體宇宙論之「客觀性原則」（principle of objectivity），亦為萬物之「自性原則」（principle of making thing as thing-initself）。此性體是本體宇宙論的生化之源，是「生物不測」的「創生實體」（creative reality），是「即活動即存有」者，而在人處則真能彰顯其為「創造實體」之實義，而其彰顯而為創造之實體則在實體性的道德本心處見。在此本心處見，即是此本心足以形著之也。形著之即是具體而真實化之為一創造實體也。蓋此本心亦是實體性的「即活動即存有」者。故對「於穆不已」之性體言，此心即為「主觀性原則」（principle of subjectivity），亦曰「形著原則」（principle of concretion, realization, or manifestation）。此形著是通過心之覺用而形著，不是在行為中或在「踐形」中形著。是故性之主觀地說即是心，心之客觀地說即是性；性之在其自己是性，性之對其自己是心；心性為一，而「無心外之性」也。在五峰，即明言盡心以成性；而在蕺山則即以心宗之「意知獨體」或「意根誠體」浸澈此「於穆不已」之性體也。17

前段即講天道與人道的再申論。性體即是道體本身，是天道創生萬物之奧體。此說甚能成立，這就是儒家的天道觀，唯《中庸》亦將天道賦命於人，而成人性，人皆修此性而為人道之極，此性，即心體，牟先生「以心著性」的用法就是以性說天道，以心說人性。唯「以心著性」之說重在強調即在人之覺用實踐中，更加地主觀化了天道的價值意義，形著之即使其作用之價值意旨實現之顯化之充實之。如此一來，心即性，人心即天道，亦提高了人心的形上學地位，亦充實了天道的價值性意旨，此說亦甚合理。有問題的是，刻意別異程朱論於道體性體心體的存有範疇解析之理論功能，割裂程朱言下學上達工夫的體證意義，此其一。其二，以此形著原則又復批評孟子陸王不具形著義，且此道德創生作用中無氣化的滲入空間。這是本文前段中筆者的討論重點。

接下來，牟先生便自己提出兩個問題並深入討論及解答之，這兩個問題都是牟先生形著說理的根本問題。其言：

> 如果採取五峰、蕺山之路，言心以著性，則心之一面，無論依孟子、象山之本心說，

17. 牟宗三，《心體與性體》第二冊，頁五二五－五二六。

或依陽明之良知說，或依蕺山之意根誠體說，其形著也，能澈盡性之全蘊一如其普遍而普遍地形著之耶？又即使能普遍地形著之矣，能豎立起來復客觀地、本體宇宙論地為一生化原理，一如性體之客觀地為萬物之「自性原則」或「客觀性原則」耶？18

簡言之，這第一個問題就是工夫如何實現成功的問題，第二個問題就是主體的實踐又如何說成是形上學普遍原理的問題。筆者以為，這兩個問題並不需要質疑，問題只在，牟先生混合工夫論與形上學，又混合境界論與形上學，所以才會有這樣的自已以為的問題。說道體即是整體存在界的存有原理，所以說性體即已足矣，主體稟賦性體，以心之覺知作用發為工夫，上合天道，成聖境時即是個人的完成，成天下太平時即是天道於天下的作用的圓滿，天下未能太平，天道亦不少缺，只是人道的實踐不能圓滿，個人成聖沒有缺漏，天下太平尚不圓滿而已，至於天下的太平，就是歷代的儒者永無間斷的神聖使命。個人成聖是工夫論與形上學的關係問題，天下太平是聖人境界與形上學的關係的問題，聖人境界有個人的圓滿與天下的圓滿兩層，不能因天下尚未圓滿就否定個人成聖，孔子即是聖人，但中國始終未能完全實現天下為公的政治理想，時而興盛時而衰頹，但這是人道努力的問題，不礙道體完足也不礙個人成聖。

針對第一個問題，牟先生言：

就前一問題說，自道德自覺以彰心之自律以成道德行為言，似是一時不能澈盡性體之全蘊。蓋道德自覺是有限制的，而某一特殊的道德行為亦是有限制的，此蕺山所謂「囿於形」者也。自此而言，道德的本心一時不能澈盡性體之全蘊。故必須純亦不已，在一過程中澈盡之。胡五峰所謂：「一有見焉，操而存之，存而養之，養而充之，以至於大，大而不已，與天同矣」是也。然過程是一無限的過程，故如從過程上說形著，亦等于說永不能澈盡也。亦即永不能一如性體之普遍而頓時普遍地澈盡而形著之也。在過程上說，人可說此總是屬于道德自覺之道德界，而永不能進入普萬物而為言的形上學之領域。即因此故，遂有西方通常所說之道德一方與形上學不一，一方亦與宗教不一。然依中國儒家之傳統，自自覺過程上言固是如此，但自終極言，則即可達至普萬物而為言的形上境界亦即宗教境界，而且認為此兩境界是同一的。19

而聖人之化境即證實此義。是則自過程上說，雖不能澈盡性體全蘊，一如其普遍而普遍地形著之，然自心體自己之為絕對地普遍的說，則原則上是能澈盡性體之全蘊，能如其普遍地形著之者；而實現此原則上之可能則在肯定一頓悟，在此有圓頓義之立（圓義、頓義，非可隨便濫講）。「反身而誠，樂莫大焉」，即藏一頓悟義。「滿心而發，充塞宇宙

18. 牟宗三，《心體與性體》第二冊，頁五二六。

19. 牟宗三，《心體與性體》第二冊，頁五二六—五二七。

無非斯理」，亦涵一頓悟義。「只心便是天」、「只此便是天地之化」，亦是頓悟義也。而聖人之化境即證實此義，所謂「堯舜性之也」。此頓悟化境亦函一從自覺到超自覺。及至超自覺，則即成同時是道德界，同時亦即是超道德界而為宇宙性的與宗教性的。20

牟先生雖然設問了兩個問題，但針對兩個問題的回答意旨卻幾乎是相同的，也可以說，牟先生問了一個自己未必真能有效解決的問題，關鍵就是他混淆了形上學和工夫論以及境界論的問題。針對這個第一個問題而言，牟先生自己認為，主體的實踐是不一定能夠完全無礙無誤無雜質地達到永恆不變完美圓滿的境界的，其實，這是把工夫論和形上學也就是天道論混合在一起看的誤解，工夫的實踐，固有其艱難，但不能說沒有成功的時候，也許還會有新的人生挑戰，也還需要繼續堅守，但不能說聖人從未達致聖境。此其一。但是，聖人達致聖境，和天下是否太平，以及天道是否圓滿，這是必須分開談的。牟先生自己提問的道德境界和形上領域的合一問題，這是牟先生的大哉問問題，但根本上，則是哲學基本問題的問題意識和語意約定的問題，所以牟先生自己要追求的是道德與宗教之合一，以及道德宗教與形上學之合一，牟先生依據孟子、象山、陽明的話語而說此意旨，又說聖人之化境能證實此義。前此是問道德實踐能否澈竟，就此而言，筆者以為這就是工夫論能否成功的問題，答案當然是因人而成，有人能成有人不能成，能成不能成端視個人的努力，理論上及現實上都有能成已成。後來的討論便進入聖境與形上學合一的問題，筆者以為，牟先生自己的問題意識不明，孟子、明道、象山、陽明的話語都是在說主體的實踐實現了天道的意旨而成聖境，這就是聖境，也就是天道的意旨，這樣的說法是沒有問題的，也就是透過主體的實踐而實現了天道的價值意識，完成了天道的理想。而且當聖人成聖境時，即是此旨之完成，所以聖境有宇宙性的意義在，此說一直是儒者的所想，理論上亦無問題。問題只在，聖境是聖人實現了天道意旨，還是聖境是聖人進行了天道活動？亦即是有宇宙的意義還是有宇宙論的意義？是人的活動充實了宇宙，還是人的活動就是宇宙的活動？後者真是形上學問題，甚至是唯心論的主張，前者只是工夫論的問題，是心性論的主張。

五、心之形著如何能為一客觀普遍的生化原理？

這個糾結，在牟先生針對第二個問題的回答時被解明了，牟先生究竟是在問工夫境界論的問題呢？還是在問形上學的宇宙本體的問題？答案是，牟先生是混淆哲學基本問題而在問一個工夫境界宇宙本體的問題。其言：

就第二問題說，人可說以上所說之心體之普遍性很可只是一種境界，只是一心之無限

20. 牟宗三，《心體與性體》第二冊，頁五二七—五二八。

地中展，吾心之無限地函攝，似乎尚不能豎立起來復客觀地、本體宇宙地為一生化之理，一如性體之客觀地為萬物之自性原則或客觀性原則。即，此尚只是道德的無限境界，尚不能即說為存在界之客觀而說為存在界之客觀而普遍的自性原則。從主觀頓悟或聖證上說是如此，但主觀頓悟或聖證是境界，而頓悟或聖證中之心體自己則不是一境，而是一實體性的實有、無限的實有。此即頓悟或聖證上一心之普遍的函攝境界，同時即函其能豎立起來而復客觀地、本體宇宙論地為一生化原理、自性原則也，蓋一心之函攝非是只為靜態地觀照之函攝，而卻是創生感潤之函攝，故此心體自己即是一客觀的、本體宇宙論的生化原理，同時亦即為萬物之自性原則也。此種肯認並無過患，蓋為道德的形上學之所必涵。頓悟或聖證中一心無外之函攝即涵道德秩序與宇宙秩序之同一。此蓋亦為儒者之所共許。21

天本是客觀的、本體宇宙論的生化之理，為存在界之創生實體，不能作一境界看，則與之為一的心性，甚至無所謂與之為一，只是此心，只是此良知之靈明，此心與良知靈明亦不能不為存在界之實體亦明矣。此雖為象山、陽明之所推進，然亦未始非孔子之仁與孟子之心性之所函或所開啟。明道言「一本」，必先解仁為感通無礙、遍潤無方之實體，必言「只心便是天，盡之便知性，知性便知天，當處便認取，更不可外求。」此雖亦是明道之推進，然亦未始非孔子之仁與孟子之心性之所涵或所開啟。在自覺境界中，心是道德界底實體；在超自覺境界中，其主觀的無限的申展所函攝之普遍無外的境界（化境），即涵其同時亦是客觀的、本體宇宙論的自性原則。在孟子、象山、陽明既是如此，則在五峰與蕺山之本《中庸》、《易傳》或本本是客觀地言之之天（於穆不已之天）先客觀地言一性體者，主觀方面之心之形著既可以澈盡其全蘊而普遍地形著之矣，則亦當復能豎立起來同時即客觀地、本體宇宙論地復為萬物之自性原則，存在界之實體。如此，方真至「無心外之性」，而心性為一矣，而「盡心以成性」，方真能成其為「成性」也。22

牟先生的意思就是要說這個主體實踐所成的道德境界，不只是體貼天道而作為的人間秩序，而且本身就是宇宙的秩序，整體存在界的秩序。主體所成的是境界，但天道所為的卻是經驗現實，不只是境界。現在，牟先生要把主體所成的境界同時也說成是天道所為的經驗現實。筆者以為，就儒家而言，主體實踐無論如何成聖境，都只是人間事物的價值化之，不能說是天地萬物山川草木大化流行的經驗實現，聖人盡心盡性實際成就的是人倫社會秩序，不能成就春夏秋冬日生月落的經驗現實，因此，不論牟先生再怎麼上升合體於天道原理，聖人之實踐始終就是人間的秩序，可以說此秩序即是天道意志的貫徹落實，但這只是落實於人間，至於「四時行焉、百物生焉」這還是天道的事業，甚至也可以說聖人的實踐參贊了四時行百物生，但不能

21. 牟宗三，《心體與性體》第二冊，頁五二八。
22. 牟宗三，《心體與性體》第二冊，頁五二九。

說聖人執行了四時行百物生，如果自然世界經驗現實還是天道的範疇，那麼說聖人道德境界即是宇宙秩序的話，就有其限定，既有其限定，聖人完成的就是人道，但是說聖人之人道彰顯了天道，這話完全就是儒家的理想，沒有問題，但是哲學問題的範疇仍然必須劃分清楚，人道就不是自然世界物質運行的秩序。就哲學比較而言，西方上帝當然也照管物質世界的秩序，佛教唯識學也照管物質世界的秩序，但要說儒家的聖人也照管到物質世界的秩序，這話是說得太過了，若牟先生無此意思，則一味強調道德秩序即宇宙秩序之意旨何在？筆者不能否認王陽明的話語內含有此意思在，但除了陽明過於大膽倡言，且敢於將佛教唯識觀點收進儒家形上學觀點系統內之外，儒學史上的諸家理論，即便五峰、蕺山，要說他們的說法也將天道運行說為聖人事業，此說定是太過。因此筆者主張，牟先生此處的論說，宜有限縮。

牟先生之此說，都是在聖境中談者，亦即境界哲學中談，以為在聖境時即可證及其說，然而，成聖境可證者，天道道德意識，但不能將聖人實踐等於宇宙化生，可以說宇宙化生亦是道德意識之所成，所以聖人道德實踐更是天道實體的落實，但仍不能混同聖人的工夫境界論等於天道的本體宇宙論。如果要從工夫境界論說本體宇宙論，那麼筆者不得已只好定位牟先生的本體宇宙論就是工夫境界論，也就是牟先生的形上學就是境界哲學，說為境界型態的形上學也可以了，既是境界型態的形上學，則沒有系統性的絕對優位性，亦即儒者實踐證成此界，不能否定道家佛教亦實踐亦證成其界，亦即道家佛教的聖者亦得實踐其價值理想，亦得於成聖境時證成其理想，亦即證成其本體宇宙論之為真。於是各家自證其真，而無有排它性。

依牟先生的道德秩序即宇宙秩序之說者，且由成聖境即可證成之旨者，則儒家的形上學有其被證成的理論絕對性，筆者以為，儒家聖境之完成，可證及儒家天道觀的本體宇宙論有其實義，但聖境仍不及天道，人仍不能代天功，所以天道的道德意識之宗旨雖可證成其有，但天道的自然經驗流行，仍是天道自身之所為，聖人無法完成之，聖人開顯了天道的道德意識面向，故而說道德秩序即宇宙秩序，但宇宙秩序的動力，仍是天道實體之所自為，至於道家佛教的實踐且實證而證成並且開顯者，則又是天道的另一些面向，沒有哪一家的說法能壟斷，能排它，這就是形上學依工夫境界論而開顯的實踐哲學的特質。

六、結論

牟先生固然自鑄宏辭而謂「以心著性」，即盡心以成性，但筆者認為，此說於先秦《中庸》、《易傳》已顯其旨，並沒有五峰、蕺山之說之超越邁出孟子、象山、陽明之說之更高明處，牟先生之意是要說「以心著性」實化了天道實體，工夫境界論即是本體宇宙論，故而特別標舉此一類型，筆者以為，工夫境界論預設於本體宇宙論，本體宇宙論既明，工夫境界論即有可說者，只是說詳說略說疏說密的差別而已，或是依據哪一套文本以詳說的差別而已。至於《中庸》、

《易傳》的本體宇宙論又是預設了孔孟的工夫境界論而建立起來的，此說筆者也絕對認同，這就是筆者所說的，儒家的本體宇宙論是儒家的工夫境界論所證成的，是儒家的工夫境界論所開顯的本體宇宙論，因此本體宇宙工夫境界勢必是一套內部自圓其說而能系統一致的體系，這樣來講，中國哲學儒釋道三家的形上學都是境界型態的形上學，沒有主體的實踐開顯不出也證明不了這一套形上學的本體宇宙論，但就算它被實踐實現而證成，也只能說是被開顯，而不能說有理論的絕對性和排它性，因為不同的工夫境界論也會開顯出不同的本體宇宙論。

牟先生必用其力於五峰、蕺山系的「以心著性」以工夫具體現實化客觀世界之說，就是要證說此型的絕對性，但是筆者認為，此型之證成就是依聖境而說，既是依聖境而說，則一方面不能說為就是天道的實況，二方面不能說有絕對性排它性。此一儒家的聖境，就是儒家的理想，儒家的世界觀，儒家的本體宇宙論與工夫境界論的系統一致的學說，此型，先秦已經完成，宋明諸儒就是在不同的詳略疏密的程度上，和不同的文本詮釋的依據上，特別是不同的哲學問題的進路上做的再詮釋創作發展而已，各家都言之成理，無有高下，只有取徑之差異。

本文對牟先生詮釋胡五峰哲學的討論，重在其境界形上學問題的闡釋與批評上，其他牟先生彰顯五峰學說的純儒意旨者，以及依此而與朱熹對五峰批評意見的反駁者，未有討論，這一部分筆者也認為是朱熹言之有過，就不另行申述了。

第八章　對牟宗三批評朱熹與程頤依《大學》建立體系的方法論反省

一、前言

牟宗三先生《心體與性體》一書中之第三冊是以朱熹哲學為討論對象，討論的主題是以朱熹之「中和說」、「仁說」、「大學、孟子詮釋」與「心性情」、「理氣說」為架構而展開的，其中的第一章談〈朱子三十七歲前之大體傾向〉，則是接續程頤依《大學》建立儒學體系的脈絡提出的定位，亦即牟先生完全把程頤和朱熹合為一系，實際上唐君毅先生即反對這種作法，筆者也不認同，並非朱熹不承續程頤，而是朱熹對程頤的繼承無須必為與陸王對比進而對立。以下，從本章開始，筆者將依據牟先生談朱熹的各個章節，做逐章的討論。本章則將以牟先生對朱熹與程頤依《大學》詮釋建立的體系的意見為討論的主題，展開對談，材料依據即是《心體與性體》第三冊的第一章為主。

《大學》是朱熹一生用力最勤的先秦儒學著作，[1] 而且他的許多思想也從對《大學》詮釋

1. 「某於大學用工甚多。温公作通鑑，言臣畢生精力盡在此書。某於大學亦然。論孟中庸卻不費力。」《朱子語類・卷

中精煉出來而予以延伸旁置到對其他經典的理解與詮釋之中的。牟先生對朱熹的整體詮釋意見，也是以朱熹是從《大學》系統而非《論、孟、易、庸》的進路來討論的，似乎不僅是朱熹從《大學》而出，因而有以別異於孟子、象山、陽明學，而是《大學》本身就與《論、孟、易、庸》不是一系，至於朱熹是否忠實於《大學》原意而為之詮釋，此事牟先生言之不明，倒是明確地說了陽明、蕺山等的《大學》詮釋是沒有依照著《大學》而說的。牟先生對朱熹哲學的總結意見為：

> 朱子學之主觀地說為靜涵靜攝之系統、客觀地說為本體論的存有之系統，而其所表現之道德為他律道德（所謂本質倫理），即可證成而無疑。這個只是以大學為規模（為定本）所參透成的，而與論孟中庸易傳所表示之縱貫系統，自律道德，有不同也。2

這個意見當然也是他討論朱熹《大學》詮釋時的意見，他對朱熹《大學》的討論雖然亦依據《大學》文脈而析分為三節，分別是：「論知行」、「論明明德」、「論致知格物」。但其實，牟先生對朱熹的討論，無論在哪一個議題中，都是以他的朱熹理解的總綱領為問題分析的重點，本文之作，即是將針對這個總綱領進行討論與反省。

二、批評北宋前三子之學缺乏工夫入路

牟先生對於朱熹《大學》詮釋的討論是從朱熹對伊川的繼承而定調的。牟先生對伊川的意見是以伊川之思路不合於北宋周敦頤、張載、程顥的，周、張、明道的思路是本體宇宙論的系統，而伊川與朱熹卻不是這個系統。本體宇宙論是牟先生定位孔、孟、《易》、《庸》、周、張、程顥的理論型態之專門用語，然而，筆者認為，這個術語是有歧義的。說整體存在界的天道流行可以是本體宇宙論，這是形上學的議題，可以說是天道論的議題，是屬於客體的一邊。而說人存有者的追求理想人格的道德活動應該是本體工夫論，這是人道論的一邊，是主體的一邊。說主體的一邊還有另一個哲學基本問題，那就是說主體實踐的圓滿完成，此義應該是境界論哲學。也就是說，這三種問題都在牟先生「本體宇宙論」術語一詞下被涵蓋地使用到了。說工夫論是本體工夫論，其實就已經寓含了工夫論與本體宇宙論是內在地關涉的，而境界論則是依著這個世界的理想人格狀態而說的境界，是主體在這個整體世界的天人合一境界下而有的理想人格，因此當然也與本體宇宙論內在相關。也就是說，我們可以在孔、孟、易、庸中發現本體宇

十四・大學一・綱領》。

2. 參見牟宗三著：《心體與性體》第三冊，台北：正中書局，一九八一年十月台四版，頁三六二。

宙論、本體工夫論、境界論三種哲學問題。經過整理，本體宇宙論有宇宙論及本體論兩型，本體工夫論就是本體論進路的工夫論，於是以上三型可以轉變為宇宙論、本體論、工夫論、境界論四個哲學基本問題。這就是談實踐哲學的儒學以及道佛兩教共有的哲學基本問題。這裡既有形上學的本體論、宇宙論兩型，也有實踐哲學的工夫論、境界論兩型，這就是牟先生為周、張、明道的哲學型態的定位。參見其言：

> 北宋濂溪、橫渠、明道大體皆平說，尤其重在對本體之體悟，重在對於「本體宇宙論的」實體之體悟，如濂溪重在對於太極之體悟，對於誠體神體之體悟，橫渠重在對於本體宇宙論的體用不二之體悟（知虛空即氣，則有無、隱顯、神化、性命、通一無二），明道重在一本之體悟。3

牟先生說的「重在對於『本體宇宙論的』實體之體悟」一句話中包含著宇宙論、本體論、工夫論，體悟就是工夫論的話語，也就是將工夫論與形上學合說。至於說對「體用不二」「一本」之體悟，則是說到了境界論了，因此又是一個境界論與形上學的合說的表意型態。但是，牟先生又說濂溪、橫渠、明道三家所說的工夫論沒有一個好的入手處，而這就是伊川的問題意識的根源，亦即是說北宋前三子固然在講形上學時講到了工夫論，但是工夫論中有一個入手的問題並未被深入探究，由此卻開出了伊川哲學所面對的問題。其言：

此三家既重在平說，重在對於本體之體悟，故隨時是工夫，而亦無定格。如濂溪既以誠為體，而亦說「誠者聖人之本」，又說「聖誠而已矣」，「誠則無事矣」，此即是工夫語也。……然此皆隨時指點，隨義平說，並未確定出一確定之工夫入路。[4]

說儒家的工夫就是在說本體工夫，依據筆者的研究，說本體工夫可能的表述型態有四：其一為以價值意識的概念說為本體工夫者，濂溪以上三說皆是此型。二為以存有範疇的概念說本體工夫者，如盡心、盡性、守氣、行道等。三為直接說純粹化主體意志的活動形式，如立志、主敬、專一、收斂、靜存、動察等。四為特定活動，如齊家、治國、平天下、靜坐、讀書、科舉等具體活動。一般說工夫論就是指本體工夫，亦即從事於主體意志純粹化的心理修養工夫，其實工夫論還有身體工夫的另一型，亦即是宇宙論進路的身體修練哲學。身體的修煉工夫在知識的交代上都較為具體，而心理的修養工夫則沒有什麼固定明確的方法，本體工夫就是心理修養的工夫，因此談本體工夫時，有時會加上為學方法的問題意識以為討論，為學方法就是較為具體的本體工夫，那些談純粹化心理意志的本體工夫表達形式就是為學方法的項目，也就是談工夫論時的入手之路，這都是為了要讓本體工夫有更清楚的入路依據之需而設的。牟先生所說

---

3. 牟宗三，《心體與性體》第三冊，頁四二一四三。

4. 牟宗三，《心體與性體》第三冊，頁四三。

的周、張、明道的本體宇宙論所蘊涵的工夫論都沒有給出確定的工夫入路，指得是他們都是在理論上說出本體工夫的基本型，也就是第一項及第二項，這兩項工夫論的名義都是在儒家價值意識基礎上把本體工夫的意旨給說出來，但卻是理論上地說，而沒有明確指出具體作法的。周敦頤如此，張橫渠亦然，牟先生說：

橫渠言「聖人盡道其間，兼體而不累者，存神其至矣」。其言「兼體不累」，「參和不偏」，亦工夫語也。又依據天地之性與氣質之性之分而言「善反之，則天地之性存焉」。又言「養其氣，反之本而不偏，則盡性而天矣」。又言「疊疊而繼善者，斯為善矣」。又言「知禮成性而道義出」。又言「心能盡性人能弘道也」。又言「大其心，則體天下之物」。又言：「成心忘，然後可與進于道」。凡此種種亦皆工夫語也。然亦是隨意平說，隨時隨機捎帶說，亦未確定出一確定之工夫入路。5

以上張橫渠的工夫論命題，則都是第一項及第二項的型態，講盡道、存神、兼體、存性、養氣、盡性、繼善、知禮、成性、弘道、大心、體物，不是第一項就是第二項，都是在理論上說的本體工夫意旨，確實並沒有多談到純粹化心理意志的為學方法。濂溪、橫渠如此，明道更是，牟先生言：

明道言「學者需先識仁」，「識得此理，以誠敬存之而已」。此亦是即本體言工夫，然亦並未開出如何識仁，亦未就如何識仁開出一確定之工夫入路。又定性書言「動亦定，靜亦定」，全篇皆論定心之工夫，然亦似只是論當然之理境，而未確立出如何達此理境之工夫入路。……然此種自本體上言工夫，可只是一圓頓之理境，並不表示一確定之工夫入路。而如無一批判的入路以通之，則人可視為只是一當然之理境，朱子所謂渾淪、太高者是也。此種只隨時隨義平說，只就當然理境說，而無一確定之工夫入路為定本，好處是活轉無滯，而可無異同之爭辯。然不足處，則是疏闊，未能示人以實下手處之切實有效之工夫入路也。[6]

牟先生此處對明道的意見，其實已明顯地呈現出明道是筆者所謂的境界哲學的型態，是直接講到成就了聖者境界之後的主體心境狀態，也可以說是境界展現或境界工夫，這個境界工夫就是功力的展現，因而在入手工夫方面更無所著力。當然這指得是明道儒學的主軸思路是如此，並不能說明道沒有說出任何的入手工夫的觀念，事實上牟先生所談的也是就著明道的主軸型態而說的。就工夫論的討論而言，境界工夫與本體工夫都是從理論面上談的工夫論，本體工

5. 牟宗三，《心體與性體》第三冊，頁四三。
6. 牟宗三，《心體與性體》第三冊，頁四三—四四。

夫說原理，故而說得抽象而不具體，境界工夫說結果，故而說得而太高而難了解。因此牟先生也就認定其沒有下手處、沒有工夫入路了。這個說法是牟先生真正站在程朱思路中為其提點的要旨，藉由周、張本體工夫的型態尋出程、朱講入手工夫的型態，筆者極為同意。但是周、張也不會只是講本體工夫，周、張一樣有具體操作智慧的為學方法，如濂溪講親師友、重賢人者，周、張也一樣有工夫入手之說，如濂溪講的主一、無欲、主靜等觀念者，[7]只是牟先生更關心本體宇宙論下涵的本體工夫論之諸命題，因而以為其中沒有好好地談論工夫入手的問題。

三、程頤的問題意識即從工夫入路下手

如果牟先生僅只是從工夫入手來說程朱、陸王之別，那麼牟先生真的是為程朱、陸王之別找到了鑑別同異的極有價值的觀點了，其認為程頤重視下學上達之學，這就真正是在說工夫入手的為學方法問題。[8]但是牟先生卻把工夫論的問題上升為本體論、形上學的問題，於是就糾纏在形上學及工夫論的解說中，而說出了程朱見道不明的批判語，以及非孔孟之嫡傳的貶抑詞。筆者以為，朱陸確實有哲學基本問題意識的不同，但這不是見道不明的問題，因此也無須說為是非孔孟學之嫡傳。此外，朱陸在工夫入手上的不同，也並不就一定等於工夫理論的對立，而兩人的終生之爭，甚至可以說是意氣之爭，但是學界一般的討論卻是從道體認識的差異以說

工夫論型態的不同，導致朱陸二人幾乎是從形上學到工夫論都有理論上的對立了。牟先生就是這樣的思路，參見他對這個問題的處理方式：

只伊川依其嚴整而嚴肅的道德意識下之分解精神與實質心態，層層下就而求實，始漸接觸到確定的工夫入路之問題。……伊川對於道體之體悟已漸不澈不透，……由居敬集義而至致知格物，此後兩者即已開工夫入路之門。……其論心已不透澈，此因其對於道體、實體之體悟已不透澈，故其論心亦不能上達而就道體實體之原義而融于一，亦不能相應孟子所言之本心而言本心即性，本心即理。性情之分，理氣之分，與形上形下之分，即已函心性情三分，心只是實然的心氣之心，而心不即是性。……但伊川之言敬，則只是「主一之謂敬」，只是「涵養需用敬」，只是「未有致知而不在敬者」，此則便只有工夫義，而不能直通「於穆不已」、「純亦不已」之性體心體也。……伊川無實體性的本心義。其言敬只是實然的心氣之經驗的凝聚，其言涵養只是涵養此靜心而已。由敬進而言集義。集義亦是孟子之所言。然孟子言集義是對「義襲而取」說，是以仁義內在為背景，義是由實體性的本心發。但伊川言集義，則是根據其靜心之涵養而說，是求心情之發之如理。故由集

7. 參見拙著：《北宋儒學》〈周敦頤說聖人境界的儒學建構〉，臺灣商務印書館，二〇〇五年四月初版。
8. 參見拙著：《北宋儒學》〈程頤形上學功夫論與易學詮釋進路的儒學建構〉，臺灣商務印書館，二〇〇五年四月初版。

義需進而言致知格物也。致知是致吾心氣之靈之知，格物是致於物而窮其超越的所以然之理以成其德性之知。伊川言德性之知是根據敬心而窮理，非根據實體性的本心而發誠體之明也。其所知者是物之超越之理，而心不即是理也。是則雖德性之知，亦永為認知的能所關係者，而非性體自主自覺自定方向之知也。9

說本體工夫的理論並非即不可以做工夫，端視學者的心思智慧之體悟能力而已，說境界工夫亦然，利根器者自知如何運作己心。但是大多數人就必須有更為切實具體的操作指導，才能進入儒學工夫的程途中，這就是為學方法的範疇，也就是具體操作智慧的範疇，掌握儒學工夫是心理修養進路的本體工夫意旨，則為學之方就是放在純粹化主體意志方面，如立志、先立乎吾心之大者、主敬、靜存、動察、收斂、專一等等。

牟先生說程頤之居敬集義、致知格物就是工夫入路之門，此說極是，但這其中又是兩個不同的思路。以「居敬集義」言，居敬是為學之方，集義是本體工夫，居敬是入手方法，主敬就是主體心的專一謹畏，以居敬而集義是合本體工夫與入手方法為一路。因此說居敬之時，不可能不含著主體心的上達本體，因為它們本來就是為著本體工夫所說的為學之方、入手之路。以「格物致知」言，則是工夫次第問題中的入手工夫，程頤、朱熹所有對格物致知的強調都是順著《大學》脈絡講的，是《大學》脈絡中的工夫次第問題而以格物致知為入手一項，所以就格物致知而說，一定要關聯著誠正修齊治平的完成才是《大學》的本義，也才是程朱說格致的意旨。若是脫離了《大學》文本詮釋的脈絡，來說程朱的格物致知工夫只是知解之路，則對程朱是不正確的認識。而牟先生卻更將格物致知的工夫次第之學，關聯到《易傳》「窮理」的概念，而說為對「理氣說的存有論哲學」的認知活動，因此本是講次第的格致工夫之學，卻接上存有論的概念思辨之學，因此這一路的入手工夫之學便脫離了本體工夫之學的軌道了。但這只能說是牟先生自己的錯誤組合，並不能說這就是程朱自己建立起來的理論體系，是牟先生自建的特殊的「道德的形上學」系統而反照出的一套對立系統。以上的分析還是十分複雜，尚須待後文細細釐清。

四、牟先生將工夫入路問題上升到形上學問題層次上來談

牟先生論程頤，從工夫入路問題上升到本體論、形上學問題，因而一併連程頤所談論的工夫入手觀念也予以批判了。牟先生說程頤對「心性情理氣」概念之分疏地說是不能上達道體、實體而與之合一的，這其實是對哲學基本問題的錯置的說法。說上達與否是工夫論的問題，而程頤討論的「心性情理氣」之說，依牟先生的說法，就是本體論的存有系統，也就是單單就著

9. 牟宗三，《心體與性體》第三冊，頁四五－四六。

概念而思辨地討論的抽象存有論的系統，而非對著價值而實踐地提起主體進行工夫的本體工夫論系統。牟先生說順著孟子的本心說是可以使本心即性、本心即理的，但是這就是本體工夫論的思路。而程頤談「心性情理氣」是在談存有論的問題，這確乎不是孔孟談過的問題，可是，形上學、本體論也是孔子沒有深入觸及過的問題，宇宙論也是孟子沒有深入觸及過的問題，但對牟先生而言，這些都不妨礙談本體論、宇宙論的形上學系統是孔孟的傳承，關鍵是因為它們可以直接推演出本體工夫論的命題，而存有論的命題則只是間接地關聯到本體工夫論的命題而已。牟先生真正疏解朱陸的關鍵思路就是放在工夫論問題上的。而他所說的工夫論是含著本體宇宙論的工夫論，亦即天道性心一貫而下的本體工夫，因而牟先生即謂程頤的「居敬集義、格物致知」則「只是有工夫義」，說「只是有工夫義」即是說只是有工夫入路之學卻無上達本體的可能，就是說程頤之居敬活動所據之心與價值本體所據之性與理是隔絕的，因為牟先生拿程頤存有論哲學中所說的在「心性情理氣」架構下之「心只是氣之靈之心」，「性即理」，故而心性情三分，而不是「心即理」，因而說程頤之居敬工夫不能接觸價值本體，故而只有工夫的形式義，而無心理合一的本體工夫義。其實，這是把程頤在談存有論的「心性情理氣」說拿來附在程頤說主敬格致的工夫論上的結果，這明顯的是在不同問題間的錯誤組合。存有論的心性情理氣中之心，定然是氣之靈之心，周、張、陸、王不談存有論則已，即便是孔孟，一旦談及存有論問題，主體之心在宇宙論脈絡中如何能夠不是氣之靈，如何能不是一氣存在之實然之心，此一氣之靈之心，當其處於做工夫狀態之時，即將變化氣質、去人欲存天理而進入純善的性理意志中，此時即可談心與性合、心與理合的意旨，此即接上牟先生關心的本體工夫論的問題了。所以是程頤所談之「心性情理氣」的存有論問題，被牟先生錯誤地連接到工夫論的問題來討論，故而說其不見道，而不是程頤的居敬集義、格物致知的工夫論之學，真有不見道的錯誤。所謂「見道」在牟先生之用意中是指主體之純化意志以道體、實體、性體之價值意識為定向宗旨，所謂「不見道」即是用心於拆解天道理氣性命心情才欲的概念關係，亦即，談工夫論的就是見道，談存有論的就是不見道。而這正是象山批評朱熹的路子，象山不管朱熹亦有談本體工夫的見道語，一意指責朱子及其門下只管道問學卻未能尊德性而提出批評，牟先生即直接繼承此義而亦以見道不見道別異朱陸。

牟先生之所以會將程頤談工夫論與談存有論結合，則又是因著程頤在《大學》文本詮釋的格物致知說之所致，格物致知即是要窮理，窮其種種事務之物理、化學、社會、道德種種層面之事理，這一點程朱自是未有明確分類，而通同統括在一理概念上。但牟先生卻執意以為程頤的居敬、集義、格物、致知就是以氣之靈之心而發，並以心性情三分、理氣二分之架構以窮其理，此中既因三分、二分的架構而致缺乏心性合、心理合的實體一貫義，故而只成就認知義而非成就本體工夫義，因此達不到主體心之與理為一之「心即理」的境界。也就是說，牟先生把格物致知之學與「心性情理氣」之存有論之學結合，並且脫離了《大學》以格物致知為工夫次第問題的入手工夫的脈絡，以主敬是在心性分說的格局中說的，以格物致知就是要窮究此認知義的存有原理，如此便以程朱之所有工夫言說皆是立基於分說的存有範疇，故而不可能達至主體與本體合一的心即理或心即性的境界。

牟先生的說法是在許多的曲折勉強的詮釋中建立起來的，實則，哲學系統的分析與建構可以不如此曲折勉強。存有論問題固是程朱所論之重要哲學議題，但他們也談牟先生所重的本體宇宙論問題，程頤工夫論之特點所在的主敬、靜存、動察的意志純粹化的為學工夫意見，其實就是本體工夫論項下的命題；而說先格致再誠正修齊治平固然是程頤所強調，但是朱熹也有明說八目工夫都是求放心的本體工夫一義。可惜的是，牟先生一見及其有類似之發言時，就說只是程頤一時的發言，自己並不能堅守把持的。事實上是，牟先生並未準確分疏哲學基本問題，也沒有尊重哲學系統本身的問題意識，而是將系統中不同的部分做了錯誤的連結，而致使導不出牟先生欲想的結果。

牟先生既以此義定位程頤，他亦以此義定位朱熹，參見其言：

> 朱子是承伊川之居敬、涵養、致知、格物之義理間架以及對於中和問題之探討而確定其工夫之入路者。是則聖功之入路乃落在中庸首章與大學上而建立，論孟乃是其補充與輔助，或只是參照與涉及，固不以之為主幹也。10

牟先生由於已經形成了他自己言說於《論、孟、庸、易》的解釋系統，是以汲汲以為程朱並非孔孟之路，而是其他的入路，事實上，程朱也是由《學、庸》說工夫入路，但是卻多為由《大學》之工夫次第之入路說《中庸》的工夫，牟先生當然認為《中庸》是與《論、孟、易傳》一系的本體宇宙論下貫的本體工夫論的系統，因此伊川、朱熹若是由《中庸》入路以提出工夫入手問題則亦不致違背孔孟之路，但是，牟先生認為，因為程朱對於道體體悟不足，所以程朱雖由《中庸》入路，卻把握不到宗旨。牟先生言：

此則由於伊川與朱子對於此本體宇宙論之實體體悟有所不足故也。朱子在此所釐清而確定者只是證成伊川理氣之二分與心性情之三分，並由之以建立涵養察識之分屬而證成伊川「涵養需用敬進學在致知」之義耳。此只是伊川之義理間架藉《中庸》而表現，既不能合於《中庸》之原義，亦不能復返於論孟之為本，而與其師延平亦有距離也。延平觀未發前氣象為如何猶是超越體證之逆覺之路，此一義理間架猶合於《中庸》之原義，而朱子順伊川之義理間架而成者卻只是順取之路。故朱子由《中庸》開工夫入路既不能回歸於論孟之本，而又終於為歧出也。此歧出之完成乃在終於以《大學》為定本也。11

10. 牟宗三，《心體與性體》第三冊，頁四六。
11. 牟宗三，《心體與性體》第三冊，頁四七。

牟先生說程朱於本體體會不足，這其實就是牟先生將程朱存有論之說從本體工夫論進路解讀的結果，是牟先生自己將兩種完全不同的哲學問題結合在一起而構造出的程朱系統，所以才取得見道不明的批判的論旨，這是對程朱存有論的錯誤解讀與批判。至於工夫論方面，程頤說《中庸》有靜時涵養、動時省察之說，此說是在工夫次第問題思路下的發揮，《中庸》可不可以或需不需要如此發揮是一回事，但是此一工夫次第問題意識的詮釋發揮卻與「心性情理氣」的存有論系統沒有推理上的關係。因此不能說程頤談的工夫次第論，因其不是基於本體宇宙論下貫的心性天合一之立場，故而就不是儒家說工夫的正途。工夫次第談的是本體工夫之項目下的次第，說次第義者並不礙其所說之工夫仍是本體工夫。至於針對本體宇宙論與本體工夫論甚至是境界論的種種哲學問題中所使用到的各個存有範疇之概念所進行的討論，就是討論這些概念在平置思辨時的抽象定義，因此說「心性情理氣」時必分析而說之，這是存有論課題。但是當我們要討論主體的實踐活動之本體工夫時，則必為談主體與本體合的意旨，則心即性、即理、即氣、即道等諸說便可建立了。此時諸概念將能在一個特定的主體活動中被融合為一，這指得是做工夫達到最高聖人境界時的主體狀態，做工夫要以本體工夫的命題說之，達到境界的聖人則需以境界圓融的命題說之，因此牟先生所說的一本的、圓融的本體宇宙論其實都是談到了境界論的，但是牟先生卻還是以形上學問題意識的「本體宇宙論」概念說之，其實這是比較不易說明問題的，而筆者則是以本體宇宙工夫境界的實踐哲學的四方架構說之，從而清楚地見到牟先生的混淆之作。

牟先生談本體工夫的方式是以「逆覺體證」說之，程朱順《大學》談次第，由格物致知入，則被牟先生說為是「順取之路」。其實，這是難以與「逆覺」之本體工夫說為有差異甚至對立的工夫論立場的，因此說歧出也是不宜的。首先，本體工夫也未必即需「逆覺」，「擴而充之」與「我欲仁」就是「順取」。因此說有順取與逆覺之別而致有歧出之說不易建立。至於牟先生說為逆覺是逆其凡情而言，則凡情之存有論地位豈不極為明確，這就是「心者氣之靈爽」之必即氣而言心之道理所在，因此程朱之「心統性情說」當然有其命題存在的哲學意義，它只是另一種哲學問題而已，則牟先生又如何能說談存有論之學者必是於本體宇宙論上認識不明者！能談存有論之學者，亦是同時能談本體宇宙論者。其次，牟先生已然強調，程頤之學是從要找出工夫入路的問題意識出發，而提出主敬、致知的工夫入路義的為學方法之學，然而，雖然主敬、致知本來就是工夫入路義的為學之方，牟先生卻不肯定這個入路方法的效果，關鍵即在程朱沒有相應的本體宇宙論，沒有照著《中庸》之言於道體的本體宇宙論脈絡中談，而是歧出在存有論系統中。但是，存有論並不對立於本體宇宙論，至於為學之方，它卻是針對本體宇宙論而發出的本體工夫論之學，只是它們是屬於本體工夫論中的具體實踐方法，是由純粹化主體意志的進路而使主體進入價值自覺的狀態，這就是所謂的入手、入路、方法的意旨。它的實踐意旨是依據本體宇宙論的，特別是其中的價值意識的本體論，這本就非關概念思辨的存有論問題，是牟先生自己把握不住為學之方、工夫入路的意思，而轉入對程朱之存有論討論為見道不明之批評的。

五、牟先生以《大學》為程朱之學所據的定本

牟先生說朱熹順程頤之路而定於《大學》，所以是孔孟的歧出，則顯示在先秦著作中，牟先生對《大學》的定位是有特殊意見的，即以之為非孔孟的系統型態。其言：

> 朱子由《大學》所開之聖功之入路乃更遠於孔孟之精神。《大學》之後出比《中庸》尤為無可疑。而且由《論、孟》至《中庸、易傳》可視為一調適上遂之發展，而《大學》則是更端別起，似是從外插進來者。雖整齊有條理，實就虛擬的教育制度而客觀地以言之，實亦即形式地以言之。此固是儒家教義之所函，不能謂其非儒家之義理，然就孔孟個人之真實生命所呈現之義理、智慧言，此固遠一層，而不足以由之以理解孔孟之真實生命、智慧也。……孔孟個人之所說是由其獨特的真實生命而發出，是存在地發出者，而《大學》則是客觀地說，形式地說，非存在地說。孔孟之真實生命之所發固可函攝此一系，但由此一系之三綱領八條目卻不必能接觸到孔孟之真精神，故不必能密契孔子之仁德與孟子之本心也。此即所謂遠一層而不免有隔者。朱子集畢生之力於《大學》，只注意於由小學至《大

學》之發展過程而言聖功之途徑與一人之完成，其不能真契悟於孔孟之精神固其宜也。[12]

牟先生在本文中併朱熹與《大學》皆予批評，然而，朱熹並不是只有由《大學》所言之路為其談工夫之路，這是牟先生的偏選。朱熹固然因著《大學》工夫次第的問題意識而多有以之詮解《中庸》、《孟子》的情況，但是朱熹一般談論為學之方的觀念尚是極多的。牟先生以《大學》比《中庸》更為後出，且不能接上《論、孟、庸、易》的調適上遂的發展精神，而是更端別起。其實，這也完全是牟先生自立標準之下的判讀結果。牟先生以孔孟是由內而外地自生命上言說，《大學》卻是「客觀地說，形式地說，非存在地說」，這應當是說《論、孟》說本體工夫，故而多是自主體之實感者而言之，然而，《論、孟》間的型態亦有不同，《論語》一書根本是更為直接具體的操作知識，而《孟子》才上升到由存有範疇及價值意識談本體工夫的型態。至於《大學》經傳中的傳部的諸條，則跟《論語》同樣都是講具體的操作知識的。因此說《大學》之客觀、形式、非存在諸說，恐只能是就其經部的本末次第之觀念系統而說者。但這又只能說是在牟先生已經以為朱熹講的格物致知只是認知的活動，而非主體心的與性合的價值實現活動，所以才有以這些客觀、形式、非存在義之說來定位《大學》的地位宗旨之事，否則

12. 牟宗三，《心體與性體》第三冊，頁四七 - 四八。

實在也難以理解牟先生此三義究竟是在說什麼。

至於說《大學》可為孔孟之所涵，卻不是孔孟之真精神，這又是牟先生限制孔孟精神所涵之範域只在本體工夫一型的結果，亦即牟先生為只談內聖而遺漏外王，然而，治國平天下的目標如何能不是孔孟精神的所涵？牟先生對《大學》地位的批評意見過於獨斷。下文即是牟先生對朱熹由《大學》講工夫意旨的定位：

朱子雖注遍群書，而其實只以伊川之綱維落實於《大學》，由此以展開其靜涵靜攝之系統，即對於那屬於「本體論的存有」之存在之理之靜的函攝之系統。吾此處用「靜涵」一詞，乃心氣之靜的涵蓄淵渟之意；用「靜攝」一詞，乃認知的綜函攝取之意。靜涵相應朱子本人所說之涵養，靜攝相應朱子本人所說之察識以及致知格物，格物窮理。此為其最得力處，由之以展開其「心靜理明」之境界，以與先秦儒家所抒發而為北宋濂溪、橫渠、明道所弘揚之本體宇宙論的實體之創生的直貫之縱貫系統為對立。此對立為縱橫之對立。朱子系統為橫的靜攝系統。13

牟先生以靜涵靜攝說朱熹的綱領，說靜涵是就涵養用敬說，而牟先生卻是從「心性情理氣」分離的存有論說此涵養用敬的本體依據，事實上，此誠非涵養用敬的本體論依據，這只是一套對所有存有範疇概念皆能適用的存有論哲學系統，涵養用敬的本體論依據依然是牟先生所說的本體宇宙論系統，而這正是「心性情理氣」說的存有論所蘊涵及預設的系統，可以說「心性情理氣」說的存有論就是在本體宇宙論的基地上向外一層抽象地談論存有範疇概念的系統。存有論是後話，本體宇宙論是前項。先有本體宇宙論的建構，後有對此一建構中所使用概念的存有論討論。但是邏輯上說，存有論是前提，需要在此項概念約定的前提中，才能有本體論、宇宙論、工夫論、境界論的命題建立。而牟先生以朱熹所談的工夫論中的純化意志一型的本體工夫（涵養用敬）來說是依據於存有論的系統，因而缺乏在境界論上的圓融效果，這實在是很曲折離奇的講法，這絕非朱熹的思路。

牟先生說靜攝是認知的攝取，是朱熹講的格物致知之學，而格物致知即是窮理，而窮理又被牟先生連上「心性情理氣說」的存有論的系統，以為就是要來窮這個存有論之理，所以牟先生就把靜攝一路從《大學》講工夫次第的開端的格物致知說中獨立出來，並從此被割裂於《大學》義理系統之外，故而說其只是認知的活動，並且是要認知這個存有論系統的活動，於是這個在朱熹處講工夫次第的格致之學遂變成講抽象觀解的哲學思辨之學，變成討論存有論的理解活動之學，如此解讀當然就遠離了本體工夫的意旨了。

可以說，牟先生始終不能正視為學方法及工夫次第問題，但是卻很清楚很準確地抓住了存

13. 牟宗三，《心體與性體》第三冊，頁四八。

有論之學與本體宇宙論之學的差異，不幸的是牟先生卻把程朱言說工夫次第及為學之方的工夫論意旨，混入存有論之學中做一不相干的結合，從而為朱熹建立了一套靜攝系統，並且還認為靜攝系統也是一系統，而且是與縱貫系統可有互發的功能，牟先生評論道：

假定對於縱貫系統已透澈，則此橫的靜攝系統可為極有價值之補充。假定在此發展中被完成之縱橫兩度相融而為一完整之系統，則縱貫為本，橫攝為末，縱貫為經，橫攝為緯，縱貫為第一義，橫攝為第二義。就個人之生長言，假定先把握橫攝系統，則此只為初階，而非究竟，必上升而融入縱貫系統中始可得其歸宿而至於圓滿。假定先把握縱貫系統，則必該攝橫攝系統始可得其充實。假定兩相對立，欲以橫攝系統代替縱貫系統，以為只此橫攝系統是正道，縱貫者為異端，非正道，則非是。假定兩相對立，以為只此是縱貫系統即已足，斥橫攝為支離，為不見道（自究竟言是如此），而不能欣賞其補充之作用與充實上之價值，則亦非是。前者是朱子之過，後者是象山之過。總之，兩者只能相即相融，而不能相斥相離。此非只心理上之寬容問題，乃是客觀上之實理問題。相斥相離始於朱子之不能了解縱貫系統之所說，即對於「於穆不已」、「純亦不已」這一本體宇宙論的實體之創生直貫義契悟有不足，對於孟子之「本心即性」義契悟有不足。此可以歷徵朱子之講解而明也。總癥結最後只落在此一點上，其他皆無關緊要者。14

以上牟先生對朱子的評價可謂地位極不高，說朱熹之橫攝認知系統自究竟言是不見道的，因其對縱貫系統的認識不足，並斥責縱貫系統，說這就是最後的總癥結。

首先，牟先生界定本體宇宙工夫境界論的整套系統是縱貫系統，筆者不反對，畢竟此事人人可以自行為之，亦即建立一套自圓其說的概念關係架構。但是，牟先生說的橫攝認知系統筆者就不贊成了，因為其實並不存在這樣的一個系統，這是牟先生將程朱講工夫次第以及講存有論的知識系統錯置地合為一系統，並以之為程朱的根本特色，但是，程朱事實上也講牟先生所謂的縱貫系統的理論，所以其實根本沒有程朱之為橫攝認知而有別於縱貫縱講的系統。

其次，牟先生說縱講者為第一義橫講者為第二義，以縱講為經而輔以橫講則美。先講橫攝者則應進至縱貫始得圓滿，先講縱貫則應兼輔橫攝亦為圓滿。這些話說起來漂亮其實毫無實義，既然縱貫縱講已經圓滿，而橫攝認知根本不見道，則輔以橫攝認知的作用在哪裡？筆者衡諸牟先生上百萬字的意旨，看不出這些話有系統決定的意義，可以說只是漂亮話而已。而且這又是把工夫論和形上學混淆的說法，說工夫論時可以有次第問題，因而有第一義第二義以及誰先誰後的說法，但是，說形上學時就只有型態的差異，而致為不同的系統，此中並沒有形上學系統的誰先誰後的問題，縱貫、橫攝究竟是說工夫還是說形上學？這點牟先生是沒有打算說分

14. 牟宗三，《心體與性體》第三冊，頁四八－四九。

明的，因為他早已將工夫論涉入形上學系統中，而說為一種動態的形上學、實踐的形上學，而有以優異於西方觀解的、靜態的形上學系統者。既然這些問題都沒有說清楚，則去說誰先誰後誰主誰輔其實都是沒有什麼功能的立論了。

第三，牟先生對朱陸之互責，指其皆有所失，然象山之失小，朱熹之過大。說朱熹是「欲以橫攝系統代替縱貫系統，以為只此橫攝系統是正道，縱貫者為異端，非正道，則非是」。首先，就形上學言，朱熹說存有論但並沒有否定本體宇宙論；就工夫論言，朱熹說工夫次第但沒有否定本體工夫，並且自己也有眾多本體工夫的發言。因此實無朱熹欲以橫攝代替縱貫之事，至於朱熹斥責象山及其門弟子之事，恐多為人格批評，以其人所說之本體工夫在現實上就沒做好故而斥責之，並不能說朱熹所斥責者直接即是本體工夫的命題。牟先生說象山是「以為只此是縱貫系統即已足，斥橫攝為支離，為不見道（自究竟言是如此），而不能欣賞其補充之作用與充實上之價值，則亦非是。」牟先生根本沒有說出橫攝系統有什麼優點，故而實在談不上有什麼補充之作用與充實之價值，卻說橫攝系統究竟而言是不見道，而所謂見道就是要見出縱貫系統的本體宇宙論，則牟先生實在談不上對象山有什麼批評。總之，靜涵靜攝的橫攝認知系統並不是程朱學的唯一重點，以此定位程朱哲學型態是有所偏失的。而以見道與否別異朱陸更是對朱熹的不公允的指責。談「見道與否」有三路，從個人修養上談則是人格評價的問題，而從形上學本體論處談則是是否肯定儒家仁義價值的問題，至於在存有論上談道體特徵時，則確實無須使用見道與否這樣充滿實存活動意味的詞語，但也不能因此就批評談存有論的程朱理論為人格上或本體論上的不見道，否則就是又把學統說成道統，而欲建立當代的新道統之學了。

六、結論

哲學理論總是隨著哲學問題的開展而不斷轉進，出現什麼型態的哲學理論就準確地認識它就好了，牟宗三先生就是有一套固執的自認為是縱貫縱講的圓教型態的儒家形上學，所以把不在這個系統的程朱哲學視為別子且不見道，這當然是對程朱不準確的理解與詮釋。這是因為牟先生對於工夫論的本體工夫、境界工夫、工夫次第、為學之方等義不能釐清所致。不過，牟先生對程朱心性情理氣說的存有論系統倒是言之準確，可惜雖然對於這一套學說的內涵認識正確，但是對這一套學說的功能定位卻是極不公允，關鍵即在牟先生只認定本體宇宙論，而這其實是一套宇宙論、本體論、工夫論、境界論的實踐哲學體系，雖然程朱系統中實已預含此系統，但因朱陸之爭的表面衝突卻落在本體工夫論和存有論上頭，因此牟先生還是要嚴分朱陸，且為程朱建立靜涵靜攝的系統相，並予攻擊之，但這卻是建立在對程朱不準確的理解基礎上。因此，並不是程朱、陸王的什麼理論有什麼對不對的問題，而是程朱、陸王所談論的哲學問題是不是牟先生談儒學要旨時所要挖掘的議題，問題對了就肯定，問題不同就否定，這種因著討論的問題而做的優劣簡擇，是對哲學創作的極大限制，更不能作為哲學理解的依據。

本文討論牟宗三先生對朱熹與程頤依《大學》建立體系的批評意見，牟先生認為，有感於濂溪、橫渠、明道未及深入工夫入路的問題，以致提出了特有的工夫論命題，然而卻因為不能正視本體宇宙論的縱貫縱講的理論模型，以致成了靜涵靜攝的系統，這就是程頤從《大學》格物致知之學所建構的「涵養用敬、進學致知」之學的型態，此型完全為朱熹繼承，並與象山形成對峙。牟先生此說中其實充滿了個人的立場，以及哲學基本問題混淆的作法。本文之作，即是就牟先生所論，藉由對哲學基本問題意識的釐清，而企圖扭轉已為牟先生所扭曲的認識系統與研究途徑。關鍵在於提出，程朱並沒有建構出如牟先生所說的「靜涵靜攝」系統，那都是牟先生依據象山的指控以及自己的疏解而架構起來的特殊型態理論，是把工夫次第論的格致工夫與窮理觀念結合到存有論的理氣心性情之討論中，因而認定程朱之工夫是客觀外在的形式知解而不能立體見道。筆者之意是，程朱也談了陸王所重的本體宇宙工夫境界的種種問題，只是多為牟先生刻意忽略，並特出程朱與象山不類之論點。而建立的牟先生特殊意涵下的程朱系統型態。當代研究應多融通程朱、陸王之理論，對其有所不同的理論部分，則應以良好的解釋架構詮釋清楚，從而得以彼此照看而互相欣賞。

第九章　對牟宗三詮釋朱熹中和說的方法論反省

一、前言

本章討論牟宗三先生對朱熹中和說的批評意見及方法論反省，首先說明牟宗三先生的哲學問題意識，在於對比中西哲學而主張儒學系統是唯一能完成形上學的系統，以此之故，牟先生特別關心儒家道德形上學的證成義，於是所說之本體宇宙論的縱貫創生系統，成了綰合宇宙論、本體論、工夫論、境界論的天道流行義與聖人踐形義的綜合型態形上學，並以此為孔孟之根本型。以此解讀朱熹哲學時，便將朱熹純粹談論存有論的概念定義及概念解析的儒學系統說為別子，主要關鍵在於指出此一系統並不說明主體活動；同時，牟先生又將朱熹詮解《大學》說工夫次第的格物窮理工夫說為只管認知不管意志純粹化的道德活動。本文即將指出朱熹說存有論與工夫次第論並不違背孔孟實踐義，只是說了不一樣的形上學系統及討論了工夫次第問題，而工夫次第問題亦不是對立於本體工夫的問題，以此還原朱熹學思的型態定位。本章藉由牟宗三先生批評朱熹中和說的意見而進行方法論的反省，指出朱熹中和新說就是一工夫次第論的主題，並不需要把存有論的心性二分的意見置入此處而為批評，亦無須把涵養說視為非本體工夫。

當代大儒牟宗三先生，可謂當代中國哲學界中在理論建構上屬綿密廣袤、深刻悠遠之第一人，他上下儒釋道，綜說中西印，而最終歸本於儒學，牟先生可以說是當代新儒學最重要的理論家、哲學家，說牟先生所建立的儒學優位的哲學體系是當代新儒學中的最大系統應屬實至名歸。

牟先生的儒學建構就是當代新儒家的第一典範，而這個典範的建立則是在牟先生消化西方哲學、融通中國儒釋道三教、又欽點儒學本義、原型、圓教的一連串論述歷程後的結晶，在這個結晶品中，卻對朱子學多有批評，認為朱子學不是孔、孟、易、庸、周、張、陸、王一大系統內的型態，此一評價可謂事關重大。傳統上朱熹的夫子地位直逼孔子，宋明儒學中以朱、王為最大二家，數百年科舉考試中以《朱熹集注》為教材，牟先生卻以「別子為宗」定位朱熹非孔孟嫡傳，牟先生如何說此？此說能否成立？朱熹究竟成就了什麼型態的儒學創作？是否確非孔孟嫡傳？本章之作，企圖正面討論這個問題，將朱熹學術型態從牟先生的定位系統中抽離而出，以哲學基本問題的詮釋架構，重新定位朱子學在儒學史及中國哲學史上的理論地位。

本章之進行，將首先說明牟先生對儒學根本型態的定位論點，再從此反溯牟先生思考儒學問題是如何從西方哲學問題解決的思路上進行，以貞定牟先生理論關懷的根本問題意識，依此，即可重返牟先生對朱熹詮釋的意見，而予以重新解讀。

牟宗三先生對朱子學的討論在他的主要作品中都有不斷的意見的表陳，但是最重要的著作當屬《心體與性體》第三冊之作，全書就討論朱熹一人的哲學，由於該書之討論亦十分繁瑣，本章即僅就其中「中和說」部分進行重新解讀及義理定位。實際上該書中牟先生對朱熹「中和說」的討論最為大宗，概分三章進行，幾占全書之一半，且其中的討論實已蘊涵牟先生對朱子學意見的全體，因為其後諸章節所討論的朱熹仁說、孟子詮釋、心統性情、理氣說諸義，可以說都已經在「中和說」中討論過了。

二、對牟宗三談中國哲學及儒家哲學義理型態的意見定位

牟宗三先生以《論、孟、庸、易》為儒學的原型，以象山、陽明學為孟子的發揮，以橫渠、明道、五峰、蕺山為《庸、易》的傳承，而程頤、朱熹卻是歧出於《論、孟、庸、易》的新系統，參見牟宗三先生言：

> 宋明儒學中有新的意義而可稱為「新儒學」者實只在伊川朱子之系統。大體以論孟中庸易傳為主者是宋明儒之大宗，而亦較合先秦儒家之本質。伊川朱子之以大學為主則是宋

明儒之旁枝，對先秦儒家之本質言則為歧出。1

另見：

惟積極地把握此義者是橫渠明道五峰與蕺山，此是承中庸易傳之圓滿發展而言此義者之正宗。伊川朱子亦承認此義，惟對於實體性體理解有偏差，即理解為只是理，只存有而不活動，此即喪失於穆不已之實體之本義，亦喪失能起道德創造之性體之本義。象山陽明則純是孟子學，純是一心之申展。此心即性，此心即天。如果要說天命實體，此心即是天命實體。2

牟先生上述之定位，絕不是一些簡單的浮面意見的定位，而是一大套理論城堡所堆積起來的龐大系統下的論斷，討論牟先生的意見，不是簡單幾個態度立場能夠疏理的。本文之進行，將首先說明牟先生對儒學根本型態的定位論點，再從此反溯牟先生思考儒學意旨的問題意識來源，說明它是如何從西方哲學問題解決的思路上進行，以貞定牟先生理論關懷的根本問題意識，依此，即可準確進入牟先生對朱熹詮釋的意見，而予以重新解讀。

討論牟宗三談中國哲學及儒家哲學義理型態的意見定位，要從牟先生消化康德哲學談起，康德在《純粹理性批判》書中建立物自身不可知之說，建立普遍原理的二律背反說，而在《實踐理性批判》書中建立依實踐之進路而設定之三大設準，唯物自身仍不可知，然上帝依其智的直覺即能知之，上帝之知之即實現之。以上諸義是牟先生綱領康德哲學的最重要的部分，依據上說，牟先生認為，中國哲學儒釋道三教的聖人、真人、菩薩及佛者，卻都能有此一智的直覺，並且，三教聖人皆是一般人存有者得以努力達致的。甚且，西方的上帝概念仍是一情識的構想，而中國三教之學卻都有其實踐之進路以為價值之保證，是實踐而證成其形上學的普遍原理。這其中，牟先生又指出，整個西方哲學是一為實有而奮戰的哲學，牟先生認為，哲學即是一應為實有而奮戰之學，而中國儒釋道三教之中卻只有儒學的道德意識是真主張實有之學，其為透過道德意識創造現實世界而有著在聖人主體的實踐之保證而保住實有，因此，形上學只有透過道德進路才能保住實有而為完成。

依據這樣的思路，古今中外的哲學體系中的形上學的證立問題，便就只有中國儒家哲學的道德的形上學才有其終極的完構。此一由聖人實踐道德理性的哲學，既是形上學的保證，又是形上學的完成。完成一本體宇宙論的創生系統，完成一由聖人之逆覺體證以實現天道理性秩序的哲學系統。也正是在這個詮釋立場下，朱熹學思被視為歧出。

以上是牟先生的話術，依筆者之見，牟先生的思路可以重新解析如下：

1. 參見牟宗三著：《心體與性體》第一冊，台北：正中書局，一九八一年十月台四版，頁一八。

2. 牟宗三，《心體與性體》第一冊，頁三一－三二。

首先，牟先生關心形上學普遍命題的成立保證問題，依康德哲學之拆解，整個西方傳統的思辨形上學，因理性能力的反思，已被斥為不能成立，而在康德哲學系統中，則另以實踐的所需，且以設準的地位，而說形上學普遍原理的提出的可能，並訴諸上帝的直覺，而予以真理性的保證，因此是上帝的存在保證形上的命題。而牟先生則以中國哲學的三教共有的實踐之證量，來說中國儒釋道三教之學的形上命題的證立保證，因此是人的實踐而保證了形上命題。於是乎在牟先生所詮解的中國哲學系統下，實踐的部分便以義理的實質內涵而進入形上學構作的系統中，因而系統中論及實踐與否正是牟先生別異中西哲學的判準。

其次，作為當代新儒家哲學家的牟宗三先生，在三教辯證問題上高舉儒學，是透過主張為實有而奮戰的哲學立場，將儒學在三教辯證中高於道佛。哲學就是要論說實有，而只有儒家價值意識的道德創生意志是唯一可以保住實有的哲學理論，因此宣稱只有儒學是一實有型態的形上學，而道佛則只是境界型態的形上學，以此標高儒學，以此詮釋儒學。而儒學因其不但有實有的主張，更有實踐的證成，因此儒學於形上學便有圓滿的完成。

總之，別異中西以實踐說，辯證三教以實有說，此正是牟先生高舉儒學的兩大判準。

接著，在牟先生深入儒學系統以為各家詮解之進行時，特別對於證成形上學的實踐動力因素十分重視，於是全力形成一套動態的儒學存有論，不論自天道說、自人道說，皆欲說及實踐完成以致圓滿的境界為止。這就導致牟先生在孔、孟、易、庸的詮釋中，以聖人的實踐以見天道的律動而說為一動態實踐型態的實有說的形上學，並在宋明儒學的詮釋中，將濂溪、橫渠、明道、五峰、象山、陽明、蕺山等之系統說為一實踐的動態的實有的本體宇宙論的形上學型態。其中仍有分別，有主要說天道的系統者如《中庸》、《易傳》、濂溪、橫渠，有主要說人道的如孔、孟、象山、陽明，有天道人道並說的如五峰、蕺山。這就使得朱熹學思在此一系統中被置之在外，而是以靜態的本體論的存有論的只存有不活動的話語說之。

再度重新檢視牟先生的論、孟、易、庸、周、張、明道、五峰、象山、陽明、蕺山一脈相承的儒學系統的義理特點，筆者以為，牟先生是把說價值義的本體論、與說本體工夫的工夫論、以及說圓滿地實現了工夫的聖人境界觀等等併合為一同套系統的整體型態中。價值義的本體論自是從整體存在界整體地說的道德意志的本體論，牟先生以本體宇宙論說此一形上學，筆者以為這確實是談價值意識的本體論哲學問題，說為本體宇宙論亦是恰當，因為本體意識就是從整體存在界中定位而出的，論及整體存在界即是宇宙論的功能。另為說主體實踐理論的本體工夫論，即是以本體的價值意識以為主體的心理活動嶄向的本體工夫，此即工夫論哲學中的一種型態，此為工夫論的哲學基本問題。第三為對聖人境界的陳述，是描寫主體做工夫已達至圓滿理想狀態的聖人境界，聖人境界當然是以本體論的價值意識以為實踐嶄向而達至主體狀態的圓滿而說的境界，既是與本體論直接相關，亦是與談實踐的工夫論直接相關。

這三項從本體論到工夫論、境界論的基本哲學問題，確實是同一套價值意識的內部推演，從而形成整體共構的系統，既有客觀形上學的知見，又有主體實踐的主張，更有圓滿人格狀態的呈現，可以說儒學理論的目標即已在此顯現了。然而，儒學理論所追求的現實實現的目標是一回事，儒學理論所需滿足的作為理論建構本身的理論問題是另一回事，並且，說明了理論目標的宗旨是一回事，實際實踐更是另一回事。因此，本體、工夫、境界論的說出是一回事，儒學還有其他哲學問題有待處理是另一回事，儒學並不因為本體、工夫、境界論的說出就再也沒有必須處理的理論問題了。同時，說出本體、工夫、境界論是一回事，實際實踐是另一回事，說出並不等於實踐，說到了實踐以為理論證立的保證是一回事，實際實踐以為事實的創造及理論的證實是另一回事。因此，說到了實踐以為證立的理論保證並不因此就是價值追求活動的圓滿完成，更不因此就與儒學必須解決的其他問題有著問題層次的高下地位之差異。

三、對牟宗三談朱子學的義理型態之意見定位

牟宗三先生即是依據著上述的思路以展開對於朱熹學思的全面定位，其一是形上學的定位，其二是工夫論的定位。

就形上學而言，牟先生以朱熹形上學中的理概念是一只存有不活動的存有，理氣說的形上學是一本體論的存有系統，本身並不能發為創造的動力以致有實踐的圓滿完成。筆者以為，說

朱熹言於理氣說者是一存有論問題的定位是確實的，但是說它不能負擔實踐的動力以致不為圓滿的批評是不必要的，因為它本就不是在談論實踐的動力的問題，它就是在談存有論的問題，朱熹就是平鋪著在研議作為天道理體的理存有，研議著它是一個什麼意義的概念的存有論問題。更且，朱熹也不只是在談存有論的問題，朱熹一樣談到了本體工夫境界論一貫的話語，只是牟先生都以朱熹的存有論系統為朱熹之真正意見，以致認為朱熹那些本體宇宙論的動態實踐的話語只是偶爾提到，意義貞定不住，一轉就滑失了。這是因為，牟先生並不尊重討論實踐活動以證成形上原理之外的哲學問題，並不將那些問題視為儒學理論發展過程上的有意義的事件而予以尊重，而是過度關切了以實踐的活動而為形而上普遍原理的證成的理論問題，即直以此一議題的相關理論構作以為孔、孟的正統，而在面對朱熹明確地建構有別於論說實踐的道德的形上學系統時，即以朱熹之說為外於孔、孟之言者。

筆者並不認為討論實踐活動而構築的道德形上學，需要像牟先生所認定的具有儒學詮釋的根本性地位。這都是牟先生過度思辨的結果。第一，論說實有並不需要是所有哲學系統的基本立場，哲學領域是沒有哪一個立場可以是所有哲學理論的共同立場的。牟先生高舉之實有的立場即是三教辯證下的儒學立場，此說已是儒學一家的獨斷結構，而牟先生以能證說實有的實踐哲學併入本體宇宙論的系統為儒學正統，因而以此排斥朱熹之學，以為朱熹沒有正宗的實踐哲學以至於不能證實儒家形上學的實有立場。

第二，言說工夫、境界問題並不需要定位為是所有哲學系統中的最重要及最圓滿的問題，我們固然可以說中國儒釋道三學都有言說工夫、境界問題的系統，並且缺乏此一問題即是理論的不圓滿，但是因著哲學活動作為一種純粹創造性的思考活動，新的問題產生之時即是必須面對之重要問題，因此言說三教辯證義下的儒學本位的宇宙論、言說概念關係及概念定義的存有論哲學、言說儒學義理定位的方法論哲學等等，這些都是儒學理論中的重要問題，也有它們各自的重要的理論地位。而依據著上述兩套特定的立場，牟先生即以能證說實有的工夫、境界哲學併入本體宇宙論的形上學系統為儒學正統，而以此排斥朱熹之說概念解析的存有論系統。

牟先生緣於中西哲學比較及三教辯證的高舉儒學之思慮，因而找出回應中西及三教的儒學建構系統，而說為道德的形上學的縱貫縱說的創造系統，結果就只關切儒學系統中的這種哲學問題，即本體、宇宙、工夫、境界問題，而對於他種哲學問題提出批評，例如說概念定義的存有論問題，這是不必要的做法。並非朱熹不是存有論系統，而是朱熹的存有論系統不需要被批評，因為這個系統本來就不是在談實踐的問題，而是對實踐活動中一切相關的概念作思辨的抽象定義工程。更且朱熹一樣也有實踐哲學的本體宇宙工夫境界系統，只是牟先生每當讀到此種話語時皆將之轉入存有論系統，而斥朱熹之本體工夫境界系統不能挺住其義。

此外，「存有論」這個詞彙在牟先生的使用中有二義。一方面是討論概念定義、概念關係的抽象思辨的哲學領域，這就是他說朱熹討論的「心、性、情、理、氣」等概念的意見是本體論的存有系統的意思，這是牟先生使用「存有論」哲學的一義。另一方面又是包括本體宇宙論、工夫境界論的整套哲學系統，即其說為兩層「存有論」的「無執的存有論」而為道德的形上學者。這兩種用法在牟先生的論著中都時常出現，必須先作以上的釐清。也在牟先生的關切實踐以為證成的思路背景下，牟先生的形上學概念，便將具實踐活動義及圓滿實現義的工夫論及境界論，亦納入了形上學的本體論及宇宙論的領域中，這樣的作法將使形上學這一詞彙變成一套複雜繁瑣曲折糾結的理論問題，而不利於檢別同在本體宇宙工夫境界論系統下的孔、孟、易、庸、周、張、明道、五峰、象山、陽明、蕺山各家的內部差異，更不能看清不在這個牟先生視為主軸脈絡嫡傳系統之內的伊川、朱熹學的理論創作意義。

就工夫論而言，牟先生以朱熹論於道體之理概念為一只存有不活動的系統，以致朱熹論說工夫時即滑失為一認知的橫攝系統，此即是朱熹見道不明，以致工夫走失。筆者認為，論說存有是一存有論問題，論說本體的價值意識是一本體論問題，論說工夫是一工夫論問題，價值意識的本體論直接與本體工夫的工夫論相關，但是論說概念的存有論又是另一套獨立且有意義的哲學問題。它是對於作為本體的理性存有作一思辨的反省以定位它的存有論地位的抽象討論，討論作為價值triangle向的本體、天道、誠體、理體、性體、心體等等概念的存有論地位問題，這是一獨立的哲學問題，是儒學在理論發展上順著人類理性的自然運思即會意識到的正常問題。它確實不是在討論見道的問題，因此不是與本體工夫直接關聯的問題，牟先生的定位是無誤的，問題只在牟先生將之併入本體工夫系統，而以之為不能實做工夫甚至是不見道的批評是不必要的。價值意識既已確立，則說明價值意識的存有範疇本身的抽象關係亦應疏理，因此當代學者研究之時即宜獨立地討論這個問題，並準確地檢視朱熹在這個問題的發言意旨，而無須跟隨不能為思辨之學的象山，一起攻擊朱熹見道不明。

就見道問題而言，朱熹確實多有論說價值意識的本體論的發言，程頤就明確大談性善論的意旨，朱熹接續地談人存有者的性善論，並從天道的理存有說到其為必然且完整地賦命於人存有者的性善論，並即此性而說為理，故謂之「性即理」，而轉入存有論討論。而當朱熹要談工夫論的時候，類似「心即理」的話語一樣會出現，只是牟先生每見及朱熹有類似象山的說工夫的話語時，就斥責這仍是以存有論為系統，因而是不真切認識的發言。

分離了「存有論」與「本體宇宙工夫境界論」之後，朱熹見道亦明，論說本體工夫亦明。但是，在工夫論問題中，並不是只有「本體工夫」一種問題，以《大學》傳統來說，就有「工夫次第」的問題，朱熹因著文本詮釋而倡說《大學》的工夫次第問題，牟先生卻以教育程序與逆覺體證為不同工夫，認為《大學》只是涉及教育程序而不是談逆覺體證的本體工夫，因此批評朱熹依《大學》而說者為教育程序問題，只是認知的橫攝系統，割裂了知行，而非縱貫的逆覺體證之本體工夫，是為他律而非自律系統，為本質倫理而非方向倫理。筆者認為，這還是牟先生心目中只有一種儒學問題，所導致的認識的偏差。

牟先生是以辯證於西方形上學的普遍原理的依實踐而證立的問題為儒學根本問題，如此即只會關心主體在自證自覺時的實踐及至圓滿狀態一事而已，此即本體工夫論的論旨，亦即說為逆覺體證的工夫模式。而朱熹因著《大學》詮釋而說工夫次第論的論旨，完全是依《大學》而說《大學》的文本詮釋脈絡，至於本體工夫論的意旨，朱熹一樣把握清楚，因此在詮釋《大學》格致誠正修齊治平的工夫次第問題時，皆能綰合八目工夫為即知即行、為首尾相貫、才是真知真行真完成之宗旨。亦即，說主體之實踐義是一回事，說工夫次第義是另一回事，朱熹並沒有因詮解《大學》而說工夫次第就因此不說本體工夫，或是以工夫次第取代本體工夫，甚或否定本體工夫。事實上工夫次第是工夫次第、本體工夫是本體工夫，兩者無從互相取代，但更不會互有扞格。更重要的是，朱熹說工夫次第中的每一項目都是即知即行地說的，也就是都是本體工夫的項目，只是其中有次第。並且工夫次第自格致以至治平是全體完成才是真完成，因此絕對沒有割裂格物窮理與切實篤行之意，因此牟先生以教育程序說朱熹的工夫次第是無涉逆覺體證的話是不對的。

同時，牟先生屢說朱熹以格物致知的認知方式談工夫，是有別於逆覺體證談工夫的本體工夫之事。筆者以為，格物致知而誠正至修齊治平是《大學》講的工夫次第的問題，此中需要格物窮理的是針對經營家國天下之事業之需要實事求理而作為的，此處有客觀之知，但是，所求得之客觀之知之理仍是以仁義禮知之儒家道德意識以為行為貞定的價值原理，因此，任一事業的窮理的活動皆是一逆覺體證的本體工夫，格物致知窮理的目的就是為著修齊治平，就是為著實現聖人的理想事業，待治平境界達至之時，就是牟先生所關切的圓教的圓滿實現，因此，不能以朱熹言於工夫次第之窮理工夫為僅只是認知活動而非主體的心志提練的逆覺體證活動，而說其為非本體工夫。

這種被牟先生列為認知活動的工夫，又被冠上為他律道德而非自律道德之批評，這也是筆者不認同的部分。牟先生說為自律道德者，指道德實踐活動之為由主體的自證自立的型態，而朱熹的說法卻是他律的型態，因為朱熹並沒有在談主體的逆覺體證，而只在談認知的課題。

筆者以為，一切道德活動皆應是自律的活動，道德與自律應為套套邏輯，只有在被威嚇下的不敢為惡的情況才說為他律，但此時之主體意旨並非道德性的，因此亦說不得是他律道德。而系統中設定了它在存有者以為道德律令的頒布者的理論被說為他律也是有爭議的，因為主體欲為其價值意識之時，仍是主體自願之行為。因此就形上學而言，雖可有若干系統說價值原理自外而來，但是就工夫論而言，仍然必須說願意實踐的意志是由內而出的，因此即便是某些宗教哲學中的形上學的價值他律說亦必須說為工夫論的自律系統，否則一切有宗教信仰知識的人便皆能直接行善了，實則不然，他們還是必須經由主體的自願實踐，才能有作為真道德行為的自律工夫。

然而，朱熹的情況並不是主張價值意識是形上學地自外而來，而是朱熹並沒有在談存有論問題的時候範疇錯置地轉入本體工夫地談。朱熹是在談道德活動的時候，去研議那作為律則的價值意識的價值內涵甚或存有論地位，這並非與道德活動無關之理論事業，更不等於即是在進行一外在於主體的他律道德活動，而只是說價值意識的客觀存有論地位，當然這只是關於哲學概念的討論，本就不是正在做工夫。即便如此，在朱熹的這個存有論地位的討論中，他還是主張主體的心即含著性善之性，此善性為主體內在的本質性本性，因此主體仍是就著內在的善性而發為善行，朱熹的說法即是價值意識仍是來自於內，至於做工夫的事業，這永遠是主體活動的事情，可以不與價值意識的本體論在主體之內或之外的問題混為一談。

筆者認為，道德活動的進行一定就是自律的，他律的都稱不上是道德，說對於家國天下的事業的認知可以不是正在進行道德活動，但是朱熹說的格物致知窮理都是要求實踐之於家國天下的，修齊治平的完成才是格致工夫的完成，因此並沒有一停止在認知的非道德活動的工夫主張，在知之且行之之時即皆是主體的自我要求的逆覺體證之實事實行之行為，因此不會出現牟宗三先生所說的他律道德的情況。

以上從牟先生對中國哲學及儒學在中西別異及三教辨正下的基本立場說朱熹學的定位，說明牟先生如何以本體工夫系統以批評朱熹存有論系統及工夫次第系統的脈絡，指出牟先生可以無須如此定位以還原朱熹學的面貌。

以上總說牟先生對朱熹詮釋的意見定位，以下先介紹牟先生詮釋朱熹的工作架構，然後再就牟先生對朱熹「中和說」的實際討論進行疏解。

四、牟先生對朱子詮釋的工作架構

牟先生對朱熹的討論最主要的材料當然是《心體與性體》的第三冊，[3]全書皆是針對朱熹的討論，其中對於朱熹「中和說」費了最大的篇幅，接著討論朱熹的「仁說」，討論「心性情之形上學的解析」，討論「理氣論的形上學」等。牟先生的處理基本上是基於他自己已有的儒學詮釋系統的定見，一方面說明朱熹的問題意識及其立場、主張，另方面極力斷稱朱熹之說不合孔孟原意，而所謂不合即是未能彰顯本體論的創生意旨。亦即牟先生是把工夫境界論及本體宇宙論合為一動態的存有論的形上學架構，以為儒學的圓滿型態，因此從頭至尾都是形上學地說儒學，既使得工夫論及境界論無法獨立出來被辨識，又使得工夫論中的不同工夫論問題無法分開來討論，如工夫次第問題。並且，又使得形上學中的存有論問題喪失獨立地位，因此朱熹學思中的存有論及工夫次第論系統，也就變成在本體宇宙工夫境界論合構為一的理論系統之外的別子系統。而一旦當牟先生閱讀到朱熹也有像是逆覺體證及本體論的創生系統的類似話語的時候，即立即以朱熹的存有論系統的話語給遮蓋過去，以為這只是朱熹一時的歧出，而非對之有真知真識。因此，在整部著作中對朱熹的討論，牟先生即是以朱熹非本體論的創生系統作為論說朱熹的重心而不斷申述，可以說牟先生就是挑選朱熹之談存有論及工夫次第論的語句段落以為申論朱熹的主要材料，而將朱熹談存有論的話語也視為朱熹在談工夫論的主張，因而批評其為非逆覺體證的工夫，於是朱熹便被牟先生排斥在他所論說孔孟的道德的形上學系統之外，這正是牟先生的道德的形上學之為一大套自我圓滿的系統的堅實主張的結果，是牟先生未能分解地談本體論、宇宙論、工夫論、境界論以及存有論問題的結果。

牟先生《心體與性體》大作中分九章處理朱熹思想，實際上是八章，因為第九章只是在引文而沒有再多作疏解了。其中第一章談朱熹早年的傾向。此處牟先生多以朱熹後期理論的內涵定位早期思想的方向，認為早期思想中已有這些傾向，以至於並不能真得其師李延平的本旨。這也是牟先生在本書中的重要工作方式，亦即透過年譜的協助而序列朱熹的著作，從中見出他的思想的發展與轉變。牟先生也認為朱熹思想有一特殊型態，[4]但又與牟先生為儒學所定出的自孔、孟、易、庸而降的主流傳統混攪一起，因此極難疏解，[5]但牟先生亦認為自己終於能確實釐清朱熹義理型態，那就是「朱子學之主觀地說為靜涵靜攝之系統，客觀地說為本體論的存

3. 牟宗三著：《心體與性體》，台北：正中書局，一九八一年十月，台四版。

4. 參見牟先生言：「殊不知其基本觀念之幾微處如此說或如彼說，此在義理系統之型態上有決定性之作用。」《心體與性體》第三冊，頁六五。

5. 參見牟先生言：「朱子嘗自謂實肯下功夫去理會道理，吾竊自謂亦實肯下功夫去理會朱子。問題不在其靜攝系統本身有何難了解，而在其基本觀念處常與縱貫系統相出入、相滑轉，彷彿相類似，而人不易察之耳。」頁六四。「吾為此困惑甚久，累年而不能決。」《心體與性體》第三冊，頁六五。

有之系統」。[6]牟先生得出此一朱熹學思型態定位是千迴百折之後的定論，在《心體與性體‧第三冊》第一章〈朱子三十七歲前之大體傾向〉中，亦處處提出牟先生全書共同之定論：

其以大學為規模，對於孟子之誤解，以及心性情之宇宙論的解析，理氣不離不雜之形上學的完成，與夫晚年所確定表示之宗旨、境界，與方法學上之進路，皆其自然而必然之歸結。讀者若順此次序步步仔細理解下去，亦必自可見其為靜攝系統而無疑矣。[7]

對於首章論於朱熹早年學思傾向之討論已在前章進行過，此處不再深入，因為較有意義的命題亦在隨後章節中不斷被提出。本章亦僅討論「中和說」部分，其他章節另待後文。其實，不論牟先生對朱熹的中和說、仁說、心性情說、理氣說，牟先生的詮釋架構都是相同的，因此討論其中一說，即已得見出牟先生思路的整個型態了。本文即集中以牟先生對朱熹「中和說」的討論來反省牟先生對朱熹學說的整體意見。

五、牟先生對朱熹中和說的批評及反省

對於中和說的討論，牟先生認準了朱熹有一關於《中庸》「中和說」的前後不同說法，因此亦以此一前後不同的說法定位朱熹學思的特殊型態，認為在朱熹早年的說法中仍有些類似於孔、

孟、易、庸談縱貫創生系統的話語，但是認識不清，攝授不住，以致成熟之後即滑向橫攝系統。

牟先生概念系統繁多，不能一一申論，直接簡化說明之，「縱貫系統」意謂該哲學系統中論天道創化及聖人實踐的理論，「橫攝系統」平列天道概念及主體結構，談存有而不談創生及實踐的活動。牟先生主張的是縱貫系統，這就顯示牟先生是併合天道流行及聖人實踐為一套形上學系統的哲學概念使用觀，因此一般本體論、宇宙論、工夫論、境界論的問題皆被構作於形上學系統中。而朱熹「中和說」的舊說及新說的差異，就在於舊說中尚保持談論縱貫創生的理論，新說中卻把握不住，以致將工夫移轉為平列的認知系統。橫攝系統即不涉及縱貫創生的逆覺體證的主體實踐活動，而為一認知心的對於平列的天道概念及主體架構的知識性活動。

朱熹中和舊說如下：

中和說一（自注云：此書非是，但存之以見議論本末耳。下篇同此），《與張敬夫》曰：人自有生即有知識，事至物來，應接不暇，念念遷革，以至於死，其間初無頃刻停息，舉世皆然也。然聖人之言則有所謂未發之中、寂然不動者。夫豈以日用流行者為已發，而指夫暫而休息、不與事接之際為未發時邪？嘗試以此求之，則泯然無覺之中，邪暗鬱塞，

6. 牟宗三，《心體與性體》第三冊，頁六八。

7. 牟宗三，《心體與性體》第三冊，頁六七。

似非虛明應物之體，而幾微之際，一有覺焉，則又便為已發，而非寂然之謂，蓋愈求而愈不可見。於是退而驗之日用之間，則凡感之而通，觸之而覺，蓋有渾然全體，應物而不窮者，是乃天命流行、生生不已之機，雖一日之間萬起萬滅，而其寂然之本體則未嘗不寂然也。所謂未發，如是而已矣！夫豈別有一物，限於一時，拘於一處，而可以謂之中哉。[8]

牟先生分三項要點討論此文，首先講朱熹文中的「天命流行之體即是一創造之真幾，或創生之實體。……中庸言誠體、言為物不貳生物不測之天道，易傳言窮神知化，皆是對於此天命流行之體之闡揚。而北宋濂溪、橫渠、明道亦皆是重在對於此天命流行之體之體悟」。[9]其次講「朱熹此書說中體幾完全以心體說之。天命流行之體即中體，亦即心體。如此說中，心體完全能客觀地，實體地挺立起，不是偏落一旁而與天命流行之體為平行對立也」。[10]第三講朱熹「此書言致察是察此良心之發見，操存是存此本心良心而不令放失。如此言工夫，是孟子求放心之路。……皆是表示致察與操存唯施於此本心，工夫唯是在使此本心呈現上用。因而有先察識後涵養之說。先察識者即學者需先識仁，先識仁之體之謂也」。[11]由於後來朱熹自注此說「非是」，故而牟先生結論之謂：

如上三點所說，好像此書亦未見得非是。然而朱子竟自注其為非是何耶？此示朱子此書雖在辭語上如此說，然對於此等辭語之實義，彼並無真切之體悟，亦並不真能信得及，……此非其生命之本質，彼於此用力不上。故著實磨練幾年後，至四十歲而覺其非是。非是者是對四十歲時中和新說而說，亦是自朱子本人主觀地而言之，非是客觀義理上，此書之辭語所示之方向真有謬誤處也。[12]

由於朱熹自己著文否定此書之說，牟先生十分嚴謹地看待這個事件，即從此入路尋繹朱熹學思型態，就朱熹「中和舊說」之文而言，實是對《中庸》中和概念的討論，而牟先生亦依據朱熹之文定位了《中庸》文義宗旨如下：

若對於此天命流行之體有相應之契悟，則本體宇宙論地言之，此體即中體，中體呈現，引生氣化，並主宰氣化，氣化無不中節合度，順適條暢，此即所謂達道之和。若自人之道德實踐而言之，此中體即是吾人之性體，亦即本心。本心呈現，創生德行，則凡喜怒哀樂

8. 牟先生討論的中和舊說即是此篇，此篇亦是《宋元學案》引朱熹中和說四篇之第一篇。
9. 牟宗三，《心體與性體》第三冊，頁七三。
10. 牟宗三，《心體與性體》第三冊，頁七四。
11. 牟宗三，《心體與性體》第三冊，頁七五。
12. 牟宗三，《心體與性體》第三冊，頁七五。

之發，四肢百體之動，無不有本心之律度以調節之，亦無不在本心之潤澤中而得其暢遂，此即所謂睟面盎背，以道徇身，此亦即所謂達道之和也。13

由牟先生的話語來看，即是筆者所申說的，牟先生合本體宇宙工夫境界論的四種哲學問題一齊而談，說天命流行之體亦稱為中體，一是從天道說，一是從人道說，說天道流行而主宰氣化，說聖人實踐已至達道之和。此即筆者所強調的牟先生論說儒學究竟義自始至終是一義貫串，並且是併合本體宇宙工夫境界論四種哲學基本問題一齊併說的方式，說天道是本體宇宙論地說，說人道是說聖人的工夫實踐並及達道之和的境界，說主體之實踐即是說工夫論哲學，說主體之和即是說境界哲學，此種說法是轉《中庸》說喜怒哀樂之人心活動以為主體體貼本體的聖人創造，以及預設天道理體的大化流行併一之說，此說自是對《中庸》詮解的一路。但是要詮解《中庸》也可以不只這一路，朱熹提「中和新說」的用意主要是在進行《中庸》文本詮釋，事實上朱熹幾乎都是自覺地在作文本詮釋時，同時發揮他的創作天分而有以建立新體系，所以會就《中庸》文本詮釋之考量而提出新說，朱熹「自注非是」之意應視為朱熹就其中已發未發部分有更深入的看法，認為此處應為工夫次第問題，至於朱熹舊說之原意，就是一基本的本體工夫之路數。牟先生自己也說由李延平所提的未發工夫以及《中庸》的宗旨之學的說法不是合義於章句訓詁之作的，亦即牟先生也認為李延平本來的說法亦不能即是《中庸》之本旨，其言：

體驗未發前大本氣象為何如是道德實踐工夫上之本質的一關，此自是自覺地做道德實踐之事，自與章句訓詁無關。朱子非不知此義，其系統中亦可承認此義。[14]

就牟先生所關切的縱貫創生圓滿義的儒學建構而言，牟先生認為「中和舊說」中朱熹本來已曉其義，但是在「中和新說」中卻滑失了此義。筆者以為，就《中庸》文義的經典傳注而言，則更是朱熹後來說「中和新說」的用心所在，且用心在於工夫次第的問題上，舊說固是符合牟先生為儒學體系所創造的詮釋之作，固然是圓滿了儒學體系建構之需，但忠實地詮解傳注文本亦不妨礙後來的創造詮釋，此則是朱熹的新說之用意。牟先生此處轉入關切朱熹於舊說中原本已呈現的意旨，卻在後來的討論中轉出，而朱熹自己竟攻擊此種創造之詮解系統即為入禪之思路，牟先生引朱熹原文：

> 元來此事與禪學十分相似，所爭毫末耳。然此毫末卻甚占地步。今之學者既不知禪，而禪者又不知學，互相排擊，都不劄著痛處，亦可笑耳。[15]

13. 牟宗三，《心體與性體》第三冊，頁八三。
14. 牟宗三，《心體與性體》第三冊，頁一〇六－一〇七。
15. 牟宗三，《心體與性體》第三冊，頁一〇七。

牟先生評論道：

明道于「於穆不已」、「純亦不已」之實體處辨儒佛，而朱子此時卻說：「元來此事與禪學十分相似，所爭毫末耳。」即此可見其對於「天命流行之體」之不透。就此道德的、形而上的實體看，此乃是儒佛之本質的差異處，何言只爭毫末耶？其「相似」乃是義理型態之相似，成佛成聖工夫型態之相似，工夫進程上境界型態之相似，而剛骨基體則根本不同也。……兩皆不透也。……朱子於此不澈，後來對於凡自縱貫系統立言者，彼皆斥之為禪，亦可謂不幸之甚矣。16

牟先生對於儒禪之辨之意見，筆者完全同意，但是筆者以為，牟先生對於朱熹辨儒禪之事有所誤解。首先，朱熹所謂「所爭毫末」並非謂儒禪之間差異甚微，不見其言「此毫末卻甚占地位」，朱熹之意可以解成是說此一大目關節之事卻難以辨認，需辨析入理才能撥雲見霧，故「所爭毫末」，即「毫末必爭」，毫末中關係至大，必所爭已。其次，朱熹轉入新說中之新的義理之關切，筆者以為是一工夫次第的問題，筆者另亦以為，一切工夫皆是本體工夫，但是本體工夫之中有次第問題，朱熹關切的就是這種次第問題，因此分已發未發談察識涵養之次第，次第不分、知之不明而為冥行者皆是說禪，因此後來學者說的本體工夫之話語者，朱熹則多見說此話語者之見識未明，並多有為任意之行者，故而說其為禪，實是一人病之指責，而不能說為法病，由於朱熹自己指責他人之說為法病，於是牟宗三先生指責朱熹之話語有理論上的錯誤，實皆是一多重之誤解。筆者不認為朱熹不辨禪佛，不認為朱熹不解牟先生言於逆覺體證的本體工夫之縱貫創生系統之學，只是朱熹欲以工夫次第的義理架構框正不實的本體工夫的實踐者的人病，因其用語直指義理，稱人為禪，所以牟先生以之為不解逆覺體證之路，而歧入橫攝認知系統。

至於朱熹舊說中和的義理系統，牟先生已定位之為縱貫系統，[17]而後來的新說卻被朱熹自己轉向，但牟先生詳細檢視朱熹舊說期間的相關作品，確實多有縱貫系統的發言，牟先生引若干朱熹文字，[18]指其「意指最為顯豁明當，幾亟近于陸王之學矣」。[19]又謂：

> 朱子此時明知此義，何以以後又終落於支離耶？……必其新說成立後，其義理系統影

16. 牟宗三，《心體與性體》第三冊，頁一〇七－一〇九。
17. 參見牟先生言：「中和舊說，依其辭語之係絡與間架，其所應含之義理方向自是縱貫系統。」《心體與性體》第三冊，頁一一八。
18. 參見牟先生言：「因其良心發現之微，猛省提撕，使心不昧，則是做工夫底本領。本領既立，自然下學而上達矣。若不察於良心發現處，即渺渺茫茫，恐無下手處也。」《心體與性體》第三冊，頁一二一。
19. 牟宗三，《心體與性體》第三冊，頁一二一。

響了其工夫之途徑，使其工夫途徑轉成曲折，因而入處遂不親切，本領上亦不是當。20

牟先生併形上學與工夫論於一說的系統於此一評斷中亦再見出，並認為朱熹後來的歧出必是從形上學的縱貫系統中轉出，轉到了靜涵橫攝系統，而致工夫有了曲折相。因此這裡就有幾個問題產生了，《中庸》說中和一段可以作形上學的本體宇宙論的討論及創作，但也可以作為主體的工夫活動的討論及創作。而主體的工夫活動的討論及創作，可以討論本體工夫問題，也可以討論工夫次第問題。可以說文本詮釋本就難以與義理創作割裂開來，因而很難堅持只有一種文本詮釋之本意。因此朱熹固然是在作文本詮釋，但卻也涉及義理創作。因此以《中庸》說中和之文本而為牟先生的即天道及人道說其縱貫創生及聖人踐行是一種文本詮釋，亦是一種哲學義理創作，而朱熹自己所提的「中和新說」即可以是另一套文本詮釋以及義理創作。甚至可以說，既然都是義理創作，因此無須爭論是否更為符合文本詮釋，更可以說，個人創作個人的系統，亦並無高下對錯之可言。因此，牟先生以《中庸》說天命流行之體的本體宇宙論併合聖人主體的工夫境界論以說《中庸》是一回事，朱熹「中和新說」的工夫次第論之問題意識與關切方向也可以是另一回事。筆者以為，朱熹在新說中轉入以文本詮釋的嚴密系統建構工夫次第的觀點，是一新的哲學議題，並非脫離舊說所預設的道體流行及主體實踐之意，只是朱熹自己關切了新問題，而這個問題，正是文本詮釋關懷下的對於「中和說」的工夫次第進路的重新議定。

朱熹「中和新說」依據牟宗三先生之引文，其重要文句如下：

中庸未發已發之義，前此認得此心流行之體，又因程子「凡言心者皆指已發」之云，遂目心為已發，而以性為未發之中，自以為安矣。比觀程子文集、遺書，見其所論多不符合。因再思之，乃知前日之說，雖於心性之實未始有差，而未發已發命名未當，且於日用之際欠缺本領一段工夫，蓋所失者不但文義之間而已。21

據此諸說，皆以思慮未萌事物未至之時，為喜怒哀樂之未發。當此之時，即是心體流行，寂然不動之處，而天命之性體段具焉。以其無過不及，不偏不倚，故謂之中。然已是就心體流行處見，故直謂之性不可。……未發之中本體自然，不須窮索。但當此之時，敬以持之，使此氣象常存而不失，則自此而發者，其必中節矣。此日用之際本領工夫。……以事言之，則有動有靜，以心言之，則周流貫澈，其工夫初無間斷也。但以靜為本爾。自來講論思索，直以心為已發，而所論致知格物亦以察識端倪為初下手處，以故缺卻平日涵養一段工夫。其日用意趣常偏於動，無復深潛純一之味，而其發之言語事為之間，亦常躁

20. 牟宗三，《心體與性體》第三冊，頁一一三一。

21. 牟宗三，《心體與性體》第三冊，頁一一三〇。

迫浮露，無古聖賢氣象，由所見之偏而然爾。22

依筆者之見，朱熹的改變是就因於文本詮釋的深入，以及新的問題意識的提出而為之回答之作，新的問題是為一工夫次第的問題，這當然是有取於《大學》論於本末先後的思路而得到的啟發，文中的未發、已發皆設定為主體心的狀態，此心周流貫徹、無動靜之或息，而事有動靜，事亦即主體之事，未發指無事時之喜怒哀樂之情之未發，即是日用平常之際的處境，此時以主敬存養之是為未發涵養，已發指有事之際之有所涉及是非對錯的價值臨在情境之時，此時以主敬察識之事為已發察識。則既有未發涵養於心以為中，即較易有已發察識以為和之理想。此說確實是一工夫次第之思路，雖有明顯的未發已發相，但次第間亦非不可融通，就朱熹後來若干更為圓融的話語而言，朱熹固有次第之思路，但卻未有固執的已發未發的工夫方法之堅持，參見朱熹之言：

「大抵未發已發，只是一項工夫，未發固要存養，已發亦要審察。遇事時時復提起，不可自怠，生放過底心。無時不存養，無事不省察。」

「未發已發，只是一件工夫，無時不涵養，無時不省察耳。」

「已發未發，不必大泥。只是既涵養，又省察，無時不涵養省察。」

「存養省察，是通貫乎已發未發工夫。未發時固要存養，已發時亦要存養。未發時固要省察，已發時亦要省察。只是要無時不做工夫。若謂已發後不當省察，不成便都不照管他。」[23]

依朱熹上述諸說的重構，未發已發之涵養察識者皆是同一種工夫了，就是本體工夫一事而已，只是其中仍可有次第之別，但那都是針對不同人不同狀態而作的區分，並沒有嚴格的界線，根本上都是本體工夫的表現。因此，牟先生實在無須以朱子後來於新說中對於察識說之反對，就直以為朱熹已不再論及本體工夫，而評其本心滑失。依牟先生之解讀：

> 唯於本心、中體、性體，乃至天命流行之體無相應之了解，因而影響已敵雙方對於心性之實有不同之了解，朱子始覺先察識後涵養為非是，而必爭先涵養後察識以為本領工夫。是則爭論之關鍵不在涵養察識本身，而在涵養察識所施之心性之實有不同之理解也。[24]

牟先生以為朱熹的轉變是因為對於心性之本體有不同於以往的了解，筆者不同意，筆者認

22. 牟宗三，《心體與性體》第三冊，頁一三三一一三三。
23. 《朱子語類》卷六二，〈中庸一．第一章〉。
24. 牟宗三，《心體與性體》第三冊，頁一三五。

為：察識涵養之先後問題即是一次第問題，兩者都是本體工夫，因此朱熹並未有於道體意旨之滑落的問題。牟先生在此處所提出的對於心性有不同的理解的說法，就是指責朱熹的形上學思路有所歧出之意，而牟先生即從朱熹論於主體的心性情結構、論於整體存在界的理氣結構、論於概念的「仁性愛情說」及「性即理說」等等命題來說朱熹走上了本體論的存有系統，以此系統說朱熹於體上見道不明，以致不識察識為識仁之說，以致其言於涵養者亦只為一空頭的涵養，牟先生以六點意見分析朱熹「中和新說」如下：

> 一、仍就喜怒哀樂之情說未發已發，……此未發時所顯之中直接是指心說即平靜之心境，……但同時復顯一異質的超越之體，此即是性。25

牟先生說朱熹以情說未發、已發，此事確然，朱熹確實是在討論主體心的工夫活動的兩種前後狀態之別。因此牟先生說朱熹此處之中變成了只是一平靜的心境，此亦屬實。只是朱熹加上了要在此時即行涵養之功，則發後繼之以察識之工夫方能實得其致和之達道。因此，朱熹就是就著心的未發、已發前後的情的狀態說中、和兩概念，並發展出未發涵養、已發察識的工夫次第觀念。然而，牟先生認為，朱熹言於心概念者在此說中便脫離了性體之意，性成為了一異質的超越之體。此義下文不斷申說發展，並成為牟先生強加於朱熹思路之上的哲學。續見：

二、……心性平行而非是一，……則在此新說中，真正的超越之體當該是性，而不是心。……心既是平看的實然的心，不是孟子所說的本心（在本心，心即是理，心體即性體，心性是一），則其寂然只是由思慮未萌事物未至之未發時而見，其自身不能分析地、必然地必為「發而中節」之和，而且節之標準亦不在其自身，是則心故不能為真正的超越之體也。[26]

牟先生此項分析意見即是筆者所謂的總合本體宇宙工夫境界問題為一系統的分析架構，牟先生認為那有善意志的動力因素在朱熹「中和新說」中不見於心了，關鍵即在心自身不能作為行為的標準，因而非能為完成實踐的超越之體，因為心性平行，超越之體在性不在心。筆者不同意此說，試分析如下：筆者以為，朱熹說心統性情，性是必具於心，但心有呈顯不呈顯的狀態之別，狀態以情說之，狀態之別在「中和說」中以已發、未發說之，未發、已發皆須做工夫以保住而呈顯此性善之理，這是朱熹的概念使用格局。此心之不做工夫時即處於現象實然的狀態，這是一般人的一般狀態，眾人皆有此一狀態，而朱熹則特別要強調於此狀態時即需進行

25. 牟宗三，《心體與性體》第三冊，頁一三七—一三八。
26. 牟宗三，《心體與性體》第三冊，頁一三八—一三九。

平日的未發涵養工夫。至於眾人之必能成為君子聖人，則是成聖之性已然以性善之理而內具於心，雖然此性已具於心，卻受氣稟限制而有不能呈顯之時，且大多數人大多數時候皆是此種狀態，故而平日涵養、動時省察，一旦呈顯此性，在工夫次第中的一切本體工夫實做下即能達此致和之聖境，此亦由同一個主體之心之決行而致之境界。此一必達致和之聖境需有存有論的依據，心統性情之架構即是為說明心性在存有論地位上是性具於心，因此不必如牟先生所說的朱熹的心性是平行的。依朱熹說，性具於心，心即有性，存有論地說心統性情，工夫境界論地說心有呈顯此性之狀態時也有不呈顯之時，因此需要平日涵養及動時察識。如果就牟先生的說法，則只有處在聖人狀態中之心才是時時呈顯此性此理者，所以筆者說牟先生只論於主體實踐至聖境時的一種哲學問題，此種狀態中之主體的心已全幅呈顯性善之理並即與天道流行同義，故說為「心即理」，此亦是一義理格局。但即便如此，亦不能否定對主體在尚未做工夫的凡人狀態中的存有論分析，朱熹即是在作這個分析，負責任地說明人在尚未至聖境之前的有善有惡的狀態之實然，就此實然而說「心統性情」的理氣說架構。至於《中庸》「中和說」則非是存有論問題，而是工夫論問題，而朱熹以工夫次第脈絡討論之，而論其在未發臨事之平日之時應做涵養工夫，就其在臨事之必作抉擇之際需發為動察之工夫。至於牟先生圓融地、非分別說地、無執的存有論說地道德的形上學系統，則只能是那實踐已達圓滿的聖人境界義，故心性情不分，而朱熹卻言心統性情，牟先生即以此義割裂朱熹之心性概念，指其為平行不相統之二事，更指責朱熹之言於心者不具能斷善惡的價值覺察之能力，此實對朱熹學說的誤判。

再見牟先生之第三點：

> 三、因為靜時所見之寂然（心）與渾然（性）無可窮索，無可尋覓，即無法可辨察，故只能施涵養或存養之功，而不能施察識之功。27

牟先生說朱熹只能涵養不能察識，而此一涵養並無逆覺體證之功，亦即意謂朱熹之說不能作逆覺體證的察識工夫，筆者不同意此說。朱熹言於涵養者亦是心之涵養，言於察識者亦是心之察識，心統性情，性是心之性而不是別的，就是這個主體的心之性，因此此心之實做涵養抑或實做察識即是欲求呈顯此心之即理如理，即皆是進行「心即理」的活動，即各是一本體工夫，即皆能有逆覺體證義。因此，筆者不同意牟先生把朱熹言於察識、涵養兩工夫概念分而解之，而說朱熹的涵養不能作道德抉擇，而只有五峰的察識能作道德抉擇。牟先生此一察識概念的使用系統實是源於湖湘學派五峰學思之說察識之義而用者，五峰說察識即是牟先生言之識仁之察識，確實是一逆覺體證的本體工夫之察識說。

27. 牟宗三，《心體與性體》第三冊，頁一三九。

至於朱熹後來提出先涵養、後察識之說，並非指責察識工夫不是本體工夫，而是就工夫次第問題的關切上提出平日無事之時即應先作涵養之功。朱熹只是擔心人病，而以為臨事察識之前需加一平日涵養工夫，並不是說察識工夫不是本體工夫，而是提出平日涵養工夫以補不足，扣合《中庸》中和說之未發、已發說而建構工夫次第理論，而為未發涵養、已發察識之說。此說並非否定察識之說為本體工夫，而是就一般人的修養次第問題指出平日之涵養與臨事之察識有一前後關係。而其實，涵養即涵養那察識底，察識即察識那涵養底，兩者都是本體工夫。因此對於牟先生就境界狀態說朱熹言於未做工夫之前之心無一性體之義，因此做不得察識的本體工夫，只能做涵養活動，而此涵養活動亦不具道德決斷力，故而非一逆覺體證之工夫，此說筆者不能認同。續見第四點：

四、靜養動察既有分屬，朱子此時即認未發時之「莊敬涵養」為「日用之際本領工夫」，而以舊說之以察於良心之發見為本領工夫為不當。……今知心有已發時，亦有未發時，則未發時之須莊敬涵養自凸顯矣。此義是「本領工夫」之移位，亦涵舊說對於良心發見之發與喜怒哀樂未發已發之發之混擾，亦涵舊說對於「察於良心之發見」義為不真切。28

而其由已發未發所見之心寂然與感發（通不通其自身不能決定），因其與性平行而為二，非本心，固亦不含有此道德意義之良心之義，固不易凸顯道德意義之良心也。此為空頭的涵養察識分屬下道德意義的良心本心之沈沒。新說只能向心性情三分，理氣二分之格局走，故亦可說此為心性情三分，理氣二分格局下道德意義的良心本心之沉沒。此則已完全脫離縱貫系統矣。[29]

牟先生認為朱熹講先涵養後察識是對察識作為本領工夫之移位，並認為朱熹已經不再認為察於良心之發現為本領工夫，筆者不同意這樣的解讀。這就是筆者所一再強調的，本領工夫即是本體工夫即是逆覺體證，而涵養及察識皆是本領工夫，只是其中有次第，而朱熹之批評於察識工夫者，非以「察於良知之發現」為錯誤，而是就工夫次第問題要先有平日之涵養，其實說為平日之察識亦得，亦即平日即需「察於良知之發現」，則有事時才能更準確地「察於良知之發現」。只因伊川言於涵養致知之說，言於未發只能涵養之說，遂以涵養一詞用於平日未發之本領工夫，再使用察識一詞用於已發之際之本領工夫，前後皆是本領工夫，唯本領工夫有次第，故而是工夫次第的問題意識成為朱熹重解「中和說」的宗旨，而不是否定「察於良知之發現」為本領工夫，也不是否定「察識」作為本領工夫。而此說也與存有論的心性情格局不是同一個問題，工夫論與存有論問題意識有別，朱熹並沒有在談工夫次第問題時，併合存有論問題一起

28. 牟宗三，《心體與性體》第三冊，頁一四一。
29. 牟宗三，《心體與性體》第三冊，頁一四三—一四四。

談，反而是牟宗三先生以本體宇宙論的說工夫境界脈絡的動態存有論之說無法分辨此中問題意識的差異，以致產生種種指責朱熹義理系統的話。

至於牟先生說朱熹此處所言之心非本心，非道德意義之良心，此說亦是將做了工夫之後的主體心與未做工夫之前的主體心混為一說。心就存有論地說，首先一個實存的實然的心，這樣的概念界定是必須的，這就是朱熹論於理氣說、心性情說之理論所要對付的問題。至於談論工夫論問題時，實然的理氣結構下的一般人的心因其必具性善天理之性，故必能實做工夫而有成德之境界。實做工夫之時，主體的狀態即轉凡入聖，主體即在一良知發動的狀態中，主體即是處於逆覺體證的狀態，此時即是本心提起的狀態，此時之心即可說為即是本心，只其尚有並未臨事之平日涵養以及臨事時之動時察識的兩節次第之分。這就是牟先生將朱熹說工夫次第問題與說存有論問題混為一談而有的指心非本心之誤解。心就是同一個主體的心，未行踐履之時的主體狀態甚且有為惡的可能，然即便於此時亦不表示其即已無作為性體義之良知良能，說性善論的本體論就是要說人人具有為善的必然性天理存在，此亦即程頤、朱熹強調性善論意旨之重點。所以，論於本體論時，性善論宗旨的程朱之學之說於主體者自是性善的主張，故而其心即當然有良知，否則豈不變成荀子之學或非儒學矣。再者，論於存有論時，則需說明主體之如何有為惡之可能以及如何又必然可以為善，這就是理氣說、性善說、心統性情說之存有論的理論功能所在。又，論於工夫論時，一切工夫皆是本體工夫，只其有工夫次第的問題需強調，因此說涵養察識之先後之分只是就其次第說，從《大學》說格致誠正修齊治平即是一工夫次第的問題。就工夫次第問題而言，朱熹說光察識不夠不是反對察識工夫，而是要強化察識工夫之應有平日察識一節而以涵養概念說之。

牟先生的縱貫系統的討論議題是特定的，它是論於天道流行併合聖人踐履至聖境一事，這是本體宇宙論併合工夫境界論而完成於聖人境界哲學中的一義，此一型態自是儒學究竟義無誤，但儒學並非只有此一問題意識。儒學亦得論於天道理體及人性主體之性體之種種概念架構的存有論問題，儒學亦需論於主體做工夫由不完美以致完美的下學上達之工夫理論，此是一本體工夫及工夫次第問題併合的工夫論問題，這些也正是朱熹義理中所關切的大問題。牟先生可以說聖人境界的理論模型是他所關心的哲學問題，是屬於縱貫系統之型態的理論，但是其他問題並非就是不相干、不重要甚或義理錯置。牟先生以朱熹論於心性情說及理氣說的存有論問題，不能至聖境以致非縱貫系統之說是完全沒有必要的，因為存有論問題和本體工夫論問題是同一家學派理論的不同部分而已，因此朱熹在談存有論問題的同時，本體工夫論的理論也在別處建立了，而且，存有論問題跟工夫次第的涵養察識一先一後的問題也不是同一個問題，所以並不是朱熹談先做涵養而否定察識的本體工夫，然後又結合心性分說的存有論，以致成就了一套靜涵橫攝系統，這是牟先生只有一套理論、一種問題的思路導致的結果，所以看不清楚朱熹有各層分立、議題鮮明的各種問題。

其實也不能說牟先生沒有看清朱熹有不同的問題，牟先生其實說得很清楚了，朱熹之心性情理氣說諸意旨即是存有論的客觀平置系統，只是牟先生只關心天道流行及聖人實踐以致能為形上學的圓滿這種問題，遂說朱熹的存有論不能達致此境，此說亦無誤，但是朱熹的存有論本就不是在談這個天道流行及人道實踐的問題，因此不能達此聖境並非其理論缺點。朱熹卻亦另有談論這個天道流行及人道實踐的問題，只是牟先生皆將之引入存有論的系統而說朱熹之說不能貞定己意。

又見第五點之討論：

五、……心有情變未發時之寂然不動，亦有其隨情變之激發時之發用，此種分說固較舊說為妥當，然而其承接伊川此改後之說而如此分說，其所見之心乃與性相平行而為二者，此則既與舊說根本不同，亦非「心體即性體」之本心。如此，此心乃成只是平看的實然的心，因此，心之道德意義的實體性自不能有。其承接伊川此改後之說法而分說，雖有寂然不動，感而遂通之語，然易傳說此語是就「至神」說。在至神之感應上，寂然不動是必然地即能函著感而遂通，故應用於本體宇宙論的實體上或應用於本心上亦皆是如此，故即寂即感，寂感一如，寂然不動其自身即能決定其為感而遂通，此是本體論地分析的、必然的。……據心性平行為二而觀之，此平看的實然的心之寂然不動自身之不能決定其本身感而遂通固甚顯然。……至朱子此新說，心性平行，心乃順伊川為平看的實然的心，則其自身不能決定其必為感而遂通，發而中節，則固甚顯然也。30

純粹就主體的狀態之情的角度分析問題時，朱熹的做法確實是一較為清楚的做法，這是牟先生自己也首肯的意見。問題是，牟先生一方面將朱熹論於存有論的平列的分析架構拿來談朱熹的工夫理論，緊接著就認定朱熹此說中的心概念並非是本心，並非是心體即性體之本心，而只為一平看的實然之心。說心性情格局下的心在理氣說架構中之論說於一般人的普遍工夫之主體時，這個心確實是一平看的實然的心，但就是這個心之統性情之格局使得它本具性善之理而使其必能呈現此理而為聖賢，只要其實做工夫。因此，朱熹費盡力氣建立的性善說意旨，並置之於心之性情結構及理氣結構，如何還能說其非能有道德意義？牟先生必欲為此種解讀，就是牟先生心目中的儒學只剩下了主體成聖的境界哲學一型，此型並函具本體宇宙論的天道創生義，即如其言於《易傳》之為：「故應用於本體宇宙論的實體上或應用於本心上亦皆是如此」，說實體即是說天道，說本心即是說人道，所以是天道創生併合聖人踐形之一型，因此直指朱熹論於尚未發動工夫之前的主體狀態的心性情格局為不具道德意義。

30. 牟宗三，《心體與性體》第三冊，頁一四四—一四五。

牟先生說縱貫之一型是本體論地、必然地、分析地函著自寂然不動至感而遂通，亦即在此一縱貫型態的形上學中道體、主體、心體、性體皆是一體，故而由中而和、由寂然而感通，皆是分析地必函的。而朱熹之說中則沒有這個必然性在，筆者以為，此說有根本性的錯誤。此說之成立只能說於實踐主體的在於聖人境界的狀態，才有由中至和由寂然至感通的必然，寂然至感通是一個活動，此所以牟先生所言詮的理是一即存有即活動的理，此一即存有即活動的說法說於道體是無妨的，若要說於主體則必只能是就聖人境界說，就一般人說，則只能是在實踐有成之後才能說此蘊涵，尚未實踐之前是說不上來的。然而，對一般人在尚未實踐之前卻必須在理論上主張其必有可成之存有論依據，此即朱熹的理氣說、心性情說之理論功能。至於一般人的主體之能不能行道德的問題則永遠應說為一在自由中的未定狀態，而不能說為一本體論的必然地分析地可行，只有在說已達至聖人境界的主體狀態時才可以如此說，說一般人則就是要視其是否實做工夫了，這就是做工夫的重要性所在，這也正是象山要求實做工夫的意義所在，這依然是朱熹說明工夫次第所要面對的真實做工夫的問題。是牟先生只談聖境一型，而致義理緊縮，甚至強行建立必然性分析命題，此說本身意旨狹隘，以致分析不了朱熹之學說，並不是朱熹之學說有走位之失。

續看第六點：

六、……胡五峰說「以心成性」，心是形著原則，結果心性是一。……但朱子所謂「因心而發」、「以心為主而論之」，卻似不能表示這種形著義、心性是一義。……心具與性具在朱子新說後之系統中，並不相同。「性具」是分析地具，必然地具，性即理。而心具則不是分析地具，必然地具，心不即是理。心具是綜和地關聯地具，其本身亦可以具，亦可以不具。其具是因著收斂凝聚而合道而始具，此是合的具，不是本具的具。此即所以為靜涵靜攝系統之故。其「因心而發」所表示之形著義亦是如此。其底子是心性平行為二，心不即是理，故心體亦不即是性體。其「因心而發」、「以心為主而論之」，結果即是「心統性情」之義。……此為中和新說所必函，而亦所以為主觀地說，是靜涵靜攝系統，客觀地說，是本體論的存有之系統，而遠離縱貫系統之故也。31

牟先生前文說於寂然至感通是分析地必然地函具之說，必須是通過主體實踐以成聖境之下才可為此說的，故而筆者有上述附加的討論。但牟先生此處說朱熹的性具理是分析地必然地具則確實是一概念分析下的分析地必然地具，筆者完全同意，所以朱熹說性即理就是在作一存有論的概念解析的工作，並非在談一主體的實踐活動的本體工夫論的工作。就存有論而言，心存

31. 牟宗三，《心體與性體》第三冊，頁一四六。

有論地必具理，但呈現上不一定如理，就主體狀態分析而言，一般的人存有者雖然存有論上必具、本具此性此理，但卻不一定在當下能呈顯之，所以牟先生說朱熹的心之具理是綜合地具，是可以具也可以不具，因此不是本具，此說應修飾為可以顯也可以不顯。但這是就一般人的主體狀態來說，而這也正是朱熹論學的目標，朱熹本來就是在談所有的人的一般處境之存有論問題，因而牟先生以自己的術語系統說之為靜涵靜攝系統亦無有失誤。但是這只能是就存有論問題意識說，並不能就此認定在工夫論問題中朱熹的心體不能決斷道德、成就聖境、而彰顯性善之理，存有論上的心性平行、心不即是理、心體不即是性體是一回事，實做工夫之後即將心性是一，心即理，心體即性體了。同時，「中和新說」只是改變了主體的本體工夫的分析架構而成為平日工夫及臨事工夫之次第問題，並非取消了本體工夫，雖然同時朱熹也發展了存有論之學說，但存有論就是存有論，不必把存有論拿來談工夫論，而牟先生所談的也不只是工夫論，而是一套複雜纏繞的本體宇宙工夫境界論，是牟先生把不相干的問題糾纏混雜於朱熹義理系統上，以致將朱熹在存有論上說的心概念說成工夫論上的不能提起道德意識的心作用，因而有詮解上的重大錯誤。牟先生此說與其在談《佛性與般若》時對天台性具說及華嚴性起說的分析結構真是如出一轍，天台性具是分析地必然地具，華嚴性起是隨緣的不必然地具。牟先生宗天台貶華嚴，此處則是宗象山貶朱熹。

牟先生其實時常發現朱子也有他所設定的縱貫系統的話語，但總以朱子的存有論橫攝系統轉回定位這些縱貫系統的話語，這對朱熹實在是很不公平的事情，其言：

> 朱子學中常有此等妙語，皆易起混擾而令人困惑。若順此等妙語說下去，而不知其義理之背景，則很可以說成孟子學，說成象山、陽明學，然而朱子實非孟子學，亦實非象山、陽明學，是以看此等語句不可不審慎也。大抵朱子有其自己著力自得之間架，其他妙語皆是浮光掠影得來，常只是粘附著作點綴而已。彼自亦有其穎悟，亦常在對遮上隨著興會說。然非義理骨幹之實也。32

朱熹本就是孔孟之學的傳承，是牟先生自己硬派給朱熹一套詭異的哲學而歧出於孔孟的，筆者之意即是，朱熹自有談存有論以及談縱貫系統的話語，談縱貫系統時即以縱貫系統解之而還其公平，談存有論系統時即以存有論系統解之，而無須以其非縱貫故不見道來批評。這才是忠實於文本詮釋的哲學研究做法，至於牟先生的做法，可以說是在成見之下的刻意曲解了。

牟先生另也說朱熹在工夫問題上是混亂教育程序與本質程序，此說在牟先生談朱熹「仁說」及《大學》時皆一再提起，其言：

32. 牟宗三，《心體與性體》第三冊，頁一九〇。

論、孟、學、庸之所說皆有其習學程序中自覺地作道德實踐之轉進。後人取法孔、孟，就其所說而了解內聖之學之途徑自不能止於教育程序為已足。朱子欲使人只應限於教育程序之「順取」，而不准人言「逆覺」，顯混教育程序與本質程序而為一，而不知其有差別，故終於與孔、孟精神不能相應也。[33]

對於說朱熹不准人言逆覺之本質程序者，實是朱熹對言說識仁工夫者的人病的批評，牟先生不必強解為朱熹是對於此一法門的根本性否定，因為朱熹也有屬於本質程序的本體工夫的發言，因此也不必說為與孔孟精神不相應，況且孔孟精神豈有不注重教育程序之事者，更重要的是，義理通透之後，教育程序即本質程序，更無須在此嚴分彼此，而是應互為順解，如此才能使儒學工夫上下照管、多元並進。

牟先生以朱熹分未發、已發工夫的作用，併合著朱熹談存有論的心性情及理氣說而認為朱熹中和工夫不能有本體論的逆覺體證，其言：

朱子於新說成立後，「以胡氏先察識後涵養為不然」，好像復歸於延平，其實彼所成之義理間架既非胡五峰之內在的體證，亦非延平之超越的體證，不因其「先涵養後察識」，即歸於延平也。蓋彼之涵養於未發是空頭的涵養，而延平之涵養於未發是在默坐之超越的體證中。又朱子之分解中和，視心性平行而為二，視心為平說的，實然的心，這一分解理論並不包含在其涵養察視分屬之全部工夫中而為一種本體論的逆覺體證，嚴格言之，尤其不含在其所意謂之涵養中而為一種本體論的逆覺體證。其作這一步參究工作好像只是一套解說，而其如此解說亦不能使之收進來成為一種體證（超越的體證）之工夫，故其說到工夫時，其所意謂之涵養只是一種莊敬涵養所成之好習慣，只是一種不自覺的養習，只是類比於小學之教育程序，而於本體則不能有所決定，此其所以為空頭也。涵養既空頭，則察識亦成空頭的。其著力而得力處只在「心靜理明」。涵養得心靜故理明。所謂理明，或在情變之發處知其為是耶？抑為非耶？或在格物窮理處能逐步滲透或靜攝那存有之理。此即成全部向外轉，而並不能於此察識中以檢驗吾之情變之發是順於本心性體耶？抑違於本心性體耶？是本心性體之具體地顯現耶？抑是順軀殼起念耶？即此種察識只能決定（靜攝的決定）客觀的存有之理，而不能決定吾人內部之本心性體。其涵養所決定的，是心氣之清明，並無一種超越之體證。其察識所決定的，是看情變之發是否是清明心氣之表現，亦非是看本心性體之是否顯現。34

33. 牟宗三，《心體與性體》第三冊，頁一九一。
34. 牟宗三，《心體與性體》第三冊，頁二一〇。

牟先生這樣的評語筆者以為過重了，說朱熹將心性平行是牟先生自己的詮釋結果，說此一結果不能為本體論的逆覺體證，是牟先生把朱熹談存有論的話語拿來做本體工夫的要求以致不能做工夫。而朱熹正式談涵養察識工夫的時候，牟先生便以朱熹於心上的主體實證性不夠，以致涵養察識皆為空頭的，因為牟先生都把朱熹說涵養察識的工夫次第問題，說成了只是在進行窮理致知的活動，而非主體逆覺體證的活動。筆者主張即便是朱熹的格物窮理也是本體工夫，涵養察識也都是本體工夫，是牟先生把朱熹言存有論的活動拿來談本體工夫的活動，以致把朱熹說工夫次第的話結合於存有論的話，而否定朱熹的工夫次第說。

牟先生在說朱熹中和問題的討論尚有眾多篇幅，並且不斷地將朱熹其他相關存有論主張併合進來一起討論，包括仁說、心性情說、理氣說等，為使討論聚焦起見，關於牟先生說朱熹「中和說」部分便先討論至此，下章轉入牟先生論朱熹「仁說」的討論。

六、結論

經由以上討論可知，牟先生對朱熹說「中和說」的新舊二說的討論意見，主要結構即是以縱貫創生系統說朱熹之舊說，而以橫攝認知系統說朱熹之新說，此說實是將朱熹存有論的討論併入朱熹於新說中開出的工夫次第問題來解讀，以存有論思路中的心性分說來說朱熹新說中的工夫非能為縱貫創生之心即理、心性是一等義，因此朱熹之涵養工夫不成為一本體工夫，又以縱貫創生之聖人境界義之諸概念合一互具之格局，說朱熹新說中之心不必然具理而為橫攝平列的認知系統。筆者認為：「中和新說」是一工夫次第論的問題意識，並不是在說存有論問題，所以不能將朱熹說存有論的架構拿來說朱熹在說一只有認知而不活動的工夫理論，並且，工夫次第論有所論於次第問題而非有反對於工夫是主體心行的本體工夫義，所以也不能指責朱熹新說缺乏逆覺體證義，甚至是他律工夫義。牟先生對朱熹「中和說」的這些指責，都是因為牟先生自己將儒學義理發展僅只設定在實踐以證成普遍原理的一義一型上所致，以致非關此一議題的哲學意見都被牟先生曲折支離而多有誤解。

對於牟先生討論朱熹哲學的方法論反思，實是關乎當代中國哲學詮釋系統的一大關鍵問題，牟先生實有創造於儒家哲學的新義理，但是也有過度強勢的意見。將朱熹學說的問題意識釐定清楚，還原朱熹學說的理論地位，準確理解及詮釋傳統中國哲學各家系統，正是促進中國哲學當代化及世界化的重要工作。

第十章　對牟宗三詮釋朱熹仁說的方法論反省

一、前言

本章討論牟宗三先生對朱熹「仁說」的批評意見及方法論反省，首先說明牟宗三先生的哲學問題意識，在於對比中西哲學而主張儒學系統是唯一能完成形上學的系統，以此之故，牟先生特別關心儒家道德形上學的證成義，於是所說之本體宇宙論的縱貫創生系統，成了綰合宇宙論、本體論、工夫論、境界論的天道流行義與聖人踐形義的綜合型態形上學，並以此為孔孟之根本型、唯一型。以此解讀朱熹哲學時，便將朱熹純粹談論存有論的概念定義及概念解析的儒學系統說為別子，主要關鍵在此系統中並不說明主體活動，而又將朱熹詮解《大學》說工夫次第的格物窮理工夫說為只管認知不管意志純粹化的活動。本章之作即是將牟先生的意見重做反省，指出朱熹說存有論與工夫次第論並不違背孔孟實踐義，只是說了不一樣的形上學系統及討論了工夫次第問題，而工夫次第問題亦不是對立於本體工夫的問題，以此還原朱熹學思的型態定位。

本章即集中以牟先生對朱熹「仁說」的討論來反省牟先生對朱熹學說的整體意見。

朱熹仁說繼承程頤而來，說仁是性、說愛是情，牟先生說這是本體論的存有系統，此語確然，說為存有論系統即是將仁概念僅僅視為一存有的對象而進行概念解析的思辨研議。說動態的存有論就是另一種哲學問題的系統了，那是牟先生綰合本體論宇宙論工夫論境界論的一大綜合系統的道德的形上學。所以說牟先生的存有論概念使用有二義，此處說為本體論的存有系統者，指得是如同西方哲學的柏拉圖、亞里斯多德、多瑪斯等的思辨哲學傳統地談概念的系統，朱熹此時確實是在作這類的研究工作。而牟先生講的縱貫創生系統的動態存有論、無執的存有論、非分別說的系統，卻是包含了過多的哲學問題而總稱為道德的形上學一詞。也可以說討論中國哲學的形上學有兩種議題，其一為宇宙本體工夫境界融貫為一的實踐義的形上學，其二為僅僅進行概念解析的存有論義的形上學。也可以說，這正是中西形上學的特色分野，中國哲學長於實踐義的動態存有論，西方哲學長於概念解析的存有論，但是中國哲學也有討論概念解析的存有論的系統，朱熹之所論即是此義。此二系無須強分優劣，亦無須強分彼此，使其無關，甚至對立。概念解析的存有論思路，自是對動態存有論中諸概念的使用意義的界定，而形成思考模式以為實踐的所依，此所依自然是知識上的所依而非實踐意志的提起，實踐意志的提起是主體的道德性活動，概念意涵的解析是主體的哲學思辨活動。

筆者之意即是：牟先生無須以儒家道德的形上學的證成，是證成在有主體的實踐以及道體的創生的理論型態來否定朱熹之仁說，諸義無有此一意境。朱熹此說確實不是在談實踐活動，確實只是在談實踐活動中的價值意識的存有論定位，甚至可以說是在進行概念使用的重新議定，議定之從而清晰地使用之而討論之，至於要進行工夫實踐的活動要求時，朱熹亦得說「我欲仁斯仁至矣」的逆覺體證的話。牟先生關心道德實踐及其證成的問題，說存有論的問題非關道德實踐活動是可以的，但說存有論非孔孟嫡傳，而見道不明，以致工夫滑落至一平鋪的認知系統，而為他律道德，只是別子為宗的種種話語就是說得過多了。

以下就牟先生的討論逐文反省。

二、仁性愛情說

朱熹依存有論思路說「仁愛」概念是一性一情的概念，牟先生以為這樣談仁概念是靜態的分解系統，牟先生定位談仁體需為明道所體貼的意旨，而為即本體即工夫的義理架構，其言：

他依據伊川仁性愛情之說，把「仁體」支解為心性情三分、理氣二分，而以「心之德愛之理」之方式去說，這便把仁定死了。故對於道體、仁體終於未有「親切處」，未有「實見處」，而明道之綱領卻正是相應「仁體」而說者。明道並非真是渾淪，其表面之渾淪亦如孔子之渾淪，皆是指點語，其骨子甚清晰。彼亦非形下形上不分者。如誠不分，何言「仁體」？其對於仁體之體悟亦如其對於「於穆不已」之天命流行之體、易體、誠體、忠體、敬體、乃至神體、心體之體悟，彼不是心性情三分、理氣二分、仁只是性、只是理、而心傍落、心神與情俱屬於氣之格局。彼所體悟之仁是理、是心、亦是情，而心是本心，不是心統性情之心，情是本情，不是喜怒哀樂之以氣言之情，是以能維持住其為仁體之義，而仍不失形上形下之分。至於形上形下之圓融乃是進一步說。此仁體之特性曰覺曰健，以感通為性，以潤物為用，其本身是全德，是一切德之源，故即本體開工夫，即工夫是本體，此是一道德的真實創造性，此是一道德創造的實體，與「於穆不已」、「純亦不已」之天命流行之體意義全同，此其所以為生道。「天地之道可一言而盡，其為物不貳，則其生物不測」。仁體就是這樣的一個生道。言其本身實是一能創生萬事萬物之實體也。生者、化者之實事是氣，而所以使之然者則是此仁體，此天命流行之體。此實體是即活動即存有之實體，是本體宇宙論的創生實體，而非是只存有而不活動的只是本體論的存有。其本身是活動，此活動不是氣之動，是「動而無動，靜而無靜」之純動、神動，所以它即是本心、即是心體、神體。它本身是活動，同時亦是最高的存有。一切其他存在是因這實體而有其存在，它是一切存在之「存在性」（存有、實有）。一切存在之存在性是統攝於這「即活動即存有」之實體，而亦通過這實體而得理解。仁心之覺潤、覺潤之所在即是存在之所在：覺潤之即是存在之。此是本體創生直貫之實體。仁體遍潤一切而為之體，故就其為我之真體言，即可說「萬物皆備於我」。仁體感通遍潤本無阻隔，故明道得由「渾然與物同體」識仁，而曰：「仁者渾然與物同體。」（同體是一體義，非言同一本體）又言：「仁者以天地萬物為一體，莫非己也。」[1]

牟先生認為朱熹依據伊川之思路所說的「仁性愛情」說把仁體說死了，而明道說的識仁之仁體是一能創生萬事萬物之實體。依據牟先生這樣的說法，牟先生所指謂的仁體，一方面是天道，另方面則是體貼了天道的聖人境界。但是此說中實有若干義理須待疏解釐清。將儒家的天道說為創生作用自是儒學義理格式中事，論者可以先予尊重而不批評，畢竟這就是儒學的天道觀，主張有此一天道創造天地萬物，並且是一道德意識義下的創造，因而使天地萬物有其存在及可被理解之本性，這是說得天道。但是在說天道創生的道德意識中說及此一道德意識即為仁者的本心仁體之說者，則只能是就聖人境界而說，而非能就任何人的一般存在狀態而說的。說聖人時才可說為其心是本心，其仁體以感通為性、以潤物為用，本身是全德，故即本體即工夫、即工夫即本體，並與天命流行之體意義全同。天道創生天地萬物並以道德意識賦予其存在的可被理解的意義，但是天地萬物並不即顯現為全在有道德理性的存有狀態中，亦即，現象中會有

1. 參見牟宗三著，《心體與性體》第三冊，台北：正中書局，一九八一年十月台四版，頁二三二—二三三。

為惡的人存有者，這是需要經由聖人的具體實踐而點化之，才能使整體存在界全幅地呈顯道德理性，因此牟先生所說之此一仁體之活動即是併合天道之流行與聖人之實踐而為一之說法者。

這就是牟先生全套思路的系統性架構及問題意識的定位。可以說體貼天道的道德意識的聖人之心，在其提起本心實踐的體證狀態中，即將天命流行之體、易體、誠體、神體皆體之於己心中，而使己心即此天命之體、易體、誠體、神體，而說為即存有即活動。此說甚善甚美，亦是牟先生建構甚力的說天道及聖人境界的一致性系統，問題是，牟先生即以此一系統框架朱熹所有的系統，以致以朱熹之說皆不能呈現此系統之要義而批評朱熹。其所謂之：「心性情三分、理氣二分、仁只是性、只是理、而心傍落、心神與情俱屬于氣之格局。」就是把朱熹在談存有範疇的概念關係的思路，視為割裂存有，仁是抽象的理體，心是現象的氣，一切割裂，成就不了圓教的系統。

以下依牟先生話語逐一討論之。

牟先生批評朱熹承程頤之說法而使此理只是存有論之理而非道德之理，其言：

> 伊川一見「惻隱」便認為是愛，此已順流逐末，泯失惻隱之心之本義，而復以端為「愛之發」之情，視仁為其所以發之理，即性。視性為只是理，是一個普遍的理，而愛與惻隱乃至孝弟都視同一律，一律視為心氣依這普遍之理而發的特殊表現，而表現出來的卻不是理，如是，仁與惻隱遂成為性與情之異質的兩物，此非孟子之本意也。朱子牢守此說，以

為界脈分明，遂有「仁是心之德愛之理」一陳述之出現。此一陳述當然有其道理。此完全是從伊川「陰陽氣也，所以陰陽理也」一格式套下來。氣是形而下者，理是形而上者。如是，遂將心一概視為形而下者，一往是氣之事。惻隱、羞惡、辭讓、是非之心亦皆是形而下者，皆是氣之事。此一義理間架完全非孟子言本心之本義。如此言理或性是由「然」以推證其「所以然」之方式而言，此是一種本體論（存有論）的推證之方式。如此所言之理是屬於「存有論的存有」之理，而不必是道德之理。但仁義禮智決然是道德之理。心之自發此理（此為心之自律）足以決定並創生一道德行為之存在，但卻不是由存在之然以推證出者。[2]

牟先生認定朱熹說心、說仁、說理都不具創生道德行為之功，此說實是混淆哲學基本問題的詮釋進路。就哲學問題之討論言，並不是一個概念有一個固定的意義，而是一個問題有一套固定的思路以及所使用的概念，因此有這個概念在這個問題的思路下的使用意義，而所有的概念都有著因所思考的問題的不同而有不同的界定，而且並非概念的不同界定即是有著對立衝突的，它只是同一個名詞在不同問題中的意義內涵有所不同，而不是同一個名詞被不同的主張割離，以致有義理對錯的問題。

2. 牟宗三，《心體與性體》第三冊，頁二四一。

孟子的本心在朱熹就是性善之性之意，孟子的本心發動即是朱熹的心之依性做工夫之意，因此孟子之概念使用意義在朱熹系統中亦皆被繼承。但是朱熹在理氣論架構中的心概念之使用義，則確實就是牟先生所說的存有論討論中的使用義，心指人之主宰，就人存有者而言，是由理氣說的存有論結構來說心，任何人都有此一存有論義的理氣結構及心性情結構的心，即便是牟先生所說的聖人亦有此一理氣說的存有論結構義的心。每一個人都有理氣說的存有論結構，這就是朱熹在討論的問題，這就是存有論問題，是心概念在存有論問題的討論中而有的性情結構及理氣結構之實事。

在存有論討論時說心為理氣，然而，在工夫論討論時，則要說心必須處於本心狀態而直接做工夫，這時就回到牟先生的縱貫系統了。而所謂「操則存、捨則亡」之說，並非說捨則亡之時就無有此一人心之存在了，只其不在提起本心或依性而行的狀態中，此時說其為在一實然的氣存在狀態中則可也，而這時就又回到了由存有論的理氣說說人心的脈絡。

牟先生說程朱之此理是存有論的存有之理而非道德之理，此說實不必要。朱熹從存有論進路所討論之理即是儒家道德意識之天理之理，雖然亦含具存在之物之物理、化學的自然之理之義，但是根本上還是說的以道德意志以創生天地為其本義，不見其說「仁者天地生物之心」的話嗎！只是就人存有者說，經驗存在上的實然的人即是理氣共構的架構，人本具性善之理，但只在工夫發動的時候它才呈顯，談本具此性而說心統性情是存有論地說，談呈顯是工夫論脈絡地說，談實有此道德價值之理之驗證是就聖人境界的全幅呈顯此理而證實之的牟先生的縱貫系統之說，因此牟先生不必以實證問題說朱熹就存在而推所以然之理的存有論討論非為道德性的。談實有此理之實證問題是牟先生有以比較於中西形上學的證立問題的關切，以儒家聖人體證而實踐而為形上學的圓滿義，但朱熹的存有論諸義並不是在談這個問題，不是談這個問題就不必批評他的說法不具此義，因此說朱熹的理氣說中的理不能活動因而不具道德義是不必要的評價。

牟先生以本體論的縱貫系統批評朱熹所說的理是只能靜攝、不能活動，而失自律工夫義，其言：

> 朱子不加分別，一概由存在之然以推證其所以然以為理，而此理又不內在於心而為心之所自發，如是其所言之理或性乃只成一屬於存有論的存有之理，靜擺在那裡，其於吾人之道德行為乃無力者，只有當吾人敬以凝聚吾人之心氣時，始能靜涵地面對其尊嚴。若如孟子所言之性之本義，性乃是具體、活潑、而有力者，此其所以為實體（性體心體）創生之立體的直貫也。而朱子卻只轉成主觀地說為靜涵靜攝之型態，客觀地說為本體論的存有之型態。而最大之弊病即在不能說明自發自律之道德，而只流於他律之道德。3

3. 牟宗三，《心體與性體》第三冊，頁二四二。

並不是朱熹把理說成只能靜擺在那裡，而是朱熹是在說理的存有論定位之永恆地就是仁義禮知而不能改變，並且本身不是一經驗存在，故而有其作為不變的理存在的意義。孟子講工夫實踐義，此一永存不改的仁義禮知之性發為主體心的情，而活潑生動地實踐著，此義與朱熹之意無須視為相悖，事實上朱熹當然是就孟子的性善說的人性論而建立心統性情說的存有論諸說，只是朱熹進入存有論問題領域中地談，而孟子在本體論、人性論、工夫論上談。因此說到工夫義的自律他律問題時，也並不是朱熹主張了他律道德，而是朱熹轉入了存有論，故而不指出實踐目的，但是朱熹並沒有就工夫論問題而主張只要窮此思辨義的心性情理氣諸概念的解析定義，即是工夫的完成。朱熹確實有說心是氣之靈的話，此說被牟先生嚴重地視為他律工夫。筆者認為，並不是朱熹主張心不能是道德的超越的本心，而藉由認知活動以為外部工夫而為他律之工夫論主張。而是朱熹在討論存有論的人存在之心，此實是一經驗存在的人之有理氣結構及有性情結構的問題，故而就氣之靈說人心。總之，當朱熹在說心統性情的存有論問題時並不是在談工夫論問題，因此也就不能說朱熹成就了任何一種自律或他律的道德理論。

牟先生又說朱熹的心不是道德本心，不是本質地具此理，其言：

> 心並不是道德的超越的本心，而只是知覺運用之實然的心，氣之靈之心，即心理學的心；仁義禮智本是性體中所含具之理，是實然之情之所以然之理；心之具此理而成為其德是「當具」而不是「本具」，是外在地關聯地具，而不是本質地必然地具，是認知地靜攝

地具，而不是本心直貫之自發自律地具，此顯非孟子言本心之骨架。4

牟先生說孟子的本心是本具、是本質地、必然地具此仁義禮知之理，此說過於跳躍，筆者不同意，此說表面上是存有論問題，其實是工夫境界論問題，其實就是主體提起本心做了工夫後才得有的說法，主體若不提起本心，則也無有這些必具、本具的狀態可以發生的，所以牟先生的說仁說心概念實在是就著工夫境界論脈絡說的。在此脈絡中，性善之理先天本具，後天因實踐而持守不退而已具，因其不退說為必具。而牟先生說朱熹的心不是道德的超越的本心，因此心與性理的關係是外在的關聯的當具關係，而不是本具關係。此處說當具亦合理，然為何當具？乃因其本具也。而本具者何？先天性善之理本具也，而非純善之德行已成也。總之，筆者認為，牟先生所說的明道等嫡傳系統的本具，其實就是此處說朱熹的當具之意而已，朱熹就是從存有論脈絡來說，於是說性就是先天之性善之性，說心就是說得人的理氣結構的主宰體，它在一般狀態中有善有惡，做了工夫以後才會轉惡為善，牟先生卻因此就存有論的脈絡說它不是在本心的狀態，因此朱熹之心跟性善之理的關係是外在關聯地具，所以朱熹所言的做工夫以成聖之事業是他律道德。以上牟先生的思路，筆者不同意。筆者以為，朱熹從存有論進路所說之

4. 牟宗三，《心體與性體》第三冊，頁二四三。

心，一旦做了提起此心之本具之性時，即得在一本心狀態了，即是來到牟先生所說的自做主宰的自律地具了，即是當具者已具矣！但是這就是從存有論脈絡轉到工夫境界論脈絡了。至於牟先生另說朱熹此心是認知地靜攝地具此理者，實是就朱熹強調於格物窮理工夫而說的，這本來就是談工夫次第的問題，完全不是存有論的問題，因此是二事，不是一事，不必關聯至此。朱熹說格物窮理是就格致誠正修齊治平八目的工夫次第而說的格物窮理之為次第之先之意，不是說得本體工夫的只要認知不要行動的工夫理論，至於朱熹因此被指責為只談外部工夫，這是牟先生把朱熹談工夫次第的說法割裂其義之後再對朱熹所做的批評，是牟先生在朱熹各種不同的觀念系統中作不當連結而致生的定位，此義當然不是朱熹之型態。

三、以覺訓仁

牟先生對朱熹反對「以覺訓仁」之說批評甚重，其言：

> 至於其駁「以覺訓仁」之說，則謂「彼謂心有知覺者，可以見仁之包乎智矣，而非仁之所以得名之實也」。夫以覺訓仁者，此所謂覺顯然是本明道麻木不覺，「痿痺為不仁」而來。覺是「惻然有所覺」之覺，是不安不忍之覺，是道德真情之覺，是寂感一如之覺，是人心之惻然之事，而非智之事，是相當於 feeling，而非 perception 之意（當然仁心惻然

不昧，是非在前自能明之）。今朱子以智之事解之，而謂「心有知覺，可以見仁之包乎智，而非仁之所以得名之實」，此則差謬太甚。以朱子之明，何至如此之乖違！不麻木而惻然有所覺正是仁體所以得名之實。今乃一見「覺」字，便向「知覺運用」之知覺處想，不知覺有道德真情寂感一如之覺與認知的知覺運用之覺不同，遂只准於智字言覺，不准於仁心言覺矣。此駁最為悖理，其非甚顯，不必多言。[5]

筆者以為，朱熹批評「以覺訓仁」之說，確實是朱熹過度用力於從概念定義，以及從存有論思路說仁概念是為一理概念、性概念之角色，而忽略了在實踐中仁體確實是由主體的逆覺而體證的意旨所致，但是，朱熹從存有論進路說仁概念是性、是理亦是無誤。至於在工夫論問題中，朱熹就一般人的狀態說知覺，實是朱熹不信任一般人的價值主宰能力，則以此一般人的知覺來說仁時極易流於任意恣性之弊，此亦屬實。朱熹一方面從工夫論脈絡上不信任一般人說的以覺說仁，另方面又從存有論進路說仁概念是性、是理概念，併此二路而導致牟先生的強力批判。雖然如此，仍不表示朱熹不能即見仁之為性、已具於心，當心提起，即此本心全幅是仁體流行之工夫境界義的仁。從知覺說覺只能說是朱熹的概念運用的型態如此，並不表示朱熹否定

5. 牟宗三，《心體與性體》第三冊，頁二五一。

可有人心體貼仁性而發為工夫作為之覺潤義之工夫觀念。此說確實是朱熹說得過度，但牟先生整個否定朱熹不能體貼仁體流行的主體自覺的工夫義也是不必要的。

牟先生又總評明道說仁及孔孟言仁之意與程朱思路不類，其言：

故依孔子之指點與明道之體會，仁與諸德之關係亦非仁性愛情，心之德某之理之關係：仁並不專限。仁固可說是性，但卻是純一的性體，仁體即純一的性體，性體亦即心體（超越的本心天心之心體）。若如朱子之所理解，性體只是一綜名（或通名），並不是純一的性體，結果終于分散而為許多理，而仁只是這許多理中之一理。又性只是理，而不是心，故仁亦只是理，而不是心。心統性情，心外在地關聯地具這些理，而復外在地存在地依這些理中之某某理而發為某某情。每一理各自成體用，各自分性情，各有其專限之定體。此非孔子所指點，明道所體會之仁之意。依孔子之指點，明道之體會，仁是純一的真生命，創造之真幾，於穆不已之真體。純一的仁體即純一的性體，而純一的性體即心體，亦即誠體，此真體一撥動，一呈露，則諸德即當機呈現。故仁是全德，是一切德之源，因而可以統攝諸德，而不為任何一德所限，故仁不能專主于愛而單為愛之理。如果當機呈現之諸德亦可以說是些當然的道德之理，則此純一的仁體性體即心即理，心即是理，此諸德亦即是仁心一體之當機而為必然如此之呈現，如當惻隱即惻隱等等。在此，並不就此諸德之每一德再各自成體用，各自分性情。此諸德之當機呈現（必然如此之具體呈現），如果因其中有情的意義而可以說情，則亦是即心即理即性之情，此可曰本情，而不是與性分開的那個情，尤其不是其自身無色而屬於氣的那個情。本情以理言，不以氣言，即以仁體、心體、性體言而為即心即理即性之情。此非朱子之境界也。朱子必又以為是渾淪儱侗矣。然而如果真言道德行為之創生，當然的道德理性真可付諸實踐而有力呈現，則必須如此講始透澈。論、孟、中庸、易傳皆如此發揮，濂溪、橫渠、明道皆相應此義而體會道體。惟朱子于此不能相應，遂轉成另一系統，而以「心之德愛之理」之方式說仁。伊川對於道體仁體已無相應明澈之契會，而只以分解思考的方式清楚割截地理解成只是理，則其成為朱子之以「心之德愛之理」說仁，乃甚順適而自然者。是以朱子與伊川之間，可說並無距離，即有之，亦甚小。朱子實可了解伊川也。6

牟先生說朱熹所說的仁只是諸理之一，其實，依朱熹之說，仁與其他義禮知之性的關係既可分說亦可統說，分說時仁義禮知各為一性之德，合說時四德統於仁德，此時其義即同於牟先生所說的「故仁是全德，是一切德之源，因而可以統攝諸德，而不為任何一德所限，故仁不能專主於愛而單為愛之理」。至於性情分說亦是就存有論脈絡說的性情，並不是就工夫提起時的主體狀態

6. 牟宗三，《心體與性體》第三冊，頁二六九–二七一。

說的性情分說，工夫提起時當然不必再予分說，但就存有論言，則分說絕對是必須的。

牟先生批評朱熹分說心性情理而致性為外在於心，其實，依朱熹之說，說「性是理不是氣」、說「仁是性不是情」是就概念分解的存有論問題而說，若就主體做工夫說時，則此心提起本具之仁義禮知之性，而即直證天理，且呈顯此理，此時朱熹亦得說「心即理」的話了，而事實上朱熹曾經對弟子講的「心即理」的話表示認可。[7]心就是同一個主體的心，性就是這個主體的性，如何可說朱熹言性是外在於心呢？心統性情就是一個主體的存有論結構中性情皆具於此人心之內，怎麼能說是外在地關聯地具？牟先生說的外在關聯地具是說只在認知心下而不涉及逆覺體證而說為外，亦即不能在主體的工夫境界狀態中而說為外，但這是工夫論議題，討論工夫論議題時是有沒有做工夫以致有沒有呈顯的問題，也不是是否為本具必具的問題，此時呈顯不呈顯有其狀態上的差異，欲其呈顯即是要做工夫，在做工夫時，則主體拳守此性此理而成一能覺潤遍生的聖人境界，如此即可轉入牟先生說明道識仁的諸義，亦即可說理在心內本具必具呈顯地具。但若是在就概念說其存有論問題時，仁自是可說為就只是性而且是愛之理。

牟先生其實是清楚地分疏了朱熹「仁性愛情」說是存有論意旨，而明道識仁說是本體工夫論旨，此義筆者完全接受，可惜牟先生卻批評朱熹言仁不及明道，關鍵即在牟先生只管實踐呈顯的仁概念使用義，而不能重視概念本身的存有論意旨關係，因此此處的問題只在哲學問題意識的轉移，而不在任一概念之只能就特定問題而說其意旨，但是牟先生自己卻總是以本體工夫論的縱貫系統去斥黜存有論系統，這才是筆者批評牟先生言說儒學的重點。牟先生只以一義說儒學諸概念的使用意義，牟先生亦並非不理解各個概念在不同系統中的殊義，實際上牟先生從存有論說朱熹所論之意已是對朱熹學說最準確的定位，既已清楚定位，即以此定位理解此諸義即可，實不必又從主體實證天道的本體工夫論脈絡再說朱熹諸義不是此脈絡，而說朱熹不能體貼此義。

牟先生說孔孟之心是能當機呈現，而批評朱子之說非此境界。筆者以為，牟先生說的此當機呈現的即心、即理、即情、即仁、即天之諸義，是只能就境界哲學的聖人狀態而說的，在聖人狀態中，聖人之心即已提起性善之理，因而其情皆發而中節。牟先生說此非朱子之境界，實

7. 參見：先生問：「公讀大學了，如何是『致知、格物』？」說不當意。先生曰：「看文字，須看他緊要處……。」次日稟云：「夜來蒙舉藥方為喻，退而深思，因悟致知、格物之旨。或問首敘程夫子之說，中間條陳始末，反覆甚備，末後又舉延平之教。千言萬語，只是欲學者此心常在道理上窮究。若此心不在道理上窮究，則心自心，理自理，邈然更不相干。所謂道理者，即程夫子與先生已說了。試問如何是窮究？先生或問中間一段『求之文字，索之講論，考之事為，察之念慮』等事，皆是也。既是如此窮究，則仁之愛，義之宜，禮之理，智之通，皆在此矣。推而及於身之所用，則聽聰，視明，貌恭，言從。又至於身之所接，則父子之親，君臣之義，夫婦之別，長幼之序，朋友之信，以至天之所以高，地之所以厚，鬼神之所以幽顯，又至草木鳥獸，一事一物，莫不皆有一定之理。今日明日積累既多，則胸中自然貫通。如此，則心即理，理即心，動容周旋，無不中理矣。先生所謂『眾理之精粗無不到』者，詣其極而無餘之謂也；『吾心之光明照察無不周』者，全體大用無不明，隨所詣而無不盡之謂。書之所謂睿，董子之所謂明，伊川之所謂說虎者之真知，皆是。此謂格物，此謂知之至也。」先生曰：「是如此。」《朱子語類》卷十八，〈大學五〉或〈問下〉。

際上是此非牟先生所引朱熹談存有論諸文所談之議題，而非朱子本身的修養無此境界。至於事實上明道、伊川、朱熹、象山、陽明誰能有此境界？這是另外的問題，根本不能從他們的理論內說出。能談的就是他們的理論，至於理論，事實上是這幾位儒學家所談的問題各不相同，明道是談境界，故而語多圓融而合一，朱熹說存有，故而語多分解而獨立，但是朱熹也有說境界、說工夫、說本體工夫等議題之語，且有圓融話語出現之時，但是牟先生又不許其說有此義之貞定。此實不甚公平之事。說朱熹能承伊川思路是實然，說朱熹反對《論、孟、易、庸》、周、張、明道說本體論的創生系統是不公平之事。朱熹有權力討論新的問題，《庸、易》即有新義於《論、孟》，孟子亦有新義於孔子，因此是牟先生不許朱熹有談新問題的權力。從本體論說工夫以致境界是一大系統，此誠其然，這是牟先生關切的部分，但是說存有論亦非不能是儒學的義理，這是朱熹「仁說」諸文的問題意識重點。問題意識分解清楚了，即不必提此朱熹不能接續孔孟境界之批評。

牟先生一方面認為朱熹談「心之德愛之理」的說法於工夫有礙，一方面也明說了朱熹是對一般人的不信任而提出反對「以知覺說仁」的話，其言：

> 夫由「惻然有所覺」了解仁，即是識仁之名義，豈必「心之德愛之理」方是識仁之名義耶？於惻然之覺而施存養之功，正是有根本可據之地，且比由「心之德愛之理」之說下工夫更為真切，何言「反之於身，愈無根本可據之地」耶？此皆隔閡太甚，故不能聲入心

通也。末言「所謂天地之用即我之用，殆亦其傳聞想像如此爾，實未嘗到此地位也」。胡伯逢亦許誠未到此地位，然試問有幾人真能到此地位？此並不礙其「傳聞想像」所表示之義理方向之為是。何必由人之造詣以衡量其言乎？此亦不免有過分輕視對方之嫌也。……原夫朱子之所以深厭「以覺訓仁」之說，除其誤認覺情為智德外，還有一種禪之忌諱之心理。8

牟先生說由「識仁」做工夫比由「心之德愛之理」下工夫更為真切，實際上「心之德愛之理」的命題並非工夫論命題，而明道之「識仁」則確實是工夫論命題，並且依明道的型態實是工夫已達純熟之聖境上的功力展現之境界工夫，朱熹自不會對明道話語有異議，但是對他人說此類高明圓融的話語就會有異議，牟先生說朱熹以人廢言，事實上就是如此，朱熹就是對一般人的不信任，而否定他們的「以覺訓仁」之說，朱熹當然也可以不以人廢言，但是朱熹不能不擔心境界不及之人使用此言而致聖學的灼傷，朱熹關切的是眾人之聖學之事，因此制止此類發言，並轉而關切工夫次第問題，此舉並非否定本體工夫的直貫創生義，亦非否定工夫即是本體工夫、即是逆覺體證之路，只是忌諱人病而嚴謹次第，此實為大器量、大格局之儒者胸懷。牟

8. 牟宗三，《心體與性體》第三冊，頁二八二－二八三。

先生說朱熹忌諱入禪而總反對「以覺訓仁」諸說，這就是朱熹怕一般人拿此些高明話頭而恣意任情、公私不分而入禪病的心態，此誠確然。後人能如此而正面理解朱熹用心所在，並正面釐清朱熹所非者在人病而非法病，即得同情地了解朱熹每以工夫次第進路框正直截簡易的本體工夫之用心。朱熹或有話語過激之失，但絕非不明義理、旁落滑失、見道不明。

牟先生說「仁體」之客觀面已由主體實踐之主觀面來證實，而所成之一體實為道德理想主義之真正實現，其言：

明道識仁篇……此客觀地說者須由主觀地說者來證實：一、證實（印證）天命實體即仁體，使天命實體有具體而真實的意義，不只是一個客觀地說的形式詞語，仁體與天命實體兩者完全同一，其內容的意義完全相同。二、證實（印證）萬物一體並非虛說，非只由本體宇宙論的同一本體而說的「一體」之義，此「一體」只是虛的，而且由仁者（大人）的真實生命體現這仁體而真至「一體」之實（感通無礙，覺潤無方，莫非己也），此是澈底的道德理想主義之實現。由此兩步印證，即可由「一體」直指「仁體之真」，即可認「一體」即是「仁之所以為體之真」。蓋仁心覺情、自其為「無所不體」之仁體言，它是絕對普遍的；而仁心覺情之呈現即是感通無礙，覺潤無方的，此即函「一體」之義，此「函」是分析地必然地「函」。仁體之感潤無礙無方與「一體」之間並無距離，「一體」並非是仁之量，乃即是「仁之所以為體之真」，是仁之質，是仁體之本性本來如此。仁體並非只是一抽象之理，乃是仁心覺情之感潤無方。仁體不呈現，其為體是潛存的體，而「一體」之實亦不能有。仁體本身之有（存有之有）是自有，本有，固不待體現不體現，亦不待「一體」不「一體」。自此而言，「一體」與「仁體自身」有距離。但就具體而真實的、呈現的仁體言，仁心覺情是真實的、存在的仁心覺情，不是潛存不顯，擺在那裡，覺是真實的、存在的惻然之覺，不是潛存不顯，只為覺之理（覺之可能）擺在那裡不動。就此而言，則依其感潤無方之本性，即分析地必然地函著「一體」之義，此時一體即與仁體自身無距離。此具體而真實的仁體自身因一體「而後在」，同時亦即因一體「而後有」。有即在，在即有，有與在是一，並無分別。故感潤無方是「仁之所以為體之真」，而必然地所函之「一體」亦是「仁之所以為體之真」。古人說仁體（仁心覺情）都是就具體而真實的仁體之義說，並不就其潛存之義說。9

牟先生此文中即明確地以形上學天道論的命題須由主觀的實踐來證實其真，以說古儒之仁體意涵，此即筆者提出的牟先生關心的是證實的問題，是形上學說實有之路在儒學之以道德意識由聖人實踐之而證實之而保住實有。實體是就天道的理性意志說，仁體是就聖人的價值意識

9. 牟宗三，《心體與性體》第三冊，頁二八六－二八七。

說，說兩者內容意義完全相同，實是以聖人的價值意識以為所設想的整體存在界的天道原理，因著聖人之真有仁體發為實踐，而證成天道實體亦真有其實存者。因此牟先生說形上實體必拉著聖人實踐而說，而聖人實踐實是一工夫境界論的問題，因此筆者說牟先生的形上學系統中涵攝了工夫境界論而為一整套系統，否則所說之形上實體變成只是一概念的設想，今因聖人之踐行，而使天道實體有一作用之真實而宣說，因此以聖人實踐仁體之作為即成了同時是本體宇宙論的形上學意義，同時是社會實踐的圓滿完成的工夫境界義。因此我們可以說牟先生是把社會實踐的活動結果置入形上學理論建構之中，結果牟先生談的是聖人的活動，而不只是儒家的形上學，是形上學理論併合聖人實踐活動而成為道德的形上學理論。

牟先生強言古人說仁體一定是就著具體而真實的仁體之意說，並非就朱熹所討論的存有論地說潛存之意說。其實，古人說仁當然是會要求主體實踐的，但是隨著哲學問題意識的發展而有新問題的提出也絕對是必須的。說本體論義的仁體是為一價值意識而為天道原理是說仁的一義，說工夫實踐義的仁體的在主體上的提起的境界狀態也是說仁的一義，說存有論的仁體的作為性即理的意義也是說仁的一義。牟先生強調其必有真實實現的一義，此是就聖人境界說，說聖人境界之仁體而說為必然呈現當然是正確的。但是就眾人之仁體而言，因其尚未實踐，但卻亦潛存地有，故而只在存有論的潛存上說，亦是應有之說，這就有了當具之意。就眾人而言之尚在潛存故應做工夫以實踐之之說者，此說更能於工夫義上得其凸顯。而為說工夫之實做之必然性要求及必成性之保證之意，而說其「性即理」之性善說的存有論，此一說法事實上更具有現實的功能，是為一要求於每一個人皆需做工夫的理論上的需要。依牟先生所關切的圓滿的系統而言，從頭至尾就說那必然實現、已然呈現的一體之仁體者，反而是只能說到聖人境界，只能說到天道理體自身，而不能及於一般人。牟先生所論之形上學的被證實為真之圓滿義固然無誤，但是儒學不可能只談此主體臻至聖境之意而已。這樣的說法是牟先生企圖證說儒學作為一說實有之學，在一中西哲學比較中之優異之學之心態下的強調，此一強調亦是牟先生有所創造於中國儒學的重要義理，但是不必要因此犧牲朱熹學之若干部分亦為一有意義的理論建構，而強說朱熹學思之為非是。

牟先生甚且直指朱熹是不喜談主體活動的，其言：

> 原朱子所以故意這樣文致料度亦只在不喜就主體（覩時自已處之本心呈露）言仁體耳。一、不喜就主體言；二、不喜言仁體。10

筆者要強調的是，朱熹沒有不喜就主體言，朱熹亦有眾多就主體言之本體工夫的話語，只是朱熹為制止一般學者就知覺任意上說仁，而轉到先從存有論思路定義仁概念，再轉出從工夫

10. 牟宗三，《心體與性體》第三冊，頁三二六。

次第脈絡說本體工夫的討論而已。所以牟先生說朱熹不喜言主體亦是批評過度了。

四、逆覺體證

牟先生對於朱熹批評他人言仁之說法為近禪之事極為在意，牟先生皆以之為朱熹不解逆覺體證之工夫，其言：

> 蓋朱子視「於實際踐履中就主體而體證仁心本體」為禪。實則此只是反身逆覺體證之方式內容相同，並非內容意義「切要處」相同。若因方式相同，即認為是禪，則「反身而誠，樂莫大焉」之全部孟子學皆成禪！寧有斯理耶？朱子於此何不自反乎？儒者言心言性，稱為內在而固有，於此建立真正道德主體性，若不採取反身逆覺體證方式以肯認之，進而體現之，試問教人採取何方式以體證汝所宣稱為「內在而固有」之道德主體（心性）以明其為本有耶？朱子於此總不回頭，全走平置順取之路。難怪其言性最後只成一個消融於太極之普遍之理而平置在那裡。11

牟先生以儒者說於識仁、覺仁之語為與禪家形式相同但價值意識不同之說，筆者完全同意，但是朱熹對於此類話語之批評近禪，皆是就說此話語者之實證不足，以致話頭落空而批評的，亦即皆是批評人病，因此都不是對於做工夫應是反身體證的反對，朱熹對做工夫是主體實踐之事都是肯認、主張且強調的，而朱熹所提之觀點則都是切實篤行的實功，參見牟先生引朱熹語：

> 大抵向來之說皆是苦心極力要識仁字，故其說愈巧，而氣象愈薄。近日究觀聖門垂教之意，卻是要人躬行實踐，直內勝私，使輕浮刻薄、貴我賤物之態，潛消於冥冥之中，而吾之本心渾厚慈良、公平正大之體常存而不失，便是仁處。其用功著力，隨人淺深各有次第。要之，須是力行久熟，實到此地，方能知此意味。蓋非可以想像意度而知，亦不待想像意度而知也。[12]

由此文其實正能見出朱熹的問題意識及關懷重點，實在充滿了主體性自覺的本體工夫，只是對仁概念做了存有論意涵的範疇約定，即「仁性愛情」者是，牟先生實不必指責朱熹「只在反對於實際踐履中就主體而識仁體耳」。[13]

11. 牟宗三，《心體與性體》第三冊，頁三三一。
12. 牟宗三，《心體與性體》第三冊，頁三三〇—三三一。
13. 牟宗三，《心體與性體》第三冊，頁三三一。

牟先生說逆覺體證為自律工夫，說逆覺體證才為真道德，因此主張必須確有一道德本心，但為證說此逆覺之本心如何而有，則是訴諸主體的自我不安之體會，所以筆者說牟先生一直是在證實道德本心的實踐活動義上說道德本心作為形上實體的思路，其言：

凡由心之自知而言逆覺體證者，皆是就自覺地作道德實踐之工夫言，亦皆是就對遮不自覺地順物欲氣質之私滾下去，而並不知何者為真道德而說。如果道德行為真是自發自律自定方向，而並不為任何條件所制約，則自覺地作工夫乃是必須者。惟有通過自覺地作工夫，方有真正道德行為之可言。如果真要相應道德本性而自覺地作道德實踐，則必須承認有一個「自發自律自定方向而非在官覺感性中受制約」的超越的道德本心而後可。……人在此可問：真有那樣一個自發自律自定方向不受任何條件制約的本心嗎？茫茫生命海，波濤洶湧，何處尋覓此純淨的本心？汝能指證之乎？汝所說之真正的道德行為真可能嗎？14

是以當一個人迫切地期望有真道德行為出現，真能感到滾下去之不安，則此不安之感即是道德本心之呈露。在此有一覺醒，當下抓出此不安之感，不要順著物欲再滾下去。此時是要停一停。停一停即是逆回來，此時正是要安靜，而不要急迫。停一停逆回來，此不安之感即自持其自己而凸現，不順著物欲流混雜在裡面滾下去而成為流逝而不見。自持其自己而凸現，吾人即順其凸現而體證肯認之，認為此即吾人之純淨之本心使真正道德行為為可能者。此種體證即曰「逆覺的體證」，亦曰「內在的逆覺體證」，即不必離開那滾流，而即在滾流中當不安之感呈現時，當下即握住之體證之，此即曰「內在的逆覺體證」。但是既曰「逆覺」，不安之感停住其自己而凸現，此即是一種隔離，即不順滾流滾下去，而捨離那滾流，自持其自己，便是隔離。此曰本心之提出。此隔離之作用即是發見本心自體之作用。有隔離，雖內在而亦超越。[15]

牟先生要談真道德行為，這當然是儒學要義、本義、核心義、終極義，在道德實踐之時也絕對應該是主體自律自做主宰的意境，主體於此時當然必須認定實有此一主體自覺之本心，然而此一自我認定是一工夫活動的意旨，以談活動狀態中的主體的仁體的活動義而為形上實體的實證是當代新儒家的思路，問題只是牟先生一往直前地就只認定這個脈絡的儒學義理，而對於存有論的討論皆以不能證成此實體而批評朱熹學說，此筆者所欲為朱熹辨正之處。

牟先生說逆覺體證的話語在本段文字中是說得極詳的，此說反而見出牟先生是以主體在不仁、不安的狀態中的感悟此不仁、不安而當下逆反、當下提起、自證仁體而為工夫本義，實際上孟子尚言「擴而充之」的工夫，即是由性善本體論的依據而直上提起，而為擴充，而非逆反。

14. 牟宗三，《心體與性體》第三冊，頁三三七。
15. 牟宗三，《心體與性體》第三冊，頁三三八。

筆者亦非欲以孟子說「擴充」反對牟先生說「逆覺」，其實擴充也好、逆覺也好都是本體工夫。然而牟先生此種對於主體的有惡之不安的察覺以為本領工夫之說法，正預設了主體有不仁的狀態，而更見出程頤、朱熹言於理氣善惡諸存有論說法的理論必要性。由此正可見出：牟先生以對準工夫實踐以證成仁體一路，來駁斥朱熹說存有以分析本體一路，實無其必要。

本文中見出，牟先生對於工夫實做中，主體由不安之自覺而自律提起而呈顯仁體而為一體的路徑，言之甚深甚詳，亦即由此見出，牟先生一直是在談活動，是併合活動而與形上道體同義齊談，是把實踐證成與道體義理視為一事，反而排斥了只說道體的存有論思路之種種義理。

而牟先生又不斷地說朱熹的從存有論進路說仁體、道體之意是一順取之路，而只成了他律的工夫，其言：

> 朱子力斥此「觀心」之義，只在誤解假能所為真能所，而又不識逆覺體證是自覺地作工夫之本質的關鍵，故不敢由逆覺體證言仁體，而力反之，因而亦終于不識仁體為何物。此路一堵絕，便總不回頭，而只走其「順取」之路。只順心用而觀物，即曰「順取」。故其正面意思只是「以心觀物，則物之理得」，「本心以窮理，而順理以應物」，此即為「順取」之路也。如是，心只停在其認知的作用，而永遠與物為對，以成其為主。此非本心仁體之為於穆不已的創生大主之義也。故其「順理以應物」之道德只成為他律之道德，而非自律之道德。此其所以不識體也。……孔子固未言逆覺，然其所言之仁如自仁道而落實於

仁心覺情上說，則一切指點皆是在「即工夫便是本體」中體現此體，同時即是體證此體，因而逆覺體證為其所必函。孔子本人只是「即本體便是工夫」、「即工夫便是本體」之如如呈現。然而後人未至此境，如想自覺地作工夫，則先說說此逆覺的體證以識仁體（須先識仁，先識仁之體），又有何妨？此不得動輒以孔子未言為言，而吾人亦總不能把孔子之仁只視為平置的普遍之理也。[16]

牟先生說朱熹走的順取之路，是就做工夫由不安而逆覺之對立面而言的，實際上牟先生所有言說朱熹順取之路的話語，或者一方面不是朱熹在說工夫的話語，而是在說存有論的話語，或者另方面朱熹的話語意思不是牟先生所解讀的只認知不實踐之意。對牟先生以為是朱熹順取工夫的話，牟先生自己明確地說這些是存有論而不是本體宇宙論的縱貫縱說系統，筆者完全同意這一點，問題是，牟先生的縱貫創生系統是併合工夫境界論而談的，而朱熹所談的存有論並不是在談工夫論的，牟先生所謂之順取地談存有論，是就著認知意義的脈絡談的道體、仁體、心體、性體諸義，這些思路本就不是作為工夫論在談的，是牟先生把這種非談工夫而為概念認知的存有論系統視為一種工夫論，並稱之為順取的進路，以有別於他的逆覺之路。其實，言於

16. 牟宗三，《心體與性體》第三冊，頁三四二。

工夫只要談本體工夫即可，說為本領工夫亦得，說為逆覺、說為擴充、說為求放心都是本體工夫的話語，本體工夫無須定為只是逆覺一路，程顥不就甚至說得「不須防檢、不須窮索」的話以談境界工夫的觀念嗎！而牟先生又以他所定義的順取之工夫為他律道德，此實不能切合朱熹之意。牟先生以「認知心與物為對」說為外在、說為他律，實是將存有論的認知活動說成了工夫論，而這本就不是朱熹之意，朱熹並不在此處說工夫，那麼又何來工夫的他律呢？說荀子的「禮義外於人性」而為他律、說董仲舒的「天意志作為君王行仁政的要求」而為他律皆猶有可說，但是說朱熹在談存有論的話而變成了他律工夫實在是義理錯置。問題是發生在朱熹說存有論的話確實只是認知活動，而朱熹說工夫問題時又因著《大學》文本詮釋而說工夫次第問題，而說先格物窮理再誠正修齊治平的話，牟先生就將先格物窮理與只說概念定義的存有論思維為朱熹對立於逆覺體證的順取之路，只管認知，故是外部他律工夫。筆者之意即是：這些都不是朱熹的意思，而說到工夫，朱熹的工夫論亦是逆覺體證的本體工夫，而且工夫次第並不是與本體工夫對立的另一種工夫。

文中說孔子境界高，故而即本體即是工夫，而一般人做工夫時需為逆覺，明道之識仁即此逆覺，此些話語皆是可說，筆者並不反對。但實亦無須將逆覺之說說成了與順取之路正面衝突，而批評朱熹是他律工夫，因為並沒有牟先生意下的順取工夫之朱熹本義這一回事。

五、教育程序

牟先生在談「仁說」時，也轉入「中和說」中言涵養察識工夫是以教育程序取代道德實踐的討論，並批評《大學》知行之次序，其言：

> 朱子中和新說成立後，由中和問題言先涵養後察識，以小學、大學為比配。今言知行問題，亦以小學為「涵養踐履之有素」。中和問題本是內聖之學之核心問題，由此言工夫如涵養察識之類，本是自覺地做道德實踐，承體起用上之工夫問題，而今全外轉而就教育程序上言。此為問題之歧出。如是中和問題上之涵養乃成空頭無實者，只如小學之「涵養踐履有素」之養成好習慣，而察識亦全外轉而為格物窮理以致其知。[17]

> 故大學之書，雖以格物致知為用力之始，然非謂初不涵養踐履而直從事于此也。又非謂物未格知未至，則意可以不誠，心可以不正，身可以不修，家可以不齊也。但以為必知之至，然後所以治己治人者始有以盡其道耳。若曰必俟知至而後可行，則夫事親從兄，承上接下，乃人生之所不能一日廢者，豈可謂吾知未至，而暫輟以俟其至而後行哉？[18]

17. 牟宗三，《心體與性體》第三冊，頁三四五。
18. 牟宗三，《心體與性體》第三冊，頁三四五—三四六。

牟先生說中和問題為內聖之學的核心問題，是談自覺地做道德實踐之工夫問題，其實這是牟先生詮釋的角度。中和問題在宋儒的發揮中，可以談自覺地做道德實踐問題，也可以談道德實踐的次第問題，也可以談形上道體的存有論問題，作為哲學創作本就不只一義可以發揮，非必要何義才是最高義。本體工夫為牟先生所重，筆者亦無有疑義，而就工夫次第而談平日涵養及臨事察識之朱熹之說亦無有可以反對者。朱熹就未發已發談工夫次第，這是一種問題，牟先生就致中和談本體工夫，這是另一種問題。就什麼問題該怎麼談而言，朱熹與牟先生所談皆如理，這是筆者的態度。

牟先生批評朱熹之說涵養為小學工夫，此中沒有主體自覺，故而只成空頭工夫，又批評朱熹之說察識只是做格物致知，故而是外部工夫。筆者以為，牟先生以教育程序非道德實踐之用語實是過度用力之說，牟先生所言之道德實踐就是主體當下的自覺體證一義，朱熹言於涵養時豈能無此一義？言於察識時豈能無此一義？教育程序中的所有程序豈非即是道德教育？儒學是沒有道德教育以外的教育的，因此說朱熹是談教育程序是可以的，說朱熹的教育程序不是道德實踐是不可以的。

牟先生批評朱熹強調格致，以致知未至即意不能誠，此說絕對是不成立的，此事朱熹自己處理過多次，都極力明講致知必同時含著實踐，知多少就實踐多少，絕不能以尚未盡知便藉口不行，但確實是要有完全明白才可能有完全成熟的聖賢大業，朱熹說致知是就著實踐之於家國天下的規模說的，意誠亦需就著實事之處理而為其誠，實事之處理需有知識之研議，為成就家國天下的事業豈有不知盲行之可能？聖人即是行之於家國天下的完成者，聖人境界當然是知之而行之而完成之，但是一般人呢？問題決不只是意誠不誠的問題，這還涉及了一般人對於事情的知不知的問題，因此要從格物致知的次第一路上來。牟先生所說的主體逆覺體證的道德活動確實是一切工夫活動的根本義，但是在《大學》八目中的每一個項目都是此一逆覺體證的本體工夫活動的具體操作項目，一切都是本體工夫，但本體工夫中是有次第問題的，這就是筆者解決這個爭議的根本立場。

朱熹在談《大學》文本詮釋的工夫次第問題，牟先生在談任何人特別是聖人的道德意志的提起的實踐問題，而儒學都是就著社會角色扮演以至平天下的聖人理想而說的儒者事業，此一事業是現實實踐中事，需有次第，需有知識，此事真真實實，故有《大學》八目之次第工夫之觀念提出，並非為改道德意志為非當下逆覺體證的意義，是牟先生只關心這唯一意義，故而將朱熹說次第的工夫論的話語視為朱熹不解本體工夫的意思來解讀。

牟先生十分執意地以朱熹說《大學》的格致工夫是一外部的工夫而非孔孟本旨，其言：

然則朱子視小學為涵養，且謂已能「持守堅定，涵養純熟」，實為不足恃矣。朱子以小學為涵養時期，以大學格物致知之「知至」為察識時期，此是以教育程序比配聖賢工夫之進德，此是一般的外部的知行工夫之陳述，非孔、孟求仁、求放心之旨也。19

牟先生說朱熹視小學涵養已能持守堅定之說是不足恃的，筆者不以為然。原本小學涵養即是為著涵養道德意志而進行的，而古人於小學涵養已熟，而至十五、二十時即進行格致誠正修齊治平的大學教育，這確實是一個教育程序的課題，但是於小學時將道德意志涵養純熟確實是教育目標所在，不知牟先生依何所據而能說小學涵養是不足恃的。牟先生說的不足據，應是就他自己所詮解的朱熹說涵養的理論是空頭的說法，而說為不足恃的，但那本就是牟先生自己的過度詮釋，朱熹的小學涵養即是涵養那察識底，即是涵養得道德本心，因此沒有理由不信任朱熹說的小學涵養。就教育程序言，小學有小學的課題，大學有大學的課題，而且也並沒有哪一個課題是外部工夫的意旨。

牟先生此說即是以朱熹之說《大學》的致知工夫為只限於知而不及於行，而說為外部，故而非孔孟求仁、求放心之說。筆者以為不然，事實上，朱熹說致知是以及於修齊治平而為致知之完成，因此並沒有只知不行的問題。而孔孟求仁、求放心是談得主體的價值意識，若要追究此仁心在現實的完成，則亦必即是《大學》之言於家國天下之完成而無疑義，所以《大學》的課題也需視為是孔孟之發展的課題，而並不背離孔孟說主體的道德活動要求的方向。

牟先生以朱熹之說只是教育程序而非道德活動，筆者也不以為然。達到聖賢的境界是需要教育程序的，聖賢也須是藉由教育程序拾級而上而致聖賢境界的，但是聖賢自身確實已無須多做工夫了，因其已達即本體即工夫、即工夫即本體的境界。需要做工夫的都是一般人，則談工夫修養理論時豈能不研思教育程序之事，而教育程序中之每一程序皆是為著成就聖賢人格的道德實踐的項目，亦即都是本體工夫。其實只要牟先生能將工夫次第視為即是本體工夫的一節，則這許多的批評糾纏皆可化消了。事實上，即便是聖人自己成聖的過程，也是從格致誠正修齊治平依序而來，也不可能有未能窮理即得治平的聖人。牟先生關切主體道德意識之提起一義，無人反對，但是朱熹關切一般人自小學涵養至大學察識而有格致窮理以至誠正修齊治平之現實事業的完成活動，又有何錯誤？何需緊抓逆覺體證一義而嚴詞反對之。

朱熹所言之涵養、察識皆是本體工夫，只因必須強調平時及臨事時之兩面皆實做工夫，故為一程序問題或次第問題，牟先生不能以次第問題非本體工夫而否定此旨。

牟先生言求仁、求放心自能知是知非，並以此義批評朱熹走上《大學》格物窮理之說，其言：

> 求仁、求放心（識仁體），非孔、孟立教之本旨乎？仁與本心而可以外在地求之乎？然則逆覺體證以知之，此豈非聖門授受之主觀地說的機竅乎？惻然之覺，悱惻之感，一旦

19. 牟宗三，《心體與性體》第三冊，頁三五〇。

呈現，自然知是知非，知善知惡，當惻隱則惻隱，當恭敬則恭敬，當羞惡則羞惡，當是非則是非，耳自聰，目自明，事親自能孝，事兄自能弟。此是本心之沛然莫之能禦，亦是仁體之於穆不已。……朱子自喜平說，但其外轉的平說，順取之路，所成之義理規模卻遠於孔孟之精神，反不若其所斥為禪者之為近也。[20]

牟先生所說的這種一旦呈現、自然知是知非的狀態，或者是就聖人境界說的，或者是就一般人臨事時提起道德意識說的。如果是就一般人對事物處置之常識性知識之研議，那就不是提起道德意識可以確斷的了。朱熹要談的是在《大學》中所討論的家國天下的具體經營知識，以及臨事的道德意志，這一部分的格物窮理的研議工夫是絕不可忽略的，朱熹依據《大學》的宗旨而為認真的強調，此義必須是儒學的重要工夫意旨。朱熹強調此客觀知識併合主觀價值判斷的格致窮理工夫，並主張致知需及時行之才為致知之完成，因此本來就是一個「知行合一」的工夫理論，其強調於工夫次第的重點，並非為反對聖人之「即知即行」的可能，而是為反對一般人未至聖境、亦不研議、即發為行動而說的，因為此時造成盲行的情況是所在多有的，故而嚴格要求必須「格物窮理」為行動之先，此即次第工夫之旨，此說十分合理，絕不背離孔門，更不能說禪學反比朱熹更近孔門，此實是牟先生過當之言。

牟先生說朱熹這些立論的型態，不能相應孔門的最高型態，其言：

吾如此釐清，於朱子並無所損。吾只明確地恢復其為橫攝型態，如其自性而見其價值。其系統非縱貫系統，並非即無價值。但以此為準而斥縱貫系統為禪，則非是。於此見朱子之所以偉大以及其所以不足處。朱子之學不是能相應孔孟之教的最高綜和形態。最高綜和型態是在以縱攝橫，融橫於縱。21

筆者以為朱熹並沒有斥責縱貫系統為禪，朱熹根本不知道什麼叫做縱貫系統，朱熹是斥責一般平庸的學者說些高明話語時的自我心境狀態，這些人於道德意識亦提起不夠，故斥其為禪。牟先生架構起縱貫系統為一理想的最高綜合型態，此一型態卻是說聖人境界的，孔孟自己自是聖人境界，但要一般人達到這個境界在工夫上是需要次第的，次第中是需要以窮理為先的，朱熹發展了孔孟之學的一個必要的路向，實在合理。然而，牟先生為回應西方哲學於形上學不能實證的缺點，而以儒學聖人實證之意而說為道德的形上學，此為一可以實證之形上學型態，而為形上學的圓滿，此說強調儒學宗旨在說聖人境界的即本體即工夫，和即工夫即本體，卻也因而誤解、支離了言說存有論及次第工夫的朱熹學說。

20. 牟宗三，《心體與性體》第三冊，頁三五一。
21. 牟宗三，《心體與性體》第三冊，頁三五二。

因此，並非朱熹不是孔門的最高綜合型態，而是朱熹多了一些理論型態，即是存有論的概念定義，而這些並非牟先生所關心的問題。至於《大學》八目的工夫次第，則不能說不是孔門型態，只是牟先生因朱熹而遷怒於《大學》，以致不肯承認《大學》為孔孟之教而已。牟先生關切到了孔門有言說於聖人境界的型態，以之為根本型且最高型，但是孔門也無須拒絕言說存有論的型態及言說工夫次第論的型態，至於聖人境界的型態，朱熹一樣處理到了，只是牟先生都不肯承認而已，所以也不能說朱熹只是存有論及工夫次第論的型態。

以上意見在前面諸多討論中皆已申明，但是這裡有一個新的問題，即牟先生所說的縱的與橫的型態其實是不能互相融攝的，牟先生所說的縱的型態，依筆者的術語使用，即是本體宇宙工夫境界併合為一的型態，橫的型態即是存有論及工夫次第論中的格物窮理工夫型態，其中的存有論本就不是在實踐的脈絡中談，因此沒有所謂的以縱攝橫的可能，這就是牟先生也把存有論當成了工夫論的一型，只是不能動起來，因而是橫攝型。至於格物窮理的工夫次第問題，也不是一個獨立的橫攝系統的工夫論問題而有別於本體工夫的縱貫系統，格物窮理就是涵攝著「知行為一」的完整的《大學》教育的工夫理論，並不是只知而不去行，世間豈有如此愚笨的理論？不是牟先生刻意曲解，哪來這種認知靜涵橫攝型的工夫論？朱熹之格物窮理的工夫次第論，亦是一縱貫系統，朱熹根本也沒有牟先生所謂的橫攝系統。

也就是說，牟先生以為的縱貫系統就是說得聖人境界的系統，就是這種哲學問題的圓滿型態，朱熹有些發言並不是在談論這種問題，但這並不表示朱熹是在否定這種型態，而是朱熹在進行另一種獨立的中國哲學的形上學問題。至於牟先生重視的這一型理論，朱熹一樣發表了，只是牟先生刻意曲解因而否定了。

六、結論

本章以牟先生對朱熹對仁概念的意見為討論對象，對於牟先生討論朱熹哲學的方法論進行反思。此一工作實是關乎當代中國哲學詮釋系統的一大關鍵問題，因為牟先生的思考模式及方法論架構已對當代中國哲學研究形成一大詮釋系統，影響力最為巨大。然而，牟先生固有創造於儒家哲學的新義理，但是也有過度強勢的個人意見，本章重點在指出，朱熹說仁、說心性情、說理氣的存有論問題不必跟實踐哲學問題作較競而致對立，應獨立地討論及理解其理論功能。而朱熹說工夫論的問題更毋須置入存有論以為同一系統，而致存有論問題意識混亂，朱熹說的格物窮理就是工夫次第中的一項目，並不是唯一項目，更不是只知不行。將朱熹學說的問題意識釐定清楚，還原朱熹學說的理論地位，準確理解及詮釋傳統中國哲學各家系統，才是促進中國哲學當代化及世界化的正確做法。

本章亦同時處理牟先生思維的根本特質，說其別異中西以實踐為要目，辯證三教以實有為要目，而建構其即存有即活動的道德的形上學型態。筆者以哲學基本問題的解釋架構，重構牟先生的理論架構，企圖將牟先生所形成的堅實的儒學詮釋系統試做釐清，期能更清楚見出傳統中國哲學的命題意義與理論間架，以使程朱之學、甚而道佛之學能有以擺脫牟先生的強勢詮釋系統，以及被批判的命運。此一理論工程十分繁瑣，筆者有意努力於此，並非執意否定牟先生之學，而是有意接續其說，汲取其養分，轉出新義，而更公平地對待傳統中國哲學的各家理論，期使中國哲學還能更有創意，這當然也才是牟宗三哲學的再創造之真正意義，亦即從牟宗三之說中走出新說。筆者認為，這樣的努力才是牟宗三哲學的新生命所在。

第十一章　對牟宗三詮釋朱熹以《大學》為規模的方法論反省

一、前言

牟宗三先生對朱熹的詮釋立場基本上是批判的與貶抑的，牟先生大作《心體與性體》三巨冊中有整本的第三冊都是在談對朱熹的詮釋意見，甚至，在前兩冊討論周敦頤、張載、二程哲學時也多是以與朱熹思想為出入比較的方式進行討論的，因為牟先生的整個宋明理學的最終意見，可以說就是以貶抑朱熹，高舉象山為終極定位的。由於牟先生在《心體與性體》中對宋明理學的討論方式是藉由哲學家原典的疏理而鋪陳漫衍出他自己的意見，因此整部《心體與性體》的寫作即是一段創造的歷程，所以處處皆見他的個人創見，以及創見的重疊關聯以及不斷重複表述的呈現方式。因此，要整理牟先生的意見頗不容易，特別是要簡要地、綱領性地呈現他的思路並予以反省批判就更不易進行了，關鍵就是牟先生就是在形成哲學洞見的過程中寫下他的大作的，並且是藉由宋明各家的作品詮釋而同時建構他自己的理論體系的，因此書寫的風格就不斷地有新旨的表露，但也不斷地有綜合意見的統整，因此作為研究者再來整理牟先生的意見、甚至要提出反省批評時，就很難拿捏進行的方式了。

筆者近來對牟先生的著作有計畫地進行系列的研究反省，由於上述的困難，不得已只好依據牟先生著作的章節次序，一一從他對周敦頤、張載、二程、朱熹的章節次序作為討論的進度來進行，而朱熹部分則又依其章節從中和說、到仁說、到大學說、以迄孟子說為進度，實際上，牟先生對朱熹的討論所分設的這些章節，也並不是就哲學體系的基本問題而架構的，這些章節主題，是牟先生認為朱熹學說的突出項目，並且是順著朱熹學思發展歷程的階段史而說的，牟先生認為這樣即可見到明確的朱熹哲學型態，因此，章節主題既不都是概念範疇進路的分類，如仁說及心性情理氣；也不都是經典詮釋進路的分類，如大學、孟子；也不都是哲學基本問題進路的分類，如存有論、宇宙論。也就因此，在每一個章節的討論中，既會針對概念範疇做哲學意旨的釋義，也會斷言經典所歸屬的系統異同，更會就哲學體系做哲學基本問題型態的分別，所以也可以說牟先生在所有的章節議題背後所討論的思想內涵其實都是互相連結、共成一個體系的，因此牟先生在各個章節的基本意見其實都是大致相同的，只是切入的議題有別而已。特別是在牟先生從朱熹說中和而建立的朱熹學思型態之定位之後，幾乎不論主題為何，牟先生對朱熹的詮釋立場都是已經定型了的。

以下，筆者將針對牟先生《心體與性體・第三冊》論朱熹的《大學》詮釋部分做討論，牟先生在此章中有幾個特別的意見應為提出並討論之，首先，以「順取」說《大學》之工夫，以「明德」為德行而非德性，以窮理之所窮為存有論意旨，以格物致知為泛認知主義，以《大學》為與《論、孟、庸、易》不同的經典，以他律道德說格物致知工夫，以誠意與格致不是同一種工夫等等。而牟先生討論這幾項議題的哲學立場，則是與全書其他章節的立場完全一致的。以下即展開本文之討論。

二、對朱熹是在中和說與仁說之後定位對《大學》的意見

牟先生對朱熹在「中和新說」及「仁說」的意旨是極為重視的，他說朱熹：「中和新說與仁說則是其義理系統所由建立之綱領也，此不可以不大書而特書者。」[1]事實上，筆者認為，這只是牟先生個人定位朱熹的特殊架構與知識立場，朱熹體系龐大，哲學基本問題的各方面都有創造性的建樹，先秦經典的各部重要著作都有詮釋，要定位朱熹學思綱領實非易事，但也應有重點，筆者認為還是應該置放在哲學基本問題的重心上，當然，詮釋傳統中國哲學的哲學基本問題，仍是當代學界的一大有爭議且未定的議題，然而，不論從概念範疇入、不論從哲學主張入、不論從經典詮釋立場入，都不能有明確定位體系意旨的良好成效，因此還是應該深研哲

1. 參見牟宗三著：《心體與性體》第三冊，台北：正中書局，一九八一年十月台四版，頁二三〇。

學基本問題，以作為詮釋及定位傳統哲學體系的方法。[2]就牟先生之定位而言，其言：

> 其為主觀地說是靜涵靜攝之系統，客觀地說是本體論的存有之系統，亦無疑也，總之此義理系統為橫攝型態之系統，而非縱貫型態之系統，亦無疑也。……朱子之學不是能相應孔孟之教的最高綜和型態。最高綜合系統是在以縱攝橫，融橫于縱。……此而確定，則在以下各章中朱子直向橫攝型態走，而確然完成之，亦可坦然明白矣。其以大學為規模乃必然者；其不解孟子乃必然者；其以心屬氣，性只為普遍之理，亦必然者；其理氣不離不雜，理只為本體論的靜態的存有之理，只為存在之「存在性」，亦必然者；其順取漸磨，心靜理明，一理平鋪，萬景皆實，而為他律道德，亦必然者。[3]

此處之縱貫橫攝之說是牟先生自創之哲學詞彙，背後是他自己所認定的宋明儒學的兩大型態，對於這兩大型態的形成及定位，筆者並不認同，依筆者的話語，所謂橫攝系統是牟先生錯把存有論討論和工夫次第的先知後行說混淆在一起而稱說的一套認知主義的思辨哲學；所謂的縱貫系統是牟先生硬把本體宇宙工夫境界論統合在一起說而以境界論為終極的圓滿之學。牟先生以這樣的思路來詮釋及定位宋明儒學，結果朱熹的系統便遭受最不公平的對待，既支離又錯解。而牟先生又以此一定位來說明朱陸之爭的實況，其言：

中和問題之參究與仁之問題之論辨是朱子思想奮鬥建立之過程。一般人忽之而不講，遂致橫攝系統與縱貫系統之差異恍惚搖蕩而莫辨，儼若惟朱子為得其集大成之正，其餘皆偏差而又可有可無者，而於其後來之責斥陸象山遂亦不能得其實義究何在，儼若只是道問學與尊德性之畸輕畸重耳。朱子後半段之論敵是陸象山，但在此期間朱陸之爭辨已不是客觀義理問題之論辨，而只成態度、方法、入路之相責斥。鵝湖之會時，象山三十七歲，朱子四十六歲。象山剛露頭角，而朱子與湖湘學者之論辨此時已大體結束。朱子思想已成熟，而且又有十餘年之參究與論辨為其底子，而象山則學無師承，乃讀孟子而自得之。象山對於朱子與湖湘學者之論辨似無所知，或至少不曾留意。鵝湖之會，朱子文集與語類皆無記載，而只見之於象山語錄與年譜。此見此在象山為得意之筆，而在朱子雖受刺激，却似不甚重視，而只斥其為禪而空疏。此後朱子一直斥象山為禪，而象山則斥朱子為支離，不見道。雙方一直無客觀義理問題之論辨，而只各據其成熟之見以相責斥耳。此種不契之緼釀

2. 筆者即以本體論、宇宙論、工夫論、境界論的四方架構作為談論具實踐哲學特色的中國哲學之基本哲學問題的解釋架構系統，亦即談中國哲學體系最適宜的哲學基本問題。此外，仍有從思辨哲學特質的進路而談的存有論哲學，其亦為本體論哲學的另一支，此即朱熹之學說中最易為人誤解之處。詳細討論請參見杜保瑞、陳榮華合著：《哲學概論》，台北：五南書局，二〇〇八年一月初版。

3. 牟宗三，《心體與性體》第三冊，頁三五二—三五三。

後來爆發而為太極圖說之辨。時象山年已五十，而朱子已五十九歲矣。但此問題之辨，嚴格講已不是客觀義理問題之論辨，只是不相契之借題發揮耳。若只就太極圖說之真偽問題以及對於「無極而太極」一語之體會問題說，可說象山是失敗者。關此，吾已論之於濂溪章。是以此問題之論辨並無積極之價值，於朱子思想之形成亦非本質之關鍵；而象山在此雖失敗，亦不影響其學路之正大與健康，因象山對此形上學中之義理本無多大興趣，此固其不足，然亦無礙於其根源方向之正確。以此觀之，朱陸間之相責斥以及對於太極圖說之論辨不是朱子思想所以形成之本質的關鍵。以此之故，吾於述朱子思想之生長、發展、與完成中，遂不涉及其與象山之爭辨。與湖湘系學者之論辨却是積極者，此雖誤解，然却是客觀義理問題之論辨，亦是在通過此論辨中而形成其自己之系統者，吾故詳為述之，以發其隱。一般講朱子者對於其中和問題之參究與仁之問題之論辨完全模糊，甚至一無所知，只就其語類之前六卷隨便徵引，泛為猜測浮說，而又只注意朱陸之同異，而又不真知其所以同異之實義究何在，此在理解朱子上可謂輕重本末之倒置，而且捨其重而就其輕（只注意朱陸之同異），隱其本而撂其末（只就語類前六卷泛為浮說），宜其恍惚搖蕩而不中肯也。4

牟先生認為朱熹思想綱領已定於「中和新說」及「仁說」之中了，而且這就是他的哲學的總體系統相，且此一系統形成之後，後來的朱陸之爭都不是在朱熹哲學的真正綱領性問題上爭鋒，而只是一些態度、方法、入路之爭，只是互相不契入的表面爭執，真正的差異還是在朱熹橫攝系統的義理型態中。此說筆者有相當同意處，也有相當不同意的意見。同意者在於朱陸之爭所呈現的資料內涵，幾乎全部都是態度、方法、入路之爭，並未涉及真正的形上學、本體論、宇宙論的哲學基本問題的意見對立，這是筆者同意於牟先生的說法的。但是另一方面來講，牟先生認為這樣的態度、方法、入路之爭是有他的內在的形上學、本體論、宇宙論的哲學基本問題的立場差異的，而這正是牟先生所提出的縱貫與橫攝系統之別異的地方，當然這一部分也正是牟先生哲學創作的最關鍵、最根本的地方，而這一部分正是筆者不同意的。筆者主張，並不存在一套朱熹的橫攝系統之如牟先生所言者一般，而牟先生所說的縱貫系統則是所有儒者的共法，朱熹亦具備之。至於牟先生所說之橫攝系統的朱熹哲學觀點，朱熹確實有這些觀點，但是它們或者可以匯入牟先生所說的縱貫系統中，或者可以與縱貫系統有一外在但有意義的關聯，然而它們並不在牟先生定位的橫攝系統中形成系統，那是牟先生自己過度詮釋的錯誤連結所形成的系統。遺憾的是，牟先生的意見卻難以被離清與駁斥，關鍵即在，當代中國哲學界始終沒有為中國哲學的研究建立系統性的詮釋架構，從而任由各家或依所使用的概念範疇或依所提出的哲學主張以為類型定位的基礎，但也就因此充滿了個人獨斷的詮釋色彩，如果好好建立哲學基本問題的解釋架構，則朱熹思想體系的詮釋就可以在哲學基本問題的架構中一一陳列，而不

4. 牟宗三，《心體與性體》第三冊，頁三五三—三五四。

必如牟先生般地自鑄縱橫難解之詞彙以為複雜曲折之論辯了。

三、以順取為《大學》工夫意旨之反省

牟先生就朱熹在《大學》經典詮釋進路中所強調的格物致知及窮理之學是一順取之路，而孟子以降陸、王之工夫乃一逆覺之路，兩路決然有別，牟先生順取之路之說之意旨其實並不明確，差不多重點是放在認知功能上說，亦即說工夫以認知為軸線，從而其實尚未真正在心理意志內進駐錘鍊，因此尚稱不上本質性的本體工夫，只有孟子的型態才是真正本質工夫的型態。其言：

> 朱子之先窮理致知是「順取」，而先識仁之體是「逆覺」。此顯是兩路。5

說工夫有順取與逆覺之別是牟先生自己的設定，牟先生講逆覺是逆著自己的感性欲求而追求良知良能的回復與呈現，牟先生講順取是順著認知活動而在知識上明白事物之原理。而牟先生又規定前者才是真正的孟子工夫，後者是朱熹談儒家工夫的歧出之走向。筆者同意孟子之工夫就是如牟先生所認定的形式，亦即由良知良能性善本體而發露呈現的工夫，但是筆者認為在表述上不必執定在就是逆覺，孟子自己就說為擴充，因此說為順取亦可。牟先生以知識性認知

活動為順取之工夫路徑，其實朱熹並沒有主張做工夫就是在做知識性的認知活動，做工夫之意旨在朱熹仍是孟子之存養擴充之意，只是此中有次第問題，亦即先知後行，亦即先格物致知再誠正修齊治平，而格物致知與窮理同義，故說窮理亦即說格物致知，而說格物致知就含著工夫次第之必及於誠正修齊治平才是言格物致知的真諦。因此此知是含著行的，此行是包含誠意正心的，因此就是孟子的存養擴充的工夫，此行更是必須達至修齊治平才算是真正的完成，因此當然亦是一知行合一之系統。而牟先生一見到朱熹強調此一知的工夫層面，就立即在此打住，以為此格物致知工夫就只是談認知活動，更以此格物致知的活動即等同於窮理，而窮理又就只是窮其理氣論的理，因此完全成了哲學思辨的認知活動，而即與存心養性、盡心知性的本體工夫無關了。事實上，窮理確實即是格物致知，但是格致工夫含著誠正修齊治平，因此窮理工夫亦是含著誠正修齊治平。至於窮理中連帶著辨析了理氣二元、心性情三分之哲學知識，此事並不妨礙朱熹對工夫的主張仍是孟子一路，因為談理氣心性問題本身純粹是哲學思辨活動，藉由哲學思辨釐清概念關係，在說明理論時便能更加清楚，而不應該像牟先生的作法一樣地把哲學解析工夫視為工夫理論的建構，從而批評這項工夫中沒有實踐的意味在。

5. 牟宗三，《心體與性體》第三冊，頁三五六。

牟先生錯解朱熹工夫論是一回事，但牟先生也有強解孟子工夫論的意旨之另一面，參見其言：

由孟子仁義內在之心即理而說「心具萬理」，此「具」是本心自發自律地具，是本體創生直貫地具，不是認知地具，涵攝地具，是內在之本具、固具，不是外在地關聯地具。此種分別，朱子不察，遂只以「認知地具」說「心具萬理」；而凡遇本心自發自律地具或本體創生直貫地具，如孟子之類，或仁體含萬德之類，朱子皆不能有相應的理解，皆轉成認知地具，或關聯地具。……此即把孟子之本心轉成心知之明，只注意其照物之認知的作用。此既非孟子意，亦非胡五峰之意。吾每看到此等處，便替朱子着急。朱子之心態合下是順取之路，他這樣看最合勁道。說成習慣，便自然不知不覺總轉到此。他從不在此有所警醒。此亦「智之于賢者也命也」，亦可慨矣。6

上文亦是將朱熹工夫論說成順取，而有別於孟子之為逆覺之路，至於孟子之路，牟先生將之解讀為本心自發自律地具理，以及本體創生直貫地具理，是把工夫論說到了工夫已完成之後的境界狀態中，而又再進一步地把境界論說到了形上學上的作法。依筆者之見，存有論上可以說主體本具性善本體，工夫論上要說主體變化氣質、努力恢復、或呈現此一性善本體，境界論上才能說主體全體是性善本體且與本體合一了。想必牟先生不會主張孟子是說任何人在未做工夫前的一般情況下就已經是本具、固具此理的吧。所以，說孟子的工夫是逆覺的話，筆者是可以接受的，但是，將孟子的工夫說成了孟子主張此心本具、固具性善之理的話，這就成了形上學的命題了，這就不是在說工夫的話語了，這就是牟先生對於孟子說工夫話語的一個過度強調的做法。牟先生更在這個過度的做法中又比較於朱熹存有論談理氣心性情的概念區分之學，說朱熹的心是氣，而其與性情及理的關係是外部認知地關聯的關係，而不像孟子的內在本具的關係。牟先生這樣的說法是混亂存有論概念解析之路與境界論圓融合一之路，是把朱熹說存有論當成朱熹說工夫論，把孟子說工夫論當成孟子說形上學，於是以有工夫論基礎的孟子形上學來否定無工夫論基礎的朱熹存有論，而說朱熹的工夫論是認知地、外部涵攝地具理，因而只是一套認知的順取工夫，結果也就不是一套良好的工夫理論了。

下文即是牟先生將朱熹說存有論的意旨，當成說工夫論的命題來解讀及批評的文字，其言：

> 總之，朱子依其泛認知主義將仁體、性體、乃至形而上的實體皆平置而為普遍之理（存在之然之所以然），通過其格物窮理（窮在物之理）而成為心知之明之認知作用之所對，

6. 牟宗三，《心體與性體》第三冊，頁三五八。

永為客為所而不能反身而為主為能，而立體創造的實體性的心體亦不能言，此則決非先秦儒家論孟中庸易傳一發展所表示之舊義。此是順取之路中泛認知主義之所決定。當然，任何東西皆可作為理解之對象。吾人說契會體，默識體，或認識本體，以及所謂于體上有工夫，皆亦是以體作為理解之對象。但此所謂理解是要恢復其為超越之大主，為道德創造之實體，無論是主觀地說，或是客觀地說。尤其當吾人說仁體、心體、性體、誠體、神體、中體、乃至敬體、忠體、或形而上的實體時，主要目的是在說明真正的道德行為所以可能之超越的根據，故必肯定每一人的生命中皆內在而固有地本具此自發自律自定方向之道德實體以為道德創生之源，此即吾人之真主體，亦即宇宙之真主體。吾人之理解此實體實只是反身地經由逆覺而體證之，無論是超越的體證，或是內在的體證。此種體證實無「窮在物之理」之認知的意義，亦無法以「窮在物之理」之方式去體證。蓋如以此方式去體證，永為客而不為主，永為所而不為能，即喪失其為內在而固有的道德創生之源之義。故捨逆覺之路，別無他法。逆覺此體為道德創生之源，即可體證一切存在（此存在為提起來說的存在，創生之即存在之）為一體之所貫，因而亦可靜觀一切存在處皆是此體之呈現處。[7]

以上是牟先生將朱熹談存有論的仁義禮知與心性情概念之關係的話語，當成格致窮理工夫的認識目標，因而說朱熹的形上實體變成普遍的原理，只為認知之對象，而本身不能立體實踐；而朱熹的工夫是一泛認知主義的工夫論者，而不即能提起主體以為超越的實踐之活動。經牟先生這樣詮釋的結果，在朱熹所討論中的心性理氣仁義概念皆呈解析隔異之局面，而牟先生自己主張了一套其實是境界論意旨的形上學命題，因而主張心性理氣仁義應是一貫同條內在一體的系統，而這又即是工夫論的逆覺之路，文中牟先生明確地強調了這一內在體證之工夫型態。筆者以為，體證為一即是實踐為一，實踐為一即是已達境界，因此說體證即是做了工夫並已完成之意，但是真要說其完成，仍需實事求是地在事業中踐履才是，因此有《大學》八目之工夫次第之學之出現，其目的即是要將這個主體的體證發為具體的現實，因此《大學》與孟子的本體工夫必是有內在關聯、共成儒學的功能在的。然而，牟先生卻只以孟子之逆覺體證之路說為是《論、孟、庸、易》共同之路，此說即示現了牟先生說《大學》與《論、孟、庸、易》路數不同的立場，而這個路數不同的判斷，其實是牟先生將形上學與工夫論混合在一起講時所說出的系統，參見其言：

依以上之分別，其窮在物之理，雖無積極知識之意義，然其認知之方式却影響其言性體、太極之形上學之型態。其結果是一種觀解的，外在的形上學，而與先秦儒家之所開發者不合。說其系統主觀地說是靜涵靜攝之系統，客觀地說是本體論的存有之系統，即就此

7. 牟宗三，《心體與性體》第三冊，頁三六三。

客觀地說者見其形上學為一種觀解的、外在的形上學，而其所表示之道德為他律道德（所謂本質倫理）。此則有類於廣義的柏拉圖型的系統，尤類於多瑪斯也。此則自不合先秦儒家論孟中庸易傳之型範，自此而言，謂其為歧出不算過分。[8]

本文即是牟先生自為之錯解，將朱熹言於格物致知義的窮理概念，連上了朱熹講存有論的學說，結果定位了朱熹的形上學是一觀解的、外在的形上學，並說其與先秦儒家諸說不合，這是帶著貶意的批評意見。其實，說形上學而為觀解的並不即是錯誤的，說工夫時才需要說是活動的，只是牟先生必欲結合工夫論旨而說了一套動態的形上學，所以才以為有理由批評朱熹的存有論進路之形上學是觀解的、不動的，且是不同於《論、孟、庸、易》的。

以上就牟先生以順取之工夫說朱熹對《大學》的定位意見進行反省與討論，以此為基礎，牟先生建立了更多的說法。

四、以明德為德行而非德性

《大學》首章說「大學之道在明明德」，朱熹對此頗耗心神以為解讀，其中之明德一詞，頗可順著孟子之言心性的思路以定位文義，然而，在牟先生的討論下，似有意地將朱子解明明德之說法，轉說為與孟子不類之型態，更有甚者，其實是將《大學》說為與《論、孟、庸、易》

不同的型態，而一旦當朱熹順著孟子言心性思路說明德時，牟先生則將之轉入認知主義的詮釋脈絡中，一方面以認知活動說第一個明字的工夫，二方面以存有論的思辨內涵說明德的心性意旨，參見其言：

大學所謂「明德」，其原意究何所指？是指「德行」說，還是指「德性」說？「德行」是果上之詞，意即光明正大的行為。「德性」是因上之詞，意即吾人本有之光明正大的心性。宋明儒皆是就心性說，無異辭也。但是鄭注孔疏卻似是就「德行」說。9

以上說《大學》之明德是德行而非德性，指具體道德事業，而非道德主體性。對牟先生而言，一切道德事業乃依據道德主體性的實踐提起而後有，因此道德主體性自是超越於道德事業的更高存有，牟先生之意是要說《大學》並非《論、孟》言心性是一的思路，亦即，在《大學》所言之明德並非指心性，而只是指具體事業，亦即，《大學》一書尚未進至談普遍原理的心性之學，因此並非《論、孟、庸、易》一路。又見其言：

汝或可說鄭孔等甚淺，並無心性之觀念。然大學本身也許就是如此，亦並未意識到本

8. 牟宗三，《心體與性體》第三冊，頁三六六。

9. 牟宗三，《心體與性體》第三冊，頁三六八。

有之心性。堯典康誥言「德」或「峻德」皆指德行說，那時似更不能意識到本有之心性。大學引之，似亦並未就德行再向裡推進一步說本有之心性也。須知大學並不是繼承論孟之生命智慧而說，而是從教育制度而說，乃是開端別起。雖為儒家教義之所函攝，然不是孔孟之生命智慧之繼承。中庸易傳倒是直接繼承孔孟之生命智慧而發揚。吾人讀之，實感到一系生命之相振動與相契。而大學則是開端別起，好像是外插進來的。10

牟先生貶抑朱熹，說朱熹是別子，連帶地就朱熹所重之經典《大學》一書亦予以貶抑了，而此處之作法則是把《大學》所言之明德說為非直指心性，牟先生還透過思想史的疏理，從堯典到鄭注，指出有一尚未上升到《論、孟》言心性主體的思路，為《大學》所繼承、接續而不及《論、孟》。筆者以為，是牟先生自己把明德割裂於心性之外，筆者主張，即便《大學》是說德行，那也是在預設了德性的心性論旨的前提下發為事業的宗旨而說的德行，並非不及德性而說的德行，當牟先生又認知到宋明諸儒不論何派仍多為以心性說明德，11 因此勉強地說，有順著《孟子》的走心性之路的講法，也有順著《大學》本意只是講外在事業的講法，而牟先生即說朱熹所走的路是《大學》原意之路，只是從教育程序的認知主義進路的解法，而如果是順著孟子的心性之路則便是另一種講法：

明德既就本有之心性說，若依陸、王之講法，本心即性（此承孟子而來），則「明德」

及「明明德」之意義皆極單純、確定而順適。「明德」即是本心之明，既是靈昭不昧，又是光明正大，……此純是就自覺地作道德實踐言，蓋只是明體以起用也。12

此旨自是一般本體工夫之論旨，重點在以明明德說本心、說性，說主體實踐之工夫論旨，但依牟先生的說法，則又將之講成同時是形上學意旨，亦即說其心、性是一，且是實體義之心性是一之形上學立場。這就是順孟子之路的《大學》講法，而與牟先生所認定的朱熹之說心性情三分之形上學立場並不相同，於是就進入了形上學討論，而且更以之批評朱熹的工夫論，且認定朱熹之工夫論無論在何處言，皆是一泛認知主義的工夫論，因此，明德之在朱熹處雖有心性意旨，卻因心性分離，且只是在進行認知活動，故而與孟子、陸王一路截然有別，這就是筆者說的，碰到朱熹也有這種心性進路時，牟先生就又跳到形上學問題中談朱熹的意旨的作法，即見其言：

10. 牟宗三，《心體與性體》第三冊，頁三六九。

11. 參見：「宋儒自伊川着重大學之致知格物，遂想將大學納於孔、孟之生命智慧中而一之，因此遂將『明德』就德行向裏推進一步視作本有之心性。宋明儒於此皆無異辭也。此固能見四書之有機的統一，然非必即大學說明德之原意也。」《心體與性體》第三冊，頁三六九。

12. 牟宗三，《心體與性體》第三冊，頁三六九。

但在朱子，則因心性情之三分，而心又只限定為心之明之認知作用，「明德」一辭遂弄成極為複雜，而難確定。……心只限於心知之明之認知作用，則明明德「明」字之工夫又復歧出而為致知格物，此則尤不順適。……明德又綜主在心字上，……雖亦關聯著性（理），但綜主卻在心。綜主雖在心，但因朱子所意謂的「心具」是認知地具，則就心說明德之力量又減弱。13

以上即是牟先生說朱熹對明德概念的解釋之意見，牟先生說朱熹所提出的實在是一套曲折複雜的解釋脈絡，其實正是牟先生自己的曲折複雜而已。首先，明德之是心還是性的問題被牟先生刻意支離出來而成為一個問題，亦即牟先生論究朱熹之明德是心而非是性，牟先生自己明白地建立孔孟之心性是一的立場，但在說朱熹之心性時是一套心性情三分的格局，因而定位此時朱熹討論之明德是心而不主要在性。明德是心，明明德之第一個明又是心的工夫，而牟先生一早就認定朱熹的心的工夫是認知的心，所以牟先生認定朱熹的明明德，就是認知心對於心性情三分之心的存在之所以然的認識活動而已，因此也已經不是德性義的明明德之為做社會事業的意旨了，當然就更不是牟先生言於孔孟心性論旨的本體工夫的意旨。

至於牟先生如何以朱熹之心性不是一來定位呢？參見其言：

「有得於天而光明正大者謂之明德」，此是就性說得乎天。「明德者，人之所得乎天而虛靈不昧以具眾理而應萬事」，此是就心說得乎天。……心與性之得乎天是否為同一意義？依朱子之說統，似並不同。……性之得乎天是就天之所命之理說。然則心之得乎天是就什麼說？依朱子，此似乎是當就天所命之氣說。所謂「得其秀而最靈」（此雖濂溪語，朱子於此無異辭），即得五行之秀氣而最靈也。是則靈是就氣說，即是心也。……心之得乎天並無超越的意義。此與性之得乎天不同。性之得乎天是超越的，而心之得乎天則只是實然之秀氣如此，只是秀氣所具之自然的心知之明而已。……然而性之得乎天則是普遍而同一，不但人如此，即物亦然，此所以說「枯槁有性」也。是則心之得乎天與性之得乎天顯然有不同，朱子未能自覺也。14

朱熹明講「心統性情」，即是一個存有者主體之心有性與情之兩個意義的面向，因此存有論上心具性，但顯現時之情有時如理有時不如理，要如理即要做工夫，無論是求放心、養氣、變化氣質、涵養、察識、心即理等等都是朱熹會談的本體工夫。然而，牟先生必欲以做了工夫以後的心即理的命題為孔孟之正解及唯一之解，因此而說心性是一，因此對於朱熹純粹在存

13. 牟宗三，《心體與性體》第三冊，頁三六九—三七〇。
14. 牟宗三，《心體與性體》第三冊，頁三七一—三七二。

有論上做概念解析的心統性情之命題，便刻意地批評其為心性不一。顯然，牟先生就是以朱熹所說之「心者氣之靈爽」說朱熹的心是氣，以朱熹的「性即理」說朱熹的性只是理而非心，既然心在未做工夫以前只是氣，且不即是理，因此心不是性。故有本文中所說朱熹之心之得乎天者只是氣，性之得乎天者只是理，因此得朱熹之心性不是一的說法。由此下來，明明德只是心之工夫作用，而此一作用又只是認知活動而已了，牟先生之說，真極盡曲折複雜之能事了。依筆者的立場，朱熹在講存有論，所有存有論的命題都是要提供工夫境界論命題作為範疇而使用的，一旦談了工夫境界意旨，範疇間的關係就連結了起來，如心即理命題者，但就範疇自身而言，自是心是心、性是性、理是理、氣是氣一一解析分明。牟先生執著於此，便不允許朱熹依範疇說工夫時有本體工夫的逆覺體證之旨，甚至，連周濂溪的「人得其秀而最靈」的理論也一併批判了，難道存有論上牟先生有不許人心最靈的命題立場嗎？筆者以為，這簡直就是牟先生刻意汙衊朱熹的說話了。又見其言：

> 明明德之功之實義亦實是順心知之明之認知地管攝眾理而歸於格物窮理以致知也。15

又見：

> 明之之功是就心知之明之認知作用說。「知其不明而欲明之，便是明德」此語當改為：「知其不明而欲明之，便是心知之明之彰顯（實然存在）。」在心知之明之彰顯中，可以

逐漸依理發情，此即明德之顯現，亦即為「明明德」之實功。[16]

以上，就是牟先生極盡其能地將朱熹言明明德之旨說為就是客觀的外在知解的做法。事實上，朱熹以明德概念說工夫之話語不計其數，即便就牟先生專書中所引之朱熹言明明德之話語亦絕非只是這一個意旨而已，朱熹當然會有這個知解進路以說明明德之工夫，因為這是站在「先知後行」的工夫次第的思路下所說的，但是站在本體工夫路數下說明明德的工夫，甚至是站在以德行為明德以實施社會建設為明明德釋義的說法亦所在多有，然而，牟先生卻只是一味地以認知行動的存有論思辨為朱熹言說明明德工夫的最終唯一意旨，牟先生這樣的解讀實在是太褊狹了，此誠牟先生的過度曲解，牟先生在不斷引用朱熹文本之後，亦不斷釋出此義，又見：

簡言之，只是一、明德必有發見處（明處），此是客觀地就性理說明德之發見，性理之發而為情便是明德之發見；二、因其發見處（明處）而「推明」之，「漸明將去」，便是明明德，此是致知格物之實功，是主觀地就心知之明之認知地攝具眾理而說明明德。[17]

15. 牟宗三，《心體與性體》第三冊，頁三七四－三七五。
16. 牟宗三，《心體與性體》第三冊，頁三七六。
17. 牟宗三，《心體與性體》第三冊，頁三七八。

此即是以認知心之去知道存有論之眾理來解讀朱熹的明明德工夫，這又純粹是歸屬於牟先生一貫地說朱熹存有論的思路脈絡，他接著就強調了兩點，首先是對心性義旨作區分，其次是對心的活動作區分，參見：

> 一、問者所謂「本心發見」，……依朱子之說統，此「本心」非孟子所意謂之本心。……蓋「心統性情」，心之統攝「性」是主觀地認知地統，心之統攝「情」是客觀地行為地（激發地）統。但孟子所說之「本心」則並無此心、性、情之三分，本心是實體性的、立體創造的本心，是即理即情之本心：情是以理說、以心說，不是以氣說；心是以「即活動即存有」之立體創造說，不以認知之明說；理即是此本心之自發自律自定方向之謂理，不是心知之明之所對。18

本文即是說：朱熹之言心性是心認知外在之性，心發為外顯之情。而孟子之心性是本心發為本體工夫，以致心性情皆純化於一。此義是牟先生通貫《心體與性體》專書處處對朱熹所下的定語，是誤將朱熹說存有論的概念解析之命題，與孟子言於本體工夫之命題混淆而批評朱熹的。筆者主張，存有論必別異概念，且非關活動；工夫論必上提主體境界，以致必連結概念，且必言及活動。然而，牟先生卻將朱熹存有論命題說成了錯誤的工夫論，將孟子工夫論的命題說成了動態的形上學，這其中充滿了哲學基本問題的混淆與錯置，以致充滿了對朱熹命題的曲解與誤解。牟先生又說第二點：

二、「人心至靈」云云，此是心知之明之認知地可能地攝具眾理。若是置定而為本體論式的具，而忘掉其認知的關聯義，便歸于孟子而成為陸王的講法。但朱子不是此意，亦不能是此意。……朱子也許不自覺，但其實義決非如此，蓋若如此，便是陸王之講法，此則非朱子所許可，至少亦非其自覺地所意謂之詞語之所應至。……朱子是順「人心至靈」之「知」向外看，單注意其認知作用，而以理為其所對，是則其具眾理是認知地可能地具，而不是其本身即是理，故亦不能即以此「人心至靈」為明德也。「人心至靈」之心知之明只能認知地帶出明德來，認知地提挈明德而令其顯現，而其本身非即明德。此則必須注意者。否則，必講成陸王而不自知。19

牟先生之意即是朱熹是在認知活動中知曉了眾理而為明明德工夫之意旨，並不是在本體工夫中主體自我提升而致與道體為一，以致道體內在地圓滿具足於主體之心性之內，後者正是孟子學，亦是陸王繼承、發揮的重點，其實就是本體工夫的命題，而此類命題在朱熹解明明德工

18. 牟宗三，《心體與性體》第三冊，頁三七八。
19. 牟宗三，《心體與性體》第三冊，頁三七八—三七九。

夫時，甚至在朱熹說一切本體工夫時，其實都是時常出現的意旨，但是牟先生死守朱熹講存有論的心統性情及理氣二分之思路，以及死守朱熹講工夫次第之先知後行之思路，硬是要說朱熹不能同時也是孟子、陸王之本體工夫之思路，牟先生這樣固執頑強的立場，我們只能說是因為他自己的儒家系統已經形成，且是形成於與朱熹對立的思路中，以致無法平心和氣地認同朱熹的思路。牟先生自己都引了不少朱熹話語中非常接近孟子思路的文句，但是牟先生都硬是扭轉朱熹意旨而趨向都是不活動的存有論思路，以及割裂知行的工夫論思路來解讀，牟先生自以為如此解讀才會心安，其實正是重大扭曲而不自覺，如其言：

吾讀朱子語類此一卷，心中最為着急。此卷是最近於陸、王者，所謂心學。然而終湊泊不上。看着上去了，然而又落下來了。最令人着急，又最令人搖蕩不定。若不知其底子，順其援引之辭語一直說下去，可以完全依孟子講成陸、王之講法。然而再回頭仔細看看，照顧到別的，如「心具」義，心性情三分義，致知格物義，則又不能這樣一直說下去。故吾終於作以上之疏解，而歸於朱子之本意，如是則心中坦然矣。其表面辭語而可以講成陸、王之講法乃是假象。其實義終非孟子學也。20

上文中明見牟先生總是不忘朱熹言於心性情三分及格物致知工夫的意旨，而在朱熹進入孟子學思路言說時，牟先生即不願承認朱熹有孟子學之本體工夫意旨，而必欲轉入牟先生自己錯置地解讀的朱熹心性情理氣之存有論及先知後行的工夫次第論的意旨才承認是朱熹的本意，可以說牟先生已經是在刻意的成見的基礎上談朱熹思路，而非客觀的研究的立場上談了。更進一步說，牟先生不僅將朱熹往孟子之外推出去，牟先生也將《大學》往孔孟之外推出去，其言：

朱子援引孟子以遷就大學，以大學為定本，而將孟子之本心拆為心性情三分，而心只講成認知義，非是。此示朱子對於孟子無相應之理解。王陽明之講法合於孟子學之精神，而於致知格物之講法則更遠於大學之本意。此是以大學遷就孟子也。朱子之失在孟子，陽明之失在大學。朱子從因地上就心、性說「明德」雖不必合於大學之原意，然其心性情之三分，心取認知義，而以致知格物為恢復明德（明明德）之工夫，則猶近於大學外在之精神，雖有所推進，亦是順着推進，不似陽明之完全予以倒轉而成為本體之直貫也。然則孟子與大學終不可以平等觀認為可以出入互講也。據吾之疏解，大學之「明德」不當從因地上看。當恢復其原意，從果地上看。大學與論、孟、中庸、易傳不是同一系者，亦不是同一層次而可以出入互講者。大學是從另一端緒來，可以視為儒家教義之初階。由大學而至論、孟、中庸、易傳是一種不同層次之昇進，亦是由外轉內之轉進。大學與學記以及荀子

20. 牟宗三，《心體與性體》第三冊，頁三八三。

之勸學可以列為一組，雖不必為荀學，但亦決非與論、孟、中庸、易傳為同層次而可以出入互講者。當然根據論、孟、中庸、易傳講出另一個大學之道、大人之學來，亦至佳事，但非原來之大學。陽明之講法自是孟子學之大人之學。朱子之講法自是伊川學之大人之學。其結果仍是直貫系統與橫攝系統之異。荀子亦是橫攝系統，只差荀子未將其禮字轉為性理耳。原來之大學既非直貫系統，以根本未接觸到因地之本故，亦非顯明地是橫攝系統。講成橫攝系統者是朱子學，講成直貫系統者是陽明學。如此判開省得許多無謂之糾纏。21

牟先生的思路十分曲折，首先說《大學》之明德不是言於心性者，因此就不類於孔孟者，然後說朱熹之討論《大學》之明德卻有是屬於談心性的路線，可是朱熹的談法是心性情三分，而非心性合一地說，因此也仍然不是孔孟之路，而說工夫以格物致知說，其實是泛認知主義，並非孔孟之天人性命一貫之本體工夫者，陽明藉《大學》說良知工夫，雖非《大學》意旨，卻正是孟子心法。因此最終規定《大學》與《孟子》決非可以互相取義、交通互講者。牟先生認為《大學》是儒家教義之初階，《大學》與《論、孟、庸、易》是不同層次的轉進，是由外轉內之轉進。以上牟先生定位意見的主要部分筆者多不同意。筆者認為，說《大學》與他書不同層次的話不是不可以的，至於更以此為一標準，而隔離朱熹對《大學》的詮釋意見為與《論、孟、庸、易》不同的系統，並推開程朱與陸王及周、張、明道之學統，這個做法就是詮釋太過了。牟先生又明確地講陽明所講之《大學》卻是依《論、孟、庸、易》的傳統而不合《大學》

原意，原來，牟先生心中所認定的《大學》根本不是直貫系統，因其未接觸到因地。所謂「未接觸因地」是指《大學》未接觸到「本心即性」的天道根源，亦即前說之明德非指心性、而只為事業之意。最後牟先生說《大學》並非明顯地是橫攝系統，是朱熹把《大學》講成橫攝系統，所謂橫攝系統是說以心性情三分之存有論關係定位心性，因而心性不是一而謂之橫攝。牟先生認為這樣開判省得許多糾纏，筆者卻認為，這樣開判正是製造更多的糾纏、而曲解《大學》、且誤解朱熹的做法，其結果也未必就能讓孟子、陸王之學說有準確的定位了。

五、以格物致知為泛認知主義

牟先生一直以來對朱熹《大學》格物致知的觀念都有過度膨脹的詮釋，亦即會無限擴充朱熹對《大學》格物致知的觀念而至任何朱熹言說工夫的意旨裡頭，並且，定位朱熹的格物致知工夫為窮理工夫，而窮理工夫就是窮究存有論的心性情理氣概念分析之學，故而缺乏行動的力量，因而格物致知在《大學》原意及朱熹詮釋中的必至誠正修齊治平方為完成之行動意旨，一概被其抹殺，可以說是牟先生硬將格物致知的知的工夫與行的工夫割裂，又錯置地將存有論命

21. 牟宗三，《心體與性體》第三冊，頁三八三—三八四。

題連結到工夫論宗旨中，從而使得朱熹的先知後行的工夫次第觀念完全被淹沒不見了，替代的是沒有行動意義的哲學思辨活動。如其言：

> 惟此種格物之實義（基礎意義）是就事事物物之存在之然而究知其超越的所以然。22

此話之意就是格物致知只是在研究形上學原理，而不是一「知行合一」的本體工夫。又見：

> 把仁體、性體俱視為存在之然之所以然而由格物之就「存在之然」以推證而平置之，此已是泛認知主義矣。23

意即在這種認知活動中，仁體、性體只被以認知心平置對待，亦即被橫攝性地定位，因此所剩者只是一哲學思辨活動的意義而已，其言：

> 是以在「推究如何謂之性」處，如說「性只是理」，或說「性只是存在之然之所以然之理」，此處並無格物之實，只是一反省上之重言，一重言式的、名目式的定義，而且不能有真實的定義。……此實層上之泛認知主義只表示仁體、性體（不能說心體）只能就存在之，然而被平置為心知之明之所對，而不能與實體性的本心融而為一，即實體性的本心即是理，以成其為「立體創造之直貫」之實體。此當是朱子實層上泛認知主義的格物之實義。24

本文說重言、說名目、說泛認知就是指朱熹在「性即理」的命題上的知識意義，充滿了套套邏輯的名目認知定義，所以根本只是在作純粹思辨性的哲學認知活動，而不是在作主體純化意志的本體工夫的活動，既然只是認知活動，所以仁體與性體只是心知之明之所對，而不是主體之心因其意志純化的本體工夫的貫徹，而能與性體、仁體及實體為一。其實，這都是牟先生始終不變的解釋方式所造成的錯置及誤解。朱熹說「性即理」就是在說存有論的概念解析，這並不是直接在說工夫論的命題，更不是在對做工夫作狀態描述，因此不會在此處提出主體心與普遍原理的仁體、性體融合為一的命題，但這並不表示朱熹會反對工夫論主張心、性、仁合一的立場，這只是牟先生在哲學基本問題上的錯置，導致在說朱熹格物致知工夫意旨時，走向了存有論問題，而批評此知的工夫沒有行的意旨，只是哲學思辨的活動而已。又見其言：

依孟子，惻隱羞惡等之心即是吾人之道德本心，亦即是吾人之內在道德性之性；惻隱、羞惡、辭讓、是非之心即是仁義禮智，此中並無然（情）與所以然（性）之別。所謂求放心，所謂操存，所謂存心養性，盡心知性，並不是即物而窮其理的格物問題。……今

22. 牟宗三，《心體與性體》第三冊，頁三八五。
23. 牟宗三，《心體與性體》第三冊，頁三八五–三八六。
24. 牟宗三，《心體與性體》第三冊，頁三八六–三八七。

朱子亦將此視為格物工夫之所對，納于「人心之靈莫不有知，天下之物莫不有理」之格範下，一律平直而為存在之然（物）以究其所以然，此顯然非是，顯然非孟子之本意。蓋如此，即將孟子所說之本心拆散而不見，推出去平置而為然與所以然，只剩下心知之明與在物之理間之攝取關係，而真正的道德主體即泯失。象山與朱子爭，斥其為支離，為不見道，實只在此點上；而朱子之疑胡五峰，斥責胡廣仲等，亦實只由于朱子在此點上不回頭；濂溪、橫渠、明道之體悟道體、誠體、神體、性體、心體、仁體，亦只是為的要見此道德創造之源以為真主體；而後來之陽明以孟子義講大學亦只在此點上與朱子爭；而朱子之必以其泛認知主義之格物論平置之以成為橫攝系統亦只在此一關之不透。25

牟先生的思路很清楚，就是將孟子言說工夫時的心性概念之間的關係，拿來與朱熹言存有論時的心性概念之間的關係做比較，又把朱熹談格物致知的工夫一定要趨向窮其存有論之理的方向解讀，因此說朱熹的格物致知工夫與孟子言存心養性工夫是決然有別之兩路，說朱熹之路是沒有道德主體的實踐力量。筆者認為，牟先生說朱熹的型態並不是朱熹的型態，是牟先生自己對朱熹學說的錯誤連結而製造之型態，牟先生以此定位朱陸之爭，以此定位整個宋明諸儒的路線之爭，此皆只是牟先生構作了一個泛認知主義橫攝靜涵的所謂的朱熹型態之後而說的，但是，那並不是朱熹的哲學定位。

六、格致工夫是他律道德

牟先生一直以來亦以他律道德說朱熹之學說，實際上自律、他律究竟如何定義？這本身是一個問題，本文暫不深入這個議題。僅就牟先生在談朱熹之以《大學》為綱本這一章中的定義，牟先生的他律是以認知主義的格致工夫即是他律道德，如其言：

> 即就道德之事以窮之，其所窮至之理道平置而為外在的理道，納於心知之明與此外在理道之攝取關係中，其道德力量亦減殺。是以其泛認知主義之格物論終於使道德成為他律道德也。……朱子之「即物窮理」徒成為泛認知主義之他律道德而已。他律道德非能真澈於道德之本性者，他律道德中之外在的理道，其為道德實體之道德性非必真能證實而保住者。26

牟先生十分曲折地將朱熹言於存有論的理論系統視為工夫論，然後對於這樣的工夫論又要指責它道德力量不足，因為此心只進行認知工作，而認知之後此理道為心所攝得，因此與心只

25. 牟宗三，《心體與性體》第三冊，頁三九一－三九二。
26. 牟宗三，《心體與性體》第三冊，頁三九四－三九五。

有一外在的關聯性關係。非如孔孟之心性是一，甚至心性與天道實體是一的模式，孔孟之心既與性與天道是一，則自是內在自律自為之道德實踐工夫，而朱熹之心與性情成三分，心又只進行認知活動，其結果，就只成就了一個哲學思辨的活動，所進行的只是去識得心統性情與理氣二分之理論，而非進行了一個純粹化主體意志的本體工夫的活動。如此一來，其實牟先生說朱熹的格物致知窮理是他律道德也不對，既然只是在做哲學思辨的認知活動，那就也稱不上是工夫論了，那麼又如何能說是他律道德呢？而牟先生又確實是把他所詮解下的朱熹之格物致知的活動視為工夫論，因此批評其為他律道德，其言：

> 就知識上之是非而明辨之以決定吾人之行為是他律道德。27

此處說為他律是說以所明之是非之理，以為行為之決定原理，此原理原外於心，故謂之他律。此說，筆者以為意旨不佳，關鍵在於，真正的實踐都是主體心之純化意志之行為，此意志非任意所定，必即於天理而定之，此天理應為如何之生活道義？則需有一知識進路之辨識，此一辨識，乃為主體意志之純化定位宗旨而已。所以，就算有知識之辨義以為道義之理之決定，亦非取一外在之理而為他律之工夫，實際上仍是主體心的自作決斷、欲仁而仁的行為。

依牟先生的定義，自律道德則是如王陽明所言者，其言：

> 是以王陽明得就此「是非之心」向裡看，以與羞惡、恭敬、惻隱之心合而為一，名之

曰良知，而致此良知亦非在即物而窮其理之格物上推致心知之明之認知作用也。此顯是道德創造之源之本心之開發以引生道德行為之不已，所謂「沛然莫之能禦」者是也。此是自律道德之於穆不已，而非心知之明之認知作用之推致所成之他律道德也。此雖不必合於大學之原義，然卻合於孟子之精神，而朱子之以心知之明之認知作用之推致講孟子之本心顯然非是也。28

牟先生說陽明之良知發用是道德本心之自己開發，而有之道德行為之實踐不已，這就是自律。以此說自律，筆者完全同意。可見牟先生所講的自律道德其實就是本體工夫，是主體之意志純化、自作主宰的實踐活動，此說確實是一切本體工夫的本來意旨。但是，意志純化之後的實際行動，仍需要辨識作為，此時之認知活動便有其必要之作用，可惜牟先生硬是將朱熹的格物致知工夫推為非本體工夫，而以朱熹的格致工夫為認知活動，乃在討論外在原理以為主體的行動標準，此標準既在心思之後之外，因此是他律。但是，這種解釋下的他律道德，實在已經談不上是工夫活動了，以此說他律其實也沒有什麼意思了。

27. 牟宗三，《心體與性體》第三冊，頁三九七。
28. 牟宗三，《心體與性體》第三冊，頁三九七。

七、對格物致知與誠意關係的解讀

牟先生談工夫，強調主體心貫徹天道性命的本體工夫，此自是純粹化主體意志的本體工夫之標準形式，然而儒者的事業是在家國天下，而欲平治天下則需實事求是，因此需要格物致知以為先導，確定政策及價值之後，實之以誠意正心之本體工夫，從而修齊治平一路實踐下去，是以《大學》在孟子求放心、盡心知性知天之基礎上擴充開去，而講一套工夫次第之學，先知後行，知以行為終止，知不離行，知即是行。唯牟先生只肯定本體工夫一項意旨，又割裂《大學》及朱熹講格物致知之學於行動之外，遂於格物致知與誠意正心工夫之間多做曲解，但是牟先生自己又宗旨不定，一方面說誠意只是對於知的工夫的真切之誠，因此誠意仍是認知工夫；另一解則說誠意是道德行動之源，因此誠意與格致工夫不是一回事。總之，《大學》格致、誠正之間被牟先生拆解支離，宗旨分歧混亂，關鍵只在，牟先生就是要說朱熹所詮解的《大學》格致、誠正之路不是孟子之路而已。

首先，朱熹對格物、誠意兩項工夫有一善譬喻，牟先生對朱熹說格物是夢覺關、誠意是善惡關之語，[29]評價為：

> 所謂凡聖關或夢覺關乃至善惡關或人鬼關，亦是泛認知主義的格物論下之說法。此固可以優入聖域，但卻是走的「後天而奉天時」之路，尚不是「先天而天弗違、後天而奉天

時」通而一之的圓教，而格物與誠意之間亦有不能彌縫之罅隙，而誠意終成軟點，只能作教訓性的說，或作用性的說，而不能自實體上做實體性的說或挺立地說。30

朱熹說誠意是善惡關，是說是人非人的關鍵區別，說格物是夢覺關是說是凡是聖的關鍵區別，格物致知明，即由凡入聖。但誠意工夫不明，則根本非人而鬼了。亦即誠意工夫更隱微，而格致工夫乃決定是否能入大學之道！朱熹此說只是一譬喻，誠意也好、格物也好都是本體工夫，只是有隱顯之別而已。但牟先生對於此說之立場，卻是認為都仍是外部知解的事業，依一後天知覺之道義宗旨以匡正主體的行為，故而是一他律之工夫。而且，牟先生認為，依朱熹如此之譬喻，則格致與誠意即有一鴻溝在，因為破得善惡關者不一定能破得夢覺關，而誠意亦非孔孟直貫的本體工夫型態。但是，究竟牟先生之意是因朱熹解釋之後之誠意有如此的定位？還是《大學》文本中的誠意本來就是這樣的宗旨？對此，牟先生的意見其實是猶疑不定的。總之，牟先生對於《大學》所言之誠意極度不願其宗旨是一純化意志的本體工夫，是一主體心主宰的本體工夫，因此又定位之言：

29. 牟宗三，《心體與性體》第三冊，頁三九八，牟先生對朱熹之引文。

30. 牟宗三，《心體與性體》第三冊，頁三九九。

大學云：「知至而後意誠」。……此是以「知之真切」帶出「誠意」。此固可說。然此種誠意黏附于「知」而見，很可能只表示知之誠，即實心實意去知，不是浮泛地知，真感到求知之迫切，真感到理之可悅而真切地去知之，……但以此「真知」說誠意，反過來亦可以說誠意只是知之誠。是則真知與誠意只是一事之二名，意之誠為知所限，而與知為同一。31

本文就是牟先生將《大學》誠意工夫解說成外部知解工夫的例子，牟先生此處所說之誠意，以「知之真切」解之，則如此一來《大學》之誠意只是誠意去知，因而就不是誠意正心、純化主體意志之工夫意旨了，則誠意之作為道德行動力之根源的力量即已減殺，這是牟先生自己對《大學》言誠意意旨的一解。其實，即便是在此義中，道德行動力亦未有減殺，因為連著格致之誠意就算只是知之真切，然此一真切之知，卻將發為修齊治平之行動，因此無有道德行動力減殺的問題。這只是牟先生一直刻意地抹殺《大學》八目是「知行合一」宗旨的詮釋作法所致。雖然如此，牟先生對誠意又另有一解，則是以誠意為道德行動力之根源義，但卻又認為此義之誠意是與《大學》之格致工夫有間隔的意旨，其言：

然正心誠意所表示之心意，是道德之心意，是道德行動之機能，而知是認知之機能。求知活動固亦可說是一種行動，因而作為行動之源的心意亦可應用於心知之明之認知而成為真切地去認知，但却並不能限於此而與之為同一。意是行動之源，而實心實意去知，所誠的只是知，此與誠意以開行動之源、這其間畢竟有距離。「如好好色，如惡惡臭」之意之誠是真能實現這行為之好與惡，好善惡惡亦然。此即預伏一本心之沛然而真能實現此善之好與惡之惡，而真能為善去惡者。是即不得不承認「意之誠」與「知之真」為兩會事。[32]

牟先生於《心體與性體》一書之開頭即說《大學》是一宗旨不定的作品，亦即《大學》可以開放地由程朱、陸王以不同的解釋方向，這就是牟先生自己制定了一套朱熹學的型態，從而將《大學》拉下來以符應於這個牟先生的朱熹學型態，但是陽明之解《大學》以孟子本體工夫之路數為法規，牟先生又要認為這也是《大學》可能的一條解釋路向，因此此處即發揮《大學》言於誠意工夫之本體工夫意旨。筆者並不是要主張此意旨並非《大學》之旨，而是在同意此意旨即是《大學》之意旨下，亦要同意此誠意與格物致知工夫可以有機地結合，關鍵即在，從格致到誠正是一工夫次第的命題，知之真切之後繼之以意之誠篤，從而正心以至修齊治平地行將

31. 牟宗三，《心體與性體》第三冊，頁四〇二。
32. 牟宗三，《心體與性體》第三冊，頁四〇二。

開去，亦即一開始之格物致知就是要誠意正心地修齊治平的。而不是如牟先生所解釋的格致只是窮其存有論的理，因此當誠意是發為道德行動意志的時候就與純粹認知活動有脫勾了，這實在只是牟先生的泛認知主義解朱熹言格致工夫之後所犯下的詮釋錯誤。牟先生既已以格致為認知主義，則朱熹之《大學》詮釋就只能還是停留在割裂知行的架構中了。其言：

即使意之誠不與知之真為同一，朱子亦可讓意之誠有獨立之意義，然而知之機能與行之機能、在泛認知主義之格物論中，只是外在地相關聯、他律地相關聯，而行動之源並未開發出，却是以知之源來決定行動者，故行動既是他律，亦是勉強，而道德行動力即減弱，此非孟子說「沛然莫之能禦」之義也。33

本文是說，就算朱熹解釋誠意時能同意其有獨立的主宰心以為本體工夫之旨意，但是因為朱熹已經以認知活動定位格物致知之學，因此知與行已經割離，因此不論誠意怎麼講，孟子義的本體工夫就出不來了，誠意只能誠此真知之意，而不能誠此本心之仁義禮知之宗旨。也可以說，牟先生在貶抑《大學》的宗旨時，見到誠意難以不是本體工夫之誠意意旨，於是同意誠意是有獨立的本體工夫之意旨，但是，在朱熹詮釋系統下的誠意說，仍然受到外部認知主義的制約，因此只是知識上的誠此心知之意而非誠此本心之仁義禮知之旨。換言之，都是朱熹的錯，《大學》本身可能還有一些是逆覺體證的本心一貫之旨，而由劉蕺山、王陽明詮釋發揮之，但在朱熹的詮釋中，就無論如何必是割裂知行、平列一認知的活動而已。筆者以為，朱熹之以認知解格物致知說無誤，認知為之，誠正修齊治平為行，朱熹自是「知行合一」之旨者，至於王陽明以致良知取代格物致知，劉蕺山以誠意為《大學》八目的宗旨，此二說都是專注於發揮本體工夫一路，但也不能說此二路有意忽略外王事業，亦即是朱熹所發揮的由內而外、下學上達的內聖外王工夫次第之論旨者。但是，就牟先生對《大學》之詮釋而言，指出另有蕺山、陽明之他途，只是一本體工夫之逆覺體證之意旨，這卻是藉《大學》另行發揮一套本體工夫的創造性詮釋，並非《大學》本旨，但筆者也願意承認這仍是儒學的一條重要的理論線索。最後，牟先生總結而言：

> 陽明與蕺山之說雖不必合於大學之原意，然皆是自體上開發行動之源則一也。此皆是合於孟子學之精神（雖各用詞語有不同），亦合於先秦儒家言天命於穆不已之體之義，而為立體直貫之系統也。朱子之講法固較順於大學之辭語（欲誠其意者先致其知，知至而后意誠），然卻亦不必即是大學之原意。其說成泛認知主義之格物論，以「格物窮理」之知決定「誠意」，此中至少實有問題，即致知與誠意並無必然之關係，行動之源並未開發出，

33. 牟宗三，《心體與性體》第三冊，頁四〇二。

而大學亦並不必顯明地即是此系統也。最可注意者大學經文雖云：「欲誠其意者先致其知，致知在格物。物格而后知至，知至而后意誠。」然誠意傳却並不說「所謂誠意在致其知者」，而只說「所謂誠其意者，毋自欺也」，而歸結於「慎獨」。是即打斷致知與誠意之因果關係，而於誠意則單提直指，而以「慎獨」之工夫實之。慎獨之工夫對於誠意之力量並不亞於致知，而且更切近於誠意，故劉蕺山得以就「慎獨」而發揮，以「慎獨」為提綱也。如是，亦可以說「欲誠其意者先慎其獨。慎獨而後意誠」。此即完全就心體上言工夫。中庸之言慎獨、致中和，即發揮此一路，並不言致知以率性慎獨、乃至致中和也。大學之知字、格字、物字、皆可有不同之解析，其本身本不明確，而復有錯簡，又有參差不齊處（如誠意傳與經文），可以作各方向之發揮，而難以一義律之也。茲捨大學本身不論，只就朱子之說統言，則有以知之源決定行之源之難題。如以為此只是就大學說大學，只是大學之意如此耳，則或者其可。如以此為定本，以之概孟子，則非是。蓋孟子言本心並非他律道德也。34

牟先生本來是在講《大學》，但都要以孔孟為儒學正宗，所以要講《大學》不合於此一孟子言工夫之本旨。牟先生先肯定陽明、蕺山之說合於孟子之意，但他也不能就執定地說此二路就是《大學》本意，但是牟先生雖說朱熹之路更近於《大學》本意，可是卻又說「却亦不必即是大學之原意」，牟先生簡直是拿《大學》開玩笑，《大學》竟成了不知是何義的作品了，簡直可以說他的目的只是要批評朱熹而已，因為他竟然犧牲了《大學》之本意，說《大學》自己就是一套宗旨不定之學。牟先生接著又以《大學》自己所說的誠意與慎獨之命題，來說《大學》可以是《中庸》所發揮的本體下貫之工夫路數。筆者認為，《大學》本來就可以與《中庸》融通，也可以與《論語》、《周易》融通，也可以與《孟子》融通，問題都只出在牟先生刻意曲解朱熹，並為之定出的橫攝認知系統上，就是這個系統使得朱熹的工夫與孟子隔別，使得朱熹所詮釋的《大學》與《論、孟、庸、易》隔別，然而，事實上並不存在這樣的一套朱熹學說的系統，這是牟先生錯誤地將存有論與工夫次第論結合所自製的朱熹系統，而牟先生自己始終沒有正視工夫次第問題，更沒有區分工夫論與形上學之本體宇宙論或存有論的哲學基本問題意識之區別，且一味地割裂知行關係以詮釋《大學》八目以及朱熹所詮釋的格物致知窮理工夫的意旨，以此比附進去朱陸之爭的意旨中，也以此建立宋明儒學的三系分說之系統。而這一切的理論建構則都是來自牟先生對朱熹中和新說及仁說的詮釋定位中。

34. 牟宗三，《心體與性體》第三冊，頁四〇三—四〇四。

八、結論

談論牟宗三先生的哲學是不能以一篇文章盡詮的，應該是以一大部著作來討論才或許有可能說清楚的，而且，筆者並不是以肯定的立場來說清楚牟先生的哲學，反而是要以否定的立場來說清楚他的哲學，因此就更不易進行了。本章之作，是筆者一系列討論牟宗三哲學的一個環節，許多意見亦扣合在筆者的其他文章之中，認真思辨，誠實寫作，以此就教於學界先進。

第十二章　對牟宗三詮釋朱熹孟子學的方法論反思

一、前言

本文之作，討論牟宗三先生在《心體與性體》第三冊書中的第六章〈以中和新說與「仁說」為背景所理解之孟子〉。第六章牟先生所處理的是朱熹對於《孟子》文本詮釋的討論意見，筆者認為，牟先生所理解的朱熹，就是建立在他對朱熹「中和新說、舊說」的詮釋意見，以及朱熹「仁說」的詮釋意見兩個重點上，之後談對朱熹《大學》及《孟子》的著作文本詮釋，其實就是以對朱熹的「中和說」和「仁說」的基礎而討論的，至於再接下來對朱熹的「心性情」和「理氣」的形上學討論，依然是依據「中和說」和「仁說」的基礎而以概念範疇為對象所進行的討論的。「中和說」中牟先生把朱熹的工夫論視為橫攝認知系統，「仁說」中牟先生把朱熹的「理氣論」視為橫攝靜涵系統，橫攝靜涵與橫攝認知意味朱熹哲學談不上本體宇宙論和本體工夫論，只是靜態的存有論概念解析，只是做了一些知識性的功能而已。以此為基礎，於是朱熹之理只存有不活動，朱熹之工夫是外在他律，接下來以著作體系討論朱熹而舉《大學》、《孟子》兩書，再接著以概念範疇解析朱熹而舉「心性情」和「理氣」。其實，以著作研究和以概念範疇研究的理論立場都是一樣的，並未能有新說於其中，只是討論的題材集中於以著作文本或是概念範疇而已，由此可知，牟宗三先生進入朱熹學思體系的脈絡，就是「中和說」和「仁說」兩路。「中和說」是工夫次第問題，被牟先生竄入先知後行、知而不行的錯解中，「仁說」是存有論問題，被牟先生結合入「理氣論」的只存有不活動型之形上學理解裡。本文之討論，將針對牟先生對朱熹孟子詮釋的討論意見，舉出其中牟先生刻意歪解的部分，做出澄清和對比，主要包括：對孟子「情、才」概念的解讀，和對孟子「性、命」概念的解讀兩段。

二、牟先生對朱熹《孟子》詮釋的討論脈絡

牟先生討論朱熹的《孟子》詮釋觀點，集中在三個《孟子》文句段落中，其一為：

> 《孟子・告子上》：「孟子曰：乃若其情，則可以為善矣，乃所謂善也。若夫為不善，非才之罪也。惻隱之心，人皆有之；羞惡之心，人皆有之；恭敬之心，人皆有之；是非之心，人皆有之。惻隱之心，仁也；羞惡之心，義也；恭敬之心，禮也；是非之心，智也。仁義禮智，非由外鑠我也，我固有之也，弗思耳矣。故曰：『求則得之，舍則失之。』或相倍蓰而無算者，不能盡其才者也。」

其二為：

《孟子・盡心下》：「口之於味也，目之於色也，耳之於聲也，鼻之於臭也，四肢之於安佚也，性也。有命焉，君子不謂性也。仁之於父子也，義之於君臣也，禮之於賓主也，智之於賢者也，聖人之於天道也，命也。有性焉，君子不謂命也。」

其三為：

《孟子・盡心上》：「盡其心者，知其性也。知其性，則知天矣。存其心，養其性，所以事天也。殀壽不貳，修身以俟之，所以立命也。」

第一段為情才關係，涉及朱熹對於「心性情才理氣」等概念範疇的解釋與討論，是朱熹的存有論哲學部分，第二段為性命關係，也是涉及朱熹談理氣心性情的存有論問題部分，以上兩段文句，牟先生都是以動態的「道德的形上學」進路來批評朱熹的思路，筆者以為，牟先生的批評失之牽強，筆者將提出討論意見。至於第三段部分，筆者認為，確實是朱熹有詮釋上的過度，過度運用先知後行的工夫次第思路來詮釋孟子的本體工夫之文句，故而牟先生的批評有理，本文便不多做討論。

三、牟先生對朱熹解釋孟子「情、才」概念的討論

以下先討論「情、才」概念的朱熹詮釋及牟先生的批評意見。朱熹針對《孟子》第一句談「乃若其情」，提出討論意見，以下，先看朱熹的意見：

「問：乃若其情。曰：性不可說，情卻可說。所以告子問性，孟子卻答他情。蓋謂情可為善，則性無有不善。所謂四端者，皆情也。仁是性，惻隱是情。惻隱是仁發出來底端芽，如一個穀種相似。穀之生是性，發為萌芽是情。所謂性只是那仁義禮智四者而已。四件無不善，發出來則有不善，何故？殘忍便是那惻隱反底，冒昧便是那羞惡反底。」

「問：孟子言情、才皆善，如何？曰：情本自善，其發也未有染汙，何嘗不善。才只是資質，亦無不善。譬物之白者，未染時只是白也。」

「孟子論才亦善者，是說本來善底才。」

「孟子言才，不以為不善。蓋其意謂善，性也，只發出來者是才。若夫就氣質上言才，如何無善惡！」

「問：孟子論才專言善，何也？曰：才本是善，但為氣所染，故有善、不善，亦是人不能盡其才。人皆有許多才，聖人卻做許多事，我不能做得些子出。故孟子謂：或相倍蓰而無算者，不能盡其才者也。」1

朱熹的意見，就是對孟子文句中涉及概念範疇的部分，進行概念的界定，從而有理論的創造，思路的要旨在於建立主體實踐結構的存有範疇，以心性情才為主體結構的概念範疇，以理氣為基本範疇，心性情才特論於人，理氣就遍一切存有物而為言，孟子主要談主體實踐的本體工夫，對於主體的心性情才等概念做了流暢的使用，可以說想到就用，依據一般文字使用意義而用，尚未進行更抽象的普遍原理的討論，以及更嚴謹的概念使用定義，朱熹不然，為因應時代哲學課題，為與道佛辯，為澄清儒家實踐哲學的概念使用，故而針對實踐主體進行範疇意旨的約定，此即「心性情才」等概念的定義及關係的討論，這類問題，筆者以存有論述之，這是就概念作定義的思辨哲學進路的討論，有別於本體論的討論，筆者使用本體論概念時，主要用於傳統中國哲學說天道實體之為本體的意旨，首先是價值意識，其次是有天道實體的意涵，但後者之意旨就在存有論哲學中討論會更貼切問題。兩義若都要用同一詞彙處理亦無不可，但做出上述區分更有益於討論的清晰。即抽象思辨的存有論談概念定義及關係，具體實踐的本體論談價值意識及實踐活動。[2] 就此而言，朱熹就是進入概念定義的討論，以「心性情才」作為道

1.《朱子語類》卷五九，〈孟子九〉。另亦參見：《心體與性體》第三冊，台北：正中書局，一九八一年十月台五版，頁四一〇。

2. 有關存有論本體論的概念使用與問題意識，參見杜保瑞、陳榮華合著：《哲學概論》，台北：五南書局，二〇〇八年一月初版。以及：《中國哲學方法論》，臺灣商務印書館，二〇一三年八月初版。

德實踐主體的存有論範疇，從而進行道德實踐主體的結構性討論，現在的問題是，牟先生心目中的儒學是去講道德實踐的，以及講天道之大化流行的，而孟子正是儒家哲學講道德實踐的原型以及典型，牟先生不是不知道朱熹的思路以及朱熹理論的合理性，而是不看重這個思路，同時要貶抑這個思路。

牟先生的討論重點有二，一是虛化了孟子的情、才兩概念，二是反對朱熹說才發於性的詮釋。[3]首先，朱熹認真地將「情、才」概念放在「理氣論」的架構下做定義，而以「心統性情」為主要架構，心是主體的主宰，有理有氣，「理」的部分即「性」，談人的性善依據，「氣」的部分由「情」概念談其狀態，有善有惡。「才」是性情結構中的個人特殊性，人人才殊，各有氣稟，但也必有天命之性在，故人皆性善，此孟子及牟先生所重，但人亦各有不同之氣稟，而有不同的呈現善性的能力，此即「才」在說的，這便是朱熹所發揮的。所以，朱熹是在談存有論，談主體實踐結構，但是，牟先生只重工夫實踐義，故而不只刻意忽略氣稟義，甚至貶抑氣稟進路的「才」概念界定，以及將「情」概念的使用從氣稟呈現狀態中拖走，於是，「才」和「情」兩個概念被虛化了，牟先生根本不認為這是兩個重要的存有範疇概念了。參見牟先生言：

孟子並非就可說之情推證不可說之性者。「乃若其情」之情非性情對言之情。情，實也，猶言實情（real case）。「其」字指性言，或指人之本性言。「其情」即性體之實，或人之本性之實。落在文句的關聯上說，當指「人之本性之實」說。「乃若其情，則可以為善」云云，意即：乃若就「人之本性之實」言，則他可以為善（行善作善），此即吾所謂性善也。……朱子注云：「才猶材質，人之能也。」說材質尚不難，說「人之能」則歧出，泛而不諦。蓋人之能與直指性而說性之能並不同一。人之能可以很廣泛，可指一般意義之才能，而不必即是性之能。故孟子所說之才若有動態的「能」義，此能即是其所說之「良能」。良能單是指性之能言。故在孟子，心性情才是一事。心性是實字，情與才是虛位字。性是形式地說的實位字，心是具體地說的實位字。性之實即心。性是指道德的創生的實體言，心是指道德的具體的本心言。心性是一。情是實情之情，是虛位字，其所指之實即是心性。實情即是心性之實情。……故情字無獨立的意義，亦非一獨立的概念。孟子無此獨立意義的「情」字。若惻隱之心等就是這獨立意義的情字，則此情實只是心（良心、本心），亦即是性，是以「本心即理」言的情，是以「性即心」言的情，是具體言之的心性，是即活動即存有的，是存在與存有為一，即有即在的，非如朱子性情異層對言之情，非是以氣言之情，非是「只為存在之然而不是實有之理」之情。而「乃若其情」之情則總不是此獨立意義的情。至若才亦是虛位字，即指性言。「非才之罪也」、「不能盡其才也」、「非

3. 牟先生在引用朱熹在《朱子語類》相關的文句之後，說有四點要旨，但又規約為三點討論，不過，實際上只有上述兩項重點。參見《心體與性體》第三冊，頁四一六。

天之降才爾殊也」，此三個才字皆直指性以為質地言，復直指本心即性之生發言，即指良能言。……故才字即指此質地言，其實義即是心性，故無獨立的意義，亦非一獨立的概念，非一般意義之才能也。朱子視情字與才字俱為有獨立意義的獨立概念，非是。4

牟先生透過語句解讀，制止了朱熹從存有論進路進行主體結構的範疇解析，亦即藉由「心統性情」的架構去談「理氣論」和「氣稟說」，以及對「才」概念的氣稟解讀。就「情」而言，它不是一個存有範疇，至少在「乃若其情」一句話中，它就是性之實情之意而已。至於「才」，還是「性」。非「才」之罪也就是說得非「性」之罪也。牟先生的文本解讀不為無理，但是，中國字的使用中，在「情」與「才」兩概念上，本來就可以有「情狀」以及「才能」的意思，就孟子的使用義上，本來就是藉由「情狀」與「才能」意旨的「情、才」概念來說的，牟先生限縮其義為仍是性之實與性本身，在解讀上並無不可，但是，就孟子哲學的需要而言，去發揮道德實踐主體的存有論結構的哲學討論更是合理的也是需要的，亦即，若夫為不善，不能只是罵人家自暴自棄就完了，而是要去存有結構上找出形上學的理由，說明人之所以為惡的存有論結構，這裡說清楚了，對於人之所以為善的可能性及如何實踐，才能說得更清楚。這就是存有論思路的理論功能以及朱熹哲學的貢獻之處，也就是使用「情、才」概念之後可以繼續發揮的理論內涵。就是說清楚「情」是「心」的活動狀態，「性」是「心」的天命之理，故人性是善，但因有氣稟，有耳目口鼻之需，故而有過度為惡的可能，這是自張載及程頤不斷在說明討論的問題，是「心統性情」、「氣質之性」、「理氣不離不雜」等觀念在面對的問題。至於人應該去實踐，並且在純粹實踐的狀態中，「心性理情才」皆是一於天道誠善仁義之體的說法，也是對的，這正是孟子的強項，也是孟子的創發，更是牟先生為孟子彰明的意旨，這就是本體工夫以及境界功力的狀態，但是，牟先生都把它當作一種特殊的形上學在建構了，故而只重「心」在實踐時的「情、才」皆天性天理之發揮的狀態之一義而已，不見牟先生在討論張載時的「性、心」合一之五義說？於是收「情」為「性」之實情，收「才」為「性」之本身，以這樣的型態解讀孟子文本固無不可，但是以朱熹的方式去發揮孟學的涵幅更是必須，筆者認為，牟先生就是本體工夫進路的思路，而朱熹是存有論進路的思路，就孟子文本解讀言或許皆可，但就孟子哲學發展而言，朱熹的理論是必要的，而非不能把握孟學本旨的。

牟先生討論朱熹孟子詮釋的第二個重要議題，就是「才之發於性」的問題。這個問題就朱熹而言，反而是一發字的簡單用法，亦即說氣稟之後的人之材質狀態，是同時來自理氣兩邊的，就其來自理而言謂其出於性，發於性，就其來自氣而言，亦得說出於氣，發於氣。依此，當論於實踐活動時，就其遵守天命之理而言此「才」之發於性、出於性，就其依著氣稟的需求且過度之時，亦是說其發於氣、出於氣，總之，朱熹說此「才」之出於發於性、或出於發於氣，就

4. 牟宗三，《心體與性體》第三冊，頁四一六－四一八。

是在「理氣說」的存有論架構下，同時可說存有者的特殊性出於、發於理氣，以及存有者的實踐活動之如理或不如理是出於發於性或是氣的。這就是存有論的概念解析之功，存有範疇界定清楚，則談形上學（即存有論）清楚，談工夫論也清楚。然而，牟先生卻不許朱熹說此「才」是出於「性」的說法，牟先生替朱熹寫論文，認為在朱熹哲學的概念使用系統下，朱熹的「才」概念是不可能由「性」而發的，亦即，朱熹的「性」是在實踐活動的工夫論上不作用的，性既不活動，才就不出於性，那麼，朱熹哲學中的道德活動有可能談嗎？牟先生就說，不是自發自律的而是它律的，不是意志決斷的，而是知識界說的。參見其言：

此進一步的規定便是朱子所理解的孟子所言之才是「出於性」，是「專指其發於性者言之」。「出於性」而「發於性」者謂之「本然之才」。但如何「出於性」而「發於性」呢？於此，立見朱子之說統與孟子原意有距離。「出於性」、「發於性」，則此語大路本不錯，是合乎孟子的意思。但因其分性情，則此語須有別解，即與孟子本意不合，而有距離。是則辭語表面是，而其實義則不合。「出於性」並不是性體即心、本心即理之自出，「發於性」亦不是性體即心、本心即理之自發。在朱子，性只是理，是不能自出自發者。然則「出於性」者是依性理而出來之意，「發於性」者是依性理而發出之意。性本身是無所謂出不出，發不發者。性只是理，只是實有，其無所謂出不出，發不發，亦猶其無所謂在不在。

出不出、發不發、在不在，是屬於情與才者。依是，「性之發用」，「只發出來者是才」，諸辭語皆是儱侗不諦之辭語。嚴格言之，性不能「發用」，亦不能「發出來」。故依朱子之意，實當如此說：依性而發出來的是情（本然之情），會或能依性而這樣去發的是才（本然之才）。發不發之情是屬於心氣之造作營為（事造），會發不會發是屬於心氣乃至體氣造作營為之善巧不善巧。依理而發者是善情（本然之情），依理而會發能發者是善才（本然之才）。而依理不依理全在工夫決定，情與才自身不能自定，而理自身亦不能決定之必依理，蓋理自身不能發用故也。……簡言之，有端必有理，無理必無端，但卻不能說：有理必有端。蓋理只實有而不活動，並不負責必有端也。無「端之發」，理亦自存。理雖自存，而不必有端。理所能負責者，只是端之發依之而為善。而依不依，情自身不能決定，理自身亦不能決定，只靠工夫決定。……故存有論地說明地言之，可以說：有理便有氣，無理亦無氣；有性便有情，無性亦無情：有之即然，無之不然。但因這理只存有而不活動，故創生地或道德地言之，有這理，便不一定能有這氣，有這性亦不一定能有這善端之發。[5]

在這一大段的談話中，其實牟先生替朱熹所說的「性情才」的關係還是很切中的，問題只

5. 牟宗三，《心體與性體》第三冊，頁四二〇—四二一。

是，不許其有活動義，其中缺了工夫義，它只是存有論，沒有工夫論意味在其中，關鍵就是，朱熹三分心性情，性只是理，心只能認知，「情、才」是氣稟下的存有。牟先生解讀下的孟子、周敦頤、張載、程顥諸人，他們的心即理，心不只是認知心，更是道德實踐的心，且是即性的心，故而即是能做道德實踐的心，實踐之時，性在心，心即性，心即理，所以心性是一義的，心性合情才也是一義的，所以「才」可以發於「性」，因為「性」是會發動道德實踐意志的。依筆者的解讀，牟先生就是藉由概念意旨的約定談孟子的哲學和朱熹的詮釋的問題的，說「心性情才」是一的時候是在談本體工夫論，這是說得孟子的哲學，說「心性情三分」、「理氣二分」的時候是在談存有論，這是說得朱熹的哲學的。依照牟先生這樣的對朱熹的定位，牟先生於文中說，依不依理全在工夫決定，然而「情」與「才」不能自定，「理」也不能決定必依於「理」，關鍵就是理自身不能發用。這樣的說法就是，若不另有一番工夫，依朱熹的「理氣心性情才」的概念界定之系統，那就只成了一套說概念的空頭理論，但依孟子的系統，心性情才是一，心即理，成就了本體工夫以及境界展現，甚至是本體宇宙論的天道流行的理論模式。牟先生論述的模型是：孟子心性情才是一，朱熹心性情三分理氣二分。牟先生從概念約定上談問題，筆者卻認為，這根本是不同的哲學問題，是存有論概念解析還是本體工夫論或本體宇宙論的不同問題。而就兩種不同問題而言，根本不必要有理論的衝突對立，甚至說差異也是多餘的。關鍵在於，朱熹談存有論，孟子、陸、王都不細談存有論，但仍是預設存有論。不過，朱熹也談本體工夫論，也談本體宇宙論，只是這些已經在周敦頤、張載處談過了，朱熹繼承北宋儒學，再多加發揮程伊川擅長的存有論哲學，而共構儒學體系。因此牟先生認定的「心性情才是一」的理論意旨也在朱熹哲學中存在，而「心性情理氣」概念分析式的討論，也在陸王哲學系統中，是牟先生刻意別異兩種學問，並且把孟子歸屬於陸王一系，實則，孟子的本體工夫傳統以及性善論的形上學傳統，是朱陸的共同源流，朱陸固有文人之爭，孟學不應兩分進路。這也正是唐君毅先生詮釋程朱、陸王時的模式。6

然而，牟先生卻是藉由「心性情理氣」概念的約定關係兩分孟子和朱熹的思路，認為朱熹之理論與孟子不類，認為朱熹的「情才」概念若不透過一種工夫則心不即理，其實，這真正是哲學基本問題的錯置。朱熹本來就是如牟先生所說的存有論的進路去說「情才」概念的理氣定位，存有論本來就是在說存有範疇的意義約定及範疇概念之間的關係。至於工夫論，朱熹從未少講，亦從不異於陸王，筆者有專文討論朱熹的工夫論，其一為牟先生所刻意別異的工夫次第論，即先知後行，未發涵養已發察識，知性而能盡心諸說者，牟先生卻都以之為只是認識的工夫，不及性體的逆覺體證。此一套論辯被牟先生結合朱熹的存有論而構作為牟先生口中的橫攝

6. 參見杜保瑞著：〈論唐君毅對朱陸工夫論異同之疏解及其誤識〉，《周易研究》，二〇一四年第三期，總第一二五期，二〇一四年五月，頁八三—九六。

靜涵認知型，以有別於縱貫動態體證型。其實，橫攝縱攝只是問題的不同，橫攝為存有論，縱攝為本體工夫論或本體宇宙論，兩者互相需要，互不對立，實際上共同發生在程朱、陸王的系統中，只是程朱特色在存有論，陸王特色在本體工夫論，但陸王預設存有論，程朱也談本體工夫論，即是筆者所說的朱熹的第二型。[7]因此，是牟先生忽視朱熹的本體工夫論，只拿朱熹的存有論來談，故而說這種存有論若無工夫論則「才情」無法使心即理，其實，說心性情、說理氣只是要說存有範疇的結構關係，關係說清楚了，就可以談工夫論了，牟先生直接拿孟子、陸王談工夫論的語句，說這些語句中的「心性情才理」是一，是動態的，而朱熹的「心性情理氣才」是分說的，是靜態的，這真是特別的解讀，刻意的歪曲，對朱熹的學說最不公允。

牟先生經由前說之討論疏理，他一如討論周、張、明道、五峰等人的做法，建立了朱熹和孟子不同的兩型理論，其言：

> 由以上兩步規定以明孟子所說之才無不善（非才之罪、非天之降才爾殊）實則不合孟子原意。此自是心性情三分、理氣二分、致知格物、知以決定行之主智主義（泛認知主義）下之他律道德之說法，非言孟子性體即心、本心即理、才即指性言、能即是性之能（良能）之自律道德之本義。在孟子之本義下，倒真可以說性之發用、心之發用，但無所謂發出來是情，會或能這樣發是才，亦無所謂發與不發之所以然之理是性。性體即心、本心即理之心或性，它自身即是要不容已地呈現起用的。才是虛位字，即指性言，並無獨立的意義。

象山理解不誤。詳見〈明道章・生之謂性篇〉附識三。此不容已地要呈現起用的心或性是體，此體之引發道德行為之相續不已是用。有此體（心即性之體）必然地有此用，非如朱子之有此理不必有此端之發，亦非就理與端之發分性情、分體用。乃是就心性與道德行為分體用（但不是分性情）。工夫惟在「求放心」，不在致知格物。此兩系統顯然有異也。[8]

說朱熹是認知主義和他律道德者，筆者不贊成，但已討論於他處多矣，此暫不多論。牟先生說孟子之性與心才有可發之可說，而朱熹則不必然會有此發之可說。這就是，把朱熹談存有論的語句當工夫論而來批評其不活動，把孟子談工夫論的語句說它必能即心即理，至於朱熹的工夫就只是認知活動而已，這都是牟先生自己的錯解所致。實際上，朱熹談概念範疇時重點不在其活動，朱熹談活動的專文牟先生棄之不顧，偶爾同時談存有論及工夫論，牟先生又會說這些句子固然很好，但不是朱熹的本意，這在第七章談「心性情的形上學解析」時就有文字案例，屆時再申說。

7. 參見拙著：《南宋儒學》，臺灣商務印書館。
8. 牟宗三，《心體與性體》第三冊，頁四二三。

四、對孟子論「性、命」概念的解讀

針對孟子講「性也有命焉」及「命也有性焉」的句子，牟先生把朱熹講氣質之性的理論建立了一套特殊的說法，認定朱熹是理氣合說，性中就是天地之性與氣質之性合一，如此，朱熹論性便無道德義，這樣的說法，是牟先生自己刻意曲解朱熹說性的理論的詮釋結果。首先，朱熹針對孟子文句作了以下討論：

敬之問：「『有命焉，君子不謂性也。』『有命焉』，乃是聖人要人全其正性。」曰：「不然。此分明說『君子不謂性』，這『性』字便不全是就理上說。夫口之欲食，目之欲色，耳之欲聲，鼻之欲臭，四肢之欲安逸，如何自會恁地？這固是天理之自然。然理附於氣，這許多卻從血氣軀殼上發出來。故君子不當以此為主，而以天命之理為主，都不把那箇當事，但看這理合如何。『有命焉，有性焉』，此『命』字與『性』字，是就理上說。『性也，君子不謂性也；命也，君子不謂命也』，此『性』字與『命』字，是就氣上說。」9

朱熹的討論當然很多，這只是牟先生援引的其中一條，但牟先生卻依此大作文章，首先，主張講性的層面應有三個，一是自然本能之性，二是個別特殊性，三是道德心性。其言：

氣之凝聚結構而成形軀，直接發於此形軀者，為一般之動物性。生物本能、生理欲望、心理情緒等皆屬之，此可曰形軀層，亦曰基層。此一般之動物性，如果可以說普遍性，當是生理形軀的普遍性，尚不是精神生命中或理上的真正普遍性，此可曰後天的、經驗的普遍性。就人類言，有此形軀，即有其自然生命中之種種殊特性，此即氣質之殊是也。故氣質之殊是屬於生命層的，此是個個不同的，此是屬於差別性、特殊性的。所謂氣性、才性皆屬此層。再進即為道德的心性，此方是真正的普遍性。自兩漢以來言氣性、才性，言有善有惡，言善惡混，言性分三品，宋儒自濂溪言「性者剛柔善惡中而已」，自張橫渠正式提出「氣質之性」一詞，下居二程，普通似皆以為氣質之性即是就氣質之殊（氣性才性之殊）而說一種性。氣質之性與義理之性（天地之性）相對而言，「之」字皆是虛係字。氣質之性即是就氣質之殊而說一種性，義理之性即是就義理之一（或本源之一）而說一種性。如此而言，性便有兩種性，再加上動物性之性，便有三種性。人之生命本有此不同之層面，故論性亦可就各層面說，難作劃一說也。10

牟先生要怎樣說性的層次本來無妨，重點是在面對什麼問題。牟先生這樣三分其性的做

9. 《朱子語類》卷六一，〈孟子十一〉，台北：文津出版社，一九八六年十二月出版，頁四三〇。

10. 牟宗三，《心體與性體》第三冊，頁四三二。

法，其實是要獨立出來道德心性，亦即義理之性，此性，即心即理即天道即誠體即神體即仁，這樣的說法，也沒什麼困難，主體在境界展現中就是如此，問題是，人如何在面對邪惡艱難中建立此價值自覺並堅持不為惡？這就需要把人之所以為惡的原因找出來，說惡是自暴自棄，就是說本性是善的，這等於說出了天地之性、義理之性，但這並沒有說明為何會為惡，這是孟子理論的邊界。要說為惡，就是個別殊性及自然本性之無法自制故而過度為惡，這就是朱熹繼承張載、程頤的說法，但這並不妨礙義理之性仍然實存心中，而這就需要做工夫了，把價值意識挺立起來即是道德自覺，有此道德自覺，而後為社會服務，而找到正確的服務方法就是格物致知，然後誠正修齊治平。這就是朱熹的理論。問題不在如何說性，不在說性是一是二是三？而在清楚正在談什麼問題，若是談工夫，就是主體心把義理之性挺立起來，就是將自然本能性及個別特殊性的自我適當地約束，不使過度，因此工夫論中必須有對本能之性和個別殊性的正確認識，及正確處置，若不能正視此二種性，就等於沒有談到工夫了，最多就是理想完美的境界之自我套套邏輯而已了。筆者以為，牟先生在談的道德的形上學，就是把工夫論中應該注意的自然本性與個別殊性直接忽略，直接以義理之性說心說理說天道說誠體仁體神體等等，高則高矣、美則美矣，但是，失去談做工夫的艱苦面。也因為牟先生談道德的形上學是收本體工夫論和本體宇宙論一起來談的，故而性中只有義理之性之純善無惡義，於是對朱熹解性氣關係之說，便有了特殊的錯解，牟先生認為，朱熹說性，就是一性而非三性，性中包含自然本性、個別殊性、以及義理之性，如此一來，氣性混雜，如何能有純善無惡的道德心性呢？此說，真混淆亂攪之言。參見其言：

惟至朱子，依其經常之表示，視性只為一性（只為一只是理之一性），視氣質之性為只是一性的那本然的義理之性之在氣質裡面濾過，氣質之性者只是氣質裡面的義理之性也。不在氣質裡面濾過的，便是那本然的義理之性之自己。如是，性只是一，並不就氣質之殊說一種性，只說氣質，不說氣質之殊是一種性，而「之」字亦不一律。如是，氣質之性與義理之性兩詞只成一性之兩面觀，自其自身而觀之曰本然之性（義理之性），自其雜在氣質裡面而觀之，便為非本然的性，此便曰「氣質之性」（意即氣質裡面的性）。此種解法，雖可自成一義，然既不合通常說此詞之意，亦有一種滑轉，即由以氣質之偏殊為主者滑轉而為以性理為主。11

朱熹有理氣論，且理氣關係不離不雜，故說理時即氣在焉，故而牟先生認為張載的天地之性、氣質之性之二分，在朱熹就是氣質之性是義理之性在氣質裡面濾過，不濾過的是義理之性，濾過的是氣質之性。然後，牟先生便認為朱熹就是要就著這氣質之性去推證那所以然的本性之

11. 牟宗三，《心體與性體》第三冊，頁四三二－四三三。

理，於是本性之理就有義理之理也有氣稟之理還有本能之理，如此之本性之理之道德性即被減殺，如其言：

如此說性理、說天理，只成就一個「口之欲食」，此豈有道德的意義耶？此豈是原初言性善以為道德實踐所以可能之先天根據之本義耶？此所謂于義理有礙也。然而朱子之就泛存在的實然而推證其所以然以為性理，亦必有此歸結。就道德的實然（如惻隱之心等）固可推證道德性的性理，就「口之欲食」等之實然，則所推證者亦只是一中性無色的性理而已，此只是一無色的存在之「存在之理」而已。有「道德性的」存在之理，亦有無所謂道德不道德之「非道德性的」存在之理。而朱子皆混同視之而為一性，此即為原初言「性」義之減殺，不管是孟子就內在道德性言性，或是《中庸》、《易傳》就於穆不已之天命言性。然而此卻是朱子之泛認知主義之即物而窮其理，就存在之然以推證其所以然以為性理，所必有之歸結。此非孟子就內在道德性言性之義也，亦非《中庸》、《易傳》就於穆不已之天命言性之義也，亦非濂溪、橫渠、明道言太極、誠體、神體、性體之義也。12

牟先生自己要建立純善無惡的天理天性之性，此性是即心即理即天道誠體神體仁體的，於是涵本體宇宙論和本體工夫論的功能於一概念中，於是就認為朱熹的氣質之性中之即物窮理之下，所推證得到的只是氣稟與天理混雜的概念，絕非純善無惡的天道義理，此說真混亂問題。

首先，朱熹論氣質之性是就氣質在義理中濾過而為一種性還是氣質本身就是一種性，這樣的區分是只有牟宗三先生一人之所為，這兩種區分還是要看是用在談什麼問題而定，若就牟先生之說，三種性一刀劃分，論說時只要義理之性，這樣說氣質本身是一種性的生之謂性解，用意何在？就是嚴將氣與理隔開，而不混雜在一起，於是留下一種純粹至善的義理之性，而與生之謂性的殊別之性分開，也和自然本能之性分開，至於朱熹，就被牟先生詮釋為義理之性夾洽氣質之性，結果二而一之，理氣不分，這樣就無法得到純善無惡的義理之性了。問題是，朱熹論氣質之性是理氣不分嗎？是氣質在義理裡面濾過而為一種性嗎？這其實都是牟先生的鑄辭，都是牟先生為區隔朱熹言於氣質之性是和張載之使用意義不同的特鑄之辭。依筆者之見，朱熹談氣質之性，本來就是由張載之說而來者，張載何義朱熹就是何義，朱熹有理氣說，一切存有物都是有理有氣，就其理而言，主要要說得就是天地之性，純善無惡的，然而，就氣質之性而言，就是存有物的物理、化學形式因等個物原理，如「大黃熱」、「附子寒」、「階磚有階磚之理」等等，要說它是氣質之作為一種性也好，依然另有天地之性；要說它是氣質在義理中濾過而為一種性也好，依然還有沒被濾過的義理之性。而義理之性就是主體實踐必可成聖的保證，只要做工夫，提起義理之性，減少氣質之性的影響，就是成聖之途。因此，氣質在義理中濾過，還

12. 牟宗三，《心體與性體》第三冊，頁四三三－四三四。

是氣質本身是一種性，這根本不是問題，這只是語意約定的問題，重點還是存有論的範疇解析和本體工夫論的實踐操作，而不是某些個別概念應如何解讀的問題。因此不是「氣質之性」的在朱熹和張載之間如何解讀的問題，而是牟先生自己建立了孟子學的特殊型態的問題，在孟子學的道德形上學意旨中，不論做工夫的艱難面，只論做工夫已成就的境界面，故而只說純善無惡的義理之性，明分自然本性和殊別個性之後，就把這兩種性給丟下不管了，可以說是用後即丟，再也沒有在牟先生的體系裡面有重要的理論地位。至於朱熹，就根本沒有純善無惡的義理之性，說性就是義理之性和氣質之性二而一地混同在一起，於是道德義減殺，沒有了濂溪、橫渠的神體誠體道體諸義了。筆者要說的是，這都是牟先生自己的混亂與造作，混亂問題，而造作觀點。

五、結論

本文對牟先生對朱熹詮釋孟子的討論，要點有三，一是牟先生虛化了朱熹對「情、才」概念的發揮，二是牟先生限縮了朱熹的「才發於性」意旨，三是牟先生曲解了朱熹的「氣質之性」概念意旨。以上，都是牟先生依據自己建立的孟子詮釋而談的批評觀點。筆者以為，朱熹也是在發揮孟子之學，但確實走出了新的理論面向及深度，有其卓越的貢獻，牟先生因中西哲學之爭，企圖強調實踐工夫而貶抑思辨原理，恰在此處，朱熹的存有論進路，成了牟先生貶抑西學的代表人，其實，存有原理也是中國哲學必須要有的理論，且朱熹談存有論，並不廢除工夫論，只是牟先生做了太多錯誤連結以及根本曲解，故而不能正視，在本章談朱熹孟子詮釋時，致生了以上無謂的攻擊。朱熹談「情、才」，是存有論進路，牟先生談「情、才」，是本體工夫論進路。朱熹談「才發於性」也是存有論進路，牟先生以為朱熹之才無法由性發出，這就是以朱熹的存有論命題去回答牟先生的工夫論命題，而批評朱熹的工夫論建立不起來。朱熹的「氣質之性」還是存有論進路，牟先生論性時自己三分其性，有動物本能之性，有個物殊別之性，即氣質之性，又有純善的義理之性。但是，為建立他的特殊儒家道德的形上學，牟先生捨棄自然本能和個物殊性之性，只保留義理之性一義在他的本體工夫論以及本體宇宙論系統中，卻認為朱熹的氣質之性與義理之性二而一，故而又背離了孟子。以上牟先生的意見，筆者都不贊同，重新結構牟先生的問題意識，指出多有混淆及曲解，以還朱熹一個公道。

牟先生對朱熹談孟子還有針對盡心知性知天的一段討論，此段文義在朱熹的詮釋中確有牽強之處，牟先生批評有理，筆者便不再討論。以上對牟先生談朱熹孟子詮釋部分到此暫告一段落。

第十三章　對牟宗三談朱熹心性情理氣論的方法論反思

一、前言

筆者對牟先生的儒釋道三教之詮釋，進行系統性研究，主要是針對《才性與玄理》、《佛性與般若》、《心體與性體》做逐章的方法論反思。本文之作，是針對牟先生在《心體與性體》第三冊書中最後兩章的討論，分別是〈第七章　心性情之形上學的（宇宙論的）解析〉、〈第八章　枯槁有性：理氣不離不雜形上學之完成〉。

在筆者的研究中，牟先生確實建立了一套特殊的儒家詮釋體系，但是這個體系，幾乎便是建立在對朱熹哲學的誤會、曲解中發展出來的，牟先生要高中哲於西哲，理論的金鑰便是西方形上學是靜態的、思辨的，東方形上學是動態的、實踐的。此說筆者並不反對，好好疏解，東西哲學的差異與特質都能揭示清楚。然而，當牟先生進入宋明儒學各家哲學體系詮釋的時候，幾乎就把朱熹哲學當成了西方哲學的東方代表，說他的形上學是靜態的，他的理是只存有不活動。以此為對比，孔、孟、易、庸、周、張、明道、五峰、象山、陽明、蕺山便是動態的形上學，實踐的存有論。筆者以為，說東方哲學是實踐的型態是正確的，但說東方哲學的形上學是動態的存有論是有語病的，甚至是有哲學基本問題的錯置的，這就是針對筆者所說的牟先生自己創造的特殊型態的形上學而言，這個型態，簡易說之，就是把聖人境界當作形上道體來說，把工夫論話語當作動態形上學命題，把思辨存有論當成靜態形上學。割裂靜態形上學與工夫論、境界論的關係，牟先生不能獨立地分看工夫論與境界論，也不能清晰地分看宇宙論、本體論、存有論、形上學，也不能有效結合這些哲學基本問題下的理論主張於學派理論中，以致有哲學基本問題的錯置，以及對各家哲學理論詮釋的偏差之失，高舉了儒學，卻犧牲了朱熹，強調一種特殊的理論，卻忽略了儒學所需的各種重要成分。

講工夫論，有心理修養進路的本體工夫，和身體修練進路的宇宙論修練工夫，儒家多是本體工夫，道佛兩教兼有身體修練工夫。本體工夫中還有工夫入手、工夫次第、境界工夫。講境界論有從本體論、宇宙論講下來的主體成聖境界，重點在定位聖人的型態，這在三教辯證中有根本性的重要性；其次為從工夫論講上來的境界論，彼與工夫論接軌，最高境界則是展現而已，不須再做工夫了，只是功力展現，但不能因此否定工夫論的價值功能。講形上學有本體論、宇宙論、存有論三個相關的詞彙與問題意識，宇宙論問題意識清楚，即是時空、材質、生死問題，本體論與存有論常常混用不分，這也無妨，約定好就行了，存有論常與本體論混在一起使用，若能有效區分又不失其內在關聯，才能把東方形上學問題講好。形上學問題中除了宇宙論問題之外，東方哲學重視價值意識的討論，西方哲學重視存有實體的討論，筆者刻意以本體論說東方形上學的核心問題，以存有論說西方形上學的主要問題，但東方哲學中也有西方式的存有論問題，朱熹部分理論便是。牟先生有本體宇宙論的用法，便是談的天道流行，但是卻常將主體實踐也混入其中。牟先生有動態存有論及靜態存有論的用法，就是把本體宇宙論的天道流行與主體實踐的本體工夫論視為動態的存有論，牟先生把思辨存有範疇的理論視為靜態的存有論，並且沒有能力把它們結構在一起，積極分立的結果，就取得了批評朱熹的思路。

牟先生對朱熹的偏見，就是只見朱熹談思辨的、靜態的存有論，便將朱熹所有的理論束縛鎖定在此了，對朱熹的本體宇宙論和本體工夫論的種種語言視而不見，或刻意曲解，或來個不承認主義，以此對比出孔孟庸易周張陸王的另一型。說朱熹有思辨的靜態的存有論，筆者完全同意，認為是牟先生的正確解讀，但是，牟先生以朱熹就只是此型而缺乏它型甚至否定它型就不對了，存有論思路類同西方形上學存有論的問題，馮友蘭的新理學即是繼承此路，中國哲學少談此義，但非闕如。老子開端，名家暢言，莊子鄙視，迭至宋代，程頤繼起，朱熹集成，象山貶之，陽明誤解，牟先生更在象山、陽明的貶視、誤解上更走極端，建立特殊型態的形上學，思路的發端在熊十力，從此陷朱熹於別子為宗的偏執之中。本文討論《心體與性體．第三冊》的第七、八兩章，便是牟先生針對朱熹分析心性情理氣等存有範疇的存有論思路的討論。筆者的討論方向，是要說明牟先生思路的理論意義，並從方法論反思的立場，為朱熹澄清及辯駁，以限縮牟先生理論的有效範圍。

二、道體神體的本體宇宙論解析

牟先生第七章的標題是〈心性情之形上學的（宇宙論的）解析〉，概分三節，〈第一節　關於明道所說之易體與神用之解析〉、〈第二節　關於濂溪「動而無動，靜而無靜，神也」之解析〉、〈第三節　心性情之形上學的（宇宙論的）解析〉，可以說，說明道與濂溪的兩節是個開頭，說心性情才是主題。然而，對牟先生而言，筆者認為，當牟先生建立了自己的特殊形上學理論以後，便只能以這個型態去談朱熹的命題，朱熹論於心性情有其重要的理論宗旨，但牟先生不能為其張本，仍是以自己的形上學理論去對撞，而前兩節的討論，就是這個型態的充分流露。等到真要談朱熹的心性情理論時，已經不必深入其中，而是以前兩節的道體、神體理論去定位及批評了。

牟先生講明道、濂溪的道體、神體，就是講在聖人境界中，主體以道體、神體的作用流行於天下，並把這個作為，說為形上道體，於是一套既有聖人實踐工夫、又有聖人成聖境界、又有天道流行變化的諸種不同脈絡的理論便被牟先生合在一處，並以為朱熹非此系統，鎖定朱熹只在存有特徵上談理氣論的說法，貶為只存有不活動且道德創生意不足的虛欠之說法。其實，論於道體創生的本體宇宙論，朱熹系統都已預設，論於聖人實踐工夫，朱熹也多有談論，論於聖人境界，朱熹亦有所體會，但牟先生不但不蒐集這些言論，一旦碰到，便扭曲其意，或不承認其說是其本旨，而必以朱熹談於存有論解析的心性情理氣關係等命題，以為對付，而貶抑朱說。

以下這段文字就是牟先生以聖境為道體而批評朱熹說法的思路，其言：

II《朱子語類》同卷討論《通書・誠幾德》章有以下各條：1.「發微不可見，充周不可窮之謂神」，言其發也微妙而不可見，其充也周遍而不可窮。「發」字、「充」字就人看，如性焉、安焉、執焉、復焉，皆是人如此。「微不可見，周不可窮」，卻是理如此。神只是聖之事，非聖外又有一個神，別是個地位也。

案：朱子謂「發字、充字就人看」，其意只在說明「神只是聖之事」云云。實則「發微」、「充周」即是說的神自己：「發微」是神之發微，「充周」是神之充周。此只是說「神」一字之義。亦如孟子說「大而化之之謂聖，聖而不可知之謂神」，即是說聖、神字之義。《易傳》謂：「寂然不動，感而遂通天下之故，非天下之至神，其孰能與於此？」此亦說的神字之義，神體之妙。「不疾而速，不行而至」亦然。就人說，亦是說聖人之心誠德妙如此。故其主詞是心誠德妙，而不是人。發微充周之主詞亦即是神，而不是人，若繫屬于聖人，亦是聖人之誠心仁德之發與充。若直說人或聖人之發與充，則不通矣。1

1. 參見牟宗三著，《心體與性體》第三冊，台北：正中書局，一九八一年十月台五版，頁四五二—四五三。

朱熹意旨清楚，解說周濂溪話語時，以此為聖人實踐中事，故有發微、有充周，然其理則不可見、不可窮，不可見、不可窮是此理之存有論抽象性徵，它須待人去發微、充周，於是，活動者是人，不是理。然依牟先生，這不是他主張的理，他幾乎講出了一個自體運動的理存有，而不是不可見、不可窮得的理存有。筆者以為，這是一個混淆問題的說法。講存有範疇固可有理氣天人心性情種種，若講存在及活動，就只有人以及天地萬物，而不是直接講理，說理在活動其實就是說人或天地萬物在活動而已。天地萬物之活動可總收為天道的活動，即天道流行，故亦得說有天道實體以為存在及活動的主體，於是能存在及活動的就是天道以及人，不會有另一個虛脫的理體、神體、道體自身在活動，一旦講活動，必及存在，必是含氣而言之活動，且是人的活動還是道體的活動這要分開講，牟先生就是把人的活動和天道的活動合在一起講，結果取消了人和天地陰陽之氣的活動角色，遂講成了抽象理體、神體的自我套套邏輯，既無氣亦無人，說為動態的形上學存有論，卻已喪失面對現實世界的理論效力了。

牟先生說發微充周說的是神自己，而不是人，就人說，只能是聖人之心誠德妙，故主詞是心誠德妙，而不是人，而是神，若歸於聖人，則是聖人之誠心仁德的發與充，而不能直接說為人或聖人之發與充。牟先生此說，排除了人，此亦怪異之說，查周敦頤原文：「誠，無為，幾，善惡。德：愛曰仁，宜曰義，理曰禮，通曰智，守曰信。性焉安焉之謂聖。復焉執焉之謂賢。發微不可見，充周不可窮之謂神。」〈誠幾德第三〉，顯然是在說聖人體貼天道之誠，而於善惡之幾執守之，一旦發微充周，便不可窮，以其不可窮，而謂之神，此神即是對聖人作為的神妙之形容，聖人之作為可以如此神妙，當然是體貼天道之誠之後才可有的意境，至於天道作用，本身亦神妙不已，以其神妙不已，說天道為神亦無不可，說有神體亦無不可，但說神體之時，說的還是天道實體。今牟先生說只是神的作用，若是聖人，只是聖人的誠心仁德之發充，也就是說只是神體、誠體、仁體的活動，捨棄了人與天地陰陽之氣，若說天道以誠體說之、以仁體說之、以神體說之亦無不可，甚至說天道有其發微充周的作用亦無不可，但周敦頤這一段話明明是講聖人以天道之誠而作用，故有其神妙的效果在，活動的是人，作用的是人，只其達聖境而神妙，故而牟先生的文本詮釋走偏了，把人家講聖人的活動說成了只是天道的活動。為什麼會這樣呢？這就是因為牟先生只管形上學，且只管動態的道德實踐的形上學，只管有一個道體的種種多功能特質，而不管單單就人而言的聖人境界，也不管單單就一般人而言的下學上達工夫，即便願意說聖人，也要說得是聖人的心誠德妙，亦即還是那個誠體仁體的活動，而且還要強調是神體自己的活動，說到底，都是天道的活動。其實，天道的活動在於天地萬物的發生發展及變化，天道的價值亦是落實在人存有者身上，由人體現實踐而參贊其行，活動的是天地萬物以及人，總是要說一個超越的神體道體仁體誠體以高視己說，貶視他人之說，這種處理方式，於文本詮釋上就是不對，雖有創造己說之成就，但此一成就的理論效用何在？筆者以為，只是一套自己滿足的套套邏輯而已。

下面這一段文字也是同樣的思路：

朱熹言：

2.「發微不可見，充周不可窮之謂神。」神即聖人之德妙而不可測者，非聖人之上復有所謂神也。發，動也。微，幽也。言其「不疾而速」，一念方萌，而至理已具，所以微而不可見也。充，廣也。周，遍也。言其「不行而至」，蓋隨其所寓，而理無不到，所以周而不可窮也。（下略）2

朱熹明指周濂溪談的是聖人，神是聖人的不測之意境，非聖人之上又有一神。至於聖人即是人，人即是心統性情、性即理的存有者，人心即具此天理，但有呈現不呈現的不同，不做工夫必不呈現，做了工夫達到聖境，意即於發微充周此天道性體理體之後，此理無不到，至理已具。朱熹於詮釋周濂溪此段本體工夫的命題時，毫無短視虧欠。牟先生於討論此段文字時，則又是極力發揮天道理體的作用，並且積極貶抑朱熹之理，說其不能活動。其實，本來就不是理在活動，論於人則是人在依理活動，論於天道，則是天地萬物在依天道而活動，或說是天道以天地萬物的活動來呈現它自身，因此，說天道的活動必及萬物，說人的活動就是有血氣心知的人的活動，天人之動有依理循理、呈顯此仁義之理的時候，也有天之失常的時候，人亦然，有道心呈顯的時候，也有人之悖理之時，於是體現了有一恆存不變的天理，以為天之常道以及人之理想，論其永恆不變，則是天道天理，論其即存有即活動，即是萬物與人，而不是這個天道理體，天道理體只能以萬物流變、天地化生以及人物行止以為其動，然而，牟先生卻硬是要講一個自動的道體神體，並且一味地要抵制朱熹的理也可以在聖人實踐中被動了起來的意旨。其言：

朱子在此說「不疾而速，一念方萌，而至理已具，所以微而不可見」、「不行而至，蓋隨其所寓，而理無不到，所以周而不可窮」。此所謂「至理已具」，「理無不到」，究是何意，亦頗難說。若依朱子之思路，「一念方萌」是心氣之動之實然。聖人之心全體是天理。一念萌動雖極微細，然已為其心之明所涵攝之理所貫注，故其一切後果之一切所以然之理實早已全體具於此一念萌動之中。理無形迹，又已全體隱含於此一念萌動之中，故「微不可見」。是則「微不可見」單就理說，並不就心氣之念說。蓋心氣之念雖極微細，然總是有形迹者。若單就「理」說，則理固無所謂疾而速，但亦無所謂「不疾而速」。理無所謂疾不疾、速不速，亦無所謂「不疾而速」之弔詭也。同理，「隨其所寓，而理無不到」，此言聖人言行所在，理亦隨之。言行是氣之事。「周不可窮」單就理說，亦並不就

2. 牟宗三，《心體與性體》第三冊，頁四五三—四五四。

言行說。理之遍在即是「周不可窮」。然理之遍在固無所謂行而至，亦無所謂「不行而至」。理無所謂行不行、至不至，亦無所謂「不行而至」之詭語也。理是靜態的實有，根本不能用「不疾而速，不行而至」去形容。然此兩語卻是形容神之最精語，亦是最恰當語，蓋神是即活動即存有，動靜一如，故須用「不疾而速，不行而至」之詭辭去形容。然于只存有而不活動之理，則不能如此去形容。朱子援引此詭語，而又單就理說，此只是習而不察，而不知此詭語與其單就理說並不相應也。[3]

這一段話根本就是牟先生自己的莫名其妙的詭辭，牟先生一向說朱熹的理只存有而不活動，現在朱熹明明說此理遍在已顯，牟先生就說這只能是說得神體，不能是朱熹自己原本的意思的理體，亦即只能是用牟先生的即存有即活動的理體解釋才可以，若以朱熹自己的理來解釋是不會有這樣的陳述的。說是朱熹的習而不察，不知道此說與朱熹自己並不相應。筆者要說，這就是牟宗三的「不承認主義」，自己夸夸其談之後，發現朱熹竟然講話能到這個地步，只好把這些話說成不是朱熹能講的，朱熹只能講被牟先生約束過的只存有不活動的理體的話，試問，牟先生這樣處理朱熹，究竟是學術討論還是人身攻擊呢？當朱熹意旨被他限縮之後，再來，就是要硬碰硬地強勢推銷他的神體自身活動說，其言：

又應須知，就聖人言，誠心之神固是其精誠所至之境界（精誠不二、純一不二之所至），然此境界所示之誠心亦即是體，故曰誠體、心體（即工夫即本體）。仁心之覺潤無方，仁德之妙應無方（如綏之斯來，導之斯和等），固亦是其「純亦不已」之所至、「肫肫其仁」之所至，然此所至之仁心之覺潤與仁德之妙應亦即是體，故曰仁體。誠心仁體之「發微不可見，充周不可窮」之神用固亦是其精誠所至之境界，然此境界所示之神用亦即是體，此「圓而神」之妙用自身即是體，故曰神體。誠體、心體、仁體、神體是一，而此等等體自身即是理。誠心之發微充周（寂然不動，感而遂通天下之故）即是神，仁心之覺潤無方亦是神。此神用即是體，理亦是此神用之本具（本體論地本具，非認知地具），故神用即是理。神如如呈現即是理如如呈現。此是即存有即活動之實體、妙體。此神用是扣緊體說，其自身即是體，不是普通體用之分別說，亦不須假借別的來見，亦不是落於陰陽動靜上說。若能正視這「妙萬物而為言」的神體自己，則陰陽動靜之所以為陰陽動靜而不窮者，亦正是因神體之妙而然，故亦正可由之而見或指點這神體。若不能正視這神體，只假託陰陽動靜來說，則說來說去，很可只是氣與所以然之理，而神成虛脫，一如「天地之心」之成虛脫。若能正視這誠心仁體之神用，則聖人之一切言行，皆是神體之流行，皆是誠心仁體之睟面盎背。故由聖人之言行以及其睟面盎背之氣象即可象徵神。若不能正視這誠心仁體之

3. 牟宗三，《心體與性體》第三冊，頁四五四。

神用，則體只是理，而聖人之言行以及睟面盎背亦只是聖人之氣之依理而行，是則神體義亦虛脫。朱子於此不甚能提得住也。故於明道所說之神即自覺地解析為氣、為形而下者。若能正視而提得住，何至有此？此處順濂溪語說，故極力向體上說，下文亦視神為形而上者。然體悟不透，故說來說去，結果只成理，而神義則虛脫。4

本來說得是聖人的境界，牟先生必欲高此境界為一純粹神體之流行，說其為聖人全依純粹神體理體仁體誠體以為行為進止也無妨，但此行動必及於天地萬物陰陽之氣，這樣話說得才完整。然而，牟先生卻要強調其不可落於陰陽動靜上說，若假託陰陽動靜會變成只是在說氣之所以然之理，此時神成虛說。若說聖人之境界則是聖人之氣之依理而行，則神體義又虛說了。

其實，就算是神體，也必須即是天道實體，但天道實體不可能外於陰陽動靜的存在而獨立為體，存有論上說有此獨立的天道實體是可以的，但宇宙論上就必須強調其存在就只在天地萬物之中，說其作用神妙而以神描述之，這是濂溪、橫渠的作法，上升此神妙為神體，而等同於道體亦無不可，但硬是把聖人作用的神妙性說為神體的作用，就有過激脫節之失了，應是聖人依道體作用，故有神妙之實效。說此聖人境界中的聖人活動純粹，只依誠體仁體道體理體以及神體是可以的，但是此一活動如何不是聖人之氣之一依理而行呢？它就只能是這個意思，朱熹就是這樣說得清清楚楚，牟先生就是要下墮朱熹的理，使其不能引動主體的活動，所以高舉一個神體來做擋箭牌，主張是神體自身之活動，而非人和陰陽之氣的活動，且朱熹的理本身不能活動，朱熹只能講到陰陽之氣與人的形氣活動，不能講到活動的理以及神體的本身。其實牟先生之所說若要合理，則必須即是同於朱熹所說，唯其無論如何不允許朱熹有說對了的時候，於是一方面硬派朱熹之理不能活動，故而語意有乖，另方面將朱熹之理黏於陰陽之氣，則不是純粹天道誠體仁體，故當天道神體活動時，朱熹的理還是停在形氣之下，活動不了。就是牟先生這樣硬派的建構，變成不是聖人依理而行，而是理它自己在運行，變成不是天道藉陰陽而流行變化，而是天道它自己在活動變化，這樣的理論就奇乎怪哉了。豈不等於是一個虛脫的靈魂、理型，自己在沒有時空的虛無中漂流了嗎？看來，若不是為了否定朱熹，牟先生不必建立這麼奇怪的理論，就是為了超越朱熹、貶抑朱熹，導致牟先生說了一套自我高視、卻兩邊不落實的抽象理論。

牟先生自己把朱熹談存有論靜態分析的命題視為洪水猛獸，一味地以自己的動態存有論與之對立，這是絕無必要的錯誤作法。牟先生講朱熹是靜態的存有論，此說筆者完全認同，但那是就朱熹講這些問題的時候而說的，靜態地思辨地就著理氣心性情作概念解析，說理氣不離不雜，說心統性情，說心者氣之靈爽，都是針對這些概念的詞語意旨作語意約定，約定後論其關係，關係後以之談人存有主體的本體工夫論，談天道實體的本體宇宙論，前面是抽象的思辨的

4. 牟宗三，《心體與性體》第三冊，頁四五五。

存有論地談，後面是具體的實踐的本體工夫或本體宇宙論地談，命題意旨不同，理論功能相依，朱熹談存有論時是存有論意旨，談本體工夫論時是本體工夫論意旨，談本體宇宙論時是本體宇宙論意旨，牟先生卻在朱熹談存有論時就把他關進監牢裡，當朱熹談本體宇宙論及本體工夫論時，就說這不是他該做的好事，說他已經失去了談這兩種理論的基本人權，而牟先生自己談本體工夫論及本體宇宙論的時候，便一味高舉此說，盡量撇開神體道體的作用與陰陽之氣的關係，這更是無謂之談，若非刻意與朱熹別異，何需如此忌諱，且論及天地萬物陰陽之氣是不能迴避的，根本就是主張現象世界實有的儒家哲學的命門要緊之處，牟先生如此排斥，又一味高舉單純純粹的道體理體的語言，只是想要提出一套人所未言、己則獨發的新理論，實在來講，既無文本詮釋的準確度，又沒有解釋問題的有效性，只是自滿自足自建立領地而已，真像是郭象的獨化於玄冥之境，玄冥之境何有也？曰，無何有也。則仍乃儒家之學乎？

朱熹討論《通書》動靜第十六章云：

2. 問：「動而無動，靜而無靜。」曰：此說「動而生陽，動極而靜；靜而生陰，靜極復動」。此自有個神在其間，不屬陰，不屬陽，故曰：陰陽不測之謂神。且如晝動夜靜，在晝間、神不與之俱動；在夜間、神不與之俱靜。神又自是神。神卻變得晝夜，晝夜卻變不得神。「神妙萬物」。如說「水陰根陽，火陽根陰」，已是有形象底，是說粗底了。

2.1 問：「動而無動，靜而無靜，神也。」此理如何？曰：譬之晝夜，晝固是屬動，然動卻來管那神不得。夜固是屬靜，靜亦來管那神不得。蓋神之為物自是超然於形器之表、貫動靜而言。其體常如是而已矣。[5]

《通書》全篇都是說聖人，說的如何依本體論及宇宙論以定位聖人的境界，《通書》文如下：

「動而無靜，靜而無動，物也。動而無動，靜而無靜，神也。動而無動，靜而無靜，非不動不靜也。物則不通，神妙萬物。水陰根陽，火陽根陰。五行陰陽，陰陽太極。四時運行，萬物終始。混兮闢兮！其無窮兮！」〈動靜第十六〉

本章說人與動物、植物對比，聖人依天理而行時，動而無動，靜而無靜，有其神妙。天理之神妙作用，落實在陰陽五行之動靜中，混闢無窮，故說動而無動、靜而無靜，意旨一切依天理仁義禮知而行，應變萬事，只依一永恆不變的價值，故曰動而不動，日常生活，雖非利害得失之際，但威儀俱在，不曾少欠，故曰靜而無靜。朱熹之說，亦有神體，但即是理體，即是道體，說主體依天理天道而行時，動而無動、靜而無靜。《通書》以神說，朱熹亦以神說，其實

5. 牟宗三，《心體與性體》第三冊，頁四六一—四六二。

就是聖人依道而行之神妙，此神妙即天理之作用，非有一個神高高在那兒，至於說動說靜，那就是聖人肆應天地萬物時的動靜，聖人依天道而行，天道肆應萬物時也是動靜紛然，重點是要講那個天道作用在萬物中，也是聖人依天道作用在人間萬事中，而不是要講一個超越的天道神體自在地作用在那兒。然而，牟先生因為朱熹對神的作用的解釋符合他的心意，亦即獨立地提起來講了，故而十分肯定，但卻說這並不是朱熹自己的思路，「不承認主義」又來了。其言：

案：此兩條甚好，很能顯出神體之超越性。若如此，則神不能視為氣與形而下者亦明矣。但朱子不甚能守得住此義。此恐是順濂溪語自如此說，及到其自覺地解析之，則又不能證成此義。在其自覺的解析中，或是視神為氣，亦形而下者，或是視為形而上者，但卻只是理，而神則只成為形容或贊嘆理之虛位字。此兩解析雖不合濂溪原意，然在朱子思想中卻甚一貫。此兩條既甚能顯神體之超越性，則神體之不能為氣與形而下者甚明。但這只是順濂溪辭語而顯神之超越性，至於對於神如何解析則是另一回事。汝若問神落實了究竟是什麼，則在此一問中，朱子又很可能答曰：神只是「形而上之理也，理則神而莫測」。若如此，則神又虛脫。在此一問中，汝必須能正視神體自己，透澈其既是形而上者，又是神即理、神理是一，方能使神為實位，不失其實體義。（神當然是理，但不只是理。神理是一與只是理不同。）此層，朱子未能透澈。6

牟先生關心的不是聖人以人的身分所為的行動，而是那個抽象的道體自身的動而無動、靜而無靜之作用，以為朱熹把握得甚好，其實朱熹是說無論萬物如何，萬物總是被天道、被聖人主宰役使，動即動、靜即靜，唯聖人體天道之恆常不變卻能肆應天下之萬事萬物，故活動中有不變之常，不動中有威儀之伸。牟先生卻說朱熹言神會成氣，為形而下，言形而上時又只是不動之理，則神又虛脫，顯見，牟先生只想談一個曠古未有人談到的形上道體，且只有他能談，朱熹不察而因襲濂溪思路而談到算他運氣好，但依朱熹自己的思路，就是分解地談理談氣，而神或為形下之氣或為形上之理。筆者以為，本來就存在存有論地談理氣道物心性情概念的哲學問題，這就是老子與名家在思考的問題，這些問題不妨礙主體在實踐中伸展至極，這些概念解析的工作更能說明主體在實踐時的結構及進程，否定這些討論只是學者自己心氣上的不耐煩，如象山批之為支離。但牟先生亦未全予否定，甚至十分清楚這是分解的存有論問題，即對存有範疇進行概念定義，唯牟先生結合實踐活動的命題，將概念定義與主體和道體的活動一併說了，於是說出了一個超越分解意識下的道物理氣心性情概念，其實是以聖人境界為聚焦的概念收攝型態，幾乎把聖人說成了道體神體，成為了牟先生自創的實位實說的實體義者。

本文中，對朱熹的肯定曇花一現，之後又是「不承認主義」了。這就是對存有論概念解析

6. 牟宗三，《心體與性體》第三冊，頁四六二。

之學，與對本體宇宙論和本體工夫論的理論功能的混亂。牟先生知道朱熹在談存有論概念解析，卻拒絕此義與本體宇宙論及本體工夫論會通合流，只允許自己談本體宇宙論及本體工夫論，硬是要對立出一個存有論靜態解析來高顯本體宇宙本體工夫的動態實踐哲學。

接下來論於心氣問題更是如此，其言：

若於此真透澈，則於心必不只取其知覺義、認知義，亦必不視心只為氣之靈，而於孟子之「本心」亦可有進一步之體悟，而與陸象山亦不必為敵矣。是則此層所關甚大，朱子只是一間未達，故轉成另一系統。（言本心不必否定氣之靈之心與知覺義認知義之心，而本心卻不可以氣論，亦不可以認知意義論。此兩者是異層的問題，不是矛盾對立的問題。朱子卻必堅持心只是氣之靈之心與認知意義之心而誤解孟子，而斥象山為禪。此其所以一間未達也。）此處所錄之兩條，若孤離看之，一條鞭順著講下去，而不顧其他，必可講成縱貫系統，而與象山學會而為一，不見其有異。但若如此講，則又與朱子其他思想不一致。此朱子思想之所以難整理也。吾未嘗不欲如此講而會通之，但照顧其他，則又不能這樣順適地講下去。朱子亦未嘗不可進一步以昇轉其自己，但事實上彼卻終於滯於其所見而不能進。吾人亦只能順其所實是而順通之，至於會通此兩系統而一之，則是跳出來講其當然，而不是了解朱子之事。7

朱熹並沒有誤解孟子，更沒有因誤解孟子而說象山為禪，朱熹說象山為禪是就其行徑說的，不是就心氣關係的理論主張而說的，就心氣關係而言，朱熹發揮了孟子性善論，而不是限縮了孟子本心義，牟先生不善讀朱熹，故而處處誤解之。關鍵在本心，這又是一個被牟先生上升為道體的概念，本心為性，為道體，此自當是，人心依本心而行動而充至其極，這就是一般儒家本體工夫的理論模式，朱熹談心者氣之靈爽，卻是在為這個本體工夫的存有架構作範疇約定，而不是要提出不一樣的本體工夫理論。孟子講性善，卻未對惡作存有論解析，只留下了自暴自棄的指責，面對道佛挑戰，儒者需予回應，張載的「氣質之性」，「善反之」，「不以嗜欲累其心」，都是在面對這個問題，關鍵就是，人是血氣心知的存在，孟子〈盡心章〉也說：「口之於味也，目之於色也，耳之於聲也，鼻之於臭也，四肢之於安佚也，性也。有命焉，君子不謂性也。」以張載的話說，就是口目耳鼻四肢的功能是氣質之性，然因有天命之性在，故而人應善反之，有天命之性存焉。耳目口鼻就是血氣心知，故曰心者氣之靈爽，人是血氣動物，無人能說個不字，人要做工夫就是變化血氣心知的動物本能而成為與天道參贊的君子聖人，心是人的主宰，主感官知覺，主是非善惡之辨，存有論上心統性情，心有天命之性，就是本心，

7. 牟宗三，《心體與性體》第三冊，頁四六二—六三。

依之而動，就是做工夫，做工夫達聖境時主體理氣性情都純粹於仁義誠善價值而為一，後者就是牟先生要談的範圍，但是，他卻在談這一步的時候，否定之而棄絕了前面的血氣心知的正常人，朱熹談人心而以氣之靈說之，且有認知感官，此說正是濂溪〈太極圖說〉之旨，此說有何錯誤？牟先生談做工夫達聖境自是一依本心，但本心是性，人心是氣之靈，心統性情，這有何衝突之處？朱熹並未以人心是氣之靈就不能做工夫、提本心成聖境，說氣之靈正是周濂溪「二氣交感，化生萬物。萬物生生，而變化無窮焉。惟人也得其秀而最靈」的解釋而已，這正是存有論的解析之學，牟先生愛談本體宇宙、本體工夫之學自然可以，何必否定他人談存有論概念解析之學？勝心過度，高己貶人，曲解朱熹，固執疾甚。

後半討論說朱熹之學可與象山會通為一，但又與其他的朱熹思想不一致，這就是牟先生自己調適不順的結果。說為兩層，並不對立，但必主朱熹以此異層對立象山，其實是把朱熹說象山為人風格的批評語，以異層對立的哲學詮解了，這正是牟先生的不善會通，說異層是對的，以哲學基本問題的不同問題意識以分別之即可，然而，就算牟先生調適和會了，前此許許多多斥責朱熹、貶視朱熹的批評可得全部刪除，否則只是想取巧討好而已。不過，牟先生並沒有要會通朱、陸，這些異層而不對立的話也只是說說而已。

三、心性情的宇宙論解析

牟先生第七章標題為〈心性情之形上學的（宇宙論的）解析〉，這個標題其實很合理，意味要從存在的角度定位心性情概念的意旨及關係，而心性情是人存有者的存有結構，故而也是宇宙論問題。其實，存有論對概念的討論就是要為宇宙論、本體論、工夫論、境界論服務的，單單針對概念進行討論時可以謂之存有論，但所討論的概念都是要用來談實質問題的，談本體宇宙論、談本體工夫論的，朱熹有存有論概念解析的特殊思維，整個宋明儒學都不能不意識到這個問題，但真能入乎其內、出乎其外的只有程頤、朱熹二人，其餘則點到為止，甚至有象山批評為支離、陽明誤解為析心與理為二，這樣的弱視，牟先生也繼承了。牟先生在本章的討論中，引用許多朱熹的話語，給予評語，最後總結四點收攝之。以下討論，揀其過激處對談。朱熹講心之理是太極，動靜是陰陽，牟先生談到：

案：「心之理」可兩面說：一、橫說，意即心認知地所攝具之理；二、縱說，意即「心氣之然」之所以然之理。關此縱說，心氣是實然，實然必有其所以然之理，此理亦是太極。此是心之存有論的解析。通常朱子說「心之理」，如「心之德愛之理」中之「心之德」，或心具眾理，是「心認知地攝具之」之義。不常說此「存有論的解析」之義。但然必有其所以然，如愛之然必有所以然之理（仁），此原則亦可反而用於心之自己，此亦是「心之理」，此與說「愛之理」同，但不與說「心之德」同，亦不與說「心具眾理」同，此即形成心之「存有論的解析」。心有動靜、必有其所以動之理、所以靜之理，而此理即是太極。方便言之，則說太極有動之理，有靜之理。如此說明心之動靜陰陽是存有論的說明。如從未發已發說心之動靜陰陽，此動靜陰陽是工夫地說。工夫地說之以顯性之渾然與粲然，此亦是橫說。8

此處，牟先生以橫說、縱說分析之，這是牟先生用橫說、縱說一段十分清楚的話，橫說為工夫論，縱說為本體宇宙論或存有論，也可以說橫說為工夫論，縱說為形上學，只是，牟先生以橫說的工夫論以說朱熹之學時，是認知的工夫、未發已發的工夫，這兩套工夫牟先生在《心體與性體》書中都大加撻伐過了，說只是學習程序上的事，不至逆覺體證的本體工夫。至於縱說，牟先生要的是上下天地萬物與人的動態實踐理論，是天道流行化生萬物的動態存有論，是主體實踐以成聖境的動態修養論，而今，朱熹之縱說系統，卻只是只存有而不活動的對理氣概念之靜態解析的存有論之學，言下充滿了惋惜之情。

上述的橫說、縱說之語意約定，筆者完全尊重牟先生的用法，認為亦頗有協助討論的效果，對朱熹之說的問題分類亦無誤解，只是對意旨認定的偏差。關鍵在於，朱熹的存有論可會通於本體宇宙論及本體工夫論，且不是他人的而是朱熹他自己的。至於朱熹的工夫論，是工夫次第論，且可以會通於本體工夫論。牟先生喜比高論低，總是要批評朱熹理論不及陸王，這其中誤解很大。一方面對朱熹的理論可以會通的不讓會通，另方面已會通的就說不是朱熹的本意，這就是牟先生的大問題所在。

針對朱熹講心者氣之靈爽，牟先生評論到：

案：「氣之精爽」、「氣之靈」，是心之「宇宙論的解析」。說其所以精爽之理、所以靈之理、以及所以知覺之理，則是心之「存有論的解析」。對於性自身之說明則只是存有論地說明其為「存有」。此種說明也許只是一種申明，並不能算作解析。對於性自身之申明也是一種存有論的申明。根據此性以說明存在，此是對於存在之存有論的說明（解析）。心是氣之靈、是氣之精爽，此是對於心作實然的解析，此實然的解析即曰宇宙論的解析。存有論的解析是當然、定然的解析。存有論的申明則只是一種如如的指證或肯認。[9]

牟先生這段話很清楚，筆者都同意，如此定位朱熹甚是正確，但朱熹也不只有此說，朱熹說心以及本體工夫更有許多與陸王同樣深刻精緻的話語，不只相當，甚有過之，[10]於是從宇宙

8. 牟宗三，《心體與性體》第三冊，頁四六七。
9. 牟宗三，《心體與性體》第三冊，頁四六八—四六九。
10. 參見拙著，《南宋儒學》，臺灣商務印書館。

論說心，和從本體宇宙論說天道流行，以及從本體工夫論說主體實踐，根本就可以融通合會，這些不同的脈絡並不是朱熹批評象山為禪的思路之別，這倒是牟先生自己刻意割裂的分別，朱熹批評象山之禪都是就象山及其弟子的行徑而說的，然而，牟先生卻張羅了這麼一大套理論來說朱熹之學是只存有不活動的靜態存有論的理論，以和其他儒者的即存有即活動的動態存有論做分別，這是一個錯誤的方向。

針對朱熹講心統性情，牟先生有所批評。朱熹言：

7.性情心，惟孟子、橫渠說得好。仁是性，惻隱是情，須從心上發出來。心統性情者也。性只是合如此底，只是理，非有個物事。若是有底物事，則既有善，亦必有惡。惟其無此物，只是理，故無不善。

牟先生言：

案：性情「須從心上發出來」，此發字有歧義。情是從心上發動出來，而性則只能因心知之攝具而彰顯出來，所謂「粲然」是也。「心統性情」，心是認知地統攝性而具有之，行動地統攝情而敷施發用之。11

筆者以為，這個評論，就有失偏差了，明明朱熹都講了從心上發了，牟先生就硬是要說這是情發，至於性，依牟先生，朱熹的性只能是作為被認識的對象，心認知地認識此性而彰顯而已，亦即牟先生簡直不允許朱熹可以性自命中流出，也等於說不承認朱熹可以談本體工夫，朱熹只可以談認識本體的認識活動，卻不能由本體發動以為實踐。這不是任意妄言嗎？朱熹講心統性情，強調性之純善，就是要保住孟子性善論立場，使人始終有一內在能動的本體以為主宰的動能，一旦談工夫，就是本體內在而發，就在此處牟先生自己所引之朱熹話語之意，存有論上心統性情，本體工夫論上性自心中發出而為情，即是仁之性發為惻隱之情，此是性情一，若悖性即妄情，性情分矣。朱熹自是藉存有論說本體工夫論，唯牟先生卻是限制朱熹於存有論中，而不許朱熹跨界至本體工夫論上。

下一段也是如此，朱熹談心性情之辨，牟先生也批評。朱熹言：

10. 問：心性情之辨。曰：程子云：「心譬如穀種，其中具生之理是性，陽氣發生處是情。」推而論之，物物皆然。[12]

牟先生言：

11. 牟宗三，《心體與性體》第三冊，頁四七四。
12. 牟宗三，《心體與性體》第三冊，頁四七五。

案：朱子自是伊川學，而非孟子學。此條引伊川語而謂「推而論之，物物皆然」，則伊川此語甚簡要，自可視為理解心性情三者之一般原則。「心譬如穀種」，亦只是譬喻而已。在穀種處，綜穀種之全而言之曰心。此言心是只取其籠綜義。嚴格言之，穀種實無所謂心也。心是虛說。穀種置於土中，自會生長。此「生長」是情，其所以能生長之理是性。心是虛說，是譬解，情在此亦是虛說譬解。說實了，只是氣之生長發動。氣之生長發動（所謂氣化）之自然處是無心，理之定然處是有心，是則心只是虛說，實處只是理氣。在人處，人實有心。綜「人之一身，知覺運用」、「動靜語默」，而言之曰心，此言心是實說。心之實然呈現發動（無論動靜語默）是情，其所以如此呈現發動之理是性，此性情對言是縱說，即存有論地說。「中和新說」中由靜時見「一性渾然，道義全具」，由動時見「七情迭用，各有攸主」，此種性情對言是橫說，即工夫地說，於此言心統性情，亦是橫說、工夫地說。橫說的「心統性情」是：心認知地統攝性，性在心之靜時見，而行動地統攝情，情即是心自身之發動。縱說的「心統性情」，朱子是就孟子說，即惻隱是情，仁是性。在此，心與情為一邊，性為一邊，實只是性情對言，「心統性情」並無實義，只是就心之發動為情須關聯著性以說明此情之所以然之理，其實義是在橫說處。朱子時常是以這橫說、縱說的兩種心統性情義來解孟子：當說惻隱是情、仁是性時，是縱說，當解盡心知性時，則是橫說。在人處有這縱說橫說兩義；但在萬物處，則只有縱說，而無橫說。而且心與情都只是虛說之喻解，故只成理氣之關係。[13]

其實朱熹這一段話就是很一般的存有論解析語，講存有論時並不是在講本體宇宙論，也不是在講本體工夫論，但是牟先生卻從這兩路去解讀，於是自信地定位朱熹此心是虛說，意即說不到真正做君子實踐以達聖人境界的份上。再加上朱熹有先知後行的工夫次第之論，遂把朱熹的認知工夫搭上朱熹的理氣存有論，以為朱熹的認知工夫只能達到解析存有概念，不能進行主體逆覺體證的本體工夫，也就是說，先把朱熹的存有當成工夫論，再套入朱熹工夫次第論，而謂其割裂知行，這就是筆者所說的，牟先生繼承了象山、陽明批評朱熹的所有錯誤思路。依朱熹，心統性情是牟先生所說的縱說沒錯，但不是本體宇宙論，然而牟先生又以工夫論討論性情對揚關係，說這裡都只是認知地統攝性，而不是性體發動的本體工夫。牟先生常常講解析朱子「甚為不易」，其實都是他自己扭曲誤解所致。還原朱熹講存有論，了解朱熹另有工夫論，不要把存有論當成非逆覺體證的本體工夫論，就不會有這些不易了。

牟先生在本節中最後提出四點綜論，其實許多意見在《心體與性體》書中都一再重複，筆者揀其特殊意見再為討論如下。

13. 牟宗三，《心體與性體》第三冊，頁四七五—四七六。

牟先生於第（一）〈性體之道德性之減殺〉一段中，說朱熹的理論造成實踐中心之轉移，筆者以為，這實在是無謂之批評，其言：

> 無論道德的與非道德的，彼一律就存在之然以推證其所以然以為性，則即使是屬於道德的性，此性之道德性與道德力量亦減殺，此即所謂他律道德是。在此，性體未能實踐地、自我作主地、道德自覺地挺立起（提挈起）以為道德實踐之先天根據，道德創造之超越實體。朱子所說之性雖亦是先天的、超越的，但卻是觀解的、存有論的，實踐之動力則在心氣之陰陽動靜上之涵養與察識，此即形成實踐動力中心之轉移，即由性體轉移至對於心氣之涵養以及由心氣而發之察識（格物窮理以致知），而性理自身則是無能無力的，只是擺在那裡以為心氣所依照之標準，此即為性體道德性道德力之減殺，而亦是所以為他律道德之故。此非《孟子》、《中庸》、《易傳》言性體之義也。14

因為牟先生所看到的朱熹就只能是朱熹在講存有論解析的那些命題，而那些命題本來就不是工夫論，卻被牟先生硬是當作工夫論來解讀，牟先生是這樣看的：那些命題是在作心者氣之靈爽、心統性情、理氣二分的解說，那些命題配合朱熹講《大學》作先知後行的工夫次第說，以及講《中庸》作未發涵養已發察識說的工夫次第說，故而工夫次第是割裂知行、是僅重其知、是未能逆覺體證、是只在心氣之間涵養察識、不能出自性體。於是種種無謂的批評攻擊紛至沓來，關鍵就是牟先生主張性體必須自我活動，使性體即是神體道體理體誠體仁體。牟先生高舉了一個超越的形上道體，刻意有別於朱熹作存有論靜態分析時對道物理氣結構的論點，牟先生的超越性之道體性體，其實是就著在聖人境界中，聖人的天地道物理氣心性情等範疇依據純善無惡的誠仁價值而實踐而統攝為一時而說的，但這是統攝於聖境中的合一，而不是諸存有範疇的定義上同一，總之，存有論有存有論的講法，本體宇宙、本體工夫論亦各有講法，境界論有境界論的講法，牟先生的性體意旨，其實是把本體工夫論、境界論、本體宇宙論以及存有論合併為一，謂之為動態的存有論，以別異於朱熹的靜態的存有論、割裂知行的工夫論、不能活動的本體論、只流於陰陽氣化的宇宙論。牟先生這種作法，既悖離文本詮釋的準確性，又犯了哲學基本問題錯置的缺失，顯示刻意為敵、一味曲解的作風。

牟先生於第（二）〈性體之為道德創造的實體之創生義之喪失〉文中，盛言在活動中的心與理，其言：

> 但吾人進一步說此實體之內容實義時，吾人即本《孟子》、《中庸》、《易傳》說此實體是心、是神、同時亦即是理；自其自定方向言，即是理；自其妙用言，即是神；而此

14. 牟宗三，《心體與性體》第三冊，頁四七七—四七八。

自定方向與妙用皆是心之定、心之妙，即皆是心之活動，即此而言之即曰心。故心、神、理是一，此理字是此實體之內容實義之一，而不是那個形式字的「理」字。……故朱子之說所以然之理是由對於存在之然作存有論的解析推證而得，不是就道德實踐之所以可能逆覺而得，故自始即定死者。在此直接推證中，無法加上心義與神義。是以實體必成「只存有而不活動」者，是即喪失其創生義。故其所說之「所以然」是靜態的、存有論的所以然，而不是動態的、本體宇宙論地同時亦是道德地創生的所以然。15

這一段文字就是筆者說的，牟先生把工夫論當成形上學在講了，講孟子的工夫論，此時盡心知性知天、窮理盡性至命，心神理一致。牟先生明講這是心之活動，所以筆者說，說到動態就是工夫論與宇宙發生論才須講動態，不是什麼時候都是動態的。動態講創生與工夫固無誤，但靜態講概念定義亦無誤。所以當牟先生講到朱熹時，就說朱熹談理是思辨的解析而得，並非逆覺體證、親證而得，故無創生性。問題是，天道創生、人實踐，都是創生，人盡皆知，朱熹只是就這個創生的活動中所使用到的存有範疇進行概念定義的解析及概念關係的分析，並不是在談他如何創生以及如何實踐，則牟先生何以必要以孟子談實踐工夫的動態語，來對立朱熹談概念解析的靜態語，並說其靜態而不能創生，這不正是哲學基本問題的錯置嗎？牟先生談得高興，對朱熹的學問全無敬意，隨意曲解。

牟先生於第（三）〈順取之路異於逆覺〉中言朱熹必厭此逆覺，必欲以解析與窮理倒轉而平置之、順取之、橫攝之，其言：

至於愼獨更不必言。此皆逆覺自證之實也。此與禪決無關係。而朱子必厭此逆覺，必欲以存有論的解析與格物窮理之方式去倒轉而平置之、順取而橫攝之，何也？在順取之路中，所謂「我固有之」，所謂不待外求，皆只成口頭滑過，依附著隨便說說而已，實則皆待外求，而固有之者亦被推置於外。此不得以所窮之理即為吾人之性為解，亦不得以「心之德」、「心具眾理」為解，蓋心與理為二即是外也，以認知的橫攝而一之，而貫通之，亦仍是外也。此蓋順取之路所決定而必然如此者。16

這些都是象山的支離與陽明的外心求理的等同語，朱熹厭象山之語乃是以其狂疏而謂之為禪，不見朱熹於鵝湖之會後言：「德義風流夙所欽，別離三載更關心。偶扶藜杖出寒谷，又枉籃輿度遠岑。舊學商量加邃密，新知培養轉深沉。卻愁說到無言處，不信人間有古今。」朱熹並不是厭此逆覺，朱熹說到本體工夫處，正不少此逆覺，甚至說《大學》八目條條都是求放心

15. 牟宗三，《心體與性體》第三冊，頁四七八－四七九。
16. 牟宗三，《心體與性體》第三冊，頁四八〇。

之學。至於強調認知，那就是《大學》先知後行的規模，不見象山亦多言於《大學》先知後行的意旨嗎？至於順取與橫攝，這只是牟先生個人自創的解析模型，能有效解讀文本則佳，不能有效解讀，而致生問題與曲解則劣。所謂外求，是陽明的錯解，朱熹繼承張載德性之知之說，而說格物致知需於自己心中求，亦即格物致知仍是依價值意識的主導下的主、客觀知識的求索活動，仍是求放心的工夫論矣。

牟先生於第（四）談體用義處，以本體宇宙論的直貫說體用圓融，此說甚美，但卻批評朱熹道：

> 但在朱子之存有論的解析中，由存在之然推證其所以然之理以為性，則性體與存在之關係只能是理與氣不離不雜之關係。理既不能創生地實現此存在，則理與氣之間亦不能有那些體用不二、即用見體等圓融義。17
>
> 在理氣不離不雜下，通過涵養察識以及格物窮理以致知之工夫，朱子自亦可達到一種境界，即：心氣之動全依理而動，乃至只見有理，不見有氣。但這俱不同於直貫系統中全體是用、全用是體、體用不二、即用見體等義。18

這第一段的文字朱熹是看不懂的，因為朱熹就是就著這個德性的天道之創生與德性的主體之實踐，而定義這些必是純善的天地之性，與有理有氣的萬物存在，以使天地創生與主體實踐有其清晰的概念可用，牟先生割裂存有論與本體宇宙論、本體工夫論，就像象山說朱熹支離一樣，以為只有自己才能體會道德實踐，以為人家講的不是德性之學，故謂之不能體用不二、即用見體。

第二段文字依據第一段的誤解而來，對朱熹的工夫論施以語言暴力，請問牟先生，既然心氣之動全依理而動，只有其理不見有氣，則此語不是張載的「善反之，天地之性存焉」而為何？不是孟子的「持其志，無暴其氣」而為何？不是孟子的「求放心」而為何？不是周濂溪的「主靜立人極」而為何？不是陽明的「致吾心之良知於事事物物」而為何？牟先生說朱熹這些工夫的語意，不屬於他所定位的直貫系統，若是其然，肯定牟先生自己的系統有重大缺點了。

但是，牟先生既不能超出自己的話術之外，又不能理解朱熹的語言，於是在一些朱熹語言已十分明顯等同陸王語言的時候，只好閉上眼睛，來個「不承認主義」，如其言：

朱子答象山《辨太極圖說》第一書云：「故語道體之至極，則謂之太極。語太極之流行，則謂之道。雖有二名，初無兩體。周子所以謂之無極，正以其無方所、無形狀，以為

17. 牟宗三，《心體與性體》第三冊，頁四八一。
18. 牟宗三，《心體與性體》第三冊，頁四八二。

在無物之前，而未嘗不立於有物之後，以為在陰陽之外，而未嘗不行乎陰陽之中，以為通貫全體，無乎不在，則又初無聲臭影響之可言也。」此已說得煞好。若不知其底子，此表面觀之，似已甚為圓通暢達之至矣。實則若仔細按下去，貫通朱子思想之全部而觀之，此只是存有論的解析下理同、枯槁有性、理氣不離不雜等義之另一說法。其對於太極、道體、誠體、神體之體會也不合濂溪之原意，故此圓通條暢之說法亦非直貫系統下體用不二、即用見體等圓融義也。19

余已無言，牟先生固當代之大儒必得尊敬，那朱熹呢？八百年來中華之大儒，吾不忍心其說遭曲解至此。

四、枯槁有性

牟先生於《心體與性體》第八章之標題為〈枯槁有性：理氣不離不雜形上學之完成〉，討論分為兩部分，前段為「枯槁有性」之討論，後段為「理氣」之討論，然而，「理氣不離不雜」之討論竟不寫了，牟先生說，依本書討論至此，若前面諸意皆通，則此時只要再引出朱熹的命題就能完全明瞭了，不必再講了，此事，筆者可以理解。牟先生《心體與性體》之書，從談周敦頤開始，就一直是以朱熹的別子為宗、只存有不活動、橫攝順取之說對比諸家，藉諸家之說建立牟先生自創的道體直貫圓融的形上學理論，而以朱熹為對立比較的敵論，用以成立其說的前提。牟先生對朱熹的使用已盡其極，至直接討論朱熹時，所論已盡，無須再言。此其只列文本不再叨絮之緣由。筆者甚可理解，也省下再為論辯之氣力。唯枯槁有性一節，又是牟先生的錯解之一例。

回到孟子性善論，人性是善的，關鍵在誠者天之道、思誠者人之道，但這人性是善的論旨，必須即是天道意旨，則天地萬物必共同稟受，於是又需有性善論的天道論。論於人性是善卻有為惡的事實，已頗費理論述解了，孟子未能說到徹底處，固有荀子性惡論、揚雄善惡混、韓愈性三品說等等，但所論不合孟子性善論路線。張載、程顥、程頤面對此一問題，有種種理論建樹，才真能挺立性善論立場，以與道佛辯，如天地之性氣質之性、心統性情、天下善惡皆天理、謂之惡非根本惡、君子不可自流於惡、上智下愚固有可移之理、性非相近而是相同等等，皆為保住性善本體，而說明為惡現象的存有論原因，以提供實踐工夫的理論脈絡。朱熹集其大成，論之更詳，及於天地萬物，萬物皆善，皆稟受天地之性，當然亦稟受各自不同之氣，故有各自不同之氣質之性，亦即萬物殊別之理，然而，天地之性則萬物同焉，唯其氣稟之限制，人可完全呈現，動物則不能，而人與人之間又有呈現能力的高下之別，因此，既保住天地萬物皆是天

19. 牟宗三，《心體與性體》第三冊，頁四八四。

道至善的產物，又說明了人之獨一無二的得其秀而最靈的存有地位。

本章枯槁有性成為牟先生討論的問題，關鍵就是，牟先生千篇一律所關心的超越內在直貫體證的道體性體，必須是能動的，且，只有人能為之者，逆覺體證而呈現之。然而朱熹竟謂枯槁有性，等於萬物皆有天地之性了，牟先生反對之，說萬物和此天地之性之間，只有被創生而存在其體，卻不能內在為其性。其實，牟先生之說法與朱熹的講法沒有不同，只是細節多些，詞語現代化些，兩家意旨無別，若真有別，則是儒家形上學的最新問題，大哉問矣。對朱熹而言，就是枯槁之物既有本然之性也有氣質之性，即是天地之性於萬物賦命之初，萬物之稟受皆是相同之意，然仍有氣稟之差異，故其天地之性有絕無可顯之限制在，但作為被動的接受，被人類正德利用厚生之餘，也竟顯其大能大用矣。對此，牟先生分三點說之，其中第一條和第二條意旨相近，第一條就工夫論說，第二條就本體宇宙論說，其言：

（一）依孟子，直下以人之內在道德性為人之真性，此內在道德性之性不但枯槁之物不能有，即禽獸亦不能有。依《中庸》、《易傳》「於穆不已」之天命流行之體，或「為物不貳，生物不測」之天地之道，總之，作為「道德創生的實體」之誠體、神體、乾元、道體，雖是創生地普妙萬物而為其體，然並不函著亦內在地具於每一個體之中而為其性，亦不函著每一個體真能具有之以為其自己之性。其創生地、超越地為其體之義與內在地為其性之義是兩回事，這兩者並不能同一化。20

（二）明道根據《中庸》、《易傳》之「道體（誠體、神體）創生地超越地普妙萬物而為其體」之義，復進一步，依據圓教義，而謂萬物「皆完此理」，復謂每一個體皆是「萬物皆備於我」，「都自這裡出去」，此即表示此道德創生的實體既創生地超越地為萬物之體，復內在地而為其性。然此中亦有別，即因能推不能推，只人能創造地呈現地以此體為性，而其他有生無生之物，因「氣昏，不能推」之故，便只能是潛能地、圓教義下之靜觀地以此實體為性，此實體之內在地為其性亦只是圓教義下之靜觀地、潛能地如此說，並非呈現地為其性也，而人以外之其他物亦非真能創造地呈現地以此實體為其自己之性也。此即示：理想地說，其他物可以此實體為性，而實然地說，實仍不能以此實體為性也。此義之所以可允許，依圓教義，固定然如此，此如天臺家之言無情有性。但分解地言之，理上亦有可說者。蓋此道德創生的實體之不能內在地復為人以外其他有生無生之物之性，此所謂「不能」亦並非邏輯地不可能，乃只是在宇宙進程之現階段中實然地不能而已，就氣說，亦只是氣之實然結聚使之不能而已。有誰能保證其氣之結聚必不變耶？一旦其氣之結聚變，而訣竅開，則復能之矣。然普遍地說皆能之，此亦無保證。故終於是理想地、潛能地

20. 牟宗三，《心體與性體》第三冊，頁四九三。

而已。然依圓教義，則定然如此，即使是潛能地，亦是定然地潛能地。而處於圓教自證之一中，亦無潛能與呈現之分，此分別是跳出來說也。然無論如何，明道所說之道體、性體是那「於穆不已」之道德創生的實體則無疑。21

以上兩條洋洋灑灑說了許多，其實弔詭纏繞，不甘不願，想說枯槁根本不能有天地之性，又不敢斷言，所以創發新詞，什麼超越為其體與內在為其性是不同的，什麼靜觀地、潛能地為其實體之性，而非呈現地為其性，什麼不能不是邏輯上不能、而是現實上不能。其實，牟先生說得纏繞，只是想藉此批評朱熹而已。然而，以朱熹於動物之於仁義禮知只能呈現其中的若干部分，而不能像人類般地呈現其中的全部之論而言，動物既已如此，枯槁之物就更是如此了，此已不待言，可以說，朱熹已經處理了這個問題，而且處理得清清楚楚，依據理氣論而無模稜兩可之意，朱熹的處理就是牟先生的處理，只是語言表達方式上牟先生自己有其新穎之處，但亦有陷入模糊不清之窘境。然而，這其中仍透露些許不同，就是能動不能動的道體仍是有別的。這就進入第三條之說，其言：

（三）朱子順《中庸》、《易傳》言道體義，自亦承認道體普萬物而為其體之義，但卻把《中庸》、《易傳》所說之作為道德創生的實體之道體、誠體、神體理解為只是理，是則普萬物而為其體即是普萬物而為其理。反之，依存有論的解析，由存在之然推證其所以然之理以為其性，此為其性的所以然之理即是那為其體的理，超越地（但非創生地）為其體與內在地為其性兩者完全同一化。「為其性」是在「存有論的解析」下為其性，不是就其能自覺地就其是否能為道德的創造而言為其性；「性」是存有論的解析下之性，不是就其能自覺地作道德實踐而說的那道德創造之性；個體之普遍地具有此性是「存有論的解析」中之有，不是就其能自覺地作道德實踐、逆覺自證，而自肯認有此性，如孟子之所說，亦不是依圓教義而謂每一個體普遍地有（此若跳出來說，實只是理想地潛能地有），如明道之所說。如是，每一個體之普遍地具有此性乃是依存有論的解析而成為形上地（非邏輯地）分解地定然地有，而此語亦成為形上地分解地斷定語，而非圓教下之定然地有（處於圓教之一中）或理想地潛能地有（跳出來反省地說），亦非圓融語。22

對於存有論的性之有無的問題，前已說明，即是朱熹以為枯槁之物也是有的，而牟先生用他的十分複雜的表述方式說是何種意義下的有，這都無妨，現在，不論枯槁之物，就是人，也因為朱熹的天地之性之賦命其中是存有論的，故而不能呈現而為主體的真實境界，這才是嚴重

21. 牟宗三，《心體與性體》第三冊，頁四九四—四九五。
22. 牟宗三，《心體與性體》第三冊，頁四九五。

的指控。並不因為牟先生承認朱熹講人性亦是賦命於天地之性，則人就是能為善去惡必成聖境的存有，因為，朱熹的理是只存有不活動的，是存有論解析下的理，因而不能做道德實踐矣。話說至此，枯槁有性無性根本不是重點了，就算朱熹說枯槁無性，只有人有性，但在牟先生的認定下，此人之天地之性仍是動彈不得的，這真是奇乎怪哉，朱熹明明就是要強調萬物皆稟受此天地之性，而人得其秀最靈，於是可以實踐呈現而人人成聖，何來此理不能自覺體證自認肯定之說呢？朱熹談人之實踐話語眾多，牟先生一句不認，唯對朱熹談存有原理，認死了這就是朱熹的真諦。即便如此，存有論地談道體理體，本來也並不妨礙本體宇宙論或工夫論地談主體實踐，唯牟先生有其理解上自己的滯礙之限制而已。

牟先生於本節最後又提出六點綜述，意見多重複，唯最後一條提到實證的問題，牟先生如此摯愛他的新說，關鍵還有中西比較的意味在。牟先生講三教以實有對虛無，高儒家辯道佛，牟先生講中西以實踐與否高中貶西，關鍵在於實踐可以證成，於是，筆者前說牟先生將本體宇宙工夫境界論合為一體的一套理論，現在又要增加一項問題意識了，那就是知識論。證成與否是知識論的問題，不是形上學的問題，比較形上學體系之能否證成是知識論問題，牟先生可以強調東方哲學可以實現故而可以證成，此說曠古今合中西一大卓見也，當然如何可謂之已實現且已證成還是一大問題，此非所談。但是，存有論地說道物理氣心性情，與本體宇宙論工夫論地說這些範疇，並無任何對立的立場在，存有論就是為本體宇宙工夫境界論服務的概念約定工程，儒家承認有天有帝有天命有天道，朱熹亦承認，儒家以實踐證成之，朱熹說其存有論結構，並非無涉於實踐、否定此實踐，反而是助成此實踐之體系清晰、話語明確，以談實踐而批評存有論解析之不能實踐呈現之說，真不必要，也不成立。其言：

朱子順聖教傳統肯定此遍為萬物之體的太極，故順下逆上皆是此一理。當《詩》、《書》中肯定天、帝、天命、天道時，本有點宗教性的獨斷（雖不是哲學的）。今朱子只順聖教傳統之傳承如此肯定，此肯定亦不免是傳承上之獨斷；而由存有論的解析以呼應契接之，此契接亦嫌虛弱而不強實，迂曲而不充直。於此，吾人可以看出朱子之說統不是孔子踐仁知天，孟子盡心知性知天之道德的逆覺之路。逆覺之路可以免除那憑空的獨斷、亦不須由「存有論的解析」之順取之路來契接來推證，而是直接由盡心知性來證實（當下體證），由肫肫其仁、淵淵其淵、浩浩其天來直下自證。此則太極真體、天命流行之體、道德創生的實體之強實而充沛，而真能站住其道德意義者，而此體亦不只是理，只存有而不活動者。以此比觀，則朱子系統中太極性理之道德意義被減殺而弄成虛弱，甚為顯然。23

牟先生這樣的排斥朱熹，跟陽明批評朱熹外理於心是一樣的，朱熹講了無以計數的本體工

23. 牟宗三，《心體與性體》第三冊，頁五〇九。

夫的話，陸象山、王陽明、牟宗三看也不看，就抓著幾句話便一路追打到底，以為辯勝，實則是偏見至極。牟先生說逆覺體證可以證實道體，這是知識論問題，朱熹反思道體特徵，並不是在做這個體證，也不是在提供證實，體證自是工夫語，朱熹自有工夫語，至於證實，這是牟先生的知識論問題意識下的判斷，朱熹的本體工夫亦能承擔這個判斷，亦能證實。關鍵只在，牟先生把朱熹關監牢在只是存有論解析的理論型態中而已。

五、結論

本章原本要談〈理氣不離不雜形上學之完成〉，而有第一二兩節的，但在第一節談枯槁有性之後，第二節正式進入理氣問題時，牟先生竟然只引其文而不談其理了，因為所有的理論在此之前都已使用出去了，故而無須再談，這樣也好。總結牟先生對朱熹的詮釋，幾乎是刻意以為敵論，歪曲錯解之以為拳擊沙包，沙包只存有而不活動，牟先生則活靈活現不斷出招攻擊，後來牟先生也不動了，這一段影片被側錄下來，供人觀賞。筆者疼惜沙包，為朱熹一辯。牟先生自創一套圓教的動態形上學，以朱熹為對比的別論，卻產生哲學基本問題的錯置，以及無謂的批評，使宋明儒學的理論圖像受到曲解，牟先生之作，理應被修正。

本章針對《心體與性體》第三冊的第七、八兩章的討論，是以牟先生於兩章討論中集結編定的總結性意見為對象，逐一討論，並補充以其他有重要意義的段落。本章討論的主題包括：「道體神體的本體宇宙論解析」、「心性情的存有論解析」、「枯槁有性」。首先，牟先生藉明道、濂溪講神體，認為朱熹之解釋，雖符合其義，但卻與朱熹一向的不活動的理、神說不合，筆者認為，這反而是牟先生割裂存有論和本體宇宙論及本體工夫論的錯誤詮釋。其次，牟先生講朱熹的心性情說，以為朱熹講心者氣之靈爽，就是連著陰陽氣化的人存有處講，不能超越至聖境，筆者以為，這還是把存有論當成不活動的工夫論講的錯置，於是對朱熹有道德性減殺、及無創生義、和不能由體及用的批評，筆者力為朱熹澄清。最後，講枯槁有性，朱熹主張，牟先生反對，其實意見都與朱熹相同，實為多餘的反對。至於理氣論處，牟先生只引文不討論，因為整部《心體與性體》已經都是在批評理氣論了。本文之作，指出牟先生自己有哲學基本問題的錯置，於文本解讀不足，自創一套混合太多問題的極高明的形上學理論，並不實用，對朱熹的貶抑與錯解，更是嚴重，於朱熹話語合理之處，就說是因襲前人，與朱熹自己系統不合，根本只是不承認主義。朱熹大儒也，筆者願為朱熹力辯，反對牟先生詮解朱熹的各種錯誤。

以上《心體與性體》三大冊討論結束，以下進入《從陸象山到劉蕺山》。

第十四章　對牟宗三詮釋陸象山的方法論反省

一、前言

牟宗三先生是當世中國哲學界最重要的哲學家，尤其他以當代新儒家的身分，建構儒學、批駁道佛、評比中西，過程中創造了無數的新理論，重塑了整個儒釋道三家的哲學史形象，型構了當代新儒學，但也因此在許多地方不免有創造性的誤解。筆者近年來對牟先生的著作採取地毯式的研究，針對牟先生談儒家的《心體與性體》，道家的《才性與玄理》，佛教的《佛性與般若》諸書都做逐章討論，企圖全面地了解牟先生的思路形成過程及內涵真相，經由此一歷程，收穫甚大，因而能夠清楚地了解他的偏見及特點。本章之作，針對《從陸象山到劉蕺山》書中的〈陸象山部〉做討論，牟先生談陸象山分兩章，一章談象山之「心即理」的哲學，一章談「朱陸之爭」，本文集中討論第一章部分。第二章部分另待它文，不過，其實思想要旨差異不大，只是討論議題稍有不同而已。

牟宗三談陸象山的時候，不只《心體與性體》都已完成，甚至《佛性與般若》也都完成，雖然有許多地方是早期著作，但確實是很晚期的時候才集結整理完成。因此，重要的觀念與《心體與性體》都是一致的，也因此，牟先生又多談了一些新觀點，本文的討論，都預設了筆者對《心體與性體》的理解，只對新說部分進行反思。依牟先生自己的陳述，本章討論象山學部分都是新寫的，只下一章討論朱陸部分是同時完成於寫《心體與性體》之時。

本章將討論以下重點問題：對以分解說及非分解說談象山學的反思、對談陸象山第一義說的方法論反省、對陸象山是自律而非他律系統的觀點、對陸象山並沒有作用義之「無心是道」的禪家風格的討論、對陸象山是樸實之路而非知識之路的觀點討論等等。

二、象山學的特色與牟宗三的詮釋策略

陸象山哲學，筆者以為，是要求做工夫之學，亦即並不是在提出本體宇宙論或工夫境界論之學的型態，這並不是說陸象山沒有本體宇宙論或工夫境界論的發言，而是，這些發言一方面不成系統，二方面不具新義。所以牟先生才說講象山學很可能幾句話即講完，關鍵即是，他的義理十分簡單，都是前人說過，他不過重拾幾句，做個強調而已，所以牟先生又說他是啟發語、指點語，這就是筆者說的，象山只是就原有命題，要求學者實踐之、篤行之，如此而已，十分嚴峻，強而有力，感人至深，但於理論上沒有真正的創新之辯論。唯一的一辯，就是在《朱陸

辯太極圖說書》中不許朱熹有創新理論的辯論，要求堅守他自己所理解的古儒意旨而已。

依據筆者的研究，象山哲學在形上學方面確實無所創新，即其論於理氣問題部分，但實有繼承而已，事實上他的系統中即是完全預設這些理論內容，只是象山的重點在於強調要如理、合理，要心即理，亦即是要去做工夫以呈現這些道德價值原理。因此他的工夫論也沒有特別的新義，就是要求實踐的強調，象山說「實學」，說「無杜撰」，說「先立乎大者」，說「辨志」，以上種種立論，與其說他提出了新的工夫論的理論模型，不如說他從頭到尾都是在做要求做工夫的陳述而已，這正是牟先生說他無概念的分解之故，亦即不在形上學也不在工夫論上建立新模型，而是直接要求做工夫的實踐派。

但是，這個實踐派的作風，卻深獲牟先生之喜愛。牟先生以實踐非實踐定位中西，以此模式，平移於陸王、程朱之對比，象山學正以實踐的模型而為牟先生創說為實踐哲學的高峰型態，此亦本文要深入討論的最重要問題。

陸象山哲學確實有其特色，但這個特色的重點不在他所提出的新的哲學理論，而在於他對待儒學的實踐態度，以及因風雲際會之故，儒學史上最偉大的學者朱熹，與其同時代，而有交流，且有衝突對立的意見，因此，在儒學史研究的過程中，一旦研究者彰顯朱熹哲學的同時，不能不檢討象山對朱熹的批判意見。然而，隨著歷史的演進，朱熹學不一定永遠占勝場，象山學有時更受重視，在朱陸之爭的歷史中，始終有不斷爭辯的新課題出現。

牟先生作為當代新儒家第一號大哲學家，也可以說是以批評朱熹肯定陸象山為其儒學理論建構的核心軸線。這個工作的成立基礎，就在建立象山學的型態定位上，為此，牟先生藉用了許多它教它學的名詞及理論來說此事，當然也有些是他自己創新的，包括「分解說及非分解說」的架構、康德的「自律他律說」，佛教的「第一義說」，禪宗的「言說法及如實法說」，禪宗「無心是道」說的「實有層及作用層」說等等。這些創新或借用的觀念或理論，有時候非常有益於解說問題，但更有時候其實是基於對文本的誤解而認定的意思，以致同時也誤用了它教的概念。因此必須好好反思，並進行方法論的討論。

三、說陸象山是「非分解說」哲學的反思

以下，首先討論牟先生以「分解說及非分解說」的架構說陸象山哲學的特色，參見其言：

象山之學並不好講，因為他無概念的分解，太簡單故；又因為他的語言大抵是啟發語、指點語、訓誡語、遮撥語，非分解地立義語故。在此種情形之下，若講象山學，很可能幾句話即完，覺其空洞無物，然亦總覺此似若不能盡其實者。吾今即相應其風格逐步真切地疏解出其學之實義，以期讀者逐漸悟入其學之實，自真實生命上與其語言相呼應，直

達至其所呈現之理境而首肯之，以為真實不謬也，而後止。吾之此種疏解中所成之疏解語言亦大體是第二層序上的，即相應其學之為「非分解的性格」而為第二層序上的，而非「分解地立義」之為第一層序上者。[1]

就本文言，牟先生針對象山哲學提出了綱領性的定位意見，就是缺乏概念的分解，因此，牟先生也以「非分解的性格」定位象山，而說為是第二序的陳述，而非第一序的陳述。因為若就第一序的陳述，象山學實在沒說什麼，也就是說，象山學根本沒有說出什麼有意思的新的哲學理論，他只是在要求實踐這些傳統儒學的價值觀念，因此以哲學理論創造的意義來講時，象山就沒什麼東西可以講了。講哲學理論就是要講新創造的系統，這就是第一序的陳述的意思，第一序的陳述就是分解以立義，就是層次分明條條清楚地陳述它的知識建構，但是象山沒有這些東西，所以無法幫他條條分明，只好轉入第二序，至於第二序如何說呢？牟先生這可是無所不用其極地幫著說了，本文之作，即是針對牟先生從第二序又創造出的許多說法來定位象山學的觀點的討論。

1. 參見牟宗三著：《從陸象山到劉蕺山》，台北：學生書局，一九七九年八月初版，頁三。

四、以第一義說談象山學特質

接著以上的開場，牟先生接著就臚列了六項象山最重視的觀念，包括：「辨志、先立其大、明本心、心即理、簡易、存養。」而說：「凡此六端並本孟子而說，並無新說。即此本孟子而說者亦是指點啟發以說之，並非就各概念重新分解以建立之。」[2]此誠其然。但是，牟先生異軍突起，卻是要為象山的這種指點啟發語建立新說而論證之、肯認之、並高明之、且優異之，首先，牟先生是建立了實踐活動與知識分解的差異以辨異之，而且是以佛教中人講說第一義觀念的模式來討論的，參見其言：

似此所言，則象山乃是就第一義非分解地啟發點示，令歸於實處。實處洞朗，則「本心即理」坦然明白。順此而行，則「當惻隱處自惻隱，當羞惡，當辭遜，是非在前自能辨之；又云當寬裕溫柔自寬裕溫柔，當發強剛毅自發強剛毅，所謂溥博淵泉而時出之。」（語錄）。此即所謂簡易也。孟子十字打開，千言萬語，不過說此義。若能如此理會實處，其語言不待分解亦自明。要想明白其語言，而分解地說出之，亦須先能如此理會，其分解始不謬。分解無論如何重要，總屬第二義。縱使分解得「如此分明，說得好剗地」，最後亦總須歸於實處，歸於坦然明白之簡易，歸於實理實事之踐履，一切分解皆只是助解之筌蹄。言必有宗，義必有當。若能如其分，不氾濫，不增減，則分解之言所出之義無有不恰當者。

問題不在分解，而在分解之不當。分解之不當乃由於失其宗主。是故象山先令人辨志，先明本心即理，蓋其經典的宗主在孟子，而實理實事之宗主則在道德的實踐也。象山非必抹殺分解，亦非不能分解，然其所吃緊示人者則在先明輕重本末，故彼常言：「端緒得失，則當早辨。」（全集卷一，與邵叔誼書）又言：「天下正理不容有二。若明此理，天地不能異此，鬼神不能異此，千古聖賢不能異此。若不明此理，私有端緒，即是異端，何止佛老哉？」（全集卷十五，與陶贊仲書二）朱子重分解，此非其病，病有端緒不明也。象山所有話頭大部皆對朱子而發。即就孟子而言，朱子之分解失其端緒矣。此由於未能先理會實處也。朱子不自省覺，反以不相干之指責責斥象山，此則一間未達也。是則朱陸之同異寧有如世俗之所想者乎？[3]

本文重點有三：其一，說象山學即是實踐活動之學。其二，講理論的系統都是分解的，無論如何分解都還需要實踐活動以圓實滿足之。其三，朱子的分解系統有端緒不明之失，故宜象山指責之。以下筆者逐一討論之。

2. 牟宗三，《從陸象山到劉蕺山》，頁五。
3. 牟宗三，《從陸象山到劉蕺山》，頁八－九。

首先，牟先生說象山學的特點重在實踐。牟先生說象山學是就第一義啟發之令歸實處，此說等於在說象山學就是儒學在實踐上的落實，進入實踐，義理自明，所謂簡易也。於是，牟先生即隱含象山學以方法之簡易應優於程朱學。其實，象山就是在講要做工夫之學，而儒學就是實踐哲學，儒學的理論就是要拿來實踐的學問，但講理論是為了這個實踐之有道理及如何做而講的，講理論不等於正在做實踐活動，但沒有任何一套儒學理論不是為了成為君子聖賢的目的而建構的。因此，就理論講理論的圓滿，這是不能與實踐混淆的。實踐有實踐的進路而圓滿，理論也有理論的進路而圓滿，牟先生要求理論的圓滿而以實踐實之，其實是搞錯了問題。理論的圓滿標準在理論，實踐的圓滿之標準在現實世界的呈現狀態。象山在要求別人要實踐時等於自己正在做實踐，但是，正在做實踐不等於實踐已經臻至圓滿，象山並非已經達至聖境，只不過，象山將前此先儒所講的所有理論都落實在實踐了。理論自是要落實的，但這是個人的實踐的部分，就講理論而言，最後也應該多此一句，即是要求實做工夫而自讚此為第一義哲學。但是，任何理論的圓滿並不是自加一句要實踐就圓滿了，加實踐也好、不加實踐也好，它都是關於實踐的理論，這只是個人的實踐活動中有沒有去落實的問題，這不是哲學家的理論圓滿不圓滿的問題。現在，牟先生以象山在實踐處有所落實，而有高明於其他只講知識的系統，關鍵在端緒之明，此說，筆者不同意。

第二點，牟先生討論象山對待分解的態度。認為問題不在分解，而是分解得不當。但是，筆者認為，牟先生的意見根本就是有分解就有問題，而不是分解得不當才有問題。依牟先生的意見，既然分解得再好，總屬第二義，第一義就是去實踐。則，這時所關心的當是實踐的圓滿，終至成聖，而不是理論的圓滿。但是，「實踐以達圓滿」這件事情不是言說法的範疇，哲學討論，本來就是在言說法內進行，並且所有的實踐哲學的言說法都是為了實踐而說的，說了就是要去做，至於有人不做或是做得不對，這是人病的問題，而不是言說法有法病。甚且，實踐是一件不容易的事情，那麼，實踐的圓滿如何檢證呢？這個議題在當代中國哲學界及傳統中國哲學都沒有好好討論過，它在理論上的言說根本尚未開啟。並且，並不是說了第一義就已經是實踐而臻至圓滿了，而是直至成聖了才是實踐臻至圓滿。說了第一義只是說了要去實踐，並不等於實踐已經圓滿。因此，牟先生有問題意識的錯置。如果分解之不當在於失其宗主，而宗主就是要求實踐，則是把實踐的問題和理論的問題混在一起說了。光講理論而不實踐確實是失其宗主，但是講錯了理論又去實踐這可是危害更大，至於講了理論也有去實踐這當然是最理想的。但是，現在的重點是，去不去實踐是人的問題，不是理論的問題，理論的問題有理論本身的標準來檢查，而不是拿有無實踐來檢查，更不是拿有無強調要求實踐來檢查。牟先生以第一義之不分解高於其他種種分解的理論，而分解並非不可，重點只在是否失去宗主，至於是否守住宗主，則是以有沒有要求實踐來斷定，事實上任何講工夫論的理論的目的不是為了實踐是為了什麼？任何講形上學的理論不是為了確認工夫論述那是為了什麼？因此，在講了形上學又講了工夫論之後，再加上一句第一義的直接實踐要求，這樣就是比其他分解說者都更圓滿了嗎？這是筆者不同意的部分。

第三，牟先生討論象山批評朱子的關鍵。這個關鍵就在於宗主及端緒上，依牟先生一貫的做法，他所關心的哲學問題，既有是否直接要求實踐的宗主端緒問題，也有如何實踐的方法步驟問題，甚至也包括了形上道體的存有範疇如何界定的理論型態問題，基本上，牟先生是含括所有這些問題於一爐的，也就是他是本體宇宙工夫境界論混同不分的。其結果，就可以把要求實踐的象山學說成為動態的存有論者，因而也有了高於朱熹的形上學立場，可以說，所有牟宗三先生的儒學討論的核心問題，都是面對此一朱陸分辨的問題而發展的。

五、從自律與他律問題定位象山學

對於端緒之辨，牟先生認為康德所說的實踐規律之依據不同，導致有意志之自律及他律的不同，這就是端緒之辨的要點。於是，以象山為自律型，以朱熹為他律型，然而，筆者認為，這是一套沒有被界定清楚，以及不適用於分析中國哲學的理論。參見其言：

案：此段話甚分明而簡截，吾讀之甚喜。然則象山之言簡易寧有如世俗之所譏笑者？此段話倒真能道出象山之所以言簡易與夫朱子之所以「道問學」之故。當然，朱子系統中之實踐規律並不是基於利益；但是他的格物窮理之路卻使他的實踐規律大類乎西方理性主義者之實踐規律之基於存有論的圓滿與基於上帝底意志俱是意志底他律之原則。快樂主義基於利益、基於幸福，亦是意志底他律之原則。基於利益之他律其所需要有的世界底知識是經驗的；基於存有論的圓滿其所需要有的世界底知識是理性的；基於上帝底意志最初是訴諸恐怖與權威，最終亦必落於需要有世界底知識，這知識或是經驗的或是理性的。這些原則俱是他律，蓋因為其所含的實踐規律皆取決於作為目的的一個對象，對於這對象必須先有知識。[4]

牟先生前此引用了一段康德的文句，不過，筆者的討論是要以牟先生的認知為對象，故而牟先生之康德學部分是否正確便不討論。僅就牟先生之所言，他認為朱熹格物窮理的思路正是意志他律的模型，因為它類似基於存有論的圓滿或上帝底意志，依朱熹的模型，應是依據存有論的圓滿這一型的，最終也是需要有關於世界的知識，這些知識說出了關於目的的對象的實況。

筆者以為，此處所謂的意志底他律原則，應得不與意志底自律原則有所衝突與對立，理由是，主體的自律決斷所行之理念，從其他人的角度而言，若願說其為合理時，則必以其自律的

4. 牟宗三，《從陸象山到劉蕺山》，頁九。

理念是符合於世界底知識的為合理之據。亦即任一自律的理念並非任意妄為之意志，它必有其理，其理必以世界底知識為依據。除非主自律者否定有世界底共同知識，否則自律他律不應兩相為異。就前述牟先生所說的他律的三型而言，基於利益的快樂主義一型，與基於存有論的圓滿一型，此二型都是為道德行為找到必須如此不可的普遍原理，快樂主義或許究理不深，但基於存有論的圓滿就必定是論到了終極原理了。再就上帝底意志而言，惜乎上帝是一位格神，如若上帝只是創造原理，而無位格神祇的恐嚇意味，則筆者要說，創造原理、存有論圓滿、快樂主義皆是為道德行為找到合理的原理依據，都無所謂他律意味在，論於他律者，有位格義之神祇或他人之要脅、強迫、引誘、控制下的行為者，才可說為他律，若非如此，主體自由意志下決定的道德行為，不論主體自己所認為的道德的道理為何？只要不是受他人或神祇的恐嚇脅迫者，必是自律的。不過，因為牟先生堅持自律優於他律，且以朱熹為他律的型態說之，所以製造了許多無謂的曲解朱熹的說法。參見其言：

朱子既取格物窮理之路，故道問學重知識。雖其通過「道問學」所需要知的是太極之理（豁然貫通之理），存有論的最高實有之理，不是零碎的經驗知識所識取的事象以及事象之曲折之相，然亦必須通過這些事象以及曲折之相始能進而認取那太極之理，此即所謂「即物而窮其理」，即就著「實然」而窮究其「超越的所以然」。是則決定我們的行為者是那外在之理；心與理為認知的對立者，此即所謂心理為二。理是存有論的實有，是形而上者，是最圓滿而潔淨空曠的；而心是經驗的認知的心，是氣之靈，是形而下者。因此，決定我們的意志（心意）以成為吾人之實踐規律者乃是那存有論的實有之理（圓滿之理），而不是心意之自律。因此，對氣之靈之心意而言（朱子論心只如此，並無孟子之本心義），實踐規律正是基於「存有論的圓滿」之他律者。故彼如此重視知識。[5]

牟先生以朱熹為他律，是從朱熹格物窮理說開始，以至於太極之理為止，因此得以描述出一個朱熹哲學的他律模式。但是，筆者以為，這個模式是對朱熹哲學的曲解。朱熹論於格物窮理是為了明明德於天下，此一理念在實踐上從格物致知開始，經歷過誠正修齊治平而為完成，是一工夫次第的問題意識，與自律他律之分別無關。要說自律他律，只要是本體工夫的理論則都是自律的。而所謂窮理以至窮究太極之理者，固然屬於格物致知的階段之所為，但重點已不是工夫次第的先知後行的工夫論問題，而是單單討論存有論的問題，亦即已非工夫論議題而是存有論問題。至於自律他律問題，在牟先生處沒有劃分是工夫論還是形上學問題來討論，而是都放在形上學問題處討論。於是，牟先生便認為朱熹的太極之理是外在之理，且為實踐的理據，故而決定意志者為存有論的實體義之原理，故為他律。至於作為實踐主體的心，是形而下的氣

5. 牟宗三，《從陸象山到劉蕺山》，頁九一一〇。

之靈，而理又是外在的，所以便是心理為二的體系。

筆者以為，這許多的討論既涉及對朱熹文本的誤解，也包含牟先生個人的哲學立場。首先，牟先生硬把朱熹的形上學存有論的討論當作實踐的問題在談，而主張朱熹的這種實踐哲學是他律的，是心理為二的。其實，朱熹的實踐哲學不能有別於其他宋明儒者的實踐哲學，因為儒家的工夫論都是以仁義為價值的本體工夫，只是朱熹多重視工夫次第問題而已，但是，次第中的任何一項都是本體工夫的。因此，若象山工夫論是自律，則朱熹的工夫論也是自律，事實上所有的儒家哲學體系的工夫論都是自律的，若自律所說的是主體自作決斷自我承擔自覺而行的意旨的話。至於主體的如此決斷、承擔與自覺，為何有理？則此時才是進入存有論、形上學的討論，就此而言，象山的形上學、存有論意見也不能有別於朱熹之說，事實上，象山也都有同樣的說法。所以，說決定意志之價值方向者是存有論原理之他律與說堅定意志以實踐之自律不應是有衝突的立場。談道德實踐必是心意之自律，但心意之自律所追求的理念必須是合於存有論的原理，否則每個實踐者依欲念而任意妄為時，亦是依意志之自律了。因此，說自律指得是主體的自覺，但此自覺之所覺所悟必是有理的，要說明它的合理性，就涉及關於世界的知識，說此理即天理，此即進入存有論原理的討論範疇，此時並不需要因為它是涉及世界底知識就稱為他律，因而便有對立於自律的立場。實踐就是主體自我決斷的行動，決斷什麼呢？決斷心中所依之天理，於是系統中可以對天理有所說明，但是實踐時並不是天理強迫主體去實踐，而是主體意志自由且自律地願意依著天理去實踐，故而筆者說儒家的工夫都是自律的。很遺憾的是，牟先生卻嚴分他律與自律為極不同的型態，說朱熹為他律，說象山為自律，關鍵只在朱熹多說了天理的系統，難道象山、陽明不承認有這樣的天理的系統嗎？牟先生卻認為，只有談道德實踐才是自律，談道德原理就是他律了，實踐者對題，原理者不對題，筆者完全不同意此說。又見其言：

> 決定我們所應作者是什麼並不是如此之容易。若不通過格物窮理道問學之工夫，焉能知所應作者是什麼？故彼自然不喜歡言簡易。朱子言「艱苦」，一在就知識言，一在就氣質之病痛言。此正是以知識之路講道德所應有者。此即象山所謂「失其端緒」。就知識言，格物窮理固非簡易；就變化氣質言，知識之路更是困難，而且尚不是難易問題，乃根本不對題。依意志自律之原則而行，則知所應作者是什麼固甚易，即變化氣質之不容易亦是對題的不容易，而非不對題的不容易。象山並非不知變化氣質之難，然其難是對題之難，非不對題之難。對題之難好辨，不對題之難不好辨，始是真難矣。6

牟先生本段文字中的重點就是，談知行問題，依意志之他律者是知識進路，不對題，難成

6. 牟宗三，《從陸象山到劉蕺山》，頁一〇。

功，而依意志之自律者是實踐的進路，對題，易簡。筆者以為，這樣的意見掛一漏萬，對於依知識進路之定位，既不準確，更不公平。就實踐活動而言，只有意志自覺自律自悟的行動才是真道德行動，筆者完全同意。這就是勞思光先生講的主體性的價值自覺。但是，對於一般氣質不美者，他的價值自覺多是依利益欲望而行，則利益欲望如何是錯？為何應依正義無私而行？這就是要講道理的時候了，講道理，以與人辯，不只與自私自利之徒辯，也要和不同教派的價值立場辯，因此，為了正義與無私的服務價值之實踐，有一知識之進路以澄清宗旨的做法，這是實踐哲學之所必須。孟子的義利之辯所辯何事？無須辯嗎？從哲學基本問題來看，這也正是形上學的問題，說為存有論問題，或本體宇宙論問題皆可。在道理上說明人生的意義、目的與價值方向，在知識上說明個別人物的氣稟限制，從而知道應做何事？以及如何改過？這就是知識的貢獻。然後，提起主體性的價值自覺，自律地要求自己去實踐，從而進入實踐的範疇，此時當是自律唯一原則而已，即便有再多的知識，若主體不能自行覺悟、自我約束，則行動絕未開始，故論行動，必是自覺自律，但論知識，當然是要有對世界的知識，就是對整體存在界天地人之道的全面認識之事，此事哪有不對題之處？知明即行，先知後行，若不割裂宗旨，哪有不對題之處？說不對題是牟先生自己的混淆問題與一廂情願地與朱熹為敵的心態所致。這等於是牟先生自己刻意地割截知識與實踐的關聯，然而藉由對實踐的凸顯而高象山矮朱熹，又刻意地為朱熹打造一套只重知識分解，只談存有原理的靜涵橫攝系統，故說為他律，無論康德所說何義，牟先生說朱熹是他律者才是對朱熹不對題的理解。又見其言：

象山之言簡易正是「依意志自律原則而行」之所應有而必有者，此則得其端緒矣。康德言意志自律，象山本孟子言「本心即理」。「本心即理」非謂本心即於理而合理，乃「本心即是理」之謂。此蓋同於意志之自律，而且足以具體而真實化意志之自律。蓋意志即本心之本質的作用也。康德界定意志自律云：「意志底自律就是意志底那種特性，即因著這種特性，意志對其自己就是一法則。」（見《道德底形上學之基本原理》）決定意志的那法則不是由外面來的，乃即是意志本身之所自立，自立之以決定其自己，此即是說意志對於其自己即是一法則，此即是意志之自發的立法性以及以此所立之法決定其自己之自律性。意志能為其自己立法，亦甘願遵守其自己所立之法而受其決定。7

牟先生在這段文字中既說明了象山學的特質符合於康德的意志自律的模型，又以象山對孟子的繼承來說明象山是自律型的殊勝所在，正是在說意志自律之自己決定及當下落實的兩種特性，亦即意志自律決定了要追求或遵守的法則，以及讓主體即直接落實於實踐中，主體願意實踐其意志所律定的價值方向，此說筆者完全認同。談主體實踐就是這樣的模式才是真實踐、真

7. 牟宗三，《從陸象山到劉蕺山》，頁一〇一一一。

道德，但是，這是主體在願意實踐道德的前提下才會發生的狀況，若不是在這種狀況中時，則意志提不起來，又焉有所謂自律、自覺、自我實踐執行的景況呢？也就是說，這是做了工夫提了起來以後的狀況，若主體不在此境，則需要許多助緣、許多次第、許多說理才會逐漸到達的。因此，主體有在此境時也有不在此境時的各種不同的處境狀態，因此，牟先生說孟子「本心即理」的一段筆者就有不同的意見了。

牟先生在理解及使用康德的意志之自律他律問題的思考中，是把自律他律當作兩種主體實踐的模型，似乎有哲學家主張了不同的兩種模式，所以牟先生是在做判教與評比。筆者以為，朱陸的哲學理論是在兩種不同的問題上的發言，因此必須做分類的工作，以澄清各種理論的功能。就工夫論而言，沒有什麼重知重行的他律自律之別，就存有論和工夫論的不同而言，也不能直接將其視為有他律和自律之別，要說自律他律，只能就主體有無自覺而言，有自覺，且此一自覺必依天理，且知如何發為具體行動的實踐，這就是自律的。所謂他律，主體沒有價值的自覺，但被位格性存有恐嚇、威脅而行者。或為自己的私欲私利而行者，則非為道德行為。因此，依任何利他的普遍原理而自做決斷的道德行動，都是自律的。

牟先生以意志自律的模型說象山之言於「本心即理」是「本心即是理」而不是「本心即於理而合於理」，筆者以為，這樣的說法只能是講境界，而不能是講工夫。說本心即理是本心即是理時，主體已在本心提起的狀態中了，但是一般談做工夫時，會首先面對主體尚在渾噩不明且自私自利的狀態中時，此時本心當然本來存在，但是並未呈顯，並未成為主體的主宰意志，此時主體之心有種種氣稟的限制而致昏暗不明，所以此心與天理不能合而為一，必須做種種工夫，才能使其及於理而合於理。因此，牟先生當然可以說本心即理是本心就是理，但是，他究竟是說得哪一種意義下的本心即理呢？是在說存有論上本心就是性善之性體，故而即是天理，故而本心就是理？還是說工夫境界論上，主體之心提起在本心的狀態中，使主體之心如理而合於理，而謂之本心即是理呢？其實，從工夫論的思路而言，要說心即是理才是更準確的說法，就是心可能不如理，但經過做工夫而使心如理，這才是談工夫論的要旨。若說本心即是理而等於是存有論地談性即理，則這正是程朱提出的命題意旨，然而存有論思路顯然不是牟先生要講的重點。確實，牟先生即是在實踐的狀態中談本心即理的意旨，這是他掌握孟子學精神而說出的。所以，筆者要說，依孟學精神來談，是「本心即於理而合理」，而不是「本心就是理」。這種存有論和工夫境界論不分的敘述模式，就導致他在分析康德的意志自律概念中，卻強調自律可由道德概念分析而出的觀點，以此接續地說孟子之本心觀念的意旨，參見其言：

> 而孟子之本心即理卻正能表示康德所說之自律以及自由，而且足以具體而真實化此自律與自由，即並無分析與批判之別。（依康德，自律是分析的，即由道德一概念即可分析出，而自由不是分析的，乃須接受批判之考察，因此說它是一個設準。）「本心即理」這本心之自律與自由乃是一具體而真實的呈現。就自由說，這不是一設準，而是一呈現。如果道

德真可能，不是腦筋空想之虛幻物，而復由道德這一概念本身即可分析出自律（若不自律，道德即不可能），如此，自律固是分析矣，而若自由不能呈現，只是一設準，只是意志之一設定的純淨狀態，則道德之可能亦落空，現實上實成為不可能，自律雖為分析的，亦無用，只是一理之當然。康德講自律實只是一理之當然；而若自由為設準，則道德必落空。8

牟先生曾在它處說有「形上學底道德學」及「道德底形上學」的差別，前者是依形上學的進路說道德，後者是說形上學，但主張只有依道德實踐的進路才能完成形上學，顯然，牟先生所使用的觀念是康德所說的形上學底道德學，亦即由形上學的進路說道德，實際上就是談道德的活動時從形而上的概念解析的進路在談的。此時，道德可以分析地含自律，亦即只有是自律的行為才是有道德意義的行為，若不是主體能自律地行動則不能成為是道德的行動。此義，筆者亦是同意的，其實，程朱在談的性即理說、性善說、氣稟說、心統性情說等等，就等於是從形上學的思路在談道德活動中的所涉及的概念的，這也本來就是哲學理論中應該關切的問題以及討論問題時應有的做法，但是，牟先生卻對這項做法有批評意見。

其實，牟先生首先是肯定道德概念是分析地含著自律的意旨的，只是，這個進路還不圓滿，必須再加上能如實呈現才是真正圓滿的，若不能呈現，則自律之意志只是一潔淨的空理而無實踐的意義。此處，牟先生又以康德講的三大設準以討論之，即其中之意志之自由主張，此在康德只設準，尚未呈現，在此意義下，象山依孟子的本心即理說卻是既能分析地含著自律，又能實踐地予以呈顯，看來，似乎牟先生雖然使用康德的自律理論，卻是又要說孟子的本心即理說還要高出一層。

其實，依中國哲學的基本哲學問題而言，牟先生講的呈現與否是工夫論的問題，牟先生講的分析的涵具者是形上學存有論問題。然而，從形上學存有論談自律他律的問題時，應注意發為行動的絕對律令是來自利他的普遍原理？還是損人利己的位格神意志？後者是他律，前者是自律，絕非依據普遍原理者就是他律。至於談工夫論，就是談有無主體意志的自我覺醒一義，若未覺醒，而是被恐嚇威脅之行動，便非自律，遑論利他或是損人利己。因此道德行動必是自律的。且自律中的自我覺醒亦必定是符合於利他的絕對律令，故而並非系統中談到普遍原理者就是他律。牟先生正是自己把存有論和工夫論混合不分，所以在談自律他律時，不僅不能澄清問題，又製造理解程朱陸王哲學的混亂。

牟先生混合存有論和工夫論的言說模式又見下文：

> 孟子之「本心即理」正足以具體而真實化此自律與自由，因而亦足以使道德成為真可

8. 牟宗三，《從陸象山到劉蕺山》，頁一一一二。

能。自律自由之本心是呈現，不是設準，則道德實踐始有力而不落空。象山云：「當惻隱自惻隱，當羞惡自羞惡，……所謂溥博淵泉而時出之。」這豈不是道德行為之真實的呈現？自由之本心豈是設準耶？這所「溥博淵泉而時出之」的「所當為」豈不坦然明白而甚簡易乎？這便是如如呈現的實事實理。實事者道德行為也。如「當惻隱自惻隱」，這惻隱行為，惻隱之本心自能發之，此即是所發之實事。實理者「本心即理」之理也。在本心自我立法之本心之具體而真實的呈現中，其所自立之法即理亦在具體而真實的呈現中，此實理若作一命題看，其對於本心之關係是一分析命題，非是一綜和命題。它對於意念而言，對於受感性的影響的意志（現實的作意）而言，對於形而下的「氣之靈」之心而言，自是綜和命題。康德說道德法則是一綜和命題，這正是就吾人的現實作意之意志而言。但他又設定自由意志這意志之純淨狀態，但只是一設準，而不能呈現，因為吾人無「智的直覺」故。因此，他說人的意志總不是神聖的意志，當惻隱不必自會惻隱。9

康德哲學中有講包括意志自由的三大設準，前文已說其只為一理之當然，意即若不能呈現，則無論如何說其為分析命題亦只是一命題而不是一真實，關鍵即在，若就人言，人不是完美的，人的狀態中道德與自律的意志不是一回事，若有機會合一，是綜合命題意義的，亦即是本來沒有後來有的，若是上帝，那就是本來就是有的，就是道德與自律的意志是分析地就包含進來了的。其實，若依照牟先生所描述的康德在談人與上帝之差別的架構來說，上述的說法，筆者還是很可以接受的。聖人一如上帝，已經做工夫達到完美的境界，所以聖人的道德中可以分析出意志自律，亦即他自己可以行動如理了。但是，在一般人的身上而言，就算道德與意志自律是分析的，但個人的意念就確實是存在參差不齊的狀態，是外在加上去的，所以必須說是綜合的關係，而此時，正是需要工夫論的。

說到這裡，道理是清楚的。但是，牟先生卻又另出奇招，指出康德所講的意志自由的設準的理論仍只是一唯理的存在，而不是現實的存在，唯有象山依孟子而講的本心即理才能有現實的呈現，於是，似乎是象山的理論還高於康德的意志自律的理論，關鍵在本心是即知即行的。此義，筆者以為，牟先生是把康德從形上學的進路談道德活動的議題轉化為道德活動的議題本身，於是主張，談道德活動的本身可以落實道德並將之呈現，而從形上學進路談道德活動的概念定義及存有論原理之路則是無法將道德呈現的。筆者以為，這是不必要的做法。這就是把說工夫論的說成了比說形上學的高明，於是象山學就比程朱學高明了，進而也比康德高明了，這個立場的出現，理由上，都是因為對工夫論的唯一強調，參見下文：

但象山說本心即理，本心呈現，理亦呈現，當惻隱自會惻隱，此本心即是神聖的心。「底

9. 牟宗三，《從陸象山到劉蕺山》，頁一一二。

民去之，君子存之。」「操則存，舍則亡。」「學問之道無他，求其放心而已矣。」而此放失之本心亦實能通過當下逆覺而被體證，亦即呈現而存之。它不是永不能呈現的一個設準，一個設定的狀態。因此，「本心即理」必函著理是一分析命題，而亦函著人可有「智的直覺」；而此「本心即理」之本心亦即是神聖的心（當惻隱自會惻隱，所當作的必自會作）。「若明此理（本心即理之理），天地不能異此，鬼神不能異此，千古聖賢不能異此。」此如何不是神聖的心——神聖的意志？此如何不是天地底「心即理」，鬼神底「心即理」，千古聖賢底「心即理」？一心無外，一理無外。坦然明白，並無迂曲。所謂溥博淵泉而時出之，這乃只是此實事實理之如如呈現，一體平鋪。此可由歸於實處，不落於閑議論，經由「存在的實踐」而可達至者；雖不無險阻，而非永不能企及者，如康德之所說。易傳之言簡易，知險知阻，只是此「本心無外，實理無外」之宇宙論地說，良知良能之宇宙論地說。故簡易之明文雖見於易傳，而精神必本於孟子。象山實真能知見之而得之於心者。10

以上這段文字，說孟子之本心優於康德談意志自由自律之只為一設準，因為本心會呈現，可被體證。依牟先生，似乎認定康德所說之意志自由只是一永不能被實現的理性上的概念而已，才謂之為設準。筆者以為，依康德，意志自由、靈魂不滅、上帝存在之三大設準，在道德實踐活動中，不只是理性上需此普遍命題而有此設準，更是現實上要去真實經驗的事件，只是康德是在形上學的道德學進路中談此，只是在普遍命題中談此，因此只先談到設準而未續談實踐，也許這不是西方哲學家的專長，或所要重視的思辨議題，但確實是東方哲學家更為擅長以及重視的問題，於是孟子談本心、談操存、談求（放心）、談擴（而充之）、談持（其志）都是在談實踐的活動，也就是在談工夫論問題。但是，牟先生在談「本心即理」的命題的時候，而又有從形上學說工夫論命題的錯置，這就使得工夫論被改頭換面成為特殊的動態的形上學，自是比原先康德談形上學時只是一設準、只是一唯理的存在而不入現實者為高明了。當牟先生說「本心即理」必含著理、必含著智的直覺、必含著神聖的心時，似乎又回到只是概念的定義及推演中，它所擁有的意旨是在命題的設定上本身就包含實踐完成而至聖境的內涵，而且是就著人說而不是神說，依康德系統言，這只能是就著神說的結果，在牟先生處是可以就著人說的，亦即孟子哲學在象山的系統裡，是以聖人來完成原來在康德系統中，只有上帝才能完成的實踐任務，當聖人境界達至之時，形上學地說，其本心必含理、必含智的直覺、必含神聖的心，其本心必由存在的實踐而包含上述諸說，甚至即成為宇宙底秩序之本身而具宇宙論的意義。

筆者以為，牟先生真是不斷地在形上學思路及工夫論思路中進行跳躍，說本心即理，可以單純只是存有論形上學地說，此說十分合理，因為它就是性即理的意旨，因為本心就是性，人性的本質也就是天命之性，它自身就是天理的賦命，故必為善，但人心不同，人心必是氣稟所

10. 牟宗三，《從陸象山到劉蕺山》，頁一二一—一二三。

含，因而是具形而下之存在者，它有耳目口鼻之欲，而且可能因過度使用導致發而不中節。談工夫論就是在這裡談的。至於談境界論，則是就著聖人的狀態而說的，但聖人無天生即是，必是在生命過程中有眾多的實踐經歷且達一定年齡成熟之後才成功的，然而，一旦是就聖人狀態言時，牟先生前此所說的本心必含理、具智的直覺、為神聖之心、且必經存在的實踐而呈現諸說便通通成立了。然而，牟先生首先卻是在形上學的進路中談此本心概念的分析地含具諸義，其次竟是忽略了即便是聖人之本心呈現也是必經一艱難困苦的實踐歷程而拾級上達的工夫論旨。亦即是，牟先生忽略了工夫論而直接說境界論，但卻又把境界論說成了形上學。

六、對朱熹說象山是禪的反駁

牟先生發現，朱熹對象山之批評中常以其為禪，對此，牟先生甚為反對，並用力反擊，筆者以為，朱熹說象山是禪，是以他話頭高，以及他的弟子多不下紮實工夫就高談妄言而說的，在儒者心目中，禪就是如此，什麼都沒說，卻自視過高，這就是後來朱熹對象山及其弟子的一般印象。當然，象山不是禪，而朱陸自己對什麼是禪也沒弄清楚，互相非議之際，都不得理，所以，筆者當然同意朱熹對象山是禪的攻擊是不對的，不過，牟先生的討論卻另有宗旨，重點在，他是以分解與非分解，以及以樸實之途及知識之途講道德之不同路數，以辨朱陸之得失。

此應討論。參見其言：

惟是象山本孟子而言「心即理」並不取「分解以立義」之方式，而是取「非分解以指點」之方式，即因此故，遂令朱子誤想其為禪。其實這與禪何干？象山一方揮斥「閑議論」，一方非分解地指歸於樸實之途，這只是辨端緒之得失，扭轉朱子之「失」而令人歸於「得」……以知識之途徑講道德便是端緒之失，便是不見道。但朱子卻於此誤想其為禪。若此而是禪，則世間不應有辯破。朱子就象山之此種風格說他「說話常是兩頭明，中間暗」。這「中間暗」便是「不說破」，這「不說破」便是禪（詳見下章第八節）。這是籠統地（模糊地）以禪之風格來歸屬象山之風格。實則所謂「兩頭明」只是一方揮斥閑議論之失，一方令歸樸實之得，這得失兩頭甚為分明；所謂「中間暗」，「不說破」，則只是因為於樸實之得以「非分解方式」來指點，指歸於孟子，令人就實處來理會，便足夠，故不須再從事於分解，蓋孟子已說破，已分解地言之矣，何須再分解？又何闇之有？只這樣籠統地說他是禪，當然不對。11

簡言之，非分解就是在講直接實踐，講要求做工夫，並不在分辨知識，分辨知識的目的在

11. 牟宗三，《從陸象山到劉蕺山》，頁一三一一四。

於做三教辯證以及儒家的價值意識和工夫方式等等，這也是重要的任務，但若只講知識而不實踐卻也是不對的。不過，哲學史上並不曾出現主張只講知識而不必實踐的理論，只是有學者之間對於對方的工夫方式有互相非議的爭執而已。朱陸之爭根源在此，牟先生解讀朱陸之爭的路數卻不在此。牟先生以易簡、支離說象山朱熹的差別，易簡者直接實踐，支離者說知識說了一大堆，卻不見實踐。不過，這是從象山的眼光看朱陸之別的，朱熹從來都有講要直接實踐的話語的，證據太多，此暫不述。只是朱熹又有講知識的理論建構及哲學創作，卻被說成是支離，然而，哲學不講理論要講什麼？象山才是不講哲學而是實踐孟子的哲學，牟先生把象山的實踐說成了「非分解的哲學」以及「樸實之途的哲學」，把朱熹講知識的理論說成了「分解的知識」以及「以知識的進路講道德」，從此形成講道德的兩型。筆者以為，牟先生所說的象山的一型，朱熹完全具備，只是朱熹多了講知識的一層，而就是這一層，也不見象山在理論上公然反對，甚至是多有使用。兩位先生之所以公然對立，並不是誰家的理論好些、差些、對些、錯些，而完全是互相對對方的為人風格之不欣賞所致，化約為文人相輕可也。牟先生說非分解的樸實之途以講道德，筆者同意這是正確的進路，但不同意另一種進路有偏失不及、端緒不明的缺點，它只是另一種課題。且象山也不曾反對這些知識，而朱熹也都在更多的著述及講學中有樸實非分解的材料，只是牟先生從來不去面對而已。

牟先生對朱熹批評象山為禪學尚有另一討論重點，即是以作用義及存有義的「無」來說此事。認為禪是說無的，但有作用義及存有義的兩型，作用義是共法，儒家可共用；存有義是重點，禪家之無是存有義的，而儒家卻是實有的立場，故而不會有存有義的無的立場，但可以有作用義的無的立場，參見其言：

象山尚未至有如禪所表現之風格。然則什麼是禪之風格？禪之風格在什麼關節下始呈現？當吾人一旦歸於樸實之途，進一步想把這「本心即理」之本心如如地呈現之，而不起一毫作意與執著之時，這便有禪之風格之出現。實事實理之如如地呈現，即自然地流行（所謂天理流行），即函蘊著這種風格之必然地可出現。此即禪家所謂「無心為道」是也。此「無心為道」之無心是作用義的無心，不是存有義的無心。此作用義之無心既可通於道家之玄智，亦可通於佛家之般若與禪。在此種「無心為道」之境界下，有種種詭辭出現；隨此種種詭辭之出現復有禪家種種奇詭的姿態之出現。但是此種作用義之「無心」，統觀象山全集很少見，而且我根本未曾一見，而且象山根本未曾意識及此，且把此作用義之無心混同於存有義之無心，而視之為邪說，並謂「人非木石，安得無心？」（詳見全集卷十一，與李宰書，見下第三節錄。）此作用義之無心，明道喜說之，如云：「天地之常以其心普萬物而無心，聖人之常以其情順萬事而無情。」（定性書）後來王陽明亦說之，如云：「無心俱是實，有心俱是幻；有心俱是實，無心俱是幻。」（傳習錄卷三）至王龍溪言「四無」，更言之而肆。而羅近溪破光景，更喜說此境，不待言。要說禪或類乎禪，只有在此作用義之無心上始可說之。但象山尚未進至此義。故朱子說他是禪根本是誤想，而且是模糊彷彿的聯想。[12]

牟先生首先要定義禪之風格，而以「無心為道」說此，並以此為在樸實之途中將本心之理如實呈現時必有的風格，故通儒釋道三家都有，明代陽明學及其後學更能為此，故若以此說象山是禪，則不能成立。因為，這只是作用層的無心，另有實有層的無心，則非儒家立場。其實，牟宗三先生說的作用義的無心，就是工夫境界論的命題，說得存有層的無心，則是本體宇宙論的命題，形上學的命題。筆者以為，說工夫論命題中三教皆有作用義的無心，此說並無不可，但太為疏略。說形上學中佛家是無、儒家是實，此說亦須同意，但也仍是過於疏略。至於討論象山學是不是禪學而以有無「無心說」來決定，筆者也可以接受。但重點是，牟先生說象山甚至根本沒有這種「無心說」的作用層的模式，更遑論存有層的「無心說」了。此說，筆者也要表示基本上同意。當然，對《象山全集》全面細掘之或有一些說無的話語，但絕非要點之語，象山就是儒學中談要求做工夫的哲學，此點與禪家在佛學中的特色是相同的，也只是這樣而已，象山被朱熹說為禪，都是剛烈的教學風格與朱熹不類使然，[13]基本上，象山對朱熹的批評是不需要反駁的，因為真的不是什麼理論上的進路，僅僅是一些言說風格上的比附而類似而已。

當然，同樣的標準，象山亦攻擊朱熹為禪，這也是不需要辯駁的，因為都說不上道理的。

七、牟先生討論象山學有無超過孟子之處

象山學自是繼孟子而來，象山自己言此，牟宗三先生也是這樣定位象山，但象山學有無高於孟子學思之處呢？其實，就象山是非分解地言之而言，則象山只是宣示性地應用孟子學，而遑論理論的創新。但牟先生仍是披荊斬棘地為象山之學新於孟子學處有所言說，參見其言：

象山之學「因讀孟子而自得之」，又以非分解方式而弘揚之，然則從客觀義理上說，彼完全同於孟子乎？抑隨時代不同而亦有超過孟子者乎？……象山亦有超過孟子者。然此超過亦是孔孟之教之所函，未能背離之也。此超過者何？曰：即是「心即理」之達其絕對普遍性而「充塞宇宙」也。語錄云：「萬物森然於方寸之間，滿心而發，充塞宇宙無非此理。」與陶贊仲書云：「天下正理不容有二。若明此理，天地不能異此，鬼神不能異此，千古聖賢不能異此。」彼又嘗云：「宇宙內事乃己分內事，己分內事乃宇宙內事。」又云：「宇宙便是吾心，吾心即是宇宙。……」又云：「道塞宇宙，非有所隱遁。在天曰陰陽，

12. 牟宗三，《從陸象山到劉蕺山》，頁一三－一四。
13. 羅欽順就說象山是禪，其實也是錯誤的解讀。參見杜保瑞著：〈羅欽順存有論進路的理氣心性辨析〉，《哲學與文化月刊》第三八七期，二〇〇六年八月，頁一〇一－一二一。

在地曰剛柔，在人曰仁義。仁義者人之本心也。」又云：「是理充塞宇宙。天地順此而動，故日月不過，而四時不忒；聖人順此而動，故刑罰清而民服。」又云：「此理塞宇宙，誰能逃之？順之則吉，逆之則凶。」又云：「宇宙不曾限隔人，人自限隔宇宙。」（凡此諸語皆見於年譜十三歲下，當然不皆是十三歲時所說，乃類聚及之。）凡此所說皆表示心即是理，心外無物，道外無事，此心此理充塞宇宙，無能逃之。彼在幼年時（十三歲時）即有此洞悟，後來終身不棄。孟子未有明文及此。然孟子亦云：「萬物皆備於我矣，反身而誠，樂莫大焉。」此已函及此義。孔子踐仁知天，孟子盡心知性知天，仁與天，心性與天，似有距離，然已函蘊著仁與天之合一，心性與天之合一。此蓋是孔、孟之教之本質，宋明儒者之共同意識。雖有入路不同之曲折，然濂溪、橫渠、明道、五峰、陽明、蕺山，皆不能背此義。惟伊川、朱子析心性為二，心理為二，似不能充分及此義，然彼亦必主理道充塞宇宙，無能逃之。此一本質即函道德秩序即宇宙秩序。「正理不容有二」，焉能不充塞宇宙乎？焉能不「心外無物」，「道外無事」乎？此一縱貫之「心即理」之心理之函蓋性與絕對普遍性乃是孔、孟之教所意許，惟象山能直接相應地發明之，故云：「孟子之後，至是而始一明也。」雖超過之，而實未超過也。14

依本文，牟先生所發掘的象山超過孟子之處，首先即是：「『心即理』之達其絕對普遍性而『充塞宇宙』也。」其次就是說出一「道德秩序即宇宙秩序」的話。依牟先生所引用的象山話語來看，其實就是主張有天道理序，以及應遵循之態度，從而創造出一涵道德秩序的天地宇宙。牟先生認為這是觀念上有所超過孟子的地方，不過，後文也說其實這些是已經包括在孟子思想內容的。筆者以為，這不重要，象山學本來就是包含在孟子學的，說有創說又說所創說亦已包含在前說都無妨。重要的是，牟先生對象山學意旨的引申。這個引申就是道德秩序即宇宙秩序的哲學立場。並以為，這是共於孔、孟、庸、易迄宋明各家的立場，而朱熹之心性為二、心理為二是背離孟子的立場。

此說，筆者不同意。關鍵即是，以上所引象山之發言，是在談肯定有道德價值，並主張應實踐道德價值，從而追求道德秩序於天地宇宙中的事情。至於朱熹講心性情三分、理氣二分的話，是在談存有範疇的概念約定，這些命題，完全沒有否定象山前說的任何立場，只是討論的問題不同。至於象山所說，其實是包含了太多不同的哲學問題的命題立場，依牟先生的設想，就是設想了一套整體存在界經聖人實踐點化而致天下太平的狀態，這自然是儒家的理想，但不妨礙儒家哲學中單獨討論整體存在界的宇宙論問題而有氣化宇宙論理論之提出，如張載之氣化宇宙論；也不妨礙單獨討論種種存有範疇的概念之間的彼此關係而有存有論的理論提出，如朱

14. 牟宗三，《從陸象山到劉蕺山》，頁一八－二〇。

熹的心性情理氣的存有論理論；也不妨礙只談主體的實踐活動而有工夫論的提出，如陽明的致良知說；也可以有單獨說主體的理想完美狀態的境界哲學之提出，如程顥於識仁說中所言。至於象山之所言，其實就是主體實踐已成聖境的狀態，因此以主體言，其心性情理氣諸存有範疇皆在此聖境中有價值意識的統合不分，並非心及性及情及理及氣諸概念皆意旨相同，而無概念本身的差異；所以朱熹的概念分解並無悖離牟先生所以為的孔孟一貫型態，這個一貫型態也是朱熹的理想，只是朱熹另外在談心性情理氣概念的關係問題，它必然是分解的，但絕非與追求價值、落實理想的行動有不同的理論立場。

牟先生之所以用力於將朱陸之間析分為兩種理論立場，是因為他認定有一孔孟一貫的原型，這個原型既與道佛不同，同時在儒學內部也有傳承的嫡庶之別，甚至，有中西之別異，所以才特別建構了一個殊勝的型態，而由陸王繼承。但是因為這個型態的過於勉強，導致在儒學內部就有一些系統被容不下了，如朱熹的系統。因此筆者一向主張，牟先生建立的系統不是一個好用的中國哲學解讀系統，應有更中立卻更精到的系統以取代之。

牟先生認為他為象山建立的理論模型，是能肆應西方哲學而有所創新的，參見其續言：

近人習於西方概念式的局限之思考，必謂道德自道德，宇宙自宇宙，「心即理」只限於道德之應然，不涉及存在域，此種局限非儒教之本質。心外有物，物交代給何處？古人無道德界、存在界、本體論（存有論）、宇宙論等名言，然而豈不可相應孔、孟之教之本質而有以疏通之，而立一儒教式的（亦即中國式的）道德界、存在界、本體論、宇宙論通而為一之圓教乎？此則繫於「心即理」之絕對普遍性之洞悟，何必依西方式的概念之局限單把此「心即理」局限於道德而不准涉及存在乎？此種圓教乃儒者所本有。所謂「立」者，乃只隨時代需要，疏通而明之耳，非「本無今有」之新立也。此若依「康德只准道德的神學，不准神學的道德學」而言，吾人亦可類比地說：此種圓教只允許一道德的形上學，而不允許一形上學的道德學；它復亦不是氣化宇宙論中心，而乃是絕對普遍的「本心即理」「本心即性」之心體中心、性體中心，故心外無物，道外無事也。凡此俱已見於心體與性體，今復就象山而正言之。15

牟先生這段談話很需要疏理，首先，他講近人將「心即理」只限於道德之應然而不能及於存在的領域，這是針對勞思光先生的批評。而他自己要建立的則是將道德界、存在界、本體論、宇宙論通而為一的圓教。此義須說明。勞思光先生的思路是，道德只能就主體的自覺講，亦即勞先生在講道德活動的實踐與完成只能在於主體性的價值自覺中知及之仁守之而為完成。一切形上學的、宇宙論的理論建構都與此一道德行動不直接相關，也推論不出應然性的價值方向，

15. 牟宗三，《從陸象山到劉蕺山》，頁二一〇—二一一。

因此只管道德秩序，不涉及存在領域，所以，勞先生的不涉及存在領域的意思是說主體的實踐意志動力及價值方向只能來自主體自身而不能外於心性，所以他自己就提出了心性論中心的道德哲學架構，以反對形上學中心及宇宙論中心之說。至於牟先生所說的儒家式的通而一之之說，確實是要建立一套道德秩序即宇宙秩序的形上學理論，但是此說意旨不明，這是要說世界在聖人的實踐之後天下太平，於是道德秩序即宇宙秩序；還是說天地萬物本來就有一道德理性在指導其運行，因此始終永恆地是一道德秩序即宇宙秩序的存在，至於有無聖人的實踐與落實其實都是人間之自取，天道無涉，唯人自招，即便沒有天下太平，也不能說無此天道。就前者言，這雖是可預期的結果，但很難講誰真的是聖人了以及何時真的是太平了？尤其是，這是混同工夫境界論與本體宇宙論問題於一爐的說法；就後者言，其結果對於道德秩序的要求就沒有那麼強烈了。以此看來，牟先生講的應該是第一型，即有聖人治理天下以致天下太平的一型。就此而言，它應該是預設了第二型，而又加上了聖人的實踐及完成的現實實際。所以，當牟先生說「此種圓教只允許一道德的形上學，而不允許一形上學的道德學」時，他提出的確乎是一種動態的形上學意旨，亦即把人的實踐加在存在界的問題中去討論，而說出道德界與存在界合一的話。所以他的圓教是從道德活動的進路去講整體存在界的意旨而為道德的形上學，而不是以分解概念的形上學思維的方式在講道德問題，後者是形上學的道德學，亦即談道德卻都放在概念分解的知識探究問題上。

就象山詮釋言，以牟先生所說的圓教系統去對應象山文本可以說是過度詮釋了，這其實可以說是牟先生自己的系統而以整個儒學史上的各家除程朱外的系統去比附的架構，當然如果說是以象山學所預設或可推演的系統為牟先生創說的圓教系統這是筆者可以接受的，但是，這個預設及推演也可以包括程朱之學，牟先生刻意排除程朱於圓教系統之外的做法是不必要的，這個排除是放大了存有論哲學與工夫境界論哲學的差異且賦予對立的意義的結果，這個排除也等於是限縮了圓教哲學能面對的哲學問題就只在本體宇宙工夫境界論之內。總之，牟先生欲創立新說而有圓教哲學之建構，綰合眾多儒學系統為動態的存有論的道德的形上學之圓教系統，筆者尊重牟先生的創作，完全可以接受他這樣講儒學。但是，就文本詮釋而言，說象山完全等同這個系統是過度詮釋之後而拉高了象山學的內涵的結果，說程朱學不在這個系統之內是忽視了程朱學的豐富面向以及窄化了圓教哲學可以關切的哲學問題的結果。

八、牟先生衡定朱陸端緒之是非

牟先生說象山之路是樸實，程朱之路是依知識講道德，故而端緒有誤。此說筆者十分反對。參見其言：

案：以上三段明象山講學之大概。其端緒唯在本孟子發明本心，去一切虛說浮論以及時文之見，此即象山所謂「樸實」。蓋實事實理，順本心自律而發者，本坦然明白。虛說浮論，扭曲杜撰，徒增蔽障，且足誤引，失其端緒。去此蔽障，則顯樸實，乃勝義樸實也。蓋其講學宗旨定在道德實踐，不在追求知識。知識本身自有其獨立意義，但不必與道德實踐有直接而本質的相干。故「讀書考古不過欲明此理，盡此心耳。」此則直接就道德實踐而讀書考古，藉以明本心之實事實理，由此而使其實踐更為有力。但是讀書亦有所讀之書中之理，考古亦有所考之古中之理，若就此而客觀理解之，則為追求知識，是知識義之明理，此為朱子所重視而甚有興趣者，而象山講學之重點則不在此，彼對之亦無多大興趣。此種知識固有其獨立的意義與價值，然與道德踐履不相干，至少亦不是本質的相干者。象山之揮斥議論不是揮斥此種知識本身，乃是揮斥依知識之路講道德。依知識之路講道德，即成為「閑議論」，不是知識本身為「閑議論」。朱子即是依知識之路講道德者，故其講法即成為「閑議論」而無價值。朱子對於知識本身之追求甚有興趣。若止於此，則亦無碍。但他卻要依此路講道德實踐。通過「涵養須用敬，進學在致知」，將知識引歸到生活上來，便是依知識之路講道德。順此路講下去，即使講到性命天道、太極之理，所成者亦只是靜涵系統下之他律道德。此就道德實踐言為不中肯。不中肯由於不見道。不見道者即是不明本心自發自律之實事實理也。象山所揮斥者此也。知識本身有何過患？但其有或無對於道德實踐不是本質的相干者。故云：「我雖不識一字，亦須還我堂堂正正做一個人。」這只是立言之相干不相干問題。16

講道德，不是只有一種思路而已，牟先生看到的思路，就是勞思光先生所講的主體性的價值自覺一路，就是關心當客觀知識已無問題，問題只在是否提起主體的道德意志決心行動時，該做的事是如何？此時就是順本心自律而發，此時就是樸實之路。此說筆者完全同意。但是，說朱熹不是這一型的筆者完全不同意。這種本體工夫、要求做工夫的話語在朱熹的著作中也是比比皆是，只是朱熹另有牟先生所謂的以知識的進路在講道德的理論討論而已。講道德，有去實踐的一面，也有真的就是在知識上講的一面。在知識上講道德並不等於主張不要去直接實踐，更不是就是閑議論，說閑議論就是說他是不要去實踐的人身攻擊，但這並不是朱熹的實況。朱熹一生的道德實踐就表現在他對建構儒學知識理論的心力付出上，不同的儒者可以有不同的實踐的進路類型，但都是實踐，也都有實踐。朱熹所異於陸象山的是他又正是關於道德行動的知識的哲學家，此處又有兩類問題。其一為談道德實踐主體以及整體存在界的存有範疇的問題一型，以及談格致誠正修齊治平的工夫次第的問題一型。這兩種知識都與道德實踐直接相干，

16. 牟宗三，《從陸象山到劉蕺山》，頁三二六—三二七。

但若要說都不等於是正在做工夫，這是筆者可以接受的，但講這些知識就是為了要好好實踐、正確實踐而講的，說為閑議論是在罵人，說不相干是太傲慢，朱熹不是停留在講這些知識而自己不實踐或主張別人不必實踐的人，絕對不是，象山對朱熹的批評可以是古人之文人相輕的事件，也可以說朱熹自己對象山的批評也有這種味道在，但絕不能將朱熹的理論上升到依知識的進路講道德而不實踐的宗旨上來，因此牟先生對朱熹的批評才是理解上不對題的批評，說不識一字亦得堂堂正正做人，此話不假，但不識一字能治國平天下乎？《大學》所講就是治國平天下需自格物致知始，是次第問題而不是項目取捨的問題，絕沒有只知不行的意旨，說其有此意旨者不是誤解就是汙衊了。牟先生以為朱熹就是光講知識故難以落實於直接實踐中，這才是不對題的批評。然而牟先生對這種不對題的批評卻甚為堅持，又見其言：

> 其「講學之差」即在其端緒定在伊川，而非孔、孟之統也。順此路前進，其所成者只為靜涵系統（橫攝系統）下之他律道德（本質倫理），而非縱貫系統下之自律道德（方向倫理）。此為不可搖之定然事實，而朱子亦安於此而不疑，無待人為之曲解或彌縫也。其所以安於此而不疑正因其不能諦解孟子，視象山之期望為浮泛，視其揮斥「閑議論」為粗暴之氣之揮洒，空疏無實之大言。彼於象山，只說：「大抵其學於心地工夫不為無所見，但便欲恃此陵跨古今，更不下窮理細密工夫，卒並與其所得者而失之。人欲橫流，不自知覺，而高談大論，以為天理盡在是也。則其所謂心地工夫者又安在哉？」（答趙子欽書，

詳見下章第七節）。只浮泛說「於心地工夫不為無所見」，而不真切此「心地工夫」為何心地工夫。若只浮泛如此言，則你有點心地工夫，我豈獨無心地工夫？如是，便輕輕把象山抹過去，而自信自安於其「窮理細密工夫」矣。不知象山之「心地工夫」正在辨端緒得失下本孟子而來者，非泛泛之「心地工夫」也。17

以上，牟先生把個人的自明本心、自我反省的本體工夫具體化為象山的道德樸實之學，把朱熹的道德知識理論說為靜涵系統、他律道德，並且把朱陸的衝突落實為是「樸實之途」或「知識之途」的路線之爭。筆者不能同意牟先生這樣的說法。雖然朱陸雙方在一段時日之後兩人等於交惡而互相攻擊，但朱熹攻擊象山的正是象山的本心修養工夫，反而象山攻擊朱熹的都是工夫不對路，而牟先生就是依象山的思路在認識朱熹的，也是依象山的思路在認識朱熹對象山的批評的，以為朱熹對象山的批評就是一點點的意氣之事，而象山批評朱熹才是見道與否的問題。其實不然，朱熹對象山的批評就是見到了象山的意氣，但象山對朱熹的批評都不是為人好壞的問題，反而是究竟是不是對路的、是不是見道的問題。象山欲拉高批評的層次，其實是轉移問題。朱熹並沒有不做心地工夫，更沒有主張不做心地工夫而只做知識講學，所謂「靜涵橫

17. 牟宗三，《從陸象山到劉蕺山》，頁四九－五〇。

攝」系統，是把朱熹講八目的先知後行之工夫次第之學，說成了只要知識不要實踐。所謂「他律道德」，是把朱熹在界定道德實踐主體的存有論範疇學的心性情理氣概念定義問題，說成了行動依據於外在原理的他律哲學。筆者認定朱陸兩人之爭，就是為了誰的修養更好的意氣之爭，但卻被陸象山以理論的裝飾上升為哲學立場之爭，而牟宗三先生則是建構新哲學以衡定此兩人的理論之孰優孰劣。說到底，並沒有這樣的兩套哲學，這是牟先生自己替象山發揮而建構出來的兩套哲學。朱熹決不會承認，筆者也不認同。

遺憾的是，牟先生卻把哲學討論的話頭說死了，他認為朱熹的路線絕對是錯的，參見其言：

> 此是內聖之學之端緒問題、第一義問題，正是紹孔、孟之統，指出實事實理之學，並未陵跨古今，高談大論，以人欲為天理也。「窮理細密工夫」則是知識問題，是第二義以下者，此不相干，象山並不否認。其所揮斥者是依此路講道德（講內聖之學），此正是端緒之迷失（支離歧出），非揮斥知識本身也。其言論之重點只在此端緒之扭轉，而朱子終不自省也。以不自省，遂自信自安於其「窮理細密工夫」，而且「重其狷忿，長其負恃」，如象山之所責斥（如上引朱子答趙子欽書中所言即是狷忿、負恃之言），而不知自己正陷於「以知識講道德（他律道德）」之錯誤的端緒，已非孔、孟之統矣。此不可不辨，亦不

必為之曲諱。是以若於朱、陸同異而欲得一決定答覆，則說：同者同講道德（內聖之學），異者端緒之異，而朱子所取之端緒決定是錯。若於兩家各取其長，則朱子須放棄其所取之端緒，依從象山之勸告，「不作孟子以下學術」，定端緒於孟子（此須改變其對於孟子之誤解），非只泛言之尊德性，亦非只泛言之方法上之簡易也。至於象山，既不抹殺知識，則須隨時正視知識，隨機作「窮理細密工夫」，以增益其知識，此即取朱子之長。但此不待言，何以故？此非根本問題所在故，雖聖人亦不能盡知故。如是，則朱陸可以大通，其同異可以解決。此蓋為本末問題，非兩本平行而可以取長補短也。若是兩本平行，則必爭吵不已，永世不得解決。吾如此解決亦如康德之解決純粹理性之背反。18

牟先生在這段文字中固然說出了象山、朱熹皆應各取所長，但其實仍是高象山矮朱熹，尤其是以朱熹之進路為端緒之誤之說，更是對朱熹的錯解。象山講做孟子的學術，此說筆者認同。但孟子談工夫修養論，關鍵在主體性的價值自覺，而不在訓練人才的過程。就此而言，朱熹對於提起主體自覺自悟的話從沒少說，亦即孟子注意到的朱熹也都注意到，且都提到，且亦十分深入絲毫不讓象山、陽明，唯朱熹對象山的批評也正是依據這種主體自覺的工夫來批評，而認

18. 牟宗三，《從陸象山到劉蕺山》，頁五〇—五一。

為在象山處多有粗暴之氣，朱熹不是說這種工夫不對，而是象山（尤其是象山的弟子）在做這種工夫的時候的具體表現是淪落入粗暴之氣中，這其實就是平日涵養工夫有缺失的結果。至於朱熹強調的知識進路，則是要為治國平天下的事業做準備工作，治國平天下絕非正心誠意即可，而是要有外王事業的能力，這種能力也不是僅僅是知識就足夠了，還要有意志力，就是正心誠意這一關，但也還不夠，還要有應變的能力，《論語》中多有這些句子，[19]因此，既不是正心誠意就夠了，也不是具備知識就夠了，既然，正心誠意這種象山陽明最強調的重點朱熹也是一樣強調了，那麼如何說朱熹端緒是錯？端緒豈能只有一端？古代聖王明君只有正心誠意一端就足夠了嗎？象山也是主張只要這一端就夠了嗎？顯然不是，陽明也不是，只是這一端在純粹化主體意志時確實是決定性的關鍵事件，但是在治國平天下時關鍵的事件還有很多，《大學》要談的是治國平天下，孟子、象山在談的是任何對的事情的當下堅持，堅持對的並且去做，這就是牟先生看到的講道德時的本質問題，因而說端緒在此，就此而言，朱熹有百分之百的同樣立場。問題是象山及其弟子在什麼是對的事情的決斷上常常粗糙疏闊得很，朱熹決不是在批評象山弟子對於對的事情的堅持立場，朱熹自己都主張應該純粹化主體意志，也就是要堅持做對的事情，只是，每個人在每個個案的認識狀態程度深淺不一、精細粗糙各不相同，對錯的認識以及如何恰當地處理是要講究的，需要平日的涵養的重點就在這裡。因此，牟先生評議朱陸的立場並不正確。牟先生以為他的評斷是像康德解決認識論的理性主義、經驗主義之爭的結論，筆者以為，牟先生並沒有站在正確的文本解讀基礎上，因此這樣的評斷，不能讓人接受。

九、結論

以上為對牟宗三先生詮釋陸象山哲學的方法論討論。牟先生尚有討論朱陸之爭的第二章之專章亦涉及象山學，主題就是朱陸之爭，其實，第二章反而是他在完成《心體與性體》的前後同時的作品，可以說是一篇完整地談朱熹的專章，事實上牟先生在《心體與性體》各章中的討論都可以說是以朱熹為批判的對象，而藉各家儒學家的理論以為對談之媒介，因此該第二章正好是藉象山學以與朱熹對談的專章。就本章而言，筆者的寫作目的在於更正牟先生的象山學詮釋意旨，尤其是涉及朱陸比較的部分，並不在反對牟先生可以創立新說以建構新儒學，而是反對在文本理解上對於朱陸比較中的過激與偏頗之詞，且企圖還原朱陸文本本來的意旨。

19. 如「可與共學，未可與適道；可與適道，未可與立；可與立，未可與權。」《論語・子罕》

第十五章　對牟宗三談朱陸之爭的方法論反思

一、前言

牟宗三先生一生談宋明儒學的所有主題可以說都是在面對朱陸之爭的問題，而且全部都是站在象山的立場反對朱熹的。他的《心體與性體》，以周、張、五峰、陸、王、蕺山為典範，以程頤、朱熹為對立面，不論討論到哪一家，幾乎都是以朱熹理論為批判對比的對象，以朱、陸的類型差異為分析的起點。對朱、陸差異對比的解說，可以說就是牟先生宋明儒學義理建構的真正核心問題。此外，牟先生也是一生對比中西哲學，討論中西哲學之異同甚至優劣問題，也是他的核心問題。結果，筆者要說：幾乎中西哲學之對比的特徵就落實在牟先生處理朱陸哲學之對比的特徵上了，象山學是牟先生詮釋下的中國哲學的典範，而朱熹學就是西方哲學的型態，朱、陸之爭幾乎等於中西對比。

牟宗三先生著《心體與性體》，完成對周敦頤、張載、程顥、程頤、胡五峰、朱熹的討論，經過《佛性與般若》之作後，又再度整理重寫而成《從陸象山到劉蕺山》新書，其中的第一章

〈象山與朱子之爭辯〉，就集中地處理了朱陸之間各種比較問題，本章之作，就是對其中的討論進行反思。

牟先生的哲學理論，可以說都是在思辨的歷程中進行創作的，他的哲學意見從來不是一兩句話的事情，他都是經過了自己不斷地鋪陳演繹才確斷了思想的宗旨，因此討論牟先生的理論也不能是挑揀一兩條命題為依據就可以進行的事情，而應是深入他長篇累牘的整段文字，進行細節的分析反思。本章及本書之作，即是以此種方式進行。

二、面對朱陸的基本態度

牟先生面對朱陸之爭的基本立場是幫象山講話的，當然，任何人講任何話都是自認有理的，自認客觀的，所以當牟先生要支持象山學時，也就展開了綿密的理論創作以為客觀的支持，而這個工作也同時成就了牟宗三先生的哲學。參見其言：

象山自三十四歲開始受徒，至三十七歲鵝湖之會，其講學之宗旨與規模即已確定，而亦自始即與朱子不相契者。朱子長象山九歲。鵝湖之會時，象山三十七，朱子四十六。朱子於三十七開始至四十歲，這三四年之間，正苦參中和問題；而「心性情三分，理氣二分」之格局亦確定於此時。（三十七是一有趣之年齡，陽明在龍場驛悟良知亦是三十七。）各有確定之規模與端緒，系統不同，故不相契。惟由此不相契所表現於言語上之互相譏刺似又不能自覺到此中客觀義理癥結之所在，因此，遂只落於表面風格上之互相詬詆。如朱子斥象山為禪，此固不相干，即說其空疏、粗暴、狂傲、取徑太易、不切實下學，亦仍不對題。反過來，象山斥朱子「不見道」，究竟如何是不見道？朱子大講太極形而上之理，你說他不見道，朱子自不服，而一般人亦未必能理解，不必能同情你。又如說他支離，支離之意如不能明確地定其對何而言，則有時亦正需要支離，詳細分疏亦不可少，而朱子亦正安於細碎工夫而並不以為憾。是以如此相攻擊，總不切要。最後太極圖說之辯只是象山借題發揮，其主旨實不在「無極而太極」一系義理之本身。若就此論題而言，吾人可說象山是失敗者，然不碍其學路之正大。是則不契之根本癥結仍未辯出也。夫攻對方之失，若不能切中客觀義理之肯要，而只是就氣味姿態作表面無準之聯想，則不但大抵不相干，不足以服對方之心，且足以淹沒並迷失真實問題之所在。如是，則激成一套烟幕，遮蔽於真實問題之外，而世之耳食之輩，吠影吠聲，亦總是隨此烟幕而幻想妄說，遂永不能撥雲霧而洞悟此中真實問題之真相矣。學術問題之不明與迷失造成許多無謂之爭論與虛妄不實之譏議，此則為害甚大，不可不予以徹底點破也。以下試就文獻逐步明此中問題之真相。[1]

1. 參見牟宗三著：《從陸象山到劉蕺山》，台北：學生書局，一九七九年八月初版，頁八一。

牟先生首先指出，象山與朱熹見面於象山三十七歲、朱熹四十六歲時，兩人都已有各自確定的端緒與規模，唯系統不同，故不相契，因此彼此的批評只是表面風格的互相詬詆。此處，說彼此是「只落於表面風格上之互相詬詆」，筆者完全同意。可惜，牟先生接下來的說明，卻沒有守住這個基調。對於朱熹對象山的批評，他都說是表面風格的批評，而且就停止於此處不再深入；但是對象山對朱熹的批評，卻只說，這樣的批評，朱熹不能同意，也不能明白，意思就是說，象山批評有理，可是朱熹不能理解，因此需要牟先生出面，將它徹底說清楚。其實，這樣的態度就變成，象山對朱熹的批評用詞還只是表面上的，但牟先生建立理論以說明象山對朱熹的批評的理論意義，就有了深厚的理論支持。因此可以說，象山只在風格表面上批評朱熹的話語，因所說沒有理論支持，故而只是表面衝突，卻是牟先生的哲學詮釋理論建構，才使得象山對朱熹的批評獲得了理論的支持，因而是真有所對立的。

筆者就曾指出，朱陸之爭在朱陸的話語攻防上是一回事，後人對此一攻防建立新的理論以持續辯爭是另一回事，筆者認為，朱陸之爭只是文人之間的意氣之爭，沒有理論的實義，但後人再度建構新的理論體系以說明朱陸的爭辯時，這時就真的變成對立的理論的爭執了。[2]但是，這是後人自己的理論世界內的兩種理論模型的對立爭執，就文本詮釋言，這尚不能等於就是朱陸之間的爭執。也就是說，牟先生自己是哲學家而創造理論，此固應受尊重，但就讀者而言，為了文本解讀而認識朱陸時，筆者不認為牟先生的討論是忠實於朱熹哲學意旨的。本章之作，亦是在指出牟先生這些理論在文本詮釋上的不當。

三、對象山學是第一義的定位

牟先生於《心體與性體》書中，即說宋明儒學是內聖之學，至於外王，不是沒講，而是太簡單而不深入。就內聖之學而言，做工夫是最核心的問題，至於說明做工夫的合理性的天道論諸哲學，都是由內聖之學發展而出的，這就是由孔子言仁、孟子言心性、而上升至《中庸》《易傳》的天道論諸說，這就是內聖之學的圓滿的完成。就此而言，牟先生的內聖之學亦包含形上學意旨，且其內聖之學還需上升至形上學而後方為圓滿，但其形上學卻須是由心性仁義之實踐而上遂的類型才是優良的類型，這就造就了牟先生一些「動態的形上學」說法的成立緣由。同時，這也成為牟先生定義象山學類型的思路依據。

牟先生對朱陸之爭的討論，首先從「鵝湖之會」的彼此三首詩文談起，以下是鵝湖之會的三首詩文。首先象山兄長復齋作詩：「孩提知愛長知欽，古聖相傳只此心。大抵有基方築室，未聞無址忽成岑。留情傳注翻榛塞，著意精微轉陸沉。珍重友朋勤琢切，須知至樂在於今。」

2. 參見拙著：《南宋儒學》〈第十二章：鵝湖之會與朱陸之爭〉，臺灣商務印書館，二〇一〇年九月初版。

象山附和又轉深，亦作一詩：「墟墓興哀宗廟欽，斯人千古不磨心。涓流積至滄溟水，拳石崇成泰華岑。易簡工夫終久大，支離事業竟浮沉。欲知自下升高處，真偽先須辨只今。」此二詩造成鵝湖之會中朱熹的不快，三年後朱熹回復一詩：「德義風流夙所欽，別離三載更關心。偶扶藜杖出寒谷，又枉籃輿度遠岑。舊學商量加邃密，新知培養轉深沉。卻愁說到無言處，不信人間有古今。」[3] 對此，牟先生言：

講內聖之約，自覺地作道德實踐之工夫，首應辨此本心，此是直接的本質相干之第一義。若不先正視此義，而只「留情傳注」、「著意精微」，縱使講得十分好，亦是歧出，或只是第二義以下者。[4]

牟先生說得對，「講內聖之學，自覺地作道德實踐之工夫，首應辨此本心」，本心提起，直接實踐，此是第一義，第一義者，將道理實踐之、落實之、彰顯之者。第一義就是直接實踐，而不是任何義理的解說探究了。因此，這裡的「講內聖之學」之「講」，顯然是談的實踐，而不只是內聖之學的理論講究之事。若說到內聖之學的理論講究，範圍盡可無限延伸，但也可以有核心義。不過，牟先生卻是以直接實踐為唯一主題，而將涉及內聖之學的理論盯緊在這裡，這也並無不對，問題是在，以此做朱陸之別是不對的，因為這是象山眼中的朱熹，而且是在文人相爭、言語刺辣時的說法，自然有誤。朱熹豈止是「留情傳注」、「著意精微」而已。朱熹講本體工夫、講立志實學之話語，一點不少於象山，只是朱陸有爭執，而牟先生全從象山眼光評價朱熹而已。又見其言：

最後兩句：「欲知自下升高處，真偽先須辨只今。」此是象山直就內聖之學（相應道德本性以為道德的實踐）而言講學入路之真偽也。或真或偽只在是否能當下肯認此道德的創造之源之本心也。「先須辨只今」即辨此當下呈現之本心也。即在此，有象山所謂「辨志」，有其所謂「義利之辨」，有其所謂「先立其大」，有其所謂「尊德性」。此就直接相應道德本性而為道德實踐之第一義言，最為本質的肯要，此並無誇大乖僻不近人情處。由此而開象山所謂「今天下學者唯兩途：一途樸實，一途議論」之說。能直接相應此本心而「溥博淵泉而時出之」，不「粘牙嚼舌」、不「起爐作竈」、「不話閑話」、不「杜撰」，便是「樸實」。不能如此，歧出而「杜撰」、「立說」，便是「議論」。凡議論皆「虛說虛見」，皆非實理正見，皆是「無風起浪，平地起土堆」，故皆不平，皆非「坦然明白」，皆是「異端」，皆是「陷溺」。不必時文利欲為陷溺、為偽，即此議論之途、意見之虛，亦皆陷溺而為偽也。象山對於時風之陷溺確有其真切之感受，今語所謂存在之感受。其言

3. 筆者對此三詩文的相關討論，參見前注。

4. 牟宗三，《從陸象山到劉蕺山》，頁八四。

本心，言辨志，直翻上來而言樸實、斥議論，皆是由於對此時風陷溺之遮撥而直超拔至此第一義，亦實是本質的相干之一義，故並非窮高極遠之虛誕，而乃實是平、實是實，此方真是平實，故斥彼歧出者為支離、為議論、為異端、為虛見、為陷溺。此非故作反常之論，乃實對內聖踐履（相應道德本性而為道德踐履）之第一義而恰恰是如此。人狃於常情，不知道德踐履之本性為何物，乃以外在知解為平實，美其名曰「下學而上達」，殊不知對道德踐履之本性言，此正為歧出而不平實，而亦未必真能上達也。孔子固云：「下學而上達，知我者其天乎？」然孔子之「下學」豈只是空頭之下學乎？不然，彼何必念念於仁乎？若非洞悟生命之源（仁），沛然莫之能禦，未必能「不怨天，不尤人」，亦未必能「下學而上達」，亦未必能至「知我者其天乎」之與天地生命為一也。5

本文是牟先生就象山詩文中對朱熹的評價意見的討論說明，重點在說象山「辨只今」的進路之正確性。牟先生理解象山所關心的問題，就是在談一個人的道德實踐行動的問題，則此時之重點就是就該做的事直接立志做去，此即牟先生所說的當下呈現本心，以及第一義。此說無誤，完全正確。當一個人知道應該做什麼事情的時候，此時該做的就是去做這件事，因為他已經知道這件事該做了。若一個人立志為天下人服務，要大做一個好儒者，但是，從何下手？如何進行？他尚不能確知時，則此時應該做的就是《大學》的格物致知的工夫，也就是先知後行的工夫。知得清楚了，就可以做去，至於要做的時候，是否意志堅定？是否立定志向？這才回到牟先生所說的辨只今、第一義的問題。當一個人對於為什麼要為天下服務有質疑的時候，或是當一位儒學學者面對別人的質疑的時候，他要做的事情就是在理論上提出形上學的原理以回答為何儒家的理想是對的、是真的的問題，這就是牟先生所說的本質倫理在談的問題，就是牟先生所說的柏拉圖的存有論的圓滿在回答的問題，這就是牟先生所批評的程朱的理學在面對的問題。因此，存有論有其理論功能，有其面對實踐的理論角色；工夫次第論有其功能，有其在實踐過程中的明確角色。牟先生只顧一義，在朱陸發為意氣之爭時，用力拉開兩人的差距，強硬地以陸象山就是在談最後一步的立志實踐，而朱熹卻在談與實踐不直接相關的形上理論。其實，象山也肯定工夫次第的先知後行之學，象山也接受朱熹所談的形上學理論的理氣說；而朱熹更是在許多地方談直接實踐的意見，談立大頭腦之學。朱陸有衝突，是意氣之爭，不是理論之別。理論之別是牟先生建立的新儒學而予以出入的，但是卻於文本詮釋有所妨礙。

本文尚有兩個值得一提的重點，其一為牟先生接受象山說樸實與議論之途的分別，其二為牟先生刻意批評朱熹的下學上達理論。就樸實與議論而言，此說頗類似《楞伽經》的「說通與宗通」或「言說法與如實法」的區別。筆者以為，士人就其所知立志去行的時候，此時不去實踐而尋找理由以刻意迴避，則這是閑議論；不再多說已能，不再稱頌己是，而是靜默地直接實

5. 牟宗三，《從陸象山到劉蕺山》，頁八七－八八。

踐該事，這是樸實之途。此樸實之途所對比的議論之途，並不是朱熹講理論的情況。朱熹講理論是要面對三教辯證，解決它教在理論上的質疑，是從形上學的進路說明儒家的本體論與宇宙論的知識立場，這種議論，並不是在面對生命當下有該做當為之事時卻另找理由以迴避之而不實踐之的情況，相反地，這是苦心孤詣、發為思慮，面對儒家真理、建立理論、捍衛價值的實踐力為之事。牟先生接受象山樸實、議論之區分，接受象山批評朱熹為支離的立場，就是把朱熹置於閑議論一邊，此事，筆者欲為朱熹澄清，並反駁牟先生之言。

另就下學上達言，朱熹確實依《大學》先知後行的觀念強調下學上達的工夫方法。牟宗三先生竟將朱熹之主張說他是「美其名曰『下學上達』」，其實，下學上達語出孔子，牟先生不能否定孔子的下學上達，就說朱熹的下學上達是空頭的，若不能辨志，若不能當下呈現本心，若不能念念於仁，則亦未能上達矣。其實，朱熹講下學上達就是在工夫次第的脈絡上說，既是先知後行義的下學上達，也是未發涵養、已發察識義的下學上達。總之是平日就要做工夫的下學上達，就是培養知識、養成良好生活習慣、奠立基礎能力的時候的下學上達，平日的這些行為就是在小事上就已立志為追求崇高理想而做的日用常行的準備工夫，小事專注就是主敬，主敬就是戰戰兢兢、如臨深淵、如履薄冰的工夫實踐。若不是有理想要追求，何須小事謹慎？何能虛心下學？既能如此謹小慎微，何愁不能上達？牟先生如此粗暴地理解朱熹，不正像是陽明說象山粗些同樣的意思嗎？牟先生暢說己意時竟與象山一樣地粗。

牟先生之所以可以對朱熹有如此粗暴的解讀，是基於他所建立的先秦儒學的根本型態，並認為朱熹對此一型態根本不相契。筆者認為，朱熹只是對象山的為人風格及品味氣息十分不喜，因而反對並批評象山，牟先生替象山主張，拉高對立的層次，以先秦儒學與象山、陽明一脈相承，而朱熹只是別子於外，理論與先秦不類，以此排斥朱熹。牟先生這樣的做法，筆者決不同意。參見其言：

孟子之本心、擴充、充盡、沛然莫之能禦，以及「源泉混混，不捨晝夜，盈科而後進，有本者若是」等詞語，皆為象山所最喜引用。朱子說象山「合下有些禪底意思」，實則他確然合下是一個孟子底生命。此等詞語皆表示承體起用之道德的創造性，皆表示承體起用的道德目的性之實現。中庸之由至誠以盡性乃至參天地贊化育，以及誠則形、著、明、動、變、化，「誠者物之終始，不誠無物」，「天地之道可一言而盡，其為物不貳，則其生物不測」，以及「溥博淵泉而時出之」等辭語亦皆是表示道德性之創造，此皆為本體論的直貫之辭語，道德的內在目的性（終成性）之實現之辭語，宇宙論式的辭語。易傳之乾知坤能之神化尤其皆是此類之辭語。凡此類辭語皆是表示承體起用之立體的直貫。而凡此種立體的直貫之義理辭語皆為朱子所不甚能相應。朱子之心態，其特別顯著而特用力處，乃是認識論的並列，故其所理解而有得的義理辭語大抵皆是認識論的、靜態的橫列，而不是本體論的、動態的、立體的直貫。此種心態大體是不宜於講孟子中庸易傳的，即講亦是落於第二義之認識論的橫列而去湊泊，而不是直接相應地講。故凡孟子中庸易傳中承體起用之本體論的直貫之辭語，彼皆不能以「相應道德本性而為道德實踐」之健行不息的覿體承當照體獨立的精神去理會，而或是擺在那裡以待湊泊，其著力處全不在此，或是將其轉為認識論的辭語而橫列地理解之。例如其講孟子「盡其心者知其性也」，即以格物窮理解知性，由此格物窮理之知以明心之盡，此顯然既倒果為因，又將孟子之本體論的直貫轉為認識論的橫列，此為認知的盡，而非孟子之擴充的盡。即此一端即表示其對於孟子全部不相應。[6]

這段文字，是牟先生統觀朱陸的立場，雖然沒有十分詳細的文本佐助，但仍可看出是以朱熹批評象山為禪，以及朱熹詮釋孟子「盡心知性知天」的一段文本，為針對性的發言，主張象山承孟子及《庸、易》系統，有其本體論的直貫之詞語，而朱熹並不相應此。牟先生之所以可以說朱熹不相應此，是以朱熹批評繼承這些孟子、《庸、易》意旨的象山學為禪學，也就是說，一旦朱熹批評了象山，則連帶地朱熹也歧出於孟子、《庸、易》之外了。當然，朱熹有註解孟子盡心知性知天一段，而由先知後行的進路詮釋之，確實並不準確，但朱熹更有註解孟子、《庸、易》的更多其他十分相應的詮釋文字，便不為牟先生所重視了。牟先生說朱熹將本體論的直貫語轉為認識論的橫列語，其實，這也是牟先生對朱熹所討論的問題意識的錯置所致。被牟先生說為本體論的直貫語的命題，或為宇宙發生論，此即本體宇宙論的形上學命題；或為主體實踐的工夫論，而為本體工夫論。而被牟先生說為認識論的橫列語的朱熹命題，則或為朱熹在講概念定義的存有論問題，主要是針對重要的存有範疇概念作意旨定義，此即被牟先生批評的心性情三分及理氣二分之理論。這種命題理論本來就是在做範疇解析，既是解析，就是分析橫列的，這種命題，本來就不是在談本體宇宙論也不是在談本體工夫論，要談本體宇宙論以及本體工夫論時，朱熹也十分具備討論這些問題的理論命題。另一種則是朱熹在談工夫論時的先知後行說，這是站在工夫次第的思路上說的理論，而且是先知後行的程序，故而被牟先生說為認識論的。由此看來，根本是問題不同，導致朱熹被牟先生粗暴地批評，因為牟先生在面對朱熹批評象山為禪的時候，就以本體直貫的象山、孟子、《易、庸》命題為一組，另以朱熹討論存有論的概念解析的命題理論以及討論《大學》先知後行的工夫次第理論為另一對比參照組，從而建立新說，分裂兩家。如此的分裂之後的兩型，自然彼此不相應，但這不是朱熹對孟子、《庸、易》甚至象山的不相應，這是牟宗三先生對朱熹的不相應。

針對牟先生所認定的這種不相應，牟先生又言：

> 唯至朱子承繼伊川「性即理也」之分解精神，以落下來之格物窮理居敬集義之第二義

6. 牟宗三，《從陸象山到劉蕺山》，頁八九－九〇。

為定本，以理氣二分，心性情三分為定局後，此直貫義遂全喪失，且於此極不相應，亦極厭惡，遂成為與象山之對立而極不相契。此種衝突之客觀義理上的總癥結即在此直貫與橫列兩向之衝突。其餘皆不相干之外圍恍惚語。朱子不知此直貫與橫列不是同層次上之對立，而實是第一義與第二義兩層次上之問題。即象山亦不甚能自覺地說出，故終於兩不相契而不能得其融貫，遂成為兩系統之對立。以吾觀之，實是一個系統之兩層，而落於第二義者不能自足獨立也。而孔孟仁教之精神究是以立體直貫為本質也。朱子之型態是認識論的型態，是靜態的本體論的存有之型態，而不能復合於本體論的動態的立體直貫之型態。此是類乎荀子之型態，智性義理之型態，而與孔孟之教不相應也。徒以其近於常識而又從事於博文，人遂以正統視之矣。實則衡之第一義，彼與孔孟甚相遠也（雖不必相違），其距離遠甚於周、張、大程及陸、王也。[7]

由上文來看，牟宗三先生所描述的朱熹學思風貌，確實是把工夫次第論的先知後行連結上格物致知窮理，而接續了理氣論及心性情論的部分，前者是工夫次第論，後者是形上學存有論。因為中間有格物致知，而格致又同於窮理，窮理又進入理氣心性情，所以工夫次第論的認識論進路跟存有範疇的存有論結合，難怪牟宗三先生要說朱熹的形上學是「靜態橫攝」的認識論進路的。但是，這個朱熹學思型態，是牟宗三先生吸收象山及王陽明對朱熹的批評意見而匯集起來的朱熹學形象，並不是一般直接研究朱熹思想的學者們所看到的朱熹形象。

就此而言，牟先生一方面以直貫與橫列分朱陸，另方面以第一義與第二義說朱陸。話說得較重的是，直貫與橫列並不只是不同的類型，而是有不同的層次，也就是有第一義與第二義以下的層次的不同，且直貫型為第一義，為本質，橫列型為第二義以下，第二義為認識論的、靜態的，本身不能自足獨立，甚至，與孔孟距離甚遠，而周、張、陸、王才是直承孔孟。牟先生這些批評意見，筆者都不同意，此處暫不展開，因為筆者已經在其他相關的地方都討論過了。

筆者以牟先生不相應朱熹而對朱熹提出種種的批評，但牟先生也偶有相應朱熹之時，可惜，雖然相應，卻不願承認其價值，仍是要高舉象山批駁朱熹。參見其言：

> 朱子之著力處，只有當吾人不能相應道德本性而為道德實踐時，始有真實意義，而吾人亦確常不能相應道德本性而為道德實踐，即或能之，亦常不能不思而得，不勉而中，而常需要勉強，擇善而固執之。蓋人常不免於私欲之陷溺、利害之顧慮，而不能純依乎天理以行。即勉強不違道德，不犯法律，可稱為無大過之善人，而其行為亦不必真能相應道德本性而純為無條件之依理而行者。試問有誰真能無一毫之夾雜者乎？如是，吾人不得不落於第二義上而從事於磨練、勉強、熏習、夾持、擇善而固執之之預備工夫、助緣工夫，以

7. 牟宗三，《從陸象山到劉蕺山》，頁九〇－九一。

及種種後天之積習工夫，以求吾人生命（心）之漸順適而如理。自此而言，雖不能至乎第一義，相應道德本性，開而出之，然亦不能簡單地予以橫截，單純地視為閒議論、虛說虛見。就第一義言，自是歧出，亦不免於支離，然不能說無真實意義。既落於第二義而為助緣工夫，自然是歧出，亦當然有支離。此中亦不免繞許多冤枉路，亦自有虛妄處，亦自有粘牙嚼舌處，亦自不能免乎閒議論之廢話，然而亦同樣不能單純地即視為異端，視為陷溺，視為只是虛見，只是議論。象山不能正視此點，一概予以橫截，難免有輕易天下事之譏，此象山之過也。朱子於此有切感，自不能服也。然象山亦非不重視第二義之助緣工夫者。象山亦講涵養操存，亦重講明，亦重博學、審問、慎思、明辨，亦重格物致知，亦重智之事，亦非不讀書，不理會文字（當然不必限於此），然必以本心之直貫，沛然莫之能禦，為頭腦，並非空頭而成為純然之智之事。故養是養此，存是存此，講明是講明此，博學、審問、慎思、明辨，亦無非明辨乎此，格物致知亦無非是格此、知此，讀書、理會文字亦無非為的是了解此，而仍歸於本心直貫沛然莫之能禦之踐履。而朱子於此直貫卻甚不能正視，且甚厭惡，視為禁忌，動輒以無謂之遐想而予以責斥，此朱子之過也。自此而言，象山謂其不見道、見道不明，亦非無故。8

本文一開始，就企圖尋找朱熹思路的合理性之處，亦確實找到了，朱熹在談的下學上達、未發涵養、先知後行、主敬等理論，就是朱熹是在面對人們尚不完美之時的基礎培訓工夫，也就是說，朱熹是在談日常培養的基礎修養工夫，工夫論就是要像朱熹這樣談，境界論則是不必再做勉強的工夫，從心所欲不逾矩了。至於象山，講先立吾心之大者、講提起本心、講實學，這也是工夫論，這是工夫入手的心法，也就是本體工夫的基本模式，亦即一切儒家修養工夫在心理活動上的實際做法，這些講法朱熹也有，而朱熹的講法象山也有，牟先生文末就指出朱熹的重先知後行等說法也是象山的主張，此事，在筆者的《南宋儒學》專書中已例舉多文證實之。但是，朱熹也講了同於象山說法，牟先生就從來不引用，直接視若無睹。[9]這都無妨。重點是，牟先生以第一義及第二義說朱陸的不同，此說筆者不同意。禪宗的第一義說，指得是諸多的修行理論，不若直接實踐切實篤行，而切實篤行即是第一義的如實法，也就是說，第二義和第一義的差別，就是講理論和直接實踐的差別。但朱陸之別卻不是此型。朱熹強調要在平日培養自己，陸象山專注本心提起的當下操作方式，此二說皆是講工夫，而且其彼此之間都互相有強調對方最重視的一塊，可以說兩說完全可以合一，本來就是同一套理論的不同進路。簡言之做工夫就是要在平日就做的，而做工夫的意義就是提起本心切實落實。此中沒有第一義或第二義的區分的空間在，牟先生借象山口說朱熹為支離，此支離指得是朱熹講的心性情理氣的存有論問

8. 牟宗三，《從陸象山到劉蕺山》，頁九一－九二。

9. 參見拙著：《南宋儒學》，〈第八章：朱熹其他詮釋傳統的本體工夫論〉，臺灣商務印書館。

題，這種存有論問題的討論與工夫論上講先知後行、下學上達、未發涵養、以及主敬等說並不是一回事，朱熹決不是在談培養工夫時進入哲學思辨的存有論情境，只是這些理論象山毫無興趣，認為對聖學之實踐而言只是支離，所以，牟先生說為第一義與第二義的差別，牟先生之說也是不對題。牟先生既然看到了朱熹所提的工夫理論也有其必要性且也在象山的注重中，就不應還是進行第一義及第二義的區分。筆者以為，第一義與第一義以下的區分之真正重點不在是否講理論，而是在是否做實踐，理論不論講多講少，只要有去做實踐，就是第一義，要被批判的是不實踐，而不是跟實踐有關的理論。至於說朱熹對象山提起本心的直貫工夫之不喜，此非朱熹不見道或不識本體工夫之模式，而是朱熹對象山個人氣息之不喜，此種文人相輕的言談，只能說朱陸二人皆未臻聖境，卻不是朱熹在理論上有落入下階的缺失。

四、尊德性與道問學之爭

朱熹借由《中庸》「尊德性、道問學」兩事發表關於他自己和象山兩人的工夫造境的看法，基本態度是，兩人都有肯定，只不完美，故勉勵自己一番。唯象山聽聞之後，並不領情，還教訓了朱熹一番。10牟先生依據象山的思路，發為理論，批評朱熹的缺失。牟先生言：

> 案：「去兩短、合兩長」，自是可以。然就朱子言，必須知「尊德性」不是泛說的尊

德性，而是必須能直下肯認本心之道德踐履上之直貫義，如是方能「沛然莫之能禦」，「溥博淵泉，而時出之。」尊德性是尊的這個德性，先立其大是立的這個大，不是泛說的大。此義既立，在在皆是真實的道德踐履，而人生不能不作事，則研究學問、應事接物，凡百技藝，皆所當為，而道問學自含其中。此即是「去兩短、合兩長」。然而朱子卻終生不能正視此本心之道德踐履上之直貫義，故其道問學常於道德踐履並無多大助益，此其「於緊要事上多不得力」之故。蓋此種外在知解、文字理會之明理本與道德踐履並無本質的相干者。只靠敬貫動靜、涵養於未發、察識於已發，此於促成真實的道德踐履本不十分充沛者，即本不十分夠力量者。故朱子〈與林擇之書〉云：「陸子靜兄弟，其門人有相訪者，氣象皆好。此間學者，卻與渠相反。初謂只在此講道漸涵，自能入德，不謂末流之弊，只成說話。至人倫日用最切近處，都不得毫末氣力。不可不深懲而痛警之也。」（象山年譜四十二歲下引）朱子已見出此種道問學之弊。然只謂「不可不深懲而痛警之」，則亦只是只知痛，而不知其所以去痛者，此仍是不著邊際也。「深懲而痛警之」，有以反到本心之道德踐履上之直貫義，方是著邊際之徹悟。此則自能有超拔而氣象可光暢矣。然朱子之勁

10. 參見拙著：《南宋儒學》，〈第十二章：鵝湖之會與朱陸之爭．十一：中庸尊德性道問學之經典詮釋義下的朱陸為學方法平議〉，臺灣商務印書館，二〇一〇年九月初版，頁六九四。

道卻始終未在此處著力。其著力處仍在「涵養須用敬，進學則在致知」也。11

牟先生在這一個問題的討論上用力極深，對朱熹的誤解更深，本文的討論將以這前後兩段文字為材料進行之。首先，牟先生對尊德性和道問學兩事的討論，混淆了「哲學意見」和「個人評價」的兩種類型。朱熹對尊德性和道問學的關係的討論，是主張兩者同樣重要且互相關聯的。至於對尊德性意旨的理解，則絲毫不少差於象山以及牟先生的理解。12但是，朱熹對於自己在尊德性上的實際修養程度進行反省及自我批判，不見《論語》中孔夫子也說：「若聖與仁，則吾豈敢？」不料象山狂妄，對朱熹的自謙自省之詞斥之謂：「不知尊德性，如何道問學？」而牟先生亦完全只接受象山對朱熹的修養境界的評價，並直接把對朱熹人格境界的評價當作對朱熹理論主張的認識，認為朱熹確實不知尊德性為何物，此一理解模式，筆者完全不認同，應予修正。牟先生另外一個支持他認為朱熹不能正視尊德性工夫意旨的理由，就是朱熹講的先知後行的工夫次第論，併合未發涵養已發察識說，認為這些與尊德性這種直貫的道德踐履沒有本質的相關。此說筆者也不同意。關鍵在於，談先後及未發已發都是工夫次第的問題，談本體工夫的直貫行動都是純粹化主體意志的行為，這個意旨在未發涵養、已發察識、先知後行的所有動作中都是適用的，而若不是為了尊德性的目的又何來道問學的活動呢？牟先生必欲切割朱熹工夫論與尊德性的關係，而限制他只是在講道問學工夫，並認為這就是朱熹所理解的工夫論類型，於是再把道問學型態發揮得與尊德性進路更加地沒有關係，這就是他繼續發言的重點。參見：

然如象山所謂「既不知尊德性，焉有所謂道問學」，則却須有簡別。如道問學是直接與道德踐履相關之道問學，如象山所意謂者，則不知尊德性，自無此種道問學。然道問學亦有與道德踐履不直接相干者，或根本是不相干者，如所謂中立者，例如讀數學或研究物理，此則不知尊德性，亦可有道問學。外在知解、客觀研究、文字理會，大抵皆屬此類。此為純智之興趣，亦有其相當之獨立性。（朱子此種興趣甚強）。不知尊德性，既可有此種道問學，則此種道問學亦可與道德踐履不相干，無助於真實道德踐履之實現。是以在此，尊德性與道問學並非同一事，而其關係亦是綜和關係，並非分析關係。在此，吾人只能說：不知尊德性，則道問學亦無真切助益於道德之踐履，但不能說：不知尊德性，即無道問學。吾人亦可說：不知尊德性，則一切道問學皆無真實而積極之價值，但不能說：無尊德性即無道問學。反之，既知尊德性，則道問學，於個人身上，隨緣隨分皆可為，不惟無碍於道德之踐履，且可以助成與充實吾人道德之踐履。「宇宙內事，乃己分內事」，則一切道問學皆有真實而積極之價值。是以象山云：「豈可言由其著書而反有所蔽？當言其心有蔽，

11. 牟宗三，《從陸象山到劉蕺山》，頁九三—九四。

12. 參見拙著：《南宋儒學》，〈第十二章：鵝湖之會與朱陸之爭．十一：中庸尊德性道問學之經典詮釋義下的朱陸為學方法平議〉。

故其言亦蔽，則可也」。（見全集卷十二，與趙詠道書）。著書有何妨碍？如能為、願為，儘可盡力而為之。單看學至於道與否耳，是否知尊德性為之主耳。是以凡言象山反對讀書著書、脫略文字、輕視道問學者，皆誣妄耳。13

牟先生這段文字的主意就是在說朱熹的道問學型態可以是與尊德性無關的型態，牟先生甚至提出一些事實上與尊德性無關的純知識活動來定位朱熹講的道問學的活動意旨。此說筆者不贊成。朱熹的道問學，就是為了尊德性而進行的道問學，朱熹談尊德性與道問學就是在《中庸》詮釋系統下作的文本詮釋，朱熹的理解與詮釋就是兩者是二而一的。此外，朱熹在《大學》文本詮釋下，必須主張先知後行，但是此格物致知在《大學》文本中本來就是為了「古之欲明明德於天下」的理想而啟動的工夫次第之開端，根本不是光知不行、割裂知行的宗旨，更不是中立的數學、物理之學，陸象山與朱熹兩人文人相輕，各自發抒意氣，互相謾罵，象山批評朱熹不見道，這只是罵人而不是學術討論的話，牟先生卻藉由朱熹的工夫次第論及存有論的理論，落實象山的意氣之見為理論之說，此事筆者必須嚴正反對。

朱熹一生的學術工作，就是為了捍衛及延續儒學的慧命與民族的氣運而做，此中沒有德性，何來的意志、勇氣與堅持？簡單的道理不能面對，辯勝的意氣充斥言語，前有象山，後有宗三，吾不能不為朱熹一辯矣。

五、對朱熹中和舊說的批評

牟先生在《心體與性體》談朱熹章中，就已有充分的篇幅討論朱熹的中和說問題，關鍵就是，朱熹對五峰的察識說有批評意見，以為欠缺平日涵養一段工夫。此事，筆者亦討論於《南宋儒學》書中，筆者之見是，朱熹所說的未發涵養、已發察識的思路五峰一樣具有，只是以不同的語句形式說出而已，所以這樣的主張朱熹與五峰共有，因此並不是這樣的主張有什麼不對，這套涵養察識的工夫次第論是完全正確的理論，只是朱熹批評五峰：「缺乏平日涵養工夫的觀點」不對而已，因為五峰也有這種平日涵養的主張。至於未發、已發說出自《中庸》文本詮釋，配合未發為中、已發為和之說，遂有牟先生所認為的朱熹中和說的理論系統。但是，牟先生又發現，朱熹早年並未強調未發涵養、已發察識，反而極有直貫縱攝類型的特質，故而牟先生稱朱熹有中和舊說、以及中和新說，而謂其舊說雖為本體直貫之路，但仍對本體直貫之路認識不深，因此新說時便走上支離歧出之路。以下，筆者將以牟先生的文本做討論，提出一些反對的看法。筆者的立場是，朱熹對本體直貫的舊說沒有所識不深的問題，只是新說階段轉出為工夫次第的深刻認識，是以更為強調，朱熹自己對舊說的批評只是講到

13. 牟宗三，《從陸象山到劉蕺山》，頁九四－九五。

在實際實踐上，過去尚未真正落實，而是要重視新說的平日涵養義才能真正落實。

牟先生對朱熹中和舊說的批評概分三點，意見如下：

一，肯認天命流行之體以為大本，於其良心萌蘗致察而操存之，以復其初，此中一方面體認本體，一方面指陳逆覺工夫，此兩義皆非朱子所能真切正視而真有得於生命中者。依朱子後來之分解精神，此天命流行之體正被分解而為理氣，心與神俱屬於氣。自朱子後來觀之，此時所肯認之天命流行之體正是儱侗之光景。儱侗渾淪正是朱子所不喜，亦示此「流行之體」實不能真切於其生命中也。既不能真切，故只是一光景。……故到中和新說，即所謂定說，此套全放棄矣。並未以此天命流行之體為自家之安宅也。故知舊說中肯認天命流行之體以為大本，是儱侗光景之見，並未真切地進入其生命中。14

朱熹早期談未發、已發問題時，腦中所想就是本體工夫的如何入手的問題，朱熹所說不誤，就理論言，已表達了正確的看法。但是，就個人生命實踐言，尚未能臻化境，故而發現問題之所在，唯是氣稟欲望尚不真能化除，因此又藉未發已發的知識架構談工夫次第的問題，如此而已。理論認識正確並不等於實踐已臻完美，就著真實實踐之經驗發現氣稟危害之嚴重，以及須有對治之方法之講究，於是創發新說以解決問題。這是一方面在理論的認識上及另一方面在個人實踐的反省上都有收益的型態。至於實踐是否到位？這與理論是否正確是兩回事的，牟先生一直地以象山批評朱熹之支離、不見道，以及朱熹自我反省實踐不得力的話，來說朱熹的體證實踐不真切，從而主張朱熹理論不佳，此種做法十分不恰當。至於批評朱熹有分解的精神，這又是另外一種不相干的連結，這是把朱熹談概念範疇的存有論哲學當作朱熹談工夫論的主張，明顯不對題，直接是誤解。若要談存有論，象山存有論的意見亦同於朱熹，只是象山沒興趣談，但也還是談了，朱熹不是有興趣，而是有理論的需要，故而是職責所在，而牟先生則是建構當代新儒學的理論，主張朱熹所討論的理論是次級品，是西方靜態的形上學，對孔孟而言是支離、歧出，筆者自是不同意牟先生的立場。

牟先生又有第二點意見：

二，於良心萌蘖致察而操存之，朱子對此逆覺工夫亦不真切，亦非其生命之本質。後來對胡五峰「知言」所表示之八端疑義，其中之一端即是「不事涵養，先務知識」。此所謂「先務知識」即先要察知此良心萌蘖以肯認心之本體，即胡氏所謂「欲為仁，必先識仁之體」也。察識而後言操存，察存工夫一是皆在於此本心。此義本為明道所說。所謂「學者須先識仁」，「識得此理，以誠敬存之而已」是也。前引朱子三十九歲答何叔京書所謂

14. 牟宗三，《從陸象山到劉蕺山》，頁一〇七－一〇八。

「若不察於良心發見處，即渺渺茫茫，恐無下手處也」，亦是此義。此時朱子猶因襲明道而亦學著如此說。於三十七歲時答羅參議書猶稱「大抵衡山之學，只就日用處操存辨察，本末一致，尤易見功」。然此究非其本質，彼亦不能妥貼信得及，故後來即力反胡氏之「先務知識」，而對於明道則心存客氣，存而不論。其所以力反胡氏之「先識仁之體」，即由於其中和新說成立後已成定局，故其於四十歲時答張欽夫書表示中和新說後，即繼之批評張南軒「所謂學者須先察識端倪之發，然後可加存養之功」之義。彼謂「熹於此不能無疑。蓋發處固當察識，但人自有未發時。此處便合存養。豈可必待發而後察，察而後存耶？且從初不曾存養，便欲隨事察識，竊恐浩浩茫茫，無下手處，而毫釐之差，千里之謬，將有不可勝言者。且如洒掃應對進退，此存養之事也。不知學者將先於此，而後察之耶？抑將先察識而後存養也？以此觀之，則用力之先後判然可觀矣。」（四十歲時答張欽夫書，即中和定說之書）到此時，論調完全改觀。三十九歲時答何叔京猶謂「若不察於良心發見處，即渺渺茫茫，恐無下手處也」。一年之隔突然大變，而謂：「且從初不曾存養，便欲隨事察識，竊恐浩浩茫茫，無下手處」。此誠為有趣之事。此示以前只是浮說，非其本質。故其稱贊明道「真不浪語」亦只是一時之光景，謂其「真不浪語」者實一時之興會耳。而其稱胡氏「本末一致，尤易見功」，亦只是一時之浮稱，而終於大起疑義也。《知言疑義》之作必在中和新說之後也。15

牟先生批評朱熹中和舊說的第二點，集中在涵養察識的爭議上，黃宗羲說朱熹批評五峰的八項要點中有「不事涵養，先務知識」兩條即所指，此處先務知識應是先務察識，黃宗羲及牟宗三的解釋都是察識的意思無誤。黃宗羲當時即已說了這「不過辭氣之間」而已的話，筆者同意。亦即，這只是朱熹自己的過度敏感而已，對於五峰的辭氣有誤解。筆者在《南宋儒學》書中的討論，亦已指出，朱熹所要強調的平日涵養工夫，甚至胡五峰也完全講過同樣意旨的話，只是用詞不同而已。[16]因此，朱熹對五峰的批評也是多餘的，恐也是文人之氣惹的禍，自視過高，不能細讀，快意批評，引來千年之後牟宗三先生的全面反擊。但是，牟先生的反擊，是以朱熹對逆覺工夫體會不真切，亦即對本體直貫的工夫把握不清楚，而為之攻擊，此種反擊，筆者有意見。牟先生的證據是，朱熹於舊說中都還可以講「若不察於良心發見處，即渺渺茫茫，恐無下手處也」的話，但於新說之後，就改為「且從初不曾存養，便欲隨事察識，竊恐浩浩茫茫，無下手處」。牟先生認為，朱熹轉變太大，顯見早期的舊說，根本與他自己的體會不一致，所識不深，隨便說說而已，朱熹真正的意見，就是新說的模式，而此模式，則是不肯定直貫的本心。筆者以為，朱熹在舊說和新說間的轉變，其實不是對《中庸》文本詮釋意見的轉變，

15. 牟宗三，《從陸象山到劉蕺山》，頁一〇九－一一一。
16. 參見拙著：《南宋儒學》，〈第四章：對朱熹在《知言疑義》中批評胡宏的方法論反省〉，頁一八一。

而是對工夫論問題的看法的翻新。也不是針對中和說有什麼舊說新說，而是對工夫操作有了新的理論的建構，當然這也是他自己實踐之後的體會，也是他對別人的實踐的觀察心得。原先，對於主體實踐體知要下決心才能落實，故而有牟先生所說之舊說書信中語，之後，或許是看到別人的行為乖戾，或許是發覺自己也有鬆懈的時候，所以意識到平日要有一些積極培養的功課要做，這就提出牟先生所謂的新說諸意見，要點在給自己一個平日的操練的機會，而不是臨事時依賴意氣。這樣的理論，對絕大多數的普通人而言，絕對是必要的，其實，對極少數氣質優美的人，一樣是需要的，甚至，就是他們的生活寫照。而事實上，當他們在平日的積極涵養的每個當下時，做的就是牟先生所謂的舊說的事情，因此，先察識還是先涵養，這是同時需要的動作，因此也難分先後，朱熹後來自己就網開一面，做了更自由的詮釋，並未嚴格限定，什麼叫做平日時，什麼叫做有事時，[17]重點只在，朱熹十分厭惡平日不做工夫，卻於臨事之際意氣妄為之舉動，依朱熹，臨事時只是考驗境界而已，不是做培養訓練之時，但一個後學者應該要有平日培養的階段，這也是他唯一可以做工夫的時節，因此未發涵養、已發察識的架構還是朱熹最終肯定的系統，而這正是真正面對一般凡人的工夫論的最佳理論。

牟先生的第三點意見：

三，舊說中所謂於良心萌蘖之發見，致察而操存之，此所謂「致察」顯然是指良心本心說，而後來則將察識專限於中庸之「已發」，而此「已發」顯與孟子良心萌蘖之發見不同。彼於孟子良心發見之義本不能真切，故不自覺易將孟子良心發見混同中庸之「已發」。不知中庸之「已發」不必是本心之發見也。既想成中庸之「已發」，故後來言察識遂專限於已發，而孟子之學亦終生不入於其生命中矣。……然朱子本不真切舊說中所浮陳之義；對於伊川「有形」二字亦不解；對於胡氏之心性論，舊說時，全不解，新說時，全不契。是以以其心目中之「已發」想胡氏之「已發」，非也。彼亦本不自覺舊說中之已發未發以及良心萌蘗之發見皆不同於其心目中所意識及之「已發」。彼只以中庸之「已發」而混視之，故以舊說為非是。彼不知此根本是兩系之義理。舊說因襲其前輩，猶近孟子，而彼不能真切，遂全捨棄而自成其中和之新說。彼終於仍歸信於伊川，憑藉伊川語以成其中和之定說。既以已發為情（事物交至，思慮萌焉），而察識又專屬於已發，則於未發即言涵養，此則為涵養察識之分屬，而心、性、情三分，理氣二分之格局亦於焉以成矣，此則方真是其生命之本質，而真能妥貼自得於心者。至於察存同施於本心以表示逆覺工夫之孟子學，則全捨棄而終生不能入矣。18

17. 參見拙著：《南宋儒學》，〈第七章：朱熹經典詮釋進路的工夫論建構‧三：《中庸》工夫次第進路的詮釋‧（一）：朱熹對《中庸》未發涵養、已發察識的工夫次第論建構〉，頁三七九。

18. 牟宗三，《從陸象山到劉蕺山》，頁一一一—一一二。

本文中，牟先生對朱熹批評胡五峰的意見，予以反駁。重點在主張，朱熹不能理解孟子的逆覺工夫，《中庸》之已發不必是本心之發現，心性情理氣之分與已發未發工夫思路一致。依筆者之見，朱熹對胡五峰的批評確屬朱熹之無謂誤解，但朱熹之未發已發工夫理論，絕不如牟先生所說之與孟子的本心發現義有別，朱熹講大學八目時即說，八目之工夫都在求放心一事上，則八目之任一目豈非即是牟先生所說之逆覺體證義。又，涵養即是良知之發現，否則何須涵養？又涵養個什麼？以及，察識也正是良心之發現，否則如何察？如何識？牟先生說《中庸》之已發未必是良知之發現，筆者以為，這是看在談什麼問題來講的，《中庸》未言已發，言已發是程朱之創作，但《中庸》言發而皆中節，中節之時能不是良心之發現嗎？問題只在，朱熹借未發已發談工夫次第，因為有平日之時的良心發現的工夫要做，也有臨事之時的良知發現的事要做，平日涵養是逆覺體證，臨事察識也是逆覺體證，朱熹不能、也沒有自外於孟子的良知本心發現的思路，他只是增加了工夫次第的討論而已。至於心性情理氣之分，這就是為何既要平日做工夫，又要臨事做工夫的考量原因了。因為人有氣稟，總在犯錯，必須給出一個形上學的理由，以說明犯錯的存有論結構，這就是心性情理氣的存有論理論之出現緣由。結構如此，為改善之需，有八目次第，有未發已發次第，如此而已。因此，朱熹既未否定舊說時的本心工夫之理論規模，只是就事實上操做時的經驗，提出要加強工夫次第的平日涵養一段，關鍵就在人心有為惡的可能，理由是人是氣稟結構下的存有，故而另有心性情理氣說的存有論哲學之提出。非是牟先生所批評之幾點意見。

六、對朱熹中和新說的批評

牟先生說朱熹的中和新說，其實是連著朱熹的心性情理氣的存有論系統而一起說的，也就是說，牟先生自己不分本體宇宙工夫境界論，把工夫境界論說成動態的本體宇宙論，也因此，他也不把朱熹論於抽象思辨的存有論和朱熹談先知後行的工夫論做出區分，硬把這兩種理論合在同一個系統中討論及批評。

牟先生說朱熹的中和新說有四點，且都是從心性關係處談起，更都是混合心性情的存有論與未發已發的工夫次第論一起討論的。為集中論點、有效討論起見，本文從他的第三點處討論起，參見其言：

朱子牢守伊川「性即理也」之義，但卻並不說「心即理也」。卻亦說心具眾理，如說「仁是心之德、愛之理」，即表示仁是心所具之德或理，但既說心具眾理，而又不說心即理也，則知此「心具」必有一種特別意義，此須予以確定之。顯然「性具」與「心具」並不同。「一性渾然，道義全具」，此性具是分析的具，是必然的內含內具，是整全（渾全）與部分的包含關係，或渾一隱含與分別彰顯之隱顯關係。太極具萬理之一相與多相，亦復如此。

但「心具」之具卻並不是分析關係，而是綜和關係。心之具眾理並不是必然地內含與內具。朱子對於心，總是這樣平說，並不先肯認一超越的本心，而即就此本心說。仁固是心之德，但心之具此德並不是本心之必然地具與分析地具（此是用邏輯詞語表示。若如實言之，當說並不是本心之創發地具）。而是綜和地具與關聯地具。「心是知覺」，「心是氣之靈處」。其具德或具理是如理或合理之意。理（性）先是超越而外在於心，但通過一種工夫，它可以內在於心，此時即可以說心具。在此心具中，心與理（性）即關聯地貫通而為一。語類中有一條云：「問：心是知覺，性是理，心與理如何得貫通為一？曰：不須去著貫通，本來貫通。如何本來貫通？曰：理無心，則無著處。」此「本來貫通」是存在論地言之。此亦如「理無氣，則無掛搭處」。然自人之道德生活言之，如不肯認一超越之本心，則並不能說「本來貫通」。須通過一種修養工夫，才能使之「貫通為一」。但無論是存有地言之，或修養地言之，其「貫通為一」之「一」只是關聯地為一，貫通地為一，其背景是心與理為二，而不是分析地為一，創發地心即理之為一，此後者是表示超越的創造的道德本心即是理之所從出，此即是吾人之性。故心、性、理一也，而以本心為創造的根源。此即孟子以及陸王一系之所說。而此義顯然不為朱學所具備。此消極面既已顯然，則朱學中「心具」之具即可漸漸得而確定矣。在孟子、陸、王一系中，心具是分析地具、創發地具，故心具即心發。但在朱學中，心具是綜和地具，並不是分析地創發地具，故其心具並不是心發。

此仍是認知並列之型態（故其言心以知覺為本質），而不是本體的立體直貫之型態。19

這段文字中，牟先生創造性地提出了心與理的關係是分析地具與綜合地具的兩種類型的理論，簡言之，象山為分析地具的關係，朱熹為綜合地具的關係，前者是本體的立體直貫，後者是原本二分，經過後天工夫才使為一。牟先生的這些理論，筆者都不同意。這是對朱熹哲學的錯解，也是對象山哲學的新詮釋。筆者對牟先生以象山學為基礎而再造新說是可以接受的，但以朱熹學為對象建立型態而誤解之則是不能被接受的。

牟先生的思路是這樣的，就象山學言，象山學上達孟子學，是同一個傳統，是對心性理天等概念有一分析地即具、及創發地具的關係，所謂分析地具就是說心概念與性概念、理概念、甚至天概念、道概念既意旨全同又交涉互涵，等於就是同一個存有了。這是牟先生於論張載、程顥時即已發展出來的觀點，心性理天之所以能夠互涉而全同，是因為牟先生在處理存有論的概念解析時進入了本體工夫論的主體活動狀態中敘述之。就存有論的概念解析而言，心性理天與道各自有其意旨之所對、特定之功能、不同之角色，以有助於理論架構的開展，從而有效分析狀態，以解決知識確定的問題。但是，從主體實踐的工夫境界論而言，則必是心合性、性合

19. 牟宗三，《從陸象山到劉蕺山》，頁一一九—一二〇。

理、理合天、天合道，此即是主體達致天人合一之境，在主體之心合於天命之性，天命之性即是天理，故而主體之行動即是天道之展現，亦可說是天道、天理之在人之落實，故而心性理天道皆在主體成聖境中交涉互涵、意旨同一。這其中，既是主體合義於天，同時亦是天道展現落實於人。對牟先生而言，此是性具、是心具、是心即理、是心性理天分析地在概念上就是等同互具的。其實，主體成聖境而使得主體之心合義於性、於理、於天、於道是一回事，天道賦命流行而落實於天地萬物是另一回事，此三事各自有其概念使用與意旨定位的道理，至於天道理氣心性情才諸存有範疇的概念意旨更是另外一回事，此三事各自有其概念使用與意旨定位的道理，牟先生將工夫論與天道論合一，而說有一象山、孟子的本體直貫型態，於是便找到與朱熹不同的類型定位，後者是心與理分而為二，最終之合一是綜合地關聯。

牟先生對朱熹的定位，是把朱熹的存有論思路中對所有概念範疇的定義工作，視為朱熹主張一心性情三分、理氣二分、或心理為二的認知式之平列型，這其實是一個無謂的誤解。所謂認知型，又是把朱熹在工夫次第論中對《大學》先知後行的詮釋意見做了錯誤的上升及連結，以為朱熹的工夫就只是認知，而此一認知就只是把心性情理氣都予以分解地拆開，一直等到另外做一番工夫之後，才會心與理合而有心之具理的出現，因此心具理時的心理關係是綜合的、外在地關聯的具。筆者以為，牟先生整個對朱熹的認識都是誤解。首先，並沒有一套認知型的心理為二的理論為朱熹所主張，而是有一套先知後行的工夫次第論，以及另一套存有論，定義存有範疇諸概念的意旨及關係。就此而言，陸象山與王陽明都和朱熹共受同一套系統，這指得是存有論上以理氣論說整體存在界的所有存有，以心性情的結構說道德實踐主體的人存有者的存有。只要是人，就是氣稟所成者，其主宰之心就是氣之精爽所成者，此事共象山、陽明沒有任何不同，共所有儒家哲學系統不能有所不同，其心存有論地已具此理，但其心要在主體做了工夫以後才能工夫境界論地即具此理，此時應說為呈現此理。其中說必有一超越的本心者，其實，朱熹的心就具有超越的本心，這也是存有論地具的意思，這就是朱熹的心統性情說的意旨。但即便有此，主體還是要在做工夫後才能將之呈顯，象山、陽明及孟子亦說得是主體做工夫實踐之後的呈顯狀態，才有所謂的心與理合一的結果。其實，象山、陽明即便孟子系統亦是如此，不見孟子言求放心？既是放失了本心，即需求而得之，豈能不做工夫？雖然其存有論地、先天地、分析地具，但是就現實面言，必然是經過了工夫實做之後才會變成主體的存有實況，而為後天綜合地具。所以，牟先生所說的朱熹之心理為二的結構關係，正與牟先生所說的象山、陽明的心理為一的結構關係，是同一套理論的不同問題的兩個不同面向，並不是同一個問題的不同主張的兩種理論類型，因此，朱陸之說並不需要有對比及高下之分。論於主體實踐是象山型，朱熹亦有此型的主張；論於存有結構必是朱熹型，象山、陽明亦有此型之主張。朱陸之爭在兩人在世時是意氣之爭，並不是後來這些被後人及牟宗三先生創造出來的新的解釋架構的理論之爭，牟先生這套解釋架構用於對朱熹的理解及詮釋是全然不對的。

綜觀牟先生對朱熹的批評及對象山的定位，可以說非常缺乏哲學基本問題意識的明確區分，所僅有的就是牟先生自己刻意構作的系統，並套用進去。為此，牟先生還得刻意地曲解朱熹的工夫論旨，下文即是牟先生將朱熹的工夫理論說得支離破碎的一套詮釋策略，令人不忍卒睹。參見其言：

在道德修業上，通過一種工夫使心與理關聯地貫通而為一，此工夫是「敬」。敬在朱學中有真切而決定性的作用。故朱子在表示中和定說之一書中有云：「然人有是心，而或不仁，則無以著此心之妙。人雖欲仁，而或不敬，則無以致求仁之功。」「仁則心之道，而敬則心之貞也。」仁是心之道並不是本然地、內在地為心之道，而乃是後天地外在地為其道。人通過敬的工夫，始能使心合仁道，此時仁即與心貫通而為一，而成為心所具之德、所依之道。此具即是綜和地關聯地具。心既具而依此仁道矣，則心之寂然不動感而遂通之妙亦於焉以著。否則，心不必寂然不動感而遂通也。此處見工夫之重要。故在中和定說中開始平說的未發是寂然不動，已發是感而遂通，並不是就事論事本然如此。而是預設著一種工夫使然。若不預設此工夫，只就事論事平說，則喜怒哀樂未發並不就是心體流行寂然不動之體，亦並不必就是「中」，已發亦並不就是各有攸主感而遂通之用，亦並不必就是「和」。「發而皆中節謂之和」，可見有中節，即有不中節。而使之中節者，有工夫在焉。「未發謂之中」，亦不是以「未發」即可分析地推出「中」，而是在未發預定一個「中」，此須就未發跳躍一步始得。至於由未發已發所透出之心、性以及對此心、性之體認與解析，雖不必就是中庸之本義，然至少朱子所成之一套是可得而如此解析而確定者。若由超越之本心而落於中和上說，則本心即是未發之中、即是已發之和、即是寂然不動、即是感而遂通。後來陽明、龍溪從良知上即如此說。此是從本心之沛然莫之能禦說中和。問題是在如何復此本心，而不是如何用一種工夫使吾人之心如理合道而至「著此心之妙」。此兩系之不同是甚為顯然者。20

這一段談話牟先生說得十分支離而不成系統。問題有三，其一，仁作為心之道，其二，朱熹之中和未必即中和，其三，象山之超越的本心必能中和。首先，牟先生說朱熹的主敬工夫是能使主體之心合於仁道，但這是綜合地、關聯地具，而不是本然地、內在地為心之道。此說差矣！就存有論說，就性善本體論說，朱熹講心統性情時，就是說那先天的本體之道，是人人所共具的，朱熹說性善之理人皆有之，說天地之性人皆有之，說去人欲存天理，此天理就是內具之天地之性，就是仁義禮知之理之人人本具者，此性善本體的存有論，正是朱熹最擅長的思路，唯此事是就可能性、就先天性說，而不是就經驗性、就現實性說，就經驗現實說，任何儒

20. 牟宗三，《從陸象山到劉蕺山》，頁一二〇－一二一。

學系統，孟子、象山、陽明皆然，人皆有為惡之可能性及現實性，都不是現實上任何人或有任何理論可以主張主體之心的現象狀態即是天理、即是天道，都是做了工夫才能「使心合仁道」，並且，此一做工夫之後可以合道之事必須有存有論上的依據才有可能，此即孟子的性善說的理論功能之所在，此亦即朱熹為繼承此說而提出的心性情三分、理氣二分以及心具理說之目的所在，是故，牟先生硬要說朱熹之心具理是後天外在地具的立場是有片面性的，就存有論言，朱熹的性善說一如孟子的性善說就是先天地具的，就主體的實踐活動言，主體純具天理確實是需要後天做工夫實踐了以後才有可能，但是，就此而言，這也是孟子、象山、陽明的共同立場，絕不能外此而另有立場。事實上，牟先生就是說了一套主體已經實踐了之後而在純粹至善的境界上的理論，說它既是天道的又是人道的，而有別於朱熹之說，但是，筆者以為，此說與朱熹之說正是同一套理論的不同面向，不能有別。

第二，就《中庸》之中和說的詮釋而言，牟先生以為朱熹所說者不能保證未發已發皆必然是既中且和，而是要經過做工夫以後才有可能，筆者以為，程朱於中和說迭經兩型，其一為存有論與境界論一型，其二為工夫次第論一型。前者為說中為性體、說和為發用之和的境界；後者為未發涵養、已發察識。前說即同於本文第一點之說人心做工夫合於仁道的理論模型，後說即是牟先生此處所批評者。確實，後說是說工夫，是說主體實踐的工夫次第，未做工夫或工夫不得力時當然主體達不到成聖的境界，因此主體不會在任何時刻皆中節，而是需另有工夫在。

牟先生自己都說朱熹這一套也是說得通的一套。只是，他心中所想望的卻是另一套，但是，筆者主張，牟先生所想望的另一套既不是象山、陽明型的，也不是孟子型的，而是他自己一廂情願型的。

第三，牟先生想望的一型，是一套既是未發之中也是已發之和，既是寂然不動又是感而遂通，簡言之就是一套本體直貫的系統，此一系統既是本體宇宙論地天道論地賦命地說，又是工夫境界論地主體實踐地說，牟先生合此兩事為一型，其實這是不可能成為同一型的理論。所以牟先生最後就說：「問題是在如何復此本心，而不是如何用一種工夫使吾人之心如理、合道而至『著此心之妙』，此兩系之不同是甚為顯然者。」牟先生此言甚為怪異矣！如果此一系統尚有做工夫的問題，則此系統與朱熹之系統能有何異？筆者之意就是根本相同。而做工夫使心如理、合道而著此心之妙之說者，正是象山、陽明立志說、致吾心之良知於事事物物說之諸本體工夫論旨之所重者。既是需要做工夫以復此本心，則主體便是未必已經在本心呈現的狀態，則這種狀態之出現不正是朱熹理氣說以及主敬工夫說以使此心合於仁道本體之說在面對的問題嗎？則象山、陽明豈不需要程朱的理論了？則兩套理論能有如何之不同？筆者以為牟先生強分為二的作法才是錯誤的。

牟先生為什麼會有這樣的錯誤呢？這是因為他又在面對另外的一個問題，此即保住世界的問題，也就是儒家有別於道佛的根本立場的問題，但是，這又是另外的一種誤解，先參見其言：

最後，惟此本體論的創生直貫之型態，形著實現之型態，始真能保住「維天之命於穆不已」此一最古老最根源的形上智慧，始真能保住天道太極之創生性而為一真實的生化原理、實現原理，保住仁之感通性而為一道德的真實生命，而為一形上的真實的生化原理與實現原理。然而在朱子之認知靜攝之型態，本體論的存有之型態，靜涵之平鋪中，則此生化原理、實現原理，皆不能保，太極只是理而不能動，「靜而無靜，動而無動」之神妙義，寂感真幾之誠神義皆被抽去，變者動者化者生者只是氣，神亦屬於氣，心亦是氣之靈處，則太極之為生化原理，朱子所謂萬化之源即不能保。和南軒詩所謂「萬化自此流」，辨太極圖認太極為「萬化根本」，皆只是不自覺地因襲語，實與其靜涵系統不一致也。若仍視為實現之理、生化之理，則須另講，亦不是先秦相傳之古義。此則吾已詳言之於論北宋四家中。茲不再論。21

這一段文字中，牟先生創說保住義以辯朱陸，保住何義？為保住整體存在界之為實有的型態以有別於道佛者。筆者以為，討論這個問題又有兩種進路，其一為形上學型態的定位問題，其二為知識論的檢證問題。就形上學的型態問題而言，朱熹理氣論的形上學系統當然正是實有型態的形上學，其太極為實有，其氣化宇宙論亦為實有，此義朱熹繼承於張載而絕不滑失，事實上張載之後的所有儒學體系也都是以實有的氣化宇宙論對比道佛。而就理氣論進路的形上學言，象山、陽明亦皆是此一型態，沒有例外。因此，就形上學型態言，象山、陽明與朱熹都是實有型的理氣論型態。不過，牟先生不重視此義。他所重視的，是從知識論進路的檢證問題去講形上學問題的實有性之保住與否。

就知識論進路言，實有型態之形上學如何保住？此是合法問題，但這是二十世紀的新問題，古老的中國哲學中並沒有這樣的問題意識。牟先生之所以要說象山型態併濂溪、橫渠、明道、五峰、陽明、蕺山等為縱貫縱講的本體論創生直貫之型態，就是要說在主體實踐下，所說之形上學原理有一真實的動力以實現之、呈現之、完成之、彰顯之，故曰之為保住。但是，筆者要強調，這是就主體實踐說，若是就天道流行說，則主張一流行不已的天道實體，亦得有此保住之意。不過，牟先生並不認為朱熹有此天道實體的流行保住義，也不認為從主體實踐說時朱熹的工夫理論真能呈現、實現、彰顯此一實有之天道，理由就是朱熹是認知的、靜涵的存有之型態。即便朱熹明白主張太極是萬化根本，這也只是不自覺的因襲語，必與先秦古義背離。

至於牟先生對象山的說法，則是把實踐的理論說成了實踐的事實而致保住了實體而為形上學型態的圓滿，這是為了超越康德哲學之形上學不能自證其真的立場而建構的新說。但是，有實踐的理論與有實踐的活動是兩回事，牟先生所說的所有儒學理論都是有實踐的理論，此確為真，但是其實踐的活動是否真的呈現了天下太平？是否真的保住萬法呢？此事誰也無法證實。

21. 牟宗三，《從陸象山到劉蕺山》，頁一二三—一二四。

唯一能說的，是儒家這套天道實體的形上學系統有提供實踐的理論以實現之、呈現之、彰顯之、從而證實為真之而已。因此，保住之說在理論上不能究竟其功，唯待經驗實踐才能證實，關於保住，理論上只能說有一主張實有的形上學，以及有一實踐以證成為真的工夫理論。至於朱陸之間，實有的形上學兩家同有，實踐的理論也是兩家同有，只是牟先生刻意錯解朱熹的工夫理論，並扭曲地連結朱熹的形上學理論，以致排除朱熹於實有論及實踐論的保住萬法之系統中。

就實踐理論部分而言，雖然朱熹亦有實踐的理論，但是在牟先生的刻意錯解及扭曲連結下，朱熹的實踐理論因不見道、因太極之理只存有不活動、因心理為二、因不神妙、因動者只是氣、因心只是氣之靈，故而不能有本體直貫創生的保住義。牟先生此說，直是把象山批評朱熹支離不見道與陽明批評朱熹析心與理為二的理論都派上場了。象山說朱熹支離與陽明說朱熹心理為二都是就朱熹在談理氣說的存有論講的，且是把朱熹的形上學存有論問題當作工夫論問題在講的，於是一套分解的存有範疇學變成只存有不活動的工夫理論，故而不能本體直貫創生矣，這當然是哲學基本問題的錯置。那些本體直貫創生的話術朱熹亦皆有之，只是面對朱熹存有範疇的分解理論後，牟先生就都說朱熹的那些相同於本體創生的話術只是因襲不真切，只是隨古人說說而已，筆者認為，這真是不公平的對待。至於說朱熹為認知型而只是靜涵靜攝者，則又是將朱熹言於先知後行的工夫次第論說成只知不行的靜涵靜攝系統，此說以陽明知行合一說為對比，但這又是另一種文本意旨的誤解。陽明之說對付時人之弊是為人病，先知後行是《大學》工夫次第語，連象山亦著文主張之，故不能以系統中言及認知之語即認定為是知而不行者。

總之，以主體實踐呈現天道實體，說為有知識論意義之保住，此說是儒學特色，為牟先生創發者，此說值得尊重，但亦應了解：有工夫理論以為天道實體的證成之路徑，此與天道實體真已被證成為真還是兩回事，真正的證成是在某一實踐主體的真實經驗中落實為真之後而為證實。即便證成，也不等於是唯一的真，因為它教的形上命題亦得由實踐而證真，亦即儒釋道三教皆有實踐理論，並經實踐而得證其理論為真，至於它教的形上學型態是否即是非實有型的，如牟宗三先生之所指定者，此又另一大哉問題，此暫不論矣！

筆者主張，牟先生一直是形上學工夫論混著講的，但他自己卻亦有形上學工夫論的分辨，但究其實，仍是混著講的。接下來，牟先生展開一段對朱陸工夫論比較的討論，重點在對朱熹察識涵養說的批評，說著說著差不多要說到頓漸之爭的路線上了。參見其言：

四、以上是心性的關係，最為複雜而難懂理。此既確定，則其餘之工夫問題即易明矣。前言由心之寂然見性之渾然，由心之感通見性之燦然，即在此寂然、渾然以及感通、燦然處有工夫之分屬，而一是皆以敬貫之。蓋前言就事論事，心不必本來就是「寂然不動感而遂通」者，此須預設一種工夫以著之。此工夫即是涵養察識也。於未發時言涵養，於已發時言察識，此工夫之分屬也。未發為靜時，已發為動時，而一是皆以敬貫之，此即所謂「敬貫動靜」。已發時有中節不中節之異，故須精察以為鑑戒，以期去其病而著其道。未發時，寂然（心）渾然（性），無聲無臭，無可察，只可養。存養於平時之間，涵泳於不自覺之中，使吾人之心常清明而不昏墮，則發時縱偶有差池，亦可立即鑑及之矣。察識涵養交相發明，使吾人之心常收斂凝聚，清明貞定，自可步步逼近於如理合道之境。……涵養察識之工夫，在此系統中，正見其有真切而具決定性之作用。蓋屬靜攝型態也。此中和新說成立後，伊川之「涵養須用敬，進學則在致知」兩語真進入朱子之生命中而有無比之親切。其生命之著力處正在此，此朱子之勁力也。……涵養察識既分屬而各有所施，則凡本孟子而言良心萌蘗、端倪之發見，著重察識本心之逆覺工夫者，皆非朱子所能理解，亦為其所不喜，而舊說就良心萌蘗「致察而操存之」之察存義亦全部放棄矣。蓋此亦是決定靜攝系統與直貫系統之不同之工夫上的本質關鍵。朱子之不喜固有其理論之一貫性。22

以上這段文字，有幾個重點，第一是牟先生完全正確解讀了涵養察識理論的工夫論意旨，第二是牟先生認為這正是朱熹吸收伊川之朱學真正性格，第三是牟先生認為這種型態與孟學不類，且朱熹完全背離了孟學傳統。就第一點而言，筆者以為，牟先生說朱熹所論之心本來即不一定「寂然不動感而遂通」，必以敬貫動靜而有涵養察識之工夫，此說筆者完全同意，且認為，陽明、象山、孟子之心亦是不一定能「寂然不動感而遂通」，若不操存、若不立吾心之大者、若不致良知，則亦是流於放心之狀態中矣。當然，這是就一般人的心而言，也是就追求成聖成賢者在工夫尚未純熟之前的狀態來說的，孟子講心有放失而不知求，象山屢屢斥責弟子不能真有實學，陽明亦謂有善有惡意之動，這就是同於牟先生所說的朱熹之心不一定能「寂然不動感而遂通」，其實，自聖賢以至庶人，人人皆是如此。只有成聖境之時的聖人心境才能完全「寂然不動感而遂通」。因此，朱熹之說無有錯誤。至於，朱熹之以敬貫動靜，就是同於孟子的操存、象山的立志、陽明的致良知，都是本體工夫的意旨。

就第二點而言，朱熹確實是繼承伊川「涵養需用敬，進學在致知」的路數。其實，沒有儒者不是這條路數的。涵養需用敬就跟立志、致良知、擴而充之、慎獨等所有儒學家的工夫理論都是同一型的。當然，它更重視平日的基本修養，意義在於臨大事時能更精確地察識本心。因此它和其他儒學工夫多了一層次第的思維，如此而已。至於進學在致知，這是為了治國平天下的儒家理想而提出的，試問象山、陽明有反對嗎？沒有。那麼他們在批評朱熹什麼呢？象山批評朱熹搞抽象形上學存有論為支離，但這本來就不是工夫論。陽明批評他的同時代人沒有知行合一，但這能等於是在批評朱熹嗎？且朱熹講的是先知後行，並沒有主張知而不行。陽明又批評朱熹窮理的思路是理在心外，但這還是跟象山一樣，是把朱熹的存有論當工夫論在批評。

第三，牟先生說朱熹不喜孟子思路，錯的。朱熹是不喜象山風格，且斥之為禪。當然，象山不是禪，所以牟先生用力於說象山不是禪，且企圖以此力斥朱熹，但這樣的努力也是多餘的，

22. 牟宗三，《從陸象山到劉蕺山》，頁一二四－一二六。

因為朱熹說象山是禪本來就是錯的，除了羅欽順會繼續說象山是禪以外，儒學史上罵象山是禪的絕非主流。但是，朱熹對象山風格的批評有沒有錯呢？不管錯不錯，就朱熹所描寫的象山及其弟子的缺點，就確實是需要「未發涵養、已發察識」、「涵養用敬、進學致知」的工夫來糾正。筆者前已說及，朱熹的主敬說就是包括孟子在內的所有儒者共同的本體工夫，因此說朱熹之路與孟子不相同、不相契是不對的。牟先生認為朱熹不契孟子學，其實只是朱熹不喜象山的為人風格而已，牟先生只是拉孟子以斥朱熹而欲救象山罷了。

雖然筆者如此論斷，但牟先生於此事之用力，卻是費盡力氣的。這一大段力氣的發作，確乎成就了牟先生動態的形上學諸義，以及逐漸轉出一套頓悟說的儒家工夫理論。參見其言：

案：「先察識端倪之發」，此「端倪」是指本心言，即「良心之萌蘖」是也。良心本體固不易全現，然亦隨時有端倪呈露。於其呈露而察識之，是所以體證本心之道也。此即所謂逆覺之工夫。察識是就其當下呈露之端倪而體證其本體。此義是在表示：（一）良心本體並非一空懸之抽象概念，而實是一真實之呈現，如此，則肯定人人皆有此本體方有道德實踐上之實義。（二）就其當下呈露之端倪而體證之，此示本心不假外求，當下即是。（三）此當下呈露之端倪何以知其即是本心之端倪？焉知不是私欲之端倪？曰：即由孟子所說「非要譽於鄉黨，非內交於孺子之父母，非惡其聲而然」，而知其為本心之端倪，而知此時即為本心之發見，即，由其「不為任何別的目的而單只是心之不容已，義理之當然」

之純淨性而知其為本心之端倪，為本心之發見。若無法肯認此本心，則真正之道德行為即不可能。（四）此一逆覺之工夫當下即判開感性界與超感性界而直指超越之本心，此則決不容含糊者。23

牟先生這一段討論是從朱熹與張南軒辯胡五峰《知言》中的疑義諸說而來，特別是針對不曾存養如何察識之說而來。筆者已有言，朱熹對五峰之此一批評並不公允，但筆者的理由是，五峰根本就有平日涵養的話語，只是朱熹所讀到的那一段文字，表面看起來似乎欠缺平日涵養的工夫。亦即，筆者還是支持朱熹對涵養察識工夫的建構。但是，牟先生的意旨卻是否定朱熹的這一套工夫理論，並且提出五峰察識說是本孟子的良知發用的本體工夫宗旨而來的哲學，此套哲學，朱熹不懂。牟先生提出「察識端倪」有四大要旨，以堅持五峰之說法是正確的，筆者以為，五峰說法正確，牟先生詮釋也正確，只是對朱熹的批評有誤。

第一點，良心本體是真實的，且是能呈顯的。就性善論的存有論說，就是主張人人實有此一本體。就心統性情說，就是主張心要去變化氣質、善反之天地之性存焉！因此，朱熹的理論完全支持這一條命題，但是牟先生卻看不出來。第二點，這就是心在活動之下的狀態，由有氣

23. 牟宗三，《從陸象山到劉蕺山》，頁一二六—一二七。

稟限制的普通狀態上升至由本心主導的工夫狀態，即是善反之、變化氣質的工夫操作，這一點，也並不在朱熹的理論之外。第三點，何以知就是本心而非私心呢？所以朱熹強調要平日涵養以培養之就真是很重要的。而牟先生卻只能說必須肯定有此本心，則道德行為才有可能，好像朱熹不肯定有此本心！朱熹講性善論旨，性善之性就是本心，任何人都有耳目口鼻之欲的私利心，但任何人也皆有天理在本性中，此即性即理說的要點，所以，存有論上朱熹當然肯定有此本心，至於工夫論上朱熹則是謹慎地要求平日涵養以利臨事省察，此所以保證確實臨事時是本心發用，而非私欲偽飾。第四點，提起本心就是在戰戰兢兢、如臨深淵、如履薄冰的狀態中了，牟先生說直指超越本心，筆者同意，但朱熹也有超越本心，那就是性善論旨中的天地之性一事。至於發用不發用，不是理論有沒有問題，也不是有沒有要求主體發用的問題，而是主體實際上發用了沒有的問題，因此都不是理論的問題，而是實務的問題。也就是說，這都非關朱陸的理論問題。

以上是筆者對此說的回應，但是，牟先生在此一問題上，還有繼續深入之發言，參見其言：

> 是故「察識端倪之發」單指超越之本心而言，其義理根據完全在孟子。此察識不是朱子所說之施於已發之察識，而「端倪之發」是本心發見之發，亦不是喜怒哀樂已發之發。兩者混而同之，遂糾纏不清矣。張南軒不知其的義也，故無以致其辨。胡五峰所謂「先識

仁之體」，明道所謂「學者須先識仁」，皆是指此超越的本心言，其所謂察存即察乎此，存乎此也。此亦孟子「存其心、養其性，所以事天也」之存養。朱子所說涵養於未發，察識於已發，此涵養察識所貫注之心並非此超越之本心，而乃是平說之就事論事之心，須待涵養察識工夫之貫注始能使其轉至寂然不動感而遂通之境，以著其如理合道之妙。涵養施之於未發不是孟子所說的存心養性，乃只是於日常生活中使心收斂凝聚，養成好習慣，不致陷於昏惰狂肆之境，故於其發也，易於省察，庶可使吾人易於逼近如理合道之境。故以「洒掃應對進退」為「存養之事」。此種涵養於未發，並不能判開感性界與超感性界而直指一超越的道德之本心以為吾人道德行為之準則。此種涵養只在養成一種不自覺的從容莊敬的好習慣。於未發時，雖預定一「心體流行寂然不動之體」以及一「一性渾然道義全具」之性，然此種預定只是就未發而來的分解的預定，並不是如孟子之就良心呈現而來的逆覺的體證。逆覺的體證即明道、五峰、乃至陸王等所說或所意許的「先識仁之體」中之察識：察識即察此本心，察之即存之，察存同施於本心。但是在朱子，則涵養中無此逆覺之察識，察識但施之於已發，故其涵養之工夫只是一種不自覺的好習慣，並不能在此體證並肯認一超越之本心，是則涵養工夫與所分解預定的「此心寂然不動之體」之間，即無緊接的嚴格關係。如果涵養中即是自覺地意識到是涵養此「寂然不動之體」，則涵養之前必先預定一逆覺之察，如是則亦不必反對「先察識端倪之發」之說矣。但在朱子，涵養正是只施於未發，既未發矣，正是無可察者，焉有所謂逆覺而察之？故「寂然不動之體」乃成掛空者。如是，或是「寂然不動之體」只成掛空，涵養只是茫昧不自覺之習慣，或是涵養即是自覺地意識到是涵養此「寂然不動之體」，涵養必預定一逆覺之察，此察與施於已發之察不同：此兩者必居其一。24

牟先生這段文字說到底，就是要說朱熹的涵養是一種很奇怪、無目的、沒價值的活動而已，重點是它沒有預設一超越的本心，它沒有事先預設一逆覺體證的工夫。此說，非常輕視朱熹。朱熹在涵養察識說的討論中，已經達到涵養察識圓融一體的意境，只是那些文字牟先生從未討論過。朱熹的涵養，就是為了格致誠正修齊治平的理想而進行的，豈只是一不自覺的好習慣之培養？因此，要涵養，就是為了要治國平天下的理想而在平日生活中謹小慎微地涵養自己，就是主敬以立人極的意旨，牟先生真是無所不用其極地說小了朱熹的涵養工夫，理由在朱熹根本沒有超越的本心，但是，前已言說，朱熹所論之性善之性即是此超越的本心，而牟先生說朱熹說性只是未發的分解說，而非良心呈現以逆覺體證，這卻是以工夫實踐來批評工夫所預設的本體，以有實踐之強調來說本體已被呈現，而批評只談本體存在的存有論沒有此一實踐的實現，這真是一複雜詭譎的理論錯置。文不對題。但是，牟先生仍自認有理由這樣說，下文說之更絕：

復次，即使承認「涵養即是自覺地意識到是涵養此寂然不動之體」，並不只是茫昧不自覺之習慣，但此「寂然不動之體」亦並不即是孟子之沛然不禦之本心，並無創生真正道德行為之足夠力量，所謂「溥博淵泉而時出之」，而只是心之清明知覺，其落實著力而見效果處卻在已發後之察識，察識擴大而為格物窮理。真正工夫著力處實在格物窮理。故在朱子系統中，涵養只是消極的工夫，積極工夫乃在察識，全部事業、勁力全在格物窮理處展開。「一性渾然道義全具」之性體，在涵養中，亦無積極之用，其功用效果亦在格物窮理處彰顯展開，道義全具之為「道義」亦在格物窮理處彰顯展開。而結果性理，客觀地說，只成本體論的「存有」型態之性理。主觀地說（關聯著心說），只成認識論的散列型態之性理，而對於心之未發已發所施之涵養察識之全部工夫只是使心收斂凝聚以期逐步逼近如理合道之境，此即最後形成所謂靜涵或靜攝之型態。25

這段文字的重點，是牟先生覺得硬說朱熹的涵養沒有預設超越本心，以及不是自性體發出之路不太合理之後的強詞。這個強詞，就是轉入將朱熹的工夫論說成是知而不行的工夫，故而只是在做認識存有論的原理的活動，而不是在做價值自覺的實踐。筆者已說，朱熹的格物致知

24. 牟宗三，《從陸象山到劉蕺山》，頁一二七－一二八。
25. 牟宗三，《從陸象山到劉蕺山》，頁一二八－一二九。

是連著誠正修齊治平的工夫次第的開端，而牟先生卻是由朱熹的格物致知聯想到窮理，而由窮理又聯想到朱熹的理氣論。是的，格致可以即是窮理，而窮理也可以是窮究事事物物的道理，目的都是為了治國平天下的客觀知識而做的。但是，此一活動的開端正是為了明明德於治國平天下的儒家式道德理想而做的，所以真正是有理想、有逆覺體證的涵養工夫。至於理氣論哲學，那是一套純粹的存有論形上學理論，窮理的目的本亦不在此，而是在治國平天下之理，但此理又須一形上學的依據，故而建構理氣論，而理氣論的功能尚不止此，它還是三教辯證的系統，決不是被牟先生拉下來在工夫論處刻意曲解下的產品。

簡言之，主敬說與涵養說與一切儒家本體工夫論旨一致，工夫次第說中的每一項工夫也都是本體工夫，先知後行說根本就是知行合一說，牟先生種種對朱熹中和新說的批評，都應重新檢討，予以反對。

七、結論

本文針對牟宗三先生所著《從陸象山到劉蕺山》第二章進行討論，唯值得討論的議題過多，行文至此僅及其半，後半段的討論就見出牟先生已經要講出一套頓悟說的理論了。此另起一章討論。

牟先生的哲學創作，也可以說都是在與文本對談中逐漸發展形成的，可以見到他從《心體與性體》到《從陸象山到劉蕺山》的寫作中，都是一邊思索一邊建構的，在《從陸象山到劉蕺山》書中，畢竟出書的時程較後，許多基本立場已經形成，因此論述更為細密，意見更為頑固，並且一些極端的說法也愈加極端了。

筆者有意修正牟先生的詮釋模式，是以逐書逐章逐節一一討論，本文即此進程中的一部分。

第十六章　對牟宗三以「覺悟說」詮釋朱陸之爭的方法論反思

一、前言

牟宗三先生對朱陸之爭的討論，在《從陸象山到劉蕺山》書中的第三章有專章的討論，筆者已撰文討論其中的前半段，[1]主要涉及新舊中和說的解釋及定位問題，在牟先生討論朱熹中和新說之後，又有四節的主題義旨轉深，進入以覺悟說說象山學以對比朱熹學的理論領域，意旨精微，朱熹難出其網。本章即討論此後四節。

筆者不同意牟先生的創說，企圖與牟先生的專文一一對談，找出他的思路，重新平議被牟先生論斷的朱陸之爭的觀點。

1. 杜保瑞著：〈對牟宗三談朱陸之爭的反思〉，「傳承與開拓：朱子學國際學術研討會」，朱子學會、中華朱子學會、湖南大學嶽麓書院主辦，二〇一二年十月二十三—二十六日。本文修訂後收錄於本書第十五章。

二、以下學上達說批評朱熹

牟先生在談朱熹在「中和新說後之發展」一節中，引出若干朱熹重視「涵養需用敬，進學在致知」意旨的文句，說其為靜攝型態，且主張象山之第一義的直貫型態，可以涵攝朱熹第二義之靜攝型態，並且以為「此朱子順中和新說後之學問規模首先表示其對於禪之忌諱者」，亦即所有朱熹對象山的攻擊就是以象山為禪，而象山非禪，故而牟先生替象山型態找理論的出路，此即「覺悟說」之提出。

筆者另文有言，象山確實非禪，朱熹批評象山為禪是對禪宗的不了解，也是對象山的錯誤攻擊。但是，象山亦批評朱熹為禪，亦批評朱熹為老，這同樣是不了解老佛，這也是對朱熹的錯誤攻擊。因此，兩家互以道佛指控對方，就是兩家都動了意氣，所有的互相批評老佛的言語都是意氣之爭，根本非關儒學義理，因此，既不必替象山辯駁其非禪，也不必替朱熹辯駁其非老佛。而且，不論替朱熹辯還是替象山辯其非禪，其實都非常容易。然而，牟先生即是在此一替象山辯其非禪的建構中又深化義理、創發新說，以強化他的本體直貫型之「道德的形上學」。

在《從陸象山到劉蕺山》第二章第五節之後，牟先生就是以「覺悟說」為中心，進逼朱陸之爭的關鍵分歧點，從而替象山找到意旨定位的重心。當然，朱熹之學思也被貶抑得更加地抬不起頭來。參見其言：

然朱子之論點，吾人可視作一客觀問題而討論之。在當時以弘揚聖教之立場，與異教劃清界限是當該者，甚至加以闢斥亦有值得同情者，然要不能只以「下學上達」為尺度斷定凡主「先有見處，乃能造夫平易」之說者皆為「禪家之說」。夫既有「上達」矣，則先了解「上達」之何所是以定學問之方向與宗旨，不得即認為是「禪家之說」。若如此，即認為是禪家之說，則先對於「天命之性」、「無極而太極」、「寂然不動之體」等有所見者亦是「禪家之說」乎？顯然不可矣。夫「下學上達」，自初有知以至終老，凡所學所習皆是下學上達，對於任何學問亦皆是下學上達，然不能以此一般之程序抹除學問過程中到緊要關頭本質關鍵之轉進，以及「必先有見，然後有以造夫平易」之途徑，尤其不能即認為是「禪家之說」。而凡到緊要關頭以取此途徑者亦並不必即反對下學而上達。所謂「必先有見」，大抵是就學問之本質言，亦須是對有相當程度者始能言，非是儱侗地凡是一開始即漫言「必先有見」也。孔子固有「下學而上達」之語，固亦施博文約禮之教，固亦不廢經驗之學習，然其念念不忘於仁，教門弟子為君子儒，勿為小人儒，則亦是「先有見處」也。仁之覺悟與理會非只下學上達所能把握也。若不知「仁」之為何物，則只下學未必即能上達，即有上達，未必即能達於仁以知天也。時時在學中，亦時時在「先有見處」以定方向中。平易、平實是其踐履之純熟，非專「下學上達」、「求言必自近」為平易、平實也。「必先有見」非「先自禁切、不學不思、以坐待其無故忽然而有見」、「溺心於無用之地」

之謂也。「必先有見」固不必即能純熟；其所見者或許只在抽象之階段，尚未達具體之體現；未達具體之體現，即不得為真實，也許是光景；牢執之，也許是幻念；入而不出，也許是鬼窟；抽離遠置，不能消化於生命中以清澈自己之生命，亦可能是意見，亦可能「適足為自私自利之資」；然此皆工夫過程中純熟不純熟之問題。若自此而言「就使僥倖於恍惚之間，亦與天理人心敘秩命討之實了無交涉，其所自謂有得者，適足為自私自利之資而已」，則可也。若原則上認定「先有見」即是如此，而根本反對此「先有見」之轉進，且斷定其即為「禪家之說」，則大不可也。2

本文之說，重點即是牟先生對「下學上達」的定位。朱熹倡下學上達以斥責象山，牟先生以此說有所不足，更不得以此指責象山為禪。因為下學上達只是一般的教育程序，尚有一本質的關鍵處須有以轉進之，那就是本心提起一義。此義，朱熹批評象山謂：「今曰此事非言語臆度所及，必有先見，然後有以造夫平易，則是欲先上達而後下學。」牟先生則認為，「必有先見」正是象山宗旨，且絕非是禪。又以孔子雖說下學上達，但是念念不忘於仁，這就是「必有先見」。因此對於仁之覺悟，才是此一本質的關鍵，絕非一般下學即可上達，或上達即真能達於仁以知天也。總之，「必有先見」即是「立志」，即是「先立乎吾心之大者」，容或有不準確之處，但只是純不純熟的問題，卻不可即斷定此為禪家之說。

筆者要不斷申說，朱熹說象山為禪確實不需辯駁，象山確實不是禪，但朱熹要以下學上達繩約象山，就是對象山為人之粗暴之氣之批判，這是一個人身攻擊，而並不是說其為禪就等於是對「必有先見」的反對。朱熹說的下學上達，就是孔子的話頭，人何須下學上達？若非有所體悟於為人之學、且欲求仁，何必費事下學以上達之。牟先生說：「夫『下學上達』，自初有知以至終老，凡所學所習皆是下學上達，對於任何學問亦皆是下學上達。」此誠其然。孔子及朱熹所說的下學上達不是要為治國平天下的儒家理想而學習那是什麼？此一般程序中的所有步驟都是牟先生所謂的本體直貫的自覺工夫，此一自覺工夫牟先生說之為逆覺體證，這一部分朱熹並沒有質疑，朱熹所質疑的「必有先見」是指「欲先上達而後下學」，而「欲先上達而後下學」又是就家國天下的治國平天下之具體事務的「必有先見」，是就講明處事之事務之理的「欲先上達而後下學」而提出的批評，就是對於象山及其後學在一般書本意旨的不加深研，以及人際關係的意氣之爭上而說的，也就是對處事時沒有先深研客觀的道理就已「必有先見」了的批評，先深研客觀的道理是下學，搞清楚了才說才做、終至完成才是真的上達。朱熹從來不是講不要立志，不是講不要有理想，不是講不要追求仁道，而是講不要自以為是、任意妄行，也就是牟先生說的有純熟不純熟的問題，既有不純熟，則需下學上達，尚不純熟，就事事以為己見必是對的，這就是「必有先見」，就是「欲先上達而後下學」。然而，牟先生卻把朱熹反對這種意

2. 參見牟宗三著：《從陸象山到劉蕺山》，台北：學生書局，一九七九年八月初版，頁一三七—一三八。

義下的「必有先見」，說成了反對「要立志」、「要志於仁」、「要有理想」、「要先逆覺體證」等義，等於是說朱熹根本不在儒學追求平治天下的聖賢理想的範疇內了，此義決是誤解。

牟先生接著又說了一段話以收尾，[3]但這段文字倒沒有什麼深義了，只是重申朱熹以平時為藉口，斥責象山是禪，說這種無謂之忌諱為學問之自殺。筆者以為，朱熹說象山是禪絕非朱陸異同之重點，朱熹指責象山的粗暴之氣才是重點，也因此，朱熹更認定非走下學上達之路不可。但是，牟先生卻把下學上達之路說岔了，說下學上達沒有定於仁心道體是無用的，但是，本來就是為講聖學、為求平治天下才說的下學上達，如何又忽而忘卻了仁為何物呢？這只能說是牟先生刻意貶低朱熹意旨而提起的說法。

三、以後天積習說批評朱熹

鵝湖之會後，象山為其兄求墓誌銘於朱熹，來拜訪朱熹，朱熹於白鹿洞書院邀請象山講學，象山所說意旨甚佳，唯象山有對邪意見、閒議論之批評語，同年，朱熹又書呂伯恭，[4]針對此說，指象山仍有些禪意，牟先生以象山講義利之辯，正是勝義樸實第一義之路，因而批評朱熹只知後天積習工夫，參見其言：

朱子對此勝義樸實無真切之警悟，對象山所說之意見、議論、定本之弊無真切之感受，故視之為「一概揮斥」而目之為禪，謂其「合下有些禪底意思」。其實這與禪有何相干？明是相應道德本性而為道德實踐之孟子學之精神之呈露，乃為踐仁盡性之正大規範，何關於禪耶？[5]

朱熹說象山有禪意確實不對，筆者亦不欲為朱熹辯護，朱熹但因象山有些說得太高之話語、以及做得太過之行徑而說此，但象山究非是禪，朱熹之批評沒有說對重點，宜其由牟先生反駁之。然而，牟先生反駁太過，以朱熹竟是只重「後天積習工夫」定位朱熹，此說筆者不同

3. 參見：「當時社會禪風流行，一般知識分子拾牙慧以資玩弄，或藉此以掩其昏墮，容或有之，此或亦不可免，然此道聽塗說之輩，本無與於學問之林，又何足為憑？亦何足因彼輩而成忌諱？凡重『就事順取』之路，皆藉口平實以斥學問本質轉進中逆覺之路為禪、為佛老。朱子藉口『下學上達』以斥象山為禪，葉水心即據堯、舜、禹、湯、文、武之原始綜和構造之業績以斥曾子、子思、孟子、中庸、易傳為非道之本統，並對孔子而亦不滿，至於周、張、二程以及朱子本人更被視為學問之歧途，與佛老辨不清矣。言學至此，乃成學問之自殺。故凡無謂之忌諱，皆當審思明辨以解除之。開其心量，朗其慧照，順理而辨，不以妖妄蚊虻自亂，不以無謂之忌諱自限，則學問之理境大，而真同異亦得而明矣。朱子於此甚有憾也。至於耳食之輩，順朱子無謂之忌諱而下滾者，則只能誤引朱子於考據之途，並朱子學之真精神亦全喪失無餘矣。」《從陸象山到劉蕺山》，頁一三八－一三九。

4. 牟宗三，《從陸象山到劉蕺山》，頁一四四－一四五。

5. 牟宗三，《從陸象山到劉蕺山》，頁一四六。

意。參見其言：

朱子所謂「既是思索，即不容無意見；既是講學，即不容無議論；統論為學規模，亦豈容無定本」？此乃是落於後天積習之第二義上說。惟當吾人感覺到本心並不容易呈現，即偶有呈露，亦並不容易即至坦然沛然莫之能禦之境，始覺後天積習之培養工夫、磨練工夫、助緣工夫，所謂居敬集義、格物窮理等之第二義工夫之重要。此等第二義之工夫在此實有其真實之意義。雖不免於支離、歧出，亦不能免於繞許多冤枉路，亦自有虛妄處，亦自有粘牙嚼舌處，亦自不能免乎閒議論之廢話，然而卻不能單純地即視為閒議論、邪意見、虛說虛見、異端與陷溺。朱子所謂「思索」，即是此層上之思索，自然有許多「意見」出現。所謂「講學」，亦是此層上之講學。自然有許多「閒議論」滋生。所謂「統論為學規模」，亦是此層上之「為學規模」，自然要想於異途紛歧之中間約出一個「定本」，如涵養察識、格物窮理等，以為吾人下學上達所可遵循之道路。如果能正視相應道德本性而為純正的道德實踐之艱難，此層之工夫便不可一概揮斥。朱子對此有切感，故於象山居於第一義上之揮斥感覺肉痛也。然而艱難雖是艱難，助緣畢竟是助緣，要不可不警悟本心呈現為純正的道德實踐之本質的關鍵之第一義。若於此不能精澈，即無真正之道德可言，亦可終生迷其鵠的。象山於此有諦見，故視朱子為支離歧出也。實則第二義上之支離、歧出、議論、定本，亦有其真實的意義。象山於此不能融化會通，應機而俯允之，亦未至圓成之境。6

本文中，牟先生以朱熹所強調之需有意見及議論之說法，是落於後天積習之第二義，它只是助緣之工夫。牟先生不反對需有助緣，甚至以象山說此類工夫是邪意見、閒議論、虛說虛見、異端陷溺是不對的，因此象山「亦未至圓成之境」。其實，這一段文字是牟先生所有討論中最接近朱熹本旨的一段文字，正是因為牟先生理解到朱熹之說確實有其不可磨滅之義理在，甚至對於朱熹所說之種種下學上達、涵養察識、格物窮理的工夫理論，說其：「如果能正視相應道德本性而為純正的道德實踐之艱難，此層之工夫便不可一概揮斥。」也就是說，只要朱熹能在正視相應道德本性上強調此些工夫，則此些工夫即不可揮斥。不可揮斥即不可排除，即亦是必要的。只不過，象山之揮斥卻是站在第一義上的揮斥，而視朱熹為支離歧出之第二義。牟先生同意第二義亦是有其必要，故批評象山亦未至圓成之境。既然如此，朱熹所說真不能輕易放過，甚至更才真是工夫論的真正要點。

依筆者之意，朱熹所說的才是工夫論，工夫論就是要講下學上達，就是要講涵養察識、格物窮理，至於象山所說，是工夫達成之後的境界論，是以達成之境界以為工夫完成之最高標準，達此最高標準而為真工夫，此時之工夫為功力之意。[7] 此種達致最高標準之功力哲學，也就是

6. 牟宗三，《從陸象山到劉蕺山》，頁一四六—一四七。

7. 參見吳怡著：《逍遙的莊子》，台北：東大圖書公司，一九八四年初版。

境界論哲學，禪宗最為擅長，弔詭的是，朱熹說象山有禪意，牟先生反對之，牟先生對朱熹後天積習之路，開出理解的脈絡之後，反過來，將象山之說向上一提，進入覺悟說、甚至頓悟說的層次，即便是第一義說，此皆佛家禪師語。牟先生其實不自覺地替朱熹說明了為何說象山有禪意，關鍵即是，象山說工夫說到了境界工夫論上去了，故而愈說愈有禪意。

筆者以為，談工夫論必定是在後天積習處談的，做工夫是人在做的，不是神在做的，不是天在做的，是有耳目口鼻氣稟之私的人存有者在做的，故而是後天。既有氣稟之舊積習，則應變化氣質，創造良好的習慣，以追求與天理合一的心即理境界，故而當然是後天積習的工夫，此一工夫就需是下學上達、涵養察識、格物窮理，此實助緣，並且是本質的助緣，因為下學上達、格物窮理、涵養察識所有工夫都是本心在主宰的，沒有本心又做這些幹什麼呢？不為內聖外王又做這些助緣工夫做什麼呢？牟先生無謂地割裂這些工夫為沒有內聖第一義的本質意旨而只是外在的助緣，這是極為奇怪的論述。理由就是「蓋朱子於第一義之慧解甚差」，[8]其實不然，而是朱熹對象山過高之自視及粗暴之惡氣不滿，也就是說，朱熹對象山的實修境界不予肯定，而要求多做後天積習工夫，至於象山本人，則自視高高在上，反而揮斥朱熹之說為邪意見、閒議論。這些爭辯，根本上就是兩人對對方修養境界的意氣之爭，而非關工夫理論的真正意旨之辯論。是牟先生將之上升為關乎工夫理論的辯論，既見朱熹之說之不可無，更見象山之說之必須有，從而以第一義、第二義分別定位兩造，終至不可捨棄朱熹，而必將象山推上講境界而非說工夫論的地位上了。

四、以本心呈現說詮釋象山

在朱陸之爭的討論中，牟先生正一步步地肯定朱熹而將象山推向禪學，當然象山不是禪，但牟先生在既肯定朱熹又推崇象山的討論過程中，確實將象山承孟子以有別於朱熹的工夫論思路推向境界論哲學上了。其言：

依孟子，人皆有惻隱、羞惡、辭讓、是非之「本心」，人皆有「所欲有甚于生，所惡有甚于死」之本心。人陷溺于利欲之私，乃喪此本心。故「學問之道無他，求其放心而已矣」。放即放失之放。放失之，則求有以復之而已耳。求其放心即復其本有之本心。本有之「本心」呈現自能相應道德本性而為道德的實踐，即不為任何別的，而唯是依本心所自具而自發之義理之當然而行，此即為人品之挺立。此本有之本心乃超越乎生死以上之絕對的大限，超越乎一切條件（如為宮室之美、妻妾之奉、所識窮乏者得我等等）之上而為絕對的無條件，唯是一義理之當然。承此而行，方是真正之道德生活。9

說到真正的道德行為，這其實要分等級的。願意追求道德行為、了解何為道德行為、學習

8. 牟宗三，《從陸象山到劉蕺山》，頁一四八。

9. 牟宗三，《從陸象山到劉蕺山》，頁一六三－一六四。

如何進行道德行為、實際進行道德行為、整個人生的所有行為都已符合道德標準且不會再度犯錯或有疑惑、討論關於道德行動的理論等等，這些都是道德行為相關的種種不同層次之事件。若依牟先生於此處所講的「此即為人品之挺立」，恐怕應該是主體完全不會再犯錯而達最高境界的階段了，此幾乎即是儒家聖人、道家神仙、佛家菩薩之境界，或至少，就某項理想及在某個時空狀態中，主體唯義理而行。然而，不論是暫時的或永久的，達此境界之前，主體一定是要做工夫的。並且，就達到聖人、神仙、菩薩這種永恆境界者而言，此一境界，極端不易達成，人間世中談不上有幾人真能達成，多是進進退退，或只能暫時性地得到這種境界，但是，作為儒者，又必須追求此一理想，否則即非儒者。因此，需要做工夫。依牟先生此文，他所談到的真正的做工夫，就是把本心呈現，呈現之而做對的事情，此說筆者完全同意。但是，何為對的事情？以及使之呈現的操作方式為何？這並非易事，所以，做工夫的方法是要講究的，程頤與朱熹說的「涵養需用敬，進學在致知」就是為了一方面堅定意志以用敬涵養，另方面知道所要追求的對象而需致知。依本文中牟先生所指出的孟子之所言，所談者是「涵養需用敬」的部分，而在牟先生的詮釋下，則是此一涵養工夫已臻至究竟的境界，而非尚在學習階段的道德生活，這才是他所講的真正的道德生活。

或許，牟先生已意識到他自己所說的是高不可攀、遙不可及的境界，因此他開始了解及重視朱熹所提下學上達工夫的意義，也了解了自己所說的本心呈現之事件並不是下學上達的工夫，甚至根本不是一種工夫論的理論，因而逐漸朝向頓悟說發展。參見其言：

但問題是在：當人汩沒陷溺于利欲之私、感性之雜之中而喪失其本心時，又如何能求有以復其本心？答此問題誠難矣哉！其難不在難得一思考上之解答，而在雖得一思考上之解答而不必真能復其本心使之頓時即為具體之呈現。蓋此種問題非如一數學問題或一科學知識問題之有答或無答之簡單。此一問題，說到最後，實並無巧妙之辨法可以使之「復」。普通所謂教育、陶養、薰習、磨練，總之所謂後天積習，皆並非本質的相干者。但唯在積習原則下，始可說辨法，甚至可有種種較巧妙之辨法。但這一切辨法，甚至一切較巧妙之辨法，到緊要關頭，仍可全無用。此即示這一切辨法皆非本質的相干者。說到本質的相干者乃根本不是屬于辨法者，此即示：說到復其本心之本質的關鍵並無巧妙之辨法。嚴格說，在此並無「如何」之問題，因而亦並無對此「如何」之問之解答。其始，可方便虛擬一「如何」之問，似是具備一「如何」問題之樣子，及其終也，說穿了，乃知並無巧妙辨法以答此「如何」之問，隨而亦知在此根本無「如何」之問題，而撤銷其為問題之樣子。記住此義，乃知覺悟、頓悟之說之所由立。覺悟、頓悟者，即對遮巧妙辨法之謂也。知一切巧妙辨法，到緊要關頭，皆無用，然後始正式逼出此覺悟、頓悟之說矣。10

10. 牟宗三，《從陸象山到劉蕺山》，頁一六四。

本文主旨即在指出，要真做真正的道德生活，要達到本心完全的呈現，說到底，既不容易，更無方法可言。最終就是逼出覺悟、頓悟的說法。說到頓悟、覺悟，這就是說到了境界。境界與工夫之不同，就是工夫是有辦法、有方法、有做法、有步驟、有過程的，而境界就是一至永現、一成永成，學者就是要從做工夫而達到有境界的。學者就是一開始尚在私利欲望中打滾，因而藉由工夫，而達至純淨的心靈境界。現在，牟先生不追究從如何做工夫以達至頓悟、覺悟的境界，而是要去說明這個達至頓悟境界的狀態是沒有方法可得的。因此，一切做工夫的理論不論是教育、陶養、薰習、磨練都只是後天積習而非本質相干。說頓悟的境界是沒有任何辦法可說的，此誠其然。其實，牟先生是嚴重地搞錯了做工夫與得境界的理論模式。做工夫就是要有方法，目的就是得一聖人的純粹清明的境界，就境界而言，就在狀態中的主體，主體自己言語道斷、心行路絕，從心所欲不逾矩。因此毋須有對此一狀態的描述言說，但仍存在說明此一境界的合於天道的理論，這就是從宇宙論及本體論過來的針對境界論的理論建構，但就境界本身，真是無限美好、卻也無從說起，因此是沒有描述語，而不是沒有方法，方法就是工夫論，做工夫就是為達境界，所有的工夫都是本質地相關的，所有的工夫都是本體工夫，只是有不同的項目，不同項目之間還可以有次第的討論，做工夫必是後天積習的，積習以求恢復先天本具的性善本體，而不是有一種工夫叫先天工夫，以有別於後天積習工夫。說先天工夫只能說是主體在後天狀態時，以性善本體先天即具，因此由復性、善反即可得至者。所以先天指本性，後天指主體的狀態，在後天做工夫，累積重返，一切助緣方法都是對準先天性善本體的價值意識而做的，都是本體工夫，都是逆覺體證，就在逐步清淨純粹的過程中，或在某一理想上達到頓悟的境界，或在整個人生的生命境界中達到絕對完美的聖人境界，如孔子在七十歲時的「不逾矩」狀態。七十歲「從心所欲」之孔子豈是沒有方法而能得者？孔子自己都不會同意的，否則他在教學是教些什麼？

因此，強調在頓悟的絕對境界中沒有語言可以描述是對的，但要說成聖成仙成佛是沒有辦法、沒有方法，以致可以棄絕一切的工夫理論，則是錯誤的認識。至於此一境界，或為永恆的，或為暫時的，暫時得致後又退墮了，沒關係，再提起即是，總有一天，就會不再退墮。這是因為，人是先天地是性善的，這就是孟子性善論的理論功能。牟先生自己也說：

> 此「人皆有之」之本心不是一個假設、預定，乃是一個呈現。孟子說「有之」之「有」不是虛懸地有。惟當人汩沒於利欲之私、感性之雜，乃始漸放失其本心。「賢者能勿喪耳」，即能使其常常呈現也。不肖者雖漸放失其本心，然亦並非不隨時有「萌蘖之生」，有端倪呈現。11

11. 牟宗三，《從陸象山到劉蕺山》，頁一六五。

本心是先天有的，理論上如此建構，實際上要交由主體去操存，操存之後才能呈現，呈現之即是復返之，因為本來先天就是性善的。顯然，一次呈現或偶爾呈現甚至常常呈現都是不夠完美的，都還會有放失本心之時，只是因為本性是善，所以會有端倪、萌孽之生，此時只能是繼續不斷地做後天積習的工夫，因為人會陷溺，所以後天工夫絕不可無。牟先生就是要把象山之工夫講成先天的本心呈現而有頓悟之境界，以有別於非關本質的後天積習工夫的朱熹路線，但問題是，朱熹路線正是一切工夫論的路線，孟子、象山、陽明皆不能免此。也就是說，本來象山對朱熹的易簡與支離之爭可以說是工夫論與形上學之爭，在牟先生的詮釋下，逐漸轉為本體工夫與工夫次第之爭，甚至是境界工夫與工夫入手和工夫次第之爭，也可以說是境界論與工夫論之爭，總之，就是不同問題之間在說高下，然而，這是不必要的，釐清問題，各自表述，一切理論，都有功能。

五、以覺悟說詮釋象山

在對象山與朱熹之爭中，牟先生不能徑直地否定朱熹的理論，遂以提高象山理論的意境為策略，提出覺悟說，以拉開兩人的差距。覺悟說是工夫境界論的範疇，理氣論是形上學的範疇，牟先生確實時常混合形上學與工夫境界論一起談，不過，此處所談者就確實都是工夫境界論問題，然而，卻又犯了混合工夫論和境界論的錯誤。以境界論批評工夫論就是以覺悟的境界批評尚在做工夫階段的作為，這正是陽明後學王龍溪對其同門所做的事。牟先生抓住覺悟之境界的高度，卻企圖捨棄主體在修證過程中的努力意義，參見其言：

所謂「覺悟」者，即在其隨時透露之時警覺其即為吾人之本心而肯認之耳。肯認之即操存之，不令放失。此是求其放心之本質的關鍵。一切助緣工夫亦無非在促成此覺悟。到有此覺悟時，方是求其放心，復其本心之切要處。一切積習工夫、助緣工夫並不能直線地引至此覺悟。由積習到覺悟是一步異質的跳躍，是突變。光是積習，並不能即引至此跳躍至此覺悟，其本質之機還是在本心透露時之警覺。人在昏沉特重之時，也許永不能自己警覺，而讓其滑過。此時本質之助緣即是師友之指點。指點而醒之，讓其警覺。警覺還是在自己。其他一切支離歧出之積習工夫、文字義理工夫，即老子所謂「為學日益」工夫，雖亦是助緣，但不是本質的助緣。即此本質的助緣畢竟亦只是助緣，對求其放心言，亦仍不是本質的主因，不是本質的關鍵。本質的關鍵或主因唯在自己警覺——順其呈露，當下警覺而肯認之。除此以外，再無其他巧妙辦法。此即「如何復其本心」中如何一問題之答覆。但此「警覺」實不是普通所謂辦法，亦不是普通說明「如何」一問題之說明上的解答。普通對「如何」一問題之說明、解答，即是可劃歸於一更高之原則，通過另一物事以說明此物事。如應用此方式於「如何復其本心」上而想一另一物事如積習之類，以說明此「如何」，以為此是一種辦法或巧妙之辦法，則到最後將見此一切辦法可皆無用，或至少不是本質的相干者，即依此義，此「如何」一問乃喪失其為一問題之樣子，而可說在此乃根本無「如何」之問題者。此即示：此問題乃根本不許吾人就「如何」之問，繞出去從外面想些物事以作解答。乃須當下收回來即就自己本心之呈露而當下警覺以肯認之。此警覺不是此本心以外之異質的物事，乃即是此本心之提起來而覺其自己。12

本文是在說明覺悟的狀態，主體在此一狀態中時其心靈已經是清淨純粹的，而不是還在對治渾濁墮落之境，並且，此一狀態與前此積習求學的狀態間有一異質的跳躍，它們是異質的助緣，就算是本質的助緣亦只是助緣，而不是本質的主因、本質的關鍵。其實，牟先生詞窮了。做工夫就是本質的助緣，覺悟的境界就是在狀態中而已。已經在狀態中了當然不需要再問如何追求以達到此狀態，所以沒有如何的問題，它就是主體之心完全在本心呈現的狀態，《壇經》有言：「心平何勞持戒？」這就是進入覺悟後的狀態了，但是，未達此境之前能不持戒嗎？不持戒最終能得心平嗎？當然，當心已平，主體根本沒有邪念雜念欲念了，又談持戒做什麼用呢？所以在覺悟境中確實沒有如何的問題，談如何就是在談工夫，但除非已臻聖境者，任何人都需要談工夫且做工夫，因此不論說是師友指點，或說是積習工夫、文字義理工夫、為學日益工夫等等，都不能說是支離歧出的。

其實，說覺悟又要區分是已臻聖境之永不退轉，還是只在某個事件上得到清醒的境界而已。若是只在某個事件上達到，則另外的場合也會有汩沒不彰之時，此時就須再度覺悟，也就是要再做工夫，因此覺悟還是一個漸進的歷程，每一次的覺悟都是主體境界的一次躍升，這種情況牟先生也談到了：

此種覺悟亦名曰逆覺。逆覺者即逆其汩沒陷溺之流而警覺也。警覺是本心自己之震動。本心一有震動即示有一種內在不容已之力量突出來而違反那汩沒陷溺之流而想將之挽回來，故警覺即曰逆覺。逆覺之中即有一種悟。悟即醒悟，由本心之震動而肯認本心之自己即曰「悟」。悟偏於積極面說。直認本心之謂悟。覺而有痛感，知汩沒之為非，此雖較偏於消極面，而同時亦認知本心之為是，故亦通於積極面。通於積極面而肯認之即為悟。由覺而悟，故曰「覺悟」。[13]

說逆覺是牟先生的老詞，在《心體與性體》書中就講得很多了。說逆覺絕對是面對本心放失、主體汩沒之時的做工夫的活動，這是涵養用敬的模式，這是以價值意識的本體以為心行的嚮向而為之本體工夫，所有的本體工夫都是這種模式，都是以合於仁義禮知的價值標準要求主

12. 牟宗三，《從陸象山到劉蕺山》，頁一六五—一六六。
13. 牟宗三，《從陸象山到劉蕺山》，頁一六八。

體自己改正心態的操作方式。這是逆覺體證、是本體工夫、是覺悟。可以說，牟先生以覺悟一詞來說尚在工夫階次階段的跳躍性成長，但是，這還不夠，對於已臻聖境、永不退轉的境界狀態，他則是以頓悟說而言，下節論之。

六、以頓悟說詮釋象山

做工夫與得境界是分開不了的事件，而工夫與境界並不是兩種工夫的高下之別，而是主體實踐的兩種不同的狀態，主體有做工夫的狀態也有達境界的狀態，但主體必是做了工夫之後才能達境界，故而兩事不可分說。依牟先生，卻是以頓悟說說一種象山型態的工夫，而與朱熹不同者。參見其言：

> 從悟一面進而說大悟或頓悟。大悟、頓悟者悟此本心無限量之謂也。當吾人順本心透露而警覺時，雖已肯認此本心矣，然此時之本心仍在重重錮蔽中被肯認，即在限制中被肯認，此亦即本心之受限性。顯然錮蔽所成之限制並非即本心自己之限制。汩沒於利欲之私、感性之雜中，一切是有條件有限制，而本心之呈用無任何條件，唯是一義理之當然，一內在之不容已，自無任何限制性。本心自體當是無限制者。由無限制而說其為「無限量」，此即普通所謂無限性。惟此無限性尚是消極者，由對遮錮蔽，自錮蔽中解脫而顯者。此可

由分解而得之。對此種無限性（形式的無限性），不必曰頓悟。此可由分解之思以悟之。惟當本心自體之無限性由消極進而為積極，由抽象的、形式的，進而為具體的、勝義實際的，方可言頓悟，乃至大悟。此具體的、勝義實際的無限量是何意義？曰：道德的本心同時即形而上的宇宙心是也。形式的無限性須能頓時普而為萬物之體，因而體萬物而不遺，方是落實而具體的無限性，即勝義實際的無限性。面對此無限性直下肯認而滲透之名曰「頓悟」。此種具體的、勝義實際的真實無限性，不只是抽離的形式的無限性普遍性，而是「融於具體之殊事殊物中而為其體」之無限性、普遍性。說單純，則「至當歸一，精義無二」，只是一心，只是一理。「此心此理實不容有二」；說豐富，是無窮的豐富，說奧秘是無窮的奧秘。既不容有二，則悟必頓。既是無窮的豐富，無窮的奧秘，悟亦必頓。此中無任何階梯漸次可以湊泊也。由覺而悟，必須悟到此境，方是悟到本心自體之真實的無限性。必須悟到此真實的無限性，本心義始到家。到家者，道德實踐而成聖所必須如此之謂也。[14]

本文說頓悟之境，牟先生即是以頓悟說高象山於朱熹，然而，頓悟之境也是要從做工夫獲得的，因此，筆者不認為牟先生成功了高象山於朱熹的理論努力。牟先生也知道，在主體尚不

14. 牟宗三，《從陸象山到劉蕺山》，頁一六八－一六九。

完美之時必須是要做工夫的，做工夫最終會得境界，只是若尚未臻至最高聖境，那就有再度汩沒於私利之雜的可能，這就是牟先生所說的「本心仍在重重錮蔽中被肯認」，也就是未臻聖境，因此牟先生還要談臻聖境的狀態。就本心在錮蔽中而言，可以談形上學問題、也可以談工夫論問題，談形上學問題就是給它一個存有論的說明，說明為何會有此種狀態，此即理氣論與心性情論在面對的問題，說明主體墮落之存有論結構的同時，其實也是把主體必可成聖以及如何成聖的問題講清楚了，此即天理是人人共具，故而做變化氣質的工夫即可使天地之性存焉，這是依據形上學原理而來的討論。至於工夫論，消除氣稟的限制的做法就有讀書講學、日用常行、親近師友、事上磨練的種種課題，但這些牟先生都說是消極的、形式的、後天的，而他要談的是具體的、勝義的，其實，他要談的是成聖的境界，成聖的境界必是要做工夫透過消極的、後天的、形式的作為才可以得到的，牟先生已經不再去說做這些助緣工夫是不重要的話，而是要追究真正頓悟的境界的實義與勝義，其言：「道德的本心同時即形而上的宇宙心是也。形式的無限性須能頓時普而為萬物之體，因而體萬物而不遺，方是落實而具體的無限性。」筆者以為，此說是有歧義的。說道德的本心是就主體說的，說形而上的宇宙心是就整體存在界說的，說兩者價值義相同是可以的，說兩者一根而發，前者來自後者也是可以的。這都是形上學的語言。主體在但是，牟先生要談的是工夫論的語言，並且是工夫已完成而達至境界的境界論的語言。主體在成聖境時，已無絲毫私欲雜念了，因此主體心的意志狀態完全符合於天道的最高價值，主體的行為完全符合天道的意志。但是，主體仍不等於道體。主體不能為四時行、百物生的宇宙流行之事業，主體只能為修齊治平的社會人倫事業，因此輕易地說「道德的本心即同於形而上的宇宙心」是有問題的。

最後，牟先生說此頓悟境是沒有階次可以湊泊的，這才是到家，才是道德實踐而成聖，此說筆者同意。但這也紮紮實實地說明了牟先生是在談境界而不是在談工夫，是談已成聖境的境界，此時無須再為工夫，不勉而中、不思而得、從容中道、臻至化境。所以，筆者不認為牟先生有效地提出了象山型態的工夫理論而有高明於朱熹之處，事實上是，牟先生發現了象山之所言就是境界論的模型，只有談境界可以這樣說話，若是要談工夫，勢必有階次、有過程、有辦法、有方法、有下學、有上達、有積習、有漸教者不可。

七、以內聖之學詮釋象山

牟先生談朱陸之爭，至第二章第七節談朱子對象山的攻擊，牟先生則是以內聖之學說明朱陸差異，以象山為內聖第一義之學，以避開朱熹的攻擊。從牟先生所引朱熹的文本，有對象山弟子說其「狂妄凶狠，手足盡露」者、有說象山「人欲橫流，不自知覺，而高談大論，以為天理盡在是也」者、有說時人「空腹高心，妄自尊大，俯視聖賢，蔑棄禮法」者、有說今人因孟子之言「於義理之精微，氣質之偏蔽，皆所不察，而其發之暴悍狂率無所不至」者，[15] 其實，由牟先生所引之朱熹語看來，朱熹在說的是對象山及其徒弟和時人的人身攻擊，指其有此些病症，因此需做基礎工夫，做下學上達、講明道理之工夫，而不是對象山的工夫理論有何對立的意見，其實象山也沒有講出什麼具有新義的工夫理論，就是順著孟子的路數要求實做之而已，但就因此，牟先生說其為第一義，而以朱熹一般要求學者所做的下學上達工夫為第二義，從而建立內聖之學的象山型，依此，牟先生界定孟子之學之特色，且亦以之即是象山繼承於孟子的重點，而反駁朱熹，參見其言：

案：孟子以仁義內在明本心，以本心明性善。本心不失，則仁不可勝用，義不可勝用，若決江河，沛然莫之能禦。此是自律自主之本心之立體直貫型的義理。此為內聖之學之第一義。義不義之第一義惟在此自律自主之本心所自決之無條件之義理之當然，此即為義之內在。內在者，內在於本心之自發、自決也。孟子說：「長者義乎？長之者義乎？」此一疑問，即由自外在之「長者」處（即他處）說義扭轉而自內在之「長之者」處（即己處）說義。此種自發自決之決斷，不為某某，而唯是義理之當然，即為本心之自律。一為什麼某某而為，便不是真正的道德，便是失其本心。承本心之自律而為，便曰承體起用。此種承體起用顯是道德的當然之創造性之表現，即道德的目的性之實現。孟子主仁義內在而明本心之沛然，即在點醒此義。必見到此種立體直貫型之創造（承體起用），即「方向倫理」，方是真見到仁義內在之實義與切義。象山是真能見到此義者，而朱子則落於「本質倫理」之他律。其所謂「心之慊處」與「不慊處」即浮泛不切之語，並不真能切於仁義之內在。蓋心之慊與不慊可由自律而見，亦可由他律而見。由他律而見之義是「義者宜也」之義。此可完全受決於外在者。如合於風俗習慣、合於外在之禮法、合乎外在之本質秩序、合於知識上之是非，皆可以使吾人得到心之慊。一字一句若有不對，便覺心不安，一典出處不明或弄錯，亦覺心不安。心之慊（快足）是合於義（義之所安），心之不慊即是不合於義（義之所不安）。但此種義不義卻正是外在者，正是他律者；而心之慊不慊亦正是因關聯於他律而足不足，此是認知之明之足不足。此不是真正「第一義道德」之自律，亦不是本心自律上之安不安。而朱子卻正是向「關聯於他律以定足不足」而趨，而象山卻是向「本心自律之安不安」而趨。此仍是一縱一橫，第一義與第二義之別也。[16]

本文中牟先生以象山所繼承的孟子之學為自律自主立體直貫型，以朱熹所強調的工夫論為他律的本質倫理，而象山正是方向倫理。此說在《心體與性體》書中已提出，正落實朱陸之別

15. 牟宗三，《從陸象山到劉蕺山》，頁一七五—七九。
16. 牟宗三，《從陸象山到劉蕺山》，頁一七九—一八一。

而已。牟先生強調的是本心要自己自律地提起，這其實就是正在做工夫的實況，做工夫必是主體自覺地做的，所以牟先生不斷強調自律自主。此說無誤。但是，本心由內而發者仍是合於本心的本性的，仍是合於天道的。就任何人而言，並非一切由內而發者必是合於天道本體的，那麼，所發之心是否合於天道本體是要追究的，這就是牟先生所說的朱熹在強調的合於外在、合於風俗習慣、禮法、本質秩序、知識上之是非者，牟先生說這是外在的，以有別於本心之內在的，此說有歧義。既是本心之發必是來自內在的動力，此內在的動力所發之方向必是合於內在本心本來的本質，此一內在本來的本質正是天道的落實，落實於具體家國天下的事務上，使外在的家國天下的事業合於天道的禮法，此即風俗、習慣、禮法、秩序、知識、是非之諸事務，絕無所謂此些事務是一外在的、與本質無關的、與天道無關的。必合義於此些原理者，就是必合義於天道者，就是必合義於本心應有之本質的落實者，主體實踐必由本心而發，發之而與天道、天理、禮法、風俗、秩序合義，此中只有合義或不合義的問題，沒有第一義或第二義的問題。不是有實踐就是第一義，而是實踐合義才是第一義。朱熹要追究的是象山及其弟子及時人多有不合義的作為，而不是工夫理論只管外在原理不管主體實踐。追求合義不是外在的，而是合於天道原理的。合於天道原理不是他律的，而是原理與天道一致。主體一旦實踐活動起來，就是自律的，只是此自律自主的實踐的方向必須正確無誤，必是合於本質，並不是有兩種倫理學理論為一論方向、二論本質者，而是倫理實踐的道德行為之方向必須合於本質而已，兩事一事，牟先生把朱熹對象山的人身攻擊當作朱熹對象山的工夫理論的攻擊，以至於認為有象山之直貫第一義自律型的工夫，以及橫攝認知他律型的朱熹工夫。此真差謬矣！重點是，筆者反對有所謂橫攝認知他律型，依據牟先生的定義，所有的工夫理論都是直貫自律第一義的，朱熹的工夫論也是這一型，被牟先生說為他律橫攝認知者，其實是說理氣的存有論和說先知後行的工夫次第的理論，次第中的每一項工夫操作起來都是本體直貫的自律模式，只因有不同項目故而才談個次第問題而已。只因有對象山的不滿，而攻擊其為禪，並且因而更重視「講學省察」與「學聚問辨」，牟先生則緊緊抓住內聖第一義之學，排斥朱熹之說於內聖第一義之學的範疇之外，參見其言：

若真見到「本心自律上之安不安」為內聖之學之第一義，則只有補充，而無對遮，亦無所謂禪之聯想。象山之揮斥意見、議論、定本，其目的惟在遮撥他律之歧出，而使人收回來向裡深入、透顯本心之自律。而朱子卻一概聯想為禪，又誤會為對於「講學省察」與「學聚問辨」之忽視與抹殺。象山自謂其學「不過切己自反，改過遷善」，此正是省察之要者，如何能謂其輕忽省察，「棄置而不為」？惟此省察是扣緊念慮之微而省察：是利欲、意見之私乎？是本心之所發乎？是歧出之他律乎？是本心之自律乎？此正是道德省察之第一義，而不是省察於文字義理之精微也。象山語錄：「有士人上詩云：手抉浮翳開東明。先生頗取其語，因云：吾與學者言，真所謂取日虞淵，洗光咸池。」此其講學惟在自人之汩沒陷溺中啟廸開悟其本心之自律，如何能謂其輕忽講學，「棄置而不為」？惟其講學不以讀書、理會文字為主耳。並非不讀書、讀時亦並非不理會文字也。尅就啟廸開悟本心之自律言，讀書、理會文字正非本質的相干者，甚至是歧出之不相干。「學聚問辨」亦然。不以讀典籍之學聚問辨為主，而以開啟本心之學聚問辨為主也。孟子言「集義」豈只限於讀典籍之學聚問辨耶？就開啟本心之自律言，讀典籍之學聚問辨、客觀研究之義理精微，正非本質的相干者，甚至是歧出的不相干者。縱十分精微，亦只是他律。此豈道德行為之本性乎？17

文中首先說朱熹不應以象山之說為禪，筆者同意，但問題是象山有粗暴氣，朱熹假禪以批評之，雖不對題，但朱熹實在認為象山之病的確存在，因此總要有所處理，朱熹亦確實可以走牟先生所說的補充之路以救象山之弊，但朱熹的補充之路就是下學上達、講明知識，然後再去堅定意志。至於提起本心、呈現本心、走內聖第一義之路，這些沒有人反對，朱熹所反對者並不在此處，而是對真「講學省察」與「學聚問辨」的落實。依牟先生的意見，牟先生認為象山也是同意需要「講學省察」與「學聚問辨」的，只是要堅持「講學省察」與「學聚問辨」的本質要點還是在公私義利之辨上。筆者以為，以私為公、以利為義是人病之常態，內聖之學第一義就是要追究個公私義利之辨而已，因為對個人之實踐實況，就真正做到而言，前節之討論中牟先生已經說了沒有方法了，也就是說真正做到是個境界達致的階段。現在的問題是有人說的跟做的不一套，朱熹就是這樣認定象山的，因此問題並不是象山主張「先立吾心之大者」等意見不是內聖之學的格式，而是象山及其弟子之作為在朱熹的眼中就是粗暴。當然，是否粗暴？還可以追究，不過，不透過一些平常的培養方法以逐步堅實信念那又要靠什麼呢？任一士子一上來就說已立志矣，難道他的行為就必是可以為天下法的內聖第一義之行徑嗎？所以，問題不是要不要直接實踐道德而為內聖之學第一義之行為，因此並不是朱熹否定或反對此一道德實踐的理論模型，牟先生確實有理由說這才是道德行動的第一義。問題是，象山有粗暴氣故為朱熹所指責，只是朱熹以之為禪是不對題，倒並不是講直指本心、立體直貫、逆覺體證的模型為朱熹所反對。既然仍是粗暴，就要平日涵養，老實承認，如此而已。

牟先生文中說：「尅就啟廸開悟本心之自律言，讀書、理會文字正非本質的相干者，甚至是歧出之不相干。」筆者以為，牟先生這段文字說得太過了。孔子刪詩書、定禮樂、作春秋，孔子作此不是要人讀書的是要做什麼？詩書禮樂春秋不是要讀過又如何知其內容呢？小學涵養，大學讀書，發為實踐，涵養時篤實，讀書時切實，實踐時真實，學者如此，即是正常儒者。

17. 牟宗三，《從陸象山到劉蕺山》，頁一八一－一八二。

何須辨析這許多的第一義第二義以分高下？都是聖學，學了就做，然而後來人們讀書卻不落實，故須講究落實實踐，故有第一義第二義之分辨，有了一二分辨之後，還是會犯任意妄行之過，朱熹不過在此重新強調平日涵養，牟先生實在不必要牽連讀書這件事，而說它不是聖學本質地相關的事業。

八、為象山氣質粗暴做辯護

牟先生亦知朱熹憤憤於象山行徑的粗暴之氣，牟先生的做法就是，朱熹根本不見道，把見道的象山行為說為粗暴氣，以此避開朱熹老學究的憤怒。參見其言：

> 至於「氣質之偏蔽」，此乃朱子責象山之切要處，以為只講一本心之沛然，而不察「氣質之偏蔽」，正有不能沛然處。好底壞底「一齊滾將去」，「都把做心之妙理」，豈不害事！

朱子語錄云：

> 陸子靜之學，千般萬般病只在不知有氣稟之雜，把許多粗惡底氣，都把做心之妙理，合當恁地自然做將去。向在鉛山，得他書云：看見佛之所以與儒異者，止是他底全在利，吾儒止是全在義。某答他云：公亦只見得第二著。看他意只說儒者絕斷得許多利欲，便是千了百當，一向任意做出，都不妨。不知初自受得這氣稟不好，今纔任意發出許多不好底，

也只都做好商量了，只道這是胸中流出自然天理，不知氣有不好底夾雜在裡，一齊滾將去，道害事不害事！看子靜書，只見他許多粗暴底意思，可畏。其徒都是這樣。纔說得幾句，便無大無小，無父無兄。只我胸中流出底是天理，全不著得些工夫。看來這錯處，只在不知有氣稟之性。[18]

感謝牟先生全引朱熹的文字於此，從牟先生所引的朱熹話語看來，實際上正是講朱熹指責象山及其弟子受到氣稟影響，以致妙理變成任意。所以朱熹是在做人身攻擊，而不是在反對逆覺體證的理論。真正內聖之學確實是提起本心、心理合一、直貫逆覺型的，但是，說到底，這還是實踐者已經能夠自做主宰，不受氣稟影響之下的狀態，做工夫就是要使主體達到這種自做主宰的狀態，要對治的就是自己的氣稟，氣稟之私隱微難見，表面上像是道德行為，私底下可能是自私自利的動機目的，朱熹認為他就是見到象山有這種行徑。所以，此事非關工夫理論，不是誰家的理論較好較壞、是逆覺還是認知、較本質還是較助緣的問題，而是誰的工夫實踐做得好不好的問題，若做不好，理論上就是氣稟之偏雜沒有修好，那就要再做種種去人欲的漸修工夫。然而，牟先生卻都是以朱熹提出了與逆覺體證、直貫縱攝不同的工夫理論說朱熹，更有

18. 牟宗三，《從陸象山到劉蕺山》，頁一八二。

甚者，順象山之語，說朱熹實在不見道，此種評價，筆者不同意。又見其言：

案：開悟本心之自律正所以取以為準則藉以化除「氣質之偏蔽」，以至本心之沛然與坦然。此所謂「自誠明謂之性」。若氣質之偏蔽難化，不能至本心之沛然，則正須「切己自反，遷善改過」，以漸使之沛然，此所謂「自明誠謂之教」。焉有唯在發明本心自律之第一義者，尚天理人欲不分，「把許多粗惡底氣都把做心之妙理」耶？孟子、象山所說之本心之沛然，豈是蘇東坡之「任吾情即性，率吾性即道」之直情逕行耶？嚴守「本心之自律」正是天理人欲分得太嚴，故一切意見、議論、定本皆須刊落，方能扭轉、迴機就己。故如此「直拔俊偉」，唯是一義理之當然挺立在前。此所謂壁立千仞，八風吹不動，故「實是卒動他不得」。此亦有見於真而然。若見處不諦不實，焉能「動他不得」耶？只因自己不能正視此義，繫念於他律之義不義而不肯暫時放下，故見其揮斥意見、議論、定本，便視之為「粗惡底氣」、「粗暴底意思可畏」、「暴悍狂率無所不至」；見其「實見得個道理恁地」，「見得恁地直拔俊偉」，便視之為「不怕天、不怕地、一向胡叫胡喊」，「無大無小」。此豈非離題太遠乎？前稱之為「操持謹質，表裡不二」，「氣象皆甚好」，何以忽爾竟至「胡叫胡喊」，「無大無小、無父無兄」耶？此種責難，顯是心中有蔽，故流於激情而不自知。若自家已見得「本心之自律」，在此第一義處與象山同，則再進一步說到體現問題，正視氣質之偏蔽，以此警戒象山，則象山必欣然受教，決無話說。今自己之細密精微，工夫磨練，全走向他律之道德而不自知，在第一義處並未把握得住，而復如此相責，則顯然不對題，宜象山不受也。若忽視見道不見道之根本，或以為朱陸在見道上為同一，而覺得朱子切實，象山粗淺，此則非是，此正有不知根本之異之過，或故意泯真實問題之嫌。19

牟先生說本心自律就是要化除氣質之偏，不可能有唯在發明本心第一義者還有天理人欲不分的情況，且孟子、象山所說的本心沛然，絕不可能指得是任情率性之舉。此說，筆者同意。但是，朱熹所說，也恰恰不是在反對此義，此義是就理論上說，朱熹則是就象山本身之修養境界說，牟先生卻認為朱熹對象山的批評話語，正顯示朱熹自己心中有蔽，流於激情而不自知。筆者以為，象山是否真粗暴？朱熹是否真有蔽？後人皆不能妄下定論。但是朱熹之所說確實是指象山為人之粗暴，象山之所說也確實是實指朱熹根本不見道，這都是兩人對對方修養人格的人身攻擊，也正是意氣之爭的顯示。然而，牟先生都將之上升為理論之爭的問題，認為象山講的是本心直貫的第一義工夫，而朱熹講的是第二義議論他律的工夫，因此，第二義的助緣工夫

19. 牟宗三，《從陸象山到劉蕺山》，頁一八三—一八四。

當然無法超越或救助第一義的實做工夫。但是，朱熹完全具備牟先生所說的第一義及第二義的工夫理論，象山亦完全具備牟先生所說的第一義及第二義的工夫理論。只朱熹於第二義上強調得多，故而更見特色，而象山則是於第一義上強調及顯其特色，實際上，理論都是第二義的，第一義是直接強調要實踐而已。牟先生自己也說，有自我要求實踐是一回事，若就體現而言有所不足時，則須正視氣質之病，若是朱熹以此警戒象山，象山必欣然接受，絕無話說。牟先生此說，就是說明氣質之偏蔽正是實有其事，所以朱熹批評象山有氣稟偏差是理論上可能的，至於牟先生說象山必會欣然受教，筆者不做論斷，這還是歷史事實問題，而不是理論問題。而牟先生所做的理論處理卻是，象山講第一義，朱熹自己第一義工夫缺缺，卻以第二義糾正象山，宜象山不受也。牟先生的討論還是以個人修養境界與理論主張混和地說，因此繼承象山批評朱熹不見道的立場，此一立場，既是理論攻擊，更是人身攻擊。當然，牟先生自認為是從理論立場上說，朱熹看不到重要的第一義的理論，只看到第二義的後天積習、他律議論的理論。所以不知根本，也故意泯沒真實問題。總之，牟先生把朱熹對象山的人格批評上升為理論立場的差異，而主張有第一義象山理論與第二義朱熹理論的不同，因此朱熹的批評在理論上有誤。於是，象山是否真有粗暴之氣，牟先生不置可否，就算有，若朱熹以本心直貫進路輔之以導正氣稟之工夫則象山必可接受，歸根究柢，就是朱熹不知所謂第一義直貫逆覺之路，謂之不見道矣！此說真不能同意，但是，牟先生還是堅定朱熹路線歧出的立場，參見其言：

前言若真見到本心自律上之安不安為內聖之學之第一義，則只有補充，而無對遮。何謂「只有補充，而無對遮」？蓋緣本心自律只表示存心之純正，亦只表示一道德目的性之方向。此心不失，一處不忍，到處不忍，此為仁之不可勝用。一處羞惡，到處羞惡，此為義之不可勝用。一處辭讓恭敬，到處辭讓恭敬，此為禮之不可勝用。一處是非炯然，到處是非炯然，此為智之不可勝用。此即「此心炯然，此理坦然」，「若決江河，沛然莫之能禦」，亦是「溥博淵泉而時出之」、「盈科而後進，有本者若是」。此尅就道德之本性言，亦無不足。但若處於一特殊之境遇，一存在之決斷固有賴於本心之自律，但亦有待於對此境遇之照察。照察清澈不謬，亦有助於本心自律之明確以及其方向之實現。照察不謬是智之事，此即是以智輔仁。推之，朱子所謂「講學省察」、「學聚問辨」上之「義理之精微」，客觀研究乃至文字理會上之「義理之精微」，皆有其意義與作用，此皆是「認知之明」上之慊不慊。此種慊不慊皆足輔助本心自律上之慊不慊。但不能停滯於此認知之明上之慊不慊而不進，以此他律之第二義上的「義」為自足而對遮本心自律之第一義上的「義」，並對之施以種種之攻擊與無謂之聯想。朱子正是滯於本質倫理之他律，而不能正視方向倫理之自律者。此問題至王陽明由本心而進至講良知時，尤顯。俟至該處，將再詳辨而深明之。20

20. 牟宗三，《從陸象山到劉蕺山》，頁一八四—一八五。

牟先生認定最重要的就是立志、辨志之本心自律，這就是堅定道德性的方向，之後，則只有補充。補充以智，以智輔仁。朱熹之學就是認知之路，以智輔仁可，但停滯於智，甚至批判仁，就變成滯於本質倫理，而不能正視方向倫理。依牟先生此說，好像立志之後就永遠不會陷入私欲，因此立志之後永遠只剩以智輔仁的工作了。這真是對人性太有信心的立場，恐怕孟子、象山、陽明皆不如此樂觀，當然，在已經立志且十分堅定的狀態，則只需補充以認知之明即能成事，但是，朱熹明明是講象山即便在立志之時仍有私欲混雜的粗暴之氣在，故而並非只須認知之明的補充，而是大須重做本心立志的工夫，只是他以「講學省察」與「學聚問辯」的話術提出而已。更重要的是，朱熹糾正象山修養工夫的不足，並不表示反對本心直貫的工夫，更不是他只有認知的主張，「涵養需用敬，進學在致知」就並不只是有認知的一面了，即便此一認知，也仍然是本心涵養的具體落實項目，至於涵養部分，那就直接是說本體工夫的一面，可惜這個涵養的部分，牟先生在過去的詮釋中都是將之黏合於致知工夫型態，因而將涵養與察識對立於本體工夫的意旨中，從而有了逆覺型與認知型的朱陸工夫型態別異之說。而依據本文，就是有第一義工夫理論與第二義工夫理論的型態別異。

以上從內聖之學說起，建立朱熹象山工夫論的兩型，忽略朱熹、象山彼此皆是人身攻擊，理論的差異不那麼大，事實上是牟先生將其提升為理論的差異而已。

九、結論

牟先生創發新說，固然可敬，但是，在文本詮釋上卻是嚴重犯錯了，本章之作，即是在其強勢的朱陸詮釋上，為朱熹意旨重開新路，擺脫牟先生高象山貶朱熹的詮釋意見，至於全面重建朱熹哲學，筆者已有專書《南宋儒學》之作承擔此責，而針對牟先生建構當代新儒學，則有筆者針對《心體與性體》近乎逐章反思的討論之展開，本章之作，即是此一研究撰文工程之一。

本章討論牟宗三先生於《從陸象山到劉蕺山》書中對朱陸之爭的意見，本章之作採地毯式逐章逐節討論的模式，聚焦於第二章的後半段。牟宗三先生對朱陸之爭的討論，基本上都是站在象山立場，對朱熹提出批評及反對的意見，且理論的模式幾乎都就是象山本來的意見，只是將之轉化為當代新儒學的新型態而已。在該書第二章後半段的討論中，牟先生愈發能認識朱熹學說的要點，因此就愈發地將象山之說轉入覺悟、頓悟等近禪之型態來詮釋，雖然，這正是為反駁朱熹以象山是禪的攻擊而作的，卻不料陷入此種特殊的弔詭中。這其中，就包括對朱熹是「下學上達」及「後天積習」型態理論的認識、定位及批評，以及對象山是「本心呈現」「覺悟」「頓悟」「內聖之學」的肯定性詮釋。至於，朱熹對象山修養境界受到個人氣稟影響的人身攻擊意見，牟先生全不重視，而是轉化之以為朱熹所談是第二義的他律認知型理論，且相對地以象山是第一義本體直貫的工夫理論對照之，因此，朱熹所提之工夫理論不足以駁斥象山。

本章之作，即是要指出，並不存在牟先生所說的朱熹認知型的理論模式，朱熹所說真是針對象山粗暴之氣的攻擊，至於牟先生為象山所主張及建立的工夫理論的類型，在朱熹的著作中並不匱乏，牟先生討論的結果，只是嚴重地犧牲了朱熹文本的哲學意旨而已。

第十七章　對牟宗三詮釋王陽明哲學的方法論反省

一、前言

本文討論牟宗三先生《心體與性體》中的王陽明哲學，針對牟先生所提出的良知是本體一說，以及良知的坎陷以為知識之了別說，以及事物之知之為心外之物說等等，討論牟先生所設定的程朱、陸王哲學之區別之必要性。筆者的立場是，牟先生嚴分程朱、陸王兩學，卻在對王陽明的哲學詮釋一章中出現了接近朱熹學的意旨，而筆者即將在本文之討論中指出，牟先生為陽明強調的理論特色部分，實在就是一套工夫論意旨，但在牟先生的詮釋中卻將之上升為一套強勢的形上學系統，並以此一系統，嚴分朱王，而致生許多對朱熹詮釋的語言暴力。在其討論陽明學的致知問題中，牟先生為顧及客觀認識的需要，竟自創地提出良知坎陷之說，以良知坎陷後之了別心來為外物之知，但也就因此，貼近了朱熹之理論，既然如此，實不必如此嚴分朱王。

牟先生談陽明學，開頭即主張陽明學是孟子學，其言：「其學之義理系統客觀地說乃屬於孟子學者亦無疑。」[1]說陽明學是孟子學，筆者沒有疑義。但牟先生此說卻是以程朱之學乃孔孟之歧出為背景而說的，對這一部分筆者才有不同意見。牟先生依著陽明學是孟子學的定位，又以孔孟之學而發展出《中庸》、《易傳》之學，故主張儒學在《中庸》、《易傳》之處已完成了道德的形上學的圓教系統。因此，當牟先生以陽明學是孟子學的時候，牟先生討論的陽明學差不多都是朝向一道德的形上學系統在說的，亦即是以形上學的進路在談陽明學的。以形上學進路談陽明學並無不可，但是陽明學的特色在於工夫論而非形上學，當然陽明亦有形上學立場及形上學型態之命題的提出，問題是，陽明眾多的工夫論命題，在牟先生的解讀中，卻幾乎都將之攝入道德的形上學問題裡談，這樣的結果，就導致一方面牟先生不能有效區分工夫論與形上學，二方面又將不同的工夫論型態的程朱學詮釋為不同的形上學型態。然而，程朱所言之工夫論議題，原本確有其理論的必要性，即其先知後行之重知的一部分，這一部分卻在牟先生討論陽明學時，不得不予以收攝。關鍵即在，程朱講工夫次第的格物致知之學，原是一先知後行重知於行的系統，被牟先生以良知的坎陷說所提出的了別心以認識之並運用之，如此一來便成為牟先生在自己的系統中給了程朱學必要的理論地位，於是前此之用力區分別異的程朱學，根本就又回到了牟先生自己的系統裡了。但是，雖然牟先生吸收了程朱學的重知部分，卻始終不肯回頭承認程朱學的功能，亦仍不放鬆程朱、陸王之別，以致更加無理地對程朱之學施予更粗暴的詮釋。

以下的討論，將順著牟先生的著作次序逐一檢視他的思路以進行理論反省。

二、牟宗三說陽明學是孟子學

牟先生要定位陽明學是孟子學，首先就從孟子學定位說起，其實這一部分已經完全呈現在《心體與性體》一書的綜論部分中了。但在討論陽明時再度提出而已，其言：

> 孟子言性善，……其正面之進路唯在「仁義內在」。……乃是此心即是仁義之心，仁義即是此心之自發。如果把仁義視為理，例如說道德法則，則此理即是此心之所自發，此即象山陽明所說之「心即理」。「心即理」不是心合理，乃是心就是理；……此心就是孟子所謂「本心」。……此所謂本心顯然不是心理學的心，乃是超越的本然的道德心。[2]

牟先生談孔孟之學時即已將孟子之良知說與本心說上升為一形上原理，而與《中庸》、《易傳》之誠體、易體合一，此處牟先生再提象山、陽明之「心即理」說，即是將陽明所言之心說

1. 牟宗三，《從陸象山到劉蕺山》，台北：學生書局，一九七九年八月初版，頁二一六。
2. 牟宗三，《從陸象山到劉蕺山》，頁二一六。

為孟子的本心。此說沒有問題，有問題的是「心即理」的命題詮釋。「心即理」本來就存在著兩條思維脈絡，其一為本心具性善之理，此為存有論旨；其二為心做工夫而完全呈現性善之理，此為工夫境界論旨。此處牟先生說為心就是理，若就第一路說，則氣稟之心無處安排；若就第二路說，則未見言工夫即倡此說亦有不妥。牟先生向來特重做工夫以成聖境時之「心即理」義，但卻又將此義說成是本體宇宙論。說聖人境界中之心的狀態與天道為一，這是理所當然的。但把聖人之作為說成了天道的作為時，即幾乎將聖人說成了佛教的闢盧遮那佛之全身放光而成宇宙之意旨，亦有替代耶教言上帝創造萬物的理論氛圍。陽明有類似的話，但不能做此種解讀，而牟先生則做了此種解讀，此即牟先生詮釋陽明學的綱領，亦是牟先生《心體與性體》全書的綱領，牟先生專題談陽明學是在《從陸象山到劉蕺山》書中，而上述的意旨即藉陽明文句詮釋而不斷托出。

牟先生從心概念與本心概念轉入討論良知概念與天理概念，其言：

> 陽明即依此義而把良知提升上來以之代表本心，以之綜括孟子所言的四端之心。……天理就是良知之自然明覺之所呈現，明覺之即呈現之，……意即「天理之自然地而非造作地，昭昭明明而即在本心靈覺中之具體地而非抽象地呈現」。……故凡陽明言明覺皆是內斂地主宰貫徹地言其存有論的意義，而非外指地及物地言其認知的意義。……它是存有論地呈現之，而不是橫列地認知之。而就此決定活動本身說，它是活動，它同時亦即是存有。

良知是即活動即存有的。……良知是天理之自然而明覺處，則天理雖客觀而亦主觀，天理是良知之必然而不可移處，則良知雖主觀而亦客觀。此即是「心即理」、「心外無理」、「良知之天理」諸語之實義。[3]

筆者討論牟先生哲學時，特別關切本體宇宙論義旨與工夫境界論義旨的區分問題，意即是談天道流行與談主體活動的問題意識的區分的問題。牟先生說，良知非只是認知，而是有具體地呈現，是一活動而有存有論意旨。牟先生說的存有論，其實是併合本體宇宙論與工夫境界論地說的，存有論用在本體宇宙論問題的討論是沒有疑義的，[4]但用在工夫境界論的討論就等於是把主體的實踐活動也說成了存有論。依筆者之見，此種命題應說為工夫境界論較為恰當。然而，牟先生卻是合在一起使用，這種工夫論與形上學不分的做法，[5]就會使得牟先生也將朱熹

3. 牟宗三，《從陸象山到劉蕺山》，頁二一七－二二〇。

4. 此處說沒有疑義是說就牟先生的用法言，但筆者另有將存有論與本體論兩分的用法，存有論指抽象的概念思辨之學，本體論指實踐的價值意識之學。這是為區分討論本體宇宙論與討論形上學存有論時而做的區別，是為了在中國哲學的實踐哲學特質的討論下，本體宇宙論與工夫境界論有直接推演的關係，而討論形上學存有論時，是僅就概念定義做的抽象討論，本身不與工夫境界論直接推演，但亦不妨礙工夫境界論的命題意旨。朱熹的理氣論就是這種意義下的存有論之學，卻時常被放在不好的本體宇宙論脈絡下解讀，而遭受誤解與批評。

5. 形上學就實踐哲學說，有本體論與宇宙論。就思辨哲學說，就是前注中所謂之存有論哲學。

與王陽明不同的工夫論類型說成是不同的形上學類型了。

依據上述牟先生的語意，說良知不只是客觀地認識事物，而是能連帶地有主體的實踐活動，這樣的說法，是很符合孟子意旨及陽明學說的。這就是主體的實踐活動，也就是在談主體的做工夫，因此「心即理」、「心外無理」、「良知之天理」諸語實在就是主體以天理為價值意識而做著修養的工夫，及至完全完成，而使主體達到天理完全呈現的境界。因此筆者要強調，被牟先生特別看重的陽明的這些話語，是工夫境界語，它當然與形上學的本體宇宙論語言有理論的內在關係，但是混同這兩種問題的結果，就會把工夫境界論當成了本體宇宙論，於是王陽明的工夫論便成了一種特殊型態的形上學，而有以別異於朱熹認知心進路的理氣說的形上學。這一部分正是筆者討論牟先生思想時一向最努力辨析的問題。

三、牟宗三從良知概念說的圓教形上學

以下，牟先生談良知概念的形上學立場再清楚不過了：

良知感應無外，必與天地萬物全體相感應。此即函著良知之絕對普遍性。心外無理，心外無物。此即佛家所謂圓教。必如此，方能圓滿。由此，良知不但是道德實踐之根據，而且亦是一切存在之存有論的根據。由此，良知亦有其形而上的實體之意義。在此，吾人

說「道德的形上學」。這不是西方哲學傳統中客觀分解的以及觀解的形上學，乃是實踐的形上學，亦可曰圓教下的實踐形上學，……道德實踐中良知感應所及之物與存有論的存在之物兩者之間並無距離。當然如果我們割離道德實踐而單客觀地看存在之物，自可講出一套存有論，而不必能說它是道德的形上學。但這樣割離地客觀地看存在之物不是儒家之所注意，而且即使這樣講出一套存有論，亦不是究竟的，儒家可以把它看成是知解層上的觀解形上學，此則是沒有定準的，由康德的批判即可知之。因此，說到究竟，只有這麼一個圓教下的實踐的形上學，此則乃是必然的。[6]

上文中牟先生說出了由良知以為道德實踐義下的圓滿的存有論，這是儒家的東方式形上學，以及非涉及實踐而言之客觀知解的形上學，那是西方式的形上學。也以此兩分而說朱、王之別。但筆者是不同意這樣的區分的。一方面筆者不主張建構圓滿的形上學，二方面筆者不同意朱熹的形上學只是知解的形上學。依據上述論旨，本文以下的討論主要針對這種圓滿的形上學之解構而說，至於朱熹形上學問題，筆者另有它書處理。[7]

6. 牟宗三，《從陸象山到劉蕺山》，頁二二三—二二四。
7. 參見拙著：《南宋儒學》，臺灣商務印書館。

說世界是由道德意志義的天道之創造作用而有，這是儒家的一般通義，因此就儒家而言，天地萬物的存在就是依據道德意志而有的。筆者以為，話說到這裡就足夠了。這已經近似柏拉圖的世界依理型而有，或黑格爾的世界依絕對精神而有之形上學問題的解答模式了。在這個意思下的道德的形上學，自另有工夫論旨及境界論旨之可談之處。意即是，主體的良知即是天道天理的賦命，良知在主體的作用，即應扮演主宰者的角色，主體以良知為主宰，主體之作為與天道之作用在價值意識的方向上是一致的，就人而言，良知的角色同於整體存在界的道體，在良知中有仁義禮知之善性，在道體中也有仁義禮知之天理，善性即天理，故程朱言「性即理」，此義陽明同於程朱。當主體的實踐活動達至極致，即主體成聖境，天下因而大治時，則主體的活動與宇宙的秩序合一，此即最高境界的完成。這個完成，可以證成天道是道德意志中心的形上學立場，但是，假若未有聖人治世，天道依然必須說為是道德意志中心的，因此有無聖人的實踐仍無關乎天地萬物是否在道體依天理的流行中而有其存在，因為不管人倫秩序是否如理，天地萬物的存在及其活動都仍然依據著天道的意志而存在及活動著，只是它永恆地等待著人間世界有聖人能來治理而致其天下太平富庶繁榮而已。是否天下大治富庶繁榮是一回事，天道四時行百物生是另一回事，四時行百物生是提供正德、利用、厚生的可能性的依據，天道的作為無息，人道的是否依天道而行自是人道之事，非關天道之能否被證成。然人依天道而行，而致人倫秩序大治完備，這是就人的實踐而言的道德的形上學理論的被證成。這個依天道而行即是實踐的行動，實踐的行動仍有其理論，此即工夫論。陽明學之重心即在工夫論，工夫論使形上學在理論上有被保證可以成立的可能性。然真正之證成卻是在實際的行動中，而不是有工夫理論即是證成了，有工夫理論只是完成了系統性，完成了形上學理論之所以可被證成為真時所需的理論。形上學是形上學，即實踐哲學進路的本體宇宙論或思辨哲學進路的存有論部分，而工夫論與境界論又是另一問題。王陽明主要談工夫論，然其說預設了形上學，意旨是天地萬物的存在依道德意志而有，是道德意志義的道體的創造作用而有的天地萬物的存在，工夫論旨是要彰顯這個道德創生的宇宙秩序使其在人倫社會上落實，落實之而致理論上說天地萬物是由道德意志創生的形上學理論圓滿完成，理論完成是一回事，實踐而致天下大治才是實際的證成。

然依牟先生的意見，陽明的工夫論旨被併同入天道的活動，人倫社會的禮樂教化活動等同於自然世界的四時行百物生，綰合人倫世界的社會活動與天地萬物的生滅變化為一，說成了一套形上學，曰「道德的形上學」，意味由道德的進路說成及證成的形上學，或曰實踐下的圓教的形上學，意味因實踐而致世界圓滿的圓教義形上學。筆者完全同意儒家是以道德意志的創造活動而說世界存在依據的道德的形上學，更欲依此形上學而追求圓滿的世界的圓教理想。但是，現實世界的事實上圓滿與否並不妨礙這一套形上學的立場，只是現實世界的事實上圓滿可以證成這一套形上學為真，至於追求圓滿的個人主體的實踐活動，則是依據這一套形上學而推出的理論，包括如何實踐的工夫論以及實踐完成後的主體狀態的境界論，故而工夫論、境界論與形上學有其理論的內在推演性，但仍不必將之說為即是形上學，說為動態的存有論，說為圓滿的圓教哲學，它只是使形上學被證成的理論。

說良知既是道德實踐的依據又是一切存在的依據，這等於是說了良知作用的普遍性，然而，說良知之普遍性只能等於是說主體的良知與天理一致，故而有其普遍性，是價值意識內涵一致義下的普遍性，原非本體宇宙論的創造生發活動義下的普遍性，但牟先生卻說「良知是一切存在之存有論的根據」，又說「良知亦有其形而上的實體之意義」。如果牟先生的意思是將良知說成天理，而天理即是道體的價值意識面向，那麼說上述兩命題都是可以的。但是，牟先生卻差不多還是就著主體的良知而說的上述命題，這樣就把主體的致良知的作用等同於天道的創造生發活動，這差不多是把人的道德實踐活動當成了造化的本身了。牟先生會有這樣的思路的躍進，關鍵即在，只有主體才能談實踐，而牟先生則認定在實踐中才可以證成普遍原理為真，更才可以追求理想世界之圓滿實現，牟先生為倡說中國哲學的實踐特質才是可以證成普遍原理的形上學型態，所以才把王陽明良知說的工夫論說成了道德的形上學與圓教下的實踐形上學，這樣就可以獲得本體宇宙論被保證為真的理論效果，於是而有超越康德《實踐理性批判》中三大普遍原理僅有設準地位的理論效果，主張在致良知的道德實踐及存在依據的理論定位中，這一套儒家的形上學不僅理論圓滿更有實踐的圓滿而致有被證成為真的圓教義的形上學地位。牟先生這樣建構了儒家形上學之後，便自然要與僅僅是客觀解析現象世界的觀解形上學做區分，亦即是要與不能落實理想世界的觀解形上學做區分，後者因為不涉及實踐，因而不究竟，故而即不圓滿。後者即是其所認定的程朱形上學型態。

筆者仍主張談實踐活動的理論要與談形上學的本體宇宙論理論分開來建構，但這並不會就成了知解層面的觀解形上學，它還是實踐哲學進路的本體宇宙論之學，它是工夫境界論的形上依據之學，它可以推演出工夫論與境界論，從而形成本體論、宇宙論、工夫論、境界論互為推演的實踐哲學系統，以此為系統，即是實踐哲學的理論完成，以此為架構，更可以解讀中國哲學各家系統的理論意涵；但是，即便是知解層面的觀解形上學亦非即是無用之學或與實踐無關之學，它只是屬於思辨哲學進路的存有論之學，它將前此之本體宇宙工夫境界之學所涉及到的所有存有範疇予以概念界定，定義之、關係之、從而能更有效地使用之而關聯至實踐哲學的各個領域中。本體宇宙論從流行與活動說天地萬物，存有論從定義與關係說本體宇宙論中所使用的概念。各種理論負擔著各自的功能，回答著各自的問題，沒有哪一種問題才是究竟的問題，因此也就沒有哪一種理論就是究竟的理論。說儒家不在意觀解的形上學，此誠不然，朱熹就十分在意，當理論有需要的時候就會構作觀解的形上學，且觀解的形上學不會與儒家根本的實踐要求衝突、脫鉤、無關、甚或歧出，說這些話都是因為只能緊緊守在一種問題、一種理論的優劣較競心態下才有的立場。

四、牟宗三從聖人境界說的圓教形上學

牟先生上述立場又在詮釋陽明「一體說」中再度深入發揮，參見其言：

陽明從良知（明覺）之感應說萬物一體，與明道從人心之感通說萬物一體完全相同，這是儒家所共同承認的，無人能有異議。從明覺感應說物，這個「物」同時是道德實踐的，同時也是存有論的，兩者間並無距離。……我們不能從原則上給它劃一個界線，其極必是以天地萬物為一體。這個「一體」同時是道德實踐的，同時也是存有論的——圓教下的存有論的。聖人或大人與天地合德，與日月合明，與鬼神合吉凶，乃必然如此。「感應」或「感通」不是感性中之接受或被影響，亦不是心理學中的刺激與反應。實乃是即寂即感，神感神應之超越的、創生的、如如實現之的感應，這必是康德所說的人類所不能有的「智的直覺」之感應。8

牟先生將陽明與明道所說的萬物一體之意旨，置放在實踐中談，亦即是在致良知的活動中談，而說為是存有論的，而且是圓教下的存有論，意即是在聖人境界中談的存有論，而且有康德的智的直覺之意旨。牟先生此說十分複雜，綰合了太多不同的哲學問題於一種情況中談。筆者之意，即是應予以拆解，拆解之成為有工夫論與境界哲學的部分，以及有形上學的本體論

和宇宙論部分。筆者之意即是，牟先生在一個陽明的良知說中就綰合了本體宇宙工夫境界論於一體，這是因為，牟先生以陽明所言的主體的良知發動而與天地萬物為一體的命題為基礎，一方面將主體的良知視為智的直覺，甚且即是與天道的作用同體，因此當主體與天地萬物為一體的時候，此時亦即天道以萬物為一體的意旨，如此即由談主體的良知轉成談天道的作用。談天道的作用自然即是存有論的，談主體的良知之活動自然是實踐的，談主體良知發動而與萬物一體自然是指聖人境界的，於是牟先生實在是把陽明講的良知發動，與天地萬物一體的主體工夫境界論的話語，同時當成了天道的創生作用之本體宇宙論的話語，也就因此同時是存有論的話語，並且即是一套動態的存有論。這樣思考的結果，對牟先生而言，他獲得了一個優異於西方哲學的理論結果，即是這一套存有論，是一套活動的而非僅知解的存有論，並且，藉由實踐而可以實證，於是，在牟先生詮解下的陽明學進路的儒家哲學，便成了一套動態的而非僅知解的、以及實踐的且可證成的存有論。

筆者的意見則是，動態的存有論的概念是疊床架屋的做法，討論實踐哲學的本體宇宙論應與討論實踐哲學的工夫境界論分開，而且兩者之間的四個哲學基本問題是彼此有理論上的推演關係的。至於被牟先生視為觀解型態的存有論，仍可保持它自身獨立的理論功能，不必像牟先

---

8. 牟宗三，《從陸象山到劉蕺山》，頁二二五。

生對待程朱哲學一般，將之視為非動態的存有論而與先秦儒學的型態為歧出。亦即，存有論就是靜態地、觀解地解析其概念意旨與彼此關係即可。動態的概念要兩分為是對整體存在界的活動敘述、還是對個別主體間的實踐論述，前者就是本體宇宙論，後者就是工夫境界論。依王陽明的良知呈現而與天地萬物一體說，良知呈現即是工夫論，與萬物一體即是主體的聖人境界。而良知呈現及與萬物一體則都是預設在儒家的本體宇宙論的系統內才會發生的事。《中庸》、《易傳》及周敦頤、張載的系統內都已談了儒家形上學的本體宇宙論了，而王陽明談的就是主體實踐的工夫論與境界論，後者預設了前者，後者的實踐也可以說在其成功之時即證成了前者。但後者的理論意義並不即是前者，牟先生將是實踐的說為亦是存有論的，即是將後者亦當成了前者，即是將主體良知實踐而完全呈現至與天地萬物一體的聖人境界說為天地萬物之生發變化，此即是將聖人境界與天道流行說成了同一件事，天道流行是亙古不變的，聖人境界是萬世一遇的，兩者不能等同，把聖人境界說成了人類的最高境界即可，但不必把聖人境界說成為整體存在界的實況。究其實，就是太過企求一套理想的形上學所致，以至於把形上學論述與主體實踐活動的論述合為一談，以致理想的主體境界變成了完美的世界觀。牟先生所謂之圓教是教化的圓滿，但他將教化的圓滿上升為形上學的最理想型態，而在這個型態中，遂不能容納一般形上學的存有論意旨，即程朱形上學的其中一部分之說，這又是太過高舉陸王以致貶抑程朱的做法了。

五、王陽明的形上學論旨

依上節所言，牟先生的詮釋並非於陽明無據，事實上陽明自己也是將良知上升為本體宇宙論的概念的。不過，問題的關鍵在於，不論陽明如何上升良知概念於本體宇宙論的意旨中，談本體宇宙論就是本體宇宙論，談工夫境界論就是工夫境界論，仍不需另外再創造一套動態的存有論，或圓教的形上學，這一部分仍然只是牟先生自己的當代新儒學創作系統，而非對陽明本體宇宙論的準確理解。牟先生引了兩段陽明的談話，最關鍵處如下：

我的靈明，便是天、地、鬼、神的主宰。天沒有我的靈明，誰去仰他高？地沒有我的靈明，誰去俯他深？鬼、神沒有我的靈明，誰去辨他吉、凶、災、祥？天、地、鬼、神、萬物，離卻我的靈明，便沒有天、地、鬼、神、萬物了；我的靈明，離卻天、地、鬼、神、萬物，亦沒有我的靈明。如此，便是一氣流通的，如何與他間隔得？

良知是造化的精靈，這些精靈，生天生地，成鬼成帝，皆從此出，真是與物無對。

第一段先從認識上講天地萬物基於主體的靈明而有，但接著又說主體的靈明與天地萬物為一體，語氣中似已透出靈明造生天地萬物之意。第二段話語意旨的表面意義就是明指良知靈明造生天地萬物。以下，還有幾段談話意旨更為鮮明而牟先生未及直接引出討論的：

人的良知，就是草、木、瓦、石的良知；若草、木、瓦、石無人的良知，不可以為草、木、瓦、石矣。

夫良知一也，以其妙用而言謂之神，以其流行而言謂之氣。

良知之虛便是天之太虛，良知之無便是太虛之無形，日、月、風、雷、山、川、民、物，凡有貌象形色，皆在太虛無形中發用流行，未嘗作得天的障礙。

第一段將良知由人類的價值意識主體上升為天地萬物的存有論實體，第二段與第三段將良知直接說為張載所言之太虛即氣。我們必須這樣理解，在陽明的話語意旨中，良知已經從人類主體的價值意識之主宰心之概念，上升為天地萬物的創造性實體，即一般始源義及原理義的道體。筆者認為，定義人人可下，系統人人可造，這就是陽明辯證道佛的儒學創作，然而，以良知說天道流行，這就是本體宇宙論旨，以良知說主體性善本質，這就是人性論旨，以良知說主體實踐活動，這就是工夫論旨，以良知說主體完全呈現天理，這就是境界論旨，各種意涵皆意旨清晰，但切勿混在一起成為一套系統，牟先生的詮釋就是走上了混在一起成一套系統的路上，如此便形成了有一與程朱別異的工夫境界論旨及本體宇宙論旨的陸王系統。參見：

案：「良知是造化的精靈」，這是存有論地說，「人若復得他」以下是實踐地說。「復得他完完全全，無少虧欠」，即含著圓頓之教。

若依牟先生上述之說，其存有論即實踐哲學的本體宇宙論，其實踐地說即說及工夫論，其圓頓之教即是就境界哲學而說。可見，陽明話語本就有個別意旨，若牟先生皆如此分開地界說陽明意旨，則筆者即是完全同意，然而實非如此，牟先生於《心體與性體》綜論部也好，《圓善論》也好，以及本章後文也好，都不斷地依此原型提出他特有的道德的形上學之說，參見其言：

就事言，良知明覺是吾實踐德行之根據；就物言，良知明覺是天地萬物之存有論的根據。故主觀地說，是由仁心之感通而為一體，而客觀地說，則此一體之仁心頓時即是天地萬物之生化之理。……中庸言誠，至明道而由仁說，至陽明而由良知明覺說，其實皆是說的這同一本體。是故就成己與成物之分而有事與物之不同，然而其根據則是一本而無二。就成己而言，是道德實踐，就成物而言，是形上學，然而是在合內外之道之實踐下，亦即是在圓教下的形上學，故是實踐的形上學，亦曰道德的形上學。9

成己是實踐的活動，故是工夫論旨，若言及成事，亦是主體的社會實踐活動，亦是工夫論旨。若言成物之意是成事，則仍是工夫論旨，若言成物是指天地萬物的生成，則當然是形上學論旨，但天地萬物的生成與主體的成己成事之社會實踐活動不是一回事。在《中庸》、《易傳》

9. 牟宗三，《從陸象山到劉蕺山》，頁二四一。

及宋明諸儒之學說中，確實論及成己之主體實踐的工夫論，以及成物之大化流行的形上學，但就牟先生的詮釋而言，卻是將此兩者當作同一套理論，亦即同一個事件，同一個狀態，同一個世界。所以才有「圓教的形上學、實踐的形上學、道德的形上學」等概念之出現。要說這樣的一個狀態，則主體實踐已成聖境時亦是可說的，但這就是「境界哲學」的論旨，而非「圓教的形上學」。要說這一個活動，則「誠之者人之道」的實踐活動即是，但它就是「工夫論旨」，卻不必是「實踐的形上學」。若要說「道德的形上學」，則說「天道」為「由道德意志之普遍原理以為之最高實體而創生天地萬物」即可，但無須併合主體的良知活動而說為實踐的及圓教的形上學。筆者要再申說，牟先生要建立這樣一套新穎的當代新儒學仍然是可以的，所謂可以就是概念自訂、系統自創、各說各話即是，但是有一點是不可以的，即是文本詮釋，不僅是對程朱之文本詮釋不對題，甚至對陸王的文本詮釋亦不對題。事實上，就是因為這一套嵌入了形上學的本體工夫論旨，就使得牟先生在談儒家工夫論的時候，過於拘謹狹隘，且刻意排斥程朱之說，而致犧牲了正確的文本詮釋。這樣的意見再次出現在另文中：

> 就成物言，是宇宙生化之原理，亦即道德形上學之存有論的原理，使物物皆如如地得其所而然其然，即良知明覺之同於天命實體而於穆不已也。在圓教下，道德創造與宇宙生化是一，一是皆在明覺之感應中朗現。10

就本文言，天道以良知明覺感應生化萬物，使物得其所然，這是形上學的存有論說，說宇宙創造即是一道德創造，這應是原始儒家在《中庸》、《易傳》中的立場無誤。這樣的說法只是將天道、天命、誠體、神體、易體等形上道體的概念以甚具主體實踐意味的良知概念轉用而已，但當牟先生講到圓教的時候，卻又是將主體的實踐以成聖境的活動說進來這個宇宙生化的秩序中，並必及如此才是圓教的，是圓教的就是主體的實踐臻至圓滿，而使天下有其道德秩序之旨。這就需要主體的實踐活動不只是主觀的主體自己的德性純化，更需要客觀的社會秩序亦已純化。至於自然秩序，就天道作用而言，必須定義為本來就是純化的，而不是經主體實踐後才是純化的。主體的實踐只是配合自然秩序而將社會秩序亦予純化而已，若要談純化社會秩序而及自然秩序的改變，這就進入了董仲舒的「天人感應」說了，但牟先生所想應非此事。故而牟先生所說的圓教便只能是主體實踐導致社會秩序純化義下之圓，是道德秩序把自己說為宇宙秩序。這是社會政治哲學，這套社會政治哲學依據道德的形上學而落實，但不能即將這套社會政治哲學即說為形上學，要硬說也可以，但這套形上學就確實是遺漏了自然秩序進路的形上學，亦即遺漏了氣化宇宙論層面的自然哲學，這一步的遺漏，就會引生對於人類主體的氣性生命的討論的遺漏，也就是對程朱一路的理氣說的形上學問題意識的遺漏，這在牟先生討論張載

10. 牟宗三，《從陸象山到劉蕺山》，頁二四二。

形上學意旨之言於太虛概念時即有此項缺失。[11] 總之，筆者主張，被牟先生說為圓教義的形上學之對象，實言之就只是聖人的主觀境界而已，是牟先生自己言之過溢，故說成為圓教義的道德的形上學。

六、牟宗三批評程朱非本質工夫

陽明談致良知以為實踐活動的意旨，在牟先生的詮釋中，即以致良知的本體工夫為圓教的意旨。筆者的立場是，說主體的實踐至聖境絕對是儒學的理想，但即此聖境說為形上學卻是不恰當的，因為正是如此，使得牟先生將非直接說聖境的其他的工夫境界論述視為不圓滿的形上學，這就嚴重地影響了各家儒學經典的準確詮釋了。參見以下牟先生的討論：

陽明言「致」字，直接地是「向前推進」底意思，等於孟子所謂「擴充」。「致良知」是把良知之天理或良知所覺之是非善惡，不讓它為私欲所間隔而充分地把它呈現出來以使之見於行事，即成道德行為。……能如此擴充之，則吾之全部生命便全體皆是良知天理之流行，……「致」表示行動，見於行事。但如何能「致」呢？此並無繞出去的巧妙方法。……只因良知人人本有，它雖是超越的，亦時時不自覺地呈露。致良知底致字，在此致中即含有警覺底意思，而即以警覺開始其致。警覺亦名曰「逆覺」，即隨其呈露反而自覺地意識及之，不令其滑過。故逆覺中即含有一種肯認或體證，此名曰「逆覺體證」。……人人有此良知，然為私欲蒙蔽，則雖有而不露。即或隨時可有不自覺的呈露，所謂透露一點端倪，然為私欲、氣質，以及內外種種主觀感性條件所阻隔，亦不能使其必然有呈露而又可以縮回去。要想自覺地使其必然有呈露，則必須通過逆覺體證而肯認之。若問：即使已通過逆覺體證而肯認之矣，然而私欲氣質以及種種主觀感性條件仍阻隔之，而它亦仍不能順適調暢地貫通下來，則又如何？曰：此亦無繞出去的巧妙辦法。此中本質的關鍵仍在良知本身之力量。良知明覺若真通過逆覺體證而被肯認，則它本身即是私欲氣質等之大剋星，其本身就有一種不容已地要湧現出來的力量。此即陽明所以言知行合一之故，亦即孟子所言之良知良能也。良知固即是理，然此理字是從良知明覺說，不是離開良知明覺而與心為二的那個空懸的寡頭的理。「心理是一」（不是合一）的心（良知明覺）才有那種不容已地要湧現出來的力量。若與心為二的那個空頭的理，則無此力量，因此，要想使理能夠貫通下來，則必須繞出去而講其他的工夫，如居敬（後天的敬）、涵養、格物、窮理等等，此便是朱子之一套。這一些工夫並非不重要，但依王學看來，則只能是助緣，而不是本質的工

11. 參見杜保瑞著：〈牟宗三以道體收攝性體心體的張載詮釋之方法論反省〉，《哲學與文化月刊》第四三七期，二〇一〇年十月。本文亦已收錄於本書中。

夫。本質的工夫唯在逆覺體證，所依靠的本質的根據唯在良知本身之力量。此就道德實踐說乃是必然的。以助緣為主力乃是本末顛倒。凡順孟子下來者，如象山、如陽明，皆並非不知氣質之病痛，亦並非不知教育、學問等之重要，但此等後天的工夫並非本質的。故就內聖之學之道德實踐說，必從先天開工夫，而言逆覺體證也。12

牟先生整段談話的理論基礎都在《心體與性體》中表述過了，基本上就是將程朱談整體存在界的理氣說之形上學系統，併合程朱談先知後行的工夫次第說，以與陸王的心即理說及致良知說做對比，而提出陸王之說才是圓滿的形上學。而牟先生在《從陸象山到劉蕺山》書中談王陽明的部分，便只是前書的再申述而已。從上文看來，牟先生談致良知的觀念，實在就是一套工夫論的觀念，實踐主體以良知道體為價值嶄向，純粹化主體意志為仁義禮知之價值意識，這就是儒釋道三教共通的本體工夫模式，只儒學之本體為仁義禮知之良知概念而已，而價值意識義之天道是人類存有者先天本有的，即良知是先天本有的，因此牟先生說為先天工夫，而非後天工夫。此說卻需釐清。主體實踐所依據之良知是先天本有的，但主體是有了生命以後的後天產物，否則何必另言先天？而主體之實踐義為即在後天的不理想狀態中進行的，亦即是在良知非能完全恢復地呈現的狀態中進行起來的，因此工夫之施做必是在後天中依據先天本有之良知而作用的意思，否則又何須言做工夫？此即牟先生說必有私欲氣質之阻隔之意，而當遭受阻隔時亦無巧妙方法，仍是良知提起一事而已，即是致良知而已，即是知行合一而已，此說亦無誤。

但是，說到程朱之學為助緣而非本質，說到良知是心理為一而非為二，則是混淆不同問題的不當批評。

陽明批評程朱為析心理為二，實際上陽明是在講知行合一的工夫境界論旨，批評時人之心與天理未能真誠合一，然現實上既有不合一的狀態，則形上學存有論即應對於此一狀態予以界定討論，於是而有程朱哲學中之說整體存在界的理氣說的存有論，以及說道德實踐主體的心性情說的存有論，以及說人死後之魂魄說的存有論。這些理論只是要說明存在界的一般現實情況，這就是一般形上學要交代的理論項目。程朱的說明就是要強調人類主體亦是一理氣共構的現實，就實踐主體而言，主宰的是心，心涵天理之性，是先天本有的且是純粹至善的，但因後天之氣的存在，使得主體的生命狀態有善有惡，此即是情，導情入性以為善即是良知的呈現，未能導情入性，即主體之心未能將天理完全呈現，此時天理以性之意旨仍為人心先天本有，故終將必能為善，但現實上目前並未做到。程朱並未主張心不需即理、如理以與天理一致，而是在說明心未能如理時的存有狀態，但因心仍具性，性即理，故心事實上先天本具此理，故而只要願意做工夫，即能心即理，故而程朱之說與陽明之說無有理論之衝突在。陽明之說在心必須做工夫以為心即理上強調，即知行合一之強調，即需致良知之強調。良知本具，復反之、逆覺

12. 牟宗三，《從陸象山到劉蕺山》，頁二二九－二三二。

之、致之即能心與理為一，故而陽明是在說工夫論的心理為一，程朱是在說存有論的心理有二之狀態，後說與前說無有任何理論矛盾或不同之處。然而，牟先生必說為不同，甚至亦牽連至程朱言於居敬、涵養、格物、窮理等為後天工夫，實無必要。工夫都是主體在後天的狀態中做的，所以才有氣質私欲之阻隔。工夫都是要復反先天本性的，這就是本體工夫論旨，就是儒者共義。因此居敬、涵養、格物、窮理等無一不是本體工夫，無一不是求放心工夫，無一不是致良知工夫。只是本體工夫的語言表達方式有多種類型，有氣質之病痛即需對治之，此即是致良知。於知識上有所不足，即需求學問，即需教育，此即是致良知。從無所謂後天的非本質工夫之事。工夫都是本質的工夫，因為都是本體工夫。工夫都是後天不完美的普通人在做的，陽明除非是天生聖人，否則亦是在其後天生命中百死千難地鍛鍊的，至其工夫純熟之時，即是逆覺體證而臻心即理之境界。主體實做工夫，境界即上升，心即與理為一。主體若不做工夫，則心志散漫，甚至會有私欲氣質之阻隔，而落入為惡狀態。此時即需教育、問學，此時所做之居敬、涵養、格物、窮理等工夫都是致良知的同義詞，都是本體工夫，都是逆覺體證。

牟先生認定程朱之言於工夫是後天的非本質工夫，只有一個原因，就是牟先生只對著主體成聖之境界而說的，在成聖境界中，主體之心與天理完全合一，主體心之作為即是天理之流行，此時也根本不必談工夫了，只以誠敬守之即可，此即明道之識仁意旨。但是，這是境界論的意旨，談工夫論，都是在心理尚不合一的狀態中談的。故而牟先生拆解過甚，批評過度，言語失當。

七、牟先生另創良知坎陷說

陽明就《大學》講本體工夫，實際上，《大學》的本體工夫特重「工夫次第」義，程朱之詮解從此一路，陽明之詮解實為創造，創造地將格物致知皆以誠意正心義解之，此舉則導致格物致知義之追求客觀外物知識的意涵滑落，亦模糊了先知後行的工夫次第義。以上詮釋的缺點是一回事，但陽明仍有權力自造一系統創作之並言說之。不過，當牟先生一味地肯定並維護陽明學說時，牟先生自己也發現了對於事物之客觀知解的問題必須有以處理，實際上陽明也是有所處理的，陽明的處理就是並不否認客觀知識之追求，只是就道德實踐而言，去強調那個更重要的宗旨而已，更重要的是誠意正心的致良知的本體工夫之貫徹落實，這還是主體意志的純粹化的工夫問題，即是要求知行合一的實踐問題。陽明的回應亦無問題，只是對於《大學》的文本詮釋仍有一隔，面對此一問題，牟先生的處理則不是回頭去維護《大學》文本詮釋的正解，而是在陽明的詮釋立場下自己再創作一理論，以收拾對外在世界的客觀知識的認識問題，且是仍收拾在致良知的道德形上學系統內。

牟先生的作法有兩項重點，其一為製作一良知坎陷說以面對客觀世界的知識認識問題，其二為再度將程朱之學亦排斥在面對客觀知識的認識系統之外。亦即，原來在《大學》本義中的客觀知識之認識的理論部分，牟先生亦要依陽明的致良知說予以收進來，而對程朱本來就重視客觀知識認識的工夫次第理論，牟先生則再度說為是一種接近致良知說的本體工夫，以致仍為一與認識客觀知識無關之理論。牟先生對朱熹真是不公平。參見其言：

若指作聖賢言，則物限於生活行為上說，自已足矣。然而不礙尚有桌子椅子等等一種物。此將如何統攝之於致良知之教中？復次，此物如其為一物，有理乎？無理乎？如其有理也，將何以窮之？此自非窮良知之天理即可盡。良知之天理流於生活行為中而貫之，亦流於桌子椅子中而成其為桌子椅子耶？此故甚難矣。然則，吾將如何對付此一種物？此自是知識之問題，而為先哲所不措意者。然在今日，則不能不有以疏解之。關於桌子椅子之一套與陽明子致良知之一套完全兩會事，然而不能不通而歸於一。桌子椅子亦在天心天理之貫徹中，此將亦為可成之命題。然徒由吾人日常生活之致良知上則不能成立之。如成立此命題，不知要經多少曲折。蓋此為一形上學之命題，繫於客觀而絕對之唯心論之成立，即「乾坤知能」之成立，亦即「無聲無臭獨知時，此是乾坤萬有基」一主斷之成立。然無論將來如何，即使此命題成立矣，而在眼前致良知中，總有桌子椅子一種物間隔而度不過，因而總有此遺漏而不能盡。吾人須有以說明之。看它如何能進入致良知之教義中。此是知識問題也。13

本文有兩個重點，其一是將良知教說為一套形上學系統，其二是將知識問題另起爐灶後又收歸良知教中。首先，就形上學問題言，牟先生以陽明致良知為形上學問題，且為客觀絕對之唯心論。筆者認為，這正是形上學與工夫論問題不分的情況，或說是必欲將工夫論問題與形上學問題結為一套來談。其次，對於知識的問題，是《大學》文本中特別重視的問題，為了配合《大學》格物致知的詮釋，所以必須討論其中的物概念，此當即是人倫社會的事務義之物，而且此時面對的正就是一個知識的問題。牟先生認為必須討論此客觀存在義之自然物及人為器物問題，討論其有理無理，且認為這種知識問題是先哲所不措意者。實則不然，程朱已處理及此，只是牟先生不能正面正視肯定之而已，依牟先生後文的立場，知識之問題就是進入知識之細節系統，筆者要強調的是，對知識問題的重視態度就是《大學》本意，也是程朱詮釋《大學》的立場，光是這一個立場的強調，程朱之正確詮釋就應該予以高度肯定。更何況，程朱理學更是在此項問題走得最遠的儒學系統，比起王陽明僅僅是不否定的立場，程朱之討論是更具實質性地多了。

在程朱的詮解下，格物致知的對象包含價值意識之總原理，即仁義禮知之天理問題；也包含處理社會人倫事務的原理，即公共政策的做法；亦包含自然物與人為器物之存在原理，此即形上學存有論之存有原理問題，即牟先生此處所設問之有無其理問題所涉及的。而牟先生則坦言此則非是良知天理能對付的，為何不能對付？因為依牟先生之理論建構，良知天理是形上學

13. 牟宗三，《從陸象山到劉蕺山》，頁二四六－二四七。

問題，且是客觀而絕對之唯心論系統的立場，故而無論如何，客觀知識結構義的自然物與人為器物之理就是談不到的。說談到多麼地細節以致成就科學知識這自然亦非程朱的成果，但說談到更說重視則程朱已經走在這條路上了。牟先生認為王陽明的良知到不了這一塊，是因為牟先生自己將知識的問題交由本體工夫論處理，而工夫論的問題又提升為形上學問題來處理，結果建構了一套客觀絕對之唯心論系統，因此就完全觸碰不了一般事物之知識的問題了。

說形上學或儒家形上學是客觀的系統是可以的，但說為唯心論的義旨就需要追究了。依牟先生，那就是在主體實踐的活動中就其成聖境而說為整體存在之客觀絕對唯心論了。所以其唯心是唯心在主體的實踐活動上，但是主體的實踐活動何須說為是形上學呢？主體實踐以成聖境更何須說為是圓滿的形上學呢？圓滿只是家國天下的圓滿，無須說為是形上學的圓滿，形上學只需說其究竟義即可。由於牟先生這一套主體實踐成聖境的客觀絕對唯心論系統不能談客觀事物的知識問題，因此牟先生認為必須另找途徑以說及之。但是其說及之之目的卻仍是在以良知發動為主軸的說及之的途徑中，這是因為，良知是造化的本體，天下萬物皆出自良知，無論依王陽明還是依牟宗三皆是如此。良知既生化萬物，則關於外物之客觀的知識問題仍須與良知的活動有其關係。至於真正在談客觀原理的程朱之學，牟先生依然不將其放在此處討論。參見其言：

良知能斷制「用桌子」之行為，而不能斷制「桌子」之何所是。……雖有造桌子之誠意，而意不能達；雖有良知天理之判決此行為之必應作，然終無由以施其作。此不得咎良知天理之不足，蓋良知天理所負之責任不在此。此應歸咎於對造桌子之無知識也。就此觀之，造桌子之行為要貫徹而實現，除良知天理以及致良知之天理外，還須有造桌子之知識為條件。一切行為皆須有此知識之條件。是以在致良知中，此「致」字不單表示吾人作此行為之修養工夫之一套（就此套言，一切工夫皆集中於致），且亦表示須有知識之一套以補充之。此知識之一套，非良知天理所可給，須知之於外物而待學。因此，每一行為實是行為宇宙與知識宇宙兩者之融一（此亦是知行合一原則之一例）。良知天理決定行為之當作，致良知則是由意志律而實現此行為。然在「致」字上，亦復當有知識所知之事物律以實現此行為。吾人可曰：意志律是此行為之形式因，事物律則是其材質因。依是，就在「致」字上，吾人不單有天理之貫徹以正當此行為，且即於此而透露出一「物理」以實現此行為（實現不只靠物理，而物理卻也是實現之一具）。……就此全套言，皆繫於良知之天理，猶綱之繫於綱。從此言之，心外無物，心外無理。然而此全套中單單那一分卻是全套之出氣筒，卻是一個通孔。由此而可以通於外。在此而有內外之別、心理之二。此個通孔是不可少的。沒有它，吾人不能完成吾人之行為，不能達致良知之天理於陽明所說之事事物物上而正之。是以此知識之一外乃所以成就行為宇宙之統於內。由孔而出之，始能自外而至之。（自外至者無主不止。）14

牟先生這一段話說得很辛苦，之所以這麼辛苦，是因為他把只是道德實踐活動的良知發動義說成了同時是天道作用的大化流行，但是現在卻對製造桌子這等需要外在客觀知識的事情，認為不是單靠道德意識就可掌握的，於是將良知的作用說成兩套。一為主套，即本體工夫論的一套，由天理來，是意志律，以道德意識貫徹實踐的一套，它造成的存有論效果即是心理不二；另一為副套，卻是道德實踐的通孔，沒有它仍辦不成道德事業，但它是物理的知識，是事物律，因此有內外之別、心理之二。牟先生這麼辛苦的定義，就是他不分本體宇宙論和存有論的後果，也是他不願肯定程朱理氣論的下場。其實牟先生此處討論的問題早在程朱理學中都已處理了，朱熹所言之理即是包括了價值意識及存有原理。說存有原理時不涉及實踐活動，因此有客觀的物理在，物理不依人心而存在或變化，但卻因此被陽明批評為二分，被象山批評為支離。然而，此處之為二並非有對立義，只是從存有論地位上說其屬性不同而已，所以，說到底，其實是原本陽明對朱熹析心與理為二的批評本身是不恰當的。牟先生前此接受王陽明的立場，現在，自己要再度為這個立場建立存有論的成立意義。也就是說，當初陽明說朱熹為二分的時候，可以只是存有論討論上的二分之定位義，無須引申有工夫論上的支離義，更不應持批評否定的態度。現在，牟先生要結合不分與二分兩說為有關聯的系統，且同置於良知說下，故而詭譎纏繞曲折地重說此義，牟先生之愛戴陽明學，真是令人忌妒。

牟先生說客觀知識之掌握為主體實踐之一通孔，且致良知於事事物物之實踐活動中必須要有此一知識之掌握，否則不能成功其實踐。依牟先生此說，豈不甚為看重此與心為二之理，此物理之理，此事物之律，此客觀之知。然而，從工夫次第進路說的《大學》格致工夫，先知後行工夫，此時所探究追問的不就是公共政策之知識、客觀物理之知識等等，先知曉此些知識才能正心誠意修齊治平，則順著《大學》原意及程朱《大學》解，這些問題就早已被處理了。惜陽明未走此路，只以主體價值意識之決斷為工夫之首要，此說亦不誤，只是對於《大學》原旨中對外在事物之知之看重的一面未能正面面對而已。然牟先生卻欲從陽明言致良知的道德實踐工夫中曲折坎陷地亦要面對此問題，謂其亦是致良知工夫內事項，只是所知之理有所不同。行為宇宙所知者為仁義禮知之理，知識宇宙所知者為物理、事理、公共政策之理，在存有論地位上，前者心理為一，後者心理是二。筆者不能否認牟先生所建立之此說，不能認為此說有謬誤，但此說之建立實是緣於致良知說本身擴充得太過了之後才警覺地必須收拾基本問題而提出的，此處所提出的觀點，程朱詮解《大學》時早已關注及之，而程朱之論曾遭陽明以心理為二之批評，牟先生於《心體與性體》書中亦駁程朱之學為理氣二分、心性情三分的只存有不活動的存有論，前此批評過當，後此又不能不要此種理論，此誠奇怪之事也。

14. 牟宗三，《從陸象山到劉蕺山》，頁二五〇—二五一。

牟先生為說良知作用的知識宇宙世界，將良知之作用予以創造性地轉化，轉化之而提出坎陷說，實在也是一過溢之後的扭曲之論。其言：

此言將知識攝入致良知教義中。然知識雖待外，而亦必有待於吾心之領取。領取是了別。了別之用仍是吾心之所發。……但即在致字上，吾心之良知亦須決定自己轉而為了別。了別之用仍是吾心之所發。……即在致字上，吾心之良知亦須決定自己轉而為了別。此種轉化是良知自己決定坎陷其自己，此亦是其天理中之一環。坎陷其自己而為了別以從物。從物始能知物，知物始能宰物。及其可以宰也，它復自坎陷中湧出其自己而復會物以歸己，成為自己之所統與所攝。……此方是融攝知識之真實義。在行為宇宙中成就了知識宇宙，而復統攝了知識宇宙。在知識宇宙中，物暫為外，而心因其是識心，是良知自己決定之坎陷，故亦暫時與物而為二。……在良知天理決定去成就「知親」這件行為中，良知天心即須同時決定坎陷其自己，而為了別心以從事去了別「親」這個「知識物」。就在此副套之致良知行為中，天心即轉化為了別心。既為了別心，必有了別心之所對。故即在此時，心與物為二，且為內外。「知親」這件行為，為良知天理之所決定，故不能外於良知之天理，故曰心外無物。然在「知親」這件行為中，要去實質了解「親」這個知識物，則天心轉化為了別心，了別心即與「親」這個知識物為二為內外。了別心是天心之坎陷，而二與內外即因此坎陷而置定。15

牟先生此文，是在討論陽明被問到對客觀知識的認知問題時，針對陽明的回答而做的發揮，陽明的回答就是客觀知識也是要知道的，不過關鍵重點仍在良知的發動，亦即道德意志的發動仍是優位，至於對客觀知識的認識就是轉化一下就出來了。牟先生以上的發揮，倒是鄭重其事地就良知之作用的不同，以說對此客觀知識之認識能力是何種意義的良知。牟先生特創「了別心」此概念以說之，並說「了別心」是良知自我轉化後的作為，亦屬良知，卻是良知「自我坎陷」後才有的。依陽明之意，原先，在致良知的活動中是與物無對，心物是一，依牟先生之發揮，現在，良知坎陷為了別心時，則是與物有對，而有內外，故能識物。牟先生所發揮之此說，簡直就是把被陽明批評為心外之理的朱熹思想又予以還原了。此說中心與物二，復心內物外，這都是陽明批評朱熹格物窮理說的意見。牟先生為何要進此言呢？理由很清楚，客觀認識亦是實踐中必須要有的環節，前此已將致良知的合內外、合心物、合天人義徹底堅實了，但為顧及認識客觀外物知識，故需增添良知作用之了別心義，此一了別心在作用時，就是要知曉原先未知的外在事物之知識，故又容許心物為二了。其實，依朱熹之言於格物致知窮理說時，本來就是依《大學》做文本詮釋而說的，大學言欲明明德於天下，必先治國必先齊家必先正心必先誠意必先致知格物，此時之格物致知確實有聞見之知的意義在，確實有外物之知的意義

15. 牟宗三，《從陸象山到劉蕺山》，頁二五二－二五三。

在，確實先倡導知再倡導行，確實主張先知後行，確實主張窮事物之理之後再發為誠意正心以修齊治平，這就是為平治天下需先有的客觀具體知識之認識，先知後行，此知亦是明明德的本體工夫之所蘊涵，此知亦必須是以價值意識之決斷為最後的決斷，亦是以道德意識統攝客觀知識，亦是以實踐至平治天下為格物致知之真正完成，因為《大學》本就是以平治天下為最終目的，本就是為此一偉大事業提出本末先後的工夫次第說而已，依此而有客觀事物之認識之強調，而提出先知後行之意旨。就其仍需斷之以道德意識言，其實不需兩分為道德心與認知心，即如牟先生此處所為之良知之心與良知之坎陷後的了別心。就其認識外物之客觀知識以作為正德利用厚生之依據而言，亦無須批評其義為理在心外、心物為二，說理在心外、心物為二是就工夫實踐上批評時人未能落實實踐，陽明是就人病所為之批評。以為朱熹之說導致人病之說是對朱熹之意旨之不恰當的指控，而陽明正是進行了這樣的指控；以為朱熹之說主張理在心外、心物為二的存有論立場，這還是對朱熹之說之不準確的詮釋，而牟先生此刻卻正在進行這樣的創作，就是在提出存有論上客觀事物之知識與主體的良知心是二非一的理論。牟先生可以建立這樣的存有論哲學，但朱熹之學不須承擔這樣的理論定位。這樣的定位是依據陽明從人病的批評立場轉出的存有論定位。這是牟先生詮釋下的陽明新哲學。再見其言：

是以每一致良知行為自身有一雙重性：一是天心天理所決定斷制之行為系統，一是天心自己決定坎陷其自己所轉化之了別心所成之知識系統。此兩者在每一致良知之行為中是凝一的。……此種坎陷亦是良知天理之不容已，是良知天理發而為決定去知什麼是事親如何去事親這個知識行為中必然有的坎陷。坎陷後而了解什麼是事親如何去事親，然後才能實現「事親」這件行為。……原來天心與了別心只是一心。只為要成就這件事，天心不能一於天心，而必須坎陷其自己而為一了別心。而若此坎陷亦為良知天理之不容已，則了別心亦天心矣。每一致良知之行為皆可如此論。「行事親」與「知事親」是同時並起的。惟「知事親」是一知識行為，由此行為可以成知識系統。16

牟先生此說就是要將了別心說為良知心實踐時所必然蘊涵的環節，如果前此朱熹之格物致知說被批評為客觀認知的橫攝系統，牟先生此處就是在為這種客觀認知的橫攝系統建立其理論存在的必要性，多出來的就是主張此兩種作用是一時並起，以及了別心是依據良知心坎陷而建立的，總之是說，道德實踐的歷程中其理論意義上必有此二環節。若依牟先生此處之創作，則何須批評朱熹依《大學》言先知後行？格致誠正修齊治平亦是一個行為中的意義次第而已，先知後行中之知行亦是一個行動的兩個意義面向而已，依《大學》語脈已說明清楚，依牟先生之創作亦只指涉同樣道理而已。然而，前此已經批評朱熹為認知靜涵的橫攝系統，此處雖然承認

16. 牟宗三，《從陸象山到劉蕺山》，頁二五四—二五五。

其說之理論意義，牟先生對朱熹的否定態度卻仍不放鬆，繼良知坎陷說之後，又再度創為新說以批評朱熹。再見其言：

良知既只是一個天心靈明，所以到致良知時，知識便必須含其中。知識是良知之貫徹中逼出來的。否則，無通氣處，便要窒死。良知天理自然要貫徹。不貫徹，只是物欲之間隔。若自其本性言，或吾人良知天理真實湧發時，它必然要貫徹，不待致而自致。致良知原為有物欲間隔者說。去其間隔而一旦發現出本性之真實無妄，則良知天理之真誠惻怛，或良知天理之善，自能不容已其湧發而貫徹於事事物物。其湧發不容已，則其坎陷其自己而為了別心亦不容已，蓋此即其湧發貫徹歷程中之一迴環。若缺少此一迴環，它還是貫徹不下來。一有迴環，便成知識。知識便有物對。有物對便有物之理而在外。此問題若予以形上之解析，便是「個體」問題。靈知是一，吾的靈知便是蓋天蓋地的那個靈知。然蓋天蓋地那個靈知是乾坤之知能，是總攝全宇宙而言之的。而吾的知能雖就是那個乾坤之知能，而「我」卻是一個個體。良知在「我」這個個體，亦在「他」那個個體。說到個體便有對，有對便有殊。有對，此其所以與我為二而為內外；有殊，此其所以彼此個體皆有其自理（此理是形下的），因而必須從物而知之。所以知識系統在個體上成立。良知雖一，而不能不有分殊。個體便在分殊上說。乾坤知能既成就了全宇宙以及萬萬個體，所以在「我」

這個個體上要致良知而成行為宇宙，而將全宇宙攝於吾之行為宇宙中，便不能不有一知識宇宙，而復將全宇宙攝於知識系統中。吾人於此知識宇宙只在說明知識之融納為已足。此所說之知識之融納，不惟陽明無此義，即朱子亦無此義也。蓋朱子之格物窮理義，雖可以順而至於含有知識義，而其本意實不在言知識。其所謂格物窮理，意在當機體察，乃含於動察之中：察之於念慮之微，求之於文字之中，驗之於事物之著，索之於講論之際，皆是格物，亦皆是窮理。而此格物窮理卻是去病存體，旨在求得普遍而超越之一貫之理，所以仍是一套道德工夫，不在成知識也。吾人現在既順致良知教而融納知識，則朱子此一套在整個系統之關鍵上自不甚肯要，然於慮的工夫上，則亦無甚可議議也。吾人將在知識系統之統於行為系統上說明知識義之窮理，將在行為系統之發於良知天心上說明陽明義之窮理盡性，將在慮的心之工夫上吸納朱子之動察靜養。而若識得良知天心之大本原，握得良知之大頭腦，則動察靜養皆無不可，亦無所謂支離矣。17

牟先生此文之重點有二，首先，擴充良知之功能於知識宇宙中，良知原為行為宇宙中之概念，所謂行為宇宙其實是將主體實踐義併合大化流行義而為一整體的行為宇宙，亦即將本體宇

17. 牟宗三，《從陸象山到劉蕺山》，頁二五八－二五九。

宙論與工夫境界論的論述皆依據良知概念之在天及在人之作用而合兩為一。然而，此兩固可合而為一，但是，具體說於人的道德實踐情境中時，仍為人與客觀世界一一事物的實際互動之事，此事業中有人我、有他心、有外在事物，此人我、他心、外物之一一個體仍需有知識之細節在，就此知識之細節，必須知曉，否則，實踐無著落處，其言：「無通氣處，便要窒死。」「若缺少此一迴環，它還是貫徹不下來。一有迴環，便成知識。」這些話，不過就是《大學》中，「欲誠其意，先致其知，致知在格物」的作用，牟先生又言：「知識便有物對。有物對便有物之理而在外。」這些話，又是陽明批評朱熹理在心外時要否定的立場，但牟先生將它撿起來了。問題是，陽明本來不需要如此批評朱熹的，牟先生本來不需要依據陽明對朱熹的批評亦倡言朱熹是理氣二分、心性情三分的只存有不活動的理的，但牟先生前此批評了，而牟先生現在又要建立被他自己批評過的意見了，雖然建立了，卻否認這是朱熹的理論型態。這就進入本文的第二個重點，也就是，要說朱熹之格物致知窮理並不是在建立這些客觀世界的知識細節，而是一如陽明所為之行為宇宙中的本體工夫之學，即是其所言：「此所說之知識之融納，不惟陽明無此義，即朱子亦無此義也。」接下來整段的談話要點，就是在說朱熹的格物致知工夫並不是真正在建立客觀知識，而是更接近陽明的建立道德價值判斷的活動，於是所有朱熹的窮理、靜涵、動察之學變成了陽明的致良知學，因而亦無所謂支離之病矣。天啊！哲學討論可以這樣不公平嗎？前此不能正確理解準確詮釋朱熹依《大學》所講的格致之學，而極盡攻擊之能事，以認知的橫攝靜涵系統說朱熹，後此又要爭取認知活動於系統內，故又再度排斥朱熹在此系統，而將其推回無所謂支離的道德價值系統。牟先生的哲學對朱熹的預設成見之反對立場，可以說，已經不是哲學討論應有的態度了，說其十二萬分地無理可也。

八、結論

牟先生一味維護陸王學以批判程朱學，但面對理論世界的實際時，他的作法幾乎就是「只許州官放火，不許百姓點燈」。一直以來，筆者認為中國哲學除了三教要辯證以外，在各家系統內都應該是一脈相承、互相發明的，只有偏執的哲學家才硬要區分你我、究竟高下。甚至，三教之間也只是因為整個世界觀及問題意識的不同而有系統相的差異，因此可以溝通融會卻不需辯證互難，這是筆者研究中國哲學的基本立場。本文之作，針對牟宗三先生的陽明學詮釋，提出討論的意見，基本上不同意牟先生依陽明意旨而批判程朱的立場，至於依陽明學旨而建立的圓教的形上學，筆者表示接受牟先生的新儒學的創作成果，但仍不同意他以這套系統為標準對程朱提出的批判意見。

第十八章　對牟宗三詮釋劉蕺山以心著性的方法論反思

一、前言

牟宗三先生在完成了詮釋宋代儒學的巨作《心體與性體》後，轉向中國佛學研究，撰寫《佛性與般若》，然後，又回到宋明儒學陣營，處理象山心學以至陽明心學一段，當然，有些作品是早先已經完成，但整本專書的內容之定稿，確實就是在《心體與性體》及《佛性與般若》之後的事。這其中，牟先生對劉蕺山哲學的處理，是本章要討論的對象。重點在於，找出牟先生對劉蕺山哲學的定位，反省牟先生哲學建構的方法論體系。

牟先生在《從陸象山到劉蕺山》一書第六章中談〈劉蕺山的愼獨之學〉以兩節的架構提出「歸顯於密」、「以心著性」兩大綱領性觀點，本章之進行，即將以此兩節的進度，集中討論牟先生如何說明及證成這兩大觀點。牟先生討論蕺山學，文分兩節，第一節為綜述，第二節為引文獻以作系統的陳述。其實，就是先整體地陳述他對蕺山學的綱領性意見之後，再附以文獻疏解以為深入之討論。第一節有七點，第二節有十二個段落，前十一段落為文獻疏解，最後一段為總結。為討論之方便、效率及清楚起見，本文之作，將依牟先生行文的次序，整理出要點以為本章之小節的名目及次序，共十節。以下述之。

二、定位劉蕺山為「歸顯於密」與「以心著性」

牟先生於綜述中即提出對蕺山學的整體定位，即是「歸顯於密」與「以心著性」。當然，這是經過相當的討論過程之後才提出的，牟先生對劉蕺山哲學的定位，首先是以蕺山學為對治王學之流弊而起者，但牟先生認為，蕺山所言之王學流弊，只是人病而非法病，至於王學之所以會有蕺山所言之流弊，則是因其為顯教之故，故而蕺山對治之而有密教之系統。那麼，何謂顯密？如何歸顯於密？首先，牟先生言：

劉蕺山之學乃乘王學之流弊而起者。其言王學之弊云：「今天下爭言良知矣。及其弊也，猖狂者參之以情識，而一是皆良；超潔者蕩之以玄虛，而夷良於賊。」（劉子全書卷六，證學雜解解二十五。）此數語，吾前曾屢引過，並謂此是人病，非法病。但何以王學偏有此人病？蓋王學者顯教也。凡心學皆顯教。若無真實工夫以貞定得住，稍有偏差，便流於此人病。良知之妙用是圓而神者。雖云「良知之天理」，然天理在良知之妙用中呈現，則亦隨從良知妙用之圓而神而亦為圓而神地呈現。圓而神者即於人倫日用，隨機流行，而一現全現也。良知為一圓瑩之純動用，而無所謂隱曲者，此即所謂「顯」。其隨機流行，如珠走盤，而無方所，然而又能泛應曲當，而無滯碍，此即所謂圓而神，而亦是「顯」義也。順「本心即理」而行，直方大，不習無不利，沛然莫之能禦，實事實理坦然明白，自應如此。此蓋即康德所謂神聖意志：他所應當是的即是他所必然地自會是的。若依象山的話頭說，即是「然當惻隱自會惻隱」。這是一條鞭地順「本心即理」之本心為一呈現而說，故為顯教也。但人亦有感性之雜。所謂「即於人倫日用，隨機流行，而一現全現」，其一現全現者豈真是良知之天理乎？混情識為良知而不自覺者多矣。此即所謂「猖狂者參之以情識，而一是皆良」也。此流弊大體見之於泰州派。至於專講那圓而神以為本體，而不知切於人倫日用，通過篤行，以成己成物，則乃所謂「超潔者蕩之以玄虛，而夷良於賊」也。此流弊大抵是順王龍溪而來。然流弊自是流弊，教法自是教法。言本心即理、言良知，這只是如象山所謂先辨端緒得失。並非一言本心即理，一言良知，便保你能「沛然莫之能禦」也。故進一步須言「致良知」，而象山亦言「遷善改過，切己自反」，須時時有賴於「博學、審問、謹思、明辨、篤行」也。若真能依四句教從事「致良知」之篤行工夫，則亦可無此流弊。猖狂者自是猖狂，混雜者自是混雜，何與於良知教耶？故云是人病，非法病也。1

1. 參見牟宗三著：《從陸象山到劉蕺山》，台北：學生書局，一九七九年八月初版，頁四五二。

牟先生此文之作，即在說明：陽明學即是顯教，但顯教亦有流弊，故蕺山為密教以糾之。依據牟先生向來的理論模型以及概念使用，形上學與工夫論是不分的，儒釋道各學派皆以工夫實踐而成一人文教化之系統，故言於「教」時即含形上學及工夫論意旨，故「顯教」一詞中實包含形上學及工夫論的特殊模式，此即在性善論的前提下，講直接發用的本體工夫之意，直接肯定主體有價值自覺的能力，一旦自覺，即是孟子之擴而充之、陽明之致吾心之良知於事事物物、也是象山所自謂之易簡工夫終久大的模式，故而確實是在日常生活中隨時興起即可肆應無窮的，只是，如果自覺不足，則或為情識，或為虛玄，前者陽明後學王艮型態之弊，後者陽明後學龍溪型態之弊，此正是蕺山立「密教」以糾「顯教」之弊的重要原因。以上，此文之主旨規模，以下，進行若干細節的討論。

牟先生說蕺山承陽明流弊而起，筆者同意。說蕺山所駁斥者為陽明學之人病而非法病，筆者也同意。但說到「凡心學皆顯教」，筆者有意見。牟先生以顯密對比陽明與蕺山，其實是工夫論的比較，然而儒家的工夫論沒有不是心學的，也就是說密教也是心學。這是就工夫論說，若就形上學說，區分心學、理學、性學、氣學的意義不大，因為沒有一個學派的理論系統是單一範疇能建構成功的，也沒有一個哲學問題真正是在追問屬心、屬性、屬理、屬氣的，通常只是後人在理解時簡化地以單一範疇詮釋之而已。[2] 牟先生已以心學、理學說陸王、程朱，如其言於「心即理」與「性即理」之區分者，此處則有心宗、性宗之分，此分固來自蕺山本人，但牟先生亦善承之，而講「以心著性」，此暫不論，後文詳之。此處，筆者要說，密教亦是心學，因為心學就是本體工夫論的哲學，故不能說凡心學皆顯教也。牟先生似是以「以心著性」則是密教，但「以心著性」仍是心學。其實，真正的關鍵在於，心學、性學、理學、氣學皆是意旨不明的理論表述方式，心學多為工夫論，理學多為存有論，氣學多為宇宙論，性學便是本體論。以此別異，則工夫論不能不是心學，因為就是心在做工夫的，心是主宰，本體工夫以之作用，故而要說顯密之別，不能是在形上學意義下的理氣心性之不同中做分別，只能是在工夫論的模式中做分別，當然也可以說是在心學內部中做分別。而這個分別，陽明良知教、蕺山誠意教就是一顯一密，重點是誠意教要收拾的心念的層次是更多更密更複雜的，故曰密教。良知教以性善本體一路透發就臻至極境，故曰顯教，這是忽略細節只講重點的模式。誠意教則不放過修心過程中的細微念頭，逐一收拾，以此表達本體工夫的深度，故曰密教。

牟先生說顯教易有情識虛玄之病，但這是人病，筆者同意。為何顯教易有此弊病呢？關鍵就在，顯教教法太簡易，掌握宗旨就可執行，但是人心隱微，不易察覺，過程中流入虛偽放蕩就難免了。也正是因此，就需要做工夫的過程更為繁複仔細的密教助之。也可以說，密教似漸

2. 詳細的討論參見杜保瑞著：〈中國哲學的基本哲學問題與概念範疇〉，山東大學《文史哲》學報第四期，二〇〇九年七月，頁四九－五八。本文收錄拙著：《中國哲學方法論》，臺灣商務印書館。

教，顯教似頓教；顯教易簡，密教繁瑣；頓教就結果說，漸教就過程說。

顯教如上說，密教即「以心著性」則見下文：

然既隨此教法而有如此之流弊（人病），則乘此流弊之機而重新反省，亦可重開一新學路。乘此機雖可重開一新學路，然並非因此即能證明王學之為非是。此不過更端別起（不是象山所說的「異端」），重新予以調整，直下能堵住那種流弊而已。3

此更端別起，重開一新學路者，即是「歸顯於密」，即，將心學之顯教歸於慎獨之密教是也。大學中庸俱言慎獨。依劉蕺山，大學之言慎獨是從心體說，中庸之言慎獨是從性體說。依此而有心宗性宗之分。4

本文明確地是以蕺山學為對陽明學之流弊之反省而新起之學，此說亦可接受。陽明而後，幾乎天下儒者皆陽明後學，但流弊甚茲，蕺山學建立之際，即是在此環境氛圍中。但牟先生又認為，蕺山學只是防治陽明學之流弊之學，從另外一些路向進行工夫，以免除原來的缺點。因此蕺山學仍是陽明學系統，至少是與陽明學可以溝通交流合作共事的系統。此一新路向即是「歸顯於密」之路，亦是由心體到性體之路，是從《大學》之慎獨到《中庸》之慎獨之路。是心學之顯教之路到性學之「以心著性」之密教之路。依筆者，牟先生說的顯密其實就是工夫理論的模式之易簡與繁瑣之別而已，依牟先生，這卻是心體與性體或心宗與性宗之別。雖然，兩者可以合為一系，但理論的模式有別，參見其言：

此即第一步先將良知之顯教歸於「意根最微」之密教也。然意與知俱屬於心，而心則在自覺活動範圍內，劉蕺山所謂「心本人者也」。自覺必有超自覺者以為其體，此即「隱乎微乎穆穆乎不已者乎」之性體。劉蕺山云：「性本天者也」。……「天非人不盡」者，意即天若離開人能即無以充盡而實現之者。「性非心不體」者，意即性體若離開心體即無以體驗體現而體證之者。體證之即所以彰著之。是則心與性之關係乃是一形著之關係，亦是一自覺與超自覺之關係。自形著關係言，則性體之具體而真實的內容與意義盡在心體中見，心體即足以彰著之。若非然者，則性體即只有客觀而形式的意義，其具體而真實的意義不可見。是以在形著關係中，性體要逐步主觀化、內在化。然在自覺與超自覺之關係中，則心體之主觀活動亦步步要融攝於超越之性體中，而得其客觀之貞定——通過其形著作用而性體內在化主觀化即是心體之超越化與客觀化，即因此而得其客觀之貞定，即可堵住其「情識而肆」，亦可堵住其「虛玄而蕩」。此是第二步將心體之顯教復攝歸於性體之密教

3. 牟宗三，《從陸象山到劉蕺山》，頁四五二。
4. 牟宗三，《從陸象山到劉蕺山》，頁四五三。

也。經過以上兩步歸顯於密，最後仍可心性是一。[5]

這一段話說明蕺山承陽明之弊而另起新路向時，可分兩步以識之。第一步由知入意，第二步由心入性。由知入意是就《大學》心意知物的架構說的，心意知物本來不是一套架構，而是格物致知的工夫以及誠意正心的工夫，由於陽明將致知工夫說為致吾心之良知，良知本身即是一有獨立意義之概念，故而連帶地正心之心、誠意之意、致良知之知、格物之物便都成了有特定意義且值得討論的概念，這是在陽明系統中形成的，此即其「四句教」及其後之「四無教」之運用模式。牟先生討論蕺山學，承此架構，以蕺山為由陽明之知概念而進入意概念的新系統。但是，由知入意究是何意？不過是捨致知而以誠意為《大學》工夫的最核心宗旨，甚至可以說，針對同樣的本體工夫問題，從陽明以《大學》的致知概念的表達方式轉變為蕺山的以誠意為主的表達方式。可以說，不過是藉致知發揮和藉誠意發揮的轉變而已。針對致知和誠意的差異，牟先生對蕺山的轉變可以接受，但是對蕺山對致知系統的批評則不能接受。這當然是因為牟先生已完全接受陽明良知教，這也是因為必以誠意替代致知的辯論只能是以繁瑣的定義而拉開差距以比較優劣而已。

就第二步由心入性而言，牟先生的說明是心必預設性，自覺之心必有超自覺的性體以為支助，而性體當然也必須依賴心體以彰顯之，心性關係是一形著關係，心體要超越化客觀化是顯教之路，但性體要內在化主觀化則是密教之路，當然後者還須依賴前者，因此牟先生最後還是要說心性是一的話。筆者以為，說心說性都是理論發展的用詞不同而已，究其實，孟子已心性並說，後儒的系統不管是主要強調心還是心性同置，都是共同預設心性的系統，象山、陽明豈無孟子性善論的預設，而只是說心的系統？蕺山兩分心性二宗，也只是在理論的精細度上更為深入，而並不是有提出不同於孟子、象山、陽明的理論模型。因此，要說心學，則孟子、象山、陽明、蕺山皆是，要說「以心著性」，則亦是四家皆是，說由心體而入性體其實是沒有什麼改變理論的實義的，因此從這一由心入性之路向說，筆者以為其與心學之路是難辨雌雄的，其差異一如「由知入意」之非關根本一般，反而都不如另一路「歸顯於密」的詮釋，確實是有說出一些頗有價值的新論點，如說蕺山為密教是有更具體精密的約束以為工夫之實踐，而陽明之顯教則只顧一心之開展故易有一發不可收拾之弊病。

牟先生「以心著性」的理論模型在談胡五峰時即已提出，其實義即在提出一具人性論、本體論及本體工夫論的完備的理論，牟先生愛鑄新辭而以「以心著性」說之，實際上胡五峰、劉蕺山皆未有此語。牟先生又特愛對立程朱、陸王，但是，陸王中有程朱，胡五峰、劉蕺山中也有程朱，於是程朱、陸王、五峰、蕺山各以其被牟先生認定之理論特色而為三系，雖為三系，牟先生心中其實只有程朱為別系，故而陸王、五峰蕺山仍可合而為一，就在這種既欲別異之又

5. 牟宗三，《從陸象山到劉蕺山》，頁四五三—四五四。

要合一之的心態下，「以心著性」的模型，不僅變得系統模糊，且與心學型態也界線難明了。以下二文，即是牟先生界定象山、陽明與蕺山學的同異辨正。參見其言：

（一）心性之所以能總歸是一者，因劉蕺山所說之心，不是朱子所說之形而下的「氣之靈」之心，乃是「意根最微」之意與良知之知，除繼承陸、王所說之心外，復特標出作為「心之所存」之意，此種心仍是超越的道德的自由自律之真心，而非與理為二之格物窮理之心（認知意義的心）；又，其所言之性亦不是朱子「性即理」之性，即作為「只是理」之性，只存有而不活動之性，乃是本「於穆不已」而言之性，乃是「即存有即活動」之性，其內容與自心體而說者完全相同，不過一是客觀而形式地說，一是主觀而具體地說，故兩者既顯形著之關係以及自覺與超自覺之關係，復能不可以分合言而總歸是一也。若如朱子所了解之心與理（性）則不能是一也。（二）象山本孟子言本心即性，以為「情、性、心、才都只是一般物事，言偶不同耳。」（孟子告子篇公都子問性善章以及牛山之木章都涉及情字才字。情，實也，指性之實言，非情感之情。才亦指性之能言，非一般之才能。情與才不是兩個獨立的概念。故象山說「都只是一般物事」是對的。）然當李伯敏再問時，則答曰：「若必欲說時，則在天者為性，在人者為心。此蓋隨吾友而言，其實不須如此。」象山以為只就它們「都只是一般物事」著實「理會實處，就心上理會」，便自能通曉。否則徒「騰口說，為人不為己。」雖然如此，然性與心究竟是兩個字眼。「為人」的方便亦是需要的。是故「若必欲說時，則在天者為性，在人者為心」，象山此說亦劉蕺山所謂「性本天者也，心本人者也」之意。對於此種字眼，基本處蓋有共同之理解，不會相差太遠。「在天者為性」，「天」是自然義、定然如此義，亦含有客觀地說之之意。故就其自然而客觀如此而言，則謂之性。「在人者為心」，人是人能義、主觀的自覺活動之意。故就其能自覺活動而呈現其為如此如此者，則謂之心。實即是一也。象山雖如此分說，然彼特重在心，只就心說，而且一說便說到極，並不分別地特說性天之尊，此其所以為心學，亦為顯教也。象山如此，陽明亦如此。[6]

牟先生以蕺山、五峰學為「以心著性」之學，似與象山、陽明之心學不同，但牟先生真正要建立的詮釋觀點，是程朱、陸王的別異，故而「以心著性」固與心學不同，但總不如心學與理學之差異來得大，最後，心學與「以心著性」之性學仍是需要合一的。本文即說心性之必須合一。此處有兩條線索。其一為心性情理氣之分言的存有論進路，其二為心性情理氣之合言的工夫境界論進路。實際上，牟先生並沒有這兩種進路之不同的思路，這是筆者替牟先生說出來的兩路，牟先生混而不分，這也就是為什麼他可以嚴分朱陸為二，而又合陸王、五峰蕺山為一

6. 牟宗三，《從陸象山到劉蕺山》，頁四五五—四五六。

的原因了。就存有論進路而言，一切概念皆是分設的，討論這種存有論問題的立場並不妨礙工夫境界論進路的立場，牟先生就是對這兩種進路不予區分，以致把兩種進路的不同意見以為是同一問題的不同立場，從而把同一學派的儒學分為三系。雖然，程朱、陸王本身就爭執不停，但今人為學，並不是要去接續舊人的爭端，而是要去解消舊人的爭端，只要有更好的研究工具，就能清楚舊的爭端的不必要性。

牟先生說朱子的理氣心性諸意見，筆者已有多文討論之，此處不再深入。[7] 重點是，朱熹是存有論進路地分解諸概念，若就存有論說，象山亦分心性，陸王亦言氣稟，因此並不是單獨只有朱熹說「心是氣之靈爽」，從而有「心無法與性理合一」的限制，這根本是宋明儒學的共法，大家都必須接受此義。又，說到工夫論，必定是心為主宰以進行的，而所進行的必定是本體工夫，既是本體工夫就必定是以性以理為蘄向標的，故而必是本於性以為心之行，故說「以心著性」確實是對的，心性在本體工夫的關係上是分不開的。又就境界論說，則是心之實踐已如性如理而全與理合一，此即天人合一之境界，此時更是心性理氣天道才情皆合一了，此實蕺山學的重要特色之一。[8]

就上文第一段言，牟先生以朱熹與蕺山，一就客觀形式地說，一就主觀具體地說，這就是筆者所謂的朱熹是在談概念關係的存有論問題，而蕺山是在談工夫論問題，工夫自是主體的活動，故為主觀而具體，存有論自是要做清楚的分析定義，故是客觀地與形式地，此兩種進路，問題不同，答案不同，自無對立的立場。這也是牟先生一貫論於朱陸之爭的立場，但究其實，程朱於存有論進路之餘，亦論本體工夫，陸王於工夫論進路之外，亦接受存有論進路的命題立場。只因牟宗三先生於朱陸別異用力過度，將差異視為優劣高下的對比，突出朱陸命題理論的某一方，因而界定如此。

就上文第二段言，牟先生首先是在說象山也有存有論進路，其次是在說，象山主要還是心學的型態。其實，象山言性言天就是存有論問題意識下的回答，此舉本不妨礙其於工夫論的觀念，因此象山雖然偶有分別心性人天的話頭，也完全不妨礙他可以走回心學之路。象山重言本體工夫，故為心學，談本體工夫時就不是談存有論時，因此做性天之分不是重點，但絕對在理論上預設了性天之理以為心行之目的嚮向，象山如此，陽明亦然。既然如此，若非存有論問題意識，則說心性之分確乎不是重點了。因此說有「心學」為顯教以及有「以心著性」之學為密

7. 參見杜保瑞著：〈對牟宗三詮釋朱熹以《大學》為規模的方法論反省〉，《人文與價值——朱子學國際學術研討會暨朱子誕辰八百八十週年紀念會論文集》，上海：華東師範大學出版社出版，二〇一一年九月，頁五〇四—五二四。杜保瑞：〈對牟宗三批評朱熹與程頤依《大學》建立體系的方法論反省〉，《哲學與文化月刊》第四二三期，二〇〇九年八月，頁五七-七六。以上二文，皆收錄於本書中。

8. 筆者主張劉蕺山形上思想的合一說，參見拙著：《劉蕺山的功夫理論與形上思想》，台北：花木蘭出版社，二〇〇九年九月初版。

教也不是真的很重要的界定。既然如此，分心分性也不是理論的重頭了，牟先生就自己在工夫境界論脈絡上主張心性之合一。參見其言：

心性之別只是同一實體之主客地說之異。象山、陽明、五峰、蕺山皆如此理解也。唯陽明雖亦如此分說性與心兩字眼，然彼與象山同，亦是特重心體、知體，且只就良知說，而且亦是一說便說到極，並不分別地特說性天之尊，性天只是捎帶著說，終於良知即是性，心體即是天（重看前第四章丙中之第三辯），此其所以為心學，亦為顯教也。但蕺山歸顯於密，則必先特說性天之尊，分設心性，以言形著關係以及自覺與超自覺之關係，以「見此心之妙，而心之與性不可以分合言」，而總歸是一也。及其總歸是一，則與心學亦無以異矣。故吾在心體與性體中總說此兩系為同一圓圈之兩來往，而可合為一大系也。雖可合為一大系，而在進路上畢竟有不同，是故義理間架亦不同，一為顯教，一為歸顯於密也。由以上兩面，既與伊川、朱子不同，又與陸、王不同，而見其為一獨特之間架，故我總說宋明儒當分為三系也。9

本文說心性分不得，實為一實體之兩面，但又要說象山、陽明是心學，是顯教之類型，而蕺山是說性天之尊，分設心性，並以心著性，從而為密教之類型，所以還是兩類，但雖為兩類，大關節上還是一型。本文說心性之分別不是重點，說心性之合一才是重點。以心性為同一實體之兩面之說，已見牟先生談於張載、程顥之學中了，[10] 牟先生言心有五義，性也有五義，心性一一符合，實心性不分而為同一實體。此說十分含混籠統，實則混和許多哲學問題於一爐中，目的只是為與程朱劃分界線。程朱分理氣為二、分心性情為三，牟先生就立心性五義，且皆同合，故陸王心學和蕺山五峰「以心著性」之學可以二合一，故宋明儒學三系中有兩系是同一類型的。此處，同一實體之說甚為不清，其成立只在境界論中，若就存有論的解析而言，應是不當之理。說宋明儒應該分為幾系以及與程朱之辨義並非本文重點，便暫不論。

三、對劉蕺山批判王陽明意見的駁議

王陽明依《大學》立「心意知物」四句教系統，使「心意知物」成為了重要的理論範疇，蕺山反對陽明後學之情識虛玄，重新約定了心意知物的使用意義，也重新安排了正心誠意致知

9. 牟宗三，《從陸象山到劉蕺山》，頁四五七。

10. 參見杜保瑞：〈牟宗三以道體收攝性體心體的張載詮釋之方法論反省〉，《哲學與文化月刊》第四三七期，二〇一〇年十月。杜保瑞：〈牟宗三對程顥詮釋的方法論反省〉，《嘉大中文學報》第六期，二〇一一年九月，頁三五－九二。以上二文亦收錄於本書中。

格物的工夫論意旨，處處皆與陽明不同。對此，牟先生十分不認同。筆者以為，陽明確實是依《大學》講了一套孟子教法，免不了創造新解，但宗旨確是儒家的無誤，然而，蕺山學亦是儒學，卻一一修改陽明的原意，面對此局，牟先生的做法是，同意蕺山可以自創系統進行扭轉，但批評蕺山對陽明所做的攻擊，認為這些攻擊是無謂的，一方面只是語意約定的轉變，二方面則是歸顯於密的特質差異。參見其言：

> 則乘此流弊之機而重新反省，亦可重開一新學路。乘此機雖可重開一新學路，然並非因此即能證明王學為非是。[11]

> 陽明之致良知教自是獨立一套，不過依附大學說之而已。大學之致知固不必是致良知，然其所說之誠意卻未必不是大學之原義。汝能確定大學之「意」必是汝所說之「意根最微」之意，而決不是意念之意乎？說意是「心之所存」固好，說「知藏於意」亦不錯，這只是另一套。在汝說誠意，在陽明即說致良知，兩者之地位及層次皆相等，而「知之與意」既「只是一合相」，又云「即知即意」，則說誠意豈不與致知等乎？在陽明，致知以誠意（轉化意念），即等於蕺山之「誠意」以化念還心也。如此消融豈不兩得？何苦穿鑿周納以橫破之？（破不如理為橫破。）[12]

由本文可見，牟先生並不能說蕺山的《大學》詮釋是錯的，但是對心意知物的定義，牟先生認為蕺山沒有必要一定要說陽明的使用意義不對，牟先生對陽明的創造性《大學》詮釋已經是完全接受且繼續創造理論予以證成之，故而不能忍受蕺山的攻擊，這也等於是對牟先生的攻擊。在《從陸象山到劉蕺山》書中的第一節之三、四、五小段，牟先生花了許多篇幅在替陽明與蕺山一一辯駁，此處的討論頗為繁瑣，本文即不再深入追問。

四、對劉蕺山的人格意境的衡定

牟先生綜述蕺山學之後，再從人格意境討論蕺山學性格，其實就是再找一個討論的進路以定位對蕺山學宗旨的意見，而這個意見，亦是符合前說歸顯於密的基本型態的。參見其言：

> 現在再就其踐履造詣境界略說幾句。在此方面，其齋莊端肅、凝歛寧靜之風格大類朱子。但不同於朱子者，朱子是外延型的，而蕺山是內容型的。朱子之底子是即物窮理，心靜理明。蕺山之底子是誠意慎獨，「從深根寧極中證入」。黃梨洲說他「從嚴毅清苦之中發為光風霽月」，其嚴毅清苦類朱子，而底子不同也。劉汋亦說其父「盛年用功過於嚴毅，

11. 牟宗三，《從陸象山到劉蕺山》，頁四五二。
12. 牟宗三，《從陸象山到劉蕺山》，頁四六九。

> 平居齋莊端肅，見之者不寒而栗。及晚年造履益醇，涵養益粹，又如坐春風中，不覺浹於肌膚之深也。」凡此皆類朱子，而底子不同。姚希孟說其「退藏微密之妙，從深根寧極中證入，非吾輩可望其項背。」此則說的最為恰當。此即其歸顯於密，所以為內容型者也。正因為歸顯於密，故顯得太緊。「從嚴毅清苦之中發為光風霽月」，正顯緊相也。此雖可以堵絕情識而肆，虛玄而蕩，然而亦太清苦矣，未至化境。若再能以顯教化脫之，則當大成。王學門下，如泰州派所重視者，正嚮往此化境。汝以歸顯於密救其弊，彼亦可以顯教救汝之緊。此中展轉對治，正顯工夫之無窮無盡；任一路皆是聖路，亦皆可有偏。未至聖人，皆不免有偏。然而劉蕺山亦不可及。其人譜所述工夫歷程，如一曰微過，獨知主之；二曰隱過，七情主之；三曰顯過，九容主之；四曰大過，五倫主之；五曰叢過，百行主之；此工夫歷程可謂深遠矣。無人敢說能作至何境，此所以成聖之不易也。13

蕺山的性格是絕對嚴苦的，他於崇禎皇帝自縊身亡後亦絕食殉國而死，其性格之剛毅可見一般，牟先生的這段文字倒是顯出十分符合歸顯於密的性格。不過，文中說蕺山的這種風格與朱子有相近之處，但蕺山是內容型，而朱子是外延型的，此說筆者不同意，此說仍是站在朱熹就是橫攝認知系統而言的，亦即朱熹只管外在客觀認知，談不上主體內心的實踐修養，故有外延與內容之別。有關牟先生對朱熹的種種不公平的評價，筆者已有它文述之，此處不再深入，但表明反對立場即可。不過，牟先生說蕺山風格類朱子的話，筆者十分同意，朱子強調先知後行、工夫次第，屬漸教，頓漸跟顯密可有一定的類比性，漸教重次第，要求嚴格，不能躐等；密教破隱微，嚴格內斂，不容狂放，此與朱熹講主敬，重收斂、專一、謹畏等都是同類型的工夫。[14]

最後，牟先生以蕺山的這種清苦嚴毅的性格仍可臻至聖人之境，尤其是《人譜》所提出的一層深入一層的細微工夫理論，此義，在牟書第一章第二節文末又有更深入的發揮。並且，意見更為強勢而明確，後文再述。

五、兩分心宗與性宗談蕺山之學

牟先生於本章第二節引文獻以作系統的陳述處，所討論的就是蕺山最重要的哲學文本，同時也是牟先生詮釋的最核心觀念，即「以心著性」及「歸顯於密」說，前者在心性分宗的脈絡上談，後者在《人譜》著作的介紹中說。首先，牟先生將蕺山兩分心宗性宗的說法拿出來討論，蕺山雖立性宗心宗，但重點在講工夫論的不同理論模型，並無意藉二分兩宗而建立差異。經牟

13. 牟宗三，《從陸象山到劉蕺山》，頁四八七。
14. 參見杜保瑞著：〈朱子談本體工夫的項目與義涵〉，《宋代新儒學的精神世界——以朱子學為中心》，上海：華東師範大學出版社，二〇〇九年六月，頁八七－一一一。本文收錄於拙著：《南宋儒學》中，臺灣商務印書館。

先生的闡釋，則是要將理論模式朝向他在詮釋張載、程顥的性心合義之要點上，牟先生的做法則是，將兩宗的差異再說得更清楚些，但是最終仍主性心合義。牟先生的依據即是：劉蕺山於《易衍》書中討論的性宗心宗問題。牟先生接續討論，參見其言：

> 易衍共四十二章，此第七章合中庸易傳而為「先天之易」，由此而言性宗之慎獨，戒慎恐懼於不睹不聞之獨時而呈現性體也。於獨時呈現性體，故此性體亦曰「獨體」。此性體以「維天之命於穆不已」來規定，「至哉獨乎！隱乎，微乎，穆穆乎不已者乎！」中庸說此為「天之所以為天」。統天地萬物而言曰「天」，即道體也，即創造的實體也，吾亦名之曰「創造性之自己」。對個體而言，則曰性體。性體與道體，立名之分際有異，而其內容的意義則一也。說「性體」，乃自其為固有而無假於外鑠，為自然而定然者而言，故象山云：「在天者為性，在人者為心。」而蕺山亦云：「性本天者也，心本人者也。」（易衍第八章，見下）。此所謂「在天」或「本天」，即自然而定然義。吾亦說性體與道體是客觀地言之，即就其為自然而定然者而客觀地言之也。說此「隱乎，微乎，穆穆乎不已者乎」之性體乃是分解地顯體以言之，然此性體不空懸，必與「喜怒哀樂四氣周流」為一體而運，此是具體地融即地言之；而喜怒哀樂亦是自其自然者而言，故亦屬於性宗也。「存此之謂中，發此之謂和」，此言中和亦自性宗而言也，順性體而來之自然之中和也，亦客觀地說之之中和也。15

蕺山說先天易，轉入工夫論議題，說天道是體用一原、顯微無間，君子所以慎獨也，以此是性宗。牟宗三先生發揮此性宗之言於上，重點有四：其一在說明蕺山言性宗，說慎獨工夫，重視主體內在本體的價值發揚，由本體收斂主體以為工夫的模式。其二在說性體與道體之內容意義為一，性體即道體之個體化，道體乃整體存在界之創生原理，性體即其賦命於人存有者之主體者，性體道體價值意識是一，故牟先生說其內容是一。其三在說此性體道體是道德實踐活動的客觀面言之者，亦即道德實踐有其主體以為主觀面的挺立，但所實踐的意旨應有其在天地間的客觀義，此客觀義由性體擔當之。其四性體不虛懸，必有實義，即有具體呈現之旨，此即喜怒哀樂發而中節之謂。此說實已說及工夫論，與第一項重點的意旨互相呼應。此亦牟先生終於會將性體與心體合一的原因。

前說性宗，以下說心宗，性宗心宗雖立名於蕺山，實際上談的是工夫理論的模型，然而，牟先生的詮釋，卻逐步走上存有論形上學的模型。蕺山於《易衍》中續言後天易，實際上還是說得工夫論旨，只後天易由心宗言，其言：「天非人不盡，性非心不體也。心也者覺而已矣。」[16]牟先生發揮如下：

15. 牟宗三，《從陸象山到劉蕺山》，頁四八九－四九〇。
16. 牟宗三，《從陸象山到劉蕺山》，頁四九〇。

案：此為心宗之慎獨，慎獨之實功。實功在心處見，其要即誠意，此為大學之慎獨。「先天之易」從「天命不已」處說起，是超越地客觀地言之，由之以言道體性體也。性體本天，即本乎其自然而定然如此而無增損於人為者也。人為雖不能增損之，然而卻可以盡而體之。盡而體之者是心，故「心本人者也」，言本乎人之自覺活動反顯超越的意根誠體與良知，從事於誠意致知（照蕺山系統理解），以彰著乎性體也，即盡而體之也。性本天，心本人，天人對舉，即示性體固有，自然而定然，而心體則表現人能也。橫渠云：「心能盡性，人能弘道也。」以心成性，以心著性，橫渠首言之，五峰繼而特言之，至蕺山分性宗與心宗，歸顯於密，而大顯。此一系義理乃承北宋首三家之規模，經過伊川、朱子之歧出，陸、王心學之扭轉，而為綜和地開出者。17

這一段文字重點有二，其一旨在說出心宗為人能之實義，人心盡而體之，以心成性，以心著性，性者先天易，心者後天易，性者超越客觀地言之，心者表現人能也，是主觀面地言之。心宗既是主觀之言，即是談主體的工夫操作，談慎獨而由心實踐落實之者。其實，一切工夫論都是心在實踐的，由性宗談工夫論時還是心在實踐的，此即牟先生後來講合性於心、心性為一之所以可能之原因。第二項重點在說明此心性合主客合的路數是正宗儒家的路數，是橫渠、五峰、象山、陽明、蕺山一脈相承之路數。說一脈相承筆者不反對，但說伊川朱子為歧出時則筆者不贊成，此一立場筆者已申說於其他著作中，此處暫不申論。18 以上從先後天易說性心二宗的兩個重點尚未深入牟先生說心宗、性宗的實際思維底蘊，及其所發揮的性心合一之旨。下一段文字就深入得多了，參見其言：

又，心宗之慎獨猶在自覺活動範圍內。在此自覺活動範圍內，意知是終極的，故意曰意體，知曰知體，因此得名曰超越的本心。此本心之所以為本心正在其類乎超絕而客觀的性體，由性體之然而然也。故前性宗章說性體是「心之所以為心」。此即由自覺者而進至超自覺者。由自覺說心，由超自覺說性。性是心之性，心是性之心。性是心之性，「則心一天也」——心形著性而融即於性，則人也而亦天也，自覺即超自覺也，故陸王逕直說心就是性。心是性之心，則性一人也，超自覺者即由自覺而見，性內在於心而主觀化，則天也而亦人也。是故性與心之別只是同一實體之客觀地言之與主觀地言之之別耳。客觀地言之之性即是「心之所以為心」，言心雖活動而不流也，流則馳而逐於感，即非心也，是則性即是心之客觀性，即活動即存有也。主觀地言之之心即是性之所以得其具體而真實的意義者，言性雖超絕而客觀而卻不蕩也，蕩則空洞而不知其為何物也，即非性矣，是則心即

17. 牟宗三，《從陸象山到劉蕺山》，頁四九一。
18. 杜保瑞著：《南宋儒學》，臺灣商務印書館，二〇一〇年九月初版。

是性之主觀性，即存有即活動也。是故「心性不可以分合言」，而總歸是一也。

蕺山是就意是心之所存以及知藏於意而亦說意與知是「心之所以為心」，此「所以」是內處的所以，即內在於心而說其所存以為主也，即說其自身之超越的本質也。說性是「心之所以為心」，此「所以」是超絕的所以，統就意知之心而言其超自覺的超絕性與客觀性也。以上易衍兩章，點出性宗與心宗，是蕺山慎獨學之綱領。其他千言萬語皆是順此綱領而展轉引申者。19

蕺山實際上說心宗又說性宗，說工夫由兩路之任一路說皆可，正是由心而發出及由性而收回兩種模式之轉換，牟先生的詮釋努力卻是放在建立一形上實體的圓滿義從而收編兩義合而為一的作法。這有三步，其一為由心說性，說性是心之性。其二為由性說心，說心是性之心。由心說性者將心說為本心，本心即性，心融性於內而使心即性即天，「人亦天也」。筆者以為，牟先生此說有種種跳躍，關鍵即是將主體的主宰以本體收之而後即直接說主宰為本體，為道體，為天。其實，主體還是主體，心還是心，只是心以本體的價值意識為工夫之蘄向而全心是仁義禮知之價值流行，從而完全呈顯天道，但並非心即是天道，或心即是天。第二步，從性說，說心是性之心，則性下降於心，性內在於心而主觀化，「天亦人也」！筆者以為，此說亦是有種種跳躍，且跳躍得更為任意。性入於心仍是心為主動的，這是工夫論語言，若說是天道賦命則是存有論語言，只要是說主體實踐就是工夫論語言，工夫論語言就必定是心在主宰，所以不是存有論義的性體入於人心，而是主體的心以性為目標而彰著之，或以性為本質而復返之，則此與前面第一步之意旨全同。所以牟先生的「天亦人也」之說頗有怪異。總之，說存有論，則天道道體賦命於主體而為性體；說工夫論，主體實踐貼合道體而成「心即性」、「心即理」矣！但是，牟先生不分存有論與工夫論，故而建立了一套存有論與工夫論混合為一的理論，此即心性合一說，也就是同一實體的主客兩面說。以下進入第三步。第三步是，經由上二層之思路，則說性體與心體實是一實體之主客兩面。於是即存有即活動，又即活動即存有。此說，正是形上學工夫論不分的極致典型。此時，心體與性體皆實體矣，皆天道實體以為普遍原理亦皆道德主體以為實踐活動。此二義之結合，除了建構一個抽象詭譎、話頭漂亮的思辨系統之外，其實沒有什麼理論功能的實義。說道德實踐主體時，人存有者是活生生有血有淚有善有惡有存天理去人欲的實踐活動，當其達至聖境時則是從心所欲不逾矩，此時不必論實體，論主體才是重點。說天道創生意旨時，則是道體以仁義價值以為意志原理，配合氣化宇宙論而生天地萬物，此時不必論心體，論實體才是重點。所以，牟先生以心體與性體意旨全同合一的做法，說其為同一實體的主客兩面的說法，其實沒有理論實義，只是學者的漂亮話頭，裝飾光景，好為驚人之語，說得詭譎相即，但卻是實義不明，理論功能不顯，沒有實際用處。

19. 牟宗三，《從陸象山到劉蕺山》，頁四九三—四九四。

總結而言，從心說從性說都可以說本體工夫，從心說重於直接發展，從性說重於約束治理，心學是顯教系統，性學是密教系統，此義，筆者十分可以接受。但是，若企圖將此工夫論進路的不同模型上升為都是存有論形上學的理論模型而談其同異，則必導致理論定位滑失，便成了一些虛說的話頭！

六、以劉蕺山人譜為內聖之學的完成

牟先生以蕺山學有「以心著性」、「歸顯於密」的兩大重點，「以心著性」說筆者以為是牟先生自己的刻意鑄辭，為建立三系說且置程朱於別子之列而設，故而筆者以為此說意義不大。但是，以「由心學入性學而論歸顯於密說」就確實有說出蕺山工夫論特色的要點。心學進路說工夫主直接發揮性善本體的意旨，開朗、光明、自信、樂觀，性學進路說工夫主自我約束，故層層轉深、兢兢業業，如臨深淵、如履薄冰。故心學為顯明教法，性學為隱微教法，以此說顯密，比喻恰當。為此，牟先生以為蕺山《人譜》之作實為密教之經典，亦為宋明儒學談成聖之路的完成。參見其言：

依劉蕺山之人譜，可清楚地使吾人見到心體性體之真與過惡之妄皆在誠意慎獨之道德實踐中被意識到，抑且不只被意識到，而且心體性體之真可實踐地被呈現，過惡之妄可清楚地被照察到而且可實踐地被化除掉。自孔子提出改過一觀念後，人皆說改過，說過惡，蓋過惡是日常現實生活中很容易意識到者，然大皆是就現實生活之皮面現象學地說此改，說此過。自劉蕺山之人譜始能完整地徹底而透體地說之，因而可使吾人有一確定之概念。從氣質之偏說過惡亦將收於此而確定之。其實氣質之偏本身無所謂過惡。個體存在自有各種不同的氣質。偏者只是「各種不同」之謂，多姿多采之謂，特殊各別之謂，亦猶如說才性。其本身無所謂過惡也。順其特殊各別之偏，通過感性之影響，使心體不能清明作主，以致行為乖妄，心術不正，始成為過惡。是則過惡是吾人之行為離其真體之天而不真依順於真體之理者，是感性、氣質、真體三者相交會所成之虛幻物。是則感性、動物性其本身亦無所謂過惡。[20]

本文重點有二，首先，談密教就是從過惡之改過談起，亦即性宗以收斂為進路，對比於心宗以發揚為進路，確實密教以改過為做工夫的途徑。牟先生首先說孔子《論語》就說改過，而蕺山《人譜》一書就是由層層微細過惡之改善而談的工夫路數，正是此型的經典，此說，筆者十分同意。其次，牟先生說過惡與氣稟的關係，主張過惡固然是依據偏差之氣稟為基礎不被主

---

20. 牟宗三，《從陸象山到劉蕺山》，頁五三六。

體整治而形成，但絕不表示氣稟是惡，只是主體不能治氣稟之偏，因而在行為中有所過惡，因此，所謂惡就是行為惡，而不是氣稟惡。說氣稟惡，則一切性善說皆失效了。牟先生此說，在筆者詮釋程朱性善論旨時即如此界定，[21]則牟先生可以為蕺山定位如此，卻不能讓程朱之性善說有善紹孟子的地位，則牟先生不是以成見批判朱熹是什麼？

牟先生對於蕺山由過惡之化除以說道德實踐之路十分讚賞，但是，卻對討論惡之形成的存有論建構有所批評，以柏拉圖的理論為對象討論之又批判之，其實，這又是犯一哲學基本問題錯置之誤。參見其言：

是故真體須呈現，過惡須化除，而動物性、氣性、才性、氣質則只能說變化或轉化而不能說化除。因此，凡從此等方面論善惡皆得消融於人譜中而與過惡有簡別，使吾人對於此等方面有恰當之安排，並對於過惡有確定之了解。佛家說無明是由智與識之分別而照出，其底子是苦、空、無常與無我，此固已具體而真切矣，然不如儒家之由道德意識入為更具體而真切。佛家猶如此，而何況基督教之神話式或象徵式地說原罪乎？順柏拉圖傳統下來，以存有之圓滿說善，惡是善之缺無，其本身非是一正面之存有，此種從存有之圓滿否說善惡，善惡只是一思解之概念，使人無真切之實踐上的感受，徒為一可喜之議論而已。是故這一切說法皆當消融於人譜中而得其實義。罪過、過惡是道德意識中的觀念。道德意識愈強，罪惡觀念愈深而切，而且亦只有在道德意識中始能真切地化除罪惡。儒聖立教自道德意識入。自曾子講守約慎獨後，通過宋明儒的發展，這道德意識中的內聖之學、成德之教，至蕺山而為更深度更完備地完成。是故道德實踐中正反兩面更為真切而深入，而過惡意識亦更為徹底而窮源，此為內聖之學所應有之文章。22

本文涉及問題有三，其一為與佛家之對比，其二為對柏拉圖存有論之批評，其三為對蕺山改過之學的稱讚。首先牟先生說佛家之無明、苦、空，正是正視過惡之學，筆者同意，但佛家講的過惡甚至是以心意識的結構而成為存在的生因，亦即存有者直接因無明業識而有其存在，顯然，佛家說過惡說得比儒家的份量要重得多了。但牟先生又要強調儒家比起佛教談過惡談得更具體而真切，甚至比柏拉圖的存有論進路要真切。這就轉入第二項重點。

牟先生說柏拉圖以存有論的圓滿說善惡，惡是善的缺乏，非正面之存有，如此說善惡，牟先生批評這只是一思解之概念，使人無真切感受，只是一套可以接受的理論而已。筆者以為，這就是牟先生向來的做法，把工夫論拿來和形上學做比較，從而說工夫論較具體真切可以實

21. 參見拙著：《北宋儒學》，臺灣商務印書館，二〇〇五年四月初版，頁二三五。《南宋儒學》，臺灣商務印書館，二〇一〇年九月初版，頁二七七。

22. 牟宗三，《從陸象山到劉蕺山》，頁五三七—五三八。

踐，故而優於形上學。柏拉圖之說法，是要為為何有惡予一存有論的地位之說明，此一說明完成，方能於理上安心於去惡向善的實踐活動，而道德意識便不只是屬於意氣任意的動作而已。存有論的說明是哲學家的任務，這和朱熹講氣稟是同樣的道理，牟先生將朱熹和柏拉圖存有論都視為空理，只存在不活動，這樣的批評是不對的。存有論的問題說清楚了，實踐的道理就更能講清楚了。不見陸王之工夫論都預設程朱之理氣說進路的存有論嗎？哲學史研究應準確定位理論的功能從而了解其意旨即可，不必強調其一批評其二，這樣的做法反而多使理論的面目功能意旨受到曲解而不明。

第三，牟先生強調蕺山的改過說正是強烈的道德意識的具體落實，從而是內聖之學應有的理論。此說筆者同意。理論常是看它在面對什麼問題而建立的，實在不需要依據某一標準然後就去批評哪些理論好、哪些理論不好，蕺山學有其價值，能被說出當然是很好的事情，但前此朱熹的主敬說，竟被牟先生詭譎地說為只是徒具形式而沒有內容的工夫方法，這樣說實在是不必要的。

下文實為一總結：

象山興起，本孟子明本心，辨端緒之得失，遂扭轉朱子之歧出，而歸於正。陽明承之言致良知，使「明本心」更為確切可行者。至蕺山「歸顯於密」，言慎獨，明標心宗與性宗，不期然而自然走上胡五峰「以心著性」之義理間架，而又著人譜以明實踐之歷程，如是，內聖之學、成德之教之全譜至此遂徹底窮源而完備，而三系之分亦成為顯然可見者，而陸、王系與胡、劉系總可合而為一大系，同一圓圈之兩來往，亦成為顯然可見者。自實踐規模言，象山提綱挈領，略舉端緒；至陽明而較詳；至蕺山而大詳。然而學者用心亦可迴環參用，不可執一。如若順蕺山人譜作實踐，覺得太緊、太清苦，則可參詳致良知以稍活之，又可參詳象山之明本心以更活之。反之，如若覺得象山之明本心太疏闊，無下手處，則可參之以致良知。如若覺得致良知仍稍疏，則再詳之以人譜。23

本文說朱陸部分此暫不論，另文已為之。說象山本孟子下陽明續蕺山的說法筆者同意。尤其可貴的是，以象山之心學上陽明心學再上蕺山性學的說法，此一說法，正是工夫由心向性、由顯向密逐步升級層層轉密的方式，此說筆者甚為同意。從象山路線做工夫開始，這是心學之顯學，只立乎其心之大者一句，即是澈上澈下之學，然而，若覺疏闊，則可實之以陽明致良知學，良知已是本心、已是性，擴而充之於事事物物，實踐的動能就更大些了。若仍不易把持自己，則入蕺山以心著性、歸顯於密、改過向善之學，則有更為具體的次第步驟以及驗證的標準。這樣疏通三家工夫論的做法就是筆者最為支持的中國哲學研究的方法，然而，陸王、蕺山之間

23. 牟宗三，《從陸象山到劉蕺山》，頁五三九—五四〇。

可以如此，何程朱之不可？程朱之學，下學上達漸教之學，心學有顯密之分，聖教有頓漸之別，講工夫入手者都是頓教，講次第進展者都是漸教，沒有什麼漸教之學與本體有隔而上不去的事情，否則蕺山改過說諸歷程之次第升進也不能成聖教了。其實，牟先生已於《心體與性體》之綜論部說此為內聖之學，而非外王之學。筆者以為，儒學豈能只是內聖而遺漏外王？外王又豈能不依內聖而成立？是故格致誠正修齊治平之外王絜矩之道正是由內聖而發展出來的，此外王學可有頓漸之分，頓教說入手，漸教說過程，亦非頓教直入聖境而漸教始終在底層，此又另一重大儒學詮釋議題，另待它文。

七、結論

牟宗三先生一生詮釋儒釋道三家，又排比中西哲學，歷經《才性與玄理》、《心體與性體》、《佛性與般若》，晚年又編寫《從陸象山到劉蕺山》以及《圓善論》之作。其中，《從陸象山到劉蕺山》一書，對劉蕺山的討論，具有兩項特色。第一，這是牟先生集合他在儒釋道詮釋的所有成果，落實到對劉蕺山詮釋的綜合表現，因此可以看出他的哲學思路的全部綱要；第二，他對蕺山學的詮釋提出兩項核心宗旨，一為以心著性，二為歸顯於密，前者與心學進路難分難捨，可以說是一項多餘的觀點，一方面刻意與心學別異，又不能不與心學求同，二方面其實只成就了與程朱兩分理氣三分心性情的型態不同之學而已。至於後者，確實是對蕺山的工夫論指出提綱契領的特點，且又能與象山、陽明對工夫論的討論有重點之別異，也可以說就是一簡易與繁瑣的路線之別。

本文對牟先生討論蕺山學的意見做反思，牟先生主「以心著性」、「歸顯於密」定位蕺山綱領，「以心著性說」筆者有意見，「歸顯於密說」筆者認同之且以為善解。牟先生說心學皆顯教，筆者以為，密教也是心學，心學指其主體性價值自覺之本體工夫論之學，至於分心宗性宗之學，這只是心學本體工夫論之學的不同理論模型，一為擴充工夫模型即顯教模型，一為收斂工夫模型即密教模型，牟先生以「以心著性」說之，前顯教之學即是象山之「立吾心之大者」及陽明之「致良知於事事物物」的說法者，其實，孟子有「擴而充之」之學，豈不也有「求放心」之學，亦即孟子心學中有心宗有性宗有顯教有密教，而孟子亦有諸多公共政策之意見，因此是下學上達以至治國平天下之漸教之學。聖學於孔孟處即已粲然，後人的發揮都是依聖教而深化的道理，不必高此低彼自作聰明地展開內部戰爭。

蕺山學為牟先生著述討論宋明儒學的最後一家，意旨上沒有太多新義，只是以過去的成果定位蕺山而已，但對蕺山學的定位亦極有特色，述之如上。

後記

本書各章之寫作，前後將近二十年，自始就是有計畫的系列研究工程，同時之間，筆者亦進行了《北宋儒學》、《南宋儒學》、《中國哲學方法論》之出版，而與此書同時進行並完成者，尚有隨後即將出版的《牟宗三道佛平議》之專書，事實上，筆者亦同時進行當代中國哲學家方東美、唐君毅、勞思光、馮友蘭的研究及寫作，並極有可能在未來兩三年內一一集結出版。筆者以為，二十世紀中國哲學家們的偉大貢獻，就在於能夠讓中國傳統學術思想的各家智慧被哲學學術化地論述，而這個工程，本身就是中國哲學再創造的過程，然而，創造不能基於對傳統的誤解，而儒釋道三教作為人生智慧之學，它們被誤解的可能性是很大的，關鍵就是智慧深奧，是以當代大哲們，首先都必須有深刻的國學智慧，同時還要有精湛的哲學專技訓練，才能有重大的創造性貢獻。然而，貢獻誠固其然，檢討亦極重要，如此才有繼續創造的進展。

本書之作，即是針對牟宗三先生儒學創作的反思之作，反思進而超越，對牟先生哲學的超越之最大啟發，應該就是當代中國哲學知識論的研究。這是因為，牟先生自創的許多談論中國哲學理論的專有術語，有一些是把工夫論當作動態存有論說的，有一些是把知識論當作形上學的圓滿宗旨說的，也就是說，牟先生把來自西方哲學訓練中的哲學學門的所有重要問題都一齊塞進中國儒家哲學的討論中了，它創造了一套動態的道德的形上學之說，卻是在基於對宋明儒學和先秦儒學各家理論的特殊詮釋下的成果，在這些詮釋中卻充滿了哲學基本問題的混淆，澄清其說的任務首要在於重新釐清問題，其次在於更為專技地深入他所討論過的問題，釐清問題就在一套良好的中國哲學解釋架構的工具之中，這就是筆者以宇宙論、本體論、工夫論、境界論的四方架構為基礎所建構的中國哲學方法論理論，但是，要更深入地討論，那就是要進入中國哲學特殊的實踐哲學的知識論問題去討論了，但是，這樣的討論是沒有前人之作可資借鏡的，牟先生不斷地講圓滿、圓教的話，其實就是在面對學派理論不但系統一致，更且能被實踐而證成其真的問題，但這就是知識論和形上學體系的問題意識混淆的做法，系統一致性講清楚就是理論的完成，但涉及人生問題的儒釋道三教之證成，是在主體的親身操作而有親證的經驗中，操作是工夫理論在談的，因此牟先生就時常將有工夫論的理論當成了有工夫的實踐從而實現而證成了理論，筆者以為，工夫論是實踐哲學的核心理論，然而證成為真卻需是人的實踐活動，不是有工夫論就是有了理論的證成，而是有實踐的實現才是實踐哲學的證成。而且，證成教主的創作以說整個理論是真理是一種層次，證成學習者的實踐以說他的學習是正確的又是另一種層次，這些，都沒有在當代哲學界的討論中被正式展開，這也是筆者認為的應該展開的新問題新理論，也就是具有實踐哲學特色的知識論理論，這就是在對牟先生著作反思中發掘出來的極有不足之處，極應更加深入地鑽研討論的新問題。這就有待筆者未來的繼續鑽研了。這個工程已經開始，但還沒有完成。

本書暫結至此，筆者的研究與創作還有後續。

二〇一六年二月九日星期二　農曆新年大年初二

大學叢書

牟宗三儒學平議

作者◆杜保瑞
發行人◆王春申
編輯指導◆林明昌
副總經理兼任副總編輯◆高珊
責任編輯◆徐平
美術設計◆吳郁婷
校對◆鄭秋燕
印務◆陳基榮
行銷企劃◆黃基銓

出版發行：臺灣商務印書館股份有限公司
23150新北市新店區復興路四十三號八樓
電話：(02)8667-3712　傳真：(02)8667-3709
讀者服務專線：0800056196
郵撥：0000165-1
E-mail：ecptw@cptw.com.tw
網路書店網址：www.cptw.com.tw
網路書店臉書：facebook.com.tw/ecptwdoing
臉書：facebook.com.tw/ecptw
部落格：blog.yam.com/ecptw

局版北市業字第993號
初版一刷：2017 年 10 月
定價：新台幣 600 元

ISBN 978-957-05-3099-5

牟宗三儒學平議 ／ 杜保瑞 著. -- 初版. -- 新北
市：臺灣商務，2017.10
面 ； 公分. --（大學叢書）

ISBN 978-957-05-3099-5（平裝）

1.牟宗三 2.學術思想 3.儒學

128.9 106014239